经贸综合
建设新未
贺教育部
在职攻读项目
办学五周年

李岚清
二〇〇八

教育部哲学社会科学研究重大课题攻关项目
"十三五"国家重点出版物出版规划项目

职业教育办学模式改革研究

RESEARCH ON THE REFORM OF SCHOOL RUNNING MODEL OF VOCATIONAL EDUCATION

石伟平 等著

中国财经出版传媒集团
经济科学出版社
Economic Science Press

图书在版编目（CIP）数据

职业教育办学模式改革研究/石伟平等著 . —北京：经济科学出版社，2021.2

教育部哲学社会科学研究重大课题攻关项目

ISBN 978－7－5218－2415－5

Ⅰ.①职…　Ⅱ.①石…　Ⅲ.①职业教育－办学模式－教育改革－研究－中国　Ⅳ.①G719.2

中国版本图书馆 CIP 数据核字（2021）第 038703 号

责任编辑：刘战兵　陈赫男
责任校对：王苗苗
责任印制：范　艳　张佳裕

职业教育办学模式改革研究

石伟平　等著

经济科学出版社出版、发行　新华书店经销
社址：北京市海淀区阜成路甲 28 号　邮编：100142
总编部电话：010－88191217　发行部电话：010－88191522
网址：www.esp.com.cn
电子邮箱：esp@esp.com.cn
天猫网店：经济科学出版社旗舰店
网址：http://jjkxcbs.tmall.com
北京季蜂印刷有限公司印装
787×1092　16 开　30.75 印张　590000 字
2021 年 10 月第 1 版　2021 年 10 月第 1 次印刷
ISBN 978－7－5218－2415－5　定价：123.00 元
（图书出现印装问题，本社负责调换。电话：010－88191510）
（版权所有　侵权必究　打击盗版　举报热线：010－88191661
QQ：2242791300　营销中心电话：010－88191537
电子邮箱：dbts@esp.com.cn）

课题组主要成员

首席专家 石伟平
主要成员 徐国庆 付雪凌 郝天聪 李 鹏 匡 瑛
朱 敏 臧志军 林克松 王亚南 陆素菊
孙玫璐 马欣悦 陈春霞 胡 微

编审委员会成员

主　任　吕　萍
委　员　李洪波　柳　敏　陈迈利　刘来喜
　　　　　樊曙华　孙怡虹　孙丽丽

总　序

哲学社会科学是人们认识世界、改造世界的重要工具，是推动历史发展和社会进步的重要力量，其发展水平反映了一个民族的思维能力、精神品格、文明素质，体现了一个国家的综合国力和国际竞争力。一个国家的发展水平，既取决于自然科学发展水平，也取决于哲学社会科学发展水平。

党和国家高度重视哲学社会科学。党的十八大提出要建设哲学社会科学创新体系，推进马克思主义中国化、时代化、大众化，坚持不懈用中国特色社会主义理论体系武装全党、教育人民。2016年5月17日，习近平总书记亲自主持召开哲学社会科学工作座谈会并发表重要讲话。讲话从坚持和发展中国特色社会主义事业全局的高度，深刻阐释了哲学社会科学的战略地位，全面分析了哲学社会科学面临的新形势，明确了加快构建中国特色哲学社会科学的新目标，对哲学社会科学工作者提出了新期待，体现了我们党对哲学社会科学发展规律的认识达到了一个新高度，是一篇新形势下繁荣发展我国哲学社会科学事业的纲领性文献，为哲学社会科学事业提供了强大精神动力，指明了前进方向。

高校是我国哲学社会科学事业的主力军。贯彻落实习近平总书记哲学社会科学座谈会重要讲话精神，加快构建中国特色哲学社会科学，高校应发挥重要作用：要坚持和巩固马克思主义的指导地位，用中国化的马克思主义指导哲学社会科学；要实施以育人育才为中心的哲学社会科学整体发展战略，构筑学生、学术、学科一体的综合发展体系；要以人为本，从人抓起，积极实施人才工程，构建种类齐全、梯队衔接的高校哲学社会科学人才体系；要深化科研管理体制改革，发挥高校人才、智力和学科优势，提升学术原创能力，激发创新创造活力，建设中国特色新型高校智库；要加强组织领导、做好统筹规划、营造良好学术生态，形成统筹推进高校哲学社会科学发展新格局。

哲学社会科学研究重大课题攻关项目计划是教育部贯彻落实党中央决策部署的一项重大举措，是实施"高校哲学社会科学繁荣计划"的重要内容。重大攻关项目采取招投标的组织方式，按照"公平竞争，择优立项，严格管理，铸造精品"的要求进行，每年评审立项约40个项目。项目研究实行首席专家负责制，鼓励跨学科、跨学校、跨地区的联合研究，协同创新。重大攻关项目以解决国家现代化建设过程中重大理论和实际问题为主攻方向，以提升为党和政府咨询决策服务能力和推动哲学社会科学发展为战略目标，集合优秀研究团队和顶尖人才联合攻关。自2003年以来，项目开展取得了丰硕成果，形成了特色品牌。一大批标志性成果纷纷涌现，一大批科研名家脱颖而出，高校哲学社会科学整体实力和社会影响力快速提升。国务院副总理刘延东同志做出重要批示，指出重大攻关项目有效调动各方面的积极性，产生了一批重要成果，影响广泛，成效显著；要总结经验，再接再厉，紧密服务国家需求，更好地优化资源，突出重点，多出精品，多出人才，为经济社会发展做出新的贡献。

作为教育部社科研究项目中的拳头产品，我们始终秉持以管理创新服务学术创新的理念，坚持科学管理、民主管理、依法管理，切实增强服务意识，不断创新管理模式，健全管理制度，加强对重大攻关项目的选题遴选、评审立项、组织开题、中期检查到最终成果鉴定的全过程管理，逐渐探索并形成一套成熟有效、符合学术研究规律的管理办法，努力将重大攻关项目打造成学术精品工程。我们将项目最终成果汇编成"教育部哲学社会科学研究重大课题攻关项目成果文库"统一组织出版。经济科学出版社倾全社之力，精心组织编辑力量，努力铸造出版精品。国学大师季羡林先生为本文库题词："经时济世 继往开来——贺教育部重大攻关项目成果出版"；欧阳中石先生题写了"教育部哲学社会科学研究重大课题攻关项目"的书名，充分体现了他们对繁荣发展高校哲学社会科学的深切勉励和由衷期望。

伟大的时代呼唤伟大的理论，伟大的理论推动伟大的实践。高校哲学社会科学将不忘初心，继续前进。深入贯彻落实习近平总书记系列重要讲话精神，坚持道路自信、理论自信、制度自信、文化自信，立足中国、借鉴国外，挖掘历史、把握当代，关怀人类、面向未来，立时代之潮头、发思想之先声，为加快构建中国特色哲学社会科学，实现中华民族伟大复兴的中国梦做出新的更大贡献！

教育部社会科学司

前 言

大力发展职业教育是党和国家一贯的政策方针。自1985年《中共中央关于教育体系改革的决定》重新恢复了职业教育在中国教育体系中的独立地位后,全国上下都在思考如何办好职业教育这一重大问题。职业教育是国民教育体系中非常重要的一种教育类型,与普通教育有着同样重要的地位。中国职业教育从"层次"到"类型"的转变需要在制度框架、国家标准、育人机制、办学模式和政策保障等多个方面进行深化改革。其中,办学模式改革是关键。一方面,办学模式改革可以直接落实国家职业教育政策方针,让职业教育制度框架、国家标准"落地生根";另一方面,办学模式改革又可以直接实现人才培养模式、专业(群)建设、课程开发、师资队伍建设等问题的改革。因此,大力发展职业教育、办好类型职业教育,必须深化职业教育办学模式改革。

经过八年多时间的攻关,由华东师范大学石伟平教授领衔的教育部哲学社会科学研究重大课题攻关项目"职业教育办学模式改革研究"(项目批准号:10JZD0040)顺利结题,课题组所有成员汗水与智慧的结晶汇成了这本专著——《职业教育办学模式改革研究》。本书遵循"提出问题—分析问题—解决问题"的研究思路,综合运用文献研究法、历史研究法、比较研究法、问卷调查法、案例研究法、访谈法等研究方法,围绕"谁办学?""办什么学?""如何办学?""如何保障?"4个核心问题,在系统分析职业教育办学模式改革的理论问题、历史发展和国际经验的基础上,组成6个调研组,实施了对9个省级区域的实地调查,完成了对13个代表性地级市教育管理部门、83

所中高职院校的数据采集,对中国职业教育办学模式的现实问题与典型经验做了深度调研分析。然后,根据理论研究与实证研究的发现,运用新制度主义理论分析了职业教育办学模式改革的制度环境,并结合办好类型职业教育的政策方针,设计了职业教育办学模式改革的实践方略。

慢工出细活。经过多年的打磨和完善,本书有三点"不一样"的贡献:一是"全景式"透析了职业教育办学模式的历史、现状与未来;二是"框架式"总结了职业教育办学模式的要素、特征与规律;三是"前瞻式"指引了职业教育办学模式改革的方向、思维与路径。具体来说,本书有三点创新:

第一个创新是逻辑起点的前沿性。从服务现代经济体系发展的新逻辑起点,思考职业教育办学模式改革的问题。职业教育办学模式不仅仅是一个教育的问题,更是一个经济的、社会的问题。因此,本研究从职业教育办学适应经济社会发展的现实需求出发,设计了课题思路与研究内容;综合运用跨学科思维与跨学科理论工具分析了职业教育办学模式的具体问题。

第二个创新是目标方向的前沿性。从发展类型职业教育的新战略目标,探寻职业教育办学模式改革的方向。发展类型职业教育是新时代教育改革的重要方向,因此,本研究指出,职业教育办学模式需要从目标思维、关键措施和保障机制上进行系统的改革,从"校企合作"转向"产教融合",实现"类型"职业教育办学模式的转变。

第三个创新是研究材料的前沿性。从中国职业教育发展的新动态、新问题,探索职业教育办学模式改革的新路径。为了全面反映中国职业教育办学模式的新动态、新问题,课题组多次扩充研究专题,从集团化办学等较新事物开始,不断融入更新的现代学徒制办学、产学研一体化办学等新模式,在调查对象与案例专题上始终用最新的数据和最新的事实,力求讲好职业教育办学的"中国故事"。

本书由石伟平负责整体设计与分工,并完成了统稿与修订工作。付雪凌担任课题组和书稿的总秘书长,负责相关联系事宜。具体章节作者如下:第一章,石伟平、李鹏;第二章,徐国庆、田静、李鹏;第三章,付雪凌、朱敏;第四章,臧志军、匡瑛、关晶、李小文、陆素菊、周瑛仪、刘晓、刘虎、张蔚然、严世良、陈春霞、陈玟晔；第五章，林克松、马欣悦、孙玫璐、唐智彬、刘晓；第六章，王亚南、兰金林、陈春霞、胡微、冉云芳、彭跃刚、陆俊杰、兰晓云；第七章，李鹏、石伟平、陈春霞；第八章，郝天聪、石伟平、王亚南。林玥茹负责书稿的相关英语翻译工作和全书校对。汤杰、梁珺淇、过筱、徐榕霞、范乔尼、崔宇馨、聂梓欣等人参与了书稿的校对与修订工作。

  写作的过程是总结，也是反思，要回望初心，更要"再出发"。我们期望以此总结过去，审视现在，更希望以此开启未来，把中国职业教育的研究做得越来越好。然而，限于著者的学识水平与时间精力有限，书中难免存在疏漏之处，敬请各位不吝批评指正。

石伟平

2020 年 3 月 25 日于华东师范大学

摘　要

在国家全面深化改革的转型时期，中国职业教育办学模式也迎来了深化改革的契机与挑战。为全面推动中国职业教育办学模式改革，本书遵循"提出问题—分析问题—解决问题"的思路，运用文献研究法、历史研究法、比较研究法、问卷调查法、案例研究法、访谈法等研究方法，交叉运用教育学、经济学、社会学、管理学等理论工具，围绕"谁办学？""办什么学？""如何办学？""如何保障？"等核心问题，完成了职业教育办学模式的理论框架构建、历史发展回顾、国际经验借鉴、现实问题调查、典型案例剖析、制度环境分析和改革方略设计等研究工作。具体来说：

首先，建构了中国特色的职业教育办学模式分析框架。一是从多样化的办学实践模式中抽象出职业教育办学的要素、特征与价值取向，剖析了职业教育办学模式的逻辑前提、四种关系、重要任务与关键问题。二是系统回顾了新中国成立以来，中国职业教育办学模式改革的历史发展、改革规律与改革经验。三是对美国、德国、法国、英国、日本、澳大利亚、瑞士的职业教育办学模式进行了比较分析与经验借鉴。其次，摸清了中国职业教育办学模式的得失成败。一是顺利开展了全国范围的职业教育办学模式调查。组成6个调研组，实施了对9个省级区域的实地调查，完成了对13个代表性地级市教育管理部门、83所中高职院校的数据采集。二是系统分析了现代学徒制办学、集团化办学、校企合作办学、东西部跨区域办学、中外合作办学等办学模式的成效与经验。最后，促进了职业教育办学模式改革的视角转换。一是运用新制度主义分析框架，系统阐述了职业教育办学模式与制度环境的关系，并分析了当前职业教育办学模式改革制度环境的特点和问题，探索了新时代职业教育办学模式改革的实践方向。二是立足于办"类型的职业教育"的改革方向，从思维转向、"宏观—中观—微观"的具体措施与制度保障方面提出了中国职业教育办学模式改革的对策建议。

通过以上研究工作的探索，本书初步得出职业教育办学模式改革的主要结论如下：

第一，职业教育办学模式不仅是指职业院校的办学模式，而且包括指整个职业教育体系的办学模式，包括国家、区域和院校三个层面的职业教育办学模式，牵涉到多元主体、多重要素和多元利益的变化。因此，职业教育办学模式改革要处理好职业教育与其他教育的关系、职业教育与产业的关系、不同职业教育办学形式之间的关系，以及职业院校内部办学要素之间的关系。从办学主体、办学形式、办学机制与保障措施四个维度进行深化改革。

第二，中国职业教育办学模式改革经历了长久的变革与发展，积淀了职业教育办学的宝贵经验，也孕育了职业教育办学模式的变化规律。美国、德国、法国、英国、日本、澳大利亚、瑞士等国家的职业教育办学模式改革也具有相当丰厚的经验积累。因此，中国职业教育办学模式改革一方面要立足国内，根据中国职业教育办学模式发展的规律谋求变化，另一方面也要合理借鉴国外职业教育办学模式改革的有益经验。

第三，中国职业教育办学模式与过去相比取得了长足的进步，但就宏观层面的全国职业教育办学现状而言，在办学主体、办学形式、办学机制和办学保障方面仍存在一些问题。一是办学主体的类型单调，且缺乏多元主体的深度参与；二是办学形式的样态固化，未形成类型丰富的开放格局；三是办学机制的关系僵化，尚没有多个层级的协同治理；四是办学保障的基础薄弱，还需要体系内外的优化升级。

第四，中国职业教育办学模式改革在微观层面开展了丰富的本土实践，部分职业院校具有典型代表意义的办学模式改革积累了重要经验。一是聚焦"类型教育"，办学定位从模式重复到特色发展；二是走向"产教融合"，办学主体从政府为主转向多元化合作；三是重在

"办出质量",办学形式从规模扩张转向内涵发展;四是补齐"要素短板",办学策略从机械应对到多维创新;五是实现"联动支持",办学保障从分散助力支撑到全方位联合支撑。

第五,职业教育办学模式镶嵌在制度环境中,适应制度环境,并随着制度的变迁而不断变化。中国职业教育办学模式改革的政治、经济、技术、文化、社会、国际关系等制度环境总体上不断好转,但是也存在着各种各样的问题。因此,中国职业教育办学模式改革需要应时而变,顺应制度环境的变化,在制度的惯性与张力中寻求突破。

第六,职业教育办学模式改革需要立足于中国国情,借鉴历史经验和国际经验,设计综合性的改革方略。一是在思维上,完成从校企合作到产教融合的转向,凸显职业教育的类型特征;二是分层次、立体化地采取职业教育办学模式改革的实践对策;三是完善职业教育系统之内、系统之外的各项保障措施。

Abstract

In the country's transition period of comprehensively deepening reform, the vocational education running mode in China is also faced with the opportunity and challenge of deepening reform. In order to promote the reform of vocational education running mode in China, this research follows the line of "finding problems-analyzing problems-solving problems", using various research methods such as literature research, historical research, comparative research, questionnaire, case study, interview, etc. Around core problems of "Who runs?" "What to run?" "How to run?" "How to guarantee?", this research completes the vocational education running mode's theoretical framework construction, historical development review, international experience reference, current situation and problem investigation, typical case analysis, institutional environment analysis and reform strategy design. More specific contents are as follows:

Firstly, the analysis framework of vocational education running mode with Chinese characteristics is constructed. (1) The elements, characteristics and value orientation of vocational education running are abstracted from the diversified running modes in practice; and the logical premise, four kinds of relationships, important tasks and key problems of vocational education running mode are analyzed. (2) The historical development, reform rule and reform experience of vocational education running mode reform since the founding of the People's Republic of China are systematically reviewed. (3) The vocational education running modes in the United States, Germany, France, the United Kingdom, Japan, Australia, Switzerland are comparatively analyzed and used for reference. Secondly, the success and failure of vocational education running mode in China is clarified. (1) A nationwide survey of vocational education running mode is successfully carried out. Six research groups are formed, field surveys are carried out in 9 provinces, and data collection of 13 representative municipal education administration departments and 83 vocational schools/colleges is completed. (2) The effectiveness and experience of running modes, including the modern apprenticeship, grouped-school running, school-enterprise cooperative running, east-west cross-regional running, Sino-foreign cooperative running, are systematically analyzed. Finally, the perspectives of vocational education running mode reform is promoted to be changed. (1) The analysis framework of new institutionalism is used to systematically expound the relationship between vocational education running mode and institutional environment, the characteristics and problems of the current institutional environment for vocational education running mode reform is analyzed, and the practical direction of reforming vocational education running mode in the new era is explored. (2) Based on the reform direction of "vocational education as an education type", countermeasures of reforming vocational education running mode in China are put forward, from aspects such as mind-shifting, concrete measures at macro/mid/micro level, institutional guarantee.

Through the above exploration, this research draws the main conclusions of vocational education running mode reform as follows:

First, vocational education running mode not only refers to the running mode of vocational schools/colleges, but also refers to the running mode of the whole vocational education system, including running mode at the national level, regional level and school level, involving the changes of multi-subject, multi-factor and multi-interest. Therefore, the reform of vocational education running mode should properly deal with the relationship between vocational education and other education, the relationship between vocational education and industry, the relationship among different running forms of vocational education, and the relationship among the running elements within vocational schools/colleges. The reform should be carried out from four dimensions: running subjects, running forms, running mechanisms and guarantee measures.

Second, the vocational education running mode in China has undergone a long-term reform and development, which has accumulated some valuable experience and nurtured the changing rule of vocational education running. The reforms of vocational education running mode in the United States, Germany, France, the United Kingdom, Japan, Australia, Switzerland and other countries also accumulate considerable experience. Therefore, the reform of China's vocational education running mode, on the one hand, should be based on the domestic context and seek changes according to the rule of the development of vocational education running mode in China; on the other hand, should also reasonably learn from the beneficial experience of the vocational education running mode reform in foreign countries.

Third, the vocational education running mode in China has made great progress compared with the past, but as for the current situation of national vocational education running at the macro level, there are still some problems in the aspects of the subject, the form, the mechanism and the guarantee. Problems identified are as follows: (1) the type of the running subjects is monotonous, and the depth participation of multi-subjects is lacking; (2) the pattern of running forms is solidified, and the open pattern with rich types is not formed; (3) the relationship of the running mechanism is rigid, and there is no multi-level coordinated governance; (4) the foundation of running guarantee is weak, and the guarantee inside and outside the system is need to optimized and upgraded.

Fourth, the vocational education mode running reform in China has carried out various local practices at the micro level, and the typical representative running mode reforms in some vocational schools/colleges have accumulated important experience. The relevant experience is as follows: (1) focusing on "type education", turn the orientation of vocational education running from mode to characteristic development; (2) towarding "integration of production and education", change the main body of vocational education running from the government to diversified cooperation; (3) focusing on "quality", turn the vocational education running from scale expansion to connotation development; (4) filling the "elements short board", turn vocational education running strategy from mechanical response to multi-dimensional innovation; (5) achieving "linkage support", change vocational education running security from decentralized support to all-round joint support.

Fifth, vocational education running mode is embedded in the institutional environment, adapts to the institutional environment, and changes with the change of the institution. The institutional environment for the vocational education running mode reform in China, such as politics, economy, technology, culture, society and international relations, is generally improving continuously, but there are also various problems. Therefore, the reform of vocational education running mode in China needs to change with the times, conform to the changes of the institutional environment, and seek a breakthrough in the inertia and tension of the institutions.

Sixth, the vocational education running mode reform needs to be based on China's national conditions, learn from historical experience and international experience, and design a comprehensive reform strategy. Major reform measures include: (1) to complete the mind-shifting from school-enterprise cooperation to industry-education integration, highlighting the type features of vocational education; (2) to implement the practical countermeasures of vocational education running mode reform in a hierarchical and tridimensional way; (3) to improve the guarantee measures within and outside the vocational education system.

目录

第一章 绪论 1

    第一节 研究的问题与价值 1

    第二节 研究内容与分析框架 12

    第三节 研究方案与技术路线 25

第二章 职业教育办学模式改革的理论分析 30

    第一节 职业教育办学模式的要素、特征与价值取向 30

    第二节 职业教育办学模式改革的逻辑、关系与任务 37

    第三节 职业教育办学模式改革的时代诉求与问题思考 51

第三章 职业教育办学模式改革的历史反思 61

    第一节 职业教育办学模式改革的历史沿革 61

    第二节 职业教育办学模式改革的历史经验 101

    第三节 职业教育办学模式改革的基本规律 111

第四章 职业教育办学模式的国际比较与经验借鉴 118

    第一节 美国职业教育办学模式研究 118

    第二节 德国职业教育办学模式研究 131

    第三节 法国职业教育办学模式研究 145

    第四节 英国职业教育办学模式研究 155

    第五节 日本职业教育办学模式研究 168

    第六节 澳大利亚职业教育办学模式研究 178

         第七节　韩国职业教育办学模式研究　190
         第八节　瑞士职业教育办学模式研究　202
         第九节　职业教育办学模式的国际经验与启示　213

第五章　职业教育办学模式的现状调查与问题分析　235

         第一节　调研设计与实施　235
         第二节　职业教育办学主体的现状调查　241
         第三节　职业教育办学形式的现状调查　251
         第四节　职业教育办学机制的现状调查　269
         第五节　职业教育办学保障的现状调查　305
         第六节　职业教育办学模式的问题分析　318

第六章　职业教育办学模式改革的本土实践　330

         第一节　职业教育办学模式实践的研究设计　330
         第二节　职业教育办学模式实践的运行成效　339
         第三节　职业教育办学模式实践的经验反思　353

第七章　职业教育办学模式改革的制度环境　365

         第一节　制度环境影响职业教育办学模式改革的作用机理　365
         第二节　职业教育办学模式改革多重制度环境的现状分析　377
         第三节　多元制度环境中职业教育办学模式的类型与变革　397

第八章　职业教育办学模式改革的实践方略　414

         第一节　职业教育办学模式改革的思维转向　414
         第二节　职业教育办学模式改革的宏观举措　419
         第三节　职业教育办学模式改革的中观举措　424
         第四节　职业教育办学模式改革的微观举措　427
         第五节　职业教育办学模式改革的制度保障　430

参考文献　434

附录　446

后记　455

Contents

Chapter 1　Introduction　1

　1.1　Research Questions and Value　1
　1.2　Research Content and Analysis Framework　12
　1.3　Research Approach and Technical Route　25

Chapter 2　Theoretical Analysis of Vocational Education Running Mode Reform　30

　2.1　The Elements, Characteristics and Value Orientation of Vocational Education Running Mode　30
　2.2　The Logic, Relationships and Tasks of Vocational Education Running Mode Reform　37
　2.3　The Era Requirements and Core Problems of Vocational Education Running Mode Reform　51

Chapter 3　Historical Reflection of Vocational Education Running Mode Reform　61

　3.1　The Historical Evolution of Vocational Education Running Mode Reform　61
　3.2　The Historical Experience of Vocational Education Running Mode Reform　101

3.3　The Basic Rule of Vocational Education Running Mode Reform　111

Chapter 4　International Comparison and Experience of Vocational Education Running Mode　118

4.1　Research on Vocational Education Running Mode in the United States　118

4.2　Research on Vocational Education Running Mode in Germany　131

4.3　Research on Vocational Education Running Mode in France　145

4.4　Research on Vocational Education Running Mode in the United Kingdom　155

4.5　Research on Vocational Education Running Mode in Japan　168

4.6　Research on Vocational Education Running Mode in Australia　178

4.7　Research on Vocational Education Running Mode in the Republic of Korea　190

4.8　Research on Vocational Education Running Mode in Switzerland　202

4.9　International Experience and Enlightenment of Vocational Education Running Mode　213

Chapter 5　Current Situation Investigation and Problem Analysis of Vocational Education Running Mode　235

5.1　Investigation Design and Implementation　235

5.2　Investigation of Vocational Education Running Subjects in China　241

5.3　Investigation of Vocational Education Running Forms in China　251

5.4　Investigation of Vocational Education Running Mechanism in China　269

5.5　Investigation of Vocational Education Running Guarantee in China　305

5.6　Problem Analysis of Vocational Education Running Mode in China　318

Chapter 6　Local Practice of Vocational Education Running Mode Reform　330

6.1　Research Design of Vocational Education Running Mode Practice　330

6.2　The Operational Effect of Vocational Education Running Mode Practice　339

6.3　The Experience Reflection of Vocational Education Running Mode Practice　353

Chapter 7　Institutional Environment of Vocational Education Running Mode Reform　365

7.1　The Mechanism of Institutional Environment Influencing Vocational Education Running Mode Reform　365

7.2 The Current Situation Analysis of Multiple Institutional Environments of Vocational Education Running Mode Reform　377

7.3 The Types and Reforms of Vocational Education Running Mode in Multiple Institutional Environments　397

Chapter 8　Practical Strategy of Vocational Education Running Mode Reform　414

8.1 The Mind – Shifting of Vocational Education Running Mode Reform　414

8.2 The Macro – Measures for Vocational Education Running Mode Reform　419

8.3 The Mid – Measures for Vocational Education Running Mode Reform　424

8.4 The Micro – Measures for Vocational Education Running Mode Reform　427

8.5 The Institutional Guarantee for Vocational Education Running Mode Reform　430

References　434

Appendix　446

Postscript　455

第一章

绪　论

职业教育是国民教育体系中非常重要的一种教育类型，与普通教育有着同样重要的地位。自1985年《中共中央关于教育体系改革的决定》重新恢复了职业教育在中国教育体系中的独立地位后，全国上下都在思考如何办好职业教育这一重大问题[①]。如今，办学模式改革已经成为国家职业教育发展的重大战略。在中国职业教育发展遭遇多重现实困境的背景下，深化职业教育办学模式改革研究是理论研究者的学术自觉。但是，职业教育办学模式改革是复杂的、综合性改革实践，职业教育办学模式的学术研究也需要精准而科学的设计。因此，本章从研究背景切入，分析本书研究的问题、目标、内容与技术路线，设计本书研究的实施方案，为本书研究提供全局性引领。

第一节　研究的问题与价值

办学模式的困境是职业教育发展中由来已久的问题，但是，从国家层面的战略进行改革却是新世纪以来的行动。在经济社会高速发展的时代，职业教育与国

---

① 徐国庆：《职业教育办学模式研究的分析框架》，载于《职教论坛》2013年第19期，第14～21页。

家、社会和个体的需求越来越不匹配①,各种各样的职业教育发展问题都指向了办学模式。因此,办学模式改革是破解职业教育发展困境的重要战略之一。本节从职业教育办学模式改革的研究背景与问题出发,理清相关的分析概念,并分析本书研究的理论与实践价值。

一、研究问题的提出

办学模式是职业教育发展中各种问题和困难的症结之所在,也是新时期职业教育改革的重要课题。但是,在实践中,职业教育办学本身面临的问题却极为复杂,特别是办学模式涉及的关系极为复杂②:一是职业教育作为现代教育体系的一位新来者,必须处理好与普通教育、高等教育之间的关系;二是职业教育作为一种连通个体与职业的教育,必须处理好教育与产业的关系;三是职业教育的举办形式多种多样,比如有学校职业教育,有职业培训,有中等职业教育,还有高等职业教育,因此,职业教育还必须处理好不同办学形式之间的关系。那么,在复杂的职业教育办学环境中,如何办好"人民满意"的职业教育?如何办好"公平而有质量"的现代职业教育?这是当代职业教育研究的重要课题。之所以提出这个研究问题,原因如下:

(一)办学模式改革是国家职业教育发展的基础性战略

办学模式是职业教育改革与发展的核心问题,职业教育发展中的困境与问题或多或少都与办学模式紧密相关③。因此,党和国家高度重视职业教育办学模式的变革与发展,并把职业教育办学模式作为职业教育改革与发展的基础性战略。2010年,《国家中长期教育改革与发展规划纲要(2010~2020年)》(以下简称《纲要》)提出要"大力发展职业教育……建立健全政府主导、行业指导、企业参与的办学机制。"④ 步入新时代,党的十九大提出"完善职业教育和培训体系,深

---

① 中国职业教育的国家需求与企业需求、个体需求之间严重错位,国家极为重视职业教育,然而,作为产业主体的企业并不愿意参与职业教育,作为学习者的个体也不愿意接受职业教育。参见:徐国庆:《中国二元经济政策与职业教育发展的二元困境——经济社会学的视角》,载于《教育研究》2019年第1期,第102~110页。

② 刘晓:《利益相关者参与下的高等职业教育办学模式改革研究》,2012年华东师范大学博士学位论文,第13页。

③ 侯建军、陈忠林:《"五位一体"职教办学模式的构想与实践》,载于《教育与职业》2008年第14期,第10~12页。

④ 教育部:《国家中长期教育改革与发展规划纲要(2010~2020年)》,2019年12月9日,http://www.gov.cn/jrzg/2010-07/29/content_1667143.html。

化产教融合、校企合作。"① 从国家战略的高度指明了职业教育产教融合的办学改革方向。随后,国务院办公厅《关于深化产教融合的若干意见》也提出"逐步提高行业企业参与办学程度,健全多元化办学体制,全面推行校企协同育人,用10年左右时间,教育和产业统筹融合、良性互动的发展格局总体形成。"② 2019年伊始,《国家职业教育改革实施方案》(又称"职教20条")提出,"深化办学体制改革和育人机制改革……经过5~10年左右时间,职业教育基本完成由政府举办为主向政府统筹管理、社会多元办学的格局转变,由追求规模扩张向提高质量转变,由参照普通教育办学模式向企业社会参与、专业特色鲜明的类型教育转变,大幅提升新时代职业教育现代化水平。"③ 可见,党和国家已然将办学模式改革作为职业教育发展的国家战略。

事实上,中国经济社会发展与产业结构已经迫切需要职业教育办学模式应时而变。国家的经济体制改革已经为职业教育办学模式改革奠定了基础,也提出了要求④:一是从计划经济到市场经济的转变,要求职业教育切实改变长期以来比较封闭的办学模式,加强与社会的联系以紧跟市场经济发展要求的步伐。二是走新型工业化道路,使劳动密集型、资金密集型的企业迅速向技术密集型、知识密集型的产业转化,对劳动力的数量、规模和技能水平都提出了新的要求。三是知识经济的到来,产业转型的升级及信息化水平的不断提高,开辟了技术应用的新天地,原有的生产劳动方式得以改变,这就需要加快职业教育办学模式的变革,培养大批具有现代意识、动手能力强的高技能人才。职业教育最大的特点就是直接与经济生产相结合,其目的是通过对劳动者职业素质的培养来提高劳动生产率。从历史现象来看,每次经济危机中职业教育都能得到一定的发展,原因在于经济危机会带来各国产业结构的调整,并会导致大量的产业工人失业,而产业结构调整带来的新型人才需求和失业人口的职业培训需要,都势必要通过职业教育来完成。因此,在一个危机时代,各国制定职业教育发展规划的领导者更能从某种盲信或过度乐观中回归理智,重新审视职业教育的定位、使命与责任,进行职业教育与社会关系的再调整与重塑,以应对全球经济危机带来的种种挑战。所以说,国家经济社会的发展格局迫切需要深化职业教育办学模式改革。因此,无论

---

① 习近平:《决胜全面建成小康社会夺取新时代中国特色社会主义伟大胜利——在中国共产党第十九次全国代表大会上的报告》,载于《人民日报》2017年10月28日,第1版。
② 国务院:《关于深化产教融合的若干意见》,2019年12月9日,http://www.gov.cn/zhengce/content/2017-12/19/content_5248564.htm。
③ 国务院:《国家职业教育改革实施方案》,2019年12月9日,http://www.gov.cn/zhengce/content/2019-02/13/content_5365341.htm。
④ 刘晓:《高等职业教育办学模式改革:时代呼唤与现实诉求》,载于《中国职业技术教育》2014年第12期,第10~13页。

是从中国经济社会发展的现实需求,还是国家职业教育改革的既定战略,办学模式改革已经成为职业教育发展的时代新课题。

(二) 职业教育发展的现实困囿需要深化办学模式改革

职业教育办学模式是实现职业教育人才培养目标的重要保证。然而,目前职业教育办学中仍存在比较突出的问题:与发达国家相比,与建设现代化经济体系、建设教育强国的要求相比,中国职业教育还存在着体系建设不够完善、职业技能实训基地建设有待加强、制度标准不够健全、企业参与办学的动力不足、有利于技术技能人才成长的配套政策尚待完善、办学和人才培养质量水平参差不齐等问题,到了必须下大力气抓好的时候①。事实上,中国职业教育发展的这些困囿不仅有深刻的社会原因,而且与职业教育办学模式息息相关。职业教育办学模式和社会原因多次交织,就形成了当前职业教育发展的现实困局。具体来说,中国职业教育办学模式的现实困局表现在以下四个方面:

一是"以供应为目标"的办学思想。职业教育的办学思想分为两种,即"以需求为动力"和"以供应为目标"②。从历史的角度来看,职业教育"以供应为目标"的办学思想适应了计划经济体制的需要,为中国尽快恢复和发展国民经济提供了必需的技术技能型人才。然而随着中国逐渐向市场经济体制转型,这种办学思想越来越难以适应经济社会发展的需要。在市场经济条件下,如果职业教育依然将"以供应为目标"作为主要的办学思想,学生毕业后就很可能无法找到合适的工作。

二是以政府为主的单一举办者结构限制了职业教育办学模式的资源投入渠道。中国职业教育的举办者主要是政府,职业教育的办学资金主要以国家财政性教育经费为主,民办学校中举办者投入、社会捐赠经费、事业收入等还比较低。《中国教育经费统计年鉴(2019)》的数据显示:2018 年中等职业学校的教育经费收入为 246.42 亿元,其中国家财政性教育经费为 216.66 亿元,约占总收入的 87.92%。目前的职业教育办学模式过于一元化,特别是缺少了行业、企业的参与。如果企业没有参加职业教育办学,职业教育的质量就很难得到保障。

三是职业院校缺乏办学自主权③。目前,职业院校,特别是中等职业学校严

---

① 国务院:《关于印发国家职业教育改革实施方案的通知》,2019 年 12 月 9 日,http://www.gov.cn/zhengce/content/2019-02/13/content_5365341.htm。

② 所谓"以需求为动力",就是根据劳动力市场对人才数量和规格的需要,职业教育对专业设置和课程内容等进行调整;所谓"以供应为目标",就是根据政府部门对人才数量和规格需求的预测,职业教育对专业设置和课程内容等进行调整。参见:石伟平:《从国际比较的角度看中国当前职教发展中的问题》,载于《比较教育研究》1996 年第 6 期,第 10~13 页。

③ 万卫、石伟平:《论中国职业教育办学模式的变革》,载于《职教论坛》2016 年第 22 期,第 11~15 页。

重缺乏办学自主权。一方面，由于缺乏办学自主权，中等职业学校没有办学活力。另一方面，由于缺乏办学自主权，中等职业学校无法适应充满竞争的市场环境。学生是中等职业学校生存与发展的重要基础。近年来，许多中等职业学校面临着"吃不饱"的窘境，甚至"关门歇业"。随着国际化进程的加快，中国中等职业学校既要与普通高中竞争生源，还要与国外的职业院校竞争生源。可见，中等职业学校面临严峻的生存环境。

四是缺乏公平的办学环境[①]。中国职业院校还缺乏公平的办学环境，一方面，职业院校之间的竞争不公平。另一方面，职业院校与普通院校的竞争不公平。例如，中国高等院校实行国家财政性经费拨款制度，而在相当长的时间里，高等职业院校的国家财政性经费拨款都远低于普通高等院校。这就导致了高等职业院校的办学条件难以满足教育教学的基本需要。然而，世界银行的研究结果显示：发展中国家职业技术学校的生均成本通常比普通中学要高153%[②]。目前随着政策的调整，这一不合理的局面开始有所改善。

因此，在大力发展职业教育、建立现代职业教育体系、调动行业企业积极性的新的历史起点上，针对中国职业教育办学的现实困境，指明职业教育办学模式改革的方向，促进职业教育办学模式的创新与变革迫在眉睫。

（三）职业教育办学模式的学术研究需要系统性地深化

既有职业教育办学模式的研究成果主要集中在职业教育的办学主体、职业教育的办学目标、职业教育的培养方式以及外部制度环境的保障等方面[③]。这些研究发现了当前职业教育办学模式的一些问题，为职业教育办学模式改革提供了有益的学术指导。但是，既往研究也存在一定的局限，特别是学科视角较为单一；没有很好地结合宏观与中观的视角；质性与量化研究的结合不足；从教师和学生的微观视角的研究很少；对于如何解决问题尚缺乏系统的理论探讨等问题突出。因此，职业教育办学模式研究需要进行系统性深入：

一是理论研究有待进一步深入。在中国以往的职业教育办学模式研究中，常常把职业教育办学模式改革定位于单一的、局部性的"运作行为调整"，没有从综合的、整体的制度创新的高度来认识。因此，深入地、比较准确地理解职业教育办学模式这一概念的内涵、外延和特征，特别是重视实践与理论的对

---

① 曾智飞：《优化职业教育办学环境研究》，载于《职教论坛》2011年第26期，第9~10页。
② 刘春生、牛征、纪元：《高等职业教育经费来源渠道及投资策略研究》，载于《教育研究》2002年第6期，第84~88页。
③ 陈旭峰：《职业教育办学模式改革研究：回顾与展望》，载于《现代教育管理》2011年第2期，第39~42页。

话，从实践中提升理论，将理论向实践转化，以及围绕"办学模式"的多学科、多层面的理论分析，不但具有教育理论上的价值，而且对于办学实践具有指导意义。

二是研究内容有待拓展和综合。从职业教育办学模式的研究文献来看，当前的研究一方面存在着重复与泛化的现象，个别案例的阐述较多，而对办学模式之间共同特征的研究太少，外部现象研究多，内部生成和实践过程研究少，这就使得其研究的实践指导意义大大降低。另一方面，这些关于职业教育办学模式的研究层次较浅，很多都是实践经验的总结或是单一办学模式的呈现，缺乏对职业教育办学模式宏观的把握和系统的理论研究。重视研究的综合性和系统性，克服实践研究与理论研究的"两张皮"现象，在理论与实践之间"铺路架桥"，是今后研究的一大课题。

三是研究方法有待多样化的创新。职教界最初对职业教育办学模式的研究和追问，往往通过实践工作来开展，这样一来，由于缺乏可靠的理论依据和研究方法，这种认识也就仅限于经验上的认知，缺乏理论性和科学性。目前的研究成果也多基于文献研究和"应然性""演绎性"分析，以及对某地区实践探索的介绍，缺少理论与实践之间的对接，以及对实践探索的深度解读。这就需要在今后的研究中综合运用文献法、历史法、调查法、个案法、实验法等多种研究方法的基础上作具有操作性的政策探讨。

四是研究队伍需要多元主体的共同协作。已有研究成果多出自某学校或某科研机构研究者或行政管理部门人员，缺乏多元主体合作的综合研究。本课题组成员既有职业教育的行政管理领导，又有科研机构的专业研究人员，还邀请了职业学校的一线领导参加。这样的研究既能从宏观角度入手，全面系统把握职业教育办学模式的改革与发展，又能从学校的实践入手，小处见大，以保证研究的综合性和系统性，实现研究成果的创新。

二、核心概念的界定

在职业教育办学模式改革的研究中，职业教育是一个范畴性的概念，泛指以培养数以亿计的生产、建设、服务第一线的应用型技术人才和熟练劳动者为目的的教育类型。本书的职业教育主要是指基于职业院校的学历教育，在层次上包括了现代意义的中等职业教育和高等职业教育，以及少数职业高中、中等专业学校、技工学校等；在范畴上既包括学校职业技术教育，也包括职业技术培训、继续职业技术教育等其他类型的职业教育。除了职业教育这个范畴性独享概念之外，还有"办学模式"这个核心概念。

（一）模式

"模式"一词在现代社会中运用较为普遍。最初是发展经济学的术语，后被移植到社会学研究。汉语中，模式指"标准的形式或样式"。在英语中，"模式"和"模型"是同一个词，都是"model"。"模式"是对现实的抽象概括，也是理论的简化形式，是最简洁明了的表达，再现现实的一种理论型的简化的形式①。目前，关于模式的内涵争议，主要有三种观点：一是认为"模式"是一种模型、标准或范本，如《现代汉语大辞典》认为，"模式是某种事物的标准形式或使人可以照着做的标准样式"。二是认为"模式"是一种方法，如亚历山大（Alexander）的经典定义是："每个模式都描述了一个在我们的环境中不断出现的问题，然后描述了该问题的解决方法的核心。"② 三是认为模式是一种对某种事物规律或现象的抽象或概括。美国管理学家哈罗德·孔茨认为，"模式就是现象的抽象。它包括一些被认为是重要的变量，同时也会舍弃了那些对于解释现象无关紧要的因素"③。因此，模式就是指在事物发展过程中，在一定条件影响下，逐步形成的具有某些典型特征的模型或式样。在具体的样态上，既可以是一个实际的、看得见的表现形式，也可以是一幅图表或者流程图。从模式的内涵看，它应该包含三方面的要素：事物的规范或标准、事物现象的抽象概括和人们可以学以致用的内容。因此，"模式"是指人们对某种或某组事物的存在运行形式进行抽象分析后做出的理论概括，即人们为了某种特定的目的，对认识对象，包括其运行、表现或相互联系的形式、发展机制运作的方向等方面所做出的一种简化了的理论描述或摹写。

（二）办学模式

办学模式是一个有着丰富内涵的概念，但究竟什么是"办学模式"却从未得到精确的定义。在高等教育的办学模式中，常见的办学模式有"层次论""结构论""布局论"和"形式论"多种分类法。其中，按层次结构可以分为研究型办学模式、研究教学型办学模式、教学研究型办学模式和教学型办学模式；按科类结构可以分为单科性专门学院办学模式、多科性大学办学模式和综合性大学办学模式；按布局结构可以分为异地办学模式、中心城市办学模式和农村社区办学模式；按形式结构可以分为全日制普通大学办学模式、非全日制成人高校办学模式

---

① 金盛：《涨落中的协同：中高职衔接一体化教育模式研究》，2013年西南大学博士学位论文，第2页。
② 李晓庆、郑先友：《浅析亚历山大"模式语言"的现实意义》，载于《工程与建设》2006年第6期，第714~716页。
③ ［美］哈罗德·孔茨：《管理学》，黄砥石等译，中国社会科学出版社1987年版，第677页。

和职业学院办学模式。这些分类显然未对"办"和"模式"进行划分,而只是对"学"进行了划分,也就是说所谓的"办学"就是举办不同类型的学校,然后就假设不同类型的学校存在不同的"模式"。

在办学模式的内涵界定上,潘懋元、邬大光从办学任务目标的角度将办学模式界定为:"在一定的历史条件下,以一定办学思想为指导,在办学实践中逐步形成的规范化的结构形态和运行机制"①。这个定义指出了办学模式关注的两大基本领域,即结构形态与运行机制,当然这种形态与机制必须是规范化的,且其形成要受特定历史条件和办学思想的制约。董泽芳从要素的角度出发将办学模式界定为"在一定社会历史条件制约与一定办学理念支配下形成的,包括办学目标、投资方式、办学方式、教育结构、管理体制和运行机制在内的具有某些典型特征的理论模型或操作式样②"。田玉兰等人认为办学模式是指"在一定历史条件下,以一定的办学思想为指导,在办学实践中逐步形成的规范化的结构形态和运行机制,它是有关办学体制、投资机制、管理体制与高校之间形成的相对问题的权力结构和关系"③。杨辉认为办学模式是指"举办、管理或经营学校的体制和机制的模式或范式"④。赵庆典则从运行机制角度将办学模式界定为举办、管理或经营学校的体制和机制的样式或范式,而且区分了广义和狭义的办学模式。⑤其中,广义的办学模式包含了微观、中观和宏观三个层面的内容。从微观来说,办学模式是学校对教学组织或教学过程的规范,也可以说是教学系统以及结构运行机制。从中观来说,办学模式是学校对办学行为的规范,也是学校的管理制度、经费制度以及管理机制等的结合。从宏观上来说,办学模式是一个地区或国家对学校办学行为的规范,也可以说是办学的总思路。

(三) 职业教育办学模式

职业教育办学模式是办学模式在职业教育领域内发展的下位概念。但是,职业教育和基础教育、高等教育等普通教育有着类别上的差异⑥,因此,职业教育

---

① 潘懋元、邬大光:《世纪之交中国高等教育办学模式的变化与走向》,载于《教育研究》2001年第3期,第3~7页。
② 董泽芳:《现代高校办学模式的基本特征分析》,载于《高等教育研究》2002年第3期,第63~65页。
③ 邓泽民、陈庆合、郭化林等:《高等职业技术教育教学模式的比较与创新研究》,载于《职教论坛》2002年第20期,第7~12页。
④ 杨辉:《中外合作办学模式初探》,载于《教育评论》2004年第4期,第4~9页。
⑤ 赵庆典:《论高等学校办学模式的发展与创新》,载于《教育研究》2002年第3期,第28~32页。
⑥ 李兰巧:《职业教育与普通教育差异性探究》,载于《中国职业技术教育》2013年第9期,第24~27页。

的办学模式并不是普通教育办学模式在职业教育领域内的迁移和复制。"职教 20 条"明确规定"职业教育要由参照普通教育办学模式向企业社会参与、专业特色鲜明的类型教育转变。①"因此,职业教育办学模式具有普通教育办学模式的一般特征,又有职业教育自身的特色。可以说,"职业教育办学模式,是指为实现职业教育培养目标,在充分了解职业教育内涵特征、准确把握职业教育发展规律的基础上,在一定办学理念指导下,对职业教育实施机构的管理体制和运行机制所做的特色性、系统性归纳与设计②。"从分析层面看,职业教育办学模式不仅是指职业院校的办学模式,而且指整个职业教育体系的办学模式。因此,职业教育办学模式需要在国家、区域和院校这三个层面来理解职业教育的办学模式。国家层面是指中国整个职业教育体系的结构形态及其运行机制,区域层面是指某一地区职业教育体系的结构形态及其运行机制,院校层面是指某所职业院校的结构形态与运行机制。

职业教育办学模式主要有以下五种构成要素:一是职业院校的办学主体和投资主体。在市场经济条件下,市场规模和资源配置方式变化对职业院校发展意义重大,其直接结果是学校成为真正的竞争主体和行为主体。职业教育办学主体和投资主体是办学模式的根本性要素,它决定职业教育办学模式的其他构成要素。二是职业教育办学理念。它是办学主体和投资主体对自己职业院校的定性、定位以及职能的认识,是一所职业院校可持续发展的核心和灵魂。办学理念的不同,影响着职业教育办学模式的选择与发展。三是办学目标。职业院校为提高办学效益,承担人才培养的任务,必须制定清晰的办学目标。办学目标是职业院校发展的理想、努力的方向,影响着学校的管理体制和运营机制。四是办学条件。职业院校办学条件是为了达到预定的办学目标使模式得以运行并充分发挥效力的各种办学环境、办学资源的集合,是办学模式运行的保障性要素。五是管理体制与运行机制。一所职业院校没有规范的管理体制、高效的运行机制,就不可能形成良好的校风,不可能培养出高素质的技术、技能型人才,也难以达到办学效益与社会效益的有机结合。人、财、物、时间、信息是管理的五大要素,其中人是最重要的因素,学校的管理和运营都需要依靠人来进行。

(四) 几个关键概念的辨析与区分

1. 职业教育办学模式与教育模式

"办学模式"与"教育模式"是既有联系又有区别的两个概念。首先,教育

---

① 《关于印发国家职业教育改革实施方案的通知》,2019 年 12 月 9 日,http://www.gov.cn/zhengce/content/2019-02/13/content_5365341.htm。

② 唐林伟:《职业教育办学模式论纲》,载于《河北师范大学学报(教育科学版)》2010 年第 5 期,第 96~100 页。

模式可分为三个层次：宏观层面的发展战略、中观层面的办学模式和微观层面的教学模式。其次，《教育大辞典》对"教育模式"的注释有三条[①]：教育在一定社会条件下形成的具体式样；反映某个国家教育制度特点的教育式样；某种教育和教学过程的组织方式，反映活动过程的程序和方法。因此，办学模式是教育模式的下位概念，是教学模式的上位概念，办学模式一词的含义蕴含在"教育模式"之中，尤其与"教育模式"的第二和第三条注释具有意义上的契合与相关性。

2. 职业教育办学模式与人才培养模式

首先，办学模式的所指是教育制度、办学形态，而人才培养模式所指的是人才培养过程、方式。其区别正如办一个什么样的企业和在企业的车间内如何进行产品生产一样。其次，即使在一所职业院校内部，其区别也是明显的，办学模式是指这所职业院校运行的整体制度框架，而人才培养模式指在这个制度框架下教职员工围绕人才培养所采取的工作方式。此外，办学模式与人才培养模式的联系也十分紧密，因为人才培养毕竟是在特定办学模式下所形成的教育实体中进行的。事实是，在产学合作中这两个方面都存在，倘若努力在制度层面构架产学合作，便是办学模式；当这一构架形成后，通过完成其人才培养的合作内容，运用其进行人才培养时，便是人才培养模式。

3. 职业教育办学模式与职业教育体系

任何一种结构形态、运行机制都必须依附于某个实体。对职业教育来说，这个实体便是职业教育体系。职业教育办学模式和职业教育体系二者的区别在于：首先，职业教育体系所涉及的范围比办学模式大。按照国际通行习惯，职业教育体系一般包括三大要素，即学校体系、管理体系和职业资格证书体系。在这三大要素中，办学模式所涉及的主要是前两个体系[②]。其次，办学模式应该指的是职业教育体系在结构形态与运行机制方面的特征，而不是职业教育体系本身。最后，职业教育的运行与外部构成非常复杂的关系，因而办学模式研究中的许多问题是职业教育体系所不会涉及的，如产学合作。

三、研究的理论价值与应用价值

职业教育办学模式改革是落实国家教育方针、实现职业教育内涵发展的重要实践。因此，职业教育办学模式的研究具有重要的理论意义和实践价值。具体来

[①] 顾明远：《教育大辞典（增订合编本）》，上海教育出版社1998年版，第1689页。
[②] 徐国庆：《职业教育办学模式研究的分析框架》，载于《职教论坛》2013年第19期，第14~21页。

说，本课题的研究意义和价值主要体现在以下两个方面：

（一）理论价值

第一，建构了中国特色的职业教育办学模式分析框架，实现了职业教育理论的本土"建模"。理论建模的分析框架抽象出了职业教育办学模式的要素、特征与规律，较好地阐释了多样化的职业教育办学模式，这种解释力较强的职业教育办学理论分析框架为后续研究、深入理解和分析职业教育办学提供了理论工具。第二，完成了职业教育办学模式改革的视角转换，开拓了职业教育办学模式研究的视域。本书从经济体系的角度分析职业教育办学的问题，把职业教育办学模式视为一种"教育制度+劳动制度"的结合，从类型职业教育的高度提出职业教育办学的思维转向和实践路径，开拓了后续学术研究的视域。第三，梳理总结了中国职业教育办学模式的得失成败，形塑了职业教育办学研究的学术范式。本书通过理论解读、历史反思、国际比较、现状调查、案例反思以及对策研究，夯实了职业教育办学模式研究的学术基础，也开创了"理论研究+决策咨询+实践指导"的学术范式，为后续学术研究做了多元化的尝试，也形塑了职业教育办学研究的学术范式。

（二）应用价值

一是本书从办类型职业教育的目标出发，提出职业教育办学模式改革的思维转向、"国家—区域—院校"的三位一体改革措施和教育系统"内部+外部"的制度保障。特别是分类培养"双师型"职业教育教师、中高职多元化办学、职业教育高考改革、分类生均拨款、专业硕士培养模式创新、长学制贯通培养高端技术技能人才等23条针对性改革建议，不仅立足于当前职业教育办学的各种问题，更是面向未来职业教育办学模式的系统性变革。因此，这一系列建设性改革方案的提出，为世界职业教育办学模式的改革提供了具有操作性的中国方案。二是服务区域职业教育改革。本书形成的改革方案、对策建议等可以基于华东师范大学长三角职业教育发展研究院在上海、江苏、浙江、安徽等地的布点，开展改革方案的实验，在区域层面推动职业教育办学模式改革。三是指导职业院校办学实践改革。课题组在研究结束后，利用华东师范大学职成教所的基地学校与实验学校的网络，继续通过指导制订发展规划、参与办学咨询等方式服务职业院校办学改革实践。

第二节 研究内容与分析框架

职业教育办学模式改革是复杂的、系统的、综合的，因此，开展职业教育办学模式研究需要处理好复杂内容、多重问题之间的关系。本节在问题提出和概念界定的基础上，分解职业教育办学模式研究的具体问题，统筹安排各个问题之间研究内容和逻辑关系，以此为基础，建立本书的分析框架和基本的研究假设与猜想主张。

一、拟解决的问题与研究目标

发现问题是学术研究的起点。职业教育办学模式研究是一个综合性的研究课题，也有一系列的问题需要研究和解决。因此，本书设计的第一步工作就是分解研究的问题，并以问题解决为基础，确定相应的研究目标。

（一）研究问题的分解

根据"是什么？""为什么？""怎么样？"和"怎么办？"的问题分解方式，职业教育办学模式的研究问题也可以分四个问题群，如图 1-1 所示。

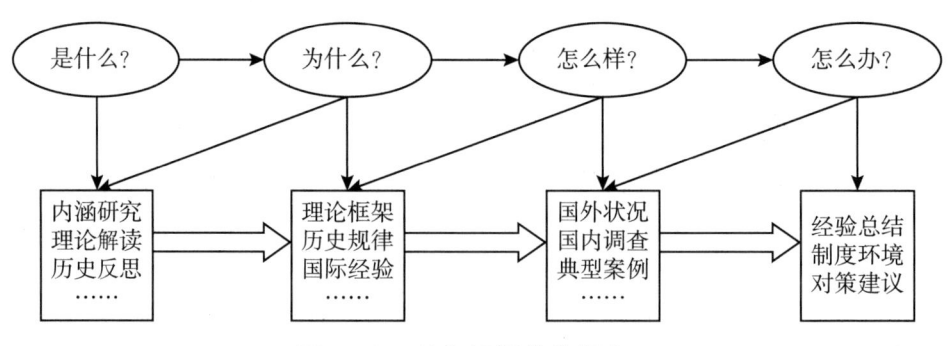

图 1-1 研究问题的分解之一

如图 1-1 所示，在职业教育办学模式的研究中，"是什么？"的问题主要在于探索什么是职业教育办学模式，有哪些基本的特征与规律，这属于职业教育办学模式的内涵研究、理论解读以及历史研究的内容。"为什么？"是回答职业教育办学模式的原理和规律的问题，属于职业教育办学模式的理论分析、历史反思以及国际经验的借鉴。"怎么样?"则是职业教育办学模式现状的研究,主要回答职业教育办学模式做得如何,具体包括职业教育办学模式的国际现状、国内调查、办学样态和典型案例等。"怎么办?"则是关于职业教育办学模式未来如何改革,主要包括职业教育办学模式的国际与国内经验总结,现状的问题反思和具体的对策建议。在研究问题的分解之外,职业教育办学模式还可以围绕办学模式的四个基本问题进行问题分解,如图1-2所示。

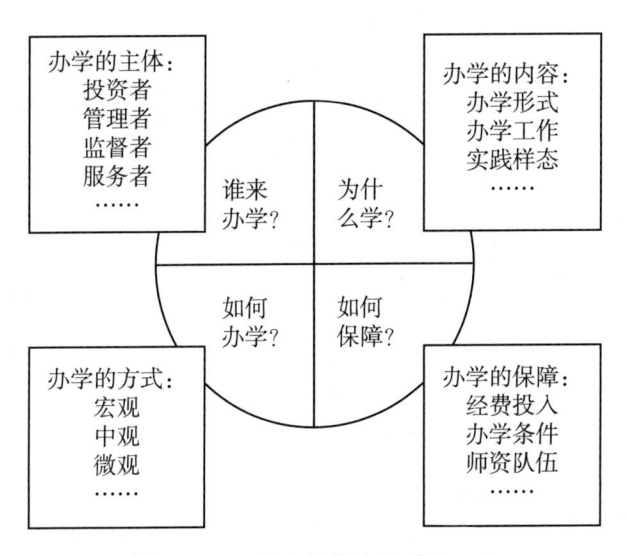

图1-2 研究问题的分解之二

如图1-2所示,根据办学模式的问题分解,又可以分为"谁来办学?""办什么学?""如何办学?""如何保障?"四个基本问题。其中,"谁来办学?"是职业教育办学主体的问题,主要涉及谁是办学的投资者、管理者、监督者和服务者等问题。"办什么学?"则是职业教育内容的问题,主要包括职业教育办学的形式、办学工作和各种各类办学的实践样态。"如何办学?"则是职业教育办学方式的问题,例如,宏观层面国家如何投资职业教育,如何委托教育的管理者和政策的执行者。中观层面,又有区域经济社会与职业教育的布局问题、区域间职业教育的合作问题、区域内职业教育的局部和规划等问题。微观层面,包括职业院校的人才培养、课程改革、教学改革、实习实训等具体问题。"如何保障?"则是职业教育办学模式改革的持续和深化问题,需要解答如何在良好的制度环境、充分的资金投入、合理的师资队伍和标准的基础建设方面保障职业教育办学的稳步进行。

事实上,职业教育办学模式的研究问题可以进一步"整合式分解"。一方面,"是什么?""为什么?""怎么样?"和"怎么办?"的问题分解,同"谁来办学?""办什么学?""如何办学?""如何保障?"的问题在研究内容上相互关联。另一方面,两种问题分解方式的结果都可以转化为新的具体问题,如图1-3所示。

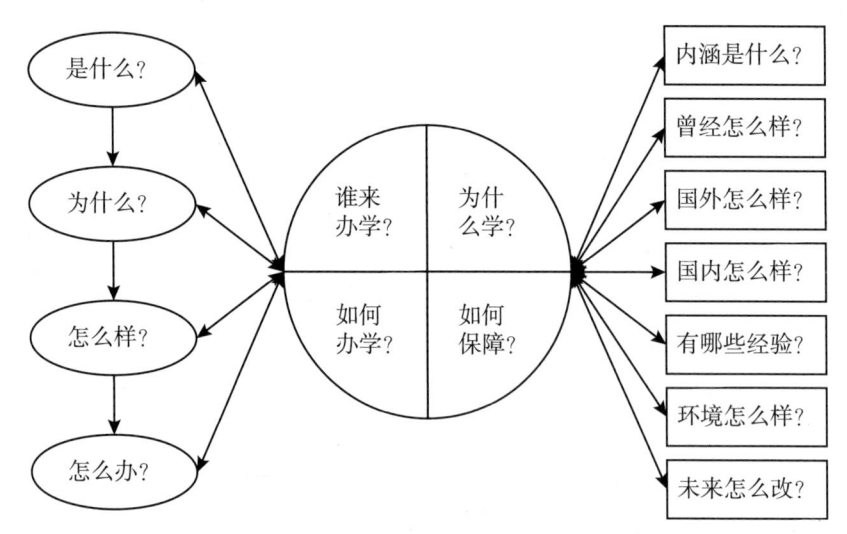

图1-3　研究问题的分解与整合

(二) 研究问题的阐释

如图1-3所示,"是什么?""为什么?""怎么样?"和"怎么办?"的问题分解,同"谁来办学?""办什么学?""如何办学?""如何保障?"的问题分解整合之后,职业教育办学模式的具体研究问题可以转化为"是什么?""曾经怎么样?""国外怎么样?""现在怎么样?""有哪些典型的改革?""有哪些成功的经验?""改革环境怎么样?""未来怎么改?"等问题。这些研究问题的任务阐释如下:

问题1:职业教育的办学模式是什么?——职业教育办学模式的内涵是什么?有什么样的规律和标准?

职业教育办学模式改革的研究首先需要明确界定职业教育办学模式的内涵,进而建立职业教育办学模式的基本理论框架,探寻职业教育办学的基本规律。通过多重理论的分析,明确职业教育办学模式改革的方向、理想和应然尺度。

问题2:曾经怎么样?——职业教育办学模式的历史变迁如何?有什么样的经验和教训?

历史是一面镜子,可以为当下和未来照亮改革的征程。从制度变迁的分析视角,客观描述中国职业教育办学模式的演变历程,总结经验与教训,探寻历史规律,可以为当下职业教育办学模式改革提供相应的经验指导和教训启示。

问题3:国外怎么样?——职业教育办学模式的国际进展如何?有哪些成功

的经验可以借鉴？

中国职业教育算是"舶来品"，在发展的进程和状态上都落后于发达国家。因此，分析典型国家和地区职业教育办学的经验与教训，归纳世界职业教育办学模式的共性特征与发展趋势可以为中国职业教育办学模式改革提供相应的经验启示。

问题 4：现在怎么样？——中国职业教育办学模式的现状如何？有哪些具体的成就和突出的问题？

任何改革都是以问题和现状的调查为基础的，中国职业教育办学模式改革也必须以职业教育办学的现状为基础。因此，在理论分析、历史研究和国际比较的基础上，全面考察当前职业教育办学的现状，揭示存在的主要问题并分析其成因，以此来回答职业教育办学模式存在哪些主要问题。

问题 5：有哪些经典的办学模式？——中国职业教育办学模式有哪些实践样态？有哪些经验可借鉴？

从实践样态的角度，分析职业教育办学模式的具体样态：现代学徒制办学、集团化办学、园区化办学、产学研一体化办学、东西部合作办学、中外合作办学、县级职教中心的农村职业教育办学和城乡一体化办学等各自取得了哪些成就，又有哪些问题，又有哪些具体经验值得总结、反思与推广。

问题 6：改革的环境怎么样？——制度环境如何影响职业教育办学模式改革？中国职业教育办学模式的改革环境如何？

职业教育办学模式镶嵌在制度环境中，适应制度环境，并随着制度的变迁而不断变化。因此，制度环境是影响职业教育办学模式改革的重要因素。那么，政治、经济、技术、文化、国际关系等制度如何影响职业教育办学模式改革？中国的职业教育办学模式改革面临着什么样的制度环境？这些制度环境又有哪些问题？

问题 7：未来怎么办？——中国职业教育办学模式改革的未来方向？有哪些具体的措施与保障机制？

学术研究的终极目标依旧是解决现实的问题。因此，职业教育办学模式改革的研究也要提出中国职业教育办学模式改革的方向、中长期目标、步骤、任务及政策措施，提出有效开展改革的策略，进而指导职业教育办学模式改革的实践。

（三）研究的预期目标

根据以上的研究问题分解，基于研究问题的解决，本书需要解决和实现的基本研究目标包含了 7 个方面，如图 1-4 所示。

图 1-4 研究目标分解

目标 1：明确职业教育办学模式内涵，从理论上建构职业教育办学模式的立体分析框架。

职业教育办学模式包括了主体要素、理念要素、物质要素以及目标、计划、行动等管理和领导要素。在层次上，职业教育办学模式包括了国家层面的职业教育办学、区域层面的职业教育办学和院校层面的职业教育办学。在形式上，职业教育办学包含了现代学徒制办学、集团化办学、园区化办学、产学研一体化办学、东西部合作办学、中外合作办学、县级职教中心的农村职业教育办学、城乡一体化办学和民族地区职业教育办学等多种形式。因此，需要有解释力的分析框架来探究职业教育办学模式的理论与实践问题。所以，本书的第一目标是从职业教育办学模式基本内涵出发，建立具有较强解释力的分析框架。

目标 2：梳理职业教育办学模式的历史脉络，从历史经验中探究职业教育办学模式的基本规律。

不同的历史时期，职业教育办学模式有着不同的历史样态和状态，这些历史的实践智慧与经验对于当今职业教育改革具有重要的借鉴与指导价值。因此，以古观今，在对新中国成立以来职业教育办学模式的历史变迁、历史经验和历史规律的把握上，确立当今中国职业教育办学模式改革的方向是本书的重要工作。因此，本书的第二个目标就是从历史研究出发，梳理职业教育办学模式的历史脉络，从历史经验中探究职业教育办学模式的基本规律，探寻职业教育办学模式"曾经怎么样？"，进而为今天的职业教育办学模式改革提供指导。

目标 3：比较国际职业教育办学模式的得失成败，从国际经验中探寻中国职业教育办学模式改革的方向。

中国职业教育有很长的历史，但是却只有短暂的辉煌，时至今日，职业教育发展依旧相对落后。与发达国家相比，中国职业教育办学模式、课程开发、教学设计等方面的发展都相对落后；与中国自身经济社会发展水平相比，中国职业教育发展尚不成熟，课程、教学、评价等都滞后于经济社会的发展需求[①]。因此，

---

① 李鹏：《职业教育学习评价效用的制度分析》，西南大学博士学位论文，2018 年，第 8 页。

在探究中国职业教育办学模式改革的过程中,非常有必要借鉴国外职业教育办学的经验。本书通过对德国的"双元制"、美国的"社区学院"、澳大利亚的"TAFE"、日本的"短期大学",以及英国、法国、韩国等国家职业教育办学模式进行比较分析,为中国职业教育办学模式的改革与发展提供经验借鉴和方向启发。

目标4: 调查中国职业教育办学模式的现状与问题,找准中国职业教育办学模式改革的突破口。

没有调查就没有发言权,而没有证据的改革就是没有方向的行动,很难保证改革的成功。为了全面掌握中国职业教育办学模式的得失成败,需要在全国范围内对职业教育办学模式进行系统调查。本书综合运用问卷调查、面板数据、案例分析、深度访谈等方式,用数据和案例回答:"谁在办学?"——谁在参与职业教育办学?参与得如何?"办什么学?"——中国职业教育办学究竟有哪些形式和样态?成效与问题如何?"怎么办学?"——国家、区域、院校在职业教育办学中的参与方式、合作方式与办学成效如何?"如何保障?"——当前职业教育办学的经费保障、师资队伍和基础条件如何?通过对四个基本问题的回答,明确下一步职业教育办学模式改革的突破口。

目标5: 着重分析中国职业教育办学模式的实践模式,分析总结职业教育办学模式的实践经验与教训。

办学模式虽然是综合性的、宏观性的研究问题,但是在实践中,最终都会外显为一种具体的办学模式。因此,除了在宏观层面进行全国调查之外,职业教育办学模式研究还需要在中观层面对具体的办学模式进行深度考察,特别是对现代学徒制办学、集团化办学、园区化办学、产学研一体化办学、东西部合作办学、中外合作办学、县级职教中心的农村职业教育办学、城乡一体化办学和民族地区职业教育办学模式进行典型性剖析。通过职业教育办学的实践模式分析,总结各种办学模式的得失成败,基于经验与教训的总结,为未来职业教育办学改革找到参考性的证据。这是职业教育办学模式改革能够在理论"顶天"之后,改革能够"立地"的重要现实基础。因此,也是本书的重要目标。

目标6: 分析职业教育办学模式改革的制度环境,理清制度环境对职业教育办学模式改革的机理、现状与问题。

制度环境是影响职业教育办学模式改革的重要因素,因为职业教育镶嵌在复杂的制度环境中,适应制度环境,并随着制度的变迁而不断变化。国家社会的政治体制、经济生产方式与产业结构、劳动力市场特征、社会文化观念、国际关系等都对该国或地区职业教育办学模式的产生与发展具有重要作用。因此,本书必须洞察三个基本问题:一是制度环境是如何影响职业教育办学模式改革的?作用机制是什么?二是当前职业教育办学模式改革的制度环境如何?有哪些问题?三是在复杂的制度环境中，职业教育办学模式呈现出什么样的类型？改革又有哪些趋势与方向。这是本书的第六个目标，也是推进职业教育办学模式改革实践方略的重要基础。

目标7：探索职业教育办学模式改革的未来方向，提出具体的、有操作性和创新性的办学模式改革对策建议。

如何变革职业教育办学模式是本书的重要问题，也是本书的终极目标之一。在前述理论分析和实证研究的基础上，职业教育办学模式的基本规律、历史发展、国际经验、国内现状、典型模式与问题都已经明朗和清晰。因此，需要在理论研究与实证调查的基础上，分析未来职业教育办学模式的改革方向，在新时代，办学的理念如何从"校企合作"转向"产教融合"？如何在国家宏观层面、区域中观层面以及院校的微观层面进行针对性的、操作性的问题破解和改革？又如何在职业教育的外围，形成有利于技能学习、技能形成的制度环境，保障职业教育办学模式的改革稳步进行？以此政策咨询建议为基础，指导和推动职业教育办学模式改革在国家政策、区域规划和院校实践上，展开试验和推广。这是本书的终极目标，也是本书价值得以实现的重要基础。

二、研究内容分解与结构安排

职业教育办学模式的研究内容庞杂，需要进一步理顺研究问题之间的关系，建立课题研究的结构框架，安排课题研究的内容结构，以此为基础，初步建立职业教育办学模式的分析框架，提出课题研究的核心主张与判断。

（一）研究内容分解

根据课题研究的目标与具体问题，职业教育办学模式研究可以分为3个模块9个主题的研究，如图1-5所示。

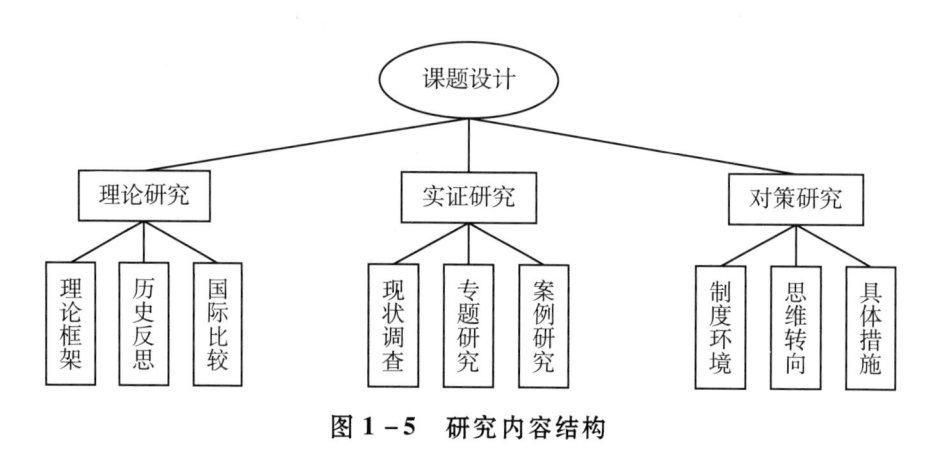

图1-5 研究内容结构

如图 1-5 所示，根据课题研究的内容不同，可以分为三个大类研究：一是理论研究，主要包括职业教育办学模式的理论框架研究、职业教育办学模式的历史反思研究和职业教育办学模式的国际比较研究。二是实证研究，又包括职业教育办学模式的现状调查、职业教育办学模式的专题研究和职业教育办学模式的案例研究。三是职业教育办学模式的对策研究，具体包括职业教育办学模式的制度环境、思维转向和改革的具体措施三个方面的内容。

（二）内容结构安排

在内容结构上，本书按照"总课题牵头、子课题推进"的模式，将总课题的研究内容分解为 7 个子课题。按照"理论研究""实证研究""对策研究"的模块进行整理，按照不同内容的逻辑，形成了纵横交织的理解结构（见图 1-6）。

子课题 1：职业教育办学模式的理论研究。

一是办学模式的内涵研究，界定什么是办学模式，它和教育模式是什么关系，办学模式的核心要素有哪些，办学模式的研究边界与主要研究课题是什么，达到的研究目标是为总课题清晰界定研究范围。二是职业教育办学模式的形成基础研究，从社会学、经济学、管理学和组织行为学等多学科角度，探索不同职业教育办学模式形成的社会、经济与文化基础及其形成集成机制。三是职业教育办学模式分类框架研究，探索职业教育办学模式的分类标准，确定并描述国内外现有的主要职业教育办学模式。

子课题 2：中国职业教育办学模式的历史研究。

历史研究的目的在于客观描述和系统梳理职业教育办学模式的演变历程，总结经验与教训，探寻历史规律；从历史研究中获得历史规律，并回答从哪里来，为什么会有今天的办学模式且有哪些规律可循等问题。研究的具体内容包括：一是近代以来中国职业教育办学模式的演变历程；二是各主要阶段职业教育办学模式的特征与影响因素；三是中国职业教育办学模式演变的基本规律。

子课题 3：职业教育办学模式的比较研究。

选取具有一定代表性的国家为个案：美国、英国、德国、法国、澳大利亚、日本、韩国等。本书着重从职业教育的办学主体、办学目标、培养方式以及制度保障条件四个方面对这些个案进行系统梳理和分析，然后结合中国当前职业教育办学模式中存在的根本性问题进行有针对性的综合比较分析，通过比较力图发现导致中国职业教育办学过程中出现这些问题的根源所在，并通过借鉴这些案例经济体的先进经验找出解决这些问题的有效途径。

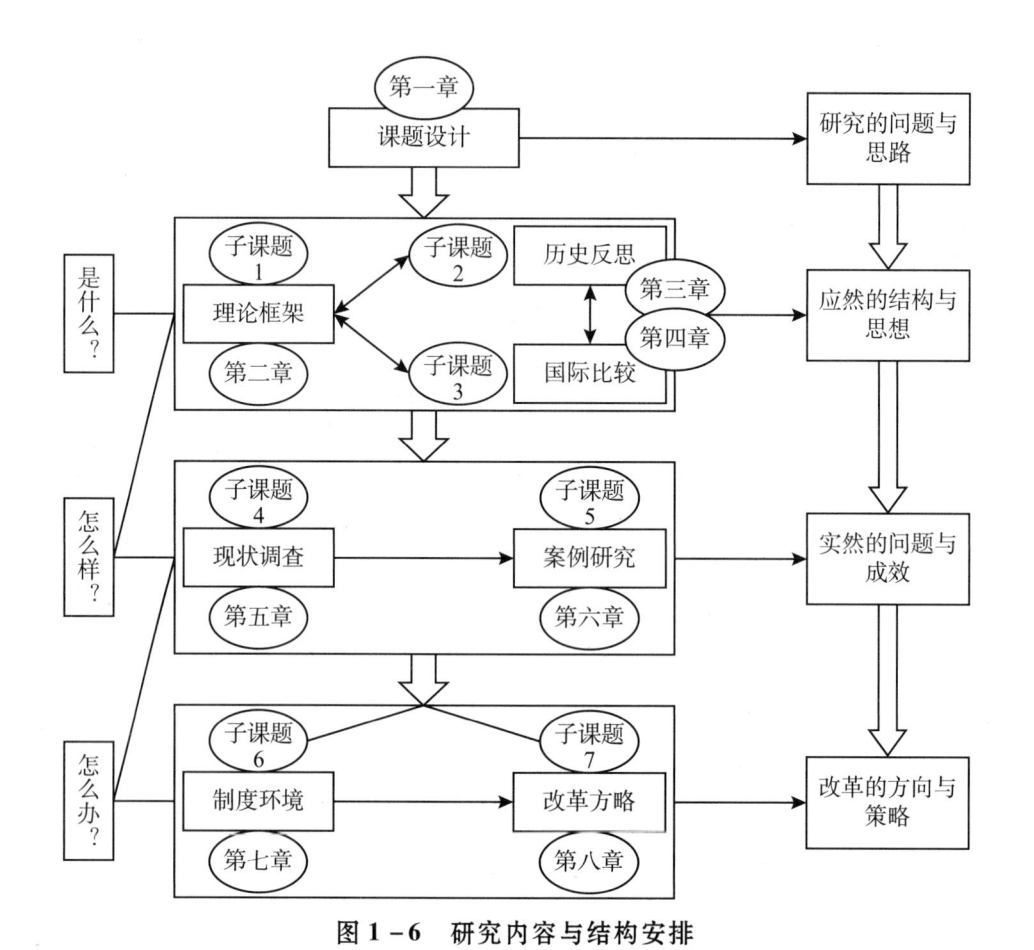

图 1-6　研究内容与结构安排

子课题 4：中国职业教育办学模式的现状研究。

全面考察当前职业教育办学的现状、揭示存在的主要问题并分析其成因。具体内容包括：一是通过调研了解中国职业教育办学的基本情况；二是分析职业教育办学中存在的问题及其成因；三是分析职业教育办学模式改革的现实空间。在具体研究上，首先根据区域、层次、类型等维度确定有代表性的地区（代表东、中、西部区域的市、县）和学校进行调研。其次，设计并确定调研工具：包括现状调研的问卷和访谈提纲。再次，具体实施调研、收集资料：综合采用问卷法、访谈法、观察法等多种调研方法。最后，整理和分析资料，形成研究报告。

子课题 5：中国职业教育办学模式的成功个案研究。

深度分析在现有制度环境下职业教育办学成功的案例，获取可复制、可推广的经验。结合目前职业教育办学中的关键问题——如何践行工学结合的人才培养模式？如何实现办学资源的整合和优化配置？选择中国职业教育办学的成功个案进行深度剖析。个案选择覆盖不同层次、类型与区域的办学，重点分析其背景、基本特征、外部制度环境、优缺点及推广性，结合现实问题与未来发展趋势提出改革完善建议和制度保障的建议。

子课题 6：中国职业教育办学模式改革的制度环境研究。

为了明确提出中国职业教育办学模式改革的制度环境，运用新制度主义分析框架，综合历史制度主义、理性制度主义、社会学制度主义等视角，系统阐述职业教育办学模式与制度环境的关系，并借此分析当前职业教育办学模式改革的政治、经济、技术、文化和国家关系等的制度环境现状与问题，及其对中国职业教育办学模式的影响，基于办学模式改革与创新的发展目标，探索新时代职业教育办学模式改革的实践方向。

子课题 7：中国职业教育办学模式改革的对策研究。

明确提出中国职业教育办学模式改革的方向、中长期目标、步骤、任务及政策措施。具体的研究内容是以多元化职业教育办学模式为基础，借鉴历史经验、国际经验和国内成功经验，结合存在的问题，提出中国职业教育办学模式改革的方向、具体措施、保障机制，并在此基础上制定具有操作性的职业教育办学模式中长期改革方案，从"宏观—中观—微观"的路径上推进改革，促进中国职业教育办学模式改革。

（三）研究的重点与难点

1. 研究重点

职业教育办学模式应该有区别于其他教育类型办学模式的独特规律，本书基于对职业教育办学模式内涵的科学界定以及对职业教育办学基本规律的准确把握，实现职业教育办学模式分析框架的"建模"，以此总领整个研究，建立研究不同社会、经济和文化背景中职业教育办学的宏观分析框架。本书将不停留于概念讨论层面的理论研究，而是重点针对当前中国职业教育办学的现实问题，提出具体的改革实施方案，引领职业教育办学实践的改革创新；强调对职业教育办学模式制度环境的研究，为推进改革提供制度保障。

2. 研究难点

职业教育研究的问题既是教育问题，更是经济问题。特定职业教育形态是嵌入在特定经济体系中的，只有分析清楚经济体系中各要素之间的关系，才能彻底理解职业教育问题的本质，也才可能彻底找到解决问题的思路[①]。就目前的研究现状而言，职业教育办学模式研究的基础薄弱，理论研究脱离实际办学问题，难

---

① 徐国庆：《中国二元经济政策与职业教育发展的二元困境——经济社会学的视角》，载于《教育研究》2019 年第 1 期，第 102~110 页。

以引领职业教育办学模式的变革;基于职业院校办学实践的研究囿于个别经验总结,缺乏模式的提炼与总结,难以发挥推广与示范作用。如何通过多维度的研究,建立职业教育办学模式的理论分析框架、提出适合中国国情的可操作的改革实施方案,这是职业教育办学研究领域亟待突破的难点。

三、分析框架、研究的立场和主张

在明确了研究的工作和任务之后,开展职业教育办学模式的研究就需要建立研究的分析框架,基于"问题+视角"的分析明确研究的立场和基本的研究主张。

(一)分析框架的提出

规范的分析框架是由"问题+范畴"而组成[①]。在本书中,笔者立足于新的历史时期职业教育办学模式面临的困境和挑战,以办学模式的构成要素为切入点,重点分析4个基本问题:"谁来办?""办什么?""怎么办?"以及"如何保障?"这是职业教育办学模式中最核心的分析问题。在理论范畴上,职业教育办学模式是复杂的、综合的,理解和分析这些问题需要相应的理论视角来支撑。从职业教育办学模式自身的"跨界性"来说,教育学、经济学、社会学、管理学等理论都是重要的分析工具。

从哲学的视角来看,职业教育办学模式是一个系统。首先,职业教育办学模式不仅包括"办学目标与办学定位、办学策略与培养方式、办学条件与外部环境"等要素,还涉及政府、职业学校、企业、行业等合作要素,这些因素本身就是一个系统,各因素之间相互作用和联系,其中任何一个因素都会影响到职业教育办学的效果。其次,职业教育本身存在着不同的层次和类型,不同层次类型之间相互影响、相互作用,从而对办学模式的构建产生了影响。综上所述,职业教育办学模式也是一个系统问题,通过运用系统理论进行研究分析,能够使办学模式更加科学化、合理化。

从社会学的视角来看,职业教育办学中,政府、大学和企业三个主体是系统的核心要素。在创新活动过程中,通过组织的结构性安排、制度性设计实现三方密切合作、相互作用。政府、产业和大学三方都可以成为动态体系中的领导者、组织者和参与者。因此,基于三螺旋理论,理想职业教育办学模式的校企合作支持系统必须是一个螺旋状的联系模式,即行政链、生产链和科学链的每股螺旋都在纵向上不断完善,呈现出进化形态。这种"三位一体"的格局要求政府、企业

---

① 邓友超:《教育解释学》,教育科学出版社2009年版,第14页。

和职业院校能够各司其职，各尽其能，从而创造整个螺旋体的最大效益。

从管理学的视角来看，职业教育办学是多元利益相关者参与的综合实践。职业教育作为与经济社会发展关系最为紧密的教育类型，其办学离不开政府、企业、行会等利益相关方的参与。办学模式改革的核心内容就是要打破政府作为唯一管理机构和单一权力中心的现状，实现办学主体的多元化。基于利益相关者的职业教育办学模式就是要求建立一种由政府部门，高职院校的教学人员、研究人员、行政人员、学生，企业，行业和社会团体等利益相关者共同参与的、基于合作伙伴关系的、多元化的职业教育办学模式。它的最终目标是建立一种不是控制监督而是自主合作，不是中央集权而是权力分散，不是由政府统治而是利益相关者合作，不追求一致性和普遍性而追求多元化的符合共同利益的职业教育办学格局治理机制。

从经济学的视角来看，教育与培训是提升个人资本的重要途径。人力资本理论深入职业教育内部的核心层次，为职业教育标准或样式提供了一个设计的原则。人力资本的概念有以下几种含义：第一，人力资本主要指凝结在劳动者身上的知识、技能及其所表现出来的劳动能力，既是经济增长的投入，又是经济增长的原因。第二，人力资本的形成途径是有效的职业教育培训。第三，人力资本是影响经济增长的主要因素。职业教育是个人和社会投资进而形成人力资本的重要途径，人力资本给个人和社会带来的收入增长成为职业教育效益的衡量标准，职业教育的举办者、培训对象、管理运营者和企业家以追求利益的动机初衷和投入产出的法则参与职业教育活动。结合中国实际，吸收人力资本理论精华，对中国当前职业教育办学模式创新的顶层设计具有积极的理论借鉴意义。

最后，从教育学的视角来看，人的全面发展是所有教育的使命。"各方面都有能力的人"既包括身体机能的活力运转与思想道德水平和审美能力的提升，也包括物质和精神创造能力、交往能力及人的各方面潜能的激发。第一，人的全面发展是自由的发展。自由就是在掌握客观规律的前提条件下，一个完整的人使自己从机体到心理自由地发展。第二，人的全面发展是以一种全面的方式。马克思认为，人的全面发展包含人的劳动方式、劳动能力、社会关系、个性自由及人类整体的全面发展。人类在劳动中产生，人的发展形成于劳动中。第三，人的能力的全面发展。人的能力是人的全面发展的核心内容。结合职业教育实际，借鉴"人的全面发展理论"的理念，对中国当前职业教育办学模式微观层面的人才培养模式、教学模式等具有积极的理论借鉴意义。

因此，根据职业教育办学模式的分析问题和理论视角，基于4个问题、5重理论的分析框架，本书6个分析单元如下：一是办学定位，宏观聚焦于工学结合的人才培养模式和资源的优化整合，中观则聚焦于办学目标、功能与特色；二是结构形态，宏观聚焦于国家整体的办学类型布局、资源结构、合作模式等，中观则聚焦于专业结构、组织管理结构等；三是办学体制，宏观聚焦于国家整体的多元主体办学体制，中观则聚焦于某院校办学主体的权责分配；四是投资体制，聚焦于国家和院校投资主体以及激励性的财政制度；五是管理体制，聚焦于国家和院校管理主体间的分工与合作；六是运行机制，聚焦于国家、地方和院校层面的办学运行、资源运作等。

（二）研究的基本立场

在职业教育办学模式的研究和分析中，以问题为导向，在具体的研究中，坚持"求真求是""唯实唯物""谋新谋变"的价值立场和基本原则：

第一，求真求是。一是理论的契合性与启示。职业教育办学模式中有着多重问题，因此，在问题分析的过程中需要选择恰当的理论，从不同的理论视角找到不同的分析结果与启示。二是历史的真实性与教训。职业教育办学模式的历史是漫长的，在整个历史分析中要坚持历史的真实性和严谨性，善于从历史分析中得到有价值的经验和教训。三是经验的批判性与借鉴。职业教育办学模式在国外有着丰富多样的实践，也有着多元化的经验，在本书中，要从国际经验中进行批判式的反思，严谨规范地运用国外经验。

第二，唯实唯物。一是数据的信度与效度。职业教育办学模式的研究中，需要进行全国性的调查，在数据获取的过程中，坚持严格的测量学标准，用信度和效度良好的数据进行实证分析。二是案例的来源与加工。案例分析是职业教育办学模式研究的重要基础之一，但是，案例的选择和加工却往往是带着价值判断的。因此，本书需要按照价值中立的原则遴选案例，以公平、客观的尺度分析案例的得失成败。三是问题的剖析与反思。发现成绩是相对容易的事情，但是找到问题才是学术研究的追求。本书在全国性的调研和案例分析的基础上，结合数据与案例，找准职业教育办学模式的问题，为未来职业教育办学模式改革提供针对性的突破口。

第三，谋新谋变。一是参照国际视野变革。中国职业教育办学在实践上和成绩上落后于西方，因此，中国职业教育办学需要充分发挥"后发优势"，参照国际标准进行办学模式改革。二是紧跟时代脉搏创新。职业教育与经济社会联系相当密切，时代不断发展，经济社会产业结构不断升级发展，因此，职业教育的办学模式也需要不断地创新和改革。三是针对问题困境突围。职业教育办学模式的问题是复杂的，也是多样化的，职业教育办学模式要取得持续性的发展就需要将问题一一破解。因此，职业教育办学模式的改革需要针对问题和困境而突围，在思维转向、关键举措和保障机制上不断创新。

(三) 几个主张与猜想

从"问题+理论"的分析框架和研究立场出发,可以对职业教育办学模式的理论和实践进行相关的推断和猜想。本书的基本猜想和主张如下:

第一,职业教育办学模式不仅仅是一个教育的问题,更是一个经济的、社会的问题。因此,一方面,分析职业教育办学模式的问题需要跨学科的思维与理论工具;另一方面,职业教育办学模式要适应经济社会发展的现实需求。

第二,中国职业教育办学模式经历了长久的变革与发展,一方面积淀了职业教育办学的宝贵经验,另一方面,也孕育了职业教育办学模式的变化规律。因此,需要系统总结和归纳职业教育办学模式的历史经验。

第三,发达国家的职业教育办学模式领先于中国职业教育的发展水平,因此,需要借鉴国外职业教育办学模式的经验,进行国内职业教育办学的改革;要参照国际先进水平,进行批判式的借鉴与改进。

第四,职业教育办学模式经过多年的发展取得了一定的成就,但是也存在严重的问题,到了必须变革和转向的时候,因此,对职业教育办学模式必须采取相应的措施,进行相应的改革。

第五,职业教育办学模式的改革需要从传统的校企合作转向"产教融合",从经济模式和产业结构上,找准职业教育办学模式变革与发展的着力点,创新职业教育办学模式的发展战略。

第六,职业教育办学模式改革不仅需要职业教育内部系统的改革,还需要在外围制度环境上进行变革,因此,需要系统变革中国职业教育技能形成的制度环境,为职业教育办学模式的改革提供外围保障。

第三节 研究方案与技术路线

在确定了研究问题、研究内容与分析框架之后,就需要确定研究方案与技术路线,选择适合的研究方法与研究手段,开展具体的研究工作。

一、研究方案与技术路线

研究方案是从事学术研究的蓝图。本书在研究问题分解和目标确定的基础上,设计本书的研究方案与技术路线。

（一）研究方案

本书总体上遵循"发现问题—分析问题—寻找经验和理论支持—提出策略—解决问题"的基本思路，按照"问题导向、模块推进"的计划，分别开展"理论研究""历史研究""比较研究""现状研究""个案研究""制度环境分析""对策建议研究"几个部分的研究。在研究工作上，一是从理论研究中获得职业教育办学模式的应然特征与目标任务；二是从历史研究中获得历史规律，并回答中国为什么会有今天的办学模式的问题；三是从比较研究中获得职业教育办学模式的共性特征；四是从现状研究中分析当前中国职业教育办学模式遇到的困境与挑战，并分析其成因；五是通过专题研究从不同侧面探讨职业教育办学模式的要点，通过个案研究剖析当前制度环境中的成功案例与经验；六是基于上述研究，通过分析职业教育办学模式与制度环境的关系，明确职业教育办学模式改革的实践方向；七是最后归纳得出中国职业教育办学模式改革的行动策略，获得具有可操作性和推广性的策略，检验修正最初提出的策略。

（二）技术路线

本书按照"提出问题—分析问题—解决问题"的研究思路，遵照"是什么？—为什么？—怎么样？—怎么办？"的问题思考，采用混合研究的技术方案，根据问题探究的思路、论证的过程和发现的结果，实施富有变化的研究结果表达，形成最终的研究报告，如图1-7所示。

二、研究方法与主要手段

在如图1-8所示的技术路线中，本书针对不同问题和不同研究内容，采用不同的研究方法，而不同的研究方法又有不同的技术手段与工具。因此，在确定职业教育办学模式的研究思路之后，还需要进一步论证研究方法的可行性与合理性。具体来说，研究方法与研究手段如下：

（一）研究方法

一是文献法。文献法是本书的基础性研究方法。在运用范畴上，文献法从提出问题开始，在研究背景、现状、核心概念、理论框架、历史反思、国际比较等方面都有所涉及。在具体的使用策略上，主要依托于华东师范大学与其他各大学的数据平台，检索国内外职业教育办学的文献，通过文献阅读与分析，解读职业教育办学中的各种问题。

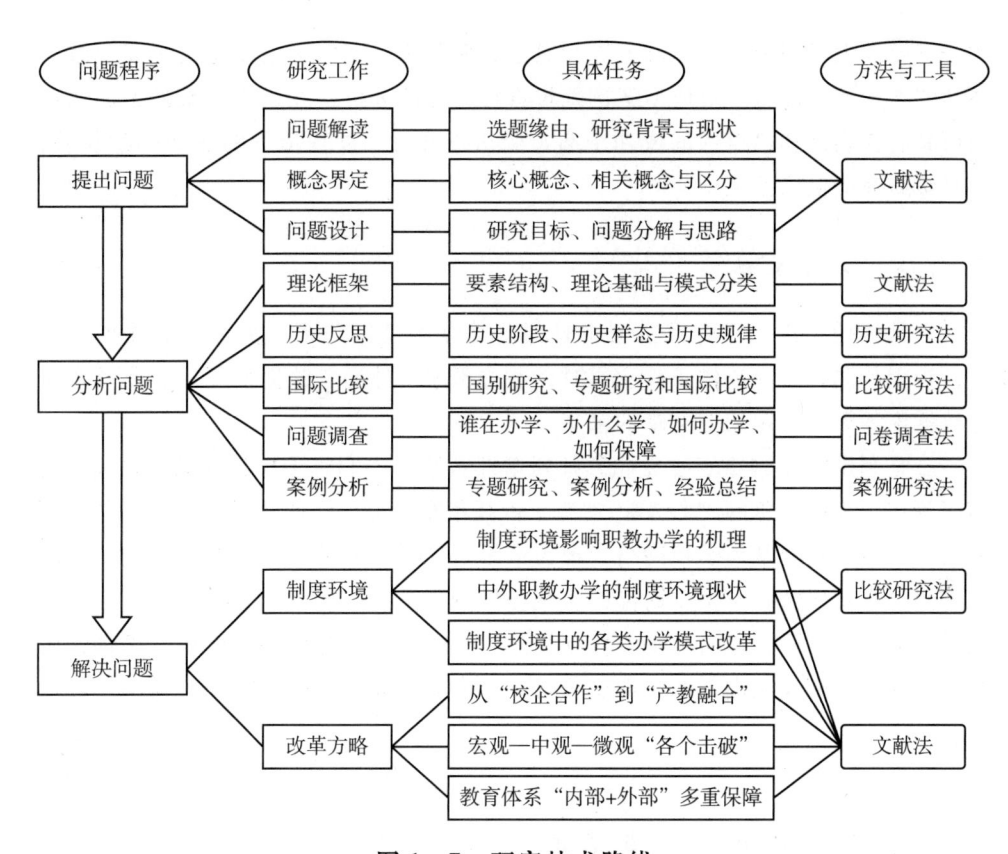

```
问题程序          研究工作              具体任务                    方法与工具

              ┌ 问题解读 ── 选题缘由、研究背景与现状 ┐
  提出问题 ──┼ 概念界定 ── 核心概念、相关概念与区分 ─── 文献法
              └ 问题设计 ── 研究目标、问题分解与思路 ┘

              ┌ 理论框架 ── 要素结构、理论基础与模式分类 ── 文献法
              │ 历史反思 ── 历史阶段、历史样态与历史规律 ── 历史研究法
  分析问题 ──┤ 国际比较 ── 国别研究、专题研究和国际比较 ── 比较研究法
              │ 问题调查 ── 谁在办学、办什么学、如何办学、
              │            如何保障                      ── 问卷调查法
              └ 案例分析 ── 专题研究、案例分析、经验总结 ── 案例研究法

              ┌ 制度环境 ┬ 制度环境影响职教办学的机理
              │          ├ 中外职教办学的制度环境现状   ── 比较研究法
  解决问题 ──┤          └ 制度环境中的各类办学模式改革
              │
              └ 改革方略 ┬ 从"校企合作"到"产教融合"
                         ├ 宏观—中观—微观"各个击破"     ── 文献法
                         └ 教育体系"内部+外部"多重保障
```

图 1-7 研究技术路线

二是历史法。历史法的使用范畴主要在职业教育办学模式历史阶段的梳理中。在使用策略上，主要通过历史素材的收集和分析，研究职业教育不同发展阶段办学的特征和影响因素，总结经验与教训，探寻发展规律。

三是比较法。比较法是本书的重要方法与特色之一。在运用的范畴上，比较法主要用于国际经验比较部分；在运用的策略上，主要通过对德国、美国、英国、澳大利亚、日本、韩国等国家的办学模式进行比较分析，建立国际职业教育办学的比较坐标，基于国际经验的总结，为发现中国职业教育办学模式的问题和制定对策建议提供依据。

四是调查法。在运用的范畴上，调查法主要应用于现状研究、专题研究、个案研究等子课题的研究中。在运用的策略上，结合文献研究设计调查问卷与访谈提纲，然后根据抽样原则，在全国范围内实施抽样调查，分别对职业院校、行业企业及其相关的办学主体进行问卷调查和访谈调查，基于抽样调查与面板数据，分析职业教育办学的主要问题。

五是个案法。典型案例所蕴含的问题往往是问卷调查和访谈不能发现的，因此，需要在大面积调查的基础上进行典型案例分析。案例法主要运用于职业教育办学的本土实践部分，对典型案例院校进行专题性分析。在运用的策略上，通过剖析具有代表性和典型性的成功个案，分析在现有制度环境下的成功办学经验，为对策研究提供依据。

（二）研究手段

一是依托与各级政府及教育主管部门建立的良好关系，实现面上数据的采集，为现状调查研究提供条件；同时，通过国家统计局、数据购买、职业教育研究数据库等渠道实现相关文献的采集。

二是利用"全国重点建设职教师资培训基地"中职骨干校长国家级培训班与高职管理干部高研班的"校友"资源，依托华东师范大学职业教育与成人教育研究所二十余所实验基地学校网络，覆盖数十所项目学校和各区域典型学校，为现状调研、个案研究以及实验研究的实现提供现实基础。

三是利用国际合作研究平台实现境外资料的获取，为境外调研提供条件；同时，也通过研究团队内部的定期交流机制，实现研究信息的及时沟通与研究经验的互补。

三、研究创新与几点不足

在研究的设计上，本书尽可能用科学的、可操作的思路去探究相关的理论与实践问题；尽可能用新的数据、新的案例和新的方法，探究新的问题。但是，职业教育办学模式极其复杂，再怎么精细的设计也会有相应的不足和局限。

（一）可能的创新

第一，"全景式"透析职业教育办学模式的历史、现状与未来，这是研究内容的创新。本书综合运用文献分析、历史研究、比较研究、调查研究与案例研究等方法，系统分析了职业教育办学模式的历史发展、国际经验、国内现状与本土实践，"全景式"呈现了职业教育办学系统的方方面面。

第二，"框架式"总结了职业教育办学模式的要素、特征与规律，这是分析框架的创新。本书从系统科学、管理学、社会学等多学科视角出发，立足于职业教育办学模式的问题，解构了职业教育办学模式的分析要素、结构单元，归纳了职业教育办学模式的特征与规律，实现职业教育办学模式的理论"建模"，具有理论上的新意。

第三,"前瞻式"指引了职业教育办学模式改革的方向、思维与路径,这是对策建议的创新。本书从"类型教育"的目标出发,从"教育问题+经济问题"的立场,提出了职业教育办学模式从"校企合作"转向"产教融合",并从"国家—区域—院校"层面规划了职业教育办学模式转向的路径和教育系统的"内部+外部"保障机制。

(二) 主要的局限与不足

尽管本书在设计上尽量地追求创新,力求将职业教育办学模式的现状和问题还原,但是,再怎么精细的设计和思考也有其局限与不足,其主要体现在以下方面:

一是数据的获取上。职业教育办学模式情况复杂,要想获得最原始、最真实的一手数据存在一定的难度,加上统计数据、购买数据、问卷收集的各类数据以及数据的统计分析难免存在误差,这是实证研究和统计分析无法规避的局限和问题。

二是职业教育办学模式极其复杂。尽管本书通过历史反思、国际经验与现状调查,探究了职业教育办学模式的问题,并基于问题提出了相应的对策建议。但是,这些对策建议并没有在严格的实验中得到验证。这是未来需要解决的问题。

第二章

职业教育办学模式改革的理论分析

理论是描述、理解与预测现实的概念与命题的集合,也是解释和分析问题的重要工具。职业教育办学是复杂的实践,办学模式更是多样化实践抽象出来的经验精华与行动方案,这种复杂而抽象的研究问题需要借助一定的理论去解构。因此,本章建构了职业教育办学模式的问题分析框架,根据职业教育办学模式的要素结构、本质特征和目标取向解读,从重要任务与关键问题的追问建构职业教育办学模式的理论框架。

第一节 职业教育办学模式的要素、特征与价值取向

职业教育办学模式样态纷呈,但在理论上,各种各样的办学模式都可以抽象出特定的要素,归纳出稳定的特征。本节从职业教育办学模式的基本要素入手,分析职业教育办学模式的本质特征。在此基础上,探讨职业教育办学效益的价值追求。

一、职业教育办学模式的要素结构

办学模式的改革是一个系统工程,其因素涉及办学的方方面面。通过现有成果的系统分析可以发现,当前职业教育办学模式的核心要素主要集中在以下三个

方面：

（一）职业教育办学模式的主体性要素

办学的首要行为是创办学校，创办学校必须有办学主体和投资主体，即"谁来办学""谁投资办学"。由于办学主体对办学模式具有较大的主观选择性，因此，只有从办学主体这一根本性要素着手，才能进一步探讨办学体制以及与其相对应的投资体制和管理体制。对于"谁来办学"这一问题的追问，一是办学模式中的"投资体制"问题，即谁是职业教育的投资主体和权益主体问题。沃尔夫冈·弗朗茨（Wolfgang Franz）等的研究表明，德国并没有强制性的企业参与双元制的规定，但是在"学徒培训费用低于同一技能需求外部雇工工资要求，公司对培训质量有完全知情权，且学徒不能对其他公司示好"的情况下，"以追求利润最大化"的企业能积极投资学徒制培训[1]。阿德里安·齐德曼（Adrian Ziderman）通过对世界上40个国家相关情况的研究表明，"薪金总额征收（payroll levies）[2]"已成为世界上主要的职业技术培训的资金来源，同时也能在不占用公共资金的情况下鼓励企业参与培训。二是谁是办学模式中的"投资主体"。目前，中国职业教育主要的办学主体有两个：一个是以学校为主体；另一个是以企业为主体。近年来，逐渐开始有少量其他类型的相关职业教育投资主体参与职业教育办学，但是总体上，政府"一元"办学的整体格局始终没有多大变化。

职业教育具有"跨界"的属性，因此，职业教育办学的参与和治理应该呈现多元化。改革开放以来，中国经济社会发展不断转型。国家经济体制由国家或国有经济向公有制为主、多种所有制共同参与转变，政府对职业学校的管理由直接管理向更多地运用立法、政策导向、决策咨询、评估等宏观调控转变，学校由依附政府、作为政府计划的执行机构逐步向面向市场自主办学、自负盈亏的独立法人实体转变，学校内部管理由有计划按比例的统一管理向按需办学、优胜劣汰、多种分配方式并存转变[3]。因此，职业教育办学的主体也需要应时而变，从政府"一元"办学转向多元办学主体共同参与办学。一方面，在职业教育办学的投资渠道上，通过多元渠道而丰富职业教育办学的经济收入；另一方面，通过多元利益相关者的参与，实现职业教育办学的多中心治理。通过更加开放、公平的办学体制，为职业教育办学模式改革提供制度环境支撑与驱动力保障。

---

[1] Franz, W. & Pfeiffer, F., Reasons for Wage Rigidity in Germany. *Labour*, 2010（2），pp. 255–284.

[2] 即征收职工薪水总额的1%作为职工培训基金。参见：Ziderman, Adrian, Financing Vocational Training in Sub–Saharan Africa. World Bank Publications, 2003.

[3] 牛征：《职业教育办学主体多元化的研究》，载于《教育研究》2001年第8期，第58~64页。

（二）职业教育办学模式的目标性要素

职业教育的办学目标定位是职业教育办学模式运行的战略性要素，办学目标的定位决定了"办什么学"的实践。这种"目标—实践"的关系机制之间，又包括三类要素：一是对职业教育本身的功能和地位的目标定位。这是职业教育在整个教育体系中的价值立场问题，也是职业教育办学模式价值定位的前提。具体来说，职业教育如何在整个教育系统中进行办学定位？职业教育与其他教育类型的本质区别是什么？二是中观层面职业教育在国民经济体系中的目标定位，特别是面向区域经济和产业经济中的职业教育目标定位。职业教育是与区域经济联系紧密的教育类型，在现代经济体系中的定位决定了职业教育办学的实践效益。因此，需要明确职业教育在所在区域办学目标上的竞争优势是什么；在中国特殊的劳动力市场和雇佣制度中，面向企业用人需求变化，职业教育办学目标如何调整和确定等问题。三是微观层面的院校类型与定位。职业院校和培训组织是职业教育办学的基层组织单元，也是职业教育办学模式的核心组织。在院校层面的目标定位上，既包括了院校本身的目标定位、专业定位，更包括了人才培养目标的定位。所以，办什么类型的职业学校，办哪些层次的职业院校，中、高等职业教育办学目标的区别和联系，都是职业院校办学需要考虑的目标定位问题。

在实践层面，职业教育办学目标定位存在多方面的争议与不确定性[①]：一是如何在高教性、职业性、区域性三性结合中寻找办学特色定位？二是究竟要追求升格，还是错位发展的办学层次定位？三是自组织性的独立办学，还是产学研合作的办学模式定位？四是究竟是正规职业教育，还是职业技能培训的发展方向定位？因此，在办学定位方面，政府应当对办学主体出台相应的政策文件，对办学主体开设专业所依据的材料做出严格要求，只有这样才能保证不浪费社会资源，保证办学定位的准确性和实用性。在办学目标方面，要立足于中国国情和学校的客观实际，注重社会需求与职业教育事业可持续发展的需要，注重开发利用学校的特有资源和优势，体现"人无我有、人有我优、人优我强"的思想，发挥比较优势，扬长避短。

（三）职业教育办学模式的条件性要素

职业教育办学是综合性的实践改革，而这些丰富多样的行动和实践需要各种各样的资源、条件和制度支撑，这也是实现某一办学模式正常运行的保障性要

[①] 杨林生、牟惠康：《高职院校办学定位的理性思考与现实探索》，载于《复旦教育论坛》2007年第3期，第41~44页。

素。具体来说，职业教育办学模式的保障性因素主要可以分为三类：一类是实体性的资源，外显为职业教育办学的各种物质资源与经费。在物质资源上，职业教育是兼具实践性、生产性的教育类型，因此，职业教育办学的物资消耗通常要高于普通教育。校园占地面积、校舍建筑面积（教学用房、教辅用房、办公用房、生活用房）、实习基地建设、图书馆建设、藏书量及管理人员、实验室、电化教室、仪器设备、体育卫生等各类设施都需要达到办学标准化水平[1]。在财物资源上，除了保障职业院校建设标准化之外，还应该关注办学运行的基本经费，以及在生均教育经费、教师绩效工资、学生资助与补助等方面进行经费的保障。二是办学中核心的人力资源。职业院校领导职数与结构、教师队伍结构与质量、"双师型"教师队伍比例、学生规模与来源质量等，都是职业教育办学中重要的人力资源。

在人、财、物要素之外，职业教育办学模式的保障还包括各种社会的制度与文化资源。相较于其他教育类型，职业教育与经济社会联系更加密切，职业教育的办学、改革与发展深受社会因素的影响。因此，教育系统之外的制度因素和文化因素是保障职业教育办学成功的重要因素。在国际上，德国国家控制下教育行政与行业协会主导模式、美国国家监控下区域行政主导模式、英国国家职业资格框架下教育行政主导模式都有着自身的制度与文化基础[2]，特别是德国的各种职业教育政策、英国的层级式结构、美国的职业技术教育法案等经验可以为中国职业教育办学所借鉴[3]。因此，某种职业教育办学模式在一个国家或地区能否生存与发展，其各种外在条件与环境，如相关制度、劳动力市场特征、文化因素等至关重要。目前，中国职业院校也在与企业合作办学、与国外职业类院校合作办学的过程中不断寻求外部环境制度的支持，但是职业教育仍然欠缺规范性文件的系统要求，如办学主体办学依据要求、办学定位要求、行业企业参与度的要求、政策援助支持的规范，等等。只有在对政策性文件加以规范的同时明确政府或教育行政主体在职业教育中所扮演的角色，才能保证外部制度环境的规范性、合理性。

二、职业教育办学模式的本质特征

"模式"是对现实的抽象概括，也是理论的简化形式，是最简洁明了的表

---

[1] 李鹏、朱德全：《义务教育学校标准化建设：进程、问题与反思——基于2010年~2014年全国义务教育办学条件数据的测度分析》，载于《清华大学教育研究》2016年第1期，第110~117页。
[2] 刘晓、石伟平：《高等职业教育办学模式评析》，载于《职教论坛》2012年第10期，第5~8页。
[3] 王成武：《职业教育政策策略的国家比较》，载于《现代教育科学》2003年第4期，第79~80页。

达。职业教育办学也是各种各样办学实践的抽象,不仅是指职业院校的办学模式,而且是指整个职业教育体系的办学模式。从整体性、抽象的层次来说,职业教育办学已经形成了稳定的、成熟的模式特征。具体来说,这种特征表征如下:

(一) 规律性与目的性

职业教育与经济、社会发展、时代特征的关系,职业教育人才培养的规格、层次,技术知识学习的特点,职业学校自身的历史与现实等职业教育的内部规律制约着职业教育办学的形式,决定了职业教育与其他教育形式在办学模式上的本质不同。职业教育办学模式是职业教育工作者在尊重职业教育规律的前提下,不断实践、不断摸索、不断提炼、不断创造而成的。无疑,成功的职业教育办学模式是职业教育规律的集中反映,是具有规律性的。同时,职业教育办学模式应该是具有目的性的。在职业教育办学模式运作过程中,各利益集团,如职业院校、政府、企业、教师、学生、家长、贷款者、捐赠者等从自身立场出发,评价职业教育运行模式的价值选择是否满足自己的需求,符合自身的利益,从而决定是否肯定、支持与服从[1]。正如马克斯·韦伯所言:"参加者的社会行为方式,从事物的本质上讲,一般最符合他们的正常的、主观估计的利益,他们以这种主观的看法和认识作为他们的行为的取向。"[2] 因此,规律性与目的性的统一是现在及未来职业教育办学模式的主要特征。

(二) 多样性与统一性

目前,中国职业院校办学模式从学校的组建形式分类,主要有"投资创建型""中专升格型""成人高校改制型""二级学院型"等;从办学指导思想和办学目标要素分类,主要有"生存型""特色型"等;从投资体制角度来分类,主要有"国有""民办""股份制"等;按管理体制划分,有公有民办、公办民助、民办公助等类型。因此,办学体制的多元化体现了职业教育办学模式的多样性。职业教育办学模式的统一性是指某一职业教育办学模式内部在机构经营、管理和运行方面的一致性。虽然职业教育办学模式在机械的移植过程中可能出现"橘生淮南则为橘,生于淮北则为枳"的情况,但在现实中,某一种职业教育办学模式一旦形成,则必然有可以概括或提炼的特征。因此,即使在不同区域间,相同的

---

[1] 唐林伟:《职业教育办学模式论纲》,载于《河北师范大学学报 (教育科学版)》2010年第5期,第96~100页。
[2] [德] 马克斯·韦伯:《经济与社会》(上卷),林荣远译,商务印书馆1997年版,第76页。

办学模式也是具有同质性或相似性的。此外，在政治、经济和文化传统等社会环境相近的情况下，职业教育的办学模式具有可复制性或移植性。

（三）发展性与稳定性

职业教育办学模式是在不断探索、不断调整中形成的，且一旦形成就具有相对的稳定性。但职业教育办学模式也在一定的稳定性中不断适应外部环境的变化。在其发展过程中，职业学校的结构越来越复杂，类型日渐繁多、形式趋向多样、职能不断增加，从单一的教学职能发展到目前的教学、科研、服务等多重职能。职业教育办学模式的形成需要在尊重职业教育办学规律的基础上，根据本国、本地区以及本职业教育机构的实际情况，不断探索、不断调整而最终形成。但职业教育办学模式一旦形成就具有相对的稳定性，任意调整、中断或随意移植其他办学模式，都有可能对职业教育机构的发展带来致命的影响和打击。当然，职业教育办学模式并不是一成不变的。经济的发展、社会的转型必然要求职业教育办学模式随之发生改变，以适应其外部环境的变化，只有这样职业教育才能培养出社会发展所需的技术和技能型人才。显然，职业教育办学模式的调整是应该建立在原有基础上的，其发展是具有连续性的，这是职业教育办学模式的"路径依赖"。

（四）被决定性与决定性

在本质上，职业教育办学模式是"形式"问题，它决定于职业教育的"内容"。职业教育的内部规律性制约着职业教育办学的形式，无视职业教育内部规律的办学模式必然是低效，甚至是无效的。职业教育办学模式虽然具有"形式"的被决定性，但它是对职业教育"内容"的扩展和深化。对办学模式的正确选择，决定了职业教育机构办学体制、专业定向、课程设置、教学管理的优化，也关系着师资队伍建设、招生和学生就业、办学经费投入等重大问题。因此，职业教育办学模式具有职业教育规律上的被决定性和职业教育运行机制上的决定性特征[1]。可以说选择什么样的职业教育模式受制于职业教育的内部规律性，但一旦选择了某一种职业教育办学模式，职业教育在经营、管理以及运行机制上就受到了模式化的约束。

---

[1] 唐林伟：《职业教育办学模式论纲》，载于《河北师范大学学报（教育科学版）》2010 年第 5 期，第 96~100 页。

三、职业教育办学效益的价值追求

质量与效益、投入与产出是职业院校的经营者、管理者最为关心的问题,因此,在机会、资源有限的情况下,必须在对一系列可行方案进行评价后选择最为有效的方式与行动。作为职业院校运行的规则和机制,"好"的职业教育办学模式应该照顾到制度的一般特性,又应该兼顾职业教育办学模式的教育属性。从职业教育办学模式的实践效益来看,职业教育办学模式的应然价值追求如下:

(一)职业教育资源利用率

资源利用是职业教育办学的重要基础与条件,因此,各类资源的利用效率是评价职业教育办学是否成功的重要尺度。在实践上,评价职业教育办学的好坏需要看是否有利于提高职业教育资源利用率,降低职业教育成本。制度经济学认为,"好"的制度安排就是能够降低交易费用、降低制度成本、增加制度收益的制度,成本比较是制约制度变迁的核心因素[①]。职业教育资源是职业教育过程得以展开的基础与前提,优化职业教育资源配置意味着集聚更多的优质资源办好职业教育。与经济制度创新一样,降低职业教育成本,提高职业教育资源利用率也是职业教育制度创新的重要目的。职业教育办学模式,不管是校企合作,也不管是职教集团还是校办工厂,对其进行评价的第一个向度是看其是否真的提高了职业教育资源的利用率,降低了职业教育的成本。

(二)人才培养目标达成度

人才培养是职业教育办学最核心的任务与使命,因此,评价职业教育办学效益需要验证职业教育人才培养目标的实现程度。在实践操作上,要看是否实现了职业教育人才培养的目标。职业教育不是完全的经济行为,因此,追求收益性不是职业教育制度创新的根本特征。职业教育制度创新就是要能够最大限度地激发、培养人的创造和实践能力,探索能够促进人才培养目标实现的途径和方法。职业教育办学模式决定于人才培养的规律,社会需要什么样的人才,职业教育必须紧跟时代步伐,适时调整,为社会输送大量合格的高素质的劳动者。这一人才培养规律的内部决定性决定了职业教育办学模式的诱致性特征,而不能把它作为政府意志或个别人的想当然(非强制性制度)。职业教育办学模式的目标达成度,

---

① 陈维:《制度的成本约束功能》,上海社会科学院出版社 2000 年版,第 93 页。

即是否培养了高素质的、生产和服务一线所需要的技术和技能型人才是职业教育办学模式的第二个目标向度。

(三) 教育终极价值的关怀

只是满足资源整合的目标和追求职业教育培养目标的达成度是不够的，职业教育办学还有更高层次的价值追求。因此，在职业教育办学的目标追求中，还应该关注办学的终极价值关怀，即是否有助于对人的终极价值目标的追求。就职业教育培养目标而言，从目前情况看，这种培养目标是社会本位的，一味强调职业教育为经济、社会发展服务的功能，忽视了职业教育为人的发展服务的功能，职业教育工具价值无限放大的结果遮蔽了职业教育的育人功能，其本体价值在技术主义和工具主义的笼罩之下日渐式微。职业院校学生学习科学技术知识的目的仅是为了谋生而掌握一技之长，这样的结果是培养了工具化的"单面人"，不利于学生可持续的和终极性的发展，也势必会影响职业教育的声望和发展的前途。对终极价值的追求应该成为职业教育办学模式的第三个目标原则。

第二节 职业教育办学模式改革的逻辑、关系与任务

各种各样的办学模式都有着相同的逻辑前提和关键问题。本节就从职业教育办学模式的逻辑前提分析，建立通用性的问题分析矩阵，对职业教育办学模式的关键问题进行阐释。

一、职业教育办学模式改革的逻辑基础

职业教育办学模式的形成要受到大量主、客观因素的制约，在实践上呈现出千差万别的形式样态。尽管各种办学模式的实践形态千差万别，但是在实践的机理上，却又有着相同的逻辑前提。具体来说，包括三个逻辑前提：

(一) 学历职业教育是中国职业教育办学模式的主导办学形式

职业教育是办学形式最为多样化的一种教育，根据学习内容设计出发点的不同，可以划分为学历职业教育与职业培训两种基本形式。学历职业教育尽管也要包含相应职业岗位的所有工作内容和相关知识与技能，但它的教育内容又不仅局

限于此，因为其学习内容设计的基本出发点是个体的生涯发展以及与普通教育衔接的需要。职业培训则与此不同，其学习内容设计的基本出发点就是职业岗位的要求，无论是课程内容还是课程形式，都以此为出发点，除此以外的内容则基本不涉及。当然，职业培训又可划分为企业内培训和企业外培训。事实上，当培训对企业生产来说非常重要时，企业会对其高度重视，并建立相应的培训制度。比如企业招聘新员工后，一般都会安排至少3个月的学徒期。但无论是培训内容还是培训形式，企业内培训都完全不同于企业外培训。

世界各国的职业教育办学形式基本上都可归入学历职业教育与职业培训。澳大利亚、德国的职业教育主导形式是职业培训，而美国、加拿大的职业教育主导形式则是学历职业教育。那么在办学形式上中国该如何选择？从中国职业教育发展的文化基础和现状来看，把学历职业教育作为主要办学形式显然是中国的理性选择。只因在中国文化中，人们对学历的情结非常深厚，而在教育路径上的进一步发展也是绝大多数受教育者的渴求，要进一步发展就必须具备学历证书。因此，尽管中国主张要完善职业培训体系，但毫无疑问应当把学历职业教育作为中国职业教育办学的主导形式。这是研究中国职业教育办学模式问题的首要逻辑前提。德国、英国和澳大利亚的职业教育体系，其工作任务导向的模块化课程令许多人耳目一新，赞赏有加，并想极力移植到中国，然而效果并不佳。甚至改革越深入，发现的问题越多。因为其课程模式赖以存在的职业教育办学模式与中国有着根本的不同，这是制度的冲突。任务导向的模块化课程是职业培训的课程，而中国实施的是学历职业教育体系。当然，其课程模式的确有值得借鉴之处，但如果这种借鉴不能在深刻理解中国职业教育办学模式基本特征的基础上对其进行合理取舍，很可能给中国职业教育发展带来方向性错误[1]。

（二）教育行政部门在中国职业教育办学模式中发挥主导作用

中国职业教育办学模式是个非常复杂的问题域，其复杂性既来源于历史问题的积淀，也来源于经济、社会发展所要求的职业教育办学模式的转换。建立职业教育办学模式的分析框架，有利于系统地、全面地把握其中的关键问题，以推动中国职业教育办学模式的整体性发展。办学模式问题在中国目前显现得如此突出而普遍，恰恰说明其关键问题不在职业院校层面，而在国家层面。其本质问题就是如何建立现代职业教育体系，提高职业教育质量，使职业教育成为人们能够认可、经济发展不可或缺的一种教育类型。要达到这一目标，解决其中的关键问题，只有在国家层面才可能实现。因此，教育行政部门必须在中国职业教育办学

---

[1] 徐国庆：《职业教育办学模式研究的分析框架》，载于《职教论坛》2013年第19期，第14~21页。

模式构建中发挥主导作用。

在实践中,教育行政部门主导作用的发挥不能仅仅是一个倡导,一个强调,或者是一笔经费的下拨。主导作用应该体现在:(1)建立与完善相应的管理制度与运行机制,比如产学合作、中高职衔接、行业举办的职业院校公平待遇等问题的解决,都需要有管理制度和运行机制相支持。当然,职业教育办学更需要的是能真正得到执行、发挥实际作用的管理制度和运行机制。(2)对办学模式中各个问题的本质及解决的具体方案进行深入研究,为办学模式的转变或办学新模式的创造提供技术支持。近年来中国虽然对职业教育办学模式转变问题呼声很高,成效却不显著。这是为什么?就是因为很多时候的改革只是停留在概念上、口号上,缺乏对其中的具体问题和操作方案进行深入研究。

(三) 企业、行业应形成支持职业教育发展的制度与意识基础

职业教育办学基本规律之一便是产学合作。虽然近年来政府极力倡导,但中国职业教育的产学合作仍然处于个别化、局部化、短期化状态。迄今为止,中国尚未在全国范围内建立起稳定的产学合作制度框架。中外为何差别这么大?是中国企业还没有足够强大,不具备支持产学合作的能力?事实是,西方发达国家的产学合作在"二战"结束以后的20年内就开始成熟,而他们当时的企业经济实力与中国今天的企业无法同日而语。中国企业所缺乏的是韦伯所说的资本主义精神。韦伯认为资本主义经济发展的支柱是资本主义精神。追求金钱、贪图享乐不是资本主义精神,它们是前资本主义的,恰恰相反,真正的资本主义精神是自我克制的、禁欲的,"他们的财富仅仅为他们带来了一种自己业已做好了本职工作的极不合理的感觉。除此之外,他们从自己的财富中则一无所获"[①]。韦伯从文化精神的角度解释了为什么西方资本家乐善好施,为什么他们对职业教育会如此支持。当然,除了文化基础外,西方产学合作的顺利展开还有其非常重要的社会制度基础,比如返税制度、遗产继承的高税收制度,等等。然而,这两个方面都是中国目前所不具备的。做出这一判断的目的并非意味着对产学合作丧失了信心,而是要正视这一现实,从而有针对性地制定有效的政策、措施,从而真正推动产学合作的发展。

二、职业教育办学模式改革的四重关系

在类型结构上,职业教育办学模式不仅仅是指职业院校的办学模式,而是指

---

① [德] 马克斯·韦伯:《新教伦理与资本主义精神》,马奇炎、陈婧译,北京大学出版社2015年版,第52页。

整个职业教育体系的办学模式,包括国家、区域和院校三个层面的职业教育办学模式。国家层面是指中国整个职业教育体系的结构形态及其运行机制,区域层面是指某一地区的职业教育体系的结构形态及其运行机制,院校层面是在实体层面研究职业教育办学模式。在关系结构上,职业教育办学模式的问题域,其核心就是职业教育办学中要处理的重大关系。从完整的问题域角度看,职业教育办学模式的问题域,也应当包含作为办学实体的职业院校内部办学要素之间的关系。因此,职业教育办学模式可以分为四大问题域:(1) 职业教育与其他教育的关系;(2) 职业教育与产业的关系;(3) 不同职业教育办学形式之间的关系;(4) 职业院校内部办学要素之间的关系。如表2-1所示。

表2-1　　　　　　职业教育办学模式研究的主要问题

分析层面	问题域			
	与其他教育的关系	与产业的关系	不同办学形式间的关系	院校内部办学要素间的关系
国家	● 如何处理中等职业教育与普通教育之间的关系? ● 是否有必要举办本科层次的职业教育?	● 如何完善职业资格证书制度与劳动就业准入制度? ● 如何构建产学合作的法律与政策体系?	● 如何确立技工学校与技师学院在职业教育体系中的地位? ● 行业举办的职业院校面临哪些发展困境,如何解决? ● 如何规范与促进社会培训机构的发展? ● 如何构建促进中高职衔接的政策框架?	—
区域	—	● 如何构建职业教育办学集团?	● 如何构建具有实效性的职业教育园区? ● 如何构建职业教育的区域合作关系?	—
职业院校	—	● 构建什么样的校企合作模式?如何构建这一模式? ● 如何构建产业服务型职业院校?	● 如何开发职业院校的职业培训功能? ● 如何构建终身教育导向的职业院校办学形态?	● 高职学院如何构建二级管理体系? ● 职业院校应当选择综合性还是单科性办学路径?

（一）职业教育与其他教育的关系

职业教育与其他教育的关系问题主要存在于国家层面，从办学模式的角度看，区域层面和职业院校层面均不存在这一问题。因为职业教育与其他教育的关系问题均属于国家重大教育制度问题，它不可能在区域层面，甚至是职业院校层面解决。对中国职业教育来说，与其他教育的关系主要涉及以下两大问题。

1. 如何处理中等职业教育与普通教育之间的关系

在中等教育层面上中国目前实行的是双轨制，即职业教育与普通教育两轨并行，且二者之间基本上不能互通。那么，随着中国经济、社会的发展，这种双轨制是否还将继续存在下去？美国的综合中学模式在中国是否有存在的空间？或者说在中国的发达城市是否有存在的空间？如何看待某些职业学校的普通化倾向问题？即使仍然坚持双轨制，在未来发展方向上中等职业教育应当选择专业化、技能化还是普通化、理论化方向？美国已经把职业教育一词改成了生涯教育，以生涯导向的职业教育取代就业导向的职业教育。这一改革对中国中等职业教育发展方向来说有什么启示？

2. 是否有必要举办本科层次的职业教育

无论现有政策条件如何，从学理上回答举办本科层次职业教育的必要性和可行性是非常必要的，因为它涉及完善中国职业教育体系的重要问题。高职院校希望升格为本科的愿望非常迫切，这一迫切心态有其合理的现实基础，因为在中国这样一个高度以文凭判断人的价值的社会里，高职生的就业竞争力要明显弱于本科生。尽管职业教育理论家们反复主张高职教育是一种类型，而非一种层次，但企业人力资源部门的员工并非职业教育理论家。当然，在设计职业教育体系时，或许不应该考虑这一功利目的，但必须用足够前瞻的观点去观察这一问题，即当前与未来的技术发展特点与企业对人才的需求已在催生本科职业教育。要注意的是，技术学院在发达国家是普遍存在的。在当前职业教育发展的大环境下，该如何面对学生发展需求与企业人才需求？是否需要举办本科层次职业教育来进一步完善现代职业教育体系？

（二）职业教育与行业、产业的关系

职业教育与产业的关系是当前中国职业教育办学模式中的主要问题，因为职业教育的基本功能是服务于产业的发展[①]。它同时也是一个非常复杂的问题，其

---

① 崔晓迪：《现代职业教育与区域经济协调发展研究——以天津市为例》，载于《教育与经济》2013年第1期，第31~35页。

贯穿了国家、区域与职业院校三个层面,这充分说明它的解决是个系统工程。

1. 国家层面职业教育与产业的关系问题

一是如何完善职业资格证书制度与劳动就业准入制度?完善的职业资格证书制度和劳动就业准入制度是一个国家成功举办职业教育的基础性制度,只要有了这两大制度,职业教育才能有效地发挥服务产业发展的功能。20 世纪 90 年代以来,许多发达国家,如英国、澳大利亚、美国等,都在努力构建国家职业资格证书框架。为了促进劳动者在欧盟国家的自由就业,21 世纪以来,欧盟也一直在努力开发欧盟范围内统一的职业资格证书框架。二是如何构建产学合作的法律与政策体系?产学合作对于职业教育发展的重要意义不言而喻,每一位职业教育的理论研究者和实践者都有深刻认识。世界各国职业教育体系的差别,很大程度上就可以从其产学合作方式的差别进行区分。但是,在产学合作的发展问题上,可能倡导得多,支持得少,主要是政府努力推动职业院校与企业之间进行产学合作,却并没有建立起作为其基础的法律和政策体系,以至于产学合作的推进非常困难,难以可持续发展,即使某些职业院校在产学合作方面确有成就,却都是个体经验,无法普遍推广[1]。因此,构建产学合作的法律和政策体系,已成为实现中国职业教育办学模式突破性发展的瓶颈问题。

2. 区域层面职业教育与产业的关系问题

职业教育是面向区域经济社会,服务区域经济产业的教育类型。区域层面职业教育与产业的关系问题,主要表现为集团化办学问题。集团化办学是目前政府正在大力支持和努力推进的项目。2009 年,教育部职成司发布了《教育部关于加快推进职业教育集团化办学的若干意见》,突出强调要"加快推进职业教育集团化办学,积极探索有效的办学模式和实现方式";《教育部职业教育与成人教育司 2012 年工作要点》中,把"充分发挥行业、企业、区域优势,深入推进集团化办学"作为重点工作之一。在特定区域构建职业院校与企业之间的办学集团,可能是当前在实践层面推进产学合作的一种有效途径。问题是如何构建办学集团?如何使构建的办学集团能有效地、持续地推进产学合作?这是需要深入、严肃研究的问题。

3. 职业院校层面与产业的关系问题

在职业院校这一层面,与产业的关系问题主要涉及以下两个方面:一是构建什么样的校企合作模式?如何构建这一模式?近年来,围绕校企合作这一核心,职业院校进行了大量探索,形成了许多富有特色的校企合作模式。如有的高职学院采取了与企业共建二级学院的合作模式,有的高职学院则把企业直接引入校园

---

[1] 徐国庆:《职业教育办学模式研究的分析框架》,载于《职教论坛》2013 年第 19 期,第 14~21 页。

内，有的高职学院则把校园办到了企业，等等，所有这些都是非常有益的探索。下一步的发展是要努力总结其中的成功模式并予以推广，以推动校企合作办学模式在职业院校层面的发展。其中尤其要注意，如何保护行业举办的职业院校的发展，以充分发挥其在校企合作方面的优势。二是如何构建产业发展服务型职业院校？校企合作的最终目的是促进职业教育为产业发展服务。基于这一理解，许多地方教育行政部门都在努力倡导举办服务型的职业教育。相应地，"服务"一词已成为许多职业院校办学理念的核心词。然而，什么是产业发展服务型职业院校？这种院校应该有什么特点？应具备哪些要素？如何去建设这种院校？

（三）职业教育体系内不同办学形式间的关系

职业教育的办学形式非常多样化，不同办学形式的特定方式组合，是一个国家职业教育办学模式的重要内容。这一问题同样也要贯穿国家、区域与职业院校三个层面。

1. 国家层面不同办学形式间的关系问题

一是如何确立技工学校与技师学院在职业教育体系中的地位？技工学校与技师学院是特色非常鲜明的职业院校，曾在中国技能型人才培养中发挥了非常重要的作用。人类职业活动性质的多样化，决定了技工教育在中国现代职业教育体系中仍然有广泛存在的必要性。事实上办学形式的多样化本身就是职业教育的重要特征，而办学特色鲜明的技工教育是能丰富这一特征的重要的职业教育类别。然而仅仅由于主管部门的归属不同，目前它们却存在被边缘化的危险。除广东等少数省份外，大多数省市的技工学校因为投入严重不足，目前处境非常困难，这与它们实际所发挥的职业教育功能是不相匹配的。如果技工学校因投入不足而消亡，必然会在国家层面严重影响中国职业教育的形态结构。技师学院的处境更加困难，它们由技工学校升格而来，培养了大量的高技能人才，也形成了中国职业教育富有特色的一种办学形式，却始终在教育体系中未能获得合法身份。这种状况不仅严重影响了中国职业教育形态结构的完善，对接受该类教育的学生更是存在诸多不公平。因此，国家层面不同办学形式间的关系问题，首先应该是技工学校与技术学院在职业教育体系中的地位确立问题。

二是行业举办的职业院校面临哪些发展困境？如何解决？行业、企业举办的职业教育曾是中国职业教育办学形式的主体。通常情况是企业举办技工学校，行业举办中专学校，这两种办学形式因与行业、企业联系紧密而独具特色，在中国技术、技能型人才培养中发挥了巨大作用。稍做走访不难发现，目前许多行业技术、技能岗位上的中坚力量均毕业于行业、企业举办的中专学校、技工学校。然而20世纪末的国有企业改革，导致了企业举办的技工学校几乎丧失殆尽，中专学校虽然得以留存，但行业对其支持也远不如从前。由于一直保持着深厚的行业背景，这些学校的办学特色非常鲜明，却由于所谓的归属问题，在办学经费投入上不能得到与教育行政部门所属职业院校同等的待遇，以致学校的发展举步维艰。如若不能尽快解决对这类职业院校的平等投入问题，中国不仅很可能会逐步丧失一部分职业院校，而且会陷入一个悖论，即一方面花费了大量资金用于支持产学合作，另一方面对已经具有深厚产学合作基础的职业院校却不支持其发展，甚至不能给予它们平等身份。

三是如何规范与促进社会培训机构的发展？社会培训机构也是职业教育体系的重要组成部分。联合国教科文组织对职业教育的完整称谓是职业和技术教育与培训，在上面所列的英国人获取职业资格证书的途径中，其中通过私人培训机构获取职业资格证书的比重达25%，这是一个比较高的比例。在其他国家的职业教育体系中，社会培训机构的作用也是不能忽视的，而且正是因为有了社会培训机构，才使得职业教育体系更具活力。在中国，尤其是在上海、深圳等发达地区，社会培训机构的发展呈现了十分繁荣的景象。然而，长期以来，职业培训机构一直被排除在正规职业教育之外，几乎没有关于社会培训机构发展状况与运行方式的系统研究，系统的政策支持更是缺乏。未来在完善中国职业教育办学模式的过程中，应当把社会培训机构作为一支不可忽视的重要力量。

四是如何构建促进中高职衔接的政策框架？中高职衔接是当前中国职业教育发展的热点之一。2011年，教育部职业教育与成人教育司出台《教育部关于推进中等和高等职业教育协调发展的指导意见》，提出中高职协调发展与衔接"是构建现代职业教育体系，增强职业教育支撑产业发展的能力，实现职业教育科学发展的关键所在"。的确如此，中国职业教育体系本就比较薄弱，现在作为其两大基本支撑部分的中等职业教育和高等职业教育，却处于各自为政的状况。这种状况既不利于整合和充分利用职业教育资源，也不利于学生职业能力的持续性发展。可能也是基于这一考虑，美国在20世纪末就开始实施了技术准备计划。从该计划的名称可以看出，其目的就是要通过实现学生技术能力的持续性发展，以培养高新技术社会所需要的技术型人才。其核心内容就是，美国联邦政府要求中、高职办学实体之间相互签订实施"技术准备计划"的协议。中高职衔接自然涉及许多专业与课程方面的问题，而且必须以专业与课程改革为基础，才可能真正实现中高职衔接。由于多年来中高职一直处于分离的发展状态，以致二者的许多专业设置不能对接，这自然就给学制对接带来了极大困难。然而，中高职衔接的首要问题还是办学体制，只有突破了体制这一大前提，才可能着手其中的具体工作。那么，中高职衔接办学模式究竟要选择"3+3""3+2"，还是五年一贯制？在"3+3"或"3+2"衔接模式中，是采取一对一衔接模式、一对多衔接模式，还是多对多衔接模式？在衔接过程中存在哪些制度障碍？如何破解这些问题？需要哪些保障支撑？所有这些都是促进中高职衔接的重大政策问题。

2. 区域层面不同办学形式间的关系问题

一是如何构建具有办学实效性的职业教育园区？职业教育园区是当前中国职业教育办学模式中的一大亮点。在各种动机的刺激下，职业教育园区如雨后春笋般涌现，其中无锡职业教育园区还被指定为国家实验区。职业教育园区化办学模式还是存在许多优势的：一是通过资源共享，能节约许多办学资源；二是通过整合园区化办学力量，能够完成一些单所职业院校无法完成的改革发展任务；三是能够借助规模效应，带动周边区域的社会、经济发展。然而，从目前的园区化办学效应来看，职业教育园区建设得比较好的可以带动周边区域发展，园区周边区域往往都呈现出一片繁华景象，但前面两个优势没有通过职业教育园区的构建得到有效发挥。在园区内部，许多职业院校只是在空间上集中在一起，但院校之间却是各自为政，有时甚至还产生矛盾和摩擦。所以，当前职业教育园区化办学模式的核心问题是如何使其产生实际的办学成效？作为一种试验，华东师范大学在无锡职业教育园区成立了"长三角职业教育研究院"，该院成立的目的便是尝试解决这一问题。

二是如何构建职业教育的区域合作关系？中国地域广阔，某一地区的职业教育往往有许多共通性，如果能在区域中建立一些合作框架，集中区域优势力量共同解决一些重大问题，将为中国职业教育发展带来新的活力。这种合作关系在国外不乏实例。比如在美国，俄亥俄、密歇根和印第安纳三个州就结成了一种非常紧密的区域合作关系，经常集中资源共同解决职业教育发展中的一些重大问题。在中国，目前最可能建成区域合作关系的是长三角地区和环渤海地区。这两个地区是中国经济和职业教育均比较发达的地区，地处这些区域的省份之间已自发地进行了一些合作，并已成立了相应机构进行探索，比如教育部职业技术教育中心研究所于2011年成立了渤海研究中心，华东师范大学成立的长三角职业教育研究院也兼具这一任务。但是从目前来看，这两大区域的合作框架还并不成熟，许多具体的运行问题有待深入研究和实践。

3. 职业院校层面不同办学形式间的关系问题

一是如何开发职业院校的职业培训功能？大力开发职业培训功能，是改变职业院校办学形态的重要内容。当一所职业院校的职业培训量达到一定规模时，必然会带来其办学形态的深刻变化。从目前的情况来看，绝大多数职业院校的职业培训功能还远远未开发出来，其主要教育对象仍然是全日制学生。即使有些职业院校的职业培训量已达到较大规模，却对职业培训课程设计缺乏深入研究，只是把学历课程简单进行一些压缩便形成职业培训课程，并没有在职业院校内部形成完善的职业培训体系。如何开发职业院校的职业培训功能，促进职业院校办学形态的转型，是值得职业教育界深入研究的问题。

二是如何构建终身教育导向的职业院校办学形态？终身教育无疑是职业教育发展的重要方向，但它不仅仅意味着开放对成人的教育，也不仅仅意味着在常规教学工作之余开展一些职业培训，更不仅仅意味着实施形式上的学分制，而是要对职业院校的办学要素整体性地进行重新设计，使其实现真正意义上的终身教育导向。尤其是高职学院要深刻认识到终身教育对其办学形态的深刻影响，并主动实现这一转换。比如在美国的社区学院，你可能会看到实训中心基本常年开着；你会发现他们并不区分全日制学生和继续教育学生，而是把他们编排在同一班级中；你可能还会发现他们许多课程是傍晚进行，等等。以往对终身教育的研究主要停留在教育制度上，然而要有效地引导职业院校实现办学形态的转换，有必要对基于终身教育理念的职业院校办学要素设计进行深入研究。

（四）职业院校内部办学要素间的关系

既然是职业院校内部办学要素间的关系，那么其问题就不会存在于国家层面和区域层面，而是仅仅停留在职业院校层面，具体表现在以下两个方面：

一是高职学院如何构建二级管理体系？二级管理应当视为高职学院的一种办学模式，因为它会深刻影响到高职学院的结构形态与运行机制。尽管近年来随着办学规模的迅速扩大，许多高职学院产生了实施二级管理的需求，并进行了一些实践，但进展显然是不明显的，办学权力还是主要集中在学院层面。从管理学的角度看，这种集权式管理对于拥有1万多名学生的高职学院来说，不仅会导致管理效率低下，大量问题得不到及时处理，而且不利于充分开发教师和管理者的智力资源，快速提高学院的办学水平，使高职教育真正体现出高等性。总之，二级管理是现代高职办学制度的重要内涵，是不可逆转的发展趋势，现在的问题是各管理层级之间最为合理的责、权、利分配模式是什么，以使内部办学要素组合达到最优？

二是职业院校应当选择综合性还是单科性办学路径？对综合性与单科性的选择，是职业教育办学模式的重要内容，而且是人们容易直观感受到的内容。从专业设置看，中国现有职业院校办学形式的确明显地存在综合性与单科性之分，单从职业院校的校名就可以看出这一点。它们各自的优势与不足似乎是明显的，比如单科性职业院校有利于集中办学资源，却存在较大的办学风险和学生就业压力；多科性职业院校有利于分散办学风险，降低就业压力，却不利于集中办学资源。那么，职业院校在办学方向上该如何选择？只有基于实践的研究才可能为这一问题提供科学的答案。

三、职业教育办学模式改革的重要任务

从职业教育办学模式的要素结构、本质特征、目标原则、逻辑前提和问题分析矩阵来看,在职业教育办学模式中,最核心的问题可以归纳为三个方面,即办学主体、办学目标、办学模式思维,这也组成了职业教育办学模式改革的任务。

(一)从单一走向多元:丰富职业教育办学主体

1. 明确办学主体是首要任务和根本性要素

创办学校必须要有办学主体和投资主体。现在中国职业教育主要有两个办学主体:一是以学校为主体;二是以企业为主体的企业办学。目前仍然以政府主导的学校办学为主,其他办学主体虽然存在,但活跃性并不高。职业教育特有的"跨界"属性要求职业教育的办学主体必须多元化,这也是今后改革发展职业教育的必然选择。在职业教育办学模式改革过程中,应立足于中国特有的国情和学校客观实际,彻底改变原来单一化的政府办学格局。政府应出台针对办学主体的相关政策文件,鼓励并支持职业教育办学主体的多元化发展,为多元主体参与职业教育办学与治理提供良好的政策环境。随着信息技术的不断发展,高新技术为职业教育办学模式改革注入了新的力量。远程教育、空中课堂、虚拟课程等多种教育与培训形式,都将对传统办学模式带来冲击,也为创新职业教育办学模式带来更多可能[①]。

2. 面向市场自主办学,推动多元办学

加大职业教育投资主体参与职业教育办学,是未来职业教育办学改革和发展的方向。吸引行业、企业、社会团体等参与职业教育办学与治理,形成多元主体协作办学的格局。2019 年 12 月,教育部关于《中华人民共和国职业教育法修订草案(征求意见稿)》提到,要落实职业教育"由政府举办为主向政府统筹管理、社会多元办学的格局转变"的要求,推动多元办学;还要强化行业主管部门、行业组织、企业举办或者联合举办职业学校的权利与职责。例如,有条件的企业可以单独举办职业院校,有的企业可以联合起来共同办学,有的行业企业还可以举办职业培训机构。行业、企业和社会团体的参与,可以丰富职业教育办学的投资渠道,增加职业教育办学的经济收入,有利于实现职业教育组织机构产权的多样性变革,调动多元主体的积极性,提升办学效益。同时,多元主体的参与

---

① 唐智彬、石伟平:《生产方式发展与职业教育办学模式变迁》,载于《河北师范大学学报(教育科学版)》2013 年第 15 期,第 63~68 页。

必然会涉及多个利益相关者，因此，只有深刻认识到这些利益要求之间所存在的矛盾和冲突，职业教育办学模式的改革才能采取适当方式来满足不同主体的利益要求，更好地协调不同主体之间的利益关系。如何找到适当的方式来协调利益，是一个长期且艰难的问题，有必要基于中国职业教育办学问题研究的前提冷静思考并努力解决这些问题。

（二）从目标走向实践：精准办学目标定位

1. 职业教育办学目标的定位决定了"办什么学"的实践

首先，需要找准职业教育本身的功能和地位的目标定位。《国家职业教育改革实施方案》开篇便提到，职业教育与普通教育是两种不同的教育类型，具有同等重要的地位。近年来，职业教育一直备受社会争议，缺乏职业性和专业性成为人们质疑职业教育功能的症结所在。职业教育需要明确在整个教育体系中的定位和功能，突出自身的职业性、专业性和区域性。技术知识的独立性和过程复杂性要求职业教育人才培养过程和办学形态的类型化，这就要求职业教育不能按照普通教育模式来办学。职业教育类型属性最为直接的表现便是办学模式的独特性，因此，按照职业教育的特点，确定职业教育独特的办学定位，才能让人们充分认识到职业教育在整个教育体系中不可替代的地位。

其次，找准职业教育在区域经济中的定位。职业教育作为与社会经济和产业发展密切相关的教育类型，服务区域经济发展是其需要完成的重要目标。职业教育办学的实践效益很大程度上取决于与行业企业的联系程度以及对社会经济发展的贡献度。在中国劳动力市场发展过程中，企业用人需求也随之变化，职业教育不能仅仅只以"供应市场需求"为目标，应该转向"以需求为动力"[①]。不能依靠政府部门对劳动力市场的预测来办学，而是要考虑到当前劳动力市场实际需求，扎实做好市场需求调研，在此基础之上进而确定应该"办什么学？"。

最后，在微观层面，职业院校的办学定位和人才培养定位最为关键。办学定位，是指办学者根据社会政治、经济、文化发展的需要及学校所处环境，结合自身办学条件与办学现状，确定学校未来的发展目标、建设重点与办学特色。职业院校的层次、类型都会影响学校办学定位，也会对职业教育体系以及区域经济发展产生影响。曾经，一些中职学校是由普通高中转型而来，一些高职院校是由普通本科转型或中职升格而来，所以有的职业学校会参照普通教育办学模式。这样的办学模式不仅不适合职业教育的发展，甚至会遏制职业教育向着专业特色鲜明

[①] 万卫、石伟平：《论中国职业教育办学模式的变革》，载于《职教论坛》2016年第22期，第11~15页。

的类型教育发展。

2. 从目标到实践，职业教育办学模式改革将面临多重困难

首先，职业教育作为教育体系中最为复杂的类型教育，既要保持职业性、专业性、应用性，又要具有区域性，高等职业教育还要突出高教性。现在，很多高职院校面临发展改革瓶颈期，高等职业教育的定位一直存在长期争议，有人说其是"本科压缩饼干"或"次高等性"。高等职业教育的"高"在哪里？高等职业教育应该如何体现"高等性"？这些问题一直都是职业教育界需要深思和亟待解决的问题。与此同时，中职教育的发展与转型也引来学界热议。虽然国家在很多政策文件中都有提到：普遍要求保持中等职业学校和普通高中招生规模"大体相当"，但现实中，职业教育社会认可度的持续走低和普教热度的持久不退，导致中职教育的发展处境岌岌可危。甚至，一些省市出台提高普高比例的相关政策，也有很多学者和教育者讨论中职存废问题。这究竟是普教的"高热度"压制了中职教育的发展，还是中职教育未能紧跟时代发展和转型，与其本来的办学定位有所偏离？在当前职业教育改革发展转型期，中职教育如何把握好机会，突出办学特色，打造学校核心竞争力和品牌，这对于大部分中职学校来说是一个很现实的挑战。

其次，本科层次职业教育的试点会给高职教育带来前所未有的挑战。2014年6月，《国务院关于加快发展现代职业教育的决定》明确指出，今后中国将探索发展本科层次职业教育，构建专、本、研一体的现代职业教育体系。2019年初，国务院印发了《国家职业教育改革实施方案》，提出探索本科层次职业教育试点。目前国家在开展本科层次职业教育试点工作，本科层次职业教育的发展将成为未来职业教育深化改革的重要方向。在国家鼓励本科层次职业教育发展的大环境下，高职院校到底该升格向本科职业教育发展，还是错位发展形成独具特色的高等职业教育，高职院校需要在当前职业教育繁荣发展的大环境下，明晰自身办学层次定位。2019年出台的《关于实施中国特色高水平高职学校和专业建设计划的意见》提到，要求集中力量建设一批引领改革、支撑发展、中国特色、世界水平的高职学校和专业群。这也为高职教育未来办学定位和改革发展指明了方向。

最后，平衡好正规职业教育和职业教育培训的关系，确保二者能够共同健康、高质量发展。职业教育培训是职业教育体系的重要组成部分，正规职业教育不能压制职业教育培训的发展，职业培训也不能取代正规职业教育。目前，中国主要围绕职前教育，职后教育与培训长期被忽视，职后教育与培训的发展显得力不从心。职前教育和职后培训也并非"一刀切"，实际上，职前职后一体化的教育模式才有助于推动职业教育办学模式的改革。一方面，职业院校需要围绕现代农业、先进制造业、现代服务业、战略性新兴产业开展职业培训，为紧缺领域提供高质量技术技能人才，特别是利用职业院校师资优势，开发有针对性的职业培训课程，促进职业院校办学形态的转型；另一方面，行政部门要支持和规范社会力量兴办职业教育培训，鼓励有条件的企业或社会力量与职业院校联合深度开展职业技能培训，加强职业院校与社会各界、行业企业的合作。

（三）从校企合作到产教融合：创新办学模式思维

1. 从全盘引进思维向本土创新转变是前提

中国职业教育诞生这一百多年来，一直在借鉴国外经验和摸索本土模式的过程中发展。改革开放后到21世纪初这段时间，国内职业教育的发展主要依赖借鉴国外经验。20世纪80年代，中国引进了德国的"双元制"，后来又慢慢学习美国的综合中学模式、社区学院，还有澳大利亚的TAFE学院和英国的学徒制。这些都是国际上比较成熟的职业教育与培训办学模式。中国尝试将这些经验本土化，短时期内这些国外典型模式确实取得了很好的效果。但是，随着中国经济水平不断提升，产业结构的不断升级，借鉴与效仿之路走入困境，似乎未能找到适合于中国的职业教育办学模式成功之路。虽然把德国企业搬到中国，按照美国综合中学模式整合中国中职学校与普通学校，但仍然没有吸收到这些国家的精髓。这或许是因为这些办学模式与我们国家的"土壤"不相适应，或许只是表面上取得了一些成果，这样的完全移植并非长久之计。探索出一种具有中国特色、自主发展和创新发展的职业教育办学模式才是中国职业教育长远发展的迫切诉求。

创新中国特色职业教育体系，创办中国职业教育办学模式，首先离不开技术文化基础。技术文化教育是职业教育的历史传统和文化精神，这一部分是万万不能抛弃的。要凝练出具有中国特色的职业教育理念和经验，就必须要与中国的国情制度、价值体系与传统文化相结合，不能完全照搬国外先进经验。"他山之石可以攻玉"，学习借鉴国外成熟办学模式不可缺少，但更重要的是，一种稳定的办学模式是离不开其特定的文化传承与社会经济基础的。因此，从借鉴国外向自主创新发展的转变，是中国创新职业教育办学模式的必由之路。

2. 从校企合作思维转向产教融合是关键

校企合作与产教融合是职业教育改革与发展最为核心的问题，处理好校企合作与产教融合的关系是职业教育办学模式改革的重要命题。中国长期以来都倡导加强校企合作，提高企业参与办学、参与人才培养的积极性，但始终效果不佳，"校热企不热"是长期存在的难题。办学模式的改革不仅仅是学校与企业参与办学与治理的问题，而是涉及教育与经济的关系层面。如果办学模式改革仅仅关注到教育的表面现象,而忽视背后的经济社会背景,则难以取得实质性进展[①]。比如,中国之前积极引进德国、美国办学模式,在国内开展双元制,创办综合中学,但"水土不服"的问题始终存在,其中的重要原因便是中国仅引入了这些教育经验,却没有德国、美国等国家的经济基础。没有相应稳定的经济基础,只嫁接成熟的职业教育办学模式,自然难以在中国土壤上"扎根成长"。

2017年末,国务院办公厅发布了《关于深化产教融合的若干意见》,直指人才培养供给侧与产业需求侧"两张皮"的问题,提出推进教育链、人才链与产业链、创新链有机衔接,构建教育和产业统筹融合发展格局,促进产教供需双向对接。这也进一步强调了要处理好教育与产业、与社会的关系,职业教育办学模式改革的思维需要从处理好学校与企业之间的关系上升到教育与产业发展之间的关系。

3. 从独立办学到区域整体发展是重点

从国家层面来看,由于中国疆域辽阔、地区差异大,产教融合很难落实到具体行动层面,产教融合可发挥的空间有限;从学校层面来看,无论其办学主体是行业、企业,还是地方政府,单个学校作为产教融合的主体很难以一己之力满足整个区域产业人才需求,力量极为有限。但是从区域层面着手产教融合,做好区域规划这篇大文章,是一种更具操作性与可行性的方式。其一,加强区域统筹,促进省域或地市域职业院校(包括应用型本科)的专业结构与产业结构相匹配,这样更能契合区域经济发展,满足区域人才需求;其二,建立区域产业需求清单与院校专业供给清单,推进区域中职、高职、应用型本科以及研究生层次的专业水平与产业水平对接,确保学校专业发展与区域经济发展保持稳定前进;其三,在当前智能制造、"互联网+"时代背景下,区域内职业院校帮助企业应对技术进步、转型升级过程中的劳动力开发与教育责无旁贷,具体包括新员工培训需求、现有员工转岗、培训与提升等,更能突出职业院校的社会服务功能;其四,产业发展过程中工艺的改进、技术的革新、产品的推广等都需要职业院校对其有所支撑,促进区域产学研合作是职业院校功能价值实现的又一重要方式。

第三节 职业教育办学模式改革的时代诉求与问题思考

在职业教育办学模式中,最核心的问题可以归纳为四个方面,那就是"谁来

[①] 石伟平、郝天聪:《从校企合作到产教融合——中国职业教育办学模式改革的思维转向》,载于《教育发展研究》2019年第39期,第1~9页。

办学""办什么学""怎么办学"以及"如何保障办学",这四个问题也构成了职业教育办学模式的问题和理论框架。

一、谁来办学

"谁来办学"是职业教育办学模式改革首先要回答的问题,"谁来办?""谁来管?""谁出资?"等系列问题不仅决定了职业教育办学模式的发展方向,更是决定了职业教育办学模式改革的成效。

(一) 谁来办

1985年《中共中央关于教育体制改革的决定》提出:"发展职业技术教育,要充分调动企事业单位和业务部门的积极性,并且鼓励集体、个人和其他社会力量办学。要提倡各单位和部门自办、联办或与教育部门合办各种职业技术学校。"《中华人民共和国职业教育法》规定:"国家鼓励事业组织、社会团体、其他社会组织及公民个人按照国家有关规定举办职业学校、职业培训机构。"《国家职业教育改革实施方案》再次提出:"支持和规范社会力量兴办职业教育培训,鼓励发展股份制、混合所有制等职业院校和各类职业培训机构。"从这些重要法律文件的表述中可以看到,长期以来,中国职业教育一直在坚持多元化的办学思想,然而从实践来看,职业教育的发展主要还是依靠教育行政部门的投入,各地职业教育的发展水平主要取决于政府的支持力度。那么该如何看待职业教育的这一办学思路?教育行政部门在职业教育发展中应当承担什么角色?不同办学主体之间的关系该如何协调?有必要基于中国职业教育办学问题研究的前提冷静思考这些问题。

《中华人民共和国职业教育法》规定:"国务院教育行政部门负责职业教育工作的统筹规划、综合协调、宏观管理。国务院教育行政部门、劳动行政部门和其他有关部门在国务院规定的职责范围内,分别负责有关的职业教育工作。县级以上地方各级人民政府应当加强对本行政区域内职业教育工作的领导、统筹协调和督导评估。"这一规定对国务院各部委,以及各级人民政府在职业教育管理中的职责和权限的划分基本清晰,然而实践总是比理想复杂,而且随着实践的发展,新问题会不断出现,对该问题的研究也要相应推进。

(二) 谁来管

单一的职业教育管理模式难以激活职业教育的内生动力,由单一管理走向多元开放,加强各主管部门与办学主体的合作和沟通,是健全职业教育治理体系的关键。近年来职业教育的治理结构存在以下突出问题:(1)国务院教育行政部门与人社部门的权限如何划分?其中的焦点问题是技工学校管辖权的归属,以及教育行政部门与人社部门在职业教育相关标准制定中的关系。(2)各部委之间的关系如何协调?职业教育办学要面向行业,因此它的管理需要各部委参与,这就需要建立能协调各部委的工作机制。(3)高等职业教育应当由高教处还是职教处管理?在教育部,高职高专处已归口到了职成司,但有些省市的教育行政部门,高职的管辖权还在高教处。高职教育由高教处还是职教处管理更合适?对这一问题进行深入研究,有利于规避不同管理模式可能带来的弊端。(4)各级教育行政部门的职责如何划分?《中华人民共和国职业教育法》对各级人民政府在职业教育发展中的基本职责的划分在框架上是清晰的,但在一些具体问题的职责划分上存在模糊不清的情况,如专业教学、教材建设等,有必要深入具体问题中继续研究这一问题。

二、办什么学

经过改革开放40年以来职业教育的大发展,中国已逐步形成了由中等职业教育、高等职业教育和技术应用本科教育构成的较为完善的现代职业教育体系,职业教育办学层次和办学类型也逐渐丰富,尽管如此,职业教育体系构建中仍然面临许多突出问题。

(一)是否还需要中等职业教育

中等职业教育在新的社会经济条件下该如何定位?中等职业教育在职业教育体系中居于基础性地位,曾一度是中国职业教育办学的主体,其人才培养的基本定位是以就业为导向。为此,教育部曾把中职毕业生的升学率限制在5%以内。然而自20世纪末高职教育大发展,中等职业教育就一直面临地位不稳的问题,招生规模大起大落,近年来再度出现了不再需要中等职业教育的声音。尤其是在现在这种社会环境下,升学成为普通教育和职业教育普遍的诉求,中职生大部分学生也愿意选择继续升学。有的省市通过普通高中扩招来缓解升学压力,使得"保持高中阶段普职比大体相当"的目标更加难以实现。中职教育学校数、年招生数和在校生总数等面临不断下滑的趋势,中职学校直面社会偏见、学历低端、生源危机等困难与挑战。基于以上现状,中国是否还需要中等职业教育?该如何改革中等职业教育以突破困境?在中职生生涯取向日益多元化的情况下,中职学校应该如何办学?这些都是中等职业教育发展不能回避的问题。

（二）是否有必要发展技术应用本科教育，如何发展

职业教育朝本科教育层次发展是近年来中国职业教育发展的重要事件，其出发点是教育部提出要把 600 所地方本科院校改办技术应用本科教育。技术应用本科教育办学的必要性获得了广泛认同，然而什么是技术应用本科教育？其办学要素与普通（学术型）本科教育有什么重要区别？如何构建促进这类院校发展的政策？这些问题需要在更深层面进行厘清。国务院颁布的《国家职业教育改革实施方案》还提出了本科职业教育的概念，提出要开展本科层次职业教育试点。2019年 5 月 27 日，教育部正式公布设立 15 所职业大学，职业本科教育的发展成为职业教育体系完善的焦点问题。开展本科层次职业教育试点，是深入贯彻党的十九大精神和全国教育大会精神，落实国务院《国家职业教育改革实施方案》提出的"职业教育与普通教育是两种不同教育类型，具有同等重要地位"新要求的重要举措。技术应用本科教育与职业本科教育都属于本科层次的职业教育，那么，这两种教育有着怎样的区别，各自的教育功能是什么，都将是职业教育需要应对的时代课题。

（三）行业举办的职业院校面临哪些发展困境，如何解决

改革开放初期，行业、企业曾是中国职业教育的办学主体。通常情况下，中专学校由行业举办，技工学校由企业举办。这种特殊的办学形式使行业、企业参与职业教育的积极性很高，为当时的中国培养了一批优秀的技术、技能型人才。然而，20 世纪末的国有企业改革要求企业剥离举办职业院校的权利，导致由企业举办的技工学校几近消失，行业对中专学校的支持也大不如前。这些存活下来的职业院校因其深厚的行业背景而极具办学特色，却由于归属问题陷入"身份困境"，在制度支持与资金保障方面遭遇诸多困难。为了解决这一问题，有些省市把它们归属到教育行政部门进行管理，却给这些学校带来了行业特色逐步丧失的问题。技术工人是支撑中国制造、中国创造的重要基础。2017 年 2 月，中共中央、国务院制定了《新时期产业工人队伍建设改革方案》；2018 年 5 月，国务院出台了《关于推行终身职业技能培训制度的意见》；2019 年 5 月，国务院办公厅印发《职业技能提升行动方案（2019～2021）》。这些文件的颁布，将技能人才的地位提到了前所未有的高度，使得技能人才队伍建设有了制度保障、经费保障。那么，如何处理技工学校与中专学校这对矛盾？如何让技工学校在管理部门归属不同的情况下能够保持特色化发展？

（四）1+X 证书制度给职业教育办学模式带来了什么影响

国务院颁布的《国家职业教育改革实施方案》明确提出，职业教育要实施学历证书与技能等级证书相结合的培养模式，让学生在取得学历证书的同时，还能取得若干技能等级证书（即 1+X 证书），以提高职业教育服务经济发展与学生就业的能力。随着 1+X 证书制度的试点，需要联合行业、企业和院校等共同开发职业技能等级证书，并实现职业技能等级标准与相关专业人才培养方案的融合。1+X 证书制度的逐步实施能够促使原有的校企合作机制更加充满活力和动力，有利于完善课程构建、教学合作、科研共享、评价多元等机制；从区域层面来讲，也能够使区域经济发展与职业学校联系更加紧密；促进集团化合作办学和产教融合。随之而来的一系列问题，都会推动职业教育办学模式的变革。因此，如何构建适应 1+X 培养模式的职业教育办学模式，是当前职业教育办学要深入研究的问题。

三、怎么办学

怎么办学是职业教育办学模式改革中最复杂的问题。办学理念、办学特色、办学方针、办学布局等等不同的制度安排会导致不同的职业教育办学模式。因此，必须分析清楚如何办学的基本问题。

（一）如何从校企合作思维转向产教融合

职业教育办学模式的改革涉及人才培养模式、学校办学定位等问题，职业院校试图以加强校企深度合作来带动学校办学模式的改革发展，但仍然难以快速推进职业教育办学模式改革的进程。职业教育的办学模式改革不仅涉及职业院校与企业之间的关系，还更多地涉及区域经济发展，因此绝对不能将职业教育办学模式改革简单当成教育问题，而是要与经济发展问题相结合。若仅仅靠校企合作来推动学校转型发展，将难以凭一己之力推动区域职业教育和经济发展。所以，将校企合作思维转向产教融合，也是推动职业教育办学模式改革的重要创新。为何要重视产教融合？这其实是因为职业教育问题与经济问题有着密不可分的关系。

其实，国际上职业教育体系建设发达的国家，大多是重视产教融合的，他们知道经济对于职业教育发展的重要性。中国教育行政部门对产教融合当然也是非常重视的，甚至可以说，产教融合是近年来政府文件中出现频率最高的一个词，也是政府推动的主要发展项目。2017 年《国务院办公厅关于深化产教融合的若干意见》出台，提出将产教融合作为促进经济社会协调发展的重要举措。2019年2月，教育部、财政部发布《关于实施中国特色高水平高职学校和专业建设计划的意见》（简称"双高计划"），提到创新高等职业教育与产业融合发展的运行模式，精准对接区域人才需求，提升高职学校服务产业转型升级的能力，推动高职学校和行业企业形成命运共同体，为加快建设现代产业体系，增强产业核心竞争力提供有力支撑。政府虽然在努力推动职业院校与行业企业之间进行产教融合，却并没有建立起作为其基础的法律和政策体系，阻碍了产教融合的可持续发展。

职业教育办学模式的改革从校企合作的思维转向产教融合，要思考以下几个问题：一是如何将改革视野与格局从院校层面改革上升到区域乃至国家层面，丰富职业教育办学主体？二是完善现代职业教育体系对于职业教育办学模式的改革的重要性在哪里？三是现有的制度和政策能否有效促进产教融合和职业教育办学模式改革？这些都已成为实现中国职业教育办学模式突破性发展的瓶颈性问题和关键困厄。

（二）职业教育如何进行区域布局

区域层面职业教育布局是教育行政部门极为关注的问题，也是职业教育发展中比较重要的改革行动，其目的是提升职业院校的办学效益，以及职业教育服务地方经济发展的能力，具体内容是合并院校和对专业进行重新布局调整。在一些比较极端的情况下，对职业院校及其专业进行适当布局调整是有必要的，然而中国这样一种经常性的调整是否对职业教育发展有利？有必要对之进行冷思考：

（1）什么样的学校布局是合理的？职业院校的规模是否越大，办学效益就越好？在国外经常见到在校生只有几百人的职业学校，而中国有些地区的中职学校经过并校后，学生数达到了万人，甚至几万人。这种大规模的中职学校是否适合教育质量提升？（2）什么样的专业布局是合理的？人们经常讨论的问题是，某一地区职业院校的专业设置雷同度很高，学校办学的同质化现象严重，要把相关专业都合并到一所学校去。学校专业设置的雷同度过高是不合适的，但是要求职业院校的专业设置绝对差异化是否就合适？事实上，很多时候同一专业在不同的职业院校也可以办出不同特色，允许职业院校之间专业适度雷同反而有利于多样化发展。（3）该如何对职业教育进行布局调整？职业教育布局调整中，经常看到的现象是行政力量比较强势，较少考虑职业院校领导、教师的感受，也较少考虑对原有学校办学文化的保留，往往造成合并后的学校内部矛盾重重，很长时期内都难以理顺管理关系，以致教育质量下降。这样一种布局调整方法，也会严重打击职业院校领导、教师办学的积极性，不利于办出职业教育的名校。那么职业教育在什么情况下才能进行布局调整？调整应该遵循什么样的程序？有必要深入研究这些问题。

（三）职业教育如何进一步推进校企合作

《国家职业教育改革实施方案》把产教融合校企"双元"育人作为重要改革任务，提出要坚持知行合一、工学结合，推动校企全面加强深度合作，并打造一批高水平实训基地。"双高计划"对校企合作的改革也提出了新的目标与方向，与行业领先企业在人才培养、技术创新、社会服务、就业创业、文化传承等方面深度合作，形成校企命运共同体。从具体实践看，近年来围绕校企合作这一核心，职业院校进行了大量探索，形成了许多富有特色的校企合作模式。如有的高职学院采取了与企业共建二级学院的合作模式，有的高职学院则把企业直接引入校园内，有的高职学院则把校园办到了企业，等等。所有这些都是非常有益的探索。下一步的发展是要努力总结其中的成功模式并予以推广，并把校企合作推进到工作本位学习实施层面，使校企合作在人才培养中的功能更好地发挥出来。

（四）职业院校如何面向市场培养人才

面向市场培养人才是职业教育人才培养的一条基本要求。与普通教育以培养学生基本素质为目标不同，职业教育的目标是培养学生的就业能力。这样一种性质的教育，决定了它必须根据劳动力市场的人才需求来规划培养方案，否则就会造成人才培养的浪费。职业院校的人才培养如何与劳动力市场需求相对接，既是职业院校非常关注的问题，也是教育行政部门非常关注的问题。

为了解决这一问题，近年来人们一直在努力根据产业发展对人才的需求规划职业院校的专业设置，有的研究甚至会计算专业设置与人才需求的匹配度。然而深入参与这类研究后会发现，预先很美好的研究设计实施时极为复杂，甚至无法进行，比如人才需求的准确数据极难获得，研究中的基本变量也难以定义。这样一种耗费大量研究精力的课题是否会有结果？专业设置与人才需求匹配的含义是什么？该用什么样的思维和方法来解决这一问题？中国已经到需要建立能彻底解决这一问题的长效机制与恰当模式的时候了。

（五）职业院校如何建立以专业为核心的发展模式

职业教育办学的核心是专业建设，专业强则学校强，专业有特色则学校有特色。这条普通的原理在职业院校落实却存在问题。目前大多数职业院校仍然把管理权限和办学资源集中在学校层面，实施的是一种学校中心的办学模式。只有把管理权限和办学资源下移到专业，建立以专业为中心的办学模式，职业院校才能实现内涵建设的质的飞跃。近年来，国家越来越意识到职业学校专业建设和人才培养模式改革对于职业教育发展和办学模式改革的重要性。教育部办公厅印发《中等职业学校公共基础课程方案》、教育部发布《关于职业院校专业人才培养方案制订与实施工作的指导意见》等，都是促进专业发展、提升职业教育质量的重要举措。

职业院校办学模式的这一转换需要经历一个非常困难而又复杂的过程。说它困难，是因为它涉及职业院校内部权力结构的改变；说它复杂，是因为它要涉及职业院校许多管理制度的重新制订，以及对调整过程中可能遇到的风险的控制。比如扩大了专业和教师的人、财、物使用权限后，是否建立了对其权限进行约束的管理制度？各专业中是否具备了能够独立承担起专业建设任务的优秀专业负责人？职业院校的管理权限之所以难以下移，既有观念、文化与制度依赖的原因，也有办学中的现实困境。有必要通过对这一过程进行深入研究，为职业院校办学模式的转型提供理论支持。

（六）职业院校如何构建自我诊断与改进能力

诊断与改进是近年来职业院校办学中的热点问题，也是困惑度很高的问题。自我诊断与改进是任何一个组织应当自觉建设的一种机制，否则这个组织就会面临自我毁灭的危险。教育部于2015年发布了《关于建立职业院校教学工作诊断与改进制度的通知》，诊断与改进成为完善职业院校内部质量保证制度体系和运行机制的重要抓手。然而人们对于这一机制的具体内容始终很迷惘，实际情况是，在建立了许多复杂模型之后，离实际问题的解决却越来越远；有时甚至把评估与诊断混淆在一起，用评估的方案来解决诊断的问题，使职业院校又陷入大量基础数据的填报中。科学的诊断有时的确需要大数据为基础，但与评估依靠基本指标进行判断不同，诊断需要更加专业化的指标和分析工具，这是职业院校诊断工作面临的真正问题。相关研究应当朝这一方向进行。

事实上，职业院校内部的领导和教师并非不能自我发现问题，对一个组织的问题理解得最深刻的应当是这个组织的内部成员。而组织往往缺少的是能够表达问题和共同协商并解决问题的公开机制，即当组织成员知道某个严重问题后，该问题能够及时地得到公开表达，并在组织内进行民主式讨论，取得能够得到组织成员普遍认可的解决方案。职业院校要建立诊断与改进机制，除了要依靠专家和运用更加专业化的诊断工具，更要加强内部开放式、民主式管理模式建设，这样才能使诊断与改进成为促进职业院校发展的常态机制。如何构建这种管理模式也是当下需要深入研究的课题。

四、如何保障办学

职业教育办学是复杂的、多方参与的实践与改革，因而，要确保办学活动的稳妥进行，就有必要对各种办学行为赋予必要的保障基础。具体来说，有三个问题需要思考：一是职业教育办学究竟需要哪些保障？二是各种保障资源条件如何有效分配？三是如何实现保障条件切实到位、发挥作用，如何处理好现有资源条件与未来资源条件之间的关系？具体而言包括以下几个方面。

（一）职业教育办学模式改革究竟需要哪些资源条件来保障

职业教育办学模式的保障需要人、财、物、制度与文化等多方面资源的保障。但是，为什么需要人、财、物、制度与文化等多方面资源来保障？事实上，这是基于两个方面的考察与比较：一是职业教育办学模式的发展目标。未来职业教育需要服务于现代经济体系，促进更有质量的就业，顺应高新科学技术的需求，因此，职业教育办学需要新的目标，这就需要新的条件来保障新目标的实现。二是中国职业教育办学模式面临着各种各样的问题，在实现职业教育办学新目标的道路上，必须要有针对性地解决这些问题。然而，要解决这些问题，就离不开人、财、物、制度与文化等多方面资源的保障。因此，确定职业教育办学模式的各类保障资源是由职业教育发展目标与现实问题决定的。但是，职业教育办学模式有哪些新的目标？现实状况如何？这又是另外需要研究的问题。

（二）职业教育办学模式改革各种保障资源如何有效分配

在人、财、物、制度等保障的背后，还需要进一步明确：需要什么样的人力资源保障？职业院校领导者、师资队伍以及学生规模和层次如何协调？财务资源方面，如何平衡项目经费与生均经费？如何参照并比对普高与中职、高职与本科院校之间的经费投入问题？如何协调东部、中部与西部地区职业教育经费基础的差异？物力资源方面，基础性办学条件、特色型办学资源如何协调？如何在"达标"与"超标"之间做好办学条件的平衡？制度保障方面，是否需要进行彻底的制度环境改革？职业教育的内部制度与外部制度之间，如何平衡和有效衔接？这些问题的处理，关系职业教育办学模式保障机制的效率，必须进行思考与回应。

（三）如何在保障资源与制度的"存量"与"增量"之间做好平衡

事实上，职业教育办学模式的改革保障并非需要完全推倒重建，特别是在区域经济发展差异巨大，物质资源、财力资源并非绝对丰沛，甚至于职业教育资源还存在浪费的情况下，更应盘活职业教育资源的"存量"，提高现有职业教育办学资源，优化资源配置和提高资源使用率。在此基础上，考虑如何添加职业教育办学资源的"增量"。在人、财、物以及制度条件的匹配和更新上，根据职业教育办学目标和现实问题，有针对性地引入新的"增量"，并创新资源投入和分配的渠道与效率，健全职业教育办学模式的体制机制与制度框架，以切实提高职业教育办学模式改革的实效性。

第三章

职业教育办学模式改革的历史反思

办学模式是在一定的历史条件下，以一定办学思想为指导，在办学实践中逐步形成的规范化的结构形态和运行机制。职业教育办学模式即在一定历史条件下，在办学实践中形成的职业教育办学形态和运行机制。本章围绕"谁办学""办什么""如何办""如何保障"四个核心问题，分析中国不同历史时期职业教育办学模式的核心特征。在对职业教育办学模式改革的历史进程进行系统梳理的基础上，把握历史轨迹，分析暗含其中的基本规律。

第一节 职业教育办学模式改革的历史沿革

新中国成立以来，在不同历史发展阶段，随着外部经济社会环境的变化以及教育系统内部的改变，职业教育办学模式也随之呈现出不同样态。本节根据新中国成立后国家职业教育发展政策的重大转变，将职业教育办学模式改革历史分为七个阶段，从改革背景、职业教育发展态势、主要办学模式和基本特征四个方面梳理各阶段职业教育办学模式改革历程。

一、新中国成立初期职业教育办学模式的确立

新中国成立之初到 1957 年第一个五年计划完成，我国政治稳定，经济发展

较快，根据经济建设的需要，中等职业教育体系及办学模式逐步确立。

（一）改革背景

1. 经济社会发展背景

新中国成立之初，百废待兴。1949年12月第一次全国教育工作会议强调指出，教育必须为国家建设服务。《中国人民政治协商会议共同纲领》第47条规定，"有计划有步骤地实行普及教育，加强中等教育和高等教育，注重技术教育，加强劳动者的业余教育和在职干部教育"。

1952年3月21日，政务院发布《关于整顿和发展中等技术教育的指示》，开篇即指出："我们的国家正在积极地准备进行大规模的经济建设。培养技术人才是国家经济建设的必要条件，而大量地训练与培养中级和初级技术人才尤为当务之急。根据各方面的初步估计，在五六年内，全国经济建设约需中级和初级技术干部五十万人左右。"

1953年，我国开始实施《发展国民经济的第一个五年计划》，提出了党在过渡时期的总路线是："实现国家的社会主义工业化和实现国家对农业、手工业和资本主义工商业的社会主义改造，逐步实现社会主义工业化"。在此期间，我国建立了一批工业化所需的基础工业，从苏联等国引进了技术装备和国外高级技术人才，迫切需要在生产第一线能从事现代企业组织生产施工与安装、检测等的中等技术、管理人才以及大量的技术工人。五年计划提出："五年内，国民经济各部门和国家机关需要补充的各类高等和中等学校毕业的专门人才共约100万人左右；同时，中央工业、运输业、农业、林业等部门需要补充的熟练工人约为100万人"[①]。职业教育对加快恢复国民经济的重要作用日益凸显。

2. 借鉴苏联教育模式

第一个五年计划提出重点发展重工业，但新中国缺乏建设经验，因此，向苏联学习发展重工业的配套经验显得非常迫切。与苏联发展重工业相配套的是其包含中等专业教育和技工教育的职业教育基本制度。我国借鉴苏联教育模式建立起职业教育基本制度，包括：调整职业教育总体布局，明确中专和技校的隶属关系和定位；建立健全学校管理制度，包括学校设置、专业设置等；改革教学制度，实施三段式教学，建立校内外实习基地等。同时，从苏联大规模引进专业教材翻译出版，对充实教学内容、提高教学质量发挥了重要作用。

---

① 人民出版社编辑部：《中华人民共和国发展国民经济的第一个五年计划》，人民出版社1956年版，第85~87页。

(二) 职业教育发展情况

这一时期，随着经济建设高潮的兴起，职业教育获得了快速发展。各类职业学校纳入国家经济建设的轨道，按照经济建设的需要调整各科类的发展比例，并且有计划地新建了一批中等技术学校和技工学校，学校教育与工业建设同步推进。中等技术学校和技工学校都快速增长，中等技术学校从 1949 年的 561 所增加到 728 所，在校生由 77 095 人增加到 482 155 人，增长了 4 倍多；技工学校由建国时的 3 所增加到 144 所，在校生人数也由 2 700 人增加到 66 583 人，增长了近 24 倍，如表 3-1 所示。

表 3-1　　　　　　1949~1957 年中等职业技术教育规模

年份	中等技术学校		技工学校	
	学校数（个）	在校生数（万人）	学校数（个）	在校生数（万人）
1949	561	7.71	3	0.27
1952	794	29.04	22	1.5
1955	512	31.81	78	4.81
1957	728	48.22	144	6.66

资料来源：李蔺田：《中国职业技术教育史》，高等教育出版社 1994 年版，第 544~552 页。

(三) 主要办学模式

1. 中等专业教育办学模式

1954 年，中央人民政府发布《关于改进中等专业教育的决定》，明确中等专业教育的任务是有计划地培养中等专业干部，并对中等专业学校的学习年限、教学改进、学校章程与学校领导关系进行了进一步的明确，由此确立了中等专业教育办学的核心要素。

（1）办学与管理体制。中等专业学校在中央高等教育部统一领导下，归中央各有关业务部门主管。为增强领导工作效率，原则上中央各有关业务部门应对所属中等专业学校实行集中统一的直接领导。部分中等专业学校，如中等商业学校、中等农业学校和中等医药学校仍在中央业务部门领导下，委托省（市）人民政府有关厅（局）机构直接管理。中央各有关业务部门由部长或一位副部长负责领导其所属中等专业学校的工作，并应该根据所属学校及所设专业的多少，设立学校司（局）、处或科，或在教育局、教育司内设立学校处或科，专责管理各部所属中等专业学校的工作；而各省（市）人民政府有关厅（局）机构内设立教育科，专责管理教育工作。中央高等教育部负责统一指导全国中等专业教育方面的工作,其职责包括①:拟订并提请本院审查有关中等专业学校发展的各项问题;根据中央各业务部门的建议,编制中等专业学校的综合招生计划;以国家计划委员会制定的专业一览表为基础,根据中央各有关业务部门的建议,规定各类中等专业学校的专业一览表及各校学科的组成;制定有关中等专业学校招生及毕业办法的各种指示;批准教学计划;批准普通教育课程及基础技术课程的教学大纲和教科书;就有关中等专业学校教学工作方面的需要制定各项规章、制度及指示。

(2)办学定位。"专业化"是中等专业教育坚持的办学方向。建立中等专业教育制度的初衷是根据国家在过渡时期的总任务和第一个五年计划的基本任务,提供为国家经济建设服务的理论与实践相一致的专业教育,有计划地培养中等专业干部。参照苏联中等专业教育的经验,高等教育部于1953年7月4日颁布《关于中等技术学校设置专业的原则的通知》,要求各业务部门在制订所属中等技术学校(中等专业学校)专业设置计划时,以中央各业务部门集中统一计划为原则,学校之间适当分工,所设专业力求集中单一;同一学校所设专业以性质相近为基本原则,原有条件比较好的学校所设置专业,以不超过4个为宜,新办或条件比较差的学校,最好暂设1~2个专业,最多不超过3个;各校所设置专业,应以学校附近有与专业性质相同的工厂、矿山及其他企业机关为依据②。

(3)人才培养。中等专业学校的教学计划要求保证理论课程、实验作业、教学实习与生产实习之间最密切的联系,且教学内容必须完全与专业的业务范围相适应。教学实习与生产实习的时间占理论教学时间的25%~35%③。生产实习在与学校固定联系的企业中进行。1953年,中央人民政府高等教育部及各大行政区的高等教育管理机关,与财经及其他有关业务部门、青年团、工会等组织的代表以及有关学校的代表,分别组成中央生产实习指导委员会和大行政区的生产实习指导委员会,负责制定生产实习计划,统筹安排生产实习事宜。由业务部门提供生产与工作情况较好的厂矿和机关作为实习单位,保证生产实习质量。学校的教师负责教学,由厂矿企业指派专家负责生产技术的指导④。生产教学还可以在学校附设的校办工厂、农业学校附设教学实习农场等进行。

2. 技工教育制度

新中国成立后,国民经济恢复发展急需技术工人,但是当时技术工人非常匮

---

① 《中央人民政府政务院关于改进中等专业教育的决定》,载于《人民教育》1954年第11期,第65~66页。
② 李蔺田:《中国职业技术教育史》,高等教育出版社1994年版,第258页。
③ 《中央人民政府政务院关于改进中等专业教育的决定》,载于《人民教育》1954年第11期,第65~66、33页。
④ 《中央人民政府政务院关于加强高等学校与中等技术学校学生生产实习工作的决定》,载于《山西政报》1953年第15期。

乏，同时新中国成立前遗留的失业工人急需转岗，因此，为了解决技术工人的供需矛盾问题，国家创办技工学校，建立技工教育制度，为国民经济各部门培养和输送具有社会主义觉悟、能够掌握现代化生产知识和技能、身体健康的技术工人。

（1）办学与管理体制。1954年4月25日，中央财经委员会批转劳动部制定的《技工学校机构设置和人员编制标准暂行规定》，规定各产业管理部门应根据自己对技工的需要设立技工学校，并对技工学校的开办、变更与停办进行审查与批准。为了加强对技工教育的统一管理，政务院决定由劳动部门对全国技工学校进行综合管理。劳动部门负责制定有关技工学校的方针、政策和规章制度；组织编写教材、审定教学计划、教学大纲；培训师资和提高师资水平；组织交流工作经验等。1954~1956年间劳动部颁布了相关文件对技工学校的领导管理、学制、规模和工种设置、机构设置和人员编制、办学条件等作出明确要求。

（2）办学定位。1956年，劳动部颁布《工人技术学校标准章程（草案）》，明确工人技术学校的学制为两年，主要招收高小毕业以上文化程度及身体健康、政治纯洁、年满16周岁至23周岁的青年，培养目标是掌握一定专业的现代技术操作技能和基础技术理论知识的"四级和五级技术工人"。各产业管理部门根据实际需要与所培养工种的不同，可适当予以增减学习期限。技工学校的规模和工种设置是根据生产建设需要确定的，同时也必须考虑有利于组织教学、安排生产实习，并在规模上保持相对稳定。每所工人技术学校的学生名额，以200~800人为标准；工种设置以4~7种为标准①。

（3）人才培养。技工学校的课程分为文化课、技术理论课和生产实习课三种。生产实习主要是结合生产进行，并定期轮换工作位置和实习作业岗位，不适宜结合生产的工种，可以采取实习、实验、模拟等形式代替。生产实习教学时间与文化、技术理论课教学时间原则上各占一半，有的工种生产实习教学时间在一半以上。生产实习的形式有两种：一种是在校内实习工厂进行，另一种是到厂矿企业进行。生产实习以班级为单位进行，按工种或专业编制，每班人数一般工种为25人，复杂工种为12~15人②。

（四）本阶段职业教育办学模式的基本特征

这一时期，社会主义国营经济以较快速度发展，为了适应社会主义建设需要，我国迈出发展职业教育的第一步，其发展的力度、速度和规模，在职业教育史上都是空前的。其间，中等专业教育和技工教育是职业教育最主要的两种办学

---

① 李蔺田：《中国职业技术教育史》，高等教育出版社1994年版，第266页。
② 李蔺田：《中国职业技术教育史》，高等教育出版社1994年版，第267页。

模式,如表3-2所示。

表3-2　　　"一五"期间职业教育办学模式的经验总结

办学模式	谁办学	办什么	怎么办
中等专业教育	• 中央各有关业务部门主管 • 业务指导:中央高等教育部	• 培养中等专业干部 • 单一化和专业化	• 加强生产教学:中央业务部门负责筹划厂矿企业中的生产实习;附设教学农场、教学医院
技工教育	• 各产业管理部门主办 • 综合管理:劳动部门	• 培养技术工人-四级技工 • 按照国家技工培训计划,4~7种工种	• 生产实习:校内实习工厂、主管企业

中等专业教育的重点是培育工业的技术干部和管理干部,同时配合农业合作化运动,注意培养农业的技术干部和管理干部,技工教育的重点是培养技术工人。这一阶段职业教育办学遵循"谁用人才谁办学"的原则,业务主管部门负责举办中等专业学校和技工学校,分别由教育部门和劳动部门负责业务管理。业务部门成为中等职业教育的办学主体。在高等教育部的统一领导下,中等专业学校归各业务部门主管,实行统一领导、分部分级管理的体制。技工学校则由劳动部进行综合管理,但是学校的开办、变更与停办,由产业主管部门审查批准。由于制度确认中央各业务部门是职业教育的办学主体,因此在办学经费上基本是国家全包,国办职业教育的特征非常突出。

办学非常强调专门化,这是针对原有职业学校培养目标不明确、设科范围过宽、学校分布与科类设置不适应国家经济建设的需要等问题提出的调整整顿方针,也是对苏联中等专业教育制度经验的借鉴。

二、"二五"期间职业教育办学模式创新

1958年,我国进入第二个国民经济发展五年计划时期。与这一时期国家经济发展阶段性特征相一致,职业教育的发展经历了"高速发展—调整—恢复发展"三个阶段。这一时期职业教育办学模式的创新是建立"两种教育制度两种劳动制度"。

(一)改革背景

1. 经济社会发展背景

1956年9月,中国共产党第八次全国代表大会召开,明确社会主义改造基本完

成后，党的工作重点转向社会主义建设，全国人民的主要任务是集中力量发展社会生产力，实现国家工业化，满足人民的经济文化需要。在这个目标的指引下，我国工农业生产取得了很大的成就。1966 年比 1956 年全国工业固定资产增长了 3 倍；电子、石化等一批新兴的工业部门建立起来了；农业基本建设和技术改造也大规模展开；进行现代化建设的物质基础已初步奠定。在周恩来总理所作的《关于发展国民经济的第二个五年计划的建议的报告》中，提出"要建立社会主义工业化的巩固基础，进行国家建设和推进国民经济的技术改造，就必须努力培养建设人才"，而培养"工业技术人才和科学研究人才，是教育工作的首要任务"。中等专业教育培养的人才数量、质量和门类都难以满足经济发展的要求，需要进行全面规划。

1957 年 11 月 13 日，《人民日报》发表社论，提出了"大跃进"的口号。1958 年 5 月党的八大二次会议正式通过了社会主义建设总路线，号召全党和全国人民，争取在 15 年或者更短时间内，在主要工业产品的产量方面赶上和超过英国。"大跃进"对教育领域也产生了深刻影响。1958 年，中共中央《关于在农村建立人民公社问题的决议》发表后，国家下放办学自主权并提倡多样化办学的政策客观上为教育事业上的"大跃进"创造了条件。1958 年，《中国共产党中央委员会、国务院关于教育事业管理权力下放问题的规定》指出："小学、普通中学、职业中学、一般的中等专业学校和各级业余学校的设置和发展，无论公办或民办，由地方自行决定。新建高等学校和中等工科技术学校，地方可自行决定或由协作区协商决定"①。根据这一指示，一个以教育与生产劳动相结合为中心内容的教育大革命和"多、快、好、省"地发展教育事业的群众运动，在全国范围内蓬勃发展起来。

1960 年冬，随着党中央开始纠正农村工作中的"左"倾错误，"大跃进"运动被停止。1961 年 1 月，党的八届九中全会批准对国民经济实行"调整、巩固、充实、提高"八字方针，国民经济开始恢复发展。教育事业也从 1961 年开始进入调整发展阶段，压缩办学规模，裁减学校，教育"大跃进"停止。1964 年 1 月，教育部召开教育工作会议，确定贯彻执行"两条腿走路"方针，逐步实行两种教育制度，职业教育发展进入一个新的发展时期②。

2. "两种教育制度两种劳动制度"的提出

"两种劳动制度和两种教育制度"是时任中共中央副主席、中华人民共和国主席刘少奇提出的完整设想。1958 年 5 月 30 日，刘少奇在中共中央政治局扩大会议上的讲话中谈到关于两种教育制度问题："我们国家应该有两种主要的学校教育制度和工厂农村的劳动制度。一种是现在全日制的学校教育制度和现在工厂

---

① 中国共产党中央委员会、国务院：《关于教育事业管理权力下放问题的规定》，中华人民共和国国务院公报，1958 年。
② 李蔺田：《中国职业技术教育史》，高等教育出版社 1994 年版，第 293 页。

里面、机关里面 8 小时工作的劳动制度。这是主要的。此外,是不是还可以采用一种制度,跟这种制度相并行,也成为主要制度之一,就是半工半读的学校教育制度和半工半读的劳动制度。"1958 年 6 月 8～20 日,刘少奇又在两次会议上提出:"学校分两类:第一类是全日制学校,第二类是半工半读、业余学校,主要是半工半读。""两类学校都算正规学校……这些都要规定为国家制度。"① 1965 年 11 月,中共中央政治局扩大会议讨论城市半工半读教育问题,刘少奇说:"我们的国民教育有三种形式,一种是全日制,一种是业余教育,一种是半工半读。半工半读要培养有社会主义觉悟、有文化科学知识、有技术、有实际操作能力的新型劳动者。我们的目标应该是能达到当干部、当技术员、当工程师的水平,但是也要能当工人、农民。半工半读试验的重点是中等专业学校和高等学校。这样才能衔接起来,逐步定型,形成体系,防止资本主义复辟。坚持五年试验十年推广,不能动摇,不能发展太快。"②

该提议一经提出,受到极大关注和拥护。1964 年 11 月 17 日,中共中央《关于发展半工(耕)半读教育制度问题的批示》中指出半工(耕)半读学校代表了今后教育的发展方向。从 1964 年下半年起,京、津、沪等大城市开始举办各种形式的半工半读学校,一些全日制的中专和技校试改为半工半读学校。为了更好地领导和推进半工(耕)半读教育的试验工作,教育部成立半工半读教育办公室,部分省市和行业部门成立专门的领导管理机构。1965 年 3 月,教育部召开了全国农村半工半读教育会议,同年 10 月召开了全国城市半工半读会议,为进一步推动半工(耕)半读教育深入发展,总结经验。

(二) 职业教育发展情况

《关于发展国民经济的第二个五年计划的建议的报告》中提出 "二五" 期间教育工作的首要任务之一是培养工业技术人才,明确进一步发展中等专业教育,进行全面规划,实事求是地而不是主观主义地调整科系和设置专业,切合实际地改进教育计划、教学大纲、教材和教学方法,以便使培养的人才能够更加适应于国民经济各部门的具体要求。"培养建设人才还必须发展业余教育,从职工中吸收有条件深造的人员参加夜校或者函授学校学习,逐步培养他们成为高级和中级的专门人才。"③ 1958～1960 年间我国中等职业教育经历了 "大跃进" 式发展,

---

① 方晓东、滕纯:《刘少奇 "两种教育制度、两种劳动制度" 思想研究述评》,载于《教育研究》1997 年第 7 期,第 11～17 页。
② 《中国教育年鉴》编辑部:《中国教育年鉴 1949～1981》,人民教育出版社 1984 年版,第 468 页。
③ 《关于发展国民经济的第二个五年计划的建议的报告》,1956-9-16,http://news.cntv.cn/china/20101021/102370.shtml,登录时间:2015 年 5 月 3 日。

学校数和在校生人数成倍增长，1960年中等专业学校数是1957年的近6倍。各类职校急速发展，造成师资、校舍、设备全面紧张，严重影响教育质量。1961年，教育部落实"调整、巩固、充实、提高"方针，进行全面调整整顿，压缩规模，调整布局，提高质量。到1962年，中等专业学校和技工学校数基本回到1957年的规模，并持续保持稳定，如表3-3所示。

表3-3　　　　　　　1958~1965年中等职业教育规模

年份	中等技术学校		技工学校	
	学校数（所）	在校生数（万人）	学校数（所）	在校生数（万人）
1958	2 085	108.35	417	16.88
1960	4 261	137.74	2 179	51.68
1962	956	35.25	155	5.96
1965	871	39.24	400	18.34

资料来源：李蔺田：《中国职业技术教育史》，高等教育出版社1994年版，第544~552页。

（三）主要办学模式

1958年，中共中央、国务院发布《关于教育工作的指示》，指出多样化办学的指导方针，即："国家办学与厂矿、企业、农业合作社办学并举，普通教育与职业（技术）教育并举，成人教育与儿童教育并举，全日制学校与半工半读、业余学校并举，学校教育与自学（包括函授学校、广播学校）并举，免费教育与非免费教育并举。"① 该方针为这一时期职业教育办学模式改革确定了基本方向。

1. 半工半读学校

（1）半工半读的中等技术学校。招收初中毕业生，学习年限一般为四年，少数为三年。举办这类学校的，以工厂企业为主，主要从本行业的生产需要出发，解决劳动后备力量的补充问题。利用原有的组织机构、设备条件，充分发挥各方面的潜力，形成从领导直至科室、车间、技术人员、工人都参与的群众性的办学局面。学生定期去厂矿参加生产劳动，厂矿和学校对于有关学生的组织管理、生产劳动、教学工作、生活待遇等问题，各负担一定责任。学生参加生产劳动时，首先从工人做起，和工人订立师傅合同，实行定工种、定岗位和定师傅的"三固定"制度。学生的操作技术掌握较快，一段时间内就能独立操作，顶岗进行生产。

（2）半工半读中学。招收高小毕业生，学习年限多样，有三年、三年半、四

---

① 《中共中央　国务院关于教育工作的指示》，载于《江西省人民政府公报》1958年第18期，第1~5页。

年。主要是学习普通初中的一般课程，以文化课为主，兼学技术知识，获得一技之长。毕业后，可以升学或就业；不能升学、就业的，安排上山下乡或支援边疆。

（3）全日制中专学校和技工学校改办半工半读学校。改办的学校要求生产劳动和教学时间各占一半，轮换方式为定期轮换、不固定或分段集中的轮换、按季节性特点安排。课程设置密切结合生产，为生产服务，总教学时数一般为 2 000 ~ 2 500 学时，比全日制学校同专业的总时数减少 1 000 学时左右。

2. 农业学校

1958 年 2 月 24 日，中共中央宣传部部长陆定一向江苏省委提出创办农业中学的倡议。其后江苏省海安县双楼乡和邗江区施桥乡自办农业中学，实践证明农业中学为当地农业、农村发展作出了积极贡献。1965 年 3 月，教育部召开了半农半读教育会议，提出农村教育实行全日制和耕读小学两条腿走路，普及小学教育，扩大试办农业中学，积极试办半工半读中等技术学校。在多形式多渠道办学的探索中，农业中学的出现是职业教育在该时期的重要创新。农业中学的办学形式主要有三种：一是大队单办或几个大队联办的小型分散的农业中学。二是由公社兴办的住宿与走读相结合的农业中学。这种学校一般数量较少，办学规模较大。这种学校有些还办有少量的农业高中班。三是学生学习、劳动、生活都在学校，实行"三集中"的农业中学。该形式的中学多由公社举办，为数不多，建校历史较长，有较多的生产基地和校舍，坚持半农半读方向，生产养校，经费可以全部、大部或部分自给；招生范围广，一般在公社、几个公社或县的范围内招生。除以上三种类型的农业中学外，还有全日制中学、小学附设的农中耕读班；"长短结合"的班，即在三年制的农业中学开设短期的会计训练班、电工训练班、农业技术员训练班等，为生产队培训技术力量。

3. 领导管理机构的变革

随着"两种教育制度"的试行，技工学校划归教育部管理。1964 年 4 月 2 日，国务院颁布的《关于技工学校综合管理工作由劳动部划归教育部的通知》指出："为了进一步贯彻普通教育与职业教育并举的方针，大力发展职业教育，加强职业教育领导管理和统筹安排，决定将技工学校的综合管理工作及相应经费额度由劳动部划归教育部主管和掌握，劳动部给予协助。"[①] 6 月 15 日，国务院批准教育部设立职业教育司，主管技工学校和职业学校。10 月 16 日，国务院文教办公室发出文件，同意将高教部中专司划归教育部。其后，教育部将职教司与中专司合并（仍称中专司），另设半工半读教育办公室。对职教管理体制的调整，

---

① 《国务院关于技工学校综合管理工作由劳动部划归教育部的通知》，载于《中华人民共和国国务院公报》1964 年第 6 期。

符合对当时全国职业教育统筹管理的客观需要,但由于当时对职业教育统筹管理的必要性和重要性的认识不足,使得调整后造成更加复杂的局面,以致教育部后来主动放弃了对技工教育的管理。

(四) 本阶段职业教育办学模式的基本特征

这一时期,职业教育的发展经历了较大波动,办学方面呈现出两个核心特征:

第一,实行职业教育与生产劳动相结合。一方面,通过实施"两种教育制度两种劳动制度",创办半工半读、半农半读学校,实现职业教育与生产劳动的紧密结合;另一方面,1958年毛泽东提出:"一切中等技术学校和技工学校,凡是可能的,一律试办工厂或农场进行生产,做到自给或半自给,学生实行半工半读。"① 通过举办校办工厂/农场,实现生产实习环节教学与生产真正的紧密结合,如表3-4所示。

表3-4 "二五"期间职业教育办学的经验分析

学校类型	谁办学	办什么	怎么办
半工半读学校	● 中央各部门、地方产业部门、教育部门、劳动部门及厂矿企事业单位等多形式、多种渠道办学	● 半工半读中等技术学校 ● 半工半读中学(初中)	● "三固定"制度:定工种、定岗位和定师傅 ● 生产劳动和教学时间各一半,定期轮换、不固定或分段集中的轮换、按季节性特点安排
农业学校	● 乡镇、公社办学	● 培养农业劳动者和初级技术管理人员	● 生产养校、校办生产基地和农舍 ● "三集中":学习、劳动、生活

第二,实行"两条腿走路"办职业教育。中央教育行政部门对学校实行直接指挥和管理,这种高度集中统一管理的弊病在20世纪50年代中叶已经开始显露,主要是地方的办学积极性不高,限制了教育事业的发展,不能满足人民群众日益增长的要求。1958年《关于教育事业管理权力下放问题的规定》发布,逐步建立"两条腿走路"办职业教育的办学格局,包括教育部门办学与业务部门办学并举,中央办学与地方办学并举,国家办学和厂矿、企业、农业合作社办学并

---

① 李蔺田:《中国职业技术教育史》,高等教育出版社1994年版,第293页。

举,极大地调动了办学积极性,整合社会资源投入职业教育办学。

三、"文革"期间职业教育办学的调整

1966年5月,影响巨大的"文化大革命"开始。"文革"期间,职业教育发展遭到严重破坏。

(一)改革背景

"文革"覆盖了第三个五年计划(1966~1970年)和第四个五年计划(1971~1975年)。"三五"计划从1964年初开始研究和编制,指导思想经历了由"解决吃穿用"到"以战备为中心"的变化,从准备大打、早打出发,积极备战,把国防建设放在第一位,加快"三线"建设。"四五"计划于1970年开始进行编制,1973年,中共中央两次修改"四五"计划的高指标,逐步调整了以战备为中心的战略,开始强调经济效益,注意沿海和"三线"地区并重,大规模的"三线"建设进入收尾阶段。

(二)职业教育发展情况

"文革"期间,职业教育的发展可以分为两个阶段:1966~1970年间,职业教育发展遭到极大破坏;1970~1976年,职业教育缓慢恢复,尤其是1973年《关于中等专业学校、技工学校办学中几个问题的意见》对中等职业教育办学的方针、任务、管理体制、学制等关键问题做了规定,在一定程度上促进了职业教育的恢复发展。整体上看,"文化大革命"对职业教育的发展造成了严重的破坏,学校减少,规模缩小,办学效益低下;半工半读、两种教育制度停办,农村职业教育受到极大破坏,中等教育结构单一化,如表3-5所示。

表3-5 "文革"期间中等职业教育规模

年份	中等技术学校 学校数(所)	中等技术学校 在校生数(万人)	技工学校 学校数(所)	技工学校 在校生数(万人)
1966	871	33.60	—	—
1969	685	2.32	—	—
1971	955	9.80	39	0.86
1976	1 461	38.55	1 267	21.15

资料来源:李蔺田:《中国职业技术教育史》,高等教育出版社1994年版,第544~552页。

（三）主要办学模式

1. 中等专业教育和技工教育办学恢复

"文化大革命"初期，各类中等职业学校被撤销、停办、停止招生或改为工厂，职业教育办学受到极大破坏。从1971年开始，中等专业学校和技工学校逐步开始恢复办学。1973年国务院批转国家计委和国务院科教组《关于中等专业学校、技工学校办学中几个问题的意见》，明确办学要面向基层，多种形式，开门办学，并重申了职业教育与生产劳动相结合的办学方向。

在办学定位上，"文化大革命"前期的部分政策导致大专、中专和技校办学目标混淆不清，基于此《关于中等专业学校、技工学院办学中几个问题的意见》再次明确"中等专业学校是为社会主义革命和社会主义建设培养又红又专的中等专业人才""技工学校培养有社会主义觉悟有文化的技术工人"。在招生上，仍参照高等学校招生办法，招收工农兵学员、废止招生考试、"社来社去"，这对中等职业教育培养质量产生了一定程度的影响。

2. 七二一工人大学

1968年7月21日，毛主席在《人民日报》关于《从上海机床厂看培养工程技术人员的道路（调查报告）》的编者按清样中加写了这样一段话："大学还是要办的，我这里主要说的是理工科大学还要办，但学制要缩短，教育要革命，要无产阶级政治挂帅，走上海机床厂从工人中培养技术人员的道路。要从有实践经验的工人农民中间选拔学生，到学校学几年以后，又回到生产实践中去"[1]。

为贯彻落实毛主席"七二一指示"，1968年9月，上海机床厂创办了全国第一所"七二一工人大学"，设立磨床专业，全国各地相继仿效。学员经过车间推荐，到"七二一工人大学"学习2年后回厂工作。"七二一"工人大学结合典型产品的设计制造，把教学全过程分为短期基础知识学习、边实践边教学、理论提高和再实践四个阶段，在扩大、加深工人学员实践的基础上向理论方面学习[2]。

1975年，教育部和一机部联合在上海召开全国"七二一"工人大学教育革命经验交流会。这次会议后，"七二一"工人大学在全国获得了突飞猛进的发展。全国"七二一"工人大学办学形式多样，有四年制、两年制、半工半读制、业余制等。"七二一"工人大学旨在通过工厂来培养技术工人，这一基本办学思想有一定的合理性，且其人才的培养方式强调按照生产顺序分阶段教学，突出工学结

---

[1] 董纯朴：《中国成人教育史纲》，中国劳动出版社1990年版，第270页。
[2]《上海机床厂隆重集会庆祝毛主席"七二一"指示发表六周年》，载于《科学通报》1974年第9期，第431~432页。

合的重要性，学制相对灵活，对当时的经济发展起到了一定的促进作用。"七二一"工人大学后被统一改称为职工大学。

3. 五七大学

1971年中共中央批转的《全国教育工作会议纪要》提出坚持"五七"指示，"教育需要同三大革命实践相结合，以厂（社）校挂钩为主，多种形式，开门办学，建立教学、生产劳动、科学研究三结合的新体制"，并提出在农村举办"五七大学"或学校[①]。

"五七大学"的办学主体多元而复杂，有地、县、社、队、农场各级地方办的，也有部门及企业办的。办学中坚持"社来社去"，即坚持学生不但从工农中来，而且要回到工农中去。在学制方面，有三年学制的，有半年几个月的，还有一周、十天的短训班。

教学中遵循"从农业需要出发"的原则，用农业科学研究来促进教学，对当地农业生产发展需要解决的实际问题进行科学研究，以建立若干课题组的形式，组织学生围绕课题进行研究，同时接受教师的知识传授。在工学结合方面，取名为"三上三下""四上四下"，每年有几段时间在学校学习基础理论知识和进行科研活动，同时也有几段时间组织学生回队参加生产实践和群众运动[②]。

（四）职业教育办学模式基本特征

"文革"时期职业教育发展经历了从动乱破坏到恢复发展，原有的中等职业学校系统受到了极大破坏。面向城市职工的"七二一"学校和面向农民的"五七大学"是"文革"时期职业教育办学的创新模式，如表3-6所示。尽管其具有较为浓重的政治色彩，但是从职业教育发展规律来看，其培养方式在一定程度上符合了人才培养的基本规律。比如，以工作需要解决的实际问题进行研究学习；在工学结合方面，强调按照生产阶段组织教学，突出实践学习和理论知识学习相结合的重要性。

表3-6　　　"文革"期间职业教育办学模式的特征归纳

模式	谁办学？	办什么？	怎么办？
七二一工人学校	• 地区产业部门、企业主办	• 培养技术工人	• 结合本企业的生产，按生产顺序分阶段教学 • 厂校挂钩、校办工厂、厂带专业，教科生产结合

---

① 董纯朴：《中国成人教育史纲》，中国劳动出版社1990年版，第272页。
② 董纯朴：《中国成人教育史纲》，中国劳动出版社1990年版，第272~273页。

续表

模式	谁办学？	办什么？	怎么办？
五七大学（农业）	● 杂：地、县、社、队、农场各级地方办的，也有部门及企业办的	● "社来社去"	● 从农业需求出发的教学原则 ● "几上几下"：学校学习、生产实践、群众运动

四、改革开放初期职业教育办学的恢复

1977年8月党的第十一次全国代表大会宣告"文化大革命"结束。1978年12月党的十一届三中全会作出把全党工作重点转移到社会主义现代化建设上来的战略决策。这一时期职业教育一方面恢复中等专业教育制度和技工教育制度，另一方面建立职业高中，回应中等教育结构调整的要求。

（一）改革背景

1. 经济社会背景

1981年6月党的十一届六中全会通过了《关于建国以来党的若干历史问题的决议》，1982年9月党的十二大提出党在新的历史时期的总任务，并明确在20年内经济建设总的奋斗目标是力争使全国工农业的年总产值翻两番。自"文化大革命"结束后，党的工作中心转移到经济建设上来，经济社会的发展迫切需要大量技术人才的支撑，因此，该时期经济建设的需要是职业教育发展的重要动力：一是全国工作重点转向以经济建设为中心，职教与经济关系最直接、最密切，社会主义建设迫切需要职业教育为其输送大量人才；二是社会主义经济建设不仅需要大批工程师和专家，更急需千百万一线生产、服务、管理的实用型人才，职业教育培养的正是这类急缺人才；三是改革开放后，经济发展对经营效益和产品质量提出更高的要求，对职工队伍素质也提出更高要求；四是人口高峰带来求学高峰，大量适龄青年有上学和谋生的需求，原有的基础教育容量有限，需要开拓新的教育类型进行分流，为广大青年的求学和就业提供更多的选择机会。

2. 调整中等教育结构

1978年邓小平在全国教育工作会议上指出，"应该考虑各级各类学校发展的比例，特别是扩大农业中学、各种中等专业学校、技工学校的比例"。由此，调整中等教育结构、发展职业教育被提到政策制定的日程上来。

1980年10月7日，国务院批转教育部、国家劳动总局《关于中等教育结构改革的报告》（以下简称《改革报告》）提出："要使高中阶段的教育适应社会主义现代化建设的需要，应当实行普通教育与职业、技术教育并举，全日制学校与

半工半读学校、业余学校并举，国家办学与业务部门、厂矿企业、人民公社办学并举的方针。经过调整改革，要使各类职业（技术）学校的在校学生数在整个高级中等教育中的比重大大增长。"

1983年5月9日，教育部、劳动人事部、财政部、国家计划委员会联合发布《关于改革城市中等教育结构、发展职业技术教育的意见》，提出："城市中等教育结构改革，主要是改革高中阶段的教育，使之适应社会主义现代化建设多方面的需要，适应经济体制、产业结构、劳动就业等变化的需要。实行普通教育与职业技术教育并举，全日制学校与半工半读学校、业余学校并举，国家办学与业务部门、厂矿企事业单位、集体经济单位办学并举的方针。民主党派、群众团体以及个人办学，应给予鼓励。城市高中阶段教育的学制、结构和办学形式都要实行多样化。"

（二）职业教育概况

1977～1985年，职业教育得到相当程度的恢复与发展。中等职业教育学校数和在校生人数都在稳步回升。中等专业学校数从1977年的2 485所增加到1985年3 557所，在校生增长近1.3倍；技工学校数从1 333所增加到3 548所，在校生增长近2.1倍。职业中学迅猛发展，学校数从1980年的3 314所增加到1985年的8 070所，在校生数增长超4倍。1985年高中阶段在校生共1 201万人，中等职业教育在校生占比近38.3%，相比1978年7.6%的占比有大幅回升（见表3-7）。

表3-7 1977年、1980年、1983年、1985年中等职业教育规模

年度	中等专业学校 学校数（所）	中等专业学校 在校生人数（万人）	技工学校 学校数（所）	技工学校 在校生人数（万人）	职业中学 学校数（所）	职业中学 在校生人数（万人）
1977	2 485	68.92	1 333	24.31	—	—
1980	3 069	124.34	3 305	70.03	3 314	45.37
1983	3 090	114.33	3 443	52.52	5 481	122.01
1985	3 557	157.11	3 548	74.17	8 070	229.57

资料来源：李蔺田：《中国职业技术教育史》，高等教育出版社1994年版，第544～552页。

（三）主要办学模式

1983年教育部、劳动人事部、财政部、国家计委联合下发的《关于改革城

市中等教育结构、发展职业技术教育的意见》，进一步明确了中等教育结构的改革途径，并提出"中央财政对教育部门主办的职业技术教育追加一次性补助 5 000 万元"。至此，我国形成了行业企业、劳动等部委、教育部门共同举办的中等职业学校的格局。

1. 举办职业高中

《关于中等教育结构改革的报告》在推动中专、技校数量增长的同时，提出"要将一部分普通高中改办为职业（技术）学校、职业中学、农业中学"，从而催生了一种新的中等职业教育机构。职业学校作为一种新型学校，体现了"联合办学、服务当地、灵活多样、不包分配"的办学新思路。

（1）办学体制。教育行政部门将部分普通高中改办为职业（技术）学校、职业中学、农业中学。职业（技术）学校招收初中毕业生，学制 2~3 年，主要进行职业（技术）教育，同时开设有关普通文化课。这类学校由教育部门和业务部门联办，隶属关系不变。农业中学、职业中学是普通教育与职业技术教育相结合的中等学校，根据发展生产和服务性行业的需要，广开学路，招收初中毕业生，办学形式灵活多样。这类学校除由各行各业举办外，集体和个人也可以办。各地还利用一些适合办学的关停的工厂厂房及设备举办职业（技术）学校或作为学校的实习场所，留用一部分技术人员和老工人做教师或实习指导教师。有条件的大中城市还试办职业技术教育中心，开设若干职业技术教育科目，提供专业教师、设备和实习场所。

（2）管理体制。教育部门设立职业技术教育机构，与计委、劳动人事部门一起，制订职业技术教育的发展规划；会同有关部门制订专业目录；负责制订职业技术教育的具体政策、规章制度和教学计划。计划部门把职业技术教育列入国民经济和社会发展计划。对职业中学、职业（技术）学校的学生，国家不统包统配，毕业时按"三结合"的就业方针，或由劳动部门介绍就业，用人单位择优录用，或由劳动服务公司帮助他们组织就业，或鼓励学生自谋职业、鼓励学生到农村为农民服务。

（3）办学经费。为支持城乡职业技术教育的发展，1983 年中央财政对教育部门办的职业技术教育追加一次性补助费 5 000 万元，分配原则由教育部、财政部商定。各级人民政府在安排地方财政支出指标时，也应积极支持发展此项教育事业。原有普通中学改办的，其经费开支渠道不变，即教育部门所属普通中学改办的，由教育事业费开支；原属其他部门或厂矿企业所办的普通中学改办的，由其他部门有关经费或企业营业外项目列支；几个部门联合改办的，其经费由合办单位协商解决；社队办的，其经费由办学单位自行解决。

2. 恢复举办中等专业教育

1980 年 4 月 10~25 日，全国中等专业教育工作会议在北京举行。会议总结了新中国成立 30 年来中等专业教育工作的基本经验，研究中专教育的发展。

（1）办学体制。1980 年 11 月 5 日，教育部发布《关于全日制中等专业学校领导管理体制的暂行规定》，提出"对中等专业学校实行分工分级，按系统归口的管理制度"。中等专业学校按照领导关系，分为国务院部属学校和地方学校。国务院部委所属中等专业学校，由有关部委直接领导；或由有关部委和省、自治区、直辖市双重领导，以部委为主；或由部委与直属一级企业、事业单位分工管理。省、自治区、直辖市所属中等专业学校，由省、自治区、直辖市领导，有关业务部门主管；面向地（市）的中等专业学校，实行省和地（市）两级业务主管部门分工管理。

（2）管理体制。国务院各部委负责管理所属中等专业学校的各项工作，负责学校的规划、专业设置、招生计划、毕业生分配、人事工作、人员编制、劳动工资计划、经费、基本建设、教材、物资和仪器设备等；制定并颁发本系统各专业的教学计划，组织编写并审定有关的普通课、技术基础课、专业课的教学大纲和教材，组织培训教师；批准所属学校和专业的开设、调整、撤销，并报国家计委和教育部备案。开设学校应征得所在省、自治区、直辖市的同意。

教育部根据党的教育方针和党中央、国务院的指示，对中等专业教育事业负责业务指导。国务院各部委对本系统地方所属中等专业学校负责业务指导。省、自治区、直辖市人民政府检查督促本地区内所有中等专业学校贯彻执行党的方针、政策和规章制度；审批地方中等专业教育事业发展规划和学校布局；批准地方所属学校和专业的开设、调整、撤销，并报国家计委、教育部和有关部委备案。

（3）办学形式。中等专业学校是在相当于高中文化程度的基础上进行专业技术教育，中专的高年级与大学低年级交叉，是介乎高中与大学之间的一种学校。根据我国经济文化发展不平衡和中专专业门类多、要求不一的情况，中专学制可以多样化：招收初中毕业生，一般为 4 年，个别 5 年，有的专业仍保持 3 年；招收高中毕业生，一般为 2 年，医科和工科等有些专业可为 2 年半或 3 年。少数民族地区可以从实际出发，提出不同的招生对象和学制。中等专业教育除全日制中专外，还可举办半工（农）半读、业余和函授教育等。有条件的学校还应承担干部轮训工作。

（4）办学经费。1984 年 11 月 24 日，教育部印发《关于在全日制普通中等专业学校建立学校基金制度几项原则意见的通知》。该通知指出，凡是有条件建立学校基金的全日制普通中等专业学校，在不增加国家财政开支和人员编制的前提下，可以建立学校基金制度[①]。建立学校基金制度的目的是要积极改革学校管

---

① 杨金土：《30 年重大变革——中国 1979-2008 年职业教育要事概录》，教育科学出版社 2011 年版，第 684 页。

理制度，扩大学校自主权。学校基金的来源主要有以下四个方面：一是在完成国家下达的指令性招生计划之外，接受委托培养人才任务所得的净收入；二是校办工厂（车间）、农（林、牧）场实现的纯利润；三是学校在上级下达任务并核拨经费之外，承担的科研、设计、实验、技术推广、服务、咨询等任务所得的净收入；四是其他预算外净收入和经上级批准从预算节余经费中结转的经费。

3. 恢复举办技工教育

办好技工学校是培养工人掌握现代化设备，提高工人技术水平，补充熟练技术工人的重要方式，对加速发展国民经济、实现四个现代化，具有重要意义。

（1）办学体制。地方办的技工学校由地方有关业务部门管理；国务院各部门办的技工学校，由国务院有关部门管理。国家劳动总局和地方劳动部门负责技工学校的综合管理工作，包括编制发展规划、招生计划，拟定有关方针政策、规章制度，组织有关部门编写、审定教学计划、教学大纲和教材，以及培训提高师资水平、组织交流工作经验等。教育部门在师资配备和编写教材等方面给予支持、协助[①]。

（2）管理体制。技工学校的开办、调整、撤销和专业设置，属于地方办的报省、自治区、直辖市革命委员会批准，属于国务院各部门办的，在取得地方劳动部门同意后，报中央主管部门审批，但均需报送国家计委和国家劳动总局审查备案。技工学校的培训计划（包括长期计划和年度计划），按隶属关系分别由省、自治区、直辖市劳动部门和国务院各部门负责编制，送国家劳动总局（国务院各部门直属单位培训计划同时抄送所在省、自治区、直辖市和当地劳动部门）。

（3）办学形式。1979年2月20日，国家劳动总局发布《关于颁发技工学校工作条例（试行）的通知》，明确技工学校是培养技术工人的学校，培养掌握现代生产技能的四级技术工人（实行八级技术等级标准的工种）。学校的规模、工种、专业设置和学制应相对稳定，招收初中毕业文化程度的学制一般为3年，招收高中毕业文化程度的学制一般为2年。学校教学应理论联系实际，以实习教学为主。

4. 试办职业大学

1980年底，发展国民经济第五个五年计划完成。地方社会主义四化建设迫切需要人才，但国家统一分配的高等专门人才，数量上既难以满足地方需要，培养目标上又不甚对口。1982年，第五届全国人民代表大会第五次会议提出"要试办一批花钱少、见效快、酌收学费，学生尽可能走读，毕业生择优录取的专科

---

① 教育部：《国家劳动总局关于全国技工学校综合管理工作由教育部划归国家劳动总局的通知》，[2018-06-15]，http://www.law-lib.com/law/law_view.asp?id=43792，登录时间：2015年5月3日。

学校和短期职业大学"。1983年,《国务院批转教育部、国家计委关于加速发展高等教育的报告的通知》提到"积极提倡大城市、经济发展较快的中等城市和大企业举办高等专科学校和短期职业大学"。由此,高等职业教育诞生。职业大学学制主要为2年,少数为1年和4年。学校实行崭新的办学机制,采取走读、收费、毕业生不包分配、企校联合办学等重大改革措施,在高等学校中别树一帜。1980年全国共出现7所职业大学,南京金陵职业大学、合肥联合大学、武汉江汉大学就是其中最早创办的一批。职业大学发展很快,至1985年已达到118所。因为高等职业学校实行新办学机制,是一种大胆创新的行动,所以在兴办初期,社会上对此缺乏足够了解,教育界内部也有不少人对它缺乏足够认识,抱有很多疑虑。反映到办学方针上,一度出现过犹豫不定的情况,在对这类教育管理归属上也长期得不到明确和落实,很多政策制度一时又难以配套,致使学校运转困难重重。

这一阶段职业教育的恢复发展奠定了新时期职业教育的基础,这个基础也成为我们今天职业教育取得成就的基础。但也存在不足,主要表现在:把发展职业教育的任务主要赋予正规学校;对发展职业教育必需的外部制度的建构考虑不足;行业参与机制缺失;办学多头并缺乏统一协调;国家能力标准、统一职业资格制度与学历职业教育之间的匹配不完善;在薄弱高中基础上改建的职业高中低标准办学,等等。

(四) 本阶段职业教育办学模式的基本特征

中等教育结构调整是这一时期教育改革的重点,由此推动了职业教育多元化办学格局的初步形成,包括中等专业学校、技术学校、职业高中和职业大学。中等专业学校旨在培养技术员,学生就业前景好,发展潜力大;技术学校旨在培养技术工人;职业高中作为一种新型的职业学校,旨在满足经济发展对技术人才的迫切需要,这一时期职业高中的规模发展迅速,推进了中等教育结构的调整;为满足第一线应用型人才需要,部分城市兴办起职业大学。如表3-8所示。

表3-8　　　　改革开放初期职业教育办学经验的归纳

类型	谁办学?	办什么?	怎么办?
职业高中	● 普通中学改办 ● 多种形式办学	● 培养中级技术人员和管理人员、中级技术工人和从业人员 ● 专业设置紧密结合社会需要、灵活多样	● 3年制 ● 加强职业技能训练:生产实习基地、技能竞赛 ● 不包生活费、不包分配

续表

类型	谁办学？	办什么？	怎么办？
中等专业教育	• 分工分级，系统归口管理 • 教育部门负责业务指导	• 培养中等技术管理人才	• 招收高中毕业生两年制 • 招收初中毕业生四年制 • 加强实践性教学环节
技工教育	• 业务部门举办 • 综合管理由教育部划归国家劳动总局	• 培养中级技术工人	• 结合生产进行生产实习教学
职业大学	• 地方政府、大企业或联合办学	• 培养当地生产一线的实用型人才，突出培养创新精神和实践能力	• 收学费、走读、不包分配；专业紧贴经济发展

这一时期职业教育的整顿恢复进展较快，主要得益于：一是经济体制改革有力地促进了职业教育改革，通过体察人才断层、知识匮乏和惨痛的历史教训，使得对职业教育产生强烈的需求愿望；二是职教自身采取的各项重大决策（大办职业高中、恢复技工学校、举办职业大学、加强中专教育）十分得力；三是中等职业教育的管理体制改革理顺了职业教育的规范化发展。

五、社会主义市场经济转轨时期职业教育办学调整

1985~1996年，正处于我国国民经济计划的第七个和第八个五年计划时期。经历了"文革"之后几年的恢复、调整与发展，我国"以经济建设为中心"的指导目标开始实质性启动，改革开放的事业也开始全面拉开帷幕。这一时期，国家将职业教育提升为工业化、现代化甚至是加强政治稳固的重要支柱，明确提出大力发展职业教育。

（一）改革背景

1984年，党的十二届三中全会正式通过了《中共中央关于经济体制改革的决定》。决定指出，为了实现社会主义现代化，有必要进行经济体制改革，主要目的是为了改变束缚生产力发展的经济体制，建立充满活力和生机的社会主义经济体制，必须增强企业（尤其是全民所有制的大中型企业）的活力，并在管理上

实施政企分离，权责明确①。

1992年，党的十四大报告进一步明确提出：我国经济体制改革的目标是建立社会主义市场经济体制，发展以"公有制为主体，多种所有制经济共同发展"的社会主义初级阶段的经济制度，必须集中力量把经济建设搞上去。由此，建立社会主义市场经济体制成为这一时期我国经济领域的新目标和重要发展任务。农村和城市都在这种新的经济政策环境的推动下，发生了巨大的变化。

经济政策的变化、政治民主和管理制度的改革对教育提出了新的要求，也对教育的作用和地位给予了新的认识。1987年党的十三大提出"把发展科学技术和教育事业放在首要位置，使经济建设转到依靠科技进步和提高劳动者素质的轨道上来""必须坚持把发展教育事业放在突出的战略位置，加强智力开发。随着经济的发展，国家要逐年增加教育经费，同时继续鼓励社会各方面力量集资办学。"党的十四大报告进一步明确"科学技术是第一生产力""必须把教育摆在优先发展的战略地位""积极发展职业教育""鼓励多渠道、多形式社会集资办学和民间办学，改变国家包办教育的做法。各级各类学校都要全面贯彻党的教育方针，全面提高教育质量。"

（二）职业教育发展情况

1985年《中共中央关于教育体制改革的决定》发布，标志着包含职业教育在内的新时期教育发展的思路已经初步形成。该决定提出"调整中等教育结构，大力发展职业技术教育"的方针；肯定"社会力量办学"，为各种形式的职业教育办学提供政策基础。1991年国务院出台的《关于大力发展职业技术教育的决定》，明确提出职业教育要继续扩大招生规模，在扩大招生的同时，走上内涵发展之路。

1996年实施的《职业教育法》是职业教育政策发展中的重大事件，它确定了职业教育的法律地位，规定了政府、社会、企业、学校以及个人在职业教育中的义务和权利，明确了职业教育的根本任务、办学体制和管理体制，提出了发展职业教育的方法途径，规定了职业学校的设置标准和进入条件等。虽然该法基本属于"宣言性"立法，但它基于新时期职业教育的经验，特别规定了政府在发展职业教育中的责任。职业教育得到国家法律的保护，标志着职业教育开始走上依法建设的轨道。

这一阶段职业教育获得了前所未有的发展。到1996年，中等职业学校招生数和在校生数占高中阶段招生数和在校生数的比例分别为57.68%和56.77%，达到了新时期的最高点。1987～1992年，职业教育经费从0.603亿元上升到14.21亿元，年平均递增18.7%，在全国地方教育事业费支出中的比重由3.05%

---

① 《中共中央关于经济体制改革的决定》，载于《经济体制改革》1984年第26期，第3～14页。

提高到 3.65%；职业教育基本建设投资从 1.27 亿元上升到 736 亿元[①]。

职业大学实施"分流"政策，即在认为职业大学和高等专科学校并无实质差异的情况下，决定将职业大学一部分改为以培养高级技艺人才为目标的高等职业教育，一部分经国家教委审批，转为高等专科学校。1993 年以后，随着《中国教育改革发展规划纲要》的颁布，以及《国务院关于〈中国教育改革发展规划纲要〉实施意见》首次提出高等职业教育"三改一补"的发展方针之后[②]，高等职业教育在新的政策环境中又开始了缓慢复苏。

（三）主要办学模式

1993 年 2 月中共中央、国务院正式印发《中国教育改革和发展纲要》，指出"职业技术教育是现代职业教育的重要组成部分，是工业化和生产社会化、现代化的重要支柱……形成全社会兴办多形式、多层次职业技术教育的局面"；"提倡联合办学，走产教结合的路子，更多地利用贷款发展校办产业，增强学校自我发展的能力，逐步做到以厂（场）养校"；要"改革政府包揽办学的格局，逐步建立以政府办学为主体，社会各界共同办学的体制……职业技术教育和成人教育主要依靠行业、企业、事业单位办学和社会各方面联合办学。"[③]

1. 中等职业教育办学引入市场机制

（1）中等专业学校办学调整。1987 年，国家教委职成教司举行全国中专教育改革座谈会，明确提出要加强教学实践、实习和技能训练，改变重理论轻实践的做法，更重要的是要引导高年级学生广泛接触社会进行技术推广、服务和社会实践等工作，将教学、服务、生产实践相互结合变成办学的基本路子。具体在招生上，以招收初中毕业生为主，不再招收高中毕业生；以往学生包分配的局面也逐步打破，国家公开声明不再包分配，允许学生进入劳动力市场进行自由择业。在师资问题上也由办学部门自行解决，可以通过毕业生选留、选调、外聘兼职等多途径，并加强对师资的培训。

（2）技工学校办学调整。1985 年，国家劳动人事部下发《关于技工学校改革的几点意见》，指出"它的主要任务是为企业、事业单位培养输送合格的中级技术工人"。1993 年，劳动部发布《关于深化技工学校教育改革的决定》提出改

---

① 刘来泉：《进一步促进中等职业教育的发展》，载于《职业技术教育》1997 年第 4 期，第 8~9 页。
② "所谓'三改一补'，就是通过职业大学、成人高校和高等专科学校改革发展高职，这是'三改'；如若还满足不了需要的话，可在国家级重点中专办高职班作为补充，这是'一补'"。参见薛喜民：《如何发展高职》，[2001-09-27]，http://www.edu.cn/edu/zhi_ye/gao_zhi/fa_zhan/200603/t20060323_15962.shtml，登录时间：2015 年 5 月 3 日。
③ 《中国教育改革和发展纲要》，载于《学位与研究生教育》1993 年第 3 期，第 2~7 页。

革技工学校要以培养中级技术工人为主要目标,"有条件的也可培养高级技术工人、企业富余人员或社会急需的其他各类人员"。在办学主体上,主要做法是紧紧依靠地方政府、企业和经济主管部门。1986~1990年,58%的经费支出由企业和营业外项目给付,51%的基建投资是企业、部门和地方自筹。具体办学形式上的主要改革举措有:改变招生制度,以招初中毕业生为主;提高生产实习课程的比例,实行1年的岗位实习活动;鼓励校办厂为学生职业技能提供训练基地;在专业设置上推行部门之间横向联合;提倡委托培训。

(3) 职业高中的发展。职业高中在这一时期取得了较为快速的发展。1992年,全国职业高中有8 267所,职业高中教师数量从1985年的14.1万人增长到1992年的24.8万人[①]。此外,国家还开始对职业高中实施财政补助,为其发展提供了一定的经费保障。在办学上,允许重点职业高中大胆探索,积极发展公办民助、民办公助、一校两制、中外合作办学等多种办学模式的改革试点,使之与调整学校布局和专业、提高办学效益结合起来。在农村,充分利用乡镇企业的优势,积极发展乡镇企业自办和同教育部门联合办学,逐步扭转农村地区单一的办学模式。

(4) 民办中等职业教育的兴起。在1985年鼓励个人和社会团体办学的政策动员下以及1987年《关于社会力量办学的若干暂行规定》出台之后,中等职业教育民办机构开始重新兴起,但受限于传统政治思想对于民办教育性质到底姓"社"还是姓"资"的讨论,民办中等职业教育直到1992年以后才开始真正发展起来。据统计,1994年我国民办中等职业学校有394所,招生人数接近4万人;到1997年底,民办职业中学为689所,占职业中学总校数的6.8%,在校人数为18万人,民办中等专业学校1 036所,为中专学校总数的11.2%,学生26万人[②]。

民办中等职业教育的办学目标是培养地方经济和产业所需要的各类人才。在办学主体上,除了创办者个人出资并主要管理,还通过游说等方式从村委会、村民个人、镇政府、企业等筹集资金和学校用地,实现社会资源的整合。在专业设置上,以契合当地经济发展需要为宗旨,将"拳头"专业和适应性专业相互结合,以使各专业能够及时根据市场需求的变化分解、转轨、合并等。在招生上,实行不定期招生。

乡镇企业联合办学是当时民办中等职业教育办学模式改革的一大亮点。这一时期乡镇企业异军突起,为中国农村经济改革发展注入活力。但是,乡镇企业发

---

① 曹茂甲、王辉、梁贵青:《我国职业中学发展历程的回顾与反思》,载于《河北科技师范学院学报》(社会科学版)2010年第9期,第71~75页。
② 宋小杰、曹晔:《新中国民办中等职业教育发展历程评述》,载于《职业技术教育》2011年第28期,第70~75页。

展中遭遇人才"留不住、上不来、下不去"的问题。为解决乡镇企业发展急需的人力资源问题，部分地区和企业开始探索联合自我办学。为解决工学矛盾问题，部分乡镇企业将学校或培训机构办到企业所在村镇，采取"小段时间、地点集中，大部分时间、分片分散学习"的灵活学习方式，通过统一课程、教学、考核、师资、复习题等有效保障教学质量。①

（5）农村县级职教中心。县级职教中心开始于20世纪80年代末90年代初，是适应当时农村职业教育发展实际和需求、农村教育综合改革发展的结果，也直接受到了当时农村农业联产承包、合作社初步成功及工业上盛行大兵团生产的影响。我国第一个县级职教中心于1991年在河北获鹿（今鹿泉区）成立。随着办学初期的良好成效及工作中的不断改进和反思，县级职教中心的"河北模式"逐步定型，引起了教育部的关注，于是在国家的支持下，河北的县级职业教育中心开始在全国范围内不断地得到推广。

县级职教中心的河北模式具有以下几个主要特点②：第一，办学目标明确，主要是服务农村当地经济和社会发展建设，为农村当时蓬勃发展的各种经济活动提供技能型实用人才。第二，在办学主体上，集中各种不同体制的职业学校联合办学，包括农业中学、职业中学、农民中专、职业中专、农业广播电视学校、技校、农机学校、卫生学校、财会学校等各类中等职业技术教育机构。总体上由县级政府部门统一领导和管理，但又保留各学校内部体制的独立性，比如学科、渠道、隶属关系和所有制。概括来说就是县政府统筹、部门联办、教委协调、一校多制。第三，根据社会发展需要和学校条件进行专业设置。专业实行联合办学，比如教学计划、大纲等由有关部门共同制订，业务主管部门提供实习场所、提供专业教师，教学组织和文化课则由中心自己承担，教学基础设备和资料各学校可以共同使用。支持学生在中心范围内跨专业甚至转专业学习。除提供正常的学生学历教育以外，中心还担负农业技术推广、生产示范、科学实验、信息服务、科学研究等社会化工作，为政府提供农业服务和咨询工作。

（6）中等职业教育集团化办学。职业教育集团化办学是适应公办职业学校资源重组、规模化办学要求的结果。农村职业教育领域的县级职业教育中心办学模式被认为是职业教育集团化办学的萌芽。在20世纪80年代后期和90年代早期，职业教育集团化办学处于酝酿和探索的阶段。1992年，北京蒙妮坦美发美容职业教育集团成立。随后，江浙等经济相对发达地区相继成立职教集团。1993年成立的浙江万里教育集团涵盖多类别、多层次的教育形式；1995年成立的苏州

---

① 程一：《乡镇企业办学巡礼》，载于《中国成人教育》1992年第1期，第33~35页。
② 张志增：《论县级职业技术教育中心的办学模式》，载于《教育研究》1994年第5期，第14~21页。

旅游教育集团,是江苏地区最早出现的行业主导形式的职教集团。[①] 这一时期,职业教育集团办学的实质是围绕某一产业/行业,联合专业相关的不同职业院校办学主体开展联合办学,为本行业/产业提供合适的适应发展需要的人才。在管理上,主要通过董事会形式协调学校的各方面工作,但容易陷入"集而不团"的局面。

职业教育集团的办学主体是多所职业学校,它们以某一产业为核心,围绕产业联合所需要的密切相关的职业技术学校联合办学。但是集团化办学需要在管理、教学、资源、财务等各方面构建合适的真正合作的机制来加以保障。

2. 高等职业教育办学调整

(1) 职业大学的转型发展。高等职业教育在 1985~1996 年经历的挫折和起伏发展过程中,在办学模式上最大的变化是明显的升格之风。近 2/3 的高职学校通过合并、重组等方式"成功地"升格为本科院校,不到 1/3 的高职学校仍旧保持了原来的高职特色,还有少部分在合并等工作中被撤销。经过调整,1996 年职业大学有 73 所,在校学生 10 万余人。

1995 年国家教委《关于推动职业大学改革与建设的几点意见》将高等职业教育的发展、职业大学的改革看作是我国高等教育规模发展和结构调整以及适应地方经济和社会发展建设需要的有力举措,明确今后职业大学不再改名为高等专科学校;在培养目标上要突出应用型特点,深化教学能力的改革,开始实行毕业证书和资格证书并重的制度;在办学上明确加强与产业部分联合,实行学校和企业的结合,并提高学校办学活力;在招生上试行招收中等职业学校毕业生,并在部分专业试办初中起点的专科层次的五年学制学生。

(2) 试办五年制高职。就在职业大学曲折发展的同时,另外一种更具中国特色、符合国情的高职办学模式开始小范围实验,那就是五年制高职。1983 年,在高教二司于杭州召开高等工程教育会议之后,为更好地培养生产第一线的技术、管理和业务人员,避免中专升格专科又向本科倾斜,同时也为了使专科和中专联合共同提高发展,职教司提出了试办"初中后五年制的技术专科学校"实施方案。

1985 年 7 月,原国家教委决定在上海电机制造学校、西安航空工业学校、国家地震局天水地震学校这三所中专学校的基础上试办五年制技术专科。这一模式以初中为起点,由于学生的年龄还比较小、可塑性较强,加上中职和高职的连贯、学习时间比较长,内容安排更系统,为学生职业意识的培养和技能的发展提

[①] 刘明策、刘志兵:《我国职业教育办学集团化发展历程简析》,载于《职教论坛》2012 年第 7 期,第 23~25 页。

供了条件。这三所学校的开办,国家有具体的规定,被称为"四五套办",意思是这三所学校都是中专和高等专科并存的,招生的时候以中专名义招收初中毕业生,前两年是中专学籍。两年结束后,按照考核成绩和学生的意向,择优选拔部分学生升到专科继续培养。学生经过三年学习并通过考核后取得大专文凭。而那些未升入专科的学生继续按照原来的中专计划培养,两年后考核合格取得中专文凭。

(四) 本阶段职业教育办学模式的基本特征

这一时期我国职业教育政策主要的着力点有:第一,在提出教育战略地位的基本背景下,将职业教育提升为工业化、现代化,甚至是加强政治稳固的重要支柱,明确提出大力发展职业教育。第二,为更好地向市场经济逐步转变和适应,提出加强职业学校办学的自主权。第三,明确提出必须改变由国家和政府包办职业教育的传统局面,逐步形成全社会兴办教育(包括职业教育)的局面,并期望最终转变到主要依靠行业企业等为主的社会办学形式。第四,在办学形式上,提倡并鼓励产教结合、工学结合、联合办学、以厂养校、校办企业等基本思路(见表3-9)。

表3-9　向社会主义市场经济转轨时期职业教育办学经验的归纳

主要办学形式	谁办学?	办什么?	怎么办?
中等专业教育	• 主要依靠部门(行业)、企业办学 • 部门(行业)与地方,部门(行业)间、企业间、学校间的联合办学 • 条块结合、地方统筹	• 普通中等专业教育 • 其他职业教育与培训:全日制与业余教育、学历教育与非学历教育、职前教育与职后教育相结合	• 服务多种所有制单位 • 上学缴费 • 教学、技术服务与生产实践三结合 • 发展校办产业
技工教育	• 各级产业部门、劳动部门、厂矿企事业单位、部门单位联合、集体所有制单位 • 社会团体、民主党派和个人	• 按照职业技能标准,以技能训练为主	• 自主招生,自主择业 • 综合性职业培训基地

续表

主要办学形式	谁办学?	办什么?	怎么办?
职业高中	地方政府部门之间、教育局与乡镇企业等联合办学	• 培养中级技术工人、具有中级技术水平的农民、中等管理人员、技术人员和其他从业人员	• 重点职业高级中学认定
县级职教中心	• 集中各种不同体制的职业学校联合办学	• 服务农村当地经济和社会发展建设,为农村当时蓬勃发展的各种经济活动提供技能型实用人才	• 联合办学 • 农业技术推广、生产示范、科学实验、信息服务、科学研究
民办中等职业教育	• 社会团队和个人	• 培养地方经济和产业所需要的各类人才	• 专业设置契合当地经济发展 • 学历职业教育＋短期职业培训
乡镇企业联合办学	• 乡镇企业联合举办	• 培养乡镇企业发展所需初中级人才	• 大中专学历教育与短期培训结合、在校教育与函授教育结合、自己办班与联合办班结合、理论学习与生产实践、科学实验结合;学习时段灵活
职业大学	• 省府城市、部门、市县等地方	• 培养应用型人才	• 毕业证书和资格证书并重 • 学校和企业结合
五年制高职	• 部门和行业	生产第一线的技术、管理和业务人员	• 初中为起点 • "四五套办" • 课程强调系统

总体来看,这一时期职业教育的办学目标主要是积极关注市场经济发展对人才类型和规格的需要,按需设置专业,在人才培养上越来越重视实践技能的训练。在办学主体上,政府办学仍是主体,比如农村的县级职业教育中心是政府主导下的各部门所属的各类型职业学校之间的联合,中等职业教育集团化的出现也是行业所对应的职业学校内部之间的资源重整,职业高中更多的是由普通学校转

变而来，职业大学的兴起也是地方政府在起主导作用，即使是乡镇企业联合办学，发起的主体也还是乡镇企业的管理部门。具体在人才培养上，职业学校开始逐步走出纯学校、纯教育的樊笼，开始有意识、有目的地与企业进行接触、沟通，进而合作，学校仍旧是职业教育办学的主体，企业在办学中几乎没有展现多少积极的姿态。

六、世纪之交职业教育办学模式的调整

"九五"计划后，我国社会主义市场经济体制改革逐步深化，职业教育原有的计划培养模式的基础逐渐丧失。随着经济结构调整、企业转制及关停并转，使得中职毕业生就业岗位大幅减少。中职毕业生就业困难所释放出的信息，开始对初中毕业生选择职校产生"抑制效应"。

（一）改革背景

1. 经济社会背景

根据1996年提出的《中国经济和社会发展"九五"计划和2010年远景目标纲要》的基本精神及1997年12月中央经济工作会议提出的"稳中求进"的基本方针，1997年以来我国经济发展工作继续以调整优化产业结构、加快国有企业改革、保持较为快速稳定的发展速度为基本任务。

在产业结构上也显示出与国外发达国家工业化进程中相同的基本趋势和特征，即第一产业农业的比例下降明显，农业产出值也相应降低，第三产业快步上升，产出值和在GDP中的增加值均颇为明显，第二产业在45%上下，保持比较稳定的趋势。正是在产业结构大的变化形势下，我国经济开始逐步转向，以知识和技能为主要促进作用的经济形态即"知识经济"在我国逐步形成。正是由于经济形态的升级，促发了大量新职业的诞生，传统职业开始被淘汰，加上席卷亚洲的金融危机、国有企业攻坚战的打响，以及国务院机构改革的影响，一时间裁员成为社会大问题，许多人面临转业、失业、再培训与再就业的困境。产业升级、服务业比重提升等总体经济环境引发了对我国劳动者素质和结构的新需求，进而直接对职业教育的人才培养目标、规格、类型等提出了新的挑战。

2. 教育改革背景

1997年是我国开始实施"科教兴国"战略的起步阶段。为使社会经济发展更好地转移到依靠劳动者素质上来，使教育和科技发展更好地适应市场经济的发展，为社会主义现代化建设服务，国家强调在重点加强基础教育的前提下，必须加强产业科技产品开发，提高产品创新能力，并积极发展高新技术产业和行业。

为更好地促进1996年《职业教育法》的实施和落实,第三次全国职业教育工作会议进一步明确职业教育改革的基本任务:进一步调整职业教育结构;推进以初中后为重点的不同阶段的教育分流;建立健全职业学校教育与职业培训并举,并与其他教育相互沟通、协调发展的职业教育体系;进一步深化办学体制、管理体制和运行机制的改革;逐步建立健全有中国特色的适应社会主义市场经济和社会进步需要的职业教育制度;进一步加强职业教育内部建设和管理;深化教育教学改革;办出职业教育特色;努力提高教育质量和办学效益。在办学形式上,提出"逐步形成政府办学为主与社会各界参与办学相结合的新体制。提倡多种形式的联合办学,优化配置和充分利用现有教育资源。高等教育实行中央和省两级管理、以省为主的体制。"在人才培养上,提出由应试教育转为素质教育,并以此为基本原则,改革课程、教学、管理等[①]。在上述政策和背景的推动下,职业教育的地位越发重要,就教育内部来说,它对于教育结构的调整和优化起着关键的作用。

(二) 职业教育发展情况

随着市场经济体制改革的深化和国家财政投入的减少,中专和技校在计划经济体制下享受的很多优惠政策被逐步取消,这些优惠政策包括学校招生靠国家计划、学生上学既转户口又拿人民助学金、学生毕业国家包分配工作等。这样,1995年开始实施的中专学校毕业生逐步实现缴费上学、自主择业的政策效力显现,使占中等职业教育招生总数1/3以上的中专学校失去了对初中毕业生低收费、包分配的巨大吸引力。随着我国高等教育扩大招生的开始,大学和高等职业教育受到更多重视。《关于大力发展职业技术教育的决定》提出:"高等职业教育是高等教育的重要组成部分。要大力发展高等职业教育。"此外,一批中等职业学校在政策的支持下,纷纷升格为高等职业学校。"抑职扬普"观念升温,普高在校生数1997年较1996年猛增14%,中职生源数则相应锐减。基于上述多种因素,1998～2001年,中等职业学校招生数从520.77万人减至397.63万人,中职与普高的招生比从62.15∶37.85降至41.58∶58.42。为给"普高热"降温,1999年8月,教育部下发《关于积极推进高中阶段教育事业发展的若干意见》,提出"要处理好普通高中的发展与中等职业教育发展的关系,促进普通高中教育与中等职业教育的协调发展",但它所起的作用十分有限,如表3-10所示。

[①] 李岚清:《努力开创职业教育工作的新局面——在全国职业教育工作会议上的讲话》,载于《中国职业技术教育》1996年第7期,第4~8页。

表3-10   1996~2003年我国职业教育办学规模基本数据变化

年份	各类中等职业技术教育学校在校生数（万人）	占当年高中阶段学生数比例（%）	各类中等职业技术教育学校招生数（万人）	中等专业学校专任教师数（人）
1996	1 110	56.8		
1997	1 090	56.2		
1998	1 126	55.0	520	267 648
1999	1 443	57.9	481	273 724
2000	1 295	51.9	425	276 412
2001	1 164	45.3	398	267 590
2002	1 197	41.5	470	230 022
2003	1 240.2	38.7	504.1	230 022

资料来源：教育部：《全国教育事业发展统计公报》，http://www.moe.gov.cn/jyb_sjzl/sjzl_fztjgb/。

（三）主要办学模式

1. 中等职业教育办学改革

（1）中等职业学校办学形式调整。1999年，教育部下发《关于调整中等职业学校布局结构的意见》，意在"经过2~3年的努力，初步建立起面向21世纪，布局结构合理，专业门类齐全，办学质量和整体效益好，适应社会主义市场经济体制和现代化建设需要的中等职业学校布局结构"。调整的形式主要有合并、共建、联办和划转。

第一，合并。根据学校布局调整规划将两所或更多的学校合并为一个学校，实现人、财、物等各个方面的统一领导、统一规划和统一管理，做到一套班子、一套机构和一套制度。合并可以在普通中专之间、普通（成人）中专与技工学校、普通（成人）中专与职业高中、普通中专与成人中专、技工学校与职业高中，及其他各类学校之间进行；有条件的，部门与地方的学校、部门与部门的学校也可以实行合并。

第二，共建。学校在投资渠道基本不变的前提下，实行中央部门与省（自治区、直辖市）人民政府、地方业务部门与教育行政部门、地方业务部门之间双重领导，共建共管。要通过共建淡化和改变单一的隶属关系，打破条块分割，实现条块的有机结合，增强地方政府的统筹力度，使学校更好地为地方经济和社会发展服务。

第三，联办。学校在隶属关系和投资渠道不变、自愿互利的基础上，进行各种形式的合作，实现资源共享，优势互补，以达到共同提高办学水平和办学效益的目的。

第四，划转。部委直属学校划转地方管理，如撤销的9部委直属中专、技工学校已划转为地方政府管理；省（自治区、直辖市）业务部门所属学校划转教育行政部门管理或下一级政府管理等。如1998年的国务院机构改革中，国家将冶金、煤炭等撤并部委下属的121所中专、国防科委系统5个军工部门所属的98所普通中专和成人中专划到了相关省市[1]。

（2）兴办综合高中。职业高中招生在20世纪90年代后期开始出现下滑，同时受高等教育扩招的影响，国家引导普通教育和职业教育进行渗透，综合高中作为一种新型的办学模式出现。综合高中的主要培养目标是培养既有普通高中文化素质，又有中等职业技能和知识的人才，使学生具备继续学习和就业的双重能力。因此它的典型特点就是"综合"——目标的综合、课程结构的综合、管理上的综合等。具体办学形式主要有三种：普通高级中学举办的综合高中（班）、中等职业学校举办的综合高中（班）、普通高级中学和中等职业学校联合举办的综合高中（班）。综合高中在实际发展中出现了综而不合的普遍情况。

（3）县级职教中心的办学困境与转型。世纪之交，伴随市场经济深入发展、农业现代化提升、城镇化的推进，县级职教中心诸多不适应问题日渐突出，促使县级职教中心开始转型发展。在经济发达地区，县级职教中心把自身建设成为当地农科教三结合中心，提升服务范围和层次，不仅培养培训农业科技人才，而且承担科技咨询、宣传、农业研究、农村劳动力转移的任务。这种模式强调政府统筹，将教学科研与生产活动紧密结合起来，并尝试将多层次学历教育和提供短期培训结合，从而为自己争取更多的生源和资源，综合性和全能性是其鲜明的特征。在经济比较发达的地区，县级职教中心主要采取"专业＋实业＋产业"的办学形式，在市场经济的条件下，根据市场需求重点办好一个骨干专业，办起有一定市场的实业，然后通过人才培养和技术辐射形成一个产业。河北的南宫、丰宁职教中心就是典型案例。对于经济欠发达地区，主要在县级领导的统筹下，根据兴业致富的基本思路，确立重点需要发展的产业，中心根据重点产业设置专业，为县的经济发展提供人才，同时积极提供送教下乡服务，使人人都可以成才就业[2]。

2. 高等职业教育的多元化办学格局初步形成

高等职业教育在这一阶段迎来了发展的重要时期，甚至是跨越式发展。一系

---

[1] 黄尧：《深化体制改革 调整布局结构促进中等职业教育健康发展》，载于《职业技术教育》1999年第19期，第5~7页。

[2] 孙志河：《新形势下县级职教中心办学模式的研究》，天津大学硕士学位论文，2004年，第77页。

列有关高等职业教育发展的政策相继出台,并开始实质推进。1996 年国务院组织召开全国第三次职业教育工作会议,提出积极发展高等职业教育;1997 年确立了上海、江苏、辽宁、广东、河北等十省、市试点,开启实质性推进工作。1999 年教育部发布《面向 21 世纪教育振兴行动计划》,明确提出"高等职业教育必须面向地区经济建设和社会发展,适应就业市场的实际需要,培养生产、服务、管理第一线需要的实用人才,真正办出特色。主动适应农村工作和农业发展的新形势,培养农村现代化需要的各类人才"。同年,《中共中央、国务院关于深化教育改革全面推进素质教育的决定》再次提出高等职业教育是高等教育的重要组成部分,必须大力发展高等职业教育,培养具备必要理论知识和较强实践能力,能在生产、建设、管理和服务第一线及农村急需的专门人才。

(1) 办学体制。1993 年教育部发展规划司提出高等职业教育"三改一补"的发展方针,1998 年,新成立的教育部又提出了"三多一改"的方针。"三多"指的是多渠道、多规格、多模式发展高职,重点是教学改革,真正办出高职特色。多渠道的含义除了"三改一补"中提到的职业大学、成人高校、高等专科外,另外,普通高校也可举办二级学院(技术学院)发展高职;多规格的含义丰富,如专业可宽可窄,学制可长可短,可以是学历教育也可以是非学历教育,总之根据经济和社会发展的需要来定。多模式指的是既可以政府办,也可以民间办;既可以公办民助,也可以民办公助。"一改"主要指的是教学改革,以体现高职的特色。

1999 年教育部和国家计委印发的《试行按新的管理模式和运行机制举办高等职业技术教育的实施意见》明确提出我国高等职业教育由以下机构承担:①短期职业大学、职业技术学院、具有高等学历教育资格的民办高校。上述学校尤其是 1998 年新批准成立的,原则上须承担此项试办任务。②普通高等专科学校。③本科院校内设立的高等职业教育机构(二级学院)。④经教育部批准的极少数国家级重点中等专业学校,改办为既从事高等职业教育,又从事中等职业教育双重任务的学校(限于骨干专业举办高等职业教育)。⑤办学条件达到国家规定合格标准的成人高校,但须视办学条件状况,相应调整成人脱产学历教育的培养规模。

(2) 管理体制。在高等职业教育"三改一补"这个基本方针下,高职管理也逐步放权和市场化。按新的管理模式和运行机制举办的高等职业技术教育为专科层次学历教育,招生计划为指导性计划,以学生缴费为主,政府补贴为辅。毕业生不包分配,不再使用《普通高等学校毕业生就业派遣报到证》,由举办学校颁发毕业证书,与其他普通高校毕业生一样实行学校推荐、自主择业。

国家主要负责高等职业技术教育的统筹规划、综合协调和宏观管理,制订基本统一的质量标准、管理办法，编制年度指导性计划，审定举办学校的资格，以及对试办情况进行监督检查。在国家宏观政策的指导下，省级政府根据本地区经济和社会发展的实际需要、产业结构特点、招生能力、就业状况和国家下达的指导性计划等综合情况，确定年度招生计划、招生办法、专业设置、收费标准和户籍管理，监督检查学业证书发放，指导毕业生就业，确定生均教育事业费的补贴标准等，并同时负有保证教学质量、规范办学秩序和改善办学条件的职责。举办学校应根据社会需求和自身办学条件的可能，编制年度招生计划，并按高等职业技术教育的特点，认真组织教学，保证教学质量。举办学校除按国家有关规定进行学籍管理外，还应就毕业证书的发放、办学秩序的稳定制定严格的管理措施，同时负责毕业生的就业指导和服务。

（四）本阶段职业教育办学模式的基本特征

为更好地实施科教兴国战略，向素质教育转变，教育尤其是职业教育被赋予更多责任。如表3-10所示，中等职业教育规模先稳后降，为此，重新挽回规模发展并同时做好调整工作、加强质量和办学效益提高工作是关键。高等职业教育得到积极政策支持，规模上也有了较快的发展。

中等职业教育在办学模式上出现以下变化：如表3-11所示，办学主体上，由地方政府主要负责和教育部门管理的职业学校更加主动地寻求与企业的合作，但是这种合作不深入，主体之间的联系更多的是机械的分工，企业参与办学的热情和动机没有得到较大的激发，政府主导的因素仍旧很多。在具体办学形式上，各地情况差异比较大，并没有固定的形式，比如在产学结合的总模式下，细分为合建实训基地、联合办班、定向培训等不同实施形式。高等职业教育在国家的宏观调控下，开始了多元化的办学模式探索。办学目的上，已比较明确，那就是培养面向生产、服务、管理一线的实用型高技能人才。具体的办学形式则还处在积极的探索当中。

表3-11　　　　　　世纪之交职业教育办学经验的归纳

主要办学模式	谁办学？	办什么？	怎么办？
中等职业学校布局调整	● 合并、共建、联办、划转 ● 条块结合，以块为主	● 按照学生的培养目标和规格要求统筹规划，相互沟通的中等职业学校布局结构	● 资源重组 ● 淡化中专、职高、技工学校的界限

续表

主要办学模式	谁办学?	办什么?	怎么办?
综合高中	• 普通中学举办综合高中班 • 中职校举办综合高中班 • 普高和中职校联合举办	• 培养继续学习和就业的双重能力	• 普通教育和职业教育的渗透 • 目标的综合、课程结构的综合、管理上的综合
县级职教中心转型	• 县级政府	• 培养培训农业科技人才	• 农科教三结合 • 主要采取了"专业+实业+产业"的办学形式 • 承担科技咨询、宣传、农业研究、农业劳动力转移服务中心
高等职业技术学院	• "六路大军"办高职 • 省级政府管理	• 培养第一线的生产、服务和管理人才	• "三改一补""三不一高" • 去学术化,突出职业化

七、新世纪职业教育办学新发展

2003~2012 年是 21 世纪我国经济社会发展的关键时期,也是国民经济和社会发展的第十个和第十一个五年计划实施的主体时期。新世纪职业教育办学突出"以服务为宗旨、以就业为导向"的办学方针,中等职业教育获得新的发展,高等职业教育在经过世纪之交的规模激增后,更注重内涵发展。

(一) 改革背景

在胜利实现社会主义现代化建设前两个战略目标的基础上,我国开始进入全面建设小康社会的新的发展阶段,加快推进社会主义现代化建设,加快经济结构调整和优化,提高经济效益、完善社会主义市场经济机制、继续扩大对外开放等是第三个战略目标实现的重要保障。2003 年,党的十六大正式提出了全面建设小康社会的重要具体目标:经济结构优化、效益提高,综合国力和国际竞争力明显增强;基本实现工业化;城镇化水平大幅提高,就业比较充分,人民过上更加富足的生活。社会主义民主更加完善、法制更加完备,思想、科学文化和健康素质明显提高,形成比较完善的现代国民教育体系,形成全民学习、终身学习的学习型社会。可持续性发展能力不断增强，生态环境得到改善，促进人与自然的和谐。2007年党的十七大以后，在"三个代表"重要思想的基础上，党中央提出"科学发展观"的新理念，要求在经济社会建设过程中，进一步深刻认识基本国情，合理借鉴国外有效经验，扎实探索具有中国特色的社会主义建设道路。其中，经济结构的优化、生产力水平的提升、社会差距的缩小、经济发展与生态维护的平衡、法制建设的加强、城乡发展协调、努力满足人民群众更广泛和多样的终身学习需求成为我国经济社会发展必须要解决的重要问题。

（二）职业教育发展情况

2002年全国职业教育工作会议的召开带动了职业教育在21世纪的新发展。无论是前期处于滑坡的中等职业教育还是重新整装待发的高等职业教育，都显现出了良好的发展势头。国务院连续召开了三次全国职业教育工作会议，先后作出了国务院《关于大力推进职业教育改革与发展的决定》（2002年）、国务院七部委《关于进一步加强职业教育工作的若干意见》（2004年）、国务院《关于大力发展职业教育的决定》（2005年）。三个会议文件的特点分别是：原则宣示，原则细化，确定发展目标、措施和投入。

2002年8月国家发展和改革委员会发布《国务院关于大力推进职业教育改革与发展的决定》，再次确认职业教育是我国教育体系的重要组成部分，是国民经济和社会发展的重要基础，对于科教兴国战略、可持续性发展、国际竞争力、就业和再就业、人力资源开发战略等许多重要事项都有积极的战略意义。该决定提出"力争在'十五'期间初步建立起适应社会主义市场经济体制，与市场需求和劳动就业紧密结合，结构合理、灵活开放、特色鲜明、自主发展的现代职业教育体系"。在办学体制上"建立并逐步完善在国务院领导下，分级管理、地方为主、政府统筹、社会参与的职业教育管理体制""形成政府主导、依靠企业、充分发挥行业作用、社会力量积极参与的多元办学格局"。

2005年，国务院发布《国务院关于大力发展职业教育的决定》，具体化地提出中等和高等职业教育都要达到所在阶段教育规模的一半和一半以上，要加大培养各产业和行业的高技能人才和新农村建设所需要的实用型技能人才。在办学指导思想上，提出"坚持'以服务为宗旨、以就业为导向'的职业教育办学方针，积极推动职业教育从计划培养向市场驱动转变，从政府直接管理向宏观引导转变，从传统的升学导向向就业导向转变。促进职业教育教学与生产实践、技术推广、社会服务紧密结合，积极开展订单培养，加强职业指导和创业教育，建立和完善职业院校毕业生就业和创业服务体系，推动职业院校更好地面向社会、面向市场办学……大力推行工学结合、校企合作的培养模式"。

中等职业教育从 2003 年开始扭转滑坡趋势，并于 2004 年招生突破 550 万人，创历史新高。此后中等职业教育一直有扩招之势：2005 年扩招 100 万人，2006 再度扩招 100 万人，2007 年扩招 50 万人；2008 年，中职规模继续扩大，招生规模突破 810 万人。中等职业教育再次成为我国职业教育发展的重点。

2007 年，全国高职高专院校总数达到 1 314 所，约占全国高等学校总数的 68%。至 2010 年底，我国高职高专院校调整为 1 215 所，占全国高校比例的 70%，在校学生为 960 万人，占全国高校学生的 47%[1]。这一时期高等职业教育办学模式表现出更为多样的态势。除政府办学模式外，还有公办民助、民办、校企联办以及中外合作办学等多种模式；从隶属关系看，大部分高等职业教育归地方政府管理，增强了地方政府办学的积极性。如 2007 年一项对 70 所示范高职学校办学情况的统计表明，地方政府办学有 46 所，接近 2/3 的比例，另有 18 所是副省级或地级市政府主办，这两者加起来比例超过 90%[2]。

（三） 主要办学模式

1. 校企合作办学模式的优化

教育部在 2006 年 3 月发布《关于职业院校试行工学结合、半工半读的意见》，提出"职业院校要紧紧依靠行业企业办学，进一步扩展和密切与行业企业的联系，加强教育与生产劳动和社会生产实践相结合，加快推进职业教育培养模式由传统的以学校和课程为中心向工学结合、校企合作转变。要进一步推进校企合作，找准企业与学校的利益共同点，注重探索校企合作的持续发展机制，建立学校和企业之间长期稳定的组织联系制度，实现互惠互利、合作共赢。鼓励校企合作方式的创新……进一步鼓励行业企业举办职业院校，同时鼓励职业院校依托专业发展产业，以产业发展促进专业建设"。2008 年，教育部《关于进一步深化中等职业教育教学改革的若干意见》，再次提出"将工学结合、校企合作、顶岗实习确认为是具有中国特色的职业教育人才培养模式和中等职业学校基本的教学制度"。2010 年，教育部制定的《中等职业教育改革创新行动计划（2010 - 2012）》提出要"加强校企合作、创新多样化的校企一体办学模式"，主要有：

（1）分段模式。分段模式和合作方案中的学习时间和学习地点的分配相关。比如"2 + 1"模式，是指学生前两年在职业学校学习和进行职业技能训练，最后

---

[1] 陈雪梅：《"十二五"期间我国高职教育改革发展方向的省思》，载于《教育与职业》2013 年第 14 期，第 24 ~ 25 页。
[2] 查吉德：《国家示范性建设高等职业院校办学状态统计分析》，载于《职教论坛》2007 年第 21 期，第 21 ~ 24、51 页。

一年到合作企业进行顶岗实习或毕业实践,这是我国校企合作中最为普遍的办学模式。

为了积极响应国家对不同地方职业教育资源共享,东西部、城市农村职业教育合作的号召,校企合作的职业教育办学模式有时也会进行"异地分段"的安排,双方在东西部之间、城乡之间进行联合招生和合作培养。与此相关的分段式办学模式则具体地表现为一年在农村的职业学校学习、一年在城市的职业学校学习、一年在合作企业实习的模式。

(2)嵌入模式。一些校企合作的模式设计得更为精细,按照职业学校学生学习阶段的特点,将校企合作和交流嵌入到三年全部教学活动中。例如,江苏太仓院校与百家德资企业、湖北十堰汽车、湖北啤酒等合作,三年中每年都会到企业进行实习,从第一年到第三年,企业学习比例分别为1/3、1/2和2/3。相比于"1+1+1"的简单分段模式,这种校企合作更为紧密和具有渗透性,但是给学校、企业双方带来了管理上的高成本。

(3)半工半读模式。在学校和企业轮流学习的方式上,"半工半读"也是实践当中出现的一种形式之一。"这种模式通过学校与企业合作共同培养人才,在人才培养过程中由学校与企业共同制定人才培养方案,并采取灵活的教学形式和时间安排,让学生一部分时间在学校学习基础知识和进行技能训练,另一部分时间由学校统一组织学生到企业参加岗位生产实习,形成了学习—实习—再学习—再实习的人才培养模式,学校和企业共同承担起对学生的培养任务。毕业时能够达到合作企业任职要求的学生,留在企业正式参加工作,企业接收不了的学生由学校统一安排,推荐到其他与所学专业相关的企业工作"[①]。

(4)教学工厂模式。在校企合作办学的背景下,可以改由合作企业将与学校合作的相关专业的对口车间直接搬进学校,实现生产车间与实习车间,教师与师傅,学习与生产,作品与产品的合一。比如服装、设计类的职业学校和相关企业可以实行这种教学工厂模式。反过来,有条件的企业在正常的生产活动之外,也可以为学生的实训单独设立学习车间,在企业内部实现教学、培训、学习的融合,企业在这种模式中具有更强的主导作用,一般生产技术含量高、规模大的企业宜采取此种模式。需要注意的是,校企合作中的企业,有时也指行业,这是因为在一些中小企业偏多的行业,单个企业很可能不具备条件与职业学校进行合作,因此行业主管部门或行业协会等组织就可以出面牵头,打包成企业群,与相关职业学校一起进行合作,如联合制定人才培养目标、联合提供实习岗位、共享

---

① 黄爱兰:《中职半工半读办学模式新解》,载于《中国职业技术教育》2007年第29期,第36~37页。

实习设备、组建联合教师队伍等。

2. 东西部、城市合作办学的推进

2004 年，为贯彻全国农村教育工作会议精神，《教育部、财政部、劳动保障部关于开展东部对西部、城市对农村中等职业学校联合招生合作办学工作的意见》出台，于当年拟安排东部对西部、城市对农村中等职业学校联合招生合作办学跨省招生 4 万人。该意见指出，"东部地区、城市中等职业学校在主要面向整个西部地区招生（可以打破教育对口支援范围，一省对多省）的同时，也可招收中部地区的农村考生，进行联合招生合作办学。西部、中部生源地区要主动与东部地区联系，相互协商，确定落实生源数。"由此，东部—西部、城市—农村中等职业学校合作办学成为政府指导下这一时期的主要模式之一。天津、陕西、四川、甘肃等地都先后开始试点相关工作。以广西来宾职业技术中心学校的城乡合作办学为例。城乡职业学校合作办学是指城市优质职业学校（自治区示范学校）与县级职业学校联合举办中等职业教育。实行城乡合作办学的学校，原则上其合作对象不超过 3 所，且合作对象需为具有中等职业学历教育资格的中等职业学校，鼓励城市职业学校与人口大县的职业学校合作办学。在教学安排上，实行"一年在县级职校学习，一年在城市职校学习，一年在企业顶岗实习"的"1+1+1"分段培养模式。城乡职业学校合作办学以优质专业为纽带，由城市职业学校牵头会同县级职业学校联合制定并实施人才培养方案。第一学年的教学任务由县级职业学校和城市职业学校合作承担，第二学年的教学任务由城市职业学校负责，第三学年的顶岗实习由城市职业学校按国家有关规定组织实施。城乡职业学校合作办学的招生工作由合作双方共同开展。第一学年学生的安全及后勤管理服务等工作由县级职业学校负责，第二、三学年学生的安全及后勤管理服务等工作由城市职业学校负责。

3. 民办中等职业教育的发展

积极吸引民间资本开办职业教育一直是我国职业教育改革发展的重要举措之一。2002 年《民办教育促进法》颁布，给我国中等职业学校吸纳民间资本提供了法律保障。2005 年 2 月《关于加快发展中等职业教育的意见》出台，推动了中等职业教育快速、健康、可持续发展。该意见提出的政策措施之一就是"大力发展民办中等职业教育"，要求积极探索国有民办、民办公助、公办转制、股份制和中外合作等多种办学模式。2005 年 10 月《关于大力发展职业教育的决定》提出，继续完善"政府主导、依靠企业、充分发挥行业作用、社会力量积极参与、公办与民办共同发展"的多元办学格局。完善支持民办职业教育的政策，如"加大对民办职业教育的支持力度，制定和完善民办学校建设用地、资金筹集的相关政策和措施。在师资队伍建设、招生和学生待遇等方面对民办职业院校与公办学校要一视同仁。"2006年，教育部正式发布《关于大力发展民办中等职业教育的意见》，明确提出"要在加强现有学校建设和发展的同时，积极引导社会资金新建一批学校；鼓励东部地区和城市的社会组织及个人到中西部地区举办中等职业学校或捐资助学；支持民办中等职业学校与企业实行多种形式的联合办学；鼓励民办高等职业院校举办中等职业教育；鼓励民办中等职业学校根据《中外合作办学条例》的有关规定，积极引进国（境）外优质职业教育资源开展合作办学。"

4. 五年制高职的新发展

基于20世纪80年代后期五年制高职发展的历史经验，2002年《教育部关于进一步办好五年制高等职业技术教育的几点意见》发布，指出培养经济建设和生产第一线岗位（岗位群）所需要的高等技术应用型人才是五年制高等职业技术教育的基本任务，必须坚持以独立设置的职业技术学院为主要办学主体。在高职学校较少、专业发展欠完善的地区，可以按现行举办高等职业技术学院的审批程序，把符合条件的重点中等职业学校改办成以举办五年制为主的职业技术学院。也可以根据社会对五年制高职人才的需求，在自身条件满足不了办学需求的情况下，利用优质的中等职业教育资源进行五年制高职前三年的教育教学工作，但后两年高职教育必须在高等学校举办。整体教学方案、教学质量控制、学籍管理和证书发放等均由职业技术学院或有关高等学校统一组织和管理。

5. 县级职业教育中心的新发展

2003年末，全国农村教育工作会议召开，国家出台《国务院关于进一步加强农村教育工作的决定》的实施意见，对县级职教中心地位再次予以充分肯定，提出切实加强县级职教中心建设。2005年的《国务院关于大力发展职业教育的决定》又明确规定，"每个县（市、区）都要重点办好一所起骨干示范作用的职教中心（中等职业学校）"。2007年，党的十七大召开，提出社会主义新农村建设，培养新型农民。在这种背景下，县级职教中心在当前我国农村经济和社会发展建设中的重要作用进一步凸显。但是由于我国农村职业教育原本基础比较薄弱，加上农村在城镇化过程中的发展越发艰难，县级职业教育中心如何重新定位、如何转型（包括办学模式）成为其发展当中的重要问题。为了和变化的市场人才需求紧密结合，不少职教中心实行开放办学，使职教中心在内部教育层次、教育类型都更加多样化，基本观念就是社会需要什么人才就培养什么人才。职业教育的发展同时也离不开对经济活动及其规律的认识，为此，河北省的大部分职教中心开始建立独资或合资的工厂、农厂和果园等经济实体，有的甚至尝试建立自己的科研开发机构，探索产—教—研相结合的校企一体化教学方式，既为职业教育人才培养提供真实的活动平台，也使中心获得一定的经济收益。但是在初中生源逐渐减少，高中入学率不断增加的情况下，县级职教中心的发展仍旧不时面临困境。

（四）本阶段职业教育办学模式的基本特征

本阶段，以就业为导向的改革与发展职业教育逐步成为社会共识，职业教育规模进一步扩大，服务经济社会的能力明显增强。在职业教育办学中，继续完善"政府主导、依靠企业、充分发挥行业作用、社会力量积极参与，公办与民办共同发展"的多元办学格局和"在国务院领导下，分级管理、地方为主、政府统筹、社会参与"的管理体制。坚持"以服务为宗旨、以就业为导向"的职业教育办学方针，积极推动职业教育从计划培养向市场驱动转变，从政府直接管理向宏观引导转变，从传统的升学导向向就业导向转变。促进职业教育教学与生产实践、技术推广、社会服务紧密结合，积极开展订单培养，加强职业指导和创业教育，建立和完善职业院校毕业生就业和创业服务体系，推动职业院校更好地面向社会、面向市场办学。

第二节 职业教育办学模式改革的历史经验

回溯职业教育发展历史，梳理办学模式各要素的演变，从"谁办学""办什么""怎么办"和"如何保障"四个要素入手，总结历史经验，加深对我国职业教育办学模式本质和特征的认识，为今后我国职业教育办学模式的改革和创新提供历史认识基础。

一、职业教育办学模式演变的基本轨迹

围绕办学模式的核心要素"谁办学""办什么""如何办"，对新中国成立以来各历史发展阶段职业教育主要办学模式的核心特征进行梳理，以期发展职业教育办学模式要素演变的基本轨迹和规律。整理新中国成立以来我国职业教育办学模式要素演变如表3–12所示。

表 3 – 12　　新中国成立以来我国职业教育办学模式要素演变

历史阶段	主要办学模式	谁办学？	办什么？	如何办？
1949~1957 年	中等专业教育	• 中央各有关业务部门主管 • 业务指导：中央高等教育部	• 培养中等专业干部 • 单一化和专业化	• 加强生产教学：中央业务部门负责筹划厂矿企业中的生产实习；附设教学农场、教学医院
	技工教育	• 各产业管理部门主办 • 综合管理：劳动部门	• 培养技术工人——四级技工 • 按照国家技工培训计划，4~7 种工种	• 生产实习：校内实习工厂、主管企业
1958~1965 年	半工半读学校	• 中央各部门、地方产业部门、教育部门、劳动部门及厂矿企事业单位等多形式、多种渠道办学	• 半工半读中等技术学校 • 半工半读中学（初中）	• "三固定"制度：定工种、定岗位和定师傅 • 生产劳动和教学时间各一半，定期轮换、不固定或分段集中的轮换、按季节性特点安排
	农业学校	• 乡镇、公社办学	• 培养农业劳动者和初级技术管理人员	• 生产养校、校办生产基地和农舍 • "三集中"：学习、劳动、生活
1966~1976 年	"七二一"工人大学	• 地区产业部门、企业主办	• 培养技术工人	• 结合本企业的生产，按生产顺序分阶段教学 • 厂校挂钩、校办工厂、厂带专业，教科生产结合
	"五七"大学	• 杂：地、县、社、队、农场各级地方办的，也有部门及企业办的	• "社来社去"	• 从农业需求出发的教学原则 • "几上几下"：学校学习、生产实践、群众运动

续表

历史阶段	主要办学模式	谁办学？	办什么？	如何办？
1977~1984年	职业高中	• 普通中学改办 • 多种形式办学	• 培养中级技术人员和管理人员、中级技术工人和从业人员 • 专业设置紧密结合社会需要、灵活多样	• 三年制 • 加强职业技能训练：生产实习基地、技能竞赛 • 不包生活费、不包分配
	中等专业教育	• 分工分级，系统归口管理 • 教育部门负责业务指导	• 培养中等技术管理人才	• 招收高中毕业生两年制 • 招收初中毕业生四年制 • 加强实践性教学环节
	技工教育	• 业务部门举办 • 综合管理由教育部划归国家劳动总局	• 培养中级技术工人	• 结合生产进行生产实习教学
	职业大学	• 地方政府、大企业或联合办学	• 培养当地生产一线的实用型人才，突出培养创新精神和实践能力	• 收学费、走读、不包分配；专业紧贴经济发展
1985~1996年	中等专业教育	• 主要依靠部门（行业）、企业办学 • 部门（行业）与地方，部门（行业）间、企业间、学校间的联合办学 • 条块结合、地方统筹	• 普通中等专业教育 • 其他职业教育与培训：全日制与业余教育、学历教育与非学历教育、职前教育与职后教育相结合	• 服务多种所有制单位 • 上学缴费 • 教学、技术服务与生产实践三结合 • 发展校办产业
	技工教育	• 各级产业部门、劳动部门、厂矿企事业单位、部门单位联合、集体所有制单位 • 社会团体、民主党派和个人	• 按照职业技能标准，以技能培训为主	• 自主招生，自主择业 • 综合性职业培训基地

续表

历史阶段	主要办学模式	谁办学？	办什么？	如何办？
1985~1996年	县级职教中心	• 集中各种不同体制的职业学校联合办学	• 服务农村当地经济和社会发展建设，为农村当时蓬勃发展的各种经济活动提供技能型实用人才	• 联合办学 • 农业技术推广、生产示范、科学实验、信息服务、科学研究
	民办中等职业教育	• 社会团队和个人	• 培养地方经济和产业所需要的各类人才	• 专业设置契合当地经济发展 • 学历职业教育+短期职业培训
	乡镇企业联合办学	• 乡镇企业联合举办	• 培养乡镇企业发展所需初中级人才	• 大中专学历教育与短期培训结合、在校教育与函授教育结合、自己办班与联合办班结合、理论学习与生产实践、科学实验结合 • 学习时段灵活
	职业大学	• 省府城市、部门、市县等地方	• 培养应用型人才	• 毕业证书和资格证书并重 • 学校和企业结合
	五年制高职	• 部门和行业	• 生产第一线的技术、管理和业务人员	• 初中为起点 • "四五套办" • 课程强调系统
1997~2002年	中等职业学校布局调整	• 合并、共建、联办、划转 • 条块结合，以块为主	• 按照学生的培养目标和规格要求统筹规划，相互沟通的中等职业学校布局结构	• 资源重组 • 淡化中专、职高、技工学校的界限
	综合高中	• 普通中学举办综合高中班 • 中职校举办综合高中班 • 普高和中职校联合举办	• 培养继续学习和就业的双重能力	• 普通教育和职业教育的渗透 • 目标的综合、课程结构的综合、管理上的综合

续表

历史阶段	主要办学模式	谁办学?	办什么?	如何办?
1997~2002年	县级职教中心转型	• 县级政府	• 培养培训农业科技人才	• 农科教三结合 • 主要采取了"专业+实业+产业"的办学形式 • 承担科技咨询、宣传、农业研究、农业劳动力转移服务中心
	高等职业技术学院	• "六路大军"办高职 • 省级政府管理	• 培养第一线的生产、服务和管理人才	• "三改一补""三不一高" • 去学术化,突出职业化
2003~2012年	中等职业教育	• 政府办学为主 • 鼓励企业办学 • 鼓励民办:国有民办、民办公助、公办转制、股份制和中外合作	• 培养服务当地的生产服务一线的高素质劳动者	• 就业导向 • 联合、连锁、集团化办学 • 产教结合、校企合作:依靠行业企业发展中等职业教育 • 2+1企业实践
	高等职业教育	• 政府办学为主 • 鼓励企业办学和社会力量办学	• 培养面向生产、建设、管理、服务第一线需要的高技能人才	• 主动适应经济和社会发展需要,以就业为导向确定办学目标 • 订单式培养、双证书制度 • 产学研结合

二、职业教育办学主体演变的历史过程

我国职业教育办学主体主要包括中央和各级地方政府、中央和地方业务主管部门、企业、社会组织或个人等。新中国成立以来,中央政府办学职能逐渐弱化,地方政府和地方业务主管部门的办学主体地位更加突出,企业和社会力量办学较为薄弱。整理新中国成立以来中国职业教育办学主体演变,具体如表3-13所示。

表 3-13　　　　　　　　　　　职业教育办学主体演变

历史阶段	谁办学？
1949~1957 年	行业办学 ● 中央和地方业务部门、产业管理部门主办 ● 中央高等教育部、劳动部门负责管理
1958~1965 年	多形式、多渠道办学 ● 中央各部门、地方产业部门、教育部门、劳动部门及厂矿企事业单位等多形式、多种渠道办学 ● 乡镇、公社办学
1966~1976 年	多样办学 ● 地区产业部门、企业主办 ● 杂：地、县、社、队、农场各级地方办的，也有部门及企业办的
1977~1984 年	行业办学、教育部门办学 ● 职业高中—多种形式办学；中专—分工分级，系统归口管理；技校—业务部门举办；职业大学—地方政府、大企业或联合办学 ● 教育部门、国家劳动总局负责管理
1985~1996 年	政府多元办学，依靠业务部门、企业；民办职业教育兴起 ● 省府城市、部门、市县等地方政府；部门（行业）、企业办学；社会团体、民主党派和个人 ● 条块结合、地方统筹
1997~2002 年	地方政府办学为主 ● 合并、共建、联办、划转 ● 条块结合，以块为主
2003~2012 年	地方政府办学为主 鼓励企业办学和社会力量办学

新中国成立之初，百废待兴，为发挥政府在经济发展和社会建设中的领导作用，在学习借鉴苏联社会主义建设经验的基础上，建立中等专业教育制度和技工教育制度，由中央各业务部门举办中等专业学校和技工学校，分别由教育部门和劳动部门进行业务管理。"两种教育制度两种劳动制度"实施后，职业教育办学主体逐渐趋于多元，除中央和地方政府以外，有条件的企业、农村的公社或农业合作社也可以进行"半工（耕）半读"形式的办学，开启了办学主体多元化的早期探索，这种探索在文化大革命期间，以面向城市的"七二一"工人大学和面

向农村的"五七大学"得以部分传承。

改革开放以后,在国家改革中等教育结构的背景下,地方、业务主管部门的办学主体地位得到明确。到"七五"和"八五"期间,地方政府在中等职业教育办学中的主体地位基本确立,国家也给予职业学校一定的办学自主权,以应对经济体制向社会主义市场经济体制转型。对职业教育和经济生产密切关系的认识、德国双元制职业教育办学模式的引入,使得学校和企业在职业教育办学中的"双主体"认识得到初步确认。为更好应对市场需求、提升资源配置、提高资源使用率,职业学校之间的横向联合模式也逐步显露,职业学校自身办学主体的意识及合作意识也慢慢凸显。在市场经济改革思想的影响下,民办职业学校开始出现,立足自身需求的乡镇企业办学方兴未艾。

21世纪以来,"以服务为宗旨,以就业为导向"是职业教育的基本办学方向。地方政府逐渐成为职业教育办学的重要主体,包括地方教育部门和业务主管部门。在办学中,促进校企合作成为当时职业教育改革的重要议题。与此同时,继续提倡民办职业教育,允许尝试多种具体的实现形式。

三、职业教育办学定位演变的历史过程

办学目标是办学模式的灵魂和基本任务所在,即培养什么样的职业教育人才。职业教育的办学目标起步于初、中级专业技术人才培养,长期稳定在中级,并逐步发展到高级专业技术人才,始终强调培养人才的应用性和职业性。从人才培养的层次上来看,新中国成立初期职业教育的目标是初、中级技术人才和技术工人,主要是为工业化的起步提供智力支持。而在农村,职业教育的目标是培养具有社会主义觉悟、有文化的新农民。这些目标的设定和新中国成立初期的经济、社会建设任务有着密切的关系。改革开放以后,中级技术人才和技术工人仍是职业教育培养的主要目标,到20世纪80年代初期,由于国家社会主义现代化建设的需要,加上普通高等教育人才供给不足,专业设置无法满足地方经济发展实际需要,因此,培养专科层次的高级技术人才成为新的需求,某些城市开办的职业大学就在这时兴起。1985年以后,中级专业技术人才成为职业教育培养目标的主流,一直占据着稳定的位置,高级专业技术人才的需求逐步加大,至今中、高级专业技术人才已基本平分秋色。在农村,中级专业技术人才和新型农民一直是职业教育培养目标的主体。

在办学类型上,从新中国成立伊始,培养既有一般文化科学知识、身体健康,又掌握某一专业理论和专业的应用型人才就是职业教育的重点,这也是职业教育区别于普通教育人才培养类型的最大差异,即突出人才的应用性、职业性。

但在具体的专业能力要求上，随着时代的变化有所发展：开始的时候比较强调专业的单一性、专门化，至 20 世纪 80 年代初期突出提到了创新精神和实践能力，1997 年以后，在继续强调应用性的基础上，更加强调学生全面素质、综合能力和就业竞争力的培养。农村的职业教育配合农村经济发展形势，由新中国成立开始的对有知识素质的强调，转到新型农民的强调，即懂得利用现代科技知识经营农业的农村实用型人才，后又转到具有一定学历文凭又有一定农业实用技能的复合型人才上来。

由此可见，我国职业教育人才培养目标在层次上起步于初、中级人才，后稳定在中级专业技术人才，并发展到目前中高级专业技术人才平衡发展的要求上。而在类型上，一直强调职业教育人才培养的职业性、应用性，专业技能的要求也逐步拓宽，综合素质、就业能力、创新能力、实践能力尤为重视；在专业的基础上，拓宽了人才的能力范围。农村的职业教育人才培养由早期的重视知识素质补救，逐步发展到既有学历又掌握一定的现代农业科技技能、管理的复合型定位上。

四、职业教育办学形式变革的历史过程

对接产业需求、加强产学合作办学是职业教育"如何办"的基本特征，人才培养过程中加强理论与实践的联系是职业教育办学的根本要求。第一，对接需求办学。重视专业的设置和建设，强调要和国家、地方经济产业的发展相关。比如新中国成立初期的中等专业教育要求所设专业邻近应有相关企业，20 世纪 70 年代末期的职业高中设置强调要结合社会需要，灵活多样，短期大学专业更是要契合地方经济发展需要，农村县级职教中心的专业发展更是和当地产业发展、经济提升直接挂钩。21 世纪中等职业教育和高等职业教育的办学，均强调，职业教育要和经济社会互为助力，相辅相成。第二，产学合作办学。强调课程内容和教学过程要结合生产实际，重视实践教学，加强专业理论知识和实际技能的结合。不同时期，产学结合的形式和载体不同。产学合作的主要形式包括举办主体（业务主管部门/企业）内部一体化、依托校办企业的校内一体化、跨机构的校企合作，具体如表 3-14 所示。第三，就业导向办学。招生和就业是一个学校办学的首尾大事。新中国成立初期中等职业教育实行计划招生和统一分配，到了 20 世纪 90 年代初期，中专教育划归地方管理，明确不包分配，学校有了更多办学自主权。职业教育由早期单一的学历文凭逐步发展到学历证书、职业资格证书的双证同时获取。这一变化起步于 80 年代末技工学校的技工等级考试制度，到 90 年代成为新的趋势。这一趋势也促进了我国职业资格证书制度的诞生和"先培训、后就业"的就业制度的发展。

表 3-14　　　　　　　　　职业产学结合形式变革

历史阶段	产学结合形式
1949~1957 年	• 加强生产教学和生产实习 • 中央业务部门负责筹划厂矿企业中的生产实习；附设教学农场、教学医院、校内实习工厂或主管企业
1958~1965 年	• "三固定"制度：定工种、定岗位和定师傅 • "三集中"：学习、劳动、生活 • 生产劳动和教学时间各一半，定期轮换、不固定或分段集中的轮换、按季节性特点安排 • 生产养校、校办生产基地和农舍
1966~1976 年	• 结合本企业的生产，按生产顺序分阶段教学 • 厂校挂钩、校办工厂、厂带专业，教科生产结合 • "几上几下"：学校学习、生产实践、群众运动
1977~1984 年	• 加强实践教学 • 结合生产进行生产实习教学 • 加强职业技能训练：生产实习基地、技能竞赛
1985~1996 年	• 服务多种所有制单位 • 教学、技术服务与生产实践三结合 • 发展校办产业 • 农业技术推广、生产示范、科学实验、信息服务、科学研究 • 学历职业教育 + 短期职业培训 • 学习时段灵活 • 毕业证书和资格证书并重
1997~2002 年	• 资源重组 • 淡化中专、职高、技工学校的界限 • 普通教育和职业教育的渗透 • 农科教三结合 • "专业 + 实业 + 产业"的办学形式 • 承担科技咨询、宣传、农业研究、农业劳动力转移服务中心 • "三改一补""三不一高" • 去学术化，突出职业化
2003~2012 年	• 产教结合、校企合作：依靠行业企业发展中等职业教育 • 2 + 1 企业实践 • 主动适应经济和社会发展需要，以就业为导向确定办学目标 • 订单式培养、双证书制度 • 产学研结合

五、职业教育办学保障变革的历史过程

成功的职业教育办学模式的实现需要各方面的制度保障。比如来自国家层面的政策、法律的支持,来自多种渠道的充沛的办学资金,结构合理、高水平的师资队伍,科学规范的教学质量评估及其改进,相关领导的重视和支持,等等。从我国职业教育办学模式演变的历程来看,制度保障方面具有以下特点:

第一,国家政策持续支持职业教育发展。政策体现的是国家的意志,包括分属不同效力范围和层次的各种法律、规定、意见、办法、党和国家领导人指示或讲话等具体形式。从新中国成立到2012年,我国对职业教育办学模式的发展一直给予关注和重视。

第二,国家财政经费支持长期不足,2006年以后开始大幅提高。新中国成立初期,中等职业教育奉行谁办学谁出钱的原则,因此国家和中央主管业务部门承担当时职业教育的基本费用。但是后来由于国家教育负担重,职业教育相对于基础教育和高等教育,获得的教育经费投入存在不均衡的问题。改革开放以后,市场经济思想的影响更是让学校、个人出钱合理化,经费来源的多渠道化也成为至今职业教育办学的主流。但这种情况在2006年开始有所改善,这主要得益于中央财政对中职学校中农村学生和城市家庭经济困难学生的助学体系建设。总体来看,2006~2013年,中央财政职业教育投入从18.5亿元增加到233.3亿元,年均增长43.6%。在中央财政的带动下,2006~2013年全国职业教育经费总投入由1 141亿元增加到3 450亿元,年均增长17.1%,其中,财政性职业教育经费从525亿元增加到2 543亿元,年均增长25.3%,占职业教育总投入的比例从46%提高到74%。①

第三,通过教学质量提升来促进职业教育的发展。质量是教学的生命,培养的人才只有质量过关有保障,才会使得职业教育具有可发展的持续性。早期的职业高中是20世纪80年代前后中等职业教育的新办学形式,重视人才培养质量是保障条件之一。短期大学的初兴,也将质量提到重要位置。而1990年之后,更是在技工教育中开展教学评估,以配合办学自主权提高的情况。1990年1月、8月,国家教委先后决定在中专、职高学校开展评估工作,1991年4月,劳动部决定对技工学校开展评估。1995年开始对职业高中进行复评,加强骨干学校的建设。至此,基于评估的省级乃至国家级重点职业学校工作开始建设。评估工作让职业学

---

① 耿洁:《我国职业教育经费投入现状与对策研究》,载于《中国职业技术教育》2015年第12期,第13~19页。

校更加明确办学方向,推动了办学工作的规范化,也有助于保障人才培养的质量。

第四,加强职业学校的师资培养。师资结构和素质是办学的重要条件之一,职业教育由于其特殊性,更加需要结构合理、素质优良的师资队伍。1959年,国务院批准了劳动部关于建立培养技工学校师资师范学校的请示报告,在天津、上海、沈阳、开封建立了4所技工教育师范学校。1965年3月,天津市成立了天津半工半读工科师范学院,培养职业学校专业教师。该学院建有机械、化工、电机、无线电4个系,各系分别建在天津磨床厂、天津有机合成化工厂、天津新安电机厂、天津渤海无线电厂,采用半工半读的方式进行教学。"文革"结束后,为解决技工学校教师来源问题,国家计委、教育部于1979年1月10日向国务院递交《关于增设四所技工教育师范学院的请示报告》,该报告提出:"解决师资问题是办好技工学校,提高办学质量的重要条件之一。"同意增设天津技工师范学院、吉林技工师范学院、山东技工师范学院、河南技工师范学院。后来实际招生的只有天津技工师范学院(即现在的天津工程师范学院)和吉林技工师范学院(即现在的吉林工程技术师范学院),由劳动部直管。此外,原国家教育委员会先后批准天津大学、浙江大学等8所高校设立职业技术学院或农村职教师资培训中心,借助已有成熟大学的雄厚实力培养职教师资。到20世纪90年代,《国务院关于大力发展职业技术教育的决定》要求:"本着培养和培训、专职和兼职相结合的原则,多渠道地解决职业技术教育的师资特别是技能教师来源问题。"通过建立职教师资培养培训基地、建立在职攻读学位制度等,多渠道、全方位建立职教教师的培养培训制度体系,为职业教育事业发展提供人力保障。

第三节　职业教育办学模式改革的基本规律

职业教育办学模式改革是一定历史时期,社会主观选择和客观条件相互影响、相互平衡的结果。在职业教育办学模式改革中,需处理好几对关系。围绕"谁办学"需处理好多元办学主体与管理主体之间的关系;"办什么"需处理好产业需求与人才供给的关系;"如何办"需处理好教育教学与生产实践的关系;"如何保障"需处理好职业教育与外部制度环境的关系。

一、协调办学主体和管理主体关系

在我国,中央及隶属各级地方政府的教育部门对各类学校具有直接的全面管理权，因此国家教育体制的变化直接影响着办学主体的发展。1985年以前，我国各类教育基本上是国家统管；1985年之后，教育管理体制逐步让渡给地方，中等职业教育的管理权限被划归到了地方，管理权的下放，直接激发了地方各类组织的办学活力。在市场经济体制改革过程中，社会力量开始投向教育，民办中专、民办职业高中出现。

（一）办学主体多元化是职业教育办学的基本特征

职业教育和经济社会发展密切相关，在政府职能转型、新公共管理思想、全民终身学习、治理等现代思想观念的影响下，职业教育办学主体的多元化必然是长久趋势之一。1978年改革开放以后，我国就逐渐意识到对教育大包大揽绝不是长久之计，必须激活社会各界兴办职业教育、开创职业教育大发展的局面。从历史的角度来看，我国职业教育办学主体确实在日益多元化，现有的格局包括中央和地方政府、业务管理部门、企业、行业、民间团体或个人。但是深入分析发现，我国职业教育办学发展至今其实一直还是政府在唱主角，各级政府的办学自不必细说，企业的办学力量其实绝大多数还是国有大型企业居多，说到底公有制部门仍旧是职业教育办学的主体。

办学主体的多元化实质上是投资主体多元化的问题，因为出资和管理是办学的实质权力。要提高办学主体多元化的程度，必须具体到教育经费来源和管理结构上来考虑。多年来，我国一直倡导教育经费来源的多样化，但是时至今日，国家仍旧是职业教育（包括其他各类教育）经费来源的主渠道。2013年财政性教育经费占职业教育经费的74%。一方面在于国家对职业教育的日渐重视，愿意花大力气投资，但另一方面也显示我国日益增长的民间资本在职业教育领域的投资意向和水平均不明显。从这个角度来看，办学主体转变成了教育经济投资的问题。因此，要解决办学主体的多元化，必须先从经济角度入手：第一，了解民间资本投资职业教育的意向；第二，了解民间资本投资职业教育的政策环境；第三，了解民间资本投资职业教育的收益。任何一个方面出现大的问题，都会影响到民间资本进驻职业教育领域，如果发生，职业教育办学主体的多元化显然就成为空洞之物。

（二）提高政府宏观管理水平

投资主体的多元化和管理的复杂性，意味着政府宏观管理难度的提升，毕竟教育是社会事业，也是历来各届政府抓实在手、不可掉以轻心的工作。无论是集中型还是分权型管理体制，政府对职业教育领域的全面统筹都必不可少。从目前已有的办法来看，政府进行职业教育的宏观管理一般是通过立法、行政指令、经费、师资等实现。以此来关照我国职业教育,可以说行政指令等政策是最为常见的方法,但是这种方法的致命缺陷在于无法区别对待地方经济发展和职业教育发展的差异性,若是将指令改为指导,又很容易造成钻政策漏洞行为的发生,国家政策往往在地方就被打了折扣,进而影响到国家对职业教育宏观管理的成效。我们建议,可以进行必要的督导和检查,以及通过跟进型的过程管理、及时的地方信息交流来弥补。

立法是我国近年来职业教育领域发展的重要方面,1996年颁布《中华人民共和国职业教育法》,2010年开始修订。有研究指出[1],我国现行的职业教育法其实还存在许多问题:第一,立法对学校职业教育的规定和普通学校无异。在法律主体方面存在"政府及其职能部门作为职业教育和培训管理机构的职能不明确,不具体(规定得非常原则和抽象),尤其是缺乏具体的程序性规定,而且职能分散。"第二,立法对于举办职业教育和培训的各种社会主体(含职业教育和培训教师)的法律地位及其权利义务缺乏具体规定。第三,立法适用对象的规定也存在问题,如立法没有明确区分哪些对象可以或应当参加何种职业教育和培训,也没有对适用对象的具体权利和义务进行规定。

在管理主体上,主体管理职能划定得非常不具体,导致实践当中职能不明或职能冲突的情况严重(如教育部门和劳动部门之间);在管理体制当中缺乏非政府管理主体的参与。缺乏必要的标准管理体系和质量管理体系的规定,而这是保证职业教育和培训质量的关键。立法缺乏对各种具体工作程序的规定,这也导致实践当中相关管理工作缺乏必要的规范性和可操作性。

经费问题如前所述,尽管国家投入大幅提高,但是我国职业教育经费在整个教育经费中的比例是不高的,与职业教育人才培养的特点、职业教育投资收益比等都不成正比关系。而师资方面更是当前和今后宏观管理方面的制约因素,无论是职前还是职后的职业教育师资培训都完全没有跟上现实发展的需要。如此看来,我国职业宏观管理水平的提升仍旧任重道远。

二、匹配产业发展需求与人才供给

目标明确是任何成功事件的特征之一,职业教育办学也是如此。长期以来,我国坚持以国家经济社会建设为重,职业教育经历各种类型、层次、人才培养类型的转变,为国家的社会建设输送了大量的人才。然而,我国各类职业教育办学机构发展后劲不足,容易在社会主义市场经济中随波逐流,阶段性地面临生源、

---

[1] 刘勇、宋豫:《论我国职业教育立法的完善》,载于《南京社会科学》2013年第2期,第85~91页。

办学条件等方面的紧张,这与我国职业教育办学目标的长短或者说远近的定位有一定联系。

(一) 服务产业发展需求是职业教育办学的根本要求

明确培养什么样的人才层次和类型是教育的首要任务。从教育学的一般原理来说,教育的基本需求来自社会、经济、文化、政治发展的基本要求,职业教育由于其与经济、社会等更为直接的关系,因此反映和满足社会的及时需求成为其关注的重点。新中国成立之时,恢复遭受重创的工业体系、提升经济发展是当时的基本背景,因此培养中等专业技术人才成为基本目标。事实也证明,当时的中等专业教育确实给社会培养了大量的、有用的毕业生,很多学生在以后相当长一段时间内在国家各行业的重要岗位上都发挥着骨干作用,为新中国的早期建设做出了积极贡献。改革开放以后,随着有计划的商品经济的发展,中等职业教育不仅需要培养专业技能人才,经营管理人才、服务人才的需求也开始出现,而且对人才的层次要求也逐步提高到专科,由此职业大学出现。21世纪以来的县级职教中心更是提出"社会需要什么人才就培养什么人才"的思路,结合社会主义新农村建设的要求,突出培养复合型的新型农民人才。职业教育的特性之一就是和经济产业密切相关,因此我国一直强调职业学校的人才培养要符合经济产业发展需求。比如早期办技工学校,要求邻近需有和专业相关的厂矿企业;现代农村的职业教育办学要和当地的产业建立同一关系;职业教育集团化办学的一般方式也是按照专业、产业的相近程度来组合;订单模式更是要什么人,就开什么专业。

(二) 职业教育人才培养应适度超前

经济产业发展的变化越来越快,尤其在知识经济的背景下,知识更新周期大幅缩短,而职业学校的人才培养周期相对较长。职业学校紧跟社会需求的代价之一就是不断进行专业调整和转型,许多职业学校的教师也因此被迫多次转岗、转专业。市场需要什么就培养什么职业人才,显然是一种应急性的、机械反应性的人才培养思路。随着人才预测理论与技术的提升、对人才储备的认识、国家经济能力的增长,以及创新驱动发展理念的深入,包括职业教育在内的任何教育都应当考虑人才培养适度超前的思路,以一种带有未来洞见的方式合理设置职业教育的办学目标、人才层次结构、专业设置、对学生的具体能力要求。比如,随着我国产业结构的变化和科技化的融入,职业人才的层次高移和类型的多样化必然是未来趋势;学生在专业能力之外,更要获得应对职业变化的就业竞争力、自我适应能力;岗位工作可能变得更加复合性、信息化等。通过广泛的社会调查、人才市场需求信息跟踪、经济产业发展形势好坏与走向预测,尽可能把握 3~5 年内社会对职业教育办学各方面的需求,在一种适度超前的状态中办好职业教育。

三、促进教育教学与生产实践结合

坚持职业教育理论学习和生产实践的结合是我国职业教育办学发展历程中的一条重要经验,今后也仍是职业教育发展的基本趋向。这是由职业教育的特性决定的。在继续实践这条重要经验的同时,本书认为,随着校企合作、就业为导向的职业教育在我国的深入发展,如何提高职业教育学习和实践结合的有效性是一个真问题。

(一) 产学合作是职业教育办学的根本需要

在计划经济体制下,职业学校的专业设置、课程开设、培训计划、招生数量等,都是由上级主管部门决定的,职业学校在这些方面都缺乏主动权。这就使得职业学校从根本上缺乏校企合作的动力。同时,由于教育经费都实行统收统支,学校不必考虑经费困难,这就进一步阻碍了职业学校主动与企业合作的动力。从企业方面看,在计划经济条件下,由于企业缺乏发展经济的本源性动力,因此,它也就必然缺乏参与职业教育、培训员工的动力。所以,在计划经济条件下,尽管校企合作也广泛地存在,但它是上级安排和指示的结果,而不是职业教育的内部需要。这就使得这种合作难免流于表面和形式。但是,在市场经济条件下,职业学校与企业的关系发生了质的变化,校企合作成了职业学校与企业双方的内在需要。因为职业教育既然被推向了市场,其办学机制就必须迅速地主动市场化。否则,如果职业学校不能及时地培养出企业所需的合格劳动力,它就会面临"关、停、并、转"的风险。而市场的基本结构是生产者与消费者、服务者与被服务者之间通过长期互动形成的复杂而又紧密的联结。因此,职业教育要市场化,首先必须与其服务对象——企业,形成这种紧密的联结,即校企合作。因此,校企合作是市场经济体制下职业学校发展的内在需求。

(二) 促进多样化校企合作

在校企合作普遍获得实质性推进的同时,各职业院校"各显神通",创造了多种多样的校企合作模式,从而使校企合作呈现出多样化格局。从合作对象看,有的职业院校选择的是单一合作模式,即一个专业只与某个很有影响的企业建立深度合作关系,有的职业院校选择的则是多元合作模式,即只要能促进专业建设的企业,他们均与之建立合作关系。从合作深度看,有的职业院校建立的只是契约式合作关系,有的职业院校则把企业直接引进到了学校,建立"校中厂",有的职业院校甚至与企业深度融为一体,形成共同体关系。从合作内容看,有的职业院校把校企合作主要定位在专业发展战略咨询;有的则把教学过程与企业的生产过程紧密结合,创立跟单教学模式;有的职业院校则主要通过技术服务进行校企合作。具体采取哪种合作模式,与职业院校办学需求以及当地企业的特征相关。

四、完善职业教育办学的制度环境

历史经验显示,职业教育办学水平的提升不仅需要职业教育内部条件的完善,还需要外部制度环境的保障。

(一)劳动就业制度对职业教育办学的影响

就业制度对职业教育办学产生了比较大的影响。职业院校毕业生的招生就业经历了计划经济时期的"统招统分"向市场经济时期的"自主招生、自主择业"转变,对职业教育的吸引力产生了很大影响。计划经济时期职业教育办学基本依据计划,在市场经济时期职业教育办学必须面向市场进行办学。

劳动保障制度也会对职业教育办学产生重要影响。以八级工资制度为例,按照生产劳动的复杂程度和技术的熟练程度将工资分为八个等级。为了区别复杂劳动和简单劳动,不同工种按技术上的差别,分成若干种等级线,最高等级可以到八级;另一些技术比较简单的工种,最高的只能到四级或者五级。我国东北地区从1950年开始实行八级工资制,1956年全国企业工人都实行八级工资制。1985年开始我国在一部分国营大中型企业试行职工工资总额同企业经济效益按比例浮动的办法,各企业不统一实行八级工资制,而是根据情况确定自己所实行的工资制度。八级工资制从一级到八级,在技术水平、劳动对象、劳动强度等方面都有明确的、不同的具体要求,体现了熟练劳动者与非熟练劳动者、技术高的工人与技术低的工人之间的工资差别。冶金工人八级工资的标准为一级工工资的3.2倍。对于工人来说,一到八级的提高进步的空间是比较充裕的。工人们能够有明确的努力方向,也有具体的奋斗目标。八级工资制度适当考虑和照顾了企业工人、企业职员和国家机关事业单位人员工资关系。只有社会分配关系公平合理,才能促进全社会的和谐稳定。八级工资制度在增强职业教育吸引力,为技能人才建立清晰的职业生涯发展路径方面有重要价值。

(二) 完善职业教育办学的法制保障

新中国成立以来，为促进职业教育发展，国家已出台诸多指令、计划、意见，但职业教育办学仍无突破性进展。究其原因，除了立法内容本身有缺陷，还在于我们缺乏严格执法的态度和行动力。职业教育办学的法制保障首先体现在对办学主体合理权益的保护上，应明确职业教育多元办学主体的法律地位和主体关系，保障主体权益；其次，企业成为职业教育的办学主体，除了企业自身积极参与以及其他社会条件支持外，还须法律予以保障，既是对企业作为职业教育主体地位的认可，也是一种倡导和规范，凸显企业在职业教育中的主体地位，明确企业在职业教育中的权利与义务。

第四章

职业教育办学模式的国际比较与经验借鉴

职业教育办学在发达国家取得了非常成功的经验,梳理和分析典型案例国家的职业教育办学模式,归纳总结当前世界职业教育办学模式的特征,可以为中国职业教育办学模式改革提供理论依据和政策借鉴。本章拟选取以下在职业教育办学模式方面具有一定代表性的国家为个案:美国、德国、法国、英国、日本、澳大利亚、韩国和瑞士,对这些个案进行系统梳理和分析,并结合中国当前职业教育办学模式中存在的根本性问题进行针对性的综合比较分析。通过比较力图剖析中国职业教育办学过程中出现这些问题的根源,并通过借鉴这些案例的先进经验寻求解决问题的有效途径。

第一节 美国职业教育办学模式研究

美国是世界上经济实体最大的国家,无论是经济发展还是教育体制建设都具有先进的实践经验。在职业教育方面,美国的生涯与技术教育在世界职业教育领域中处于相对领航的位置,特别是美国"社区学院"的职业教育办学,更是世界职业技术教育的典范。因此,本节从美国职业教育办学模式的实践经验入手,分析其先进经验,为中国职业教育办学提供可借鉴的改革方向。

一、美国职业教育的管理体系与办学主体

美国是联邦制国家,教育体制上也是各州独立负责,因此,其生涯与技术教育的办学体制,也深受政治体制的影响。美国在职业教育的管理体系和办学主体上,有着自己的特色与经验。

(一) 美国职业教育的管理体系

1. 联邦政府负责全国宏观职业教育管理

虽然美国是联邦制的国家,各州在政治、经济、文化上的独立权很大,但是,目前联邦政府在教育事务方面的发言权越来越多,正承担越来越多的教育责任。联邦政府的教育职责主要由联邦教育部承担,联邦教育部是美国联邦政府中直接负责教育行政工作的机关,下设有若干个办公室。其中,职业教育与成人教育办公室(OVAE)是管理中高等职业教育的部门,其职责是向教育部提供制定、实施、检评、修改与职业教育有关的教育决策的建议,并且每年要向部长及国会提交年度报告、总结和建议汇编。

2. 州政府是各州职业教育的管理者与责任人

教育的主要责任仍然在各州。教育一般由各州的教育厅(Department of Education)和教育委员会(State Board of Education)主导。以加利福尼亚州为例,其教育委员会由州长任命,共有 11 人,其中 1 人为学生。该委员会主要负责制订 K–12 的教育政策、审核教材、执行立法机构通过的教育法案、分配州教育资金等。在职业教育方面,该委员会负责制订加利福尼亚州职业教育发展规划、开发生涯技术教育框架、制订生涯技术教育教学标准等。所以,州的教育部门是教育的宏观管理者。

3. 学区是实际上的公立职业教育管理者与举办者

在美国,公立学校隶属于学区(school district)。每个学区都相当于一级特殊功能的政府,与镇或县一样有收税的权力(弗吉尼亚的学区没有收税权,而要依靠政府的资金)。这笔资金主要用来开展本学区内的教育活动。

(二) 美国职业教育的办学主体

美国职业教育办学主体多样化,既有公立的又有私立的,有政府兴办的,也有政府支持、个人和企业投资兴办的,办学主体具有开放性。政府同样也向私立职业教育机构的学生提供奖学金,比如,美国的社区学院及其各系部一般都建立

有社会参与办学的机构和机制。社区学院一般设立学院一级的办学和管理机构与校董会或管委会,其成员一般包括政府官员、企业代表、技术专家、社会知名人士、学院教工和学生代表,其任务是负责确定学院的办学方针、目标和方向,保证教学和管理。

从参与举办职业教育的行业部门来看,职业教育部门与工商业部门、就业部门、雇用单位等部门合作沟通。如中等教育机构与中等后教育机构以及行业企业之间加强合作,保证专业理论知识与技能同劳动力市场需求的对接。为推动合作,美国积极探索以职业教育联合体为单位进行拨款的方式,不再区分中等及中等后教育层次的拨付款项。新法案将专门制定对上述各种机构参与职业教育政策/项目设计执行的要求,接受拨款的各州必须严格执行。没有上述机构参与的职业教育项目将不能申请拨款。不过上述机构参与职业教育设计执行的方式较为灵活,可以是资金投入,也可以是资源投入,比如装备、培训设备、创业资金及技术评估等。奥巴马在任期间与白宫经济顾问委员会制定了"美国未来技能"计划,新计划要求每州成立至少一个企业与社区学院合作的项目,并逐渐予以扩大,形成地方教育部门、高等教育机构和工业伙伴组成的联盟。

二、美国职业教育的办学形式

在美国,"职业生涯与技术教育(career and technical education,CTE)"首先是"一系列课程",而不是一种教育类型。所以美国职业教育有两个突出特点:一是职业生涯与技术教育并不直接以就业为目的;二是职业生涯与技术教育和普通教育相互融合,并不独立。如图 4-1 所示。

中等教育阶段的职业教育主要由综合高中、全日制 CTE 高中、区域 CTE 学校/中心三大机构提供。与综合高中相比,后两种 CTE 学校都被认为能够提供更高质量的职业教育,因为它们拥有更好的软硬件,能够提供更有深度和广度的职业技能教育与培训。另外,公立高中是美国提供中等职业教育的主要机构,这与私立高中较少的职业教育需求以及联邦政府在公立学校开展职业教育的政策倾向有关。

(一)综合高中

美国的综合高中主要是公办的,同时美国的职业教育经费也主要投入在公办综合高中,而非私立综合高中。2002 年,美国公办综合高中共约 17 000 所,占全部全日制公办中等教育机构的 95%。不过,虽然综合高中也开展职业教育,但事实上它仍然是较为偏重学术教育的。综合高中的职业教育的开展既可通过校内的

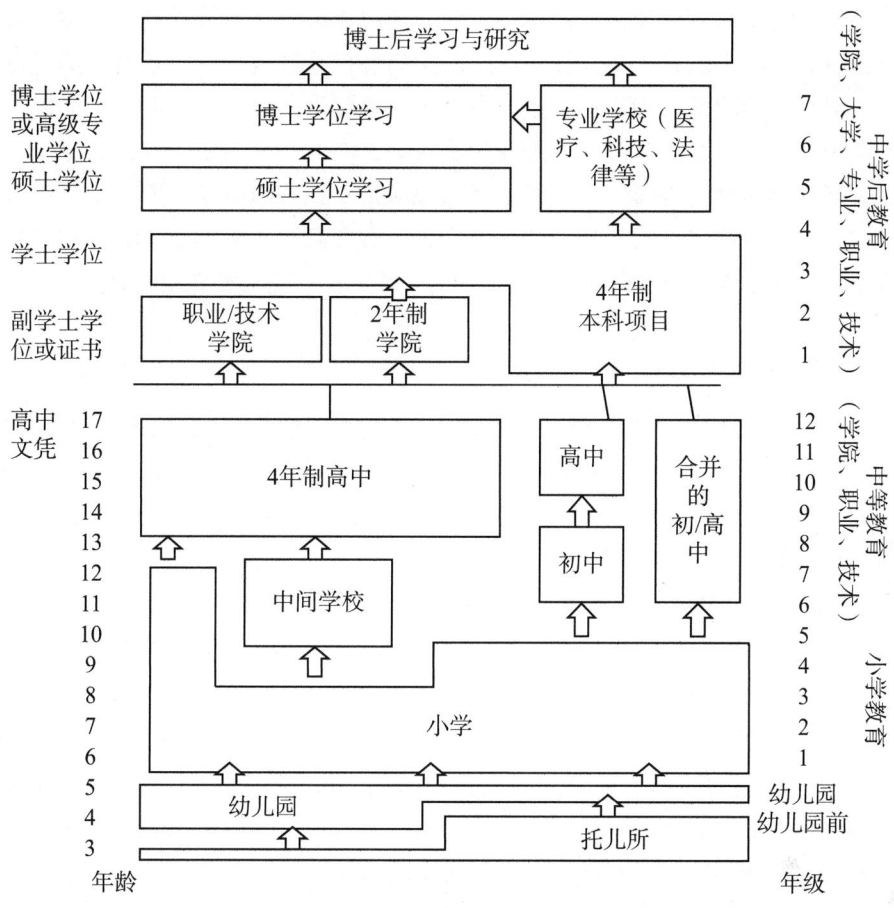

图 4-1 美国教育系统的结构

"职业生涯学园"或"职业生涯通道"来进行，也可以将学生转送至区域 CTE 学校/中心学习。这两种办学模式在美国公立综合高中约各占一半，而私立综合高中绝大部分都以校内项目的方式开展职业教育。职业生涯学园是一种"校中校"，通常设于综合高中内，是综合高中里开展职业教育的主要场所。它与地方企业合作提供与某一特定职业生涯主题相关的课程、学术课程以及工作经验。

（二）社区学院

美国中等后阶段的职业教育主要在 2 年制和 4 年制的高校及其他教育机构中进行，典型的学校有社区学院、技术学院、职业/技术研究所等。这些机构既有公立的，也有私立非营利性、私立营利性的。通过学习，学生可以获得某职业生涯领域的认证、证书、副学士学位或学士学位。此外，中等后教育机构还积极参与成人职业教育的课程。不过，企业和雇主仍然是成人职业教育最普遍的提供者，是美国实施高等职业教育的主要机构。社区学院大多为公立性质，按人口密度分布设立，学生就近入学。社区学院的主要特色是开放入学、学费低廉、办学灵活。对社区学院的管理有两种主要模式：一是集中式的管理，即社区学院由州直接管理，并且对社区学院的管理往往是独立于高等教育系统之外的；二是分散式的管理，即州独立办学，仅向州提交基本的报告。2010 年，美国政府更是宣布了一项重要的国家发展目标，即美国计划在未来 10 年帮助社区学院增加 500 万的毕业生，以使美国大学毕业生比例再次居全球首位，满足经济发展的需求。

（三）全日制 CTE 学校

在美国，全日制 CTE 学校约 900 所，占全美高中的 5%。虽然学校数量较少，但全日制 CTE 学校的规模往往比综合中学大，所以学生比例一般能占全部高中学生的近 10%[1]。这些学校强调职业教育教学，但也必须提供高中所要求完成的学术课程。全日制 CTE 学校的基本特征：一是严格的毕业标准；二是一系列连贯的学术课程、CTE 课程以及整合性课程；三是与相关产业以及中等后教育机构相联系的特别机制；四是可以获得某种受承认的认证或证书以及明确的中等后教育机会。

（四）区域 CTE 学校/中心

区域 CTE 学校是服务来自特定地理区域的、多所综合高中的、有职业教育需要的学生，它只提供职业生涯与技术课程。区域 CTE 学校/中心通过服务多所高中，实现了规模经济，使原来一所高中可能由于成本太高而无法提供的课程和项目，可以在这里进行。一个区域 CTE 学校/中心常常提供几个职业生涯群的专门学习。学生进入区域 CTE 学校/中心学习时，与学生学分相联系的教育经费就随之从其原来的学校转到了区域 CTE 学校/中心。因此，区域 CTE 学校/中心与综合中学存在非常微妙的合作与竞争关系。

（五）青年学徒制

根据美国未来的工作组织（Jobs for the Future）1993 年的界定，青年学徒制包含以下几个关键要素：一是雇主提供带薪的工作体验以及结构化的工作场所学习；二是学校整合学术学习与职业学习；三是协调并整合学校与工作场所的学习；四是对高中与中等后教育项目做至少为期两年的联结；五是项目完成者得到

---

[1] Levesque, K., Laird, J., Hensley, E., Choy, S. P., Cataldi, E. F. and Hudson, L., Career and Technical Education in the United States: 1990 to 2005. Washington DC: National Center for Education Statistics, Institute of Education Sciences, U. S. Department of Education. 2008（9），P. 3.

被广泛认可的学术与职业技术证书或文凭;六是由各机构的合作者联合管理学徒制项目[①]。目前在美国比较普遍的做法是,15~16 岁以上完成了必需的教育的青年被安排在企业中工作,并在社区学院的指导下学习相关职业技术课程,学生不仅取得学分,还获得工作经历和收入,其学分也是社区学院相应专业的学分。项目通常的年限为 3~4 年。学生若进入社区学院进一步学习,毕业时可同时获得副学士学位以及成为熟练技术工人的资格。青年学徒制所包含的职业各式各样,其运作主要是通过政府、教育者及雇主的合作来实现的。雇主委员会在青年学徒制项目的设计、管理及评价上扮演重要角色。

三、美国职业教育的运行机制

美国职业教育办学的特色在于其教育类型的丰富性和运行机制的多样性。特别是美国职业教育的招生机制、就业与升学机制、社会伙伴关系机制、课程与教学、考试等都颇具特色。

(一) 招生机制

1. 中等职业教育的招生机制

绝大多数的综合中学及全日制 CTE 学校都是公立学校,也属于义务教育范围,因此与其他义务阶段的公立学校一样,通常采用的是就近入学的招生政策。区域 CTE 学校/中心的招生主要采用的是推荐制,即要到区域 CTE 学校/中心学习的学生需要先得到原校指导教师的推荐,并提交相应申请资料,如申请表、学习成绩记录等;之后区域 CTE 中心再根据学生已有的基础和发展潜力来录取。

2. 社区学院的招生机制

美国的社区学院实行开放入学的招生制度。学生无年龄限制,从 15 岁到 70 岁,只要本人申请,都可以进入社区学院某一专业或班级学习。入学也不需要通过考试,只要有高中文凭和成绩单或达到同等学力即可入学。有些学院甚至为学习成绩差的学生先进行补习而后入学。

(二) 就业及升学机制

1. 就业机制

美国教育设计了较为完备的职业生涯指导与发展体系。值得关注的是,美国

---

① Jobs for the Future: Learning That Works: A Youth Apprenticeship Briefing Book. Cambridge, MA: JFF, 1993, P. 56.

的学校教育更强调的是职业生涯发展的指导,而非简单、短期、功利性的就业指导与服务。学校提供了多种形式的职业生涯发展与就业服务,如职业生涯日(career day)、职业生涯展览会(career fair)、职业生涯实地考察(career field trip)、职业生涯倾向测评、咨询、课程等,但一般没有直接的就业安置。另外,根据美国1998年的《劳动力投资法案》(Workforce Investment Act),美国的地方社区都设有一站式职业生涯中心(one-stop career centers),它们为求职者提供就业信息、职业生涯培训机会以及就业中介服务。

2. 升学机制

美国的教育体系鼓励升学,并且通过强大的学分体系支持学生的升学。如上所述,社区学院实行的是开放入学的政策,只要有高中文凭和成绩单或具有同等学力即可入学。而4年制的普通大学招生采用的是申请制:学生持高中成绩单、美国大学入学考试(ACT)或学术能力/评估测验(SAT)成绩、自荐信、推荐信等材料向大学申请;大学经综合评估后,认为申请者符合条件即可入学。另外,转学也是社区学院的重要功能,即学生在经过社区学院两年的学习取得副学士学位后,再转入四年制大学攻读学士学位。

另外,美国比较有特色的升学途径是技术准备和双重录取制。技术准备是高中与社区学院签订衔接协议,从而实现"2+2"的办学模式。"双重录取制(dual enrollment)"则又是美国的一个教育体制创新,它也称"双重学分制(dual credit)"。它是指基于合作协议,学生在高中学习大学课程,学分受到高中和大学的双重认可。双重录取对学生是非常有吸引力的。因为这既能让学生减少课程重复,同时,由于学生还处在高中,因此,他们不需要支付学费,可以节省未来的大学开支。不过,不同州具有不同的双重录取政策。

(三)社会合作伙伴关系

美国的职业教育政策鼓励不同的社会合作伙伴(中学、社区学院、大学、企业、行业协会)组成合作联盟(consortia)。在很多情况下,学校只有通过与相关社会合作伙伴结成联盟,才能获得联邦政府和州的财政资助,如技术准备项目要求高中与中等后教育机构(主要是社区学院)必须签订衔接协议才能获得拨款;职业生涯通道要求必须以社区学院为核心、结成由中学、企业、行业协会等组成的联盟才能获得相应拨款。因此,美国的职业教育机构普遍对建立综合广泛的社会合作伙伴关系有较强的动力。

另外,工商业界参与职业教育办学的形式有多种:一是担任学校咨询委员会成员,帮助学校设计和更新课程、评价检查学校的教学活动、向学校提供信息;二是建立合作项目,安排学生在实际工作岗位上实践;三是直接购买培训,即给予经费补偿或特定培训项目，公司与学校根据合同确定提供培训，并按协议收付费用。总而言之，美国职业学校与企业之间主要是一种互惠互利的供需关系。

（四）考试制度

学生在综合中学和全日制 CTE 学校修得相应学分，可以获得高中毕业文凭。区域 CTE 学校/中心不提供毕业文凭，但学生修得的学分可以转移到其母体高中。另外，通常全日制 CTE 学校和区域 CTE 学校/中心还会帮助学生考取相关职业技能证书，但这并不是必需的。学生在社区学院完成学业后，有可能获得相关的文凭、证书或学位。一般，文凭和证书课程的修业年限为一年，而学位课程的修业年限为两年。社区学院颁发的学位一般是副学士，主要有文科副学士、理科副学士和应用科学副学士三种。也有一些课程是不能够颁发证书或学位的，如实习课程、知识技术更新与提高教育等。许多社区学院也帮助修读职业教育课程的学生考取相关职业技能证书。

（五）师资建设

在美国，担任中等职业教育教师需要获得相应的教师资格认证。各州教师资格认证的政策和程序各不相同，不过总体上，中等职业教育教师的学历要求比普通中学教师的灵活性高。获得资格认证有两个主要途径：一是传统途径，即接受大学师范教育而获得认证，这通常要求获得大学学士学位，典型的课程包含 124 个学分，主要分专业技能教育、通识教育和师范教育三类。一般而言，专业技能教育开设在职业学校，通识教育开设在文理学院，师范教育开设在教育学院。二是替代途径，针对拥有相关岗位从业经验（通常为 2 年以上）的在职人员，不一定要求拥有学士学位，但需经培训获得认证。典型的程序是：得到学校的聘用决定—完成申请认证需要学习的课程以获得临时认证—完成特定测试以获得专业认证—更新和维护证书。另外，需要说明的是，无论哪种途径取得教师资格，都不是终身制的，而是有一定的有效期。教师每若干年（通常是 5 年）就需要将认证进行更新或升级。更新通常需要完成一定学分的大学课程或相关专业活动；升级则通常要求教师具备一定数量的课堂教学经验或拥有更高学位。

无论是联邦政府还是州和地方政府的职业教育拨款中都有一定比例金额是用于教师专业发展的。教师专业发展的典型活动包括专门培训、建立学习共同体、专家或咨询小组指导、优质案例的现场观察学习、主题研讨、参与课程与教学改革、企业实习实践、调研活动等。另外，美国的国家专业教学标准委员会（NBPTS）对教师的专业发展起到了重要的推动作用。1997 年，国家专业教学标准委员会批准了评估优秀职业教育教师的 13 条标准，以评审教师的应知应会为基础，确保了学生的学习效果。能够顺利通过职业技术教育领域国家评估的教师,就是专业方面最优秀的教师。教师必须拥有至少 3 年的教学经验,并取得学士学位,才有资格申请国家的评估和认证①。

四、美国职业教育的投入机制与质量保障体系

美国各州的教育权力相对独立,职业院校的自主办学权很大。因此,对于职业教育办学的管理和监管是职业教育办学成败的关键。联邦政府和州政府作为教育的国家代理人,最主要的办学参与就是职业教育的经费投入与质量评估和问责。

(一) 美国职业教育的投入机制

在美国,大多初等和中等教育是通过地方税收和州拨款获得办学经费的。在中等后教育层次,教育机构主要是通过学生的学费和州拨款获得办学经费的。联邦政府对中高等职业教育都有一定的拨款,但拨款额度只占教育机构办学经费的很小一部分。

1. 联邦政府拨款

法律框架。在历史上,1917 年的《史密斯·休斯法案》是美国联邦政府向职业教育提供办学经费的重要里程碑。根据该法案,联邦政府开始向农业、工商业和家政领域的职业培训提供经费,经费主要用于教师、督导和学区长的薪水,并且该法案还要求州委员会起草与经费使用、学校类型、装备、学习课程、教学方法、教师资格、督导资格及教师培训等相关的计划。该法案之所以在联邦政府对职业教育的拨款史中地位重要,是因为后续的多个与职业教育拨款相关的法案都是在《史密斯·休斯法案》的基础上修订的。2012 年该法案下的拨款总额为 11 亿美元②。该法案下的拨款类型分为五种:基本拨款、技术准备专项拨款、国家项目专项拨款、土著部落所属中等后职业生涯与技术教育机构项目专项拨款、职业与就业信息专项拨款。由于基本拨款占比最大(占总拨款额的 90%),且拨款体系最为复杂,而其他拨款采用的计算和管理方式也与基本拨款相同,因此这里仅介绍基本拨款。

基本拨款的计算。基本拨款首先会预留 0.13% 给边远地区,25% 给美国土著项目,0.25% 给夏威夷项目,余下的部分再按拨款公式划拨给 50 个州及 1 个直

---

① [德] 菲利普·葛洛曼等:《国际视野下的职业教育师资培养》,石伟平译,外语教学与研究出版社 2011 年版,第 28 页。
② Dortch, C. Carl D., Perkins Career and Technical Education Act of 2006: Background and Performance. Washington, DC: Congressional Research Service, 2012.

辖特区。拨款公式极为复杂。但总体上，这项拨款是向适龄青年（高中及高中毕业两年后）人数多的州及人均收入较低的州倾斜的。

基本拨款的申请。如果州想获得这一联邦拨款，就必须向美国教育部提交一份为期 6 年的工作计划，并评估相关的项目和服务。工作计划的制订必须经过与一系列利益相关者的听证会和咨询。利益相关者包括但不局限于学术及职业教育教师、管理者；教育机构；家长与学生；劳动力投资委员会、有兴趣的社区成员；企业界和劳动组织的代表。计划应包括以下内容：一是资助的活动以及这些活动将如何有助于州实现预定的绩效目标；二是生涯与技术教育学习项目；三是教师的专业发展、聘用和保留策略；四是帮助学士学位以下的职业教育学生进入学士学位项目的措施；五是将学术与职业教育整合的措施。类似地，地方中等及中等后教育机构想获得拨款，也必须向州提交工作计划。

2. 各州中等职业教育的办学经费

州和地方的财政拨款是以学生的学分为计算单位划拨给教育机构的，因此，学生在哪个机构修学，相应学分的办学经费就由哪个机构获得。综合高中和全日制 CTE 高中都是全日制学校，拨款体系相对简单，即由地方财政直接拨款。而区域 CTE 中心的拨款则要依托来修职业教育学分的学生，来自其服务区域的综合高中学生，可以自由到该区域的 CTE 中心选修职业教育课程，其所在的综合高中则需要将相应学分的拨款转到区域 CTE 中心。因此，区域 CTE 中心对于招收学生来本校修读职业教育课程较有动力。

3. 各州社区学院的办学经费

美国共有上千所开放入学的社区学院。这些学院主要是公办性质的，办学经费的主要来源包括州与地方政府拨款、联邦政府拨款、学生学费、特别拨款或合约等，如图 4-2 所示。

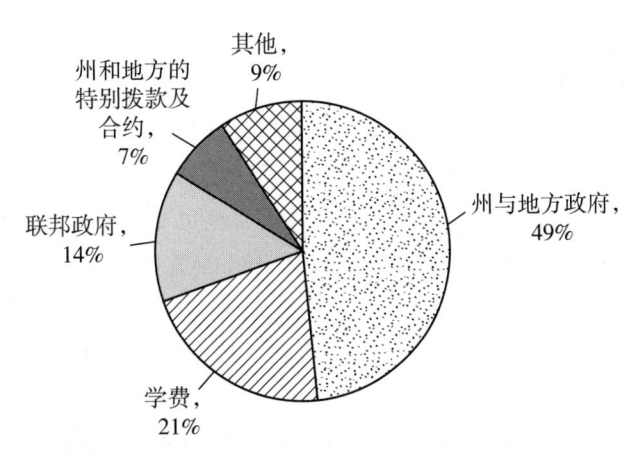

图 4-2 社区学院办学经费来源（2011 年）

各部分的经费额度及比例，在各州是不同的。据 2011 年的一份报告统计，全美的平均水平约为：州和地方拨款占社区学校总收入的 49%，21% 的收入来自学生的学费，14% 来自联邦政府，7% 来自州和地方的特别拨款与合约，9% 来自其他。在学费方面，社区学院比四年制大学要低得多。据统计，2011 年，全美社区学院的年平均学杂费为 2 544 美元，而四年制公立大学的学杂费为 7 020 美元，私立大学的学杂费则更高。这是社区学院吸引学生的重要因素之一。另外，全美有超过 300 万社区学院的学生获得了佩尔助学金（Pell Grants），占佩尔奖学金总量的 1/3[①]。

（二）美国职业教育的质量保障体系

1. 法律规范

　　美国职业教育质量保障模式的特点是公开、透明与法制化、标准化。职业教育立法是美国职业教育办学保障机制的基石。美国现行的教育管理体制是典型的地方分权、三级管理模式，联邦和州都有相关的职业教育立法。目前美国规范职业教育办学的主要法案为 2006 年的《卡尔·D. 帕金斯职业技术教育修订案》。与前几部帕金斯法案一样，该法案的主旨也是支持面向人人的职业教育的发展，法案力图以政策倾斜的方式促进教育公平，同时亦要兼顾效率，尤其强调了绩效与问责。法案主要以拨款机制来保障和引导州和地方的职业教育办学，具体表现为：一是对职业教育办学提供直接的资金支持；二是鼓励中高等职业院校及其他社会合作伙伴的结盟；三是强调职业教育办学的绩效标准。在法治管理的基本方针下，各州亦是以立法形式来管理本州的职业教育事务的。不过，有的州对职业教育单独立法，如佛罗里达州的《佛罗里达州职业生涯与专业教育法案》（Florida Career and Professional Education），而有的州则将对职业教育的规范纳入其他综合性的教育立法中。

2. 教育认证体系

　　在高等教育领域，美国拥有比较完善的教育认证体系。它是一种来自非官方机构的外部检查。被认证的高等院校既有授予学位的，也有不授予学位的；既包括公立的，也包括私立的；既可能是营利性的，也可能是非营利性的。根据美国高等教育认证委员会公布，美国高等教育认证机构负责检查 50 个州的所有学院和大学以及遍布全球 97 个国家的部分院校，截至 2008 年底，美国共有 7 006 所院校和 19 453 个专业接受了认证。社区学院、技术学院等提供高等职业教育的

---

① Public consulting Group & the Mosakowski Institute for Public Enterprise：Investing in Community Colleges of the Commonwealth：A Review of Funding Streams. Boston：Massachusetts Legislature，2011（8），P. 1.

机构，也受到来自这一认证体系的规范。认证主要是由认证机构来实施的，认证机构可以分为院校认证（institutional accreditation）机构和专业认证（programmatic/professional accreditation）机构两大类。

院校认证是对办学机构整体水平和综合办学能力的认证，又分为区域性院校认证和全国性院校认证。区域性认证是由覆盖全美的六大区域性院校认证协会来组织实施的，包括新英格兰院校认证协会（NEASC）、西北部院校认证协会（NWCCU）、中北部院校认证协会（NCA）、中部各州院校认证协会（MSCHE）、南部院校认证协会（SACS）以及西部院校认证协会（WASC）。全国性院校认证是对全美范围内特殊类型院校的认证，主要包括宗教性院校和职业技术性院校两类。专业认证是在全美范围内对学校某一专业单独认证，主要由全国性的专业认证机构来实施。只有通过院校认证的机构才有资格申请专业认证。通过这些认证会使办学机构赢得良好的社会声誉，有时甚至会与拨款直接相关，因此办学机构对认证都比较积极和重视。虽然认证机构都是非官方性质的，但它们首先要获得美国高等教育认证委员会和美国联邦教育部的认可（recognition）。

3. 职业生涯集群

美国的职业生涯集群改革（career clusters initiative）始于1996年的建立联结改革（building linkages initiative）。这是一项美国教育部、职业与成人教育办公室、国家STW办公室以及国家技能标准委员会共同合作的改革。这一改革的目标是在州教育行政机构、中学和中等后教育机构、雇主、行业团体、其他利益相关者以及联邦行政机构之间建立起联系，以广泛的课程集群来开发课程框架，以帮助学生顺利地从高中向中等后教育以及某职业生涯领域中的就业过渡。职业生涯集群为美国职业教育教学提供了基本框架，从而有效地指导了职业教育的办学。目前，美国教育部界定了16个职业生涯集群。

4. 职业教育标准体系

美国职业教育标准体系的构建源于20世纪80年代，1983年的报告《国家处于危险之中》大大触动了美国人对教育标准和质量的关注。从1990年的《卡尔·帕金斯职业与应用技术法案》开始，联邦政府明确要求各州开发职业教育标准体系及成就水平测验。在《不让一个孩子落后》（*No Child Left Behind*）发布后，2006年的《卡尔·帕金斯职业生涯与技术教育修正案》更加强调质量和问责，联邦政府对不能达到质量要求的州的处罚更加具体，这再次大力推动了美国各州职业教育标准的建设。对于职业教育标准的落实，各州主要通过以下方法来保证：一是将课程开发与财政拨款相联系。虽然开发课程的自主权在地方，但地方如果想要得到州的财政支持，就必须按照州所规定的标准和程度来开发课程。二是将学生测验结果与财政拨款相联系。测验编制的依据就是职业教育标准，因此学生是否能通过这些测验，可以反映对标准的实施是否落实在课程与教学层面。学生的成绩达到一定标准，地方才能获得州的财政拨款。三是教师专业发展。即通过教师职前和职后的培训、专家指导等手段，帮助教师熟悉职业教育标准，并将其运用于自己的教学工作中。

五、美国职业教育办学模式的特点

美国职业教育办学的体制机制以及国家文化形塑了自身的特色。聚焦到职业教育的办学模式上，主要有以下四个特点：

（一）普职融合的单轨制教育体系

综合中学的建立，宣告了美国特色的普职融合的教育体系的形成。在这种单轨制的教育体系中，职业教育是以课程方式散落在各个层面上的。这种方式力图消除普职互不沟通的壁垒，让学生有更多尝试和选择的机会。学生就像是在一个大型的课程超市里，根据自己的需要，选择和搭配一套属于自己的个性化的课程。通常学习了三门及以上某一职业生涯领域的职业教育课程的学生，就会被认为是这一职业生涯的专修者（concentrator）。

（二）强大的学分互认及转换系统

散落在单轨制教育体系中的职业教育课程最终必须依靠某种机制联系在一起，形成完整的项目，并能在学习后获得一定的职业教育认证或证书，这是美国职业教育"分散式"办学能否成功的关键。这一机制就是美国强大的学分互认及转换系统。在美国的职业教育中，同一层次、不同教育机构的课程学分可以互认，这样就避免了重复学习，也有利于学生从中等教育向中等后教育的过渡。

（三）面向人人的终身教育体系

在20世纪70年代生计教育运动的推波助澜下，1990年《卡尔·帕金斯职业与应用技术法案》终于将美国职业教育的对象扩大到了所有学生。而早在70年代马兰提出生计教育时，就指出了职业生涯教育应该贯穿于人一生的全过程。这一理念在此后的几十年里不断发展，演化为终身职业教育思想。终身职业教育的提出，不仅是由于人的学习权利，更是由于变化着的、不确定的世界。STC将职业教育的关注点从一时的就业，拉伸到了一生的事业。在此理念下，无论马上就业还是继续学习，都成为个人职业生涯的一部分。

(四) 自由自治的管理模式

联邦和州政府不直接插手地方和具体院校的办学,它们通常仅以基于目标或标准的拨款,来管理和引导职业教育的办学。这种管理模式赋予了美国职业教育办学者极大的灵活性。公立学校、私立非营利性学校、私立营利性学校等都在美国职业教育市场上有自己的一席之地,提供了多样化的职业教育,满足不同需求。同时,这种宽松的管理模式也使得美国职业教育的办学显现出极大的活力和创造性。

第二节 德国职业教育办学模式研究

职业教育是德国的一张文化名片,其"双元制"在职业教育人才培养方面具有得天独厚的优势,并取得了显著的成效。其在管理体系、办学主体、办学形式、运行机制、经费投入与保障机制等多方面值得中国借鉴。

一、德国职业教育的管理体系与办学主体

德国职业教育的强大首先源自其职业教育办学主体和管理体制的优越性。德国不仅有着丰富多样的职业教育行政管理体系,还有其独具特色的"双元制"办学体系。

(一) 行政管理体系

德国的教育管理体系"主权在州",州政府自主领导和管理各州的教育事业,中央政府扮演的是监督者和辅助者的角色,而各州内部则实行统一管理,州以下各级教育行政管理机构完全服从州教育与文化事务部的领导。具体来说,德国职业教育办学的行政管理体制如下:

1. 联邦教育与研究部

联邦教育与研究部(BMBF)是联邦层面的德国教育的主管部门。在职业教育方面,它的主要职责包括:一是制定并颁布与职业培训、继续教育以及教师职业能力相关的法律法规;二是对相关经济部门颁布的培训条例进行审批;三是主管联邦职业教育研究所;四是促进职业教育的改革;五是对跨企业培训中心、地

区行业协会的培训设施等提供补助；六是资助职业教育中的优秀学生；七是开展与欧洲以及世界各国的合作。

2. 联邦政府的其他相关经济部委

联邦政府的其他相关经济部委指的是负责培训职业所属行业的联邦行政部委。事实上，除农业、卫生、司法的职业分别由联邦粮食与农村部、卫生部以及司法部负责外，双元制中的大部分手工业和工商业培训职业均由联邦经济部负责。它的主要职责是颁布分管领域中的职业培训条例，但颁布之前必须经过联邦教育与研究部的审批。

3. 联邦德国各州教育与文化事务部长联席会

联邦德国各州教育与文化事务部长联席会（KMK）成立于1948年，由各州部长和负责教育与培训、高等教育与研究以及文化事务的议员组成，是德国协调联邦政府与州政府以及各州之间的教育政策的重要组织/平台。

4. 联邦职业教育研究所

联邦职业教育研究所（BiBB）是根据1969年的《职业教育法》于1970年成立的机构。在1976年《职业培训岗位促进法》生效后，联邦职业教育研究所进行了新的结构调整。它是直属于联邦的法人机构，受到联邦教育与研究部的法律监督。它设有领导委员会、常务委员会和秘书处，其中，由雇主、工会、联邦和州的代表组成的领导委员会对它的工作起决定作用，其中雇主代表11名、工会代表11名、联邦政府代表5名、州政府代表16名。

5. 联邦劳工及社会事务部及联邦就业局

联邦劳工及社会事务部（BMAS）是一个从劳动角度解决各种社会问题、稳定社会秩序的权力机构，具体工作由其下属的联邦劳动局负责。在职业教育方面，它们的主要任务是预测劳动市场变化和劳动力需求，提供职业咨询，促进职业培训，提供失业补助等。

6. 各州的教育与文化事务部

德国的《基本法》规定了各州对自身教育事务的主管权。在双元制中，各州的教育与文化事务部的主要职责：一是根据框架教学计划，颁布本州职业学校的教学计划；二是监督与管理职业学校的教学与管理；三是向职业学校提供经费支持。

7. 各州的经济部门

虽然企业培训是由联邦政府主管，但各州相应的经济部门也承担相应的任务。其最重要的职责是监督本州的行业协会。另外，它也向职业教育提供某些经费资助，如对跨企业培训中心的经费支持。

（二）双元制的多元办学主体

德国的职业教育管理强调"利益协调"的原则，在双元制实施的各个层面，相关利益者共同承担双元制的规划、实施和改善责任。在联邦层面的重要机构是联邦教育与研究部、各经济领域的相关部委以及联邦职业教育研究所；在州层面的重要机构是各州教育与文化事务部、各州相关经济部门以及联邦德国各州教育与文化事务部长联席会；在行业和地区层面，行业协会发挥着重大作用；最后，提供培训的公司和职业学校则是双元制教学的最直接提供者。如图4-3所示。

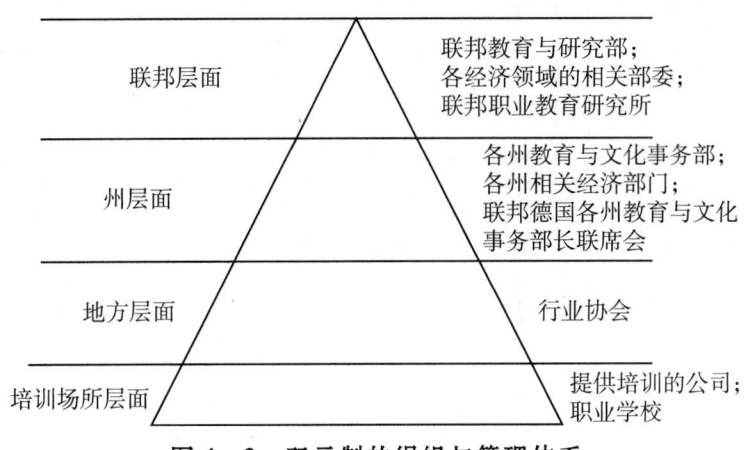

图4-3 双元制的组织与管理体系

联邦层面：联邦教育与研究部；各经济领域的相关部委；联邦职业教育研究所

州层面：各州教育与文化事务部；各州相关经济部门；联邦德国各州教育与文化事务部长联席会

地方层面：行业协会

培训场所层面：提供培训的公司；职业学校

二、德国职业教育的办学形式

德国职业教育体系建立在教育的二次分流基础之上，义务教育始于6岁，儿童进入小学学习4年，之后进入定向期。2年后，根据学生的兴趣、天赋和发展需要，分流到普通中学、中间学校和文法学校。完成中等教育的第一阶段后，学生第二次分流。来自所有学校的学生都可以进入双元制，接受职业培训。完成中等教育第二阶段的学习后，职业教育领域的大部分学生直接就业，也有学生进入高等专科学校、职业学院等接受高等教育。另外，工作的成人还可以通过夜校、成人教育学院、行业与技术学校等接受继续教育，并获得进入高等教育的机会。如图4-4所示。

（一）双元制办学形式

德国职业教育中最具特色并成为其核心部分的是"双元制"职业教育办学模式。所谓"双元制"职业教育即一种企业（通常是私营的）与非全日制职业学校（通常是公立的）合作进行职业教育的模式。双元制培训体系的"双元"特性主要体现在以下几个方面：一是两个教育体——企业与职业学校。企业着重进行

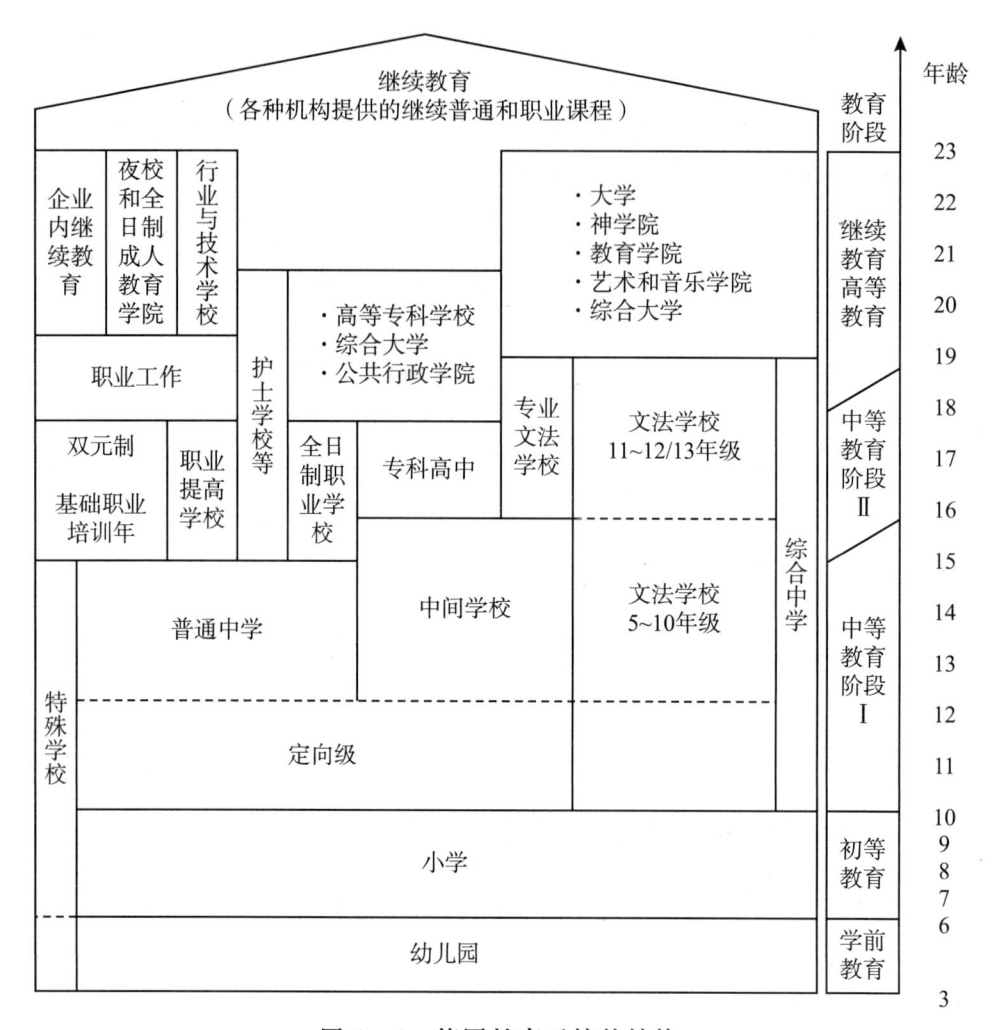

图 4-4　德国教育系统的结构

实际操作技能的训练，学校着重理论知识的传授。二是受训者的双重身份——学生与学徒。在"双元制"培训体系中受训的青少年首先须同企业签订培训合同，成为企业的学徒。而在职业学校，他们是学生，继续接受义务教育中最后 3 年教育。三是两种法律依据——职业教育法与学校法。企业里的培训主要遵守联邦制定的职业教育法，属联邦管辖。职业学校的教学要遵守各州制定的学校法规，各州负责。四是两个主管单位——联邦政府与州文教部。企业的职业培训由联邦及联邦政府按《职业培训条例》进行管理。职业学校的教学则由各州的文教部分管，以由各州文教部部长联席会议制定的《框架教学计划》为指导性文件。五是两类课程——理论课与实训课。实训课主要在企业内进行；理论课则主要在职业学校中进行。

（二）中等层次职业教育办学

1. 专科高中

专科高中属于 11 年级和 12 年级的教育阶段，学制 2 年，招收中间学校的毕业生。专科高中所设的专业包括商业与行政、技术技能、保健与福利、设计、营养与家政以及农艺。

2. 职业中学

这类学校数量不多，主要集中在巴伐利亚州和巴符州。它是沟通中等职业学校与高等院校的桥梁，参加双元制职业培训的人通过在这种学校就学，就可以获得进入高等教育的资格。职业中学的学制为 2 年全日制，完成后，学生可以进入相关学科的高等教育；或者如果学习了第二外语，学生可以进入任何高等教育机构。职业中学也可以采取业余时间制，时间则相对拉长。要进入职业中学，申请者必须已经获得中间学校的结业证书并完成了至少 2 年的职业培训，或者有 5 年以上的相关工作经历。职业中学提供的培训领域包括技术技能、商业、农艺、营养与家政、社会事务以及设计。

3. 专业文法学校

这种学校在一些州叫作职业文法学校，在另一些州叫作行业与技术文法学校。与文法学校不同，职业或行业与技术文法学校没有低年级或中间年级（5~10 年级）。其毕业生可获得高等教育机构的入学资格。另外，除了普通教育外，这些专业文法学校还提供职业课程。

（三）高等教育层次职业教育办学

1. 高等专科学校

高等专科学校又被译为"高等专科学院"或"高等专科大学"，是德国高等职业教育的主体。它的主要任务是把学生培养成实际应用型人才，为职业实践做准备。其培养目标是工程技术人员。它的教学不强调学术性，也不偏重基础理论，而是偏重应用技术，专业性强，强调理论联系实际；有自己明确的教学重点，即对职业实践至关重要的专业内容，因而具有很强的独立性及自身优势。高等专科学校所提供的职业领域主要包括工程科学、经济科学/商法、社会事务、行政管理、计算机科学、设计、数学、信息与通信技术、保健/护理。进入高等专科学校学习需要与专科高中毕业效力等同的学术证书和某学科证书，其课程通常为 8 个学期，其中 2 个学期为实习学期。学生毕业后可以获得学位，但要注明 FH 字样。

2. 职业学院

职业学院是一种偏学术性的高等职业教育机构，培训目标与高等专科学校大致相同。它同时提供学院培训和企业培训，是比较典型的高等教育阶段的双元制教育。企业承担企业培训的开支，并支付学员培训报酬，包括在职业学院的理论学习。进入职业学院，除了需要与进入高等专科学校相同的学术证书和学科证书外，还需要培训合同。一旦学生获得了培训合同，申请者就可以由他们的培训企业在职业学院注册。申请者如果没有以上证书，但拥有职业资格，可以参加入学考试。申请者培训结束后可以获得学士学位的资格。典型的学习课程包括经济、工程、社会事务三个领域，其学制一般为3年。

（四）不同学习方式的职业教育办学

1. 全日制职业学校

全日制职业学校主要是职业专科学校，主要招收普通中学的毕业生，提供学制为1～3年的全日制职业教育。全日制职业学校开设的职业教育领域很广，包括商科、外语、手工艺、家政、护理、艺术等。

2. 职业提高学校

职业提高学校是一种沟通普通教育与职业教育的具有桥梁性质的学校。其主要招收正在接受职业培训或已经完成职业培训的青年，提供一种高于职业学校水平的普通教育和专业教育。其在校内课程分三个专业组：一是文化—社会，包括德语、历史、外语、经济地理等；二是数学—自然科学，包括数、理、化等；三是职业概况。其中普通教育课程占主要地位。职业提高学校有全日制和部分时间制两种形式。全日制学习年限至少为1年，部分时间制学习年限为3年至3年半，总授课学时不得少于1 300学时。其毕业生可以获得中等教育证书，并可进入专科高中、职业中学学习。

三、德国职业教育的运行机制

双元制是德国职业教育办学的特色模式，也是德国最主要的职业教育办学形式，在招生、就业、社会伙伴关系、课程与考试等方面形成了稳定的运行机制。

（一）招生机制

"双元制"的招生是与企业的招工紧密联系在一起的，想进入双元制项目学习的青年，必须先找到企业的学徒岗位。企业通过刊登广告招收学徒，然后举行能力测试，了解申请者的技术理解及动手动脑能力，以遴选合适的学徒，或根据其能力将其推荐到别的职业工种去。其学徒来源主要是结束普通学校义务教育的各类学校的毕业生。学徒选择企业的途径主要有两种：一是向各地劳动局咨询并由它们推荐；二是通过个人渠道与企业接触，如实习、通过熟人介绍、看企业广告等。根据联邦《职业教育法》的规定，企业招收学徒后必须与之签订培训合同，方可建立培训关系。所签合同规定了学习的目的、性质、内容、时间、期限、达到标准、企业内部培训以外的补充培训措施、试行培训期报酬、假期、合同解除的条件以及培训双方的责任义务和权利。培训合同签订之后，企业需及时向主管部门申请登记，否则合同无效。另外，为保证培训效果，培训合同中不得有受训人结业后工作去向的条款，以免师徒双方不认真从事教学活动，否则合同也就无效。

（二）就业及升学机制

双元制的就业通道比较顺畅，大多数学徒在完成学习后选择就业。其中约有六成的学徒是留在原企业就业的[1]。而在升学方面，虽然德国也为中等职业教育的学生设计了一些升入高等教育就学的路径，但这些路径不清晰。首先，德国的教育机构和教育项目很多，容易使学生和家长感到困惑；其次，德国各州的政策也不同，这就使得情况更为复杂。在一些州，接受职业教育的学生可以通过夜校或全日制学校获得进入高等教育所需要的资格证书，如在职业高中或专业文法学校学习2年获得进入大学的资格，或在专科高中学习1年获得进入高等专科学校的资格。还有一些州提供让学生同时参加学徒制和获得大学入学资格的"双重"项目。然而，这些措施的实际效果并不好。

（三）社会合作伙伴关系

行业协会在德国职业教育中的作用极其重要。而在校企个别层面，德国法规没有明确规定职业教育校企合作的具体形式。不过，一般而言，德国的校企合作是以下形式开展的：一是职业学校对每个专业都设有专业委员会，成员就是企业单位和学校的代表，他们专门负责本专业教学计划的制订、实施、检查和调研；学校的课程设置、实习安排及考试也都是由校企双方来决定的。二是在教学方面，由于双元制培训既发生在企业，又发生在职业学校，因此有必要对两个学习场所的教学内容和教学进度进行协调。这一协调是通过培训条例与框架教学计划的制定程序实现的。另外，为了保证在实际的教学层面企业与职业学校能够在

---

[1] Schwarz, H., *The German System of Vocational Education and Training*. Bonn: BIBB, 2003.

培训内容和时间安排上协调起来，企业与培训学校也采用了多种方式进行协调，如企业与学校定期召开联系会，企业在制定具体的培训计划时邀请职业学校有关人士参加等。三是企业对职业学校教学条件的投入。职业学校中的许多教学设施都是由企业无偿捐赠或直接投资购买的。这与德国企业承担职业训练的传统有关，他们认为这样的投入有利于提高企业的口碑和吸引力，同时有利于使学生熟悉自己企业的设备及工艺。

（四）专业及课程标准

1. 专业标准

"职业培训条例"和"框架教学计划"是德国职业教育的主要专业标准。在德国双元制中，企业的培训遵循的是联邦政府颁布的职业培训条例，而职业学校的教学依据的则是框架教学计划。职业培训条例对培训职业的名称、培训的时间长度、培训要教授的技能和知识、培训时间进度安排以及考试要求都做了详细的规定。其中，培训要教授的技能和知识以及培训时间进度安排构成了"培训框架计划"，它是整个职业培训条例中最为核心的内容，企业依据它开展培训。框架教学计划是按培训学年划分的，它对学习范围、学习目标、学习内容和学习时间四个方面进行了详细的规定。

2. 课程与教学

双元制办学模式中，受训者不仅在企业的培训场所接受职业技能培训，而且要到工厂企业指定的职业学校学习专业课和文化基础课。学习时间安排有两种：大多数工业技术类的培训以一周为单元，在职业学校学习1~2天，在工厂企业内培训3~4天，通过参加实际工作进行实践训练；商业、银行管理及部分冶金专业，知识理论性很强，为保持学习的连续性，多以学期为单元，在职业学校集中学习数周，再到企业培训数周。培训分为基础培训和专业培训两个阶段。第一年为基础培训阶段，又称"基础教育年"，重点是掌握某行业的基本知识和技能，强调通过反复训练培养动手能力，而不必掌握尖端技术。第二阶段是学习本专业的知识和技能。整个培训中，不仅训练操作能力，也重视发展学徒的设计、制作和检验等独立工作能力。

企业本位培训的实施。企业的培训场所是多种多样的，具体可分为实训工场、工作岗位、企业内部教学课堂及跨企业培训中心。在大多数企业，尤其是小企业中，学徒训练最通常采用的方式是在工作岗位上跟班劳动与模拟操作，即在工作岗位上，学徒在训练有素的工人师傅的指导下进行实际生产操作。培训师傅对学徒不仅进行生产实践指导，而且还根据实际进行适当的理论讲解。学徒定期轮换工种，使其全面了解生产，熟悉生产的工艺流程，学会实际操作技能，使理论知识和实训技能在实际工作岗位上得到运用、巩固和提高。而大企业由于分工较细，专业化程度高，生产机械化、自动化和程序控制程度比较高，因而在工作岗位上很难学到全面、扎实、熟练的操作技能。因此，有些大企业建立了自己专门的学徒实训工厂作为岗位培训的补充。另外，小型企业，特别是手工业企业，因其规模小、招收学徒少等原因，没有能力按培训条例的要求提供全面和多样化的职业培训项目，只能建立跨企业培训中心，或通过学校工厂里的补充训练班及在其他企业里的培训，传授基本技能和专业理论知识，以补充企业里劳动岗位上的培训。跨企业培训中心，一般由小企业同业工会、企业界非营利机构或职业学校在国家资助之下联合举办和维持。这种实训工场一般多设在职业学校内，但也可单独设立。

学校本位教学的实施。在双元制中，各州学校法规定在企业接受培训的学徒必须同时在指定的职业学校学习。职业学校的主要任务是教授其从事相应职业所需的基本和实用的专业理论知识及普通知识，从专业理论方面来促进和补充企业中的培训，并且加深和补足普通教育。其培训内容大约66%是专业课程。职业学校的教学场所主要是课堂，还可以在职业学校的教学车间。德国职业学校实验室中的设备、仪器、仪表及辅助材料等规格齐全，款式先进，现代化程度接近甚至超过企业的现有水平。同时，为了使学生适应企业生产的需要，各校配有专任实验教师。实验一般是集中进行，每学期均有2~3周的实验时间，有些职业学校还设有模仿商场经营的培训办公室，其目的是综合学习商业管理的知识和本领。

（五）考试制度

联邦职业教育法规定，学徒培训期间要进行两次国家考试。第一次叫"中期考试"，在1年到1年半时举行，主要目的是通过考查学徒的培训成绩来检查工厂企业培训计划的落实情况，这也是为了让学徒了解自己的培训水平，中期考试通常是考技能和知识，中期考试合格的学徒方能参加第二次考试——毕业考试。毕业考试由各行业的主管部门负责，所有国家承认的职业工种都有毕业考试。参加毕业考试必须具备下列条件：首先达到所规定的培训期限；其次参加过中期考试并合格；另外，培训合同在有关主管部门登记过，或者不是由于学徒方面的原因没有登记。学徒并无义务参加毕业考试，但绝大多数都参加考试，因为通过考试能获得毕业证书，更容易找到较好的工作，且证书在整个西欧都得到承认，使学生愿意参加考试。毕业考试不合格的学徒还可以再考1~2次。

（六）师资队伍建设

德国职业教育的师资队伍是由在企业中的师傅以及在学校里的理论教师和实

训教师组成的。德国对这三类教职人员的任职资质都有明确规定。其中，理论教师要求必须毕业于综合大学或高等专科学校，至少有 2 年以上企业实践经历，必须参加过教师培训学院的学习。实训教师与企业师傅的任职要求大体一致，必须有 5 年以上工作经验，且为技术员学校或师傅学校毕业，接受过职业教育学和劳动教育学的培训，还必须通过实训教师资格考试。不过，对于继续教育领域中的职业教育师资，则尚未有明确的资格规范。另外，需要指出的是，在德国，职业学校里的教师属于国家公务员，具有较高的社会地位和稳定的工作环境。德国各州不仅对职业教育教师的任职资格作出了严格明确的规定，而且有一套完整的培训体系，另外还采取严格的国家考试制度。对职业学校教师的培养分为两个阶段，第一个阶段为大学师范教育，通常为 9~10 个学期，学生需学习一门职业教育主修专业，并选修一门辅修专业。学习结束后必须参加第一次国家考试。通过考试且证明拥有与专业方向相同的职业经历或完成了职业培训的学生，才能进入第二个阶段。第二个阶段是为期 4 个学期的见习期，主要学习教育学，并到职业学校见习。见习结束后参加第二次国家考试，通过者可获得教师资格证书。另外，有 5 年及以上工作经验的人，在进行了 2 年半的教师培训后也可参加国家考试，取得职业教育教师的资格。

四、德国职业教育的投入机制与质量保障体系

德国职业教育办学模式的两个重要保障是投入机制和质量保障体系。在经费投入上，德国形成了多元投入的办学格局；在质量保障方面，建立了"企业—市场"标准取向的质量监测体系。

（一）投入机制

德国的学生在接受职业教育时不用交学费，所有教育成本由企业、职业学校和跨企业培训中心这三个培训主体分担，而这三个培训主体的经费来源各不相同。

1. 企业内培训

企业内培训的费用包括学徒津贴、实训教师工资、设备和材料费以及教学资料等其他费用四大部分。原则上，这些费用完全由企业自己承担，因此，企业投资在双元制培训总成本中占据了最大份额。另外，需要特别说明的是，虽然德国以企业参与职业教育的高度责任感而闻名于世，但实际上，在德国，平均只有 20% 左右的企业提供培训。为了鼓励企业开展培训，同时补贴提供职业培训的企业，早在 1975 年，德国政府就提出征收培训税。然而，由于企业及行业协会

的强烈反对，这一主张一直没有实现。不过，企业也可能在一些特殊情况或项目中得到来自政府的经费补助。例如，从 2008 年 6 月开始，企业每招收一名已经寻求学徒岗位 1 年而未成功的学徒，即可从联邦政府获得最高 6 000 欧元的"培训奖励"。受全球金融危机的影响，该政策一直延续至 2013 年底。州一级政府也有一些财政激励措施。例如，在下萨克森，招收来自破产企业学徒的企业可以得到额外的经费补助；在巴伐利亚，培训残障青年的企业可以获得低息贷款等。

2. 职业学校

在德国，双元制的学校教育部分经费是由州和地方公共财政提供的。州政府承担校际事务（如对学校的督导、执行课程、教师培训、教师薪金）的费用；地方政府承担校内事务的费用（如校舍的建设、维护、装修，日常管理，教学资源的采购）。全日制职业学校的办学及其他促进职业教育的措施的费用则全部来自州的财政预算。据德国联邦统计局数据，2008 年公立学校的生均经费是 5 100 欧元（2007 年为 5 000 欧元），其中普通教育学校的生均经费为 5 600 欧元，全日制职业学校仅为 3 500 欧元，而双元制中的非全日制职业学校则仅为 2 200 欧元。

3. 跨企业培训中心

跨企业培训中心是为中小企业开展学徒培训的重要场所，它的经费来源同样是多元的，包括联邦就业署、中央政府（来自 BMBF 的财政拨款）以及州。根据 1973 年的《跨企业培训中心资助条例》以及 1978 年的《保证跨企业培训中心经常性经费条例》，从 1974 年以来，联邦政府、州政府以及联邦劳动局每年都向跨企业培训中心提供培训补贴。另外，行业协会也向跨企业培训中心提供一部分经费支持。而跨企业培训中心之所以受到诟病，在很大程度上正是因为它的私营性质与大量公共经费投入之间的矛盾。

（二）质量保障体系

1. 法律规范

德国在职业教育的发展进程中，曾先后出台过多个相关法案，它们在不同方面和不同程度上起到规范德国职业教育的作用。其中最重要的法案是 1969 年的《职业教育法》，它对德国职业教育的方方面面进行了较全面、细致的规范。该法案在 2005 年被重新修订，并将 1981 年《职业培训促进法》的内容也纳入其中。另外，基于德国的联邦制，德国的学校职业教育是由各州独立管理的，没有全国性的学校法规，但职业学校的教学则要遵守各州制定的学校法规。

2. 机构认证体系

在《联邦职业教育法修正案》以及欧洲层面对提升职业证书、技能和质量认可度的努力的影响下，质量保障成为德国当前最热门的议题之一。从 2004 年 7

月开始,职业教育机构就必须设有内部的质量管理体系,并且必须受到来自某一审查机构按一定质量标准的评估。对职业教育机构及可以执行该评估的审查机构进行外部评估的具体标准是由联邦经济及劳动部制定的。德国现在实施的是两级制的认证体系,包括认证及授权程序。在管理框架中,职业教育机构及其培训课程的外部评估称为"认证"或"颁证",实施认证的机构被称为"认证机构"或"专家中心"。这些机构或中心想要开展工作,就必须首先获得联邦劳动局的授权。如图4-5所示。

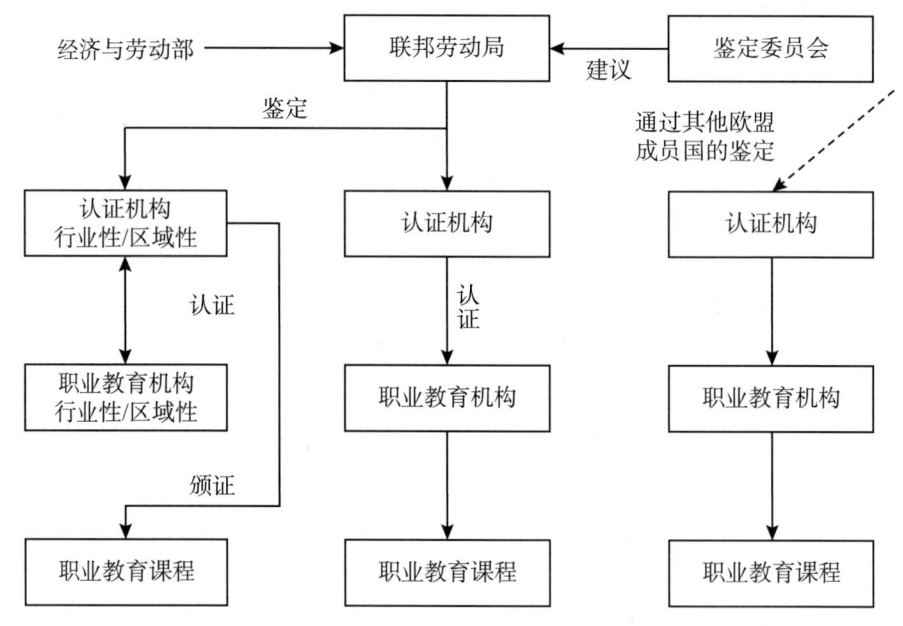

图4-5 德国职业教育的质量保障体系

职业教育机构必须向认证机构申请机构及课程的认证,而认证机构则必须得到国家机构的授权。认证机构既可以申请全国鉴定授权,也可以申请某一经济或教育领域或区域范围的鉴定授权。对认证机构的授权不是永久性的,最多只为期3年。另外,国家鉴定授权机构每年还必须核查认证机构的质量保障及质量开发体系。

德国还建立了一个鉴定授权委员会向国家鉴定授权机构提供建议,并起草鉴定授权和认证程序的修改意见。该委员会有9个成员:来自联邦经济与劳动部、联邦教育与研究部、州、工会、雇主组织和职业教育机构组织的代表各1名以及3名独立的科学专家。

培训机构还必须表明他们满足得到公共资金所必须达到的进一步的培训课程认证标准,并且已经考虑了以下问题:一是受训目标群体的先决条件;二是受训者的就业前景;三是对为毕业而展开的学习过程的组织;四是明确的培训课程时间表，包括充足的实践工作经历。

认证机构则要决定哪些职业教育机构可以获得认证。如果不能获得认证的话，职业教育机构可以在 3 个月内改进未达标的条件；如果仍不能达到标准，申请则被拒绝。如果获得了认证，认证机构就会颁发证书，职业教育机构可以把它当作质量的标签，能够提高自己的社会声誉。认证的有效期最长为 3 年。另外，认证机构每年都要开展一次有关职业教育机构质量管理体系的"监督听证会"。

五、德国职业教育办学模式的特点

德国职业教育在多年的发展中形成了自身的特色与模式，归结起来，主要的经验和特点如下：

（一）健全的法律规范框架，为德国职业教育的制度化夯实基础

德国为职业教育建立了一套相对完整、明晰的法规体系。这可以从宏观、中观和微观三个层面来解析。

在宏观层面，德国双元制建立了较为完善的法律体系。尤其是 1969 年的《职业教育法》，它实现了两大功能：将学徒制整合到教育系统中；规范了工作场所培训。同样，职业学校的义务教育也是受到各州的学校法规范的。法律的强制性特点，充分体现了德国"双元制"的高度制度化特征。

在中观层面，职业培训条例和框架教学计划，使企业培训与职业学校教学有章可循。针对每个培训职业，联邦政府、州政府、雇主联盟以及工会在合作协商的基础上，都分别制定了指导企业培训和职业学校教学的框架性文件——职业培训条例和框架教学计划。这个层面的规范，保证了双元制人才培养的质量和流动性，并且对企业的培训和职业学校的教学进行了必要的协调。

在微观层面，教学实施的督导体系较为完善。对于职业培训条例以及州教学计划的具体贯彻实施，德国建立了较为完善的督导体系。其中，企业培训由行业协会督导。所有学徒制合同都要在行业协会注册，同时行业协会还要审查企业培训师和培训场所的资质，它们还要委任专门的培训顾问监督培训的执行。职业学校的教学与管理则由各州的教育与文化事务部进行全面的监督和管理。

（二）较为完备的职教体系，为德国职业教育的发展提供了保障

在德国的职业教育体系中，职业教育是一个从普通学校里的职业预备教育开始，经职业基础教育到职业教育乃至职业继续教育的由低级到高级，由一般到专

业，逐步深入的过程，所以，它包括了职业预备教育、职业基础教育和职业专业教育的各个教育阶段。德国职业教育的具体实施又形式多样，仅就教育机构而言，它既有普通职业教育机构，也有训练残疾青少年的特殊职业学校。同时，几乎社会上所有职业人才都可在相应的职业学校中得到培训。就培训时间而言，有全时制也有部分时间制；有白天授课也有夜间授课、函授等。修业年限为1~4年不等，招生条件各异，办学主体既有私立的也有公立的，也有企业单独办的和企业联合办的。这种多样化的职业教育体系为德国培训各级各类职业人才提供了可靠的保障。在德国职业教育体系中，职业学校层次较多，有为适龄青年接受职业教育的学校，也有为在业人员进修提高的学校，它们之间相互补充、相互衔接，成为一个完整的职业教育网络，为广大适龄青年和就业人员提供了广泛的就业教育和进修提高的机会，形成了一个初、中、高比例结构合理，职前与职后教育结合的双元制教育体系。

（三）利益均衡的机制设计，构建了政校企合作的长效机制

德国的双元制是按"新社团主义（neo-corporatist）"的规范组织的，这种规范建立在雇主联盟、工会、学校的共同行动上，政府赋予了这些组织管理集体利益的义务，它代表了政府管理与市场管理之间的微妙妥协[①]。在双元制中，政府、工会、行业协会以及学校，都扮演了不同的角色，并且它们之间通过协商的方式，对双元制的实施达成了一致意见，从而形成了对双元制的各种规范。这些组织比较全面地代表了双元制的所有利益相关者，除了政府（包括联邦政府和州政府两级）和学校以外，雇主的利益是由行业协会代表的，学徒的利益是由工会代表的。

（四）行业的主导地位，保障了企业参与的积极性

1969年的《联邦职业教育法》明确规定了行业在德国职业教育中的主导地位，详细规定了其对职业教育的具体职责。行业的主导地位，保障了企业的根本利益，从而直接激励了企业对德国职业教育的参与。

（五）重视职业教育的文化传统，提高了职业教育的吸引力

在现代工业中，德国以机器制造的精密、优质为世人所称道。在德国有一技之长的人是受到尊重的。另外，由于德国的自然资源有限，人才就是德国最为重

---

① Tremblay. Diane-Gabrielle & Irène Lebot, The German Dual Apprenticeship System Analysis of Its Evolution and Present Challenges. Montréal: Télé-université, Université du Québec, 2003 (3), P. 1.

要的资源之一，因此，德国政府向来都非常重视职业教育，把它作为国家发展的重要战略。正是在这种文化传统的影响下，德国的职业教育不仅对学生具有吸引力，对企业同样也具有吸引力，许多德国企业习惯于通过主动参与职业教育的组织、管理和实施，来满足自己的用人需求。

第三节 法国职业教育办学模式研究

法国是传统的欧洲强国，法兰西文化更是欧洲大陆文化的一股清流。在职业教育发展和办学上，法国虽不如德国和德语系国家那样成效显著，但是，也形成了其职业教育自身的特色。本节从法国职业教育办学的管理体系、办学主体、办学形式、运行机制、经费投入与保障机制上分析其成功的经验，并为中国职业教育办学模式改革提供相应的实践指导。

一、法国职业教育的管理体系与办学主体

法国教育管理采用的是中央集权和行政主导的模式，与欧美其他国家并不一致。因此，法国职业教育的管理体制比较行政化，而办学主体类型也相对较少。

（一）管理体系

1. 国家层面

一是国民教育部。2007年5月18日，原法国国民教育、高等教育和科研部分解成为国民教育部与高等教育和科研部。国民教育部下的学校教育司负责制定教育和教学政策与小学、初中、高中和职业高中的教学大纲，提供中等教育和培训服务以及制定有关小学及中等教育机构组织运转的规章制度等，并与人力资源司共同制定人员聘用政策，制定初等和中等教育教师的继续培训方针。高等教育和科研部负责制定高等教育的有关政策，管理高等教育中的教育和培训服务。近20年以来，法国在教育方面实行权力分散的模式，以提高下级政府部门参与的积极性。

二是劳动与社会关系部。劳动与社会关系部管理下的就业与职业培训总代表团（DGEFP）负责为就业和职业继续培训提供导向和政策意见。它与其他政府部门和社会伙伴共同商议建立了法律框架，开展和协调政策实施并评估其成效。它处于公共就业服务的核心地位，协调多方网络，确保对全国就业介绍所

(ANPE)、全国成人培训协会（AFPA）和继续教育信息发展中心（Centre INFO）的监督，为这些机构落实就业和职业培训的政策提供测试。

三是农业和渔业部。农业部门负责农业教育，它提供多种职业培训，培训形式也多样化，有初始培训、继续培训或交替教学，培训的等级从层次 5 到层次 1[①]。

四是劳工部就业司。劳工部就业司也负责职业培训，但目标更明确和单一，即求职人员的就业训练，特别是对青年、妇女、长期失业者、残疾人等弱势群体就业的培训。就业司主管的这部分培训属于就业服务范围，培训任务通过"进步协议"的方式交由全国"成人职业培训协会"负责实施，并拨款资助。资助经费主要用于两个方面：一是用于成人职业培训协会的人员工资和运作费；二是用于培训学员的津贴。

2. 学区层面

学区是法国国民教育系统所特有的行政管理单位。法国目前有 30 个学区，26 个在法国本土，4 个在海外省。学区长是学区的最高管理者，是政府官员、执行中央权力的公务人员和国民教育部在学区的代表，其职责是领导、管理和监督。学区长主要委托地区教学督学为顾问，代替其行使职能。在职业教育方面的顾问代表有：技术教育的学区代表——学区长，负责解答所有问题，负责检查监督学徒的培训；地区就业培训观察室代表——负责处理学区和地方及国家其他管理部门之间的关系，以及处理和行业组织的关系。

3. 地方教育管理机构

教育是一个由国家和地区共同承担的领域。地区主要负责设备器械和财务，国家确保组织教学内容和人员及机构的管理。法国的机构管理议会主要由三方组成：公共团体代表（地区领导、教育顾问、地区团体代表等）、由机构内选出的代表及消费者代表（家长和学生）。

（二）办学主体

1. 学校职业教育的办学主体

法国的职业教育管理机构及其职责从国家层面到学区层面到社会层面，逐层覆盖，每个层面又有不同的教育机构，承担不同的职业教育管理职能，且每个机构的职能都具有法律依据。所以，法国的不同层级政府都是职业教育的办学主体。

2. 学徒制的办学主体

法国学徒制的现代化改革始于 20 世纪中期，标志性的事件为第一个学徒培

[①] 法国文凭分为 1~5 个层次，层次 5 包括 BEP、CAP 以及这两个文凭的补充文凭，层次 1 为高等学历文凭，相当于中国的硕士或更高层级的文凭。

训中心的成立。学徒培训中心由雇主组织举办，但由于法国有强大的工会力量，所以学徒培训中心的成立与运作始终在工会组织的监督之下，因此，学徒培训中心是在雇主组织与工会组织的内部协议之下成立的。

二、法国职业教育的办学形式

法国开展职业教育的机构种类很多。如今，法国各个学区都发展起符合本地区特点的职业教育事业，已经形成了一个大规模、多层次、多类型的职业教育体系，如图 4-6 所示。

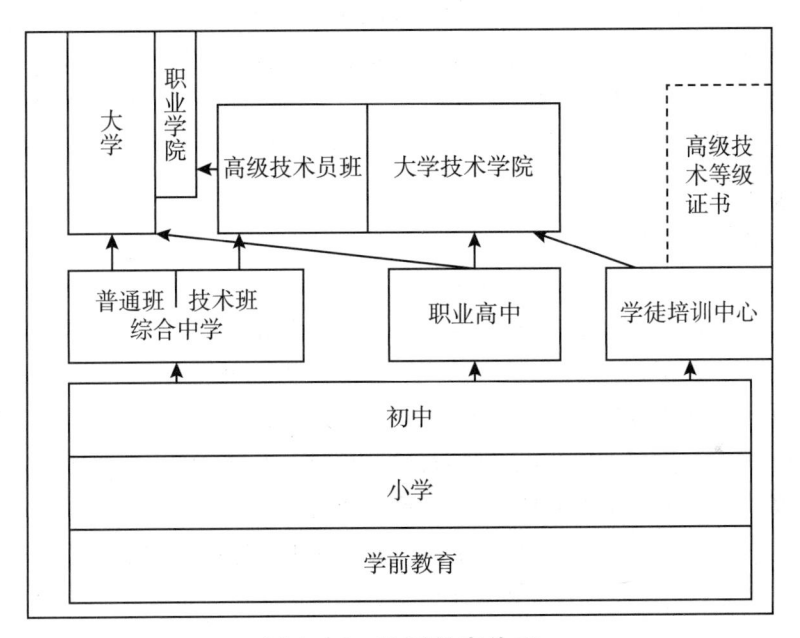

图 4-6 法国教育体系

（一）中等职业技术教育

1. 职业高中

职业高中提供全日制学习。根据培养目标和学制的不同，其又可分为两类，一类是三年制的职业高中，另一类是两年制的职业高中。三年制职业高中招收初中二年级学生，培养目标为技术工人或者职员，考试合格者获得相关专业的"职业能力证书"（certificate of professional aptitude）；两年制职业高中招收初中毕业生，培养目标同上，考试合格者获得"职业学习证书"（vocational education certificate）。职业能力证书专业划分较细，专业面较窄，而且经常根据社会和劳动力市场的变化加以调整，主要培养学生某一职业较深厚的能力。职业学习证书专业面较宽，理论性较强，要求学生掌握与某一职业领域相关的比较全面的职业知识和技能。这两种证书均属法国八级技术职称制的第五级，持有者均能以技术工人和职员的资格直接就业。同时，上述两类职业高中毕业生，无论是获得"职业能力证书"者，还是获得"职业学习证书"者都可通过 1~2 年的继续学习取得"职业高中会考文凭"，具有普通高中证书的同等学力，可进入高等院校学习。

2. 技术高中

技术高中不是独立设置的，而是通过技术高中班的形式举办。综合高中二年级开始分为普通班和技术班，在后者实施中等技术教育，培养目标是技术员，同时也为高等技术院校输送人才。学校颁发的证书分为两类：一是"技术类高中会考证书"，包括六大类，即工业技术、实验室技术、社会医学、艺术、第三产业技术和农业技术，毕业生具有广泛的业务适应能力，既可以到高等学校继续学习也可以直接就业；二是"技术员证书"，获此证书的毕业生主要进入 2 年制的大学技术学院继续学习。

3. 学徒培训中心

学徒培训中心由地方政府、工商行会、企业或企业协会主办，属于半工半读或工学交替的职业教育机构，招收接受义务教育后的 16~25 岁青年，办学宗旨是适应地区劳动力市场需求。学制一般为 1~3 年，毕业生获得"职业能力证书"。学徒毕业有机会到高等院校继续深造，也可以继续考取高级的技术等级证书。学徒培训中心的学徒要与企业签订培训合同，规定雇主不仅要支付工资，还要保证培训的系统性和完整性。教学采取工学结合的形式，实践课在合同工厂里进行，并有专门的师傅指导，普通文化课和技术理论课在学徒培训中心进行；国家通过立法要求企业履行职业技术教育义务，法国法律规定企业必须按上年职工工资总额的 0.5% 缴纳"学徒税"用于支持学徒培训。同时，中央政府对参加学徒培训的企业给予补助，并适当减免"学徒税"。学徒培训中心的毕业生动手能力强，适应岗位快，就业率较高，受到企业的广泛欢迎。因此，学徒人数不断攀升。

（二）高等职业技术教育

1. 高级技术员班

高级技术员班为设在高中技术班的短期高等教育机构，招收高中毕业生，但半数来自高中技术班，学制 2 年，专业划分较细，技能培养具有明显的岗位针对性和实践性；毕业生通过国家考试可获得"高级技术员证书"。其毕业生不仅具有比较扎实的普通文化素质和水平较高的专门技术，就业率高，还可以继续深造。

2. 大学技术学院

大学技术学院为设在大学内的短期高等教育机构，招收获得高中会考文凭者或同等学力者，要经审查并面试，合格者仅 10%，来自高中普通班的学生占 70%。学制 2 年，其目标是培养工业和第三产业所需的高级技术员和高级职员，毕业生被授予"大学技术文凭"。学院的课程设置注重多样化、综合性，特别注意培养学生较强的适应能力；整个教学偏重实践，教学的主体必须在实验室、车间、工厂等现场进行。大学技术学院因其专业设置灵活多样、针对性强、基础知识面较宽，教学兼顾升学与就业，培养周期短、费用低，毕业生质量高，因此受到社会各界的重视。

3. 大学职业学院

大学职业学院为设在大学内的高等教育机构，创建于 20 世纪 90 年代，培养目标是工业和经济领域高水平的技术与管理人才。学院招收学完大学一年级课程的学生或取得大学技术学院毕业文凭或高级技术员证书、具有一定实际工作经验者。根据学业情况，3 年内先后颁发大学职业学习文凭、大学职业学院学士文凭和大学职业学院硕士文凭。大学职业学院会与企业签订培训合同，学生在企业至少要实习几个月至 1 年，并掌握两门外语。大学职业学院已成为法国实施高等职业技术教育的一支重要力量。

三、法国职业教育的运行机制

法国职业教育的运行机制偏向于在师资队伍建设方面加大管理和监督。与此同时，不断拓展职业教育办学的伙伴关系。

（一）法国职业教育师资培训

1. 法国职业教育教师的任职资格

在法国要想成为职业学校教师，必须通过教师会考。教师会考是由国家统一组织的考试，属于第二等级考试，可以细分为以下类别：一是 CAPES，即"中等教育专业能力证书"，获得者可以在初中和高中任教；二是 CAPET，即"技术教育专业能力证书"，获得者可以在技术高中任教；三是 CAPLP，即"职业高中专业能力证书"，获得者可以在职业高中任教；四是 CAPEPS，即"体育教育专业能力证书"，获得者可以从事体育教育工作；五是"中学—大学教师资格"，获得者可以在高中和大学预备班任教。

2. 法国职业教育师资培养制度

自 20 世纪 90 年代以来，法国的教师培训包括职业教育教师在内，已经进行重组。改革的关键是 IUFM 的创建，它取代了原有的教师培训制度。这些规则在全国的 30 个学区都得到确立。从这个意义上说，面向所有类别教师的教师培训第一次拥有了相同的组织制度。

为了能够被 IUFM 接收，所有可能成为教师的人，包括那些从事小学教育的人（他们当时正在非学术教育机构或者所谓的"师范学校"中接受培训），他们都必须拥有一张对将来从事某一科目的教育工作有用的相当于学士学位的大学毕业证书（在法国的等级分类中，这就是通常所说在大学中学习 3 年后所获的"执照"），所有的教师队伍都将在 IUFM 中接受 2 年的培训。

第一年之后，这些学生必须通过竞争激烈的选拔考试，有意愿成为职业教育教师的学生必须参加"CAPLP2"考试。他们在这些专门学校中不仅可以教授职业课程而且可以教授普通科目。如果他们是准备参加"CAPLP2"考试的多面手的话，就需要教授两门科目，而在法国，原则上来说，在大多数情况下，只需要学习并教授一门科目①。

（二）法国的校企合作机制

自 20 世纪 70 年代起，在法国职业教育改革过程中，校企合作从形式到内容不断深化，到 21 世纪初期校企合作已经成为法国职业教育的重要运作方式，也成为法国职业教育的特色和经验之一。其主要做法如下：

1. 确立职业教育市场化的改革和发展目标

在法国，关于职业教育的定位曾经一直存在着争论。大多数企业要求职业教育机构培养的学生必须符合企业对劳动力的直接需求，而职业教育机构则认为职业教育的基本目标不是直接培养劳动力。在职业学校学生就业困难和随之而来的生源下降的现实困境下，法国最终选择了以市场化为发展方向的职业教育改革，开始强调培养的人才要同劳动力市场需求相结合，适应企业对技能和素质的要求，发挥企业的力量和作用。为此，法国建立企业学徒培训中心，接收职业学校学生在此实习或作为学习的主要场所；调整职业教育教学内容和课程设计，参考劳动力市场和企业的需求；开展以具体企业为就业目标的合同教育和企业委托的在职职工继续教育，为校企合作奠定了坚实的基础。

2. 培训机构和企业结成战略伙伴关系

在法国，职业教育机构一般都会根据自己的专业特点挑选几个企业结成战略伙伴关系，让企业充分参与到职业教育中来。这种战略关系具有以下几个内涵：一是让企业或企业的代表充分参与到教育机构的决策中来。不但董事会里有企业

---

① 除了那些成对的课程，这些科目传统上都被认为是单一的科目。

代表，而且在培训机构的重大事项决策过程中，如职业教育机构的发展方向、专业设置等，都会充分听取企业方面的意见。二是学校课程设置、教材编写和课程教授内容，都充分考虑企业的需要，并广泛听取企业主、企业工会代表、部门负责人和有关工程技术人员的意见和建议，或者是与企业有关人士共同制订。三是大量吸收企业有关专业人员参与到教育教学中来，甚至成为学校教师中的主力。四是把企业作为职业学校学生的实习基地，甚至是学习的主要场所。在学习期间，职业教育机构一般会安排一段时间让学生到企业实习，甚至大部分的教学都安排在企业进行。学生或者参与岗位工作，或者参与课题研究，取得必要的实践经验和实际工作能力。对于那些寻找工作的学员来说，这些企业还是他们就业的可能之所。很多学员在实习过程中得到了企业的认可，从而被企业录用。

3. 企业和行业组织自身举办或广泛参与职业教育

在法国，企业不但参与到职业教育机构的教育及培训工作中去，很多大型企业还设立自己的培训机构，既培训本企业员工，也面向社会甚至是国内外开展培训业务。法国行业组织对职业教育工作的参与度非常之高。法国同行业企业一般都结成行业组织（或者社团），这些行业组织大都设立自己的培训机构，为本行业企业开展培训服务。比如，1610年成立于马赛的法国工商协会，至今已经在全国范围内设立了500多个培训中心。在取得一定的发展之后，该协会还成立法国高等商业学校和法国高等科技商业学校，介入正规学制职业教育领域。

四、法国职业教育的投入机制与质量保障体系

尽管法国职业教育管理体制偏向于行政主导，但是在职业教育的投入上，多元化的投入格局已经形成。在质量监督和质量保障上，政府领衔下的职业资格框架体系已经非常成熟。

（一）投入机制

法国职业教育的财政的特点是中央政府、地方政府、企业等多个主体分别进行投资，故而每个投资主体经费投入的变化都会影响到整体财政的变化。

1. 中央政府的投入

尽管中央政府对职业教育的首要责任已转交到各地方政府，其投资比例有所下降，但对职业教育投资的数额一直在增加。法国中央政府对学校职业教育的投资比例占教育经费的一半以上，这主要是为中央政府保留部分人员经费的支出，这在教育经费中是最高的一项。对学徒制的投资，原主要由中央政府、地方政府和企业共同承担。后来法国中央政府对学徒税进行改革，这一改革力图使学徒制

培训经费来源更加明确，私人及其机构开始承担工读交替制培训绝大部分经费的投入，中央政府对工读交替制培训的投资大大减少。中央政府提供的财政支持主要是免除企业的社会保障税（近50%），为企业招收新的青年提供补助。

2. 地方政府的投入

地方分权的实施，使得地方政府接过中央政府的指挥棒，承担起法国职业教育的首要责任。地方政府对学校职业教育的投入主要是以资本的形式出现，表现在基建和设备的运行及维护等方面。这部分原本由中央政府承担的份额根据地方分权法被转交给地方政府。地方政府对学徒制培训的投资主要来自各个地方政府的转移性支出以及学徒税中一定比例的返还款项。地方政府不承担对工读交替制培训投资的责任。由于职业资格准备课程和资格课程已经由各地方主办，所以地方政府将更多地承担对此类培训的投资。在这种类型的职业培训中，各地的资金主要来自一个为职业资格课程而设的中央政府拨款，而从1999年1月1日起投资责任将转交给各地方政府。地方政府对在职雇员培训的投入很少，而且还在继续减少。它的投入和中央政府一样，主要是通过培训税减免、提供财政资助金。对求职者培训，地方政府投入的资金总额在不断上升，主要以资助培训计划的形式完成投资。

3. 企业的投入

企业投资的范围涉及所有类型的职业教育，因为企业的投入多是通过税收的形式——学徒税、工读交替制培训征税、继续职业培训税。在所有投资中，企业重点投入的是工读交替制培训、在职雇员继续培训和学徒培训。其中，企业主要通过三种税收对职业教育与培训进行投资：一是学徒税。经过学徒税改革，这项税收资助的范围扩大了，不再局限于学徒培训，但仍保证学徒税的一定比例专门资助学徒培训。学徒税征收的对象是所有法定的个体和企业，不论其规模和所在行业，税率是工资总额的0.5%。二是工读交替制培训税。工读交替制培训征税也可以用于学徒培训，也就是说雇员不少于10人的企业缴纳的工读交替制培训税的一部分将用于学徒培训，但这笔资金主要给予政府投入不足的学徒培训中心。三是继续职业培训征税。这项征税主要用于继续职业培训的两种类型：培训规划和个人培训休假。企业缴纳的税额与企业的大小以及所在的产业部门有关，雇员不少于10人的企业缴纳税金在继续职业培训经费中占据统治地位。

（二）质量保障体系

1. 政府质量督导

历史上，法国教育管理有着集权统一僵化和官僚主义的特点，这也给法国教育的发展带来极大的障碍。为改变这一状况，1985年，经法国总统和议会批准，法国全国评估委员会（CNE）成立，并逐步赋予其认识、评估、预测三项指导职能，即对教育系统进行评估，对教育发展进行预测。CNE 是一个政府机构，负责向总统报告全国学校教育情况，独立于国家总理、教育部长和其他政府执行机构，也独立于它所评估的学校。CNE 介于国家和学校之间的中间位置可以保证其独立客观地工作。CNE 的成员由学界代表和政府代表共同组成，并负责对整个教育系统的评估。CNE 的评估包括校级评估和横向评估，不仅包括学校的办学质量，也包括对学校与教育部的合同完成情况进行评估。CNE 每年都要进行 20 项左右的评估或研究项目，每次评估后，CNE 都要写出各校的评估报告，从接受学校申请到写出报告大约需要 1 年的时间，而后公开发表评估报告，并报送上级领导。评估报告不仅对学校的教学、管理等方面进行定量和定性分析，而且会针对学校的各项工作提出改进建议，并起到战略指导作用。

2. 法国职业资格证书制度

法国 25 岁以上人员的再教育由劳工部负责，分等级培训，经考核获得不同等级的职业资格证书。职业资格证书制度对于学习者的学历和工作经历没有具体的要求和限制，可以是经过 8 年义务教育进入劳动年龄的学生，也可以是在岗的职工或失业的人群。培训内容有职业技能学习和语言训练（包括专业理论和实习操作），培训对象包括成人换岗培训、转业培训、失业者再就业培训以及文化知识培训等。目前，法国职业教育机构颁发的职业文凭主要有：

一是职业能力证书。获此文凭证明其具有某一职业的技能。法国目前设有 235 种职业能力证书。职业能力证书的教学内容包括普通教育课程，如法语、数学、史地等，每周 14～16 课时；职业技术教育，学习与某一职业有关的知识和技能，课程包括理论、实践及车间或办公室操作，每周学习 12～17 课时，另有企业实习 8～12 周。

二是职业学习证书。取得此文凭的毕业生可获得技工和职员的专业资格。该证书涵盖 30 余个专业，学习内容包括普通教育和职业技术教育。普通教育课程为 14～22 课时，不仅比重较大，且对于整个学业的完成起到重要作用。职业技术教育课为某一类职业的基础课，通常每周授课 16～20 课时，持职业学习证书者，可直接就业，也可继续深造，以取得职业技术学士文凭。

三是补充证书。某些职业能力证书和职业学习证书持有者可用 1 年的时间再修一门相关专业，取得国家证书，以便有更多的就业机会。

四是职业高中会考文凭。该文凭是对职业能力证书及职业学习证书持有者进行某一职业的较高级别的职业培训，学制为 2 年。法国现有 35 个专业的会考文凭。次文凭教学与职业市场联系紧密，因此学生毕业后很快就能参加工作。

五是高级技术员证书。法国高等职业教育特别强调专业课和实际技能，2 年中实践课约占 6~9 个月。学生经过 2 年学习，通过考试可以获得高级技术员证书。

六是大学技术文凭。这是大学技术学院颁发的证书。大学技术学院毕业不设毕业考试，根据学生平时成绩和学习表现，评定其是否达到毕业水平，合格者获大学技术文凭。

七是国家专业技术文凭。获得大学技术文凭或高级技术员证书者，可通过 1 年的学校学习和企业实习获此文凭，但要求在学校学习时间固定为 450 课时。

五、法国职业教育办学模式的特点

法国职业教育在文化课程改革、体系建设、校企合作、产教融合以及职业文凭和职业资格证书的建设方面取得了巨大成功，并在这些方面形成了自身的特点与经验。

（一）普通文化课程比重较大以增强学生的适应性

法国职业教育的课程设置在加强专业基础课和专业课教育的同时，非常重视普通文化课程，以拓宽基础知识教育，全面提高学生的基础文化水平。除了普通教育课程包括的法语、数学、历史、地理、经济和一门外语之外，从 2000 年起，职业高中所有的专业都加入了公民教育、法制教育、艺术教育和社会政策教育等内容。普通教育课不仅比重大，而且对于整个学业的成功起着重要作用。

（二）职业教育体系不断延伸

法国职业教育的重点将逐渐转向中等后教育阶段，出现高移化趋势。例如，法国大学技术学院已经成为攻读专门技术的热门机构，在发展中显示出其鲜明特点和特殊地位，富有强大的生命力；同时在终身教育思想的影响下法国的各种短期的职业培训机构蓬勃兴起，各种成人培训也日益兴盛，这些都属于中等后职业教育范畴。导致这种转变的根本原因在于，科学技术的迅猛发展对劳动力素质要求的日益提高。

（三）校企紧密合作并设置面向社会和市场的教育内容

在教学内容上，职业培训必须适应社会经济的发展和劳动力市场的需求，保证受培训者具备最好的就业机会和就业条件。在此领域，法国有三个全国范围的咨询机构：教育经济就业高等委员会、教育经济就业工作组和职业咨询委员会。

前两个机构负责与有关部门的合作，分析、总结培训、经济和就业三者之间的关系，职业咨询委员会则直接负责制定职业教育大纲并对各个层次的职业技术教育文凭的设立、更新和撤销提出建议。上述机构成员来自政府机关、雇主组织、工薪阶层和行业协会等各个组织。为了使培训内容符合实际要求，各行业专家构成的职业咨询委员会与教育部门共同协商，设置职业教育文凭。

（四）逐步建立职业教育与社会经济企业的新型关系

法国的职业教育以学校教育为主要培训手段，以颁发文凭为主要培训目标，但是仍然与生产企业和职业保持比较密切的联系。早在1999年，法国教育部在当时的部长阿莱格尔主持下，出台了一份名为《面向21世纪的职业教育宪章》的文件，强调在职业教育与经济企业界之间建立新型关系是职业教育现代化的重要保证。

（五）推动职业文凭和资格证书管理的现代化

为了推动职业教育和职业教育培训的现代化，法国政府不断重新规范文凭结构，设立新的职业性文凭。1985年设立职业高中毕业文凭，其文凭与普通和技术高中毕业文凭具有同等价值，可以凭此进入高等院校继续深造；创建于1991年的大学职业学院设立了一种新文凭：职业学士文凭，招收实践毕业生，提供专门的职业课程，目的在于提高熟练技术工人的普通教育水平；1994年，新设国家专业技术文凭，可通过1年的学校学习和企业实习，获得大学技术文凭或高级技术员证书。法国的职业文凭和资格证书种类繁多，但总的来说，可以分为两大类：一类是以就业为方向的各种文凭和学衔，根据不同的职业和水平区分，一般分为五级；另一类是职业资格证书，主要根据不同的职业和行业特点与要求区分，大致有以下几种：职业能力证书、职业学习证书、技术员证书、高级技术员证书。

第四节 英国职业教育办学模式研究

英国是第一次工业革命爆发的起源地，曾经的"日不落帝国"和超级世界霸主。同时，英伦三岛处于欧洲大陆的西边，在地理位置上占尽了先天优势。因此，在传统的工业学徒制以及近代的现代学徒制办学上，英国堪称世界翘楚。英国职业教育的领先优势不仅在于传统的工业文化与学徒文化，更在于英国成熟的职业教育资格框架。但是，客观来说，英国职业教育及其经济发展相比于德国则比较逊色。那么，英国职业教育办学究竟有什么样的特色？又有什么样的问题？本节通过对英国职业教育的办学模式反思来解答这些问题。

一、英国职业教育管理体系与办学主体

英国宏观教育决策的主体包括议会、内阁、枢密院和教育与技能部等部门。同时，调查及咨询委员会（Committees）在英国政府教育决策的形成过程中发挥着极其重要的作用。这些组织机构在英国教育法律体系中共同参与职业教育办学的管理。

英国中央教育行政机构的创立时期比较晚。直到 1839 年，英国才建立了中央教育行政机构——枢密院教育委员会，此前英国人一直都视教育是个人和家庭的事务，国家并不为国民的教育承担责任。在 1945 年英国设立"教育部"之前的一段时间里，英国中央教育行政部门又两度易名，其中一次是 1856 年由枢密院教育委员会改组为"教育局"，另一次是 1899 年将教育局改为议会直属的"教育署"。在 1945 年中央设立教育部之后，中央教育行政机构的管理权限进一步扩大，结束了以往中央政府对教育只尽督导之责的历史[①]。

2010 年，英国最高教育管理部门重新正名为"教育部"（Department for Education）。除教育部国务大臣（Rt Hon Michael Gove MP）之外，另任命了 3 位国务大臣（Minister of State），分管"学校""儿童与家庭""继续教育、技能与终身学习"。前两个部门除了设有部长之职外，还设有政务次官（Parliamentary Under‑Secretary of State）。在英国公共教育领域，与"教育部"保持近距离工作联系（arm's length bodies）的还有其他几个重要的公共机构（non-departmental public bodies），包括"资格与考试管理委员会"（Ofqual）、"教育、儿童服务与技能标准办公室"（Ofsted）以及"资格与课程发展署"（QCDA）等。

2009 年 6 月，在布朗首相执政期间，英国经济管理部门也进行了机构重组。政府将前"商务、企业和管制改革部"（Department for Business, Enterprise and Regulatory Reform，BERR）与前"创新、大学与技能部"（Department for Innovation, Universities and Skills，IUS）合并之后，成立了最高经济管理部门"商务、创新与技能部"（Department for Business, Innovation & Skills，BIS）。在撒切尔夫人执政时期，最高经济管理部门是"贸易与工业部"（Department of Trade & Industry）（1983～2007 年），由前"工业部"与前"贸易部"合并而成。2007 年 6

[①] 王志强、姜亚洲：《英国中央教育行政机构改革评析》，载于《清华大学教育研究》2008 年第 3 期，第 85～88 页。

月,布朗首相上台后,将"贸易与工业部"与其他几个政府机构合并后成立了"商务、企业和管制改革部"。

商务、创新与技能部在组织结构上,没有该部国务大臣外,另设有分管以下几方面业务的部长:"大学与科学"(部长)、"继续教育、技能与终身学习"(部长)、"商务与企业"(部长)、"贸易与投资"(部长)、"就业关系、消费者及邮政事务"(部长)、"商务、创新与技能"(议会大臣)。

20 世纪 60 年代,英国政府通过劳工部及其各行业培训委员会,促进企业内的职业培训。70 年代,政府除了继续协助企业开展培训,还根据《就业与培训法》开始注重由就业部人力服务委员会举办各种公共就业培训计划。80 年代,则以强化公共就业培训措施为重点,政府不再干预企业内培训,企业培训由企业自行管理,使企业培训责任进一步加强。

二、英国职业教育的办学形式

英国职业教育发生在后义务教育阶段,即 16~19 岁之间。19 岁以上年轻人所接受的教育一般被称为成人教育。承担后义务教育阶段的学校机构属于继续教育部门,即向 16 岁以上的年轻人提供"进一步的"(further)学校教育。英国政府对学校教育机构定期进行官方督察的目的是,保障这些学校机构的教育服务达到一定的标准。英国学校职业教育情况如下:

首先,从培养模式看,英国的职业教育是以学校为本位(school-based),即以学校教育的形式来培养掌握各种职业资格和职业技能的人才。在英国,凡是被称为"学院"的学校机构均可以既提供"普通或者学术"课程,又提供"职业"课程。学院之间的差异主要体现在两个方面:一是学科领域,这方面差异表现为各种不同的"科目"(subjects)、"课程"(courses)的名称;二是学习内容的难易程度或者知识的理论深度,这种差异主要表现为不同的资格等级。也就是说,学院所提供的教育服务在课程类型和资格水平方面丰富而多样,包括以下多种类型:"A-level 资格"课程,即 AS、A2 级资格;"高等教育资格"课程,包括荣誉学士学位、基础学位、HNC 及 HND 资格;"职业资格"课程,比如 BTEC 3 级或 2 级,或者 1 级资格;"学徒制培训"资格项目;"国际文凭大学预科资格"(International Baccalaureate Diploma Program)课程。

从办学主体的性质来看,以上所说的这些学院属于由国家、宗教或慈善机构资助的公立教育机构。当然,除了这些公立性质的学院之外,英国还存在一部分"独立学校",它们可以提供各个年龄段的学校教育。须注意的是,这些独立学校的费用非常高,而且所提供的教育都是普通教育或者学术教育。所以,英国的学校职业教育一般都是由继续教育部门的公立学院提供的。

其次,从招生对象看,以上这些学院的教育服务对象既涵盖了16~19岁年轻人,也包括了19岁以上的年轻人,即提供成人教育。就收费情况看,19岁以下的英国公民或欧盟国家公民在这些学院一般是免学费,19岁以上者则必须缴学费和考试费。另外,从受教育方式看,既有全日制,也有业余制;既有传统的校本学习,也有工作与学习相结合的学徒制培训课程。

最后,学院所开展的学徒制职业教育,主要是通过"校企合作"的方式进行。因此,目前英国所开展的学徒制职业教育,从根本上看,是一种学院层面上的校企合作。

英国实施职业教育的学校机构主要是"继续教育学院"(further education college),或称作"第三级学院"(tertiary colleges)。20世纪90年代初,面向16~19岁学生的学校教育课程在性质上(character)就开始发生重大变革。尤其是职业课程在内容上得以升级,变得更具有现代性(modernized and upgraded),其目的是为了更好地满足雇主对新增就业人员在诸方面技能和能力(skills and competences)所提出的要求。职业教育在课程内容方面所发生的变革,正在逐渐使继续教育的内容与离校生的现实教育需求更加相关[1],这使潜在的受教育群体更容易接近并受到吸引。继续教育学院在16岁后学校教育中扮演着越来越重要的角色。

英国也存在着学术—职业教育对立的现实歧视现象。与学术教育机构相比,从事继续教育的学校机构在大众眼里的地位普遍较低。《1944年教育法案》组建了教育部,并将学校教育界定为由三部分组成:初等教育(primary)、中等教育(secondary)和继续教育(further),即整个教育系统由三个部门构成。从事继续教育的学校教育部门在名义上涵盖了由地方教育当局(LEA)提供的所有类型的义务后学校教育(post-compulsory education),因此也包括成人教育,不过并未明确指出。《1988年教育法案》将"继续教育"界定为:为超过义务教育年龄的个人提供的全日制和半日制教育[2]。

三、英国职业教育的运行机制

英国职业教育办学的基本模式是现代学徒制。现代学徒制(modern apprenticeship)于1994年开始正式实行,其宗旨在于通过为16~24岁的年轻人提供一

---

[1] Macfarlane, E., *Education 16-19: in transition.* London: Routledge. Introduction, 1993, Pxiii, xiv, and xv.

[2] Chitty C. (ed), *Post-16 Education.* London: Kogan Page, in Association with the Institute of Education, University of London, 1991, P.11.

种工作本位的学习，改善英国中级技术工人（即达到 NVQ3）的供给状况。为了区分中等职业教育和高等职业教育，在中等职业教育中采用的学徒制称为基础学徒制（FMA），在高等职业教育中采用的学徒制称为高级学徒制（AMA）。英国自 1994 年开始的现代学徒制改革到目前为止取得了较大的成功。它是未来英国教育的重点改革方向，政府正力图使学徒制成为 16 岁以上青年的"主流教育选择"。

（一）学徒制体系的基本结构

英国的学徒制体系是与英国的国家职业资格（NVQ）制度紧密结合的。因此，在介绍英国现代学徒制的结构之前，有必要了解英国的国家职业资格体系。英国的国家职业资格于 1988 年开发，其目的是规范工作中所需的技能、知识和理解力，促进终身学习，促进在工作现场进行的能力本位考核。NVQ 框架共分五级水平，每一个领域又包括数量不等的专业或职业方向，如表 4-1 所示。

表 4-1　　　英国国家职业资格（NVQ）的五个等级

NVQs	获得该等级证书者需具有的能力标准	相应职务
5 级	有能力从事一份高级的职业，能在广泛范围内、难以预测的条件下应用大量基本原理和技术。富有极大的个人自主权，经常对他人的工作和重要资源分配负有重大责任，并具有个人独立分析、决断、设计、规划、实施和考评工作结果的能力。	高级工程师和工程师，中、高级管理人员
4 级	有能力在较广的范围内、各种不同的条件下从事一系列复杂的、技术性的或专业性的工作活动，并能为自己、他人和资源的分配负有较大的责任。具有在广泛领域从事技术复杂、专业性强、条件多变的工作活动的能力，负有很大的个人责任和自主权，通常需要对他人的工作和资源的分配负责。	工程师，高级技术员，高级技工，中级管理人员
3 级	有能力在不同的条件下从事一系列复杂的、非日常性的、需要为自己和他人负有责任的活动。具有在广泛领域从事各种复杂多变的、非常规的工作活动的能力。负有相当的责任和自主权，经常需要对他人的工作进行监督和指导。	技术员，技工，初级管理人员
2 级	有能力从事活动，包括一些非日常性的、并需负有个人责任的活动。具有在较大范围和变化条件下从事一些复杂的、非常规的工作活动的能力。负有一定的责任和自主权，并能与工作中其他的成员进行合作。	熟练工

续表

NVQs	获得该等级证书者需具有的能力标准	相应职务
1级	有能力从事日常工作活动，具有在一定范围内从事常规的、可预测的工作活动的能力。	半熟练工

英国国家职业资格体系是整个英国职业教育的核心，当代的学徒制体系也是紧紧结合这一体系开展的。经过多次改革和调整后，当前英国学徒制的结构分为五层，它们与英国国家职业资格之间存在一定的对应关系：

（1）青年学徒制——旨在为那些14~16岁，一周可以有两天在工作场所学习行业知识的，能力强、兴趣高的学生提供"高质量"的学习机会。

（2）前学徒制——目前主要指的是"就业入口（entry to employment，E2E）"项目，对象是那些还未能为开始学徒制做好准备的年轻人，定位于NVQ1级水平。

（3）学徒制——替代原来的基础现代学徒制，定位于NVQ2级水平，包括NVQ、关键能力和技能证书。16岁以上而不在非全日制教育机构学习的人，都可以参加。

（4）高级学徒制——替代原来的高级现代学徒制，定位于NVQ3级水平，包括NVQ、关键能力和技能证书。在开始该项目前，申请者应获得五个普通中等教育证书（GCSE）C等或以上成绩或者完成了学徒制。

（5）高等学徒制——是一项将学徒制与高等教育联系起来的试点项目，定位于NVQ4级水平，可以获得基础学位。目前只有少数职业领域的试点，如信息与计算机技术、工程技术等。进入高等学徒制的要求较为严格，申请者应完成高级学徒制或相关的高级水平证书（A-levels）。

不过，英国正式的学徒制主要还是指学徒制（2级）、高级学徒制（3级）和高等学徒制（4级）三种层次的学徒制，此处也只讨论这三种学徒制。因为青年学徒制项目和前学徒制项目只是正式学徒制前的准备项目，属于"准学徒制"性质，参加者的身份是学校的学生，虽然英国政府也为这些学徒的培训和评估提供经费，但雇主并不需要给学徒支付工资。

（二）现代学徒制的组织与管理体系

英国现代学徒制的组织与管理体系可以分为四个层面：创新、大学与技能部以及儿童、学校与家庭部总体负责学徒制改革；学习与技能委员会、行业技能开发署与行业技能委员会以及资格与课程署分工负责各学徒制项目的开发与管理；各个学习与技能地方委员会及各颁证机构在地方层面具体管理学徒制的实施；学徒制的教学最终是由培训机构与雇主共同承担。

1. 创新、大学与技能部及儿童、学校与家庭部

英国创新、大学与技能部（Department for Innovation, Universities and Skills, DIUS, 2009 年 6 月，创新、大学与技能部与原商业、企业和管理改革部进行了合并改组，成为商务、创新与技能部）与儿童、学校与家庭部（Department for Children, Schools and Families, DCSF）共同对英国学徒制改革的政策和进度负有总体开发和评估的责任。

2. 学习与技能委员会

英国学习与技能委员会（Learning and Skills Council, LSC）是受英国创新、大学与技能部及儿童、学校与家庭部联合管理的非部委公共机构，包括国家办公室、国家合同服务机构和 47 个地方学习与技能委员会。学习与技能委员会负责制定学徒制的政策和执行方针，向青年和雇主宣传学徒制，并通过 47 个学习与技能地方委员会对学徒制进行拨款和管理。

3. 行业技能开发署及行业技能委员会

行业技能委员会（Sector Skills Councils, SSCs）是一种雇主主导的组织，在全英共有 25 个，覆盖英国的各个行业，由国家提供经费，受到行业技能开发署的监管。它们在英国学徒制中负责开发国家职业标准，起草和批准职业的学徒制框架，并设计技术证书。

4. 资格与课程署

资格与课程署是下属于儿童、学校与家庭部的非部委公共机构。在学徒制中，它负责资助职业标准的开发，审批 NVQ 证书、技术证书和关键技能证书的颁证机构，确定关键技能要求的内容。

5. 颁证机构

英国的颁证机构各种各样，总体上以行业性的为主，也有一些综合性的颁证机构。比如爱德思国家职业学历与学术考试委员会（EdExcel）、伦敦城市行业协会（City & Guilds）等都是负有盛名的颁证机构。只要是受资格与课程署批准的机构就可以对学徒制框架中要求的各种要素进行认证。

6. 培训机构

培训机构指的是包括继续教育学院在内的各公立或私立培训提供机构。这些机构首先要在学习与技能委员会注册，并获得批准。它们的职责是招募提供学徒制的雇主和参加学徒制的青年，提供学习帮助和评估。

7. 雇主

在学徒制中，雇主的职责是招募学徒，提供在岗培训和督导，并支付工资。

（三）企业与培训机构的教学合作

确定了学徒制岗位后，企业或培训机构便可对外发布招聘广告。申请是全年开放的，申请者可以随时申请。但获得学徒制岗位与正式求职一样，往往需要面试，甚至要参加考试。企业里的培训由雇主负责，学徒跟随有经验的员工学习特殊岗位技能，雇主通常还会安排一个经理在学徒的学习全过程提供帮助。此外，学徒还要在培训机构接受普通文化知识和基本理论培训，可以采取日释或期释的方式开展，但必须保证学徒平均每周不少于 16 小时的企业带薪工作。而培训机构为每位学徒指定的导师也会全程跟踪学徒的学习进展，并随时解决各种问题。不过，对于培训机构教师以及企业培训师，都未见英国有特别的资质要求。学徒制的完成时间并不固定，它是根据学徒是否达到学徒制框架中规定的能力要求，即取得相应的认证来确定的。当学徒取得学徒制框架里规定的所有资格认证时，他就完成了该学徒制项目。因此，英国学徒制的完成时间实际上取决于学徒个人的能力以及雇主的要求两方面，不过通常为 1~4 年。

（四）考试与资格制度

英国的学徒制本身并没有专门的学徒制资格或证书，但通过学徒制，学徒可以获得学徒制框架里所规定的各类认证，包括三类：国家职业资格（NVQ）、技术证书和关键技能资格。这些证书的取得并不完全依赖于正规的书面考试，许多颁证机构采用的都是能力本位的考试方式，即考试就在工作场所进行，包括在工作场所观察学习者在自然工作状态下的工作表现；在工作场所内对学习者的工作表现有重点有选择地加以考察；以及在模拟的工作情境中对学习者进行能力测试、技能测试、熟练度测试和指定作业等。在进行评定时，一般采取结合多种方法进行多次评定。因为英国的认证机构认为，只有多重、多次评定才能提供最可信的工作能力证明，才能判定一个人能否在各种变化着的工作环境中完成任务。另外，对先前学习的认可（accreditation of prior learning，APL），也被广泛地运用到了资格认定中，这样就避免了重复的培训和考评。

四、英国职业教育的投入机制与质量保障体系

英国职业教育的典型成功经验在于学徒制职业教育的办学，这是值得中国借鉴的最重要内容。在投入机制上，英国职业教育学徒制办学模式的经费投入渠道多元且相对稳定。在质量保障上，完善的职业资格标准实现了教育质量的有效监管与调控。

（一）投入机制

英国学徒制的成本主要包括两大类：培训费用和学徒工资。它的成本分担机

制如下：首先，学徒不支付任何费用，而雇主支付其工资。英国目前的规定是，受雇的学徒工资不能低于每周 95 英镑。不过据调查，学徒平均的周薪为 170 镑，最高的是电子技术行业，为每周 210 英镑①。其次，学习与技术委员会支付比例不等的培训费用。支付标准是学徒年龄，为 16～18 岁的学徒支付全部培训费用，为 18～24 岁的学徒支付 50% 的培训费（剩下由雇主承担），对 25 岁以上的成人原则上不提供培训经费，但其可以通过特殊项目申请补助。还要注意的是，学习与技术委员会只为完成学徒制框架的必须培训提供经费，其他额外增加的培训则需要培训机构或雇主自己承担经费。

学习与技术委员会的拨款机制是比较复杂的。首先，学习与技术委员会将经费划拨到各个地方学习与技术委员会；各个地方学习与技术委员会管辖范围内的培训机构再通过竞标来分配这些经费；然后培训机构与其合作开发学徒制的雇主再根据合作协议对这些经费进行分配。因此，在这种拨款机制中，雇主是无法直接得到拨款的，他必须通过与培训机构的合作，才能从培训机构那里获得培训经费。不过，对于少数大企业，学习与技能委员会也会直接与它们订立合同，这些大企业就可以直接得到培训学徒的拨款。另外要说明的是，学习与技术委员会并不是一次性将经费全部划拨到位的，而是先划拨 3/4，另外的 1/4 在学徒完成学徒制时才划拨到位。

虽然 1964 年《产业培训法》中确立了企业培训的征税—拨款机制，即行业可向本行业的企业征收企业培训税，用于补助那些实际提供了培训的企业，但是这项规定并不是强制性的，而是由行业自行决定是否执行，因此它在许多行业都没有得到很好的执行。到 20 世纪 90 年代就只剩下建筑行业还在按此方法执行了。

（二）质量保障机制

1. 国家颁布的职业资格标准

英国政府并不直接向学习者颁发学历资格，而是通过管制的方式对学历资格授予过程中所牵涉的利益相关者的活动进行宏观调控。在英格兰，对资格的颁发与评估进行官方管制的机构是"资格与考试管理办公室"（Ofqual），该机构还负责对北爱尔兰地区的"职业资格"授予情况的管制，北爱尔兰的其他类型资格的授予情况由"课程、考试与评估委员会"（CCEA）负责管制。在威尔士，相应的官方管制机构是 DCELLS，在苏格兰则是"苏格兰资格管理局"（SQA）。以下介绍和分析主要以英格兰地区为主。从政府对学历资格的管制方式上看，英国政

---

① NAS, Do Apprentices Get Paid？. http：//www.apprenticeships.org.uk/Be‐An‐Apprentice/Other‐Questions/FAQDetails（6）.aspx.

府实际上实行的是一种"双轨"学历管制制度,如图4-7所示。

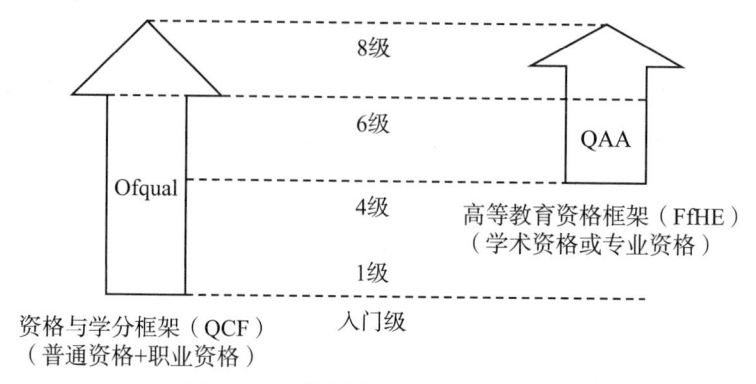

图 4-7 英国学历资格双轨管制

在这种新八级制学历资格框架下,普通资格与职业资格实现了"完美的"可比性对接。然而,英国官方对学历资格的改革并未就此而停止。近期,英国官方在对学历资格体系的管制当中,又引进了"学分累积与互换"(credit accumulation and transfer)的概念。于是,当前英国教育系统内部在学历资格授予方面,正在面临着由"国家资格框架"(NQF)向"资格与学分框架"(qualification and credit framework,QCF)的调整和过渡当中。学习者所学到的每一个单元都有一个学分值(credit value),这个值代表学生完成这个学习单元所需花费的时数。一个学分代表10个学习时数(notional hours of learning)。在新八级"资格与学分框架"下,学分数与资格等级之间构成了一种匹配关系。

在英国,第一学位(即学士学位)以上的资格证书一般是由大学直接颁发,因为英国很多大学都具有学位授予权。至于另外一些不具备学位授予权的高等教育机构,则由开放大学负责学位颁授事宜。以下仅讨论非学位层次(即学士学位以下)的学历资格授予情况。

资格授予领域成立的另一个集体性组织是"资格授予机构联合会"(FAB)。它是英国境内"职业资格"授予机构的代表。目前该联合会由100多家受政府认可的资格授予机构组成。联合会的会员资格分为full和associate两种。Full会员包括"教育卓越公司""伦敦城市与行会"以及英国开放大学等。这些联合会会员机构所授予的职业资格数量多少不一,少的在2 000种以内,多的达5万种以上。

2. 学校教学质量的保障

学校教育机构即常说的"办学机构",其职能和目的在于培养人,而这种培养人的活动却是需要多个社会机构的共同参与。也就是说,办学过程是一个开放而系统的过程,它需要来自各方面的功能配合与资源支持。学校教育机构与其他机构一起,可以被看作是与培养人这一活动产生直接利害关系的社会组织,即经济学所说的"利益相关者"概念。于是，这就导致教育市场上不可避免地出现并存在多个利益相关者之间的角色分工，不同的角色意味着行使不同的功能。

在英国的教育市场中，存在着许多"非官方"的颁证机构。这些机构首先要获得官方的认可和批准，然后才能作为"合格"的"资格供应商"进入教育市场。在承担资格授予职能的过程中，这些机构还要接受政府的管制（regulation）。截至 2011 年，英国共有 181 家非官方机构从事各级各类资格证书的开发与授予业务。这些颁证机构对每一种资格均要确立相应的"规格"（specification），这些规格是针对办学机构（即继续教育学院）而言的。颁证机构向学校提出明确的规格要求，只有当这些学校所培养出来的毕业生符合了这些预先确立的"成品规格"，这些毕业生才能顺利获得由这些机构所颁发的相应资格。因此，这个过程中存在着"颁证机构"与"学校"之间的约定关系。

英国学校职业教育的质量取决于颁证机构所确立的质量保障机制。以 Edexcel 对 BTEC 资格所施行的《质量保障手册》为例。该颁证机构会为合作院校指派一名"标准审核员"（standards verifier），该标准审核员一般都是熟悉与该资格相关的职业背景的专家。负责某个 BTEC 资格的"标准审核员"每年要去相关合作院校查访一次。该颁证机构要求，任何开展或承办 BTEC 资格课程的院校，必须专门安排合适人员担任质量负责人、项目经理人或者内部审核员。根据颁证机构要求，院校必须将该质量负责人的信息细节在 Edexcel 网站上及时更新。在颁证机构对该院校开展的 NVQ/SVQ 资格课程进行标准审核的过程中，本院校的质量负责人将是"质量审核员"首先联络的对象。该质量负责人要负责联系院校内部所有参与该资格课程实施的所有教学实践人员以及院校所专门任命的"内部审核员"（internal verifiers）。

项目经理人也就是项目领导人，他主要是负责对该资格课程项目的日常管理以及项目的具体开展事宜。在开展或者承办 Edexcel 的 NVQ/SVQ 资格课程项目的过程中，项目领导人也可以行使首席内部审核员的工作角色。作为项目经理人，他必须做到以下工作：和质量负责人取得联系，目的在于了解"质量审核员"的细节信息，并且为质量审核员的来访准备提供相应的信息；做好相应的准备工作，以迎接质量审核员的来访，并向质量审核员提供任何所需要的信息，并制定一个来访计划。在质量审核员来访过程中，为其提供信息，包括提供与学习者的学习成果包（learners' portfolios）、评估、内部审核以及质量保障等环节相关的证据材料；在来访结束时要收集质量审核员对来访内容的反馈意见；通过 Edexcel 在线接收质量审核员的来访报告，并根据需要采取相应行动。

为了确保评估工作的前后连贯统一，达到相关的"国家职业标准"（NOS），评估人员应该参加标准化会议。不允许评估人对其自己的评估工作进行内部审核。如果有一个人主要负责对这项资格课程项目的开展和评估,那么必须得再安排另一个人来执行内部审核的角色。也就是说,项目举办人和评估人不能兼任审核员。作为内部审核员,他必须要确保在这个项目实施过程中,能够采用一种有效的制度对学习者的学习成就进行记录;他还必须开发出一个用于实施内部审核工作的战略以及具体的实施方案;并对每次执行的内部审核情况进行准确记录,及时更新内容;在证据的适当性等方面(比如充分性、真实性、有效性以及连贯性)对评估人员提出建议;利用本身对于评估样本的学科专业知识来对评估人员的判断进行审核,确保这些判断前后连贯一致、公正可信;确保自己的评估决定在项目教学当中被实践人员作为样本来参考。

颁证机构的"标准审核员"和院校的"内部审核员"必须熟悉"标准设置机构"(standards setting body)及其他相关产业组织的网站和出版物。比如,所有举办NVQ/SVQ资格课程项目的院校,以及相应的"标准审核员"应该确保自己有以下书面材料在手:一整套相关的职业标准;每个NVQ/SVQ所要求的评估战略以及对证据方面的要求;"联合颁证机构"对内部审核情况的指导意见。正是由于这些颁证机构内部存在这种质量保障机制,所以它们为所有合作院校毕业生所颁发的资格证书是一种"标准化"的资格凭证。除了颁证机构在质量保障方面所发挥的重要作用之外,英国政府还设有独立的教育督察机构,即"教育标准办公室"(Ofstead)。为了确保所有办学机构所提供的教育达到一定的标准,这个教育标准办公室每年要公开出版对各类学校教育机构的质量评估报告。Ofsted独立于英国教育部,皇家总督学作为该机构的负责人,是以枢密令的形式任命,需要向女王、多个政府部门报告工作,并在政策建议中扮演重要角色。由皇家督学团执行的督察工作通过竞标方式,转交到各个专业组织手中,Ofsted对竞标者进行效益评估后,签订督导合约。

五、英国职业教育办学模式的特点

以现代学徒制为典型特征的英国职业教育办学在市场化运行机制、雇主主导、开放体系、工作本位、资格认证等方面具有独特的优势。

(一)准市场化的职业教育运作机制

英国的职业教育有着"自愿自助"的传统,在相当长的时间内,学校职业教育薄弱,主要依靠行会和企业提供的培训。政府奉行"自由放任主义"的原则,认为政府只应该对社会大众的普通教育负责,职业教育与培训的受益者是企业,政府应该将干预减少到最低。这被称为职业教育的"市场模式",区别于以法国为代表的"学校本位模式"和德国的"双元合作模式"①。然而,自由市场本身是存在内在缺陷的,在职业教育领域,"市场失灵"现象普遍存在,英国企业对培训持消极态度。因此,在职业教育领域,英国的选择是走政府控制与市场自由运作之间的"中间道路",即"准市场"机制。

(二) 开放的职业教育体系

英国职业教育以多层次、多形式、多品种的继续教育作为职业技术教育的主体,并以企业主导的产业训练为重要补充。进入20世纪90年代后,整合双方力量的现代学徒制成为英国职业教育发展的特色。英国职业教育体系的特征显著:开放的体系设计提供了多样化的选择路径,扩大了职业教育的受众;职业资格标准的设计又为职业教育与培训质量提供保障。

(三) 强化雇主主导地位

在英国"准市场模式"的职业教育运行机制中,虽然政府、企业、教育机构和学习者都是利益相关者,但雇主主导地位突出。英国政府的多份报告和文件中,多次提到要使英国的职业教育从供给导向(supply-led)向需求导向(demand-led)转变,强化雇主在英国职业教育运行中的主导地位。

(四) 强调工作本位的学习过程

英国的许多职业培训项目都是工作本位的,最典型的是学徒制。学徒制培训中,学徒通常大部分时间在企业接受培训,每周只有一天到教育机构接受理论学习。学校职业教育也拥有着工作本位学习的优秀传统,"工学交替"和"三明治"课程的开展都非常普遍。这种课程的交替又可以分为长期和短期两种:长期的工读交替制,学生在教育机构的学习和在企业的工作培训时间都较长,轮替周期慢,如4年制的课程,前两年在教育机构学习,第三年在企业实践,最后一年又回学校实习;短期的工读交替制,学生在培训机构的学习时间和交替周期都比较短,通常见于较低水平的课程,如学生在教育机构和企业各进行6个月的学习。

(五) 基于结果的职业资格认定

英国对职业教育的管理在很大程度上是基于结果的(outcome-based),对职

---

① CEDEFOP, *Towards a History of Vocational Education and Training in Europe in Comparative Perspective*. Luxembourg: Office for Official Publication of the European Communities, 2004, pp. 4–22.

业教育质量的控制通过控制和管理学习结果实现,而不是控制学习过程和学习方式。在英国,支撑这种管理机制的是其强大的职业资格认定系统。无论在国家职业标准(NOS)、国家职业资格(NVQs)中,还是在满足最新的资格与学分框架(QCF)的各个学习单元和资格中,对学习者的要求强调的都是可测量的表现。

第五节 日本职业教育办学模式研究

日本是亚洲大陆的传奇国家,国土面积狭小,资源贫乏,自然灾害频繁,还在第二次世界大战中经历了毁灭性打击。尽管如此,日本却在短短的时间内发展成为亚洲乃至世界强国,始终保持着世界经济强国的地位。日本的这种发展速度与发展轨迹与日本的传统文化、教育体制等不无关系,其职业教育对国民经济的贡献较大。本节从日本职业教育办学模式的管理体系和运行分析日本职业教育发展。

一、日本职业教育的管理体系与办学主体

虽然保留天皇制度,但是,在国家治理和经济改革上,日本却走上了现代化的道路。在教育领域内,职业教育的管理和办学也体现出了现代化的特征。

(一)管理体系

在日本,完善的职业教育相关法律和法规为职业教育办学实践提供了依据和保障环境。其主要法律有:《学校教育法》,通过该法的修订,1950年明确了短期大学在高等教育阶段的法律地位,1961年设立五年一贯制的高等专门学校,明确其毕业生可获准学士学位,1976年又明确了专门学校的法律地位;1951年的《产业教育振兴(经费)法》,明确加大对职业高中等学校的经费投入;基于1958年《职业培训法》后修订的1985年《职业能力开发促进法》第1条即提出设立职业能力开发学校。根据学校教育法规定,学校职业教育体系按不同阶段可分为初中教育阶段、高中教育阶段和高等教育阶段。

"二战"后为振兴以第二产业为重点的产业经济,日本战前的"实业教育"概念被"产业教育"所替代。1951年颁布的《产业教育振兴法》规定,产业教育是发展产业经济及提高国民生活的基础。产业教育是指初中高中、大学或是高等专门学校开展使学生习得从事农业、工业、商业、水产以及其他产业(包含家庭科教育)所必要的知识、技能及态度的教育(第2条)。与这一规定相一致,

日本学校职业教育的目标与其说是为了培养适应一定职业领域的专家（熟练劳动力），还不如说它更强调实施为培养一定产业领域（职位）专家的基础教育，即与农业、工业、商业、水产、家庭、护理等产业相关的课程与专业教育，所谓的"产业教育"是基于这一意义上的。其重视学生的职业观、人生观的养成教育，重视"职业人培育"的基础与基本教育。

（二）办学主体

从管理体制看，按主管部门分，可以划分为文部行政与劳动行政分管的学校职业教育体系和职业培训，以及企业内面向员工的岗位教育与培训。按公办与民办的区分看，比较有代表性的是高专和专门学校，除了高中阶段的职业高中（后改为专业高中），贯穿初中和高中的五年制高等专门学校（专门士）主要为国立，而属于高等教育机构的准学校的专门学校则主要为私立，其母体专修学校（多种学校）多为私立培训机构，以资格培训为主。

21世纪以来，随着高等教育的高度普及化、新生劳动力市场的结构性变化，特别是青年就业问题的加剧，日本加速推进了职业教育的重组转型，职业教育进入了一个新的历史发展阶段。曾在经济高度成长期得到快速发展的职业高中规模明显缩减，高中教育形态发生结构性变化，以往狭义的学校职业教育逐渐被广泛的生涯教育所取代，同时"双元制"也成为职业教育改革的关键词。为了应对高等教育大众化的推进与青年就业问题日益恶化，无论在政府政策层面还是在学术研究层面，均把普通教育、高等教育中的生涯教育、大学生的职业见习、研究生教育中的职业人继续教育等范畴纳入广义的职业教育体系，职业教育和生涯教育成为日本政策和研究关注的重要领域。2010年10月召开的第51届日本产业教育年会上"普通教育中职业教育的可能性"被作为学术研讨主题，成为各领域研究者深入探讨的命题[①]。普通教育中的职业教育与生涯教育，高等教育中的职业教育，看似不太协调的表述，从日本职业教育与生涯教育的实践来看，却是如此的恰如其分。普通教育与高等教育阶段的职业教育概念也被学术界广为接受。日本职业教育研究热点的变化，反映了职业教育实践的发展趋势。

二、日本职业教育的办学形式

从日本基本学校教育制度可以看出，学校职业教育与整个学校教育体系相互

---

① 横山悦生：シンポジウム「普通教育における職業教育の可能性」の状況. 産業教育学研究，2011（1），pp. 34–41.

贯通与衔接，在采用单轨制教育制度的同时，以五年制的高等专门学校为核心，形成了高中职业教育、专科层次的技术教育、技术本科与研究生教育贯通的部分双轨制系统，如图4-8所示。

教育阶段	学前教育	初等教育					中等教育						高等教育				
年级		1	2	3	4	5	6	7	8	9	10	11	12				
年龄	3-4 4-5 5-6																
学校种类	幼儿园	小学校				6		中等教育学校前期课程3	中等教育学校3		大学			6			
									后期课程	4			5				
								初中	高中	3				4	研究生院		5
											4	短期大学	3		3		
									专修学校	3			2		2		
									高等课程2		专修学校		4				
								3		1	专门课程		3				
												2					
		3+								1							
		2+						高等专门学校		⇒	5						
		1+								⇒	(5) 5						
	特殊教育学校幼儿部3	特殊教育学校小学部			6			特殊教育学校中学部3	特殊教育学校高等部3								
							专修学校一般课程										
							各种（培训）学校										

图4-8 日本学校教育制度

日本职业教育通常是指在文部行政指导下的学校职业教育，包括高中阶段的职业高中、五年一贯的高等专门学校，既重视职业观、人生观的养成教育，又重视"职业人培育"的基础与基本教育。同时，职业培训是指1958年《职业培训法》实施以来，文部省管辖以外的所谓"学校外"的职业教育，即劳动行政所管辖的、在公共职业培训设施以及私有企业中所进行的职业教育，或是对希望就业者所进行的以技能培训为主的教育，重视特定职业（职业种类）的职业培训，与欧美取向的国家资格授予培训相一致。高中阶段的职业高中，它实施"一定的或特定的职业所必要的知识、技能、态度的教育"，作为非完结型的职业教育，它又以职后的企业内培训的实施为前提。在职业教育研究方面，作为专门研究日本职业教育和培训的学会，日本产业教育学会于 1960 年 10 月创立，聚集了从事研究初中的职业科、高中的职业教育、进路指导/职业指导、产业心理学、企业内教育的学者和研究人员。与企业经营、企业内教育有关的组织有经济团体联盟的职业培训组织"日本产业培训协会"。此外，职业训练大学以及其下属的能力开发研究中心作为全国性、代表性的研究机构，为职业培训机构提供指导员培养相关的课程。

三、日本职业教育的运行机制

20 世纪 90 年代以来，日本经济一直处于泡沫经济崩溃后的低迷状态，传统的企业终身雇佣制度也被逐渐打破，高等教育的高度普及化，以及青年不稳定就业和职业发展问题的深刻化，这些不仅给学校教育带来了结构性变革，也推动了日本政府对职业教育与培训政策作出相应变革。

（一）职业院校机制改革

1. 职业教育功能的调整

在日本经济高度成长期的 20 世纪 60 年代，高中教育阶段在校生数的普职比为 6：4，到 20 世纪 90 年代，职业高中的在校生比例已下降到 20%。面对高中职业教育的衰退局面，为了紧跟社会需要的变化，日本理科教育及产业教育审议会提出了一系列的积极措施，专业设置从以往的产业主体扩大到人们的生活和社会整体发展直接相关的领域，打破了原有公立职业高中以一产二产类专业为主、私立专门学校以三产为主的办学格局，适应了经济服务化、信息化、国际化的需要。为了明确职业高中在专业教育中的定位，1993 年职业高中被更名为专业高中，通过突出职业教育的专业性和基础性，确定职业教育在终身教育体系中的地位与功能，着力于培养未来技术专家的基础和基本教育；在实践教育方面强调与产业界的联系，实施体验式就业教育。

2. 普职融合机制

为应对职业高中萎缩和推进高中教育多样化的学校制度改革，日本在 1994 年设立综合高中。设立以来，在客观上取得的成效主要体现在：满足了人们就业和升学等多种出路的需要；为学生广泛而自由的选择性学习提供了可能；采用学分制进行教育课程的编制，推进了高中学校之间以及与专修校之间的相互沟通，实现了学生向专门学校转学的可能；从结果上来看能使学生有多种出路的选择。可以说，如何打破普通教育即升学、职业教育即就业的关系，日本综合高中在适应学生多种兴趣爱好和出路，使其能有较广选择余地的课程设置方面，在培养学生对自己出路的选择能力和职业观、劳动观方面做出了积极尝试。

3. 职业教育高等化机制

根据日本学校教育法规定，被明确定位为职业教育机构的有高等专门学校、专修学校、短期大学，以及厚生劳动省管辖的职业能力开发机构。这些机构与中国高职的层次相当。特别是1975年专修学校的制度化，使得日本职业教育的高中后趋势日益明显。同时，为了推进在高中与大学衔接中职业高中的高度化，满足职业高中毕业生的升学需要，各地在职业高中内设置专攻科，在很大程度上也促进了职业高中的转型和升格。据2008年度文部科学省的统计，在高中设置的专攻科广泛分布在包括普通高中（普通学科）的各个专业（学科）领域，其中设置比例最高的专业依次为护理、水产专业。

（二）多部门合作机制

通过教育与培训，开发与培养年轻人的职业能力，需要多部门之间的合作，基于这一认识，日本文部科学、厚生劳动、经济产业、经济财政政策等四大臣，于2003年6月10日共同提出《青年自立与挑战计划》，旨在围绕年轻人的职业教育和培训等问题，寻求各部门之间的相互协作，共同促进年轻人的职业自立。日本模式职业教育双元制则是这一计划的组成部分。同年同月27日内阁决定的《关于经济财政运行与结构改革的基本方针2003》也发扬了这一精神，作为结构改革的具体措施之一，提出要适应企业需求等劳动市场的状况，将企业实习与教育培训进行组合，面向年轻人导入"实务与教育连结的人才培育制度"。

《青年自立和挑战计划》作为推进年轻人就业和职业能力开发的对策，内容包括[①]：一是实施从教育到职业工作转移的职业生涯形成和就业的援助，如对初高中学生接触实际工作活动的援助、职业生涯探索计划扩充的援助、通过就业指导加强学校毕业生就业人群对于就业市场需要的适应能力、防止毕业生早期离职对策、启发职业意识和就业等基础知识能力开发援助的扩大。二是实施日本模式职业教育双元制。三是推进针对青年职业生涯形成的援助活动，如专业性职业生涯指导师的培养和使用、为促进自愿不就业者等人群职业意识提高的基地建设。四是建立和完善面向年轻人的劳动市场，如实践能力的评估和公证组织的建立、企业用人和培训信息的收集和提供、就业试用制度的推进；从非正式就业到正式就业的登录制度的推进。五是与地方联手合作，开展年轻人的就业援助对策等。

---

① 関係府省：200（3）若者自立・挑戦プラン（平成15年6月10日、4大臣合意）；若者自立・挑戦戦略会議. 若者の自立・挑戦のためのアクションプラン，2004.

(三) 推进日本模式的"双元制"

为克服职业教育与技术教育的固有缺失，弥补从学校到工作的脱节，日本决定从 2004 年 4 月开始由厚生劳动省与文部科学省在全国共同推进"双元制"。

日本模式双元制的实施内容为：

首先，从实施对象和实施机构来看，包括高中在校生、高中毕业尚未就业者、无业者和不定业者等人群在内，年龄在 35 岁以下、虽持续求职却尚未获得稳定职业、本人持有通过双元制接受职业培训并获得职业意愿的人群。这一制度的受益人群是在职业生涯形成初期面临就业困难和困惑的年轻人群，为他们提供 1~3 年不等的职业培训机会。实施双元制培训的教育机构主要有独立行政法人雇用能力开发机构和都道府县的职业能力开发设施、民间的专门学校、国家认定的培训设施等已经具备职业能力开发经验和能力的机构。

其次，从实施类型及其运行机制来看，实施类型有由职业学校等教育培训机构主导的所谓"教育培训机构主导型"和由企业主导的"企业主导型"两类。两者的区别在于接受培训的年轻人是先进入教育培训机构，还是先被企业录用。在运行机制上，"教育培训机构主导型"的实施是在教育培训机构接受培训之后，由学校等教育培训机构寻找相应的能够接受学生培训的企业，学校和合作企业共同制订培训计划，在实行学校内职业理论学习的同时，委托企业实施实践培训。"企业主导型"的实施，是由企业将年轻人以非正式雇用的形式录用，然后寻找相应的学校等教育培训机构，与学校共同制订培训计划，在企业内实施岗位培训（OJT）的同时，在合作学校实集中培训（Off-JT）的理论教育。

第三，从实施形式和培训内容来看，在双元制政策实施初期，基本上以现存的职业培训机构为主体，以此为基础逐步推进双元制的实施面。培训形式主要有三种：一是每周 3 天在教育培训机构集中培训，两天在企业接受在岗培训（OJT）；二是上午为教育培训机构的 Off-JT，下午为企业 OJT；三是每 1~2 个月，教育培训机构 Off-JT 和企业 OJT 交替进行。从培训内容看，原则上双元制培训计划及培训内容由教育培训机构和企业共同制订与实施。其中，学校等教育培训机构实施与企业相同领域有关的系统理论知识学习；企业主要根据培训计划实施实习和在岗培训（OJT），培训费原则上由培训生负担。

(四)"实践型"生涯教育机制

日本文部科学省首次正式使用"生涯教育"概念是 1999 年 12 月的"关于改善初等中等教育与高等教育的衔接"报告，在其中，生涯教育被作为促进中高级衔接的重要措施。该报告指出，学校进路指导的开展应该以人的生涯教育为出发点。1999年以来，作为生涯教育的核心内容——职业见习活动，同时在普通初中、高中、大学被推广实施。

日本在普通学校教育中实施的生涯教育被分为两种形式：一种是相当于职业指导的所谓"进路指导"（career guidance）；另一种是具有职业预备教育性质的具体课程，如初中阶段的"职业科""职业与家庭科""技术与家庭科"，高中阶段的"产业社会与人"的课程。围绕生涯教育与职业教育的关系，2004年文部科学省《关于推进生涯教育的综合性调查研究协作者会议的最终报告——为了每一个学生的劳动观、职业观的培育》，将生涯教育界定为职业观和劳动观的培养，强调以学生的职业观教育为核心实施生涯教育，把生涯教育贯穿于初等和中等教育的全过程，并就生涯教育的基本方向、推进策略以及条件保障作出了规定[①]。

在实践层面，从20世纪90年代后期开始，以学生的职业观和劳动观培养为主要目的的职业体验活动迅速普及，以至于形成了生涯教育就是职业体验活动的认识。1999年《高中阶段学校学习指导要领》（修订版）要求，把就业体验纳入高中职业教育计划之中。据文部科学省的统计，2004学年实施就业体验的高中占学校总数的59.7%，其中职业高中的实施率达到80%以上；有职业体验经历的学生占学生总数的22.5%，其中职业高中的学生达到50%。同时，在校长的职权范围内，根据学习指导要领（教学大纲），学校设定要求学生选修的职业教育课程。据文部科学省的调查，2009年67%的公立普通高中开设了农业、工业、商业、家庭等职业教育的选修课程，其中商业占51%，家庭占81%。

（五）职业教育课程改革机制

职业高中的课程结构中，专业课程为30学分，仅占毕业学分数的1/3，现行学习指导纲要固定为25/74，如表4-2所示。

表4-2　　学习指导要领规定的职业高中毕业学分数的变化　　单位：分

指标	1951年	1955年	1960年	1970年	1978年	1989年	1999年	2009年
毕业学分	85	85	85	85	80	80	74	74
高中必修	38	39~55	男49~64，女47~62	42~44	27~29	37~45	31	31
专业课程	30	30	35	35	30	30	25	25

---

① 文部科学省：キャリア教育の推進に関する総合的調査研究協力者会議報告．児童生徒一人一人の勤労観、職業観を育てるために——，東京，2004，P.3.

2009年3月，日本文部科学省颁布了新修改的《高中学习指导要领》，并于2013年4月1日按学年逐步推进，全面实施。与1998年的学习指导要领相比，新的学习指导要领最大的变化在于基本舍弃了旧要领中"宽松教育"的概念，改为着重提高学生的实际学力，规定要在中小学加强语言、数理、外语、传统文化和道德教育等科目的教育和学习。有关职业类各课程科目（包括农业、工业、商业、水产、家庭、护理、信息、福祉的各课程）的改善，根据影响职业高中的外部社会状况和学生的实际，其基本主张有：由于经济的全球化与国际竞争的加剧，产业结构的变化、技术个性与信息化的推进等导致的产业社会的高度化、就业形态的多样化，以及由此带来的就业结构变化，日本产业社会与企业对职业高中的期待、对学生的素质能力要求也在发生变化；随着职业高中学生意识的变化、升入高等教育机构比例的增加等，以及由此带来的学生出路多样化，要求将以往的有明确目的的进路指导加以改善，作出适当应对。

1. 围绕推进区域产业发展人才培育

《高中学习指导要领》提出以区域产业与区域社会之间的合作与交流作为贯通各课程的共同要求，规定"通过与地方、产业界等的合作、交流，积极引入实践性学习活动与就业体验"；新设"商品开发"等科目，要求在"农业""商业""水产"等相关科目中，开设如"商业"的"商品开发"等，充实与地方产业的振兴、商品开发，以及创业活动相关的学习内容。

2. 围绕"具有丰富人性的职业人"进行人才培育

首先，关于职业人的伦理观培育，在相关科目中要求充实作为职业人的规范意识和伦理观培育的内容；"农业""工业""水产""家庭"等相关学科课程中充实与环境、能源、食品安全等相关的内容，比如在"工业"科的课程体系中新设"环境工学基础"科目。

四、日本职业教育的投入机制与质量保障体系

日本在教育上的投入非常积极，在职业教育办学的办学上，通过法律措施让职业教育的投入超过整个教育的10%。而在质量管理上，日本也以苛刻的态度从事质量监督与评估。

（一）投入机制

尽管在OECD国家中日本中央及地方政府在教师薪金、配备设施等方面公共教育经费投入的水平并不靠前，但从2010年开始日本已在公立高中全面实行免除学费政策。为达到高水平的教育投入，日本学校形态的职业教育没有采取分权

制的教育行政管理模式，而是由国家文部行政实行严格的集权管理。与一些东亚国家不同的是，日本的公司内培训是非常系统化的职业教育模式。除上述行政管理特征外，日本职业教育还有一项著名的财政资助法案——1951年制定的《产业教育振兴法》。自此之后，依据该法案，政府一直都在资助学校职业教育。该法不仅强化了国家教育行政的干预能力，同时还建立了日本的职业教育体系。此外，该法还规定，除实践学习外，教科书也要严格采用国家审定的版本。但是，后来由于财政原因和分权化的政策，日本政府有意削减这项专门的推进补助金。2008年，日本政府对教育投入的经费占GDP的6%，其中职业教育与培训的投入占整个教育投入的10%。以私立学校为主的专门学校，其经费以收缴学费为主，以政府补助为辅，维持学校的正常运行。

（二）质量保障体系

1. 政府采取法律规范引导

二战结束后，日本先后颁布了《学校教育法》《职业教育法》《职业能力开发促进法》《短期大学设置基准》《高等专门学校是指基准》《专修学校设置基准》等法律，明确高等职业技术教育的目的、标准和做法。详细规定了对高职教育的规范要求，如对学校的学科结构、课程设置、学分认定、学生定员、毕业要求、师资标准、授课方法、校舍规模、组织事务等方面都用法令条文进行详尽规定。日本还制定法律，保障职业技术学校的办学经费，如《国立学校设置法》《国立学校专项会计法》《私立学校振兴助成法》等，规定国立高等职业技术教育院校的办学经费由政府拨资、学费收入、学校创收三部分组成；公立高等职业技术教育院校的办学经费由地方政府承担，同时政府通过国家负担补助制度进行调整补助；私立高等职业技术教育院校的办学经费由国家资助私学义务部分（日常费用补助、教育研究及装备补助、振兴财团贷款补助、税收优惠）和其他民间经费保障。

1998年日本政府提出"为让社会更加清楚了解作为社会机构学校的活动状态，有必要设置专门的评价机构，实施高透明度的学校评价"，在2003年修订后的《学校教育法》中第三方评价制度以法律的形式得以确认，此后第三方评价制度正式启动，所有国、公、私立大学及短大、专门学校在实施自我检查评价的基础上，都必须接受由文部科学大臣认可、授权的专业评价机构实施职业教育第三方评价。

2. 加强师资队伍建设保障职业教育质量提升

二战后日本实施以美国模式为范本的学校教育体系。四年制新制大学在1~2年的教养课程基础上实施专业学部教育，教师教育制度在新的学校教育体系中被修订。据 1949 年的教员许可法，小学教师由各县教师养成大学（系）培养，初高中教师通常由四年制大学实施一般本科生的专业课程和教职课程相合并的课程进行培养，在获得规定学分合格后授予教师资格。不管怎样，作为基本前提，必须获得学士学位，并接受教职教育才能取得资格证书。高中职业教育教师基于教员许可法，开展农业、工业、商业、水产、家庭等教师教育，由文部科学省认定的相关学部（相当于中国大学的系所）来承担。20 世纪 60 年代作为特殊政策，工业科教师由全国 9 所国立大学设置的 3 年制临时各专业教师培养学部课程培养。日本教师的专业性团体是教师专业发展的重要平台。1951 年实施职业教育的设施、设备的特别补助制度，1957 年实施职业教育教师的特别津贴制度，1960 年以来的 10 年间实现职业高中的规模扩张过程中，在各学科领域，除了农业、工业、商业高中的校长团体外，一般教师还会参加日本教师工会的专业分会，以及他们自主组织的研究团体。作为专业分会，1960 年设立的技术教育研究会，主要有初中技术科和工业高中的教师参加；1968 年设立高中教师研究协议会，1974 年设立全国农业教育研究会。近年来，作为校长会与劳动工会研究团体的中间形态，一般教师感兴趣的各领域"学会"的研究课题也多与实际工作和教材开发有关，都有自己的期刊，对文部行政多持批评的态度。日本一直重视将民间企业人员引入职业教育教师队伍，以改善教师结构。教师特别资格证书于 1988 年设立，其目的是吸引不具有教师资格但具有优秀职场经验的社会人进入教师队伍，适应学校教育多样化的需要。在实施过程中由地方教育委员会行使鉴定和授予权。

五、日本职业教育办学模式的特点

日本职业教育的体系建设非常成功，一是实现了生涯教育与职业教育的融通，二是实现了纵向与横向的沟通。在此基础上，还力求职业群以及知识技术领域对接。这些都是日本职业教育办学成功的经验。

（一）生涯教育与职业教育相互融通

从中等职业教育的功能定位看，20 世纪 70 年代末以来，曾经在经济高速成长阶段实现其规模发展的日本职业高中，逐步从经济功能转向关注人的多样化发展需要，特别是致力于推进旨在培育职业意识的生涯教育，形成了以职业观培养为核心的生涯教育与职业教育相互融通的发展状态与趋势。日本将促进从学校到职业的转移作为主线，以学生职业意识养成为重点，通过"实践型"生涯教育模式的建立，处理好生涯教育与技能教育的关系、职业教育与生涯教育的区分，推进生涯教育与职业教育的体系化，并与职后的企业内培训相衔接，确定学校职业教育在职业人才培养中的基础与基本定位。这对中国学校职业教育如何处理好"硬技能"与"软技能"关系，发挥职业教育在促进学生职业发展的应有作用具有参考价值。

（二）纵向渗透、横向融通

一方面，由于"实践型"生涯教育的系统化推进，职业教育在基础教育与普通教育中实现纵向渗透，从普通初中、高中至大学教育，体现了高等教育大众化时代职业教育发展的必然性；另一方面，学校职业教育与企业之间也逐步实现横向融通。由于学校职业教育的基础性与基本性的定位，专业课程在其课程结构中所占比例往往不高，而日本职业教育"双元制"的探索保证了长期的职业见习与企业实习活动，有助于学校职业教育与企业培训的横向融通，有助于贯通职前和职后包括职业培训在内的整个职业教育体制的建立与完善。

（三）职业群以及知识技术领域对接

从职业教育的培养目标看，日本高中职业教育把重点放在专业教育的基础和基本上，不强调职业高中的专业性与特定职业和工种的直接对接，而是主张与职业群以及知识技术领域之间建立富有弹性而广泛的关系，因此，它被定位为"长期形成型的专业教育"，与强调对接岗位的"短期速成型"职业教育有着明显不同。所以日本的高中职业教育也可以称为"富有弹性的复合型的职业教育"。在高等教育普及化的背景下，关于中国高中职业教育究竟是"就业教育"还是"升学教育"的探讨，以及招生中的普职比困惑，来自同属东亚文化圈的日本经验和教训将为中国提供参照。

第六节 澳大利亚职业教育办学模式研究

由于政治体制的辐射和影响，澳大利亚的教育体制也有英国教育体制的色彩。但是，经过多年的变异和本土化，澳大利亚职业教育体系和办学逐渐形成了独具特色的发展模式。本节从澳大利亚职业教育办学模式的管理、运行和保障机制入手，分析澳大利亚职业教育办学的国际经验。

一、澳大利亚职业教育的管理体系与办学主体

澳大利亚的政治体制深受英国政治文化的影响，这种民主的政治文化在教育

圈内也得到了充分的彰显。在澳大利亚职业教育的办学模式中，民主化、多元化的特征非常明显。

（一）管理体系

1. 澳大利亚政府委员会

澳大利亚政府委员会是澳大利亚各州政府间的高峰论坛，成员包括联邦总理、州和领地的总理和首席部长以及澳大利亚地方政府联合会的主席。委员会的职责是推动全国国家层面的政策改革或协调需要所有政府共同参与的国家事务。委员会会期不固定，一般一年会有1~2次会议，会后将发布公报，这些公报被视为州政府间的"国家协议"（national agreements）。

2. 第三级教育与就业事务常务委员会

在政府委员会框架下，澳大利亚还建立了若干个部长联席会议，由各州的部长共同对全国事务进行讨论，其中就包括2011年成立的第三级教育与就业事务常务委员会。其对全国职业培训体系负总责，包括制定战略规划、制订行动计划等，处理影响全国培训体系的跨部门事件（如技能供需预测、劳动力队伍规划、高等教育与职业教育的衔接等）。这是一个各州的部长定期举行会议的机制，这种联席会议机制的实际效果是国家政策的制定与实行得到充分的讨论。

3. 全国技能标准委员会

在第三级教育与就业部长联席会机制下，澳大利亚取消了原来的全国质量委员会，成立了全国技能标准委员会。这个委员会的主要功能包括：开发和维护由第三级教育与就业事务常务委员会通过的职业教育的国家标准，向第三级教育与就业事务常务委员会提出开发与实施这些标准的信息、通过第三级教育与就业事务常务委员向职业教育管理局提供国家标准实施与解释方面的信息；向职业教育部门提供国家标准的修订信息；向第三级教育与就业事务常务委员会提出职业教育管理机构的运作建议。

4. 澳大利亚产业、创新、科学、研究与第三级教育部

产业、创新、科学、研究与第三级教育部在职业教育方面的职责主要包括协助澳大利亚政府在三方面达成中学后教育和培训的目标：开展职业教育质量保障的研究，分析评价相关政策，对职业教育质量政策提出建议；对国家的职业教育项目进行有效管理；与各州、自治区政府、行业、教育与培训机构形成有效的工作关系。

5. 澳大利亚技能标准局

2010年通过的《国家职业教育与培训管理法》以及2011年对此法的修正，确立澳大利亚技能标准管理局从2011年7月起成为全国职业教育的管理机构。

这个管理局负责管理澳大利亚全境内的职业教育培训机构。这一机构不隶属于某一政府部门，而是一个独立的法定机构。其好处在于：一是获得各州（维多利亚州和西澳大利亚州例外）的授权；二是执行联邦在各州的宪法权力。

6. 行业技能委员会

行业技能委员会是得到澳大利亚联邦政府认可并资助的一个行业性技能组织，但不隶属于任何国家机构，是由行业所领导的非营利公司。行业技能委员会的职责包括：对政府和企业提供关于劳动开发与技能需求的专业建议；积极参与对培训包等有助于提升劳动力水平的质量保障服务的开发、执行与持续改善；为企业及注册培训机构提供独立的技能与训练建议，如技能需求与技能培训的匹配方案、培训场所空间设计等；与各州或自治区的行业顾问机构合作提升当地的技能质量保障水平。

7. 澳大利亚劳动力与生产力局

劳动力与生产力局是一个独立的法定机构，负责向第三级教育、技能与就业部部长提出澳大利亚目前或未来的技能需要与劳动力开发需求方面的建议。这一机构的目标在于：对政府的职业教育政策提出独立的、高质量的建议，咨询的范围包括政府在教育与培训方面的投资、高技能劳动力队伍的开发、劳动力参与率的提升、提高行业满意度、增强澳大利亚生产力等方面。

8. 州培训局

每个州或自治区政府都有一个培训管理机构负责在本州的法律框架下执行与管理本州的职业培训，在全国质量培训框架下执行与管理本州管理职业培训：分配政府资助、注册培训机构、认证培训课程。州和自治区的培训局向主管教育培训的部长负责。

9. 学徒中心

在澳大利亚职业政府的合同约束下，学徒中心为学徒制的运作提供一站式服务。这类机构的职责包括：在学徒期内为雇主、学徒和培训机构提供帮助；在当地推广学徒培训；管理政府向雇主和学徒提供的激励资金；与州和领域当局开展合作；与各类职业教育机构开展合作（集体培训组织、注册培训机构、学校和社区组织等）。

（二）办学主体

澳大利亚职业教育与培训机构从办学主体上呈多元化特点，如表4-3所示。按职业教育与培训机构的所有制形式，澳大利亚职业教育机构分为两类：一类是公立的，即由联邦或各州领地政府举办，如各类技术与继续教育学院（TAFE），相当于中国的高等职业教育（高职学院）内部的成人教育服务中心和农业学校等；

另一类是私立和企业内培训机构以及未登记注册的社区机构。其中公立类占主导地位，其余只作补充。TAFE 的入学人数的市场占有率为 73.7%，占整个职业教育与培训市场的 3/4[①]。

表 4 - 3　澳大利亚提供职业教育与培训的公立及私立培训机构

政府公立部门	私立部门
技术与继续教育学院	不接受政府资助的私立机构
注册社区教育培训机构	私立商业学院
部分高等教育机构	企业对其员工进行的培训
多个部门机构合作	由供应商提供的产品使用培训
部分中学	未经登记注册的社区机构
农业大学	
土著教育提供者	
与政府部门签署培训协议的私立培训机构	

二、澳大利亚职业教育的办学形式

TAFE 是澳大利亚职业教育的名片，但是除了 TAFE 之外，澳大利亚还有技术学院、注册培训机构等不同的办学形式。

（一）TAFE

公立 TAFE 的经费主要来自政府经常性拨款，具体院校拨款数额的确定由政府和各 TAFE 学院协商决定。在国家层面，政府通过立法设立了国家职业培训局，对澳大利亚宏观经济发展与劳动力市场的需求变化进行战略分析；在地区层面，各州政府根据当地人口及经济发展情况做出布局规划，配套布局各类职业院校。政府制定国家能力标准，全国统一规范名称和制定统一教材。各个 TAFE 依据自己的具体情况提出相应的年度职业教育与培训计划。经政府和各个 TAFE 协商，签署"年度资源分配协议"，形成正式文件。

（二）技术学院

建立澳大利亚技术学院（Australian technical colleges）是澳大利亚政府应对

---

① AEU. AEU TAFE Funding Campaign Fact Sheet No.10VET System Still Growing. http：//www. AEU. edu. au, 2002.

技能型人才短缺问题的重要举措之一。2005 年澳大利亚政府划拨 89 亿澳元,用于技能型人才紧缺、青年失业率高的地区,为 11 年级和 12 年级学生建立 24 所"技术学院",并于 2006 年开始招生,2008 年全面运行。澳大利亚旨在通过建立技术学院,为澳大利亚青年提供一种新型的职业和技能培训,解决存在的行业技能短缺问题。

(三) 注册培训机构

注册培训机构(registered training organisations,RTOs)是举办职业教育的重要主体,注册机构需要到澳大利亚技能质量署(Australian Skill Quality Authority,ASQA)注册来提供职业教育与培训。只有经过注册的培训机构才能够申请州政府和领地提供的资金支持,且能够提供国家资格框架认定的资格证书的相关课程,这些课程包括资格证书一级到四级课程、学位证书课程、高级文凭课程、职业资格证书课程、研究生证书或学位课程等。

三、澳大利亚职业教育的运行机制

澳大利亚职业教育办学实践主要从招生机制、就业及升学机制、社会合作伙伴关系、课程与教学、师资建设五个方面展开论述。

(一) 招生机制

澳大利亚的职业教育与培训是依托国家资格框架,以课程为主线的,因此招生步骤是从"确定学习课程"(find a course)开始的。TAFE 学院的在校生,继续深造高等教育的学生,以及学徒制和受训生的招生制度有所不同。TAFE 的在校生申请职业技术教育的课程比较容易,只需在家长的帮助下填写职业技术教育志愿课程单即可。而学徒和受训生可以一边在 TAFE 学习,一边工作,通过整合培训和工作来学习技能;可以与雇主签订合同,明确培训工资,请有行业经验的教师进行授课;还可以选择部分时间制或者全日制进行学习。

(二) 就业及升学机制

1. 生涯咨询制度

澳大利亚不仅关注学生的最终就业,更为重要的是关注学生的整个职业生涯发展,因此,澳大利亚建立了生涯咨询制度。通过生涯咨询制度,学生更加清晰地认识到自己适合什么职业,自己的职业兴趣是什么,以及所想从事职业所需的职业、技能，这不仅帮助学生明确了在校学习的目的，而且极大地降低了学生选择职业的盲目性，有助于促进学生就业。

2. 升学：依托 AQF 与合作大学直通升学

澳大利亚从 20 世纪 70 年代开始，逐渐建立起以技术与继续教育学院（TAFE）为主的现代职教体系，尤其是 1995 年颁布的澳大利亚资格框架（AQF）和 1998 年建立的国家培训包，大大地促进了学习者在不同类型或层次的教育之间的转移，实现了各类教育和各层次教育间的相互衔接，从而，也实现了升学路径的通畅。

（三）社会合作伙伴关系

1. 政府与 TAFE 之间的关系

政府与 TAFE 之间保持着一种服务提供者与客户的关系，也就是说，政府进行的是一种商业式拨款。其大致的流程为：政府教育部门制定教育培训需求，由职业学院如 TAFE 按照国家技能标准和政府要求制订教学计划，最后由政府评估决定购买哪所学校的培训。这样的"商业拨款"使得 TAFE 与其他的职业教育与培训机构形成竞争关系。此外，培训结束后，政府会对结果进行严格评估，如果学院没有达到政府所要求的质量，政府就要收回所投入的费用。这就使得职业教育与培训机构精益求精，不断提升教学质量，以争取到政府拨款。实际上，公立的 TAFE 凭借其较强的职业教育与培训实力，能在竞争中拿到 95% 以上的拨款[①]。

2. 政府与行业企业之间的关系

澳大利亚职业教育培训中，政府与行业企业之间的关系是：一方面，澳大利亚相关行业组织的一项重要使命就是协助政府提供最新的行业岗位要求以及近期的就业信息，最新的岗位能力要求指导着职业学校的专业设置；另一方面，企业招聘的员工必须有国家资格的认定才能工作。1990 年 7 月《培训保障法》规定，年收入超过 26 万元的雇主应将工资预算的 5% 用于对本企业员工的职业资格培训，如果企业能证明自己在职业资格培训上的开支达到了其年度员工工资总额的 5% 以上，可以免除这部分费用。

3. 行业企业与 TAFE 之间的关系

澳大利亚在 2004 年把 29 个行业培训咨询委员会合并为 10 个行业技能委员会。行业企业在产学合作中的作用为：一是行业企业直接参与 TAFE 的管理。

[①] 陶秋燕：《高等技术与职业教育的专业和课程——以澳大利亚为个案的研究》，科学出版社 2004 年版，第 20 页。

TAFE 有院一级的董事会，主要由生产企业第一线的行业专家组成，一般每季度开一次会，属于 TAFE 的决策管理层。其主要负责对 TAFE 的办学规模、人力资源安排、资金安排、职业教育产品的开发等进行商讨并做出决策。二是行业企业审核 TAFE 课程。TAFE 能否开设某一专业，得先经过行业的同意。首先由全国行业培训咨询委员会预测该专业的人才需求的数量和该专业下的能力要求，然后由地方教育部门和行业组织进行严格审核。三是行业企业支持实训基地建设和接纳学生顶岗实习。TAFE 实训基地建设主要由政府和行业企业资助。行业企业的资助主要是采取投资和捐献旧设备等方式，而有的企业为了让其员工掌握新技术，将最新设备投入到实训基地中，并负责随时更新[①]。四是行业企业为 TAFE 提供师资来源。由于 TAFE 要求职业教师不仅具有教育学文凭，还应具有行业经验——3～5 年的企业生产经历。因此，TAFE 的师资多从行业企业中选聘。其中，行业企业不仅直接参与 TAFE 教师的选聘，还定期接受 TAFE 的教师来企业参与生产实践。

（四）课程与教学

1. 课程种类多样、覆盖面广

TAFE 课程分类范围广泛，有职业、非职业课程，从基本就业、教育预备课程到手工艺、半专业及专业课程，也包括闲暇和娱乐课程，基本涵盖了各行各业。例如，昆士兰州的 TAFE 开设了 800 多种教育与培训课程，其内容覆盖了 2000～2002 年昆士兰州政府优先发展的四大行业领域，具体包括汽车、艺术、社区服务、建筑、食品、森林、家具、公共教育、信息技术、通信工程、地方政府、轻工制造、机械工程、矿业、加工工艺、娱乐运动和健身、农村、科学技术、海产品、旅游和接待、交通运输、物业管理和服务、批发和零售。

2. 注重实用及专业职业训练

TAFE 的教学体系是建立在以培养学生实际能力为目标的基础上的，强调加强实践教学环节，使理论教学与实践教学融为一体：教室即实验室，实验室即教室；学习环境就是工作环境或模拟工作环境。课堂教学以提高能力素质为原则，纯理论的课程较少，基础课更是以实用为主。

3. 学术资格获普遍承认

澳大利亚的资格证书全国统一标准，以达到行业能力标准为依据，注重职业技术的实际技能考核。澳大利亚共有四种证书和两种文凭，各级证书和文凭之间的连续关系不受培训机构或地域限制，全国通认。甚至同一门课听课和实验在不

---

① 冯梅：《澳大利亚 TAFE 学院校企合作实践的研究》，西南大学硕士学位论文，2011 年，第 33 页。

同的培训机构都相互认可，对于学生的工作经历也可以申请承认，考核后承认所学的课程。在澳大利亚本土，TAFE 课程得到各行业、雇主及大学的广泛认可，TAFE 也正与其他国家的理工学院、教育部门、大学、雇用机构及专业团体广泛接触，使修读澳大利亚 TAFE 课程的海外学生所取得的资格可以获得学生本国的承认。

4. 设有不同入学程度，让学生有机会进入高级文凭程度的课程

TAFE 学院既招收完成 10 年或 12 年教育的学生，又招收在职从业人员，后者的比例一般在 70% 左右。TAFE 统一的证书制度和课程内容模块式结构使职业教育与普通教育、高等教育相贯通；使就业前教育与就业后教育相衔接，体现了终身教育的思想。在普通高中教育阶段，学生就可以自由地选择一级证书和二级证书要求的职业教育课程；高中毕业进入 TAFE 后，在高中教育阶段所得的职业教育课程的学分得到承认，即不必从头学起，可直接学习后续的课程模块。学生从 TAFE 毕业后，也可以进入大学学习，其在 TAFE 学习的相关专业的课程全部（若大学的专业实践性较强）或部分得到承认。

5. 课程设计前先咨询有关行业人士，确保教学真正符合行业需要

各职业教育院校的许多组织机构，都是由来自行业并代表行业意志的人员。国家培训总局是代表联邦政府管理职业教育的权威机构，由政府、行业、教育界的代表组成。各州 TAFE 的行业培训顾问委员会、服务处也都是以来自行业的人员为主组成的。在职业教育的课程和教学内容方面，企业、行业界也有很大的主动权。特别是在引入关键能力标准之后，由企业行业先确定需要何种技能，并制定关键能力标准，再由提供教育的机构在规定的标准基础上开发课程。这样，课程的设置和教学内容不再根据教育的条件确定，而是根据行业界的要求确定。

（五）师资建设

职教师资是确保职业教育有效运行的关键。澳大利亚通过确立严格的甄选机制，设立规范的职教教师准入标准，制定兼职教师管理制度，来确保职教师资的质量。

1. 职教教师严格甄选机制

为保障职业教育与培训的高质量，澳大利亚对职业教育的师资进入与培养制度进行了严格的管理与监控。澳大利亚职业教育师资的选聘有一整套完整、规范的程序，选聘工作原则上由各院校自行组织。招聘小组由行业专家、行政管理人员、专业教师三类人员组成，其成员接受教育主管部门严格的资格审查。

2. 设立职业教育教师准入的专业标准

澳大利亚职业教育师资选聘的标准主要基于 TATP 培训包，即培训与评估培训包（training and assessment training package，TATP），由澳大利亚商务培训部门开发，既是职教教师上岗的准入标准又是在职人员的进修指南。

3. 教师的管理制度

在澳大利亚职教教师的管理上，终身雇佣制教师越来越少，合同制（1～5年）和临时性教师越来越多，这样的机制也为教师增加了危机感和紧迫感，迫使他们高度重视自己的专业发展和提高，甚至积极参与自费培训活动。被招聘录用的专业技术人员，一边在 TAFE 从教，一边到大学教育学院接受为期 1～2 年的师范教育，以获取教师职业资格证书。澳大利亚职业教育在师资队伍建设上的投入很高，使得师资潜力得到充分的开发和利用，有利于优化人力资源配置，保证了职业教育的可持续性发展。

四、澳大利亚职业教育的投入机制与质量保障体系

澳大利亚职业教育与培训的投入方式主要是通过政府拨款（主要是维持日常经营）和私人经费（如公司为本公司员工购买培训）两种途径，当然个人也会以学费的形式来支付一部分费用。

（一）投入机制

1. 政府

澳大利亚的教育经费是由联邦政府和州政府合作负责的。各州政府主要负责为学前教育、普通公立中小学教育和技术与继续教育学院提供经费，并拨款给非公立中小学和非官方的学前教育中心；联邦政府负责为大学和其他高等教育机构提供全部经费，并对学前教育和 TAFE 提供补充经费。其中，联邦政府的资金投入约占政府投资的 1/3，州政府约占 2/3，剩下的少量经费由学校自筹。

2. 企业

澳大利亚各行业和各企业都将培训看作一种投资，认为职业教育与培训是保证行业企业竞争力的重要手段。一般说来，澳大利亚各行业每年用于各种形式的培训费约为 25 亿澳元。一些特殊行业也会向 TAFE 注入资金，以培养专职人员，如国防部门、能源部门等。还有一些行业通过奖学金形式向学生提供经费。有的行业还以帮助 TAFE 建设实训基地或以接受学生实习等方式参与学院的实践教学。

（二）质量保障体系

澳大利亚职业教育发展独具特色，与其职业教育办学的保障机制密不可分。

澳大利亚职业教育办学的保障机制包括国家职业资格框架、职业能力标准、法律保障、资金保障以及职业教育与培训质量评价制度。

1. 国家职业资格框架：各级各类教育体系互通的立交桥

澳大利亚的国家资格框架体系非常完善，涉及三种教育类别，即中等教育、职业教育和培训以及高等教育（见表 4-4）。尤其是在 2011 年 7 月以来，澳大利亚资格证书委员会进一步明确了各个资格之间的等级关系，促进了三类教育更好地等值互通。资格框架疏通了职教学生在职业院校与普通院校之间转学制度和学分互认制度，也加强了各院校之间的竞争意识和质量意识，确保了职业教学实施结果的认证质量。为了推进三类教育的互通，各级各类教育机构努力保障课程教学效果，以确保能够在国家职业资格框架中，实现不同类别、不同级别教育的等值互通。

表 4-4　　　　　　　　　　2011 年版的资格框架（AQF）

水平等级	中等教育部门	职业教育和培训部门	高等教育部门
10 级			博士学位 （Doctoral Degree）
9 级			硕士学位 （Masters Degree）
8 级		职业教育研究生文凭 （Vocational Graduate Diploma）	研究生文凭 （Graduate Diploma）
7 级		职业教育研究生证书 （Vocational Graduate Certificate）	研究生证书 （Graduate Certificate）
6 级		高级专科文凭 （Advanced Diploma）	学士学位 （Bachelor Degree）
5 级		专科文凭（Diploma）	专科文凭 （Associate Degree）
4 级		4 级证书（Certificate Ⅳ）	
3 级	高中毕业证书 （Senior Secondary Certificate of Education）	3 级证书（Certificate Ⅲ）	
2 级		2 级证书（Certificate Ⅱ）	
1 级		1 级证书（Certificate Ⅰ）	

资料来源：AQF Council. AQF Implementation Handbook Fourth Edition 2007. http：//www.aqf.edu.au/Portals/0/Documents/Handbook/AQF_Handbook_0（7）pdf. 2011-12-20.

2. 职业能力标准：确保学习者胜任工作的准绳

职业能力标准的制定是以能够胜任工作为准绳的，摒弃了学究式的烦琐理论。在每一培训包中都提出了能力领域和能力单元，每一个能力领域下包括若干能力单元，所有能力领域及其能力单元都有相应的识别代码。各项能力单元具有相同的能力标准格式，能力标准单元里详细地描述了会做哪些工作，会到什么程度，以怎样的质量完成工作才算合格等问题。能力标准解决了该领域的各个岗位的人员应会哪些工作的问题。

3. 法律保障

澳大利亚职业教育法是由若干法组成的职业教育法律体系。从纵向看，包括联邦法和州法；从横向看，包括职业教育与培训法、澳大利亚技术学院法、澳大利亚劳动力法、职业教育与经费法、劳动场所与平等法等。联邦职业教育法主要针对某一具体的职业教育问题，而州和领地职业教育法内容比较全面，联邦和州与领地的职业教育法在职业教育内容的规定方面形成了一个整体。澳大利亚职业教育法律对职业教育体系、职业教育管理、职业教育联邦经费划拨方式以及职业教育行业和企业参与方面都做出了明确具体的规定。它的主要特点是：内容具体，可操作性强；建立了职业教育审核、监督和惩罚制度，制约性强；关注职业教育质量和社会公平，引导性强[①]。

4. 行业、企业评价制度

澳大利亚行业引领职业教育的特色不仅仅反映在课程内容的开发中，也突出地反映在教学质量的监督和评价上。从国家、各州/领地到学校层面的质量管理人员的组成上就可以看出行业的主体作用：国家质量委员会的20个成员中代表行业的，包括行业组织和企业的成员就占了5名。由各州代表国家质量委员会出面组织的办学水平评估中，评估专家组成员也必须要有行业代表。职业院校层面的课程实施管理实行学院（校）董事会制，董事会成员中一般行业代表要占一半左右，如南澳州阿德莱德北部TAFE现有董事会成员12名，其中6名代表来自行业（有2名是行业退休人员）。根据2007年最新修订的《注册培训机构的标准》，职业院校必须定期进行教学质量满意情况的调查，并做出实质性的持续改进[②]。

五、澳大利亚职业教育办学模式的特点

澳大利亚职业教育的成功在于政府的积极作为，以政府为核心的系列措施保

---

① 刘育锋：《论澳大利亚职教法对中国职业教育法修订的借鉴意义》，载于《职教论坛》2011年第1期，第86~91页。

② 吕红、石伟平：《澳大利亚职业教育质量保障体系探究》，载于《外国教育研究》2009年第1期，第85~91页。

障了职业教育办学体系、机制和保障的稳步推进。

(一) 明确政府在职业教育中的主体地位

澳大利亚政府高度重视对职业教育的管理,并在管理中发挥宏观调控作用。政府通过制定职业教育的法规、政策,成立职业教育专门管理机构,构建职业教育认证体系,为职业教育发展提供法律和制度保障。此外,澳大利亚政府在职业教育的校企合作中也发挥着重要的主导作用。政府为校企双方牵线搭桥,组织学校和企业的合作,为校企合作提供平台;加强学徒培训政策法规的调控,为学徒培训创造良好的外部空间;建立和完善有利于学徒培训发展的服务体系,保证企业等投资主体对学徒培训的投入,给予办学的企业以税费的减免或经济资助。

(二) 明确各方职责,完善职业教育管理机制

澳大利亚职业教育具有完善的管理体系。从纵向上看,形成了由联邦州、州政府和地方政府组成的自上而下、职责明确的管理结构。从横向上看,教育部门与就业部门、经济部门与雇主组织之间密切合作,为现代学徒制的成功实施提供保证。

(三) 职业教育证书体系,完善职业教育体系

澳大利亚将现代学徒制纳入国家职业资格证书体系,实行培训课程与学校教育课程相互认可与衔接,成功地将学徒培训与普通教育、成人教育和高等教育连成一体,建立起一种"立交桥"式的义务教育后体系,使得学徒可以在学习和工作、在职培训机构和大学之间自由流动,满足学徒终身学习的需求。

(四) 加大财政支持,完善投入保障机制

澳大利亚自1974年颁布《坎甘报告》以来,政府一直在加大对TAFE的经费投入。财政的大力支持是TAFE得以迅速发展的直接推动力,也是其进一步标准化、规范化的有力支撑点。

(五) 建立行业、企业有效参与职业教育的机制

行业参与并发挥主导作用已成为澳大利亚职业教育可持续发展的根本动力。行业咨询委员会是澳大利亚行业参与职业教育的主要机构,由来自联邦和州政府负责职业培训事务的官员和行业、工会代表组成。其主要职能是制定行业职业能力标准,为职业院校提供专业设置、教学计划、课程安排等依据;直接参与学校管理,确保教学不脱离行业的市场需求。

第七节 韩国职业教育办学模式研究

韩国是亚洲"四小龙"之一，21世纪以来的经济发展速度惊人。但是，韩国并不是传统的大国和强国，能够在短时间内飞速发展，一方面得益于其积极向欧美学习的政治体制，另一方面受惠于全国对教育的重视。在职业教育领域，韩国把后发国家的优势发挥得淋漓尽致，为中国职业教育办学改革提供了非常好的经验。本节从韩国职业教育办学的管理、运行、保障等方面分析可借鉴的实践经验。

一、韩国职业教育的管理体系与办学主体

韩国的职业教育体系，从横向上可划分为常规的学校职业教育以及终身教育体系下的职业培训。而从纵向上可分为小学和中学阶段的职业教育、大专层次的职业教育以及高等教育阶段的职业教育。

（一）职业教育行政管理

韩国在20世纪90年代后的教育改革中加强了地方和学校的教育自治。中央成为教育服务部门，主要为教育系统制定规划、为教育改革制订计划，市、道教育办公室主要负责教育日常事务的管理。政府将权力下放，减少了对教育的控制，逐步形成自主与分权的教育行政体制。1991年颁布的《地方自治法》，使得地方层面的教育自治权得到进一步加强，相应地，教育行政逐步分权化[1]。1998年，韩国的《教育基本法》就规定："国家及地方自治团体要保障教育的自主性和专门性，要采取和实施符合当地实情的教育措施，并且要尊重学校运作的自律性，允许教职员工、学生、家长以及地区的居民等参加学校的运作"。2008年，韩国教育科学技术部公布了扩大单位学校的自主性，促进地方教育自治健康发展的《学校自主化促进计划》。该计划规定，把教育课程运营以及学校运营的相关权限全部返还给学校的校长和学校相关人员；强化针对初中等教育的教育监督的权限和责任；而国家负责设定国家层次上的教育基准和进行规划调整等，负责学生的健康和安全以及保护受教育者的权利等[2]。韩国的教育实行中央集权的分层

---

[1] 刘雪、冯大鸣：《日本、韩国教育行政职能的新变化及其启示》，载于《国家教育行政学院学报》2006年第11期，第35~37页。

[2] 牛林杰、刘宝全：《2008~2009年韩国发展报告》，社会科学文献出版社2009年版，第174~175页。

管理，即中央、地方和学校三级教育行政管理体制。与职业教育有关的行政组织大体分为中央行政组织和地方行政组织。中央行政组织为教育部，地方行政组织为广域市及省教育办公室、地方教育办公室（见图4-9）。

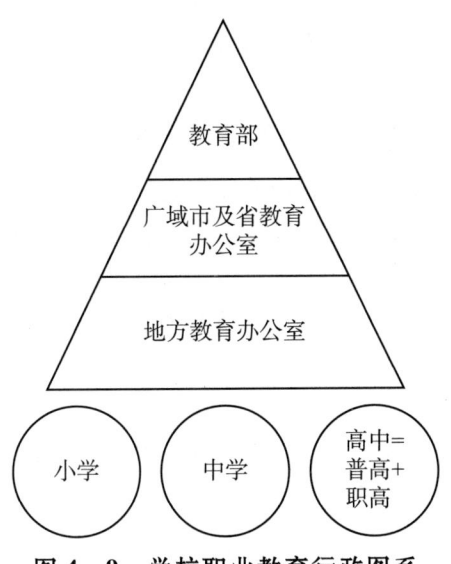

图4-9 学校职业教育行政图系

1. 中央教育行政组织

1948年11月，韩国的中央教育行政机构称文教部；1990年12月改称教育部；2000年1月改称教育与人力资源发展部；2008年2月，与科学技术部合并为教育科学技术部。教育科学技术部是管理与国家教育有关的政策制定，学校教育、终身教育以及人力资源有关事务的行政组织。2013年3月22日，教育科学技术部改称教育部，科学技术的业务移交给新设立的未来创造科学部。教育部组织长官下有2名次长，负责职业教育政策的第一次长下属有负责现有教育人力资源部业务的2室——计划调整室和人才政策室；3局——终身职业教育局、校政策局和教育福利支援局；6官34科，包括英语教育加强促进团和教育分权促进团。其中与职业教育有关的部门是终身职业教育司，管理终身教育综合政策和职业教育政策，负责专门大学及与女性人力资源有关的业务。终身职业教育司下面有终身学习政策科、职业教育政策科、专门大学资源科、潜在人力政策科，主要功能是制定职教政策及发展方向，包括中等及高等教育阶段职业教育的政策。

2. 地方教育行政组织

韩国地方教育行政组织有16个省及广域市教育办公室（9个省教育办公室和7个广域市教育办公室），其中有专门的职业教育部门，主要职能为根据教育科学技术部制定的政策来实施及辅助学校运行，监督和管理职业高中，负责教育日常事务的管理。此外，还有181个地方教育办公室，其中与职业教育有关的是职业教育局，负责监督、管理中小学校的一般职业教育。韩国目前有5 829所小学、3 106所中学、2 223所高中，其中有691所职高，1 523所普通高中，均专门设立学校课程开发部门，扩展职业教育的发展。

（二）终身教育体系下的职业培训管理体制

韩国职业教育培训体系包含韩国雇佣劳动部、人力资源开发服务、职业培训提供者、雇主、受训者五大主体。职业培训中心直属韩国雇佣劳动部，劳动部经历了几次改组：最初是1948年11月4日，韩国社会部设立下属劳动局；1963年9月1日，劳动局改组为劳动厅，成为保健社会部外厅；最后是1981年4月8日，劳动厅又改组为雇佣劳动部。韩国雇佣劳动部下设部门中与职业培训相关的有技能开发政策部、人力资源开发部、资格政策部。其职能是制定国家级别的职业培训政策、扩展培训板块、评估培训机构、管理公立培训机构、激活私人培训市场等。韩国人力资源开发服务分为1个中央级、6个地方级、18个分支机构，主要给职业培训以实践支持，负责职业技能开发及培训、国家级资格认证考试、外国劳工雇佣、职业培训。韩国有49家公立以及4 162家私人职业培训机构，主要实施职业培训、为失业者提供培训、负责雇主委托培训及重点领域培训。韩国政府领导下的职业培训机构具有相对的独立性，有专门的机构负责进行职业培训的相关事宜。韩国进行成人培训的机构主要有韩国劳动部和韩国产业人力公团。劳动部能力开发审议司统一负责韩国职业培训工作，下设培训政策处、能力开发处、培训指导处和资格振兴处。韩国产业人力公团是劳动部下属的事业性团体，该组织的主要任务是指导和管理韩国技术资格公团和21所职业专门学校及19所技能大学，负责研究发展和实施国家技术资格认定，具体组织和实施职业培训、技术资格认定和技能奖励事务等。

在四十多年的职业培训发展过程中，韩国形成了公共职业培训、企业职业培训和认定职业培训构成的职业培训体系，如图4-10所示。

公共职业培训主要由公共团体机构、政府机构和地方自治团体组织进行；企业职业培训由企业根据自身的需要和培训能力组织进行；认定职业培训主要由经主管部门批准的私人办学机构独立组织进行。除此以外，近年来韩国职业教育的发展重心由高中向高中后的学院和大学转变，以从业人员为培养对象的新型大学逐渐兴起，这种形式培训的学习场所主要是企业、工厂和车间，管理体制由企业和学校共管，学习方式采用计算机网络通信形式。这种培训模式的产生对韩国职业培训制度起到了良好的补充作用。与此同时，韩国政府也在不断进行继续教育和终身

```
            ┌─────────────┐
            │    雇主      │
            │  职工培训    │
            │  基本培训    │
            └──────┬──────┘
                   │
┌─────────────┐    │    ┌─────────────┐
│职业培训提供者│    │    │   受训者     │
│ 失业人员培训 │◄───┼───►│  求职注册    │
│ 雇主委托培训 │    │    │ 领取培训补贴 │
│ 重点领域培训 │    │    └─────────────┘
└─────────────┘    │
            ┌──────┴───────┐
            │韩国雇佣劳动部 │
            │  制定培训过程 │
            │  指定培训机构 │
            │  认定培训课程 │
            │  支付培训补贴 │
            └──────┬───────┘
                   │
         ╭─────────┴──────────╮
        ( 韩国人力资源发展服务  )
        (   支持技能开发       )
        (   认证资格证书       )
        (   提升技能           )
         ╰────────────────────╯
```

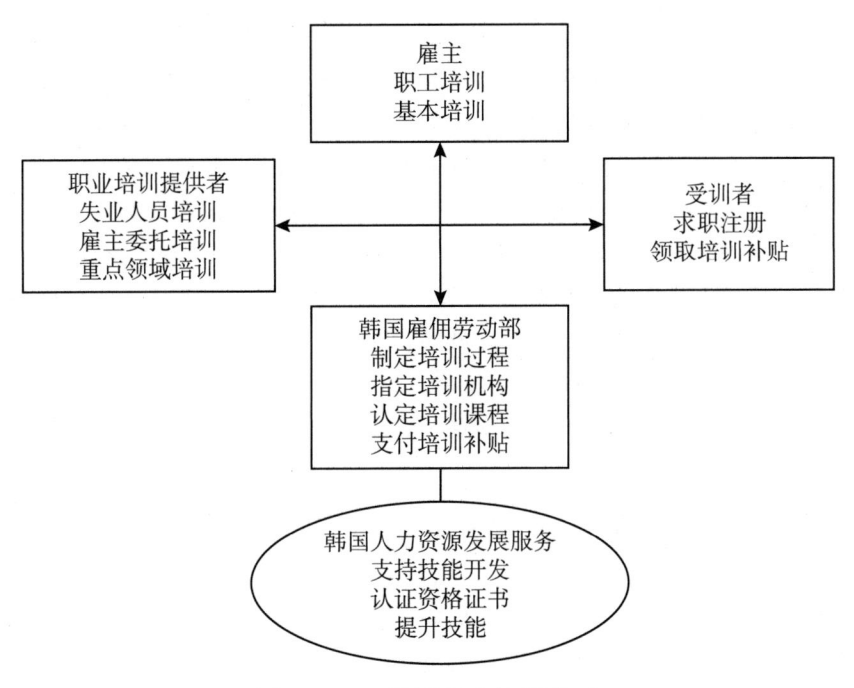

图4-10 韩国职业培训体系

教育的宣传。现行的职业能力开发体制是以供给方为主的体制，李明博上台后主张建立最大限度保障需要方选择权的需求者中心式的职业能力开发体制，尤其是要给失业者、中小企业劳动者、非正式工人等提供充分的自我主导型能力开发的机会。因此，将实行以需要者为中心的"职业能力开发赞助金制度"。这一制度的实行将会改变之前的供给方（培训机构）选定需求方（培训者）进行培训的方式，而是需求方来选择供给方，保证方要赞助全部或者部分培训费。劳动者先到雇佣支援中心进行个人咨询，选择适合自己的个人能力开发计划，然后支援中心会为其发放相应的职业能力开发赞助金，劳动者根据自己的计划选择接受培训的机构。劳动者的培训课程、结业与否、赞助金还剩多少等都被录入数据库提供给劳动者，对其所学的技术和知识通过"培训课程评价认证制"进行认证并与工资和晋升联系起来。通过这一制度提高了劳动者的终身学习和职业能力开发的参与热情[①]。

（三）办学主体

韩国实行"产、学、研、官"四位一体办学体制。为了给职业教育的发展提

---

① 牛林杰、刘宝全：《2008~2009年韩国发展报告》，社会科学文献出版社2009年版，第174~175页。

供法律保障,韩国出台了《职业训练法》等法律,规定企业要积极协助学生现场实习,接受职业学校学生现场实习要义务化;学校通过培养企业所需人才,来接受企业的资金援助;企业根据给予学校的财力支援比例来分享教育成果;由政府牵头成立包括政府、"学校""企业"、民间代表组成的"产学合作协会",指导和协调该地区的产学合作,对与学校合作的企业给予一定的财政补偿,对于接收实习学生较好的企业,由政府减免税收,以鼓励企业积极参与产学合作;同时,对因教育水平低而不能满足企业需要的学校,减少或停止财政支持,以此来提升学校的办学水平。这些政策表明,在韩国,职业教育的办学主体主要为政府和企业,特别是有实力的大中型企业,通过政府、企业与学校、研究机构的合作办学,共同提高职业教育办学质量与水平。

二、韩国职业教育的办学形式

韩国职业教育办学形式依托于现代职业教育体系的发展,形成了学校职业教育、培训职业教育和终身职业教育三大类。

(一) 学校形式的职业教育

韩国的基本学制是6-3-3-4制度,小学6年,中学6年(初、高中各3年),大学4年,如图4-11所示。现在虽然是以单线型的基本形态为主,但正在朝着复线型学制发展。

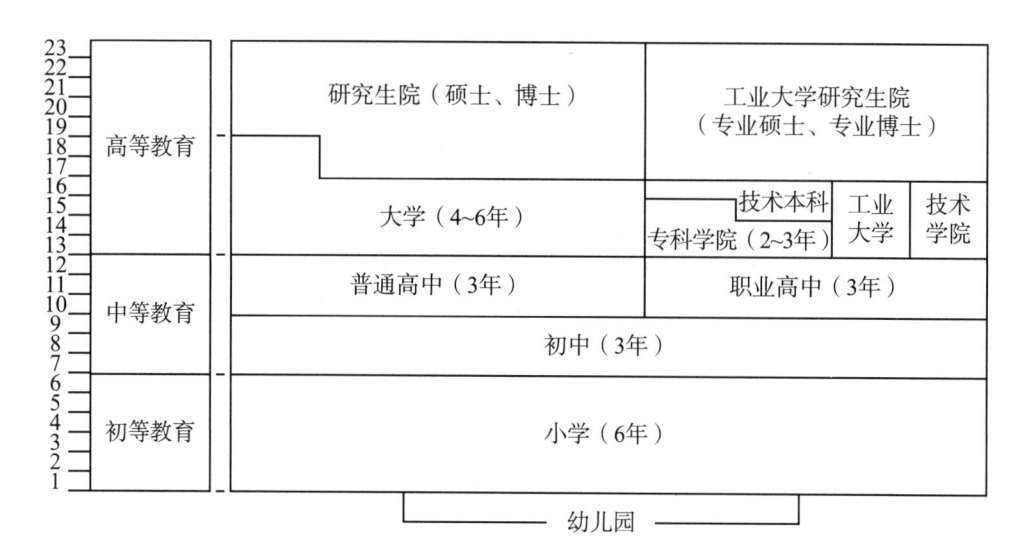

图 4-11 韩国现行学制

1. 中等教育阶段职业教育

中等教育阶段代表性职业教育机构是专门高级中学。专门高中教育课程系列包括农业、工业、商业、水产海运、家政等，学校类型分为农业高中、工业高中、商业高中、水产海运高中、家政高中等单一专业性高中、专业高中、综合高中。专门高中不仅有专门教育课程，还有国语、数学、科学、社会等高等教育课程。普通科目和专门科目的学习比率约为1∶1。第一学年主要开展基础课程以修习普通科目，2～3学年则相对修习专门科目多一些。第三学年暑假和第二学年中期进行专业（职业）领域的现场实习。专门高中之外的中等阶段职业教育还有普通高中里的职业课程。普通高中的职业课程是为尚未升入大学的一般高中生而开设的。普通高中的职业课程通过自身开发课程和委托课程来运营。

2. 高等教育阶段的职业教育

高等教育阶段的职业教育机构有专门大学和韩国技能大学等为社会各领域培养中坚职业人才的短期高等教育机构。专科大学在高等教育阶段的职业教育机构中占据压倒式比重，课程年限是专业学科之后2年或3年。专科大学内设人文、社会、教育、自然、工商、医药、艺书体育等学科，培养多方面的产业人才。专科学校具有很大的灵活性，因此即使选择相同的专业，也可以分别选择全日制课程和夜间（业余）课程。

（二）职业培训

1. 职业能力开发体系

从1976年《职业训练基本法》制定、颁布以来，韩国一直实行职业培训义务制。1999年制定了《劳动者职业训练促进法》，废除了实行23年的职业培训义务制，扩大了私人培训机构参与度，提高了个人接受培训的积极性，形成了支援参加劳动者终身能力开发的职业培训体系。主要变化内容是在废除或放宽职业训练义务制等各种规定前提下，消除制约私人培训发展的因素，同时允许盈利法人参与培训，并将竞争体制引入培训市场，从而形成私人主导的职业能力开发。

2. 职业培训场所和培训课程

职业培训场所是能够开展活动的所有机关及场所，并且开展的活动可以为参加职业培训的个人提供与职业相关的知识和技术，绝大多数由作为指定职业培训场所的私人培训机构占据。职业培训场所主要开展三类培训：一是在职培训。在职培训分为面向企业经营人的高端培训和一线劳动者的技能培训。培训方式包括职业能力开发培训和留级休假培训，前者主要是不脱产培训，在自己的培训场所直接实施或委托培训机关实施培训；后者主要指脱产培训，在职劳动者到委托培训机关接受培训，可以留职并给予休假。二是失业者培训。该类培训可以分为转行失业者培训、优先选择职业培训、地域失业者培训（雇佣促进培训）、新失业者培训、脱北者职业培训、小商品经营培训、自立职业培训等。三是转行失业者培训。该类培训主要面向15岁以上的失业劳动者，在雇佣保险适用的事业场所实施培训；优先选择职业培训以人才短缺的职业类别或每年劳动部部长实施考试的职业类别为主。雇佣促进培训主要面向不适合雇佣保险的失业者，自立职业培训主要面向按照《韩国国民基础生活保障法》规定的供需者中希望进行职业培训的人。

（三）终身学习

1995年5月31日，韩国教育改革委员会发布了"旨在确立新教育体制的教育改革方案"，以建立不受时间地点限制的人人都可受教育的开放的教育社会，终身学习的社会。1999年8月31日，韩国决定将以前的社会教育法全面重新修改成终身教育法，并于2000年3月份实施，这重新构造了终身教育的法律和制度基础，并成为韩国终身教育发展的第一阶段。《终身教育法》中写入了多种多样的学习赞助制度，并通过网络等尖端通信媒体实施远程教育，将包括远程教育在内的多种有形终生教育场所合法化，以切实保障韩国国民的学习权和学习者的选择权。

三、韩国职业教育的运行模式

韩国职业教育特别强调与企业的互动，因此，校企合作、产教融合是韩国职业教育办学运行中非常重要的体制机制。特别是韩国的定岗实习制度和职业教师管理为韩国职业教育办学立下了汗马功劳。

（一）职业教育校企合作制度

1. "家族企业"制度

韩国校企合作的"家族企业"制度特色突出。在韩国，企业的数量有数万个，比职业院校的数量多很多，总公司在一个地方，各地还有很多分公司，职业院校主要是与附近的企业进行合作，该企业的各个分公司也会自然而然地与职业院校建立合作关系，职业院校与总公司及其子公司之间形成类似于大家族的家庭成员似的亲密关系，这就是所谓的"家族企业"制度。例如，大林大学连锁负责的企业就达到了700多家。企业和职业院校都分为不同的等级，职业院校会给企业进行等级划分，主要根据企业给学校提供资金的多少而定，不同的大学可能对同一企业的评价等级有所不同。同时，企业把所在区域内的大学分为不同等级。

在合作企业的选择方面，韩国提倡区分性的选择，也就是选择有规模、有实力、专业对口性好的大型企业建立合作关系，这些企业往往不过分注重眼前利益，着眼企业的长远发展和社会效益，这样的合作关系能更持续有效的发展。在合作内容方面，企业参与的深度和对学校的依赖程度也是让企业更有积极性的关键。首先是双方共同研究制定人才培养的规格，确定培养的具体内容，学校聘请企业人员做兼职教师给学生上课，学生利用假期到企业实习。学校教授深入企业，将企业项目引入学校（如员工培训、产品开发、生产技术难题等），组织学校的技术力量进行研究和攻关，为企业解决实际问题。整个过程按照项目管理的模式运行，既帮助企业解决了实际问题，也锻炼了教师队伍，同时还增加了教师的收入。同时，企业对学校也不单单是用工的依赖，更多的是对学校技术优势的依赖。而且，为了项目研究的需要，企业往往会主动把一些设备和资金投入到学校，变被动为主动，双方共同依存，共同发展。

校企合作的运行管理，是整个合作的关键也是难点，管理制度运行的好坏，决定了合作深入的程度甚至是合作的成败。韩国职业学校推行的是"教授负责制"，即制定政策鼓励和支持教授深入企业，每名教授都有几个固定的合作企业，企业的问题由教授在学校组织技术人员解决，学校的问题由企业协助教授完成。教授负责开发合作企业，研究合作模式，确定合作项目，负责合作运行和管理。教授是企业和学校的纽带，也是学生岗位实习、就业指导、定向班建立以及教学内容调整的组织者和实施者。这种管理方法最大的好处就是弥补了由领导联系企业所遇到的一些实际问题，每个教授都是组织者，拓宽了合作领域。同时合作的深度也增加了，还避免了由于长时间疏于管理和沟通不畅、校企关系逐渐疏远等现象，真正实现了长效运行、良好发展的目的。

2. 职业教育机关产业协作

职业教育机关的产业协作是根据《产业教育振兴及产业协作促进相关法律》《国家均衡发展特别法》《职业教育训练促进法》《中小企业人力支援特别法》成立的。产业协作活动根据主要目的可分为教育训练的产学协作，技术开发的产学协作，生产支援及技术传授的产学协作。技术研究开发事业的内容有共同技术开发、学校企业运营、创业保育中心、科技园等。另外也有一对一教授、技术指导、经营指导等的交流。

（二）职业教育顶岗实习

依据1963年制定的《产业教育振兴法》，职业教育机构需要引进现场实习。而根据《职业教育促进法》第7条的规定，现场实习成为职业教育机构的义务。所以，顶岗实习不再是职业教育机构可有可无的行为，而是作为强制规定，要求从 1 年级开始把现场实习作为独立科目或其他专业科目中的并行科目运营。现场实习的目的是提高学生的现场适应力和帮助学生学习在企业中所需的知识和技术以及态度。依据《职业教育促进法第 7 组》的规定，现场实习的施行不是随意规定的，而是作为法律规范强制实施。根据教育部训令第 583 条，在实习条件允许的范围内，现场实习的学分认可范围可以根据实习施行的时间扩大。但是，规定称学校校长要编制让相关学科及专业的在校生可以进行至少 32 小时的现场实习的教育课程。

（三）职业学校教师职业资格证书制度与培养

1. 职业教育教师资格证书制度

1973 年，韩国颁布了《国家技术资格法》并执行国家技术资格测试（NTQT）制度，至今已建立了国家职业资格证书制度。上述法规和制度对毕业生应具备的能力与水平做了严格的规定。韩国职业培训教师的资格认定非常重视培训经验，培养的是既懂理论，又掌握技能的一体化教师。集中训练教师分为三个等级，从低到高分为三级、二级、一级。

2. 职教师资的培养

韩国在重视职业培训的同时，也相当注重对职业培训教师的培养。20 世纪 70 年代，韩国制定了《产业教育振兴计划》《产业教育振兴法》《技能大学法》等法律，还颁布了《为产业内劳动青少年所设置的特别班级标准令》，但其中缺乏关于职教师资的规定。因此，后来又颁布了《科学教育法》《职业训练法》《职业培训法》《职业训练基本法》，促进包括职教师资等在职人员的职业技能培训，加强在职职工的技术提升与更新。这一系列的法规为职教师资队伍的建设创造了良好的外部环境。

自 1967 年《职业培训基本法》颁布实施以来，韩国制定并多次修改了职业培训教师资格基准，由 1967 年 5 月的教师基准中的单一类别（仅有职业培训教师这一个类别）、单一等级，发展到 1991 年 6 月颁布的基准中的两个类别（集中培训教师、现场培训教师）、三个等级。按照不断修改的职业培训教师基准，最初是由与联合国计划开发署、国际劳工组织合作于 1968 年设立的中央职业训练院，即现在的仁川技能大学，培养职业培训教师。仁川技能大学是韩国资格最老的职业训练机构，培训高中毕业生，两年以后这些受训者可担任实习指导教师。现在的职业培训教师由 1992 年设立的劳动部所属的四年制的韩国技术教育大学来培养。仁川技能大学、昌原技能大学也开设一些培训职业培训教师的短期课程。这三所学校关于职业培训教师培养方面所设置的课程与培养目标各有所侧重。

在韩国职业培训教师的培训计划中,开设了两种课程:常规课程和证书课程。常规课程是一种 4 年制基础教育,在韩国技术大学(KUT)实施,要求学生毕业时修满 160 学分。理论课和实习课的学时比例分别为 42% 和 58%,实习课比一般工程学院多 3 倍以上,目的是培养有资格的职业教师。证书课程,是一种职业培训教育,是为已经取得主要专业知识和技能的工人提供基础专业技术、教育理论培训,以获得职业培训教师的资格。

韩国职业院校采取"引进来、走出去"的方法加强师资队伍建设。其聘请有生产实践经验的能工巧匠、企业工程师授课,发挥这类教师具有丰富实际经验的优势,如韩国农业大学请专门农业经营人才及研究试验机构的专家担任教授,进行现身说法的讲解;建立以产业现场为中心的教师人事制度和进修制度,与"产学合作"有关的学科教师每月要到企业、公司里给员工上一次课,增强现场教育经验;鼓励教师在外兼职或者自己开创公司,使教师累积更多的实际操作经验,给学生带来更多与产业相关而又有用的信息,把实际项目带给学生,让他们更早地进入实践环节。另外,韩国每年还派 100 名职业教师去美国进修,学习先进的工艺生产技术,掌握实践经验,很大程度上促进了韩国经济的发展。

四、韩国职业教育的投入机制与质量保障体系

韩国职业教育办学主要依靠政府、企业、行业等多元化投资主体进行分散投资。而在职业教育办学质量的保障和监管方面,韩国出台了一揽子法律法规保障职业教育的质量水平。

(一)韩国职业教育投资主体

韩国的初、中等教育管辖权由包括 9 道 7 市 16 个教育厅和各学区地方教育部门掌管,政府拨款占整个基础教育预算的绝大部分。高等教育则由教育科学技术部管辖。教育财政经费可分为中央政府教育财政、地方政府教育财政和私立学校财政资金三大部分。总体而言,在高等教育阶段的教育经费中私人投入的比例占得很高。各种教育基金会、大财团、财阀的投入是相当可观的。教育经费来源的多元化,保证了教育经费的充裕[①]。

韩国在教育经费上采取向职业教育倾斜的策略。韩国财政拨款和学生收费对职业教育的优惠体现在:政府财政拨款,职业高中高于普通高中;学生学费缴纳,职业高中学生低于普通高中学生;学生费用减免,职业高中学生多于普通高

---

① 袁本涛:《韩国教育发展研究》,山西教育出版社 2005 年版,第 8 页。

中学生;学生奖学金发放,职业高中学生多于普通高中学生。韩国职业培训由国家统筹协调,经费来源于两大渠道,即雇佣保险基金和就业促进基金。两项基金均按一定比例向企业征集。统筹基金主要用于公共职业培训和在企业内难以实现的培训,国家统一培养职业培训教师,指导企业开展培训,帮助低收入家庭子女开展训练,补助技能鉴定费用等。企业内开展培训的费用,按工资总额的2%提取,专款专用。

(二)韩国职业教育的法律保障

1963年,韩国制定了《产业教育振兴法》,强调要改善中等教育结构,加强职业教育,并规定政府当局、地方自治团体和学校法人为振兴职业技术教育提供支持,确保实验实习设备和实验实习费用,对职业技术教师和职业技术学校、理工科学系学生实行优待。这些法规提高了各级政府对职业教育的重视程度。1969年,韩国颁布了《科学教育振兴法》,规定各级政府要对职业教育进行投资,决定建立"科学教育基金"以支持科学教育的发展。这些法律条文保证了韩国职业教育发展的资金来源。1973年,韩国又制定了《国家技术资格法》,规定产业界各种技术人员和技能人员要具备国家统一的技术技能标准,要求凡是接受技术教育和职业培训后参加工作者,必须按该法规定的内容进行考核,这种技术资格考核相当严格,对获得技术资格者,给予相应的经济和社会待遇。《国家技术资格法》的颁布与实施大大提高了韩国职业教育的社会地位。1982年10月,政府颁布了《科学技术振兴方案》,决定设立技术高等中学,实施英才教育,加强对基础科学技术教育的支援。韩国1995年3月1日起开始施行,2004年3月重新修订了《韩国产业教育振兴及产学协力促进法》,规定了对职业高中、实业高中、实业性学科或课程的一般高中或大学以及在农业、水产业、海运业、工业、商业等产业从事工作的学生,提供必要的知识、技术上的教育,从而振兴产业教育,促进产学协力,培养符合产业社会要求的、有创造性的产业人力,而且能够开发、普及、扩大产业所需要的知识和技术,促进地区社会和国家的发展。

五、韩国职业教育办学模式的特点

韩国在职业教育办学方面采取了多方面的措施提升职业教育吸引力,这些措施不断地稳定和发展,最后形成了韩国职业教育办学的主要特征与经验。

(一)以优惠政策鼓励学生参与职业教育的学习

其优惠政策主要有:一是不管是初中、高中、大学毕业生,还是在职职工、技术人员，都可以到职业学校学习；二是除私立职业学校外，其他职业学校一律不收学费和住宿费，只收伙食费；三是政府专门指定一部分职业学校招收低收入家庭的子女、生活保护对象者子女、未就业或未升学者、对国家有功人员子女到这些学校学习；四是对优等生颁发奖学金。

（二）不断提升职业教育社会地位

第一，改革高中升学考试方案。将报考职业高中的升学考试放在前期，报考普通高中的升学考试放在后期，若考生被职业高中录取，则不得再参加普通高中的升学考试；若考生未被职业高中录取，则还可参加普通高中的升学考试。第二，改革奖学金制度。20世纪80年代，韩国扩大了职业高中生奖学金的受惠率，提高了所有职业学校学生的助学金，还出台政策免收10%~15%的职业高中学生的学费。第三，职业高中毕业生优先升学与就业。在高考录取过程中，当普通高中毕业生和职业高中毕业生成绩相同时，优先录取职业高中毕业生。职业高中毕业生可直接升入职业大学或综合大学相应专业学习，职业大学学生也可转入综合大学学习。优先保障职业高中毕业生就业，就业后即能获得熟练工人证书。

（三）不断优化的职业教育与培训政策体系

从纵向上看，韩国已经形成了相对独立与完整的职业教育体系，制定了职业教育的继续教育课程、插班和升学制度，较好地衔接初、中、高等职业教育；从横向上看，韩国构建起了高等职业教育与普通教育之间的"立交桥"，就读职业技术学校的学生无须参加升学考试，凭有效的毕业证书和技能证书就可免试进入高一级的职业技术院校就读。同时，韩国还采用"学分银行制"把已有的学习和经验与未来的学习累积在一起，贯通了职前教育与职后培训体系。通过实现职业教育内部各层次间以及普通教育与职业教育的互通、职前教育与职后培训的衔接，使职业教育和培训体系不断优化。

（四）职业教育与经济社会发展关系紧密

1962年韩国设立了政府职能部门、副总理级的"经济企划院"，该机构在调整和推进经济社会发展计划方面发挥了强有力的作用。这期间根据经济社会发展计划，为了经济发展每5年对人力资源需求进行分析预测，并制定和推进旨在培养人力的职业技术教育政策。当然，职业教育政策的推进是由教育部承担，但是经济企划院对此经常进行综合调整和评估。其后的50年中，经济界与职业教育的互动一直保持良好态势，在职业教育培训政策推进方面取得了成功。

（五）多元化的办学体制

尽管经济开发初期韩国的政府财政脆弱，属于贫穷国家，但是韩国在短期内得以普及初等教育（基础教育），甚至普及高等教育，这主要得益于私立学校教育的成功。现在的韩国约20%的中学、40%的高中、85%的大学仍依赖于私立教育。职业教育机构中，尤其是实业高中（职高），私立教育所占的比例较高，甚至职业培训也是依赖于包括企业在内的民间机构。

第八节　瑞士职业教育办学模式研究

瑞士是欧洲小国，却以其较少的人口和较小的国土，发展成为一个高度发达的资本主义工业国，并在世界经济强国中占有一席之地。瑞士的国际竞争力主要靠什么来保持呢？归根结底靠的是人才，更确切地说是职业教育培养的人才。瑞士的职业教育与培训体系一直以来在国际上备受关注，其职业教育办学更是以其多元主体参与、灵活多样的形式而备受赞誉。

一、瑞士职业教育管理体系与办学主体

瑞士是联邦制国家，其行政体系划分为联邦、州和市镇三级，共有26个州，800万左右居民。瑞士是多语言、多文化、多民族的国家，因此，在职业教育办学中平衡各方利益、取得共识非常重要。

（一）管理体系

瑞士是联邦政体，其教育体制也深受其政体影响，在国家一级没有联邦教育部，26个州各设有自己的州级教育管理机构，且州以下的市镇同样具有教育自治权。联邦政府只有原则的立法权，实施则主要由各州根据各自的情况来完成，各州又均有自己的教育法。根据瑞士宪法规定，职业教育的管理主要由联邦负责，在具体实施中，由联邦、州和各行业协会共同合作完成。总的来说，联邦负责职业教育的立法及整个职业教育体系的发展，州主要负责具体的实施和监督，各行业协会则负责起草职业标准、课程设置等专业性较强的工作。

1. 联邦政府

瑞士联邦政府主要着眼于职业教育体系的整体发展和管理，起到战略引导与

规划的作用。联邦将战略层面的任务重点放在确保职业教育质量、规划职业教育未来发展、增加职业教育的透明度及保证职业教育特色等。具体包括：（1）保证职业教育的质量，推动职业教育体系的完善；（2）促进全瑞士范围内职业教育课程的可比性和课程设置的透明度；（3）为全瑞士各个行业的基础职业教育和培训制定相关法律规范；（4）分配占整个政府公共经费1/4的职业教育经费；（5）鼓励创新和支持公益教育服务。联邦一级对职业教育管理的机构为联邦工业、手工业、劳动局（BIGA），该局隶属于瑞士联邦国民经济部（EVD）。具体实施机构主要是联邦职业和技术教育局（BBT），主要从联邦对职业教育的需要出发，制定各项职业教育和培训政策及发展项目，隶属于它的瑞士联邦职业教育研究所（SPIVE），主要负责基础职业教育段师资的培训。

2. 州政府

瑞士联邦共和国由26个州组成，各州拥有独立的州议会、州政府与州级法律，并且在包括教育在内的某些领域享有较宽的自治权，职业教育和培训体系的学校部分由其组织和管理。每个州设有一个职业教育与培训办公室，负责监督职业教育和培训项目实施。其职责主要包括以下几点：（1）经营管理职业学校，包括制定职业学校的课程、组织并监督职业学校教学、组织最后考试；（2）把关学徒协议的签署与执行；（3）提供职业、职业教育与职业生涯指导等相关职业与职业教育上的咨询与信息服务；（4）调查与平衡州内学徒岗位市场供需关系；（5）向雇主群体宣传、推广学徒制，并确保提供学徒制的企业达到国家质量标准；（6）积极参与职业教育体系完善过程等。

3. 专业组织

瑞士的专业组织是参与职业教育不可忽视的重要力量。专业组织的范围很广，包括行业协会、企业、社会合作伙伴以及与企业相关的机构、其他职业教育提供机构等。不过一般来说，社会对专业组织的关注重点是企业与行业。专业组织主要负责职业培训的培养目标与培养内容的制定、现有职业培训规章的改革与更新、非职业学校课程的实施等。同时，专业机构还负责在不同职业使用新教育培训方法以推动教育计划的启动实施与调整，代表联邦与州政府在最后的评估考试中发挥重要作用。具体来说，专业组织的权责包括：（1）设定实践培训内容与国家质量资格标准；（2）创造与提供学徒岗位；（3）开发新职业教育培训课程；（4）制定职业资格任职标准；（5）按照市场要求更新课程内容与安排，保证课程跟上市场的变化步调。可以看出，专业组织在涉及实践课程或职业资格标准等方面具有很高的话语权与较大的决策空间，有利于发挥其与市场、经济之间紧密联系这一天然优势，减少了新生代劳动力培养与实际社会需求之间的差距。

（二）办学主体

瑞士职业教育的管理体系遵循三权分立、相互制约与共同合作三大原则，联邦、州及行业协会在各自相对独立的基础上参与合作分工，合作分工过程中伴随监督与制约。因此，瑞士职业教育以面向市场为办学导向，在办学力量的组成方面强调多元合作，以多元办学主体的支撑作为保障。其中，政府（联邦政府和州政府及授权的专业机构）、培训学校（职业教育学校和应用科学大学）和行业企业构成了瑞士职教体系中主要的办学主体，三者之间密切联系与合作。例如，在政府的支持与协调下，职业学校与企业联合培养学徒，注重学徒的培养质量。这种合作，对学校和企业来说是一种"双赢"模式，学校可以通过和公司的合作培养学生的实践能力；公司能够提前选择和定向培养未来的技术员工，并且通过支付实习工资降低企业的人工成本。不仅如此，行业协会也常常会参与到一些教学和资格考试的组织之中。

二、瑞士职业教育的办学形式

瑞士实行的是普通教育与职业教育双轨并行的教育体系，九年义务教育以后实行普职分流。瑞士的中等职业教育非常发达，办学形式多样，供有需求的学生进行选择。此外，瑞士高等职业教育和应用科学大学也相互补充，证书体系与国家资格框架相互衔接，构成真正意义上的现代教育体系，如图4-12所示。

（一）中等职业教育办学

中等职业教育是瑞士职业教育的主体，其学生数占高中阶段学生总数的2/3左右。这个阶段的职业教育有学徒制培训（双元制职业教育）和基于学校的职业教育（专门职业学校）两种主要形式，其中80%的学生选择以企业为主的"三元制"培养模式，20%的学生选择全日制职业学校培养模式，如图4-12所示。

"三元制"职业教育是典型的现代学徒制，因整个职业教育过程在职业学校、企业以及培训中心共同完成，因而被称为"三元制"，又称为"三个学习地点"。学生每周3~4天在企业实习，1~2天在职业学校学习理论和文化课，每学期1~2周在行会所属培训机构学习"跨企业课程"，以弥补企业实践培训内容的不足。瑞士中等职业教育办学包括"2年制"和"3~4年制"两种模式。

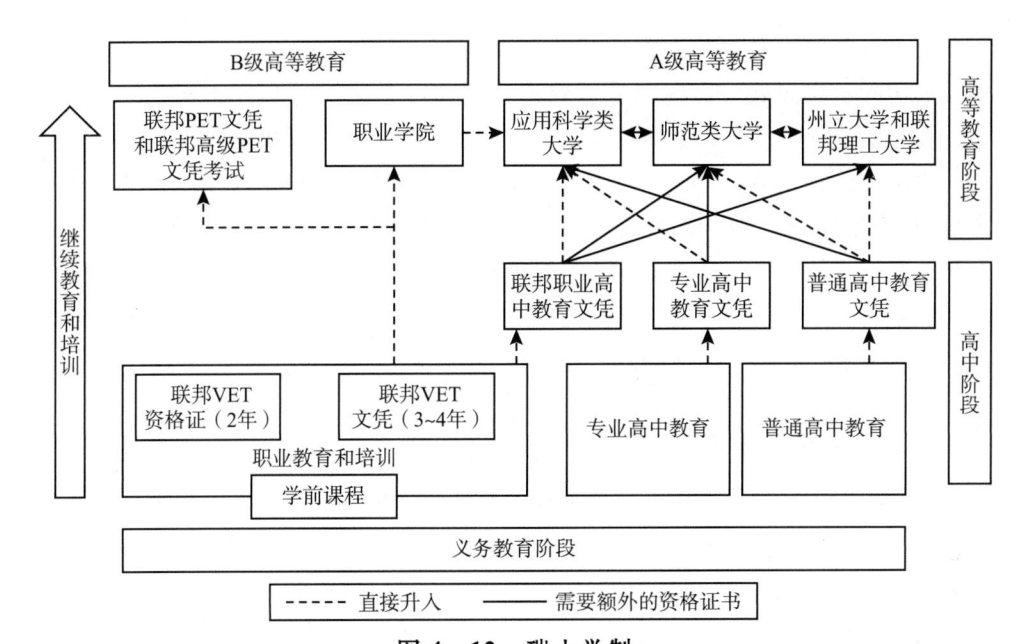

图 4-12 瑞士学制

资料来源：联邦政府职业教育与技术署（OPET）。

1. "2 年制"中等职业教育

"2 年制"中等职业教育是按照 2004 年新颁布的《联邦职业教育法》建立的新模式，这种模式为学习者提供获得特定工作的能力。此外，学习者毕业后即可拿到"联邦职业教育证明"（EBA），获得学历文凭后可以直接就业，也可以继续学习 3~4 年制职业教育课程，包括联邦 PET 考试、高级联邦 PET 考试、高等职业学院学位课程等。如果想进入应用科学大学（UAS）学习，还必须通过联邦职业教育会考（FVB）。"2 年制"中职为学生提供了多种个性化的辅导，如自由课程和个案管理等，所提供的专业也几乎涵盖所有职业领域。

2. "3~4 年制"中等职业教育

"3~4 年制"中等职业教育模式是中职教育的主体，其毕业生占中职毕业生总数的 88% 左右。这种模式为年轻人提供更实用的技能，毕业生能获得"联邦职业教育证书"（EFZ），获得联邦职业学历以后可以直接进入高等职业课程学习，如高等职业学院学位课程等。同样，如果毕业生想进入应用科学大学（UAS）学习，也必须通过联邦职业会考（FVB）。

（二）高等职业学院

瑞士高等教育分为两部分：高等 A 级（学术教育）和高等 B 级（职业教育）。高等职业学院（HF）属于 B 类，类似于中国的高职学院。高等职业学院的入学要求是取得"联邦职业教育证书"（EFZ）或同等资格，不同专业可能要求不同的实际工作经验。高等职业学院全日制课程学制为 2 年，非全日制至少 3 年。高等职业学院的课程更加关注某一特定职业的实际应用知识和技能，而较少关注学术和研究领域，因此，学生到企业实习的机会和时间相对较多。在全日制课程中，实习占整个学习时间的 20%；非全日制课程中至少 50% 的学习时间应在相关职业领域工作。高等职业学院的毕业生毕业可以获得高等职业学院文凭并加注专业名称（如高等职业学院木建筑文凭技术员）。这类学院还提供继续教育课程，学习者可获得更高级别的职业资格。

（三）应用科学大学

在瑞士官方分类中，应用科学大学是属于高等 A 级教学机构，属于学术研究的教育机构，并非职业技术教育类机构，然而应用科学大学在瑞士职业教育体系中具有无可替代的作用。20 世纪末，新兴产业成为瑞士经济发展的主要推动力，产业转型对高技术技能人才提出了更高要求。面对这一挑战，瑞士 1993 年对高等教育进行了改革，而应用科学大学被认为是瑞士近年来最成功的教育改革之一，是一种全新类型的高等教育机构。应用科学大学前身是从事职业教育的高等职业学院，20 世纪 90 年代中期 50 所 B 级高等职业学院合并成 7 所应用科学大学，由 B 级进入 A 级行列，21 世纪初又成立了 2 所私立应用科学大学，分为本科和硕士两个层次，本科学制一般为 3 年，硕士学制为 1.5～2 年，被赋予更多的研究职能。但是应用科学大学又不同于传统的学术大学（州立大学和联邦理工学院），它侧重于职业相关的应用研究，要把理论成果转化成最先进的应用技术，通过学位课程和职业培训将最新的职业技术扩散到企业。其毕业生大多就职于中小企业，进入企业后成为所在企业的技术骨干，作为师傅再将新的技术传授给其他职员，形成了新技术开发—学生培养—技术扩散的完整链条，从而保证瑞士获得最新的技术和掌握新技术的员工。对于中小企业占绝大多数的国家而言，应用科学大学的技术创新具有十分重要的意义。实践证明，应用科学大学给中小企业带来了巨大效益，满足了企业差异化经营战略的需求。

三、瑞士职业教育的运行机制

（一）招生机制

瑞士的职业教育以就业为导向，职业教育专业的发展与转变，主要以市场为导向，兼顾企业发展、人口变化及学徒的兴趣。例如，近几年化学工业方面的职业需求大大减少，而计算机等方面的职业需求增加。目前，瑞士的职业学校提供了200多个可供选择的职业方向，各产业中都有炙手可热的专业。瑞士职业教育学校根据劳动力市场对职业资格的要求和岗位空缺情况，制订职业教育和培训招生计划。州政府负责每月收集企业需要的学徒信息，每年两次公开发布学徒供求信息，大约每5年调整一些专业设置，确保职业教育和培训满足劳动力市场需求。这是瑞士职业教育学校毕业生就业率高的另一个主要原因。

（二）就业及升学机制

1. 升学机制

现代学徒制的升学途径。通过建立应用科学大学，瑞士延伸了职业教育的层次，为学有余力的学徒提供了接受继续教育的机会。对于中等和高等成就的学徒来说，经过3~4年的学徒学习，毕业时可获得联邦政府提供的"职业教育与培训文凭"，获得该证书的学生即有资格进入相应行业工作，也可直接升入专业教育与培训学院（PET colleges）深造；对于低成就学徒，经过2年的学徒学习，毕业时可获得联邦政府提供的"职业教育与培训证书"，获得该证书的学生也可继续攻读"联邦职业能力证书"。职业教育与培训文凭及证书的持有者可以从事职业领域的技能型工作，同时，也可接受专业的高等职业教育培训，之后还可选择接受第三教育阶段的教育，即国际教育标准分类法5A、5B类型的高等教育。

其他中等职业教育的升学途径。普通高中毕业生具备1年以上工作经验且获得相关证书后，也可以进入高等职业学院或应用科学大学学习；中等职业学校毕业生通过职业高中会考可获得"联邦职业高中毕业证书"并直接升入应用科学大学学习，或通过大学入学能力测试后并补足普通大学所需要的入学材料，进入公立大学或联邦理工大学学习；中等专业学校毕业生通过参加专业会考，获得"专业会考证书"，可直接进入高等职业学院或应用科学大学。

2. 就业机制

瑞士构筑了完备的职业指导与就业支撑体系，系统化、针对性地指导学生就业。瑞士十分强调学徒培训的职业指导工作，为学生提供咨询服务，帮助学生进行岗位定向及性向测试，为学生及家长讲解学徒培训岗位的具体细节，帮助学徒选择最适合自己的岗位，同时也为结束学徒培训的学生进行职业指导，帮助其分析劳动力市场的供需情况，为其讲解岗位的相关细则，进行正确的职业导向。州政府会定期对劳动力市场进行评估调查，统计学徒岗位的整体需求与青年人的选择意愿，在可能的情况下提前采取措施使两者之间的差距趋向平衡，同时及时更新中心的数据库，更好地提供就业指导服务。

(三) 社会合作伙伴关系

在瑞士，政府、企业、各种行业、职业协会以及工会等都参与职业教育的管理或运行。职业教育实行"三元制"教育模式（职业学校、企业学徒制、行业培训中心），其中，行业协会在职业教育中起着重要的作用，而企业提供的学徒培训制则是瑞士职业教育实施的主体，职业学校主要是辅助和配合企业学徒培训。虽然政府对企业参与职业教育并没有强制要求，全凭企业自愿，但企业以培养学徒为荣，目前瑞士有30%的企业提供学徒岗位。作为对企业工作的认可，各州职业教育办公室每年会向接收学徒的企业颁发一枚徽章，上面写着"我们培养了专业人士"。在瑞士的校企合作中，企业会进行成本和收益的评估，学徒在获得工资的同时还为企业创造利润，这样给学生提供合理的培训，对企业和学生来说是双赢，这也是调动企业积极性的关键。

(四) 考试制度

1. 联邦职业会考

联邦职业会考（FVB）是1994年引入教育系统的，主要面向那些获得联邦职业学历且具有良好学术技能的人。学习者接受3~4年的职业教育可拿到联邦职业文凭，才有权选择接受联邦职业会考。联邦职业会考有相应的备考课程，学生可以在中职学习的同时学习职业会考科目，也可以在中职课程结束后再学习会考科目并参加会考。获得FVB证书后可以直接申请进入应用科学大学学习，而不用参加入学考试。在获得FVB证书的学生中，有50%的人会在3年内升入应用科学大学。此外，通过联邦职业会考的学生还可以参加大学能力倾向测试，为进入州立大学或联邦理工学院开辟道路。

2. 瑞士的联邦高等职业考试

瑞士的联邦高等职业考试（PET）是一种能力和资格考试，包括联邦PET和高级联邦PET。通过PET，可以获得国家颁发的"联邦专业教育证书"，获得证书者可参加联邦高等专业考试，并且通过考试后，获得"联邦高级专业证书"。如果一个行业既有专业考试，又有高级专业考试，参加者必须先通过专业考试才能参加高等专业考试。高级PET要求考生具备独立经营中小企业的能力或者成为某一领域的专家。通过这两个考试的考生，国家将认定其为高等B级。

(五) 师资队伍建设

在瑞士，职业教育的教师可以分成两类：一类是具有5年企业工作经验、实践能力强的工程师；另一类是具有 4 年工程技术师范学院、3 年以上工程师实践经验的学校专业教师。不管哪种类型的教师或工程师，瑞士联邦政府都要求必须走一种一流的路线——"双师型"。两类教师要取得在职业学校任职的资格，都必须通过由各州组织的高级教师资格考试，取得"高级中学师资教学论证书"。各学校包括培训中心均有自己的研究机构或合作的研究所，这些独立的研究所都有三方面的工作职能：研究、教育和技术转让。

瑞士对师资的选拔与培训有明确的规定，教师每年必须参加培训，以确保教师的知识、学校的专业符合经济社会和企业的发展需要。学徒在具有丰富实践和理论知识的师傅的指导下能掌握行业发展的最新动态，学会生产制造的核心技术，跟上技术更新的步伐。这种一流的"双师型"教师队伍建设可谓是保持瑞士职业教育走在世界前列的关键。

四、瑞士职业教育投入机制与质量保障体系

（一）投入机制

2004 年修订生效的《瑞士联邦职业教育法》，是瑞士举办职业教育资金投入和行政管理的重要法律保障，使瑞士形成了一个多元、灵活、高效的经费投入与使用机制。瑞士政府将运行经费按照用途分为多种：公共经费、行业经费和职业教育基金，建立了一整套经费多方共担机制。其主要构成如下：

一是公共经费。公共经费主要由联邦政府与州政府承担，州政府负责经费的 3/4，联邦政府承担剩下的 1/4。其中，联邦投入的资金中有 10% 用于促进职业教育发展计划和相关公益活动。公共经费主要用于包括学生辅导课程在内的职业教育相关准备活动、职业学校运行、专业课程的实施、职业资格认证四大部分。二是行业经费。行业组织负责其职权范围内的职业教育培训所产生的费用，包括相关基础工作的实施经费与行业培训中心运行费用。三是面向特定经济部门的职业教育基金。职业教育基金属于推进企业参与学徒培训的激励性体系，主要用于保证所有企业（包括未加入行业组织的企业）都为行业参与职业教育的经费支出做出应有贡献。所以，企业即使不直接参与培训也要向基金会支付一定的培训费用，同时，参与的企业将会得到一定的经济补偿与资助。联邦政府可以宣布部分职业教育基金为公共利益，强制要求某特定经济部门的所有企业都必须缴纳。此外，企业还要支付一定的报酬给学徒，大约是正式职工工资的 1/5。

（二）质量保障体系

关于质量保障部分，瑞士职业教育法明确规定职业教育参与者自行对各自部分的培训质量负责，联邦政府主管质量监督，设置质量标准并保证其切实推行。因此，职业教育培训过程中的质量监督大部分由政府主导或者引导，有着多形式、多地点、多主体、自评与他评相结合的特点。培训时间长、培训过程复杂的特点意味着瑞士学徒制要想成功必须实现过程式质量监督。

1. 专业通用基础培训章程

专业通用基础培训章程中的质量保障措施范围很广，如各种要求与标准的详细设定等都属于其范畴。其中值得关注的是过程式质量保障举措中针对不同培训地点的学生行为记录。

（1）培训企业行为记录。每个学徒都会有一本培训记录手册，以便学徒将其在企业习得的具体技能、完成的任务以及获得的经验等进行记录。培训人员必须就学生记录内容与学生进行讨论，讨论频率不得低于一学期一次并需将讨论内容记入手册中。手册中还记录了培训人员对学徒每个阶段表现与状态的评估和学徒的签字确认。

（2）职业学校行为记录。职业学校必须记录学生在不同科目学习中的表现，并在每个学期期末给予分数，类似于分数成绩单。

（3）行业培训课程行为记录。行业培训课程行为记录主要由相关行会负责。行会按照通用培训章程中的培训计划对管辖范围内的学徒进行能力记录，并按照学徒熟练程度进行等级评分。

可以看出，这三种行为记录方式与内容不尽相同，结合三大地点培训特色与培训内容的侧重点，分别从能力、操作情况与理论知识掌握程度三个方面反映学徒的培训进展，对从不同角度考察学徒学习情况、评估学徒培训有很大的实际参考意义，同时也可以作为三大地点培训配合程度的检验标准。

2. 质量框架

质量框架是瑞士政府为了保证学徒制培训过程中与专业组织合作的质量而开发的在职培训自我评价工具，由之前的瑞士联邦职业教育与技术署资助运行。质量框架的使用决定权在企业，适用对象包括学徒制培训中的企业培训、行业中心培训或任何以实际工作情境下的培训。原则上联邦政府只推荐参与学徒培训的企业使用质量框架，但瑞士某些州为了落实非学校实践环节的质量，强制要求州内所有学徒制企业与行业培训中心使用质量框架。在经过反复实证性检验与测试后，质量框架现在已经被公认为是一种简单而有效的评估工具，在学徒培训中的状态已经基本演变成联邦政府开发、专业组织实施、州政府监督实施与效果的模式,在学徒培训中受到的重视日渐增多。

根据使用标准,质量标准的使用频率不得低于 4 次/年,且每次都需要尽量记录使用与评估细节,以更好地从培训人员与参训人员的自我评估中获得相应的进展信息。对过程进展的详细记录,也可以同时作为外界对学徒培训的评估依据,及时跟进或调整培训。

3. 其他监督方式

在学徒培训满 1 年后,学徒必须参加由职业学校组织的考试;在学徒培训结束后,学徒也必须参加考试以获得相应的、联邦认可的资格证书。这两大考试的目的都是为了检验学徒所接受的实践培训与理论学习是否帮助学徒获得足够的知识、学徒是否能够自主寻求职业能力的发展与进步。所以,这既是对学徒的考试,也是对培训人员的考验。

职业资格证书考试结束后,培训人员都将收到一份书面报告,从学徒考试通过情况间接知晓自己的培训是否达到相应的要求。因此,为保证培训内容与结果达标,企业必须经常检查与更新实践培训内容,并组织学徒经常练习相关技能。

五、瑞士职业教育办学模式的特点

瑞士职业教育与培训体系具有鲜明的自身特色,聚焦到其办学模式上,主要体现为以下几点:

(一)普职融通、层次完备的职教体系

瑞士职业教育纵向上涵盖了职业准备教育、中等职业教育、高等职业教育和职业继续教育四个部分;横向上实现了教育各个阶段的普职融合。其覆盖范围大,涉及面广,不仅涵盖了教育的各个阶段,而且跨越了各类机构、各种层次,充分发挥了职业教育的规模效应,成为学生升学和就业的主要渠道,在整个教育中占有非常重要的地位。更值得一提的是,瑞士在专科之上建立了具有本科性质的应用科学大学,完善了职业教育体系。至此,瑞士的职业教育从一种教育层次转为一种教育类型,并作为瑞士教育体系的重要组成部分,得到社会的普遍认可和支持。

(二)分工明确、多方参与的管理机制

瑞士职业教育借鉴邻国德国的成功模式,并结合本土特色将"双元制"逐渐

发展为独具特色的"三元制"现代学徒培训与管理模式。一方面，由联邦、州和行业三方负责管理，其中，联邦政府负责战略与规划引导，州政府负责实施与监督，专业行业组织负责全面参与运行及管理；另一方面，由企业、学校和职业培训中心三个培训场所合作开展教学与培训。各利益相关方以自愿为原则，在相对独立的基础上参与现代学徒制决策过程。政府不仅在宏观上进行监控，还提供相应的领导与支持。在学徒市场的协调下，各利益相关者合作分工过程中伴随监督与制约，各方相互协作共同参与瑞士现代学徒制的管理与实施，促使职业教育与社会经济同步发展。

（三）灵活高效、形式多样的教育模式

瑞士根据其文化的多样性因地制宜地实施了不同的职业教育模式。例如，在占全国人口2/3的德语区采用现代学徒制，在法语区和意大利语区则采用全日制学校的形式。同时，根据社会需求和经济发展的需要将中等职业教育分为"2年制"和"3~4年制"两个层次；进入中等职业学校的学生，2年内修完学分，通过考试，获得就业证明去参加工作；也可以再学习2年，积累更多的专业知识和技能，获得更高的文凭。另外，瑞士还不断地对高等教育进行改革，建立一种以职业证书和高级专业证书为导向，以培训为主的联邦职业考试制度，使得瑞士高等职业教育形成以联邦考试和职业学院为主的两种实施形式。由此可见，瑞士无论是在中等职业教育，还是在高等职业教育都没有拘泥于单一的办学形式，而是根据其实际情况采取了多样化的形式。

（四）职业教育与专业任职资格密切结合

瑞士的中等职业教育与高等职业教育之间，以及它们与劳动力市场之间以各种资格证书和文凭为桥梁相互连接起来。学生想接受高等职业教育必须拥有中等职业教育文凭；从职业教育体系毕业的学生进入劳动力市场，必须获得相应的职业资格证书。例如，学徒制模式下的学徒，通过2年的学习和培训，可以获得"联邦职业资格证明"，再接受2年的学徒培训和学习，可以获得"联邦职业资格文凭"，该文凭在瑞士广受欢迎。全日制学校的学生，学习期满2年可获得"职业会考毕业文凭"，该文凭是升入高等职业教育的通行证。高等职业学校的毕业生，通过考试可获得联邦认可的教育文凭和相应资格证书，参加联邦考试和高级专业考试同样也可以获得联邦认可的专业证书和相应的教育文凭。因此，正是职业教育和专业资格紧密结合，才使学生就业标准有了保障，也有了继续深造的机会。

(五) 面向市场、系统完善的职业咨询与指导体系

瑞士职业教育以市场需求为导向，通过创建科学化、系统化、专业化的就业指导与咨询体系，实现了劳动市场驱动与政府宏观调控的相互协调。瑞士职业指导具有起点早、形式丰富、资源多样等特点。在义务教育阶段，职业教育与咨询正式开始于小学六年级，持续到义务教育结束，每个年级都有着具体的学习目标；义务教育阶段后的年轻人也可以从地区职业教育指导中心和专业组织处获得相关的职业指导信息。此外，科学预测、规范严格、法律保障完善也是其职业指导体系的优越之处，如建立企业定期发布学徒制岗位信息制度、市场调查制度和学徒合同制度等，以此保障职业教育就业质量。

第九节 职业教育办学模式的国际经验与启示

本土化的创新是发展中国现代职业教育体系的重要基础之一。在分别比较了美国、德国、法国、英国、日本等国家职业教育办学的先进经验之后，有必要系统分析各国职业教育办学在国际职业教育中的坐标，归纳各国职业教育办学模式的特征和发展趋势，反思中国职业教育办学的改革方向。

一、国际坐标中的职业教育办学模式

办学主体、办学形式、办学机制与办学保障是国际职业教育办学的四维空间。本节以此为基础，建构国际职业教育办学的分析坐标，比较各国职业教育办学的国际座次。四个维度的国际职业教育办学坐标座次如下：

（一）国际坐标中的职业教育主办模式

1. 职业教育的主办者结构

按照课题组设定的分析框架，决定一个国家或地区职业教育办学模式最基本的要素是其主办模式，就是要回答不同办学主体到底发挥什么作用、不同办学主体所办之学有何不同的问题。关注职业教育的主办模式而不是举办模式，是因为职业教育机构和职业教育活动的所有权相对经营管理活动更具有决定性，它在很大程度上对具体的经营管理行为起着规约作用。各国主流的职业教育主办模式存

在较大差异,如表 4-5 所示。

表 4-5　　　　　　有关国家的主要职业教育主办者

国家	主要的主办者
美国	以州、地方政府、学区为主要主办者,联邦政府通过向地方提供职业教育资金增加话语权
德国	在双元制中,行业、企业或企业联合体为主要主办者,政府主办的职业学校只是双元制的补充
法国	以政府,主要是地方政府,为主要主办者,学徒制项目中企业为主办主体
英国	以政府为主要主办者,辅之以行业或跨行业的投入
日本	以政府为主要主办者,曾经的大企业主办者正在逐步退出
澳大利亚	以联邦政府和州政府为主要主办者
韩国	以政府为主要主办者
瑞士	政府、行业企业、职业学校合作办学,学徒制项目中行业企业为办学主体

很显然,这些不同的主办模式都有各国各自的政治经济文化背景,要想从中发现规律,还需要对职业教育主办模式进行进一步分析:

国家主办。国家是职业教育的最终出资人,对职业教育机构和活动有最终的决定权。政府作为国家的具体代表,而不再细分中央政府与地方政府。作出这样的简化,是出于两个理由:一是不同的国家具有不同的政体,联邦制国家与中央集权制国家在教育出资方面存在较大差异,更不用说还存在联邦制与集权制兼具的混合型国家,这样会让问题变得政治化和复杂化;二是无论出资者是中央还是地方政府,它们都代表了公共利益,在这一点上,二者之间的差异暂且不过多讨论。

行业主办。行业协会是行业的代表,行业主办是由行业协会出资主办的职业教育。在不同的国家,行业协会有不同的名称,但共同特征是代表行业的整体利益,因此行会、商会、企业联合会等都可以纳入这个概念之下。财团与工会也必须纳入行会的框架中:一是财团。行业协会和财团在主办职业教育时都试图使职业教育机构代表某一个或几个行业、产业的诉求,其在教育上并不存在根本的不同。二是工会。在政治经济学上,工会与行会分别代表劳方与资方,是对立的双方,但在职业教育的框架中,它们所主办的职业教育都关心人力资源的成长,只是在人力资源的使用上有不同立场,而这个不同立场与职业教育本身关系不大。所以,在本研究中它们也被无差别地视为与行业相同的职业教育主办者。

企业主办。这里所称的企业既包括特定的单个企业,也可指企业联合体,特别是中小企业联合体,因为中小企业实力较弱,一般无力单独主办教育,但可以通过联合的方式共同出资举办职业教育机构。有关国家的主要职业教育主办模式的特点如表4-6所示。

表4-6　　　　　有关国家的主要职业教育主办模式的特点

国家	主办者		
	国家	行业	企业
美国	★★★★★	★★	★★
德国	★★★	★★★★★	★★★★
法国	★★★★★	★★★	★★
英国	★★★★	★★★	★★
日本	★★★★	★★	★★★★★
澳大利亚	★★★★	★★★★	★★★
韩国	★★★★★	★★	★★
瑞士	★★★	★★★★★	★★★★

注：任何一个国家都不存在单一的主办模式，都是不同主办者的组合。所以采用星级制来表达不同主办者在主办模式结构中的位置，一颗星代表较少参与职业教育办学，五颗星代表较多参与职业教育办学。

2. 职业教育的管理机制

有了主办方，就会出现对主办方的管理问题，因此职业的管理机制问题与主办模式密不可分。一般来说，主办模式对管理机制有决定性作用，有什么样的主办模式就会有对应的管理机制，如以政府为主体的主办模式就会有政府管理机制，以行业为主体的主办模式就会有社会化的管理机制。但实际情况远比这样的简单推论复杂得多。根据前面的国别比较，各国的管理机制特点如表4-7所示。

表4-7　　　　　　有关国家职业教育管理机制

国家	管理机制
美国	联邦政府通过法规管理，实际管理以社区自治为主
德国	联邦政府开展业务管理，地方政府、行会负责具体运营管理
法国	与国家管理体制相仿，采用以中央集权的方式进行管理
英国	政府、行会等开展跨部门、跨行业的统筹管理
日本	由于大企业的存在，日本形成了公私合作的管理机制
澳大利亚	联邦集权与州分权的管理机制
韩国	政府统一管理的机制
瑞士	联邦政府、州政府与行业企业三方协作管理

与办学模式可以分为公共维度和私人维度一样，对管理机制的分析也可按两个维度展开——集权化与自由化，如表4-7中的联邦制国家——德国和澳大利亚——选择了集权化程度较高的管理机制。以德国为例，职业教育的主要主办者是行业，而行业数量庞杂，理论上德国人就应该形成去中心化的行业特征明显的管理机制。但实际上这在一个高度工业化的国家根本不现实，德国人采用了国家与行业共治的管理机制，国家对职业教育的标准进行总管控，行业对具体的办学行为负责，从而保证了行业化的职业教育具有足够的公共性。而同为联邦制的美国和半联邦制的英国的职业教育管理机制则自由化程度更高。根据这样的理解和前面的国别比较，各国主要职业教育管理机制的特点如表4-8所示。

表4-8　　　　　　有关国家的主要职业教育管理机制的特点

国家	管理机制	
	集权化程度	自由化程度
美国	★★	★★★
德国	★★★	★★
法国	★★★★	★
英国	★★	★★★
日本	★★★	★★
澳大利亚	★★★	★★
韩国	★★★★★	★
瑞士	★★★	★★

注：任何一个国家的管理机制都是由集权化和自由化两个维度的组合，所以采用星级制来表达各国职业教育管理机制的维度特点，一颗星代表该维度程度较低，五颗星代表该维度程度较高。

因此，根据办学主体"公共性—私人性""集权化—自由化"的中标维度，各国职业教育主办模式的坐标结构如图4-13所示。国际职业教育主办模式具有以下特点：一是各国都认同职业教育的公共属性，政府成为最主要的办学主体。德国这样以行业、企业为办学主体的国家并非主流。二是各国政府都强化了对职业教育的统一管理，但美国和英国的自由化管理方式也取得了较好的效果。

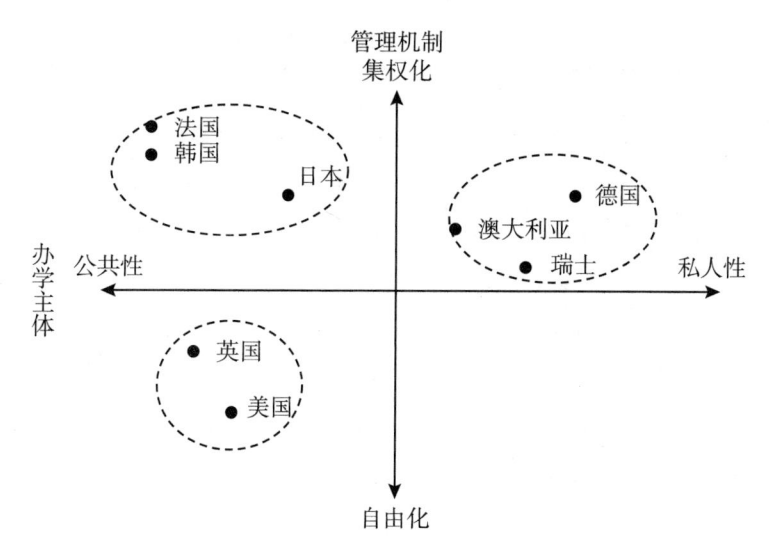

图 4-13 有关国家职业教育主办模式

（二）国际坐标中的职业教育办学形式

职业教育办学模式分析框架中的第二个问题是"怎么办"。回答这个问题需要两个方面的答案，第一是办出了怎样的形式，第二是这些形式是为了实现怎样的目的。在中国传统的职业教育概念中，职业教育办学形式无非就是职业学校、中专学校或技工学校。但在国际视野中，这个问题变得复杂得多，那种纯粹的学校形式的职业教育越来越少，更多的是职业教育机构与其他社会部门的合作而形成的职业教育办学形式。

在讨论职业教育的办学形式时，需要澄清一个问题，即学校教育模式、学徒教育模式和社会培训模式在整个职业教育办学模式中的地位。在典型国家的办学中，西方国家形成了职业学校教育与学徒教育模式的职业教育双轨制，这是由它们的经济发展史和职业教育发展史决定的，而在东方国家里近年来也出现了学徒教育模式的回归，表明职业教育双轨制已经成为国际职业教育界的普遍现象。除此以外，职业教育这一概念内隐地包含了企业培训、岗位培训、社会培训在内，而不同国家的职业教育体系对待培训的态度与政策存在较大差异。所以在讨论职业教育办学形式时，学校教育模式、学徒教育模式和社会培训模式的三分法有助于我们理解不同国家的职业教育办学特点。按照这样的框架，我们认为各国职业教育办学形式差异化明显，如表 4-9 所示。

表 4-9　　　　　　　　有关国家职业教育办学形式

国家	办学形式			
	职业学校教育	综合高中教育	学徒教育	社会培训
美国	★	★★★★	★	★★
德国	★★★	★	★★★★★	★★★★
法国	★★★	★	★★	★★★
英国	★★	★★★	★★★	★★★★★
日本	★★	★	★★	★★★★★
澳大利亚	★★★	★★	★★★	★★★★
韩国	★★	★	★	★★★
瑞士	★★★	★★	★★★★	★★★★

注：任何一个国家都不存在单一的办学形式，都是不同办学形式的组合。所以采用星级制来表达各国职业教育中不同办学形式的所占比重，一颗星代表所占比重较小，五颗星代表所占比重较大。

（三）国际坐标中的职业教育办学取向

职业教育的办学取向问题曾经长期困扰中国职教界。自 20 世纪 70 年代末以来，中国职业教育的投资体制、管理体制、办学主体等变化不大，但办学取向经历了一次大的转向。职业教育刚恢复时，中国职业教育主要是供给驱动，其培养目标在于通用的职业目的，到 20 世纪末、21 世纪初，逐渐转变为需求驱动，培养目标转变为就业导向。中国的例子说明即使职业教育办学形式不发生根本性变化，职业教育的办学取向也可能会发生转变。根据分析，有关国家主要办学形式及办学取向如表 4-10 所示。

表 4-10　　　　　　有关国家主要办学形式及办学取向

国家	主流办学形式	办学取向	
		特殊目的	一般目的
美国	综合高中	★	★★★★
德国	学徒教育	★★★★	★
法国	职业学校	★	★★★★
英国	继续教育学院	★★	★★★
日本	职业学校	★★★	★★

续表

国家	主流办学形式	办学取向 特殊目的	办学取向 一般目的
澳大利亚	TAFE	★★★	★★
韩国	职业学校	★★★	★★
瑞士	学徒教育	★★★★	★

注：(1) 考虑到不同办学形式具有不同的办学取向，本表只选择了各国最具代表性、最代表主流的办学形式（不考虑社会培训）。(2) 特殊目的指偏向就业的目的，一般目的指不直接导向就业的目的。(3) 表中采用星级制来表示办学取向中偏向该目的的程度，一颗星代表程度较低，五颗星代表程度较高。

因此，根据办学形式"一般目的—特殊目标""学校取向—培训取向"的坐标维度，将各国职业教育办学形式放入由办学形式与办学取向坐标系中，如图4-14所示。

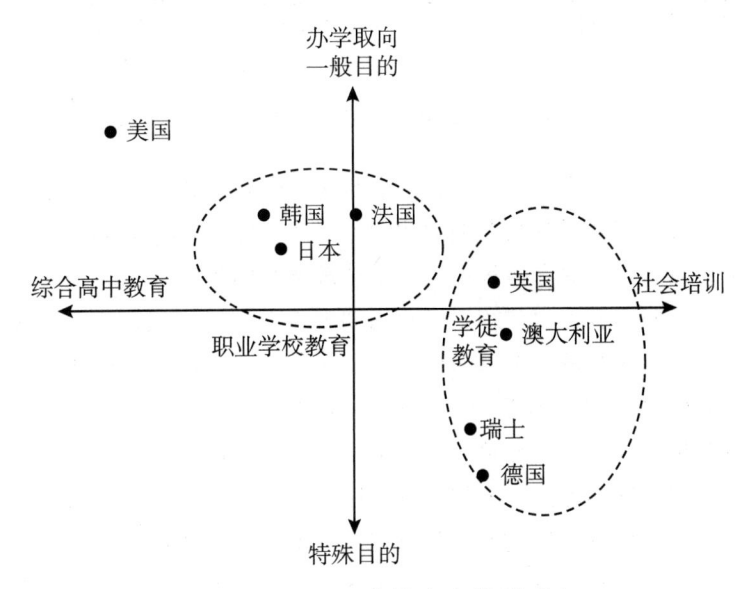

图4-14 职业教育办学形式

由图4-14可以知道，一是多数国家的职业教育主要是职业学校形式和学徒教育形式，能够很好融合学校教育、学徒教育与社会培训的国家较少。二是各国都十分重视职业教育的一般目的，即就业功能并未占据职业教育功能的全部，前面的国别比较已经表明，即使是德国的双元制也越来越重视通用能力、核心能力的培养，直接就业的功能也在逐渐减退。

（四）国际坐标中的产教融合与保障模式

1. 职业教育的产教融合模式

办学模式的第三个分析视角是办学机制，包括招生、录取、专业设置、课程设置、教育教学、师资队伍建设、实训资源建设等，内容庞杂，给比较研究造成了较大的困扰。因此，所有运行机制加以统一就形成了"产教融合"的概念。这是因为职业教育离不开产教合作，因此所有的职业教育办学的运行机制都可以纳入产教合作的框架，从最低限度的产教合作到完全的产教融合是一个连续的谱系，不同的产教融合水平会产生不同的运行机制与运行状态。

首先，"产教"二者中的"产"在很多情况下都是一个虚拟的概念，而一些有强大行会传统的国家会把"产"落实到具体的行会、商会、协会身上。所以，讨论产教融合模式的第一个维度就是行会对职业教育的介入程度，如图4-15所示。

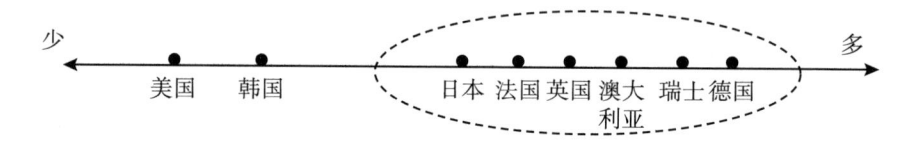

图4-15 不同国家行会介入职业教育的程度

图4-15显示了行会对职业教育的参与是一个相当普遍的教育现象，中国应该思考重建行会传统并寻找行会的替代物。另外，图4-15也可视为产教紧密程度的示意图，因为行会的参与程度决定了产教融合的程度。

其次，中国职业教育界传统上喜欢用"校企合作"来表示职业教育与其他社会部门的合作，但这个概念有以偏概全之虞，甚至有一定的误导性。许多实践者在这个概念的引导下只注意学校与企业的合作，忘记了与企业联合体、行业协会、其他社会机构的合作，导致若干年来校企合作工作推进不够顺利。

而在欧美等国家和地区，人们更喜欢用"社会合作伙伴"代替合作企业的概念，如美国的职业教育政策鼓励不同的社会合作伙伴（中学、社区学院、大学、企业、行业协会等）组成合作联盟（consortia）。在很多情况下，学校只有通过与相关社会合作伙伴结成联盟，才能获得联邦政府和州的财政资助，如技术准备项目要求高中与中等后教育机构（主要是社区学院）必须签订衔接协议才能获得拨款；职业生涯通道要求必须以社区学院为核心，结成由中学、企业、行业协会等组成的联盟才能获得相应拨款。因此，美国的职业教育机构普遍对建立综合广泛的社会合作伙伴关系有较强的动力。

很显然，社会合作伙伴这个概念与产教融合的理念更加吻合，即学校不是与具体的某一家企业合作，而是与产业部门或与产业部门相关的社会机构开展合作。以此来看待职业教育与其他社会部门的合作就产生了"合作社会化程度"的概念。因此，根据这个概念来对各国的职业教育的产教融合程度进行区分，如图 4-16 所示。

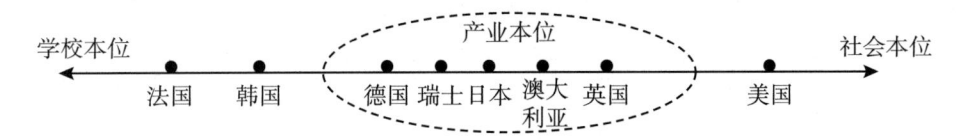

学校本位　　　法国　韩国　　德国 瑞士 日本 澳大利亚 英国　　　美国　　社会本位
（产业本位）

图 4-16　职业教育办学中产教融合的社会化程度

2. 职业教育办学的保障模式

在保障模式方面，各国都有特定的法律法规体系，但职业教育法律法规的具体条文受各国法律体系的影响较大，难以直接横向比较。而在职业资格框架建设方面，仅有部分国家和地区，如欧盟、澳大利亚、英国等建立了自己的资格框架，这些框架的共同特点是对职业能力进行了细致、准确的描述，对学术能力与职业能力之间的沟通进行了很好的设计，但在制度侧重点上稍有差异。有关国家职业教育质量保障模式特点，如表 4-11 所示。

表 4-11　　　　　有关国家职业教育质量保障模式特点

国家	质量保障模式特点
美国	强调教学质量、核心能力标准的重要性
德国	重视行业对质量保证的主导作用
法国	强化证书的引导作用
英国	通过资格框架实现普职之间的融通
日本	以学校为主体保证教育教学质量
澳大利亚	通过资格框架实现普职之间的融通
韩国	以学校为主体保证教育教学质量
瑞士	过程式质量监督方式

二、各国办学模式的特征与发展趋势

通过以上四位坐标的分析，从职业教育办学的"模式"角度，可以归纳和总结各国职业教育办学的基本特征与发展趋势。各国职业教育办学模式的坐标分布和类型结构，如表 4-12 所示。

表 4-12　　依据分析框架的有关国家职业教育办学模式

国家	职业教育办学模式的基本描述
美国	社区自治、普职融通、中高衔接、标准导向
德国	多元办学、行校并举、产教融合、行业认证
法国	国家主导、四轨融汇、产教合作、证书先导
英国	跨部门统筹、训培结合、证书导向、资格融通
日本	公私结合、学校本位、产学互动、学校保障
澳大利亚	多统结合、主体平等、社会合作、资格融通
韩国	国家主导、国家主导、产教合作、学校保障
瑞士	多元办学、行校并举、校企合作、证书导向

（一）各国职业教育办学模式的差异特征

1. 政府与市场导向的办学主体模式

通过国别分析，本研究认为各国由于社会背景、历史背景的不同，在办学主体的构成上还是存在一定差异的。大体可分为两种：一是政府导向的办学主体模式。在此模式下，政府主导着职业教育办学，中央政府、地方政府的相关部门或由不同层级政府授权的第三方机构成为职业教育办学的主体，如在美国，学区成为公立职业教育的主要举办者；日本、韩国等东亚国家由于传统关系政府的力量相对较大，政府在职业教育办学中发挥着更大的作用；法国由于传统上的中央集权体制，各级政府也积极参与职业教育办学。二是市场导向的办学主体模式。在英国、德国等国，尽管也存在较大规模的公立职业学校，政府也在不遗余力地举办职业教育，但企业与社会机构的活跃程度远超法国和东亚各国。但需要指出的是，尽管可以在一定程度上区分不同国家的职业教育办学主体模式，但从宏观的角度来说，各国的办学主体的差异并不是绝对的。各国政府都对职业教育进行了不遗余力的投入，同时也鼓励不同私营部门积极参与职业教育的办学。

2. 学校教育与培训导向的办学形式

各国在职业教育办学主体模式上的细微差异以及各国不同的政治经济文化和教育背景，使各国的职业教育办学模式存在很大差别。总体来说，可以将之区分为学校教育导向的职业教育和培训导向的职业教育。（1）学校教育导向的职业教育办学形式。在以政府为主要办学主体的国家，职业教育更多表现为正式的学校教育形式，也就是说，这些国家更倾向于采取单轨制的教育体系，职业教育往往并不单独成为一个类型的教育，或者这些国家倾向于逐步弥合职业教育与普通教育之间的差别。美国是最为明显的例子，在中学阶段已成功实现了普职教育的融通；而在东亚国家，职业教育不仅承担培养就业技能的任务，更为重要的使命在于与普通教育一致培养一个完整的人。（2）培训导向的职业教育办学形式。在重视市场的办学主体地位的国家，职业教育更倾向于直接的技能培养，从而比较贴近就业市场的需求。在德国的双元制模式下，职业教育的发起者与受益者都是企业，学校只是辅助企业完成职业教育与培训。同样，在英国、澳大利亚、法国等国仍然发挥作用的学徒制基本属于培训导向的职业教育办学模式。

3. 教育逻辑导向与市场逻辑导向的职业教育运行模式

在职业教育运行模式方面，拥有成熟的职业资格框架的国家与未建立有效职业资格框架的国家存在很大差异。各国的职业教育运行模式分为三类：

一类以澳大利亚为代表。澳大利亚是一个联邦制国家，联邦制国家容易产生政治制度与经济制度的人为分割，从而造成不同区域间的经济、教育壁垒。但澳大利亚强力推行了全国统一的职业教育法律框架与职业教育资格框架，为全国职业教育发展设置了统一的标准与目标。在此基础上，澳大利亚形成了由一个一个注册培训机构组成的技能供给的市场，所有获得国家认可的注册培训机构在这个市场中展开生源竞争，向国家和企业出售培训服务，国家的作用在于扶持这个市场的发展，规范这个市场的行为。

一类以德国为代表。德国的双元制在很大程度上与传统行业组织的辉煌有一定关系，行业组织对技能的垄断，直到今天仍可以在双元制的实践中看到一些痕迹，其中最明显的实例要属割裂的资格证书体系，各行业颁发自己的资格证书，不同体系间的证书难以沟通。事实上双元制遭到诟病的还有其在信息化时代所表现出的僵化，雇员在不同岗位间的转换非常困难，在很大程度源于双元制造成的个人对岗位的黏着。德国的职业教育国家制度围绕双元制而展开，自然也会反映双元制这些特点。

一类以法国和东亚国家为代表。以学校教育为主要形式的职业教育办学，国家只对职业教育进行宏观规划，地方负责职业教育的投入和管理，是一种明显的统一决策、分层实施的职业教育运行模式。

4. 职业教育办学保障机制

由于保障措施纷繁复杂，很难对保障机制进行模式归类和划分。如在资金筹集方面，法国等国直接开征培训税，而美国联邦政府并无向各州和地方开征相关税收的权力，所以在法国职业教育的投入费用中有相当一部分直接来自税收，而在美国则需要国会经常性地审批相关法案，通过拨款增加职业教育投入。再比如在质量保障方面，美国十分关注"关键能力"的教学与考核，出台了一系列的相关标准，而在德国、澳大利亚等国，则相对比较重视专业技能的考核，所以相关的标准存在很大差异。

（二）各国职业教育办学模式的共同特征

1. 提升职业教育质量是办学模式构建的核心目标

各国在提升职业教育质量方面的举措大同小异，都是试图通过国家职业资格体系或框架来保障职业教育质量，另一个统一的做法是通过行业组织实施全行业统一的课程标准与内容，实现职业教育教学的标准化。此外，教师在提升职业教育质量中的作用突出，澳大利亚从事职业教育与培训的教师，其最低要求是获得"培训与评估 IV 级证书"（TAA - Training and Assessment IV）。教师学历要求则根据具体情况而有所不同：一部分教师具有教育学士以上的学历，或者读完某一专业本科后再获得一个教育学士或以上学历；另一部分教师则具有丰富的企业工作经历并获得培训及评估证书 IV，在此基础上，一般经过 5 年以上的教学实践才能转为正式教师。正式教师还需要定期去企业进行专业行业实践。所以对于职业教育教师而言，实践经验、技能证书、教育学学历三者缺一不可。在德国，要成为职业教育教师，首先有一个入学资格要求，除了必须持有文理学校的毕业证书外，还至少要有 1 年以上的企业实习等工作经历。其次是任职资格要求，学生完成九个学期的大学学业后，要参加两次国家考试。第一次主要考核学生的知识和技能，第二次是对学生的经验与能力的验证。法国强大的学校职业教育的传统决定了法国对职教教师的管理也因循了传统的教师管理体制，因此法国职业学校的教师大多属于国家公务员。对这些教师的招聘、培训和生涯发展的组织管理与普通中学的教师类似。法国为职业教育师资设计了专门的培养通道，在教师培训学院中学生可以选修职业教育师资的培养项目，考取技术教师的职业资格证书。

2. 多元参与是各国职业教育办学模式的核心机制

国家在职业教育办学模式构建中发挥着举足轻重的作用。但国家并非职业教育办学的唯一主体与参与者，分析发现，国家在介入职业教育时总要学会处理以下几种关系：

（1）与地方政府的关系。由于国家并非一开始就介入职业教育，当国家开始发现职业教育重要性并试图介入时，必然会遭到地方政府的抵制。这种抵制与各地方政府与职业教育机构的关系紧密程度有关。不过，当地方政府意识到中央政府的强大影响力会对自己产生正向引导作用时，这种阻力可能会神奇地消失，美国职业教育发展史可以证明。在 19 世纪中叶，美国人发现欧洲的农业生产率远高于自己，于是有州议员开始向众议院建议在全国普遍开展农业教育。其实，各州均已建立了一些农业学院，联邦政府认为没有必要介入地方教育事务从而否决了这一提案，直到林肯时代才得到批准，这就是著名的《莫利尔法案》。可以看到，在中央政府证明了自己干预职业教育发展的优势后，地方会主动争取中央政府的帮助。

（2）与传统行会的关系。从英国、德国、法国等国的情况来看，国家对学徒制的介入均是在行会与学徒制低落时进行的，这样会减少国家与行会之间的冲突。但即使这样，在德国，国家还是与行会进行了相当程度的博弈，最终的结果是双方形成某种平衡，国家承认了新型行会的自决权，允许行会开发相关职业标准并开展基于本行业的学徒培训。当然，德国可能算是行会发展史上的一个特例，因为很少有其他国家保留了如此完整的行会传统，但从目前国际行会发展来看，西方国家或多或少保留了行会的功能，对职业教育的发展发挥着一定的影响。

（3）与教育培训机构的关系。如前所述，并非所有教育培训机构都由政府投资建设，在技能供给市场存在大量的盈利或非营利的教育培训机构，这些机构包括政府办学校、民办学校、能够提供学徒培训的企业、专门成立的集体培训机构等。国家是否直接举办这些学校？如何处理政府办学校与民办学校之间的关系？如何管理集体培训机构？如何协调提供学徒培训的企业和学校之间的关系？

（4）与企业的关系。企业作为用人单位，一般不会直接介入正规职业教育，即使在以"双元制"闻名的德国，参与双元制的企业大约只占到企业总数的25%。但职业教育却需要企业的参与才能获得最新的工作世界的知识。西方政府一般不会有大量的国有企业，即使有，也难以指挥这些企业参与职业教育。国家应该通过何种方式鼓励企业参与到职业教育的教学实践中，是这些国家需要解决的问题。

（5）与社会其他组织的关系。除了行业与企业，一些非政府组织也非常关心职业教育，这些组织一般会有特定的关注点与关注人群，政府如何很好利用与这些组织的合作关系，对职业教育的推广与提升必然会起到推动作用。国家与这些社会机构的合作贯穿了职业教育的全过程，如图4-17所示。

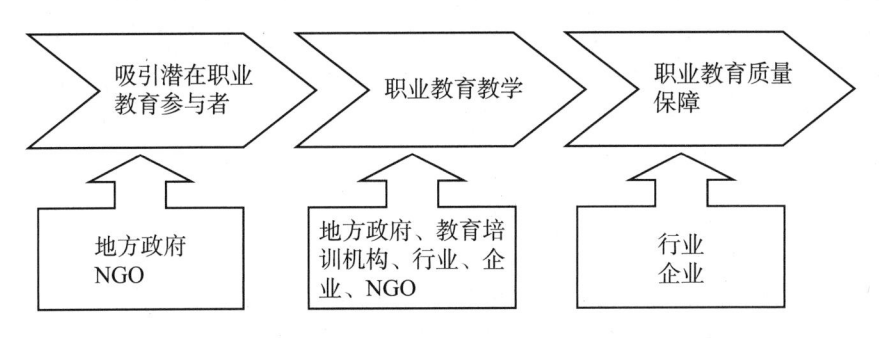

图4-17 不同职业教育阶段社会组织参与职业教育情况

3. 职业教育办学模式与本国的技能供给市场建设相统一

各国办学模式存在的差异有其根本原因。澳大利亚与美国都曾经是英国的殖民地，其教育的母本也是英国教育，但在今天的职业教育办学模式中，澳大利亚继承了较多的英国元素，而美国则更多地另起炉灶，这说明共同职业教育的发展历史并不必然导致共同的职业教育办学模式。职业教育办学模式与各国的技能供给市场存在一定的匹配关系。德国是传统上行会势力比较强大的国家，行会对技能标准、技能需求有较大发言权，所以在技能供给方面体现出较为强大的主导性，反映到职业教育中则体现为职业教育依附于企业发展，听命于行会的各种要求。在美国，行会势力衰弱，工会力量比较强大，工会倾向于为劳动者设置一定的进入门槛，所以不断推高对学历、技能等方面的要求，同时由于美国产业发展中新技术的运用较为普遍，对劳动者的文化素质要求较高，所以美国的职业教育呈现出普职融通的鲜明特点。技能供给市场成熟的标志之一是完善的职业资格框架，这一框架不仅减少了企业的搜寻成本，也为劳动力在不同地区、不同产业的自由流动创造了条件，形成了真正的技能供给市场。所以，成熟的职业教育的办学模式与完善的职业资格框架密不可分。

（三）各国职业教育办学模式的发展趋势

1. 管理权力的下放成为职业教育管理制度的改革方向

法国是一个传统的中央集权国家，教育部对各地的教育标准、教育过程都有非常明确的规定。但从 20 世纪末开始，法国也开始了管理权力的下放，职业教育的管理权限也下放到各省。同样的权力下放也发生在韩国和日本。

2. 办学主体的实体化成为多数国家的共同选择

从最广泛的意义来说，政府始终是公立职业教育的办学主体。但政府只是一个抽象概念，真正举办职业教育的只能是具体的机构或个人。从各国的实践来看，办学主体实体化已成为多数国家的共同选择。在美国，学区是职业教育的主要举办者，它不仅负责征收教育税收，而且负责具体分配联邦和州政府的职业教育资金，同时监督职业教育的具体实施。在澳大利亚，联邦政府专门成立了技能标准局，负责对 TAFE 以及注册培训机构的资质认定、资金发放等工作。因此，职业教育管理方面出现了专业化倾向，即由专业机构负责专门的职业教育事务，办学主体实体化就是这一倾向的体现。

3. 现代学徒制与学校形式职业教育的结合是大势所趋

德国、英国、澳大利亚等有学徒制传统的国家一般都采取学校职业教育制度与学徒制度相结合的职业教育办学模式，但在法国、美国、日本等传统学徒制度遭受较严重破坏的国家仍然进行了现代学徒制度的尝试与努力。这是由于相比学校职业教育制度，学徒制在培养高技能人才和顶尖技能人才方面有无法比拟的优势。现代学徒制与现代学校制度的结合成了当前世界职业教育发展最显著的特点。在德国，二者最主要的结合点是学校教育；在澳大利亚，二者最主要的结合点是培训包和职业资格制度。

4. 社会伙伴不同形式的参与成为各国职业教育特色的重要象征

在国内职业教育界还在纠结如何开展校企合作时，国际职业教育的主流话题是如何促进社会伙伴参与职业教育发展。社会伙伴不仅指有用工需求的企业，还包括各类公私营机构、非政府组织等。单纯的校企合作能够使学校紧密地贴近就业市场，但也容易使职业教育培训化，而更广泛的社会伙伴的参与将使职业教育的目标与功能更加多元，同时也将极大丰富职业教育的办学主体，从而推动职业教育发展的多样性。

5. 政府负责基础保障，专业机构负责专业保障已成为各国共同的保障模式

几乎所有国家都有共同的职业教育保障模式，即政府负责基础保障，包括资金投入、基础设施建设等，而把资格框架制定、教育培训标准制订、教学质量监督等交给了行业协会等机构，有些国家甚至成立了专门负责职业教育管理的专业机构。这种做法符合"小政府、大社会"的自由主义思想，把政府从专业的职业教育管理中解放出来，可以更好地完成基础保障工作。

三、国际职业教育办学经验对中国的启示

"拿来主义"不是职业教育办学的理想选择。"洋为中用"才是新时代职业教育办学的应然之道。因此，分析和比较不同国家职业教育办学的经验，最终还是要回归到中国职业教育办学模式的改革。

（一）半自治组织参与职业教育办学

1. 半自治组织的兴趣与特征

半自治组织参与职业教育办学是国际职业教育发展的重要经验，也是破解教育治理中"政府悖论"的有益尝试[①]。一是教育行政部门逐渐从对学校的具体业务指导中退出，从划桨人转变为掌舵人。教育行政部门应学会将相关的业务交还给院校，对具体建设过程不再下指令，而只对最终结果进行评价。二是政府部门将退出的职能重组由专门机构实施。教育部门曾力推对职业院校的第三方评价，但由于教育部门对院校的评价权力过于强大而导致第三方评价流于表面。三是建立杠杆性制度而非操作性制度，鼓励社会组织的健康发展。教育部门应多出台杠杆性制度与政策，即鼓励社会组织根据教育部门制定的原则自行开展自己的职业教育管理与实践。四是将正式授权与绩效管理结合起来开展对社会组织的管理。

---

① 朱德全、李鹏、宋乃庆：《中国义务教育均衡发展报告——基于〈教育规划纲要〉第三方评估的证据》，载于《华东师范大学学报（教育科学版）》2017 年第 35 期，第 63～77、121 页。

教育行政部门应建立起组织授权、雇员授权、社会授权等不同层级组成的授权体系，同时应在权力授予时开展对应的绩效管理。开展绩效管理的难度不在于绩效体系如何确定，而在于区分谁是绩效的"主人"，即把顾客需求放在首位，而不是考察行政管理的质量。

因此，职业教育半自治代理机构有些鲜明的特点：一是各机构因其承担的职能不同，所具有的官方色彩有很大差异，如澳大利亚的技能标准委员会、德国的联邦职业教育与培训学会等机构是类似政府的派出机构，而技能委员会、手工业者理事会等机构则只得到少量的政府授权。二是无论官方色彩浓与淡，这些机构都专注于开展特定业务，从而可以做到专门事务的专业化运作。三是一般认为政府的权力可以分为三类：决策、行政和监督权，从澳大利亚、德国的实践看，政府部门把职业教育方面的大部分行政权力授予了半自治代理机构，而自己则专注于决策与监督。在国际上，利用半自治组织进行专业化治理已经是一个相当成熟的机制，但是，中国在这方面才刚刚起步。

2. 中国职业教育领域政府分权治理中半自治机构的缺失

一是中国教育行政部门的职业教育管理细而微。自2014年起，教育部和各省份相继发布了"权力清单"，不过，教育部和多数省份所发布的只是一份行政审批事项清单，而非完全意义上的权力清单。二是中国半自治机构的发展不成熟。课题组对2014年教育部职成司发布的通知进行了梳理，将通知的主要内容表述成职成司的业务职责，同时，以澳大利亚的职业教育管理机构为比较对象，将中国职成司的业务职责与澳大利亚不同机构的职责进行了对照，如表4-13所示。

表4-13　教育部所掌握的职业教育教学管理权力及所对应的相关文件

中国教育部职成司2014年发布的通知	权力	澳大利亚执行相关权力的机构	澳大利亚相关机构的性质
关于公布2013年全国职业院校信息化教学大赛获奖名单的通知 关于举办2014年全国职业院校技能大赛的通知	举办全国性职业教育相关赛事的权力	澳大利亚世界技能委员会（WSA）	教育行政部门没有隶属关系，纯民间机构
关于公布高等职业学校提升专业服务产业发展能力项目验收结果的通知	实施职业教育相关专门项目的权力	学徒中心	直接隶属联邦政府的半自治代理机构

续表

中国教育部职成司2014年发布的通知	权力	澳大利亚执行相关权力的机构	澳大利亚相关机构的性质
公布首批《中等职业学校专业教学标准（试行）》目录的通知 关于发布《职业院校护理专业仪器设备装备规范》等五项教育行业标准的通知	颁布职业教育相关标准的权力	技能质量局 行业技能委员会	前者为直接隶属联邦政府的半自治代理机构，后者为相对独立的半自治代理机构
关于公布2014年高等职业学校专业设置备案结果的通知	管理中高等职业学校专业的权力	技能质量局	直接隶属联邦政府的半自治代理机构
关于印发《中等职业学校新型职业农民培养方案试行》的通知 关于开展现代学徒制试点工作的意见	管理人才培养过程的权力	技能质量局	直接隶属联邦政府的半自治代理机构
关于拟入选第一批"十二五"职业教育国家规划教材书目教材名单的公示 关于确定职业教育专业教学资源库2014年度立项建设项目的通知	管理教学资源的权力	技能质量局	直接隶属联邦政府的半自治代理机构
教育部关于做好全国中等职业学校学生管理信息系统建设工作的通知	管理相关信息资源的权力	澳大利亚培训网站	隶属于教育培训部的专业网站，属半自治代理机构
关于做好行业职业教育教学指导委员会换届工作的通知	管理行业职业教育教学指导委员会的权力	澳大利亚无类似隶属教育行政部门的行业职业教育教学指导委员会的机构	

资料来源：中华人民共和国教育部网站，澳大利亚WSA、AAC、ASQA、ISCs、training.gov.au等网站。

表4-13已经表明将行政权力分散到不同半自治代理机构是有可能实现的。其实，中国教育行政部门也在尝试授权式管理。教育部授权部分专家组织"对相关行业（专业）职业教育教学工作进行研究、咨询、评估、指导、服务"。但是，这些专家组织并未脱离教育部的管理，仍可理解为教育部的派出机构，而不

具备半自治代理机构的特征。中国与西方国家在职业教育治理方面的差距表现在：一是权力过于集中。在中国的教育管理体制中，职业教育属于地方化管理，但教育部却对专业设置、人才培养过程甚至教学资源建设都有明确的业务指导，甚至经常通过示范校之类的项目加以直接管理，这在很大程度上抑制了各地职业教育发展的灵活性。二是管理专业化程度不高。教育行政部门首先是一个行政机构，其权力来自中央或地方政府的统一授权，对职业教育开展专门化管理的空间受到政治体制的多方面限制。即使采取了委托行业或教育专家参与管理的方式，由于这些人员只是临时受聘，管理的专业化程度也难以提高。三是具备参与职业教育治理能力的社会组织处于空白状态。按照澳大利亚的经验，可以成立由中央政府授权的社会组织，也可以成立由教育行政部门授权的社会组织，还可以将教育行政部门的部分权力直接让渡给市场，但这些方式在中国都难以推行。

3. 中国建立职业教育半自治管理机构的建议

首先，教育行政部门逐渐从对职业教育的具体业务指导中退出，为半自治代理机构的发展提供适当的空间。目前教育部和各地教育行政部门都对职业院校的办学理念、领导班子、师资队伍、专业体系、课程体系、校企合作等提出了许多具体的要求，这在职业教育发展整体水平较低时较为合适，而在大多数院校软硬件水平已基本达标的情况下则有可能限制院校的个性发展。教育行政部门应学会将相关的业务交还给院校或委托第三方机构，对具体建设过程不再下指令，而只对最终结果进行评价。奥斯本和盖布勒对这一职能转变的描述是：政府应该日益离开一种提供服务的角色并且应该去关注政策开发……为具体操作的机构提供资金，并且对绩效进行评估。

其次，对政府可让渡的职业教育管理权力进行梳理，对如何在半自治组织间进行权力分配进行整体谋划。对于可以市场化的职能应完全交给市场，如技能比赛；对无法交给市场但教育行政部门管理效率不高的职能可以成立独立或隶属的"执行机构"，目前的行业职业教育指导委员会就是这一思路的产物；对于更宏观的跨部门、跨地区的业务，可以鼓励全国性或行业性社会组织甚至私人部门的参与，并正式对其进行授权。无论采用何种方式，都应对这些机构进行明确、严格的绩效管理，并适当引进竞争机制和顾客选择机制，以激活社会组织的活力。

最后，将正式授权与绩效管理结合起来开展对半自治代理机构的管理。目前正在进行的政府部门的权力清单工作就是政府授权体系建设的一个组成部分，教育行政部门应建立起组织授权、雇员授权、社会授权等不同层级组成的授权体系，同时应在权力授予时开展对应的绩效管理。开展绩效管理的难度不在于绩效体系如何确定，而在于区分谁是绩效的"主人"，奥斯本和普拉斯特里克主张"将顾客置于驾驶员的位置上"，即把顾客需求放在首位，而不是考察行政管理的质量。在职业教育治理中,谁是应该坐在驾驶员位置上的"顾客"?奥斯本和普拉斯特里克认为那些"你的工作主要用来帮助的个人或团体"是"主要顾客",如此说来,职业院校的学生、家长、用人单位等都应该成为坐在驾驶员座位上的顾客。通过让这些"顾客"自己选择社会组织并控制这些组织的资源(如让学生更为方便地选择教育机构并能在改变选择时带走政府的教育资金)等方法使这些社会组织的发展不会脱离应有的方向。

(二) 创新产教融合、校企合作办学模式

1. 创新教育型公司机制,推进产教融合、校企合作办学模式

一是尝试教育型公司。例如武汉某学校针对计算机应用类专业人才培养中存在的问题,把计算机网络技术专业列为重点建设专业,在计算机应用类专业开设"联想特色班",并与联想集团开展"全程实境教学、校企一体培养"。学校与联想集团共同设计人才培养方案,共同开发教学资源库,共建设"教学+实训+实践"一体化实训中心,培养"双师型"教师团队,实现职业教育人才培养的行业对接。学校依托联想集团 PSTD 能力评估模型和 LCSE(联想认证服务工程师)认证体系,以生产性实践平台和实训教学平台为基础,校企双方共同设计出既满足 IT 服务专业人才标准,又符合学校实际情况的"技术+素质+实训+顶岗实践"的课程体系。校企双方共同投入实训中心建设,配备真实的 IT 服务维修台与相关设备,部署企业级 IT 服务管理系统(HD)与知识库(KB),保障学校学生在高度仿真的场景中进行实训,实现了"教学+实操+实训"一体化建设。确立了"基本素质+自身特色"的人才培养目标框架,通过创新"校企融合、教产一体"的实境教学模式,专业人才培养质量有了显著提升。

二是促进生产型企业向教育型企业转型。上海企想信息技术有限公司是一家快速发展的高新技术民营企业,为客户提供物联网、智能安防、网络布线等服务,主要工作内容为设计、施工、检测解决方案、网络维护,企业业务量较大,需要大量具有实践能力的技能型人才,公司的大批岗位适合中职学生就业。国家人力资源社会保障部发布的《关于实施 2012 年国家级技能大师工作室建设项目的通知》中明确 2012 年在全国建设 150 个技能大师工作室,创新高技能人才培养模式,提升高技能人才培养能力。上海市贸易学校计算机网络技术专业精心选择上海市企想信息技术有限公司为合作企业,成立了"贸易—企想"工作室,在工作室中完成:塑造品牌教师、引领专业发展、开发教学资源、创新教学模式、培养精品学生的任务。最根本还是通过建立职教工作室,培养技术技能人才。

三是鼓励企业与学校共建工作室。计算机网络技术专业是一个对于中职学生比较难学的专业,理论要求高、难度大,加上计算机网络技术的发展迅速,学校

的教学内容、实训内容要保持与网络设备、网络技术发展同步存在困难,选择恰当的企业进行合作,引企业工作项目为教学内容,引企业文化为职业素养,是精品学生培养的唯一出路。专业教师参与企业项目的设计,更新原有知识与技术,是教师成为行业高手、品牌教师的基础。在项目实施过程中,教师将企业项目经理的规范操作、行业新技术要求都记录下来,当项目完成后,教师将项目进行教学化处理,改编成项目化教材,用于学生的教学。记录下的视频资料做成微课,进入专业教学资源库,丰富教学资源。

2. 创新市场机制,推进校企合作、顶岗实习办学模式

顶岗实习是学校安排在校学生实习的一种方式。职业学校学生毕业前通常会被安排实习,方式有集中实习、分散实习、顶岗实习等。顶岗实习不同于其他方式的特点在于它使学生完全履行其实习岗位的所有职责,独当一面,具有很大的挑战性,对学生的能力锻炼起很大的作用;是《国务院关于大力发展职业教育的决定》中的"2+1"教育模式,即在校学习2年,第3年到专业对口的指定企业,带薪实习12个月,然后由学校统一安排就业。但实际上,真正能够做到学校统一安排顶岗实习的学校和专业仍然不多,大多数学校只能保证部分学生的统一顶岗实习,大量学生需要自己寻找实习单位。但多数企业并没有实习生制度,所以往往只能提供临时岗位,指派临时实习指导人员,无法保证实习质量。更常见的情况是学生凭关系到企业开具实习证明,就算完成了顶岗实习。无论是国家还是学校、企业都不能忽视顶岗实习这个市场的存在。实际上,如果能很好地开拓这一市场将十分有利于学校和企业的发展。一方面,这些实习生的身份仍然是学生,他们参加实习的目的在于接受教育;另一方面,实习生承担与正式员工几乎相同的工作,由于他们掌握了一定的专业知识和岗位技能,他们一定程度上已经能够独立开展工作,所以实际上也是劳动者,也能够产生经济价值。最后,这一段教育劳动发生的领域恰在学校教育与企业工作之间,这种存在于学校教育与企业工作之间的市场称为"学校—企业"间教育劳动市场。

3. 开拓"学校—企业"间教育劳动市场

一是督促企业建立实习生制度。许多人士在提到实习生制度时,往往借鉴国外的相关做法,认为应该由政府出台总体政策规范企业行为,但实际上,企业是否接受实习生以及如何使用实习生往往是企业在统一的劳动、人事制度下的自主行为。但在中国,政府对企业的管理仍不够精致,对员工包括实习生的保护政策尚不成熟。在这种情况下,学校可以利用企业人力资源缺乏的契机,对企业使用实习生提出门槛与要求,帮助企业建立实习生制度。二是学校与企业共建实习生招聘平台。这个工作已有许多学校在做,通过网络或实体的招聘会,学校发布企业的实习生用工需求并监督企业的招聘过程,并推荐优秀的学生,从而保证校企

双方以及学生的利益。

(三) 推进中国特色现代学徒制办学模式

现代学徒制的实施涉及政治、经济、文化、教育等方方面面的问题,有些问题绝非仅从教育层面、教育部门能解决的,需要劳动部门、其他相关部门和社会组织共同解决。虽然西方现代学徒制是以企业为主体,学生首先是员工、再是学员等特征在中国还不具备实施的土壤和条件。但现代学徒制本身是一种有效的人才培养模式,是值得为其创造土壤并尝试的。尤其是在当前,中国职业教育校企合作面临瓶颈和困难。在中国劳动力市场出现"技工荒"的状态下,各级政府部门、行业企业、学校以及社会组织联合起来为现代学徒制培养模式创造土壤也未尝不可。

1. 建立区域内统一的学徒需求与供给市场

现代学徒制为什么会强调学校对学徒制度的介入?其根本原因在于即使不同企业,甚至不同行业的学徒都有一些基本的共性知识与技能学习需求,而学校恰可以提供这些教育。政府需要在这方面发挥主导作用,从制度保障、政策支持、财政扶持三个方面来做好基础工作。一是创新机制,建立政府、学校、企业三元一体的职业教育发展新体制。发挥政府主导作用,增强学校主办能力,突出企业主体地位。二是从法律层面予以保障。现代学徒制关键在"制",抓好制度建设是前提。无论是德国的法律保障以及就业资格准入,还是澳大利亚的政府拨款,都是国家层面规则的设立和政策的保障。对中国而言,这些都是空白。我国应尽快制定《现代学徒制工作条例》,明确现代学徒制中政府主导、学校主办、企业主体的权利和义务;明确办学资金来源、支出规定、生均经费,明确学业与就业的要求和保障。三是从政策层面给予激励。鼓励行业、企业参与职业教育,给予行业、企业好处。四是保证资金投入,推动企业职工教育经费提取和合理使用。国家《职业技能培训和鉴定条例(征求意见稿)》第二十九条指出:"用人单位应当按照职工工资总额的 1.5% ~ 2.5% 提取职工教育培训经费,列入成本费用,依法在税前扣除。用人单位用于一线职工教育培训的经费不得低于本单位职工教育培训经费总额的 70%。"应充分利用好 1.5% ~ 2.5% 的职工培训经费,并允许具备一定规模并开展现代学徒制的企业,可自主支配该项资金。对于没能力开展学徒培训的企业,该项资金由市里统筹使用,并引导企业提供学徒制学习岗位,引导企业参加到学徒制的试点当中。现代学徒培养所需经费可以从职工教育培训经费中提取,由政府相关部门以购买和奖励学徒培养的形式返还给企业。

2. 把学徒制的主导权交给企业

调研发现,部分大量用工的企业实际上已经恢复了徒工制度,青年工人进入企业后会规定学徒期以及确定师傅，学徒期结束后会进行某种形式的考核。由于企业对员工的强力管理，这些举措的效果往往好于学校对学生的管理。因此，理想的学徒制主导权应在企业，而不必担忧企业的实施效果。但教育部2014年颁布的《教育部关于开展现代学徒制试点工作的意见》显然是把主导权控制在职业学校内，要求企业认同学校的招生结果，企业对此往往是无法接受的，因为学校招生与企业招工的逻辑不同。在生源锐减的大背景下，面对职业学校生源多样化的现状，学校一方面可以按照自己的逻辑进行招生，另一方面也应尝试从企业的在职员工中发掘生源，从迫使企业认同学校的招生结果到学校主动认同企业的招工结果，从而实现招生形式多样化，拓展生源范围的目标。因此，建议符合条件的学校自主招生范围扩大至学历有待提高的企业骨干工人。改革学校招生制度，自主单独招生，使学校教学计划、招生制度更加灵活；学校可以根据企业的需求，灵活安排招生计划；扩大学校自主招生范围，现代学徒制招收企业人员并进行培养，企业具有人员推荐权。

3. 探索市场化考试考核机制和技能准入机制

设立由企业人力资源部门为代表，企业师傅、学校教师组成的"考核委员会"，负责组织毕业考试、结业考试、职业资格考试以及技能鉴定考试。统一国家职业教育与培训标准规定，凡是没获得就业资格的员工都必须送进职业院校学习培训才能上岗。用人单位招收、录用职工，优先录用获得相应职业技能证书人员，无职业技能证书人员必须先培训，后上岗。国家应通过加大对就业准入制度执行情况的督查力度，加强监督管理，以满足多样化和终身学习的要求；通过推动职业教育学历证书与职业技能证书相融通，推行"1+X证书制"；通过教育部门和劳动部门共同组织的专业认证，使认真学习并考试合格的毕业生自然获得"X证书"。国家要从战略高度把现代学徒制作为职业教育培训最核心的工作，把现代学徒制双重身份、双元育人的模式作为职业学校校企合作、工学结合的主导模式来推行。国家应该同等对待现代学徒制培养的学生与全日制学生，使两者获得同样的学历证书和职业技能证书。

第五章

职业教育办学模式的现状调查与问题分析

对中国职业教育办学模式改革的现状做出系统把握是深入推进职业教育办学模式改革研究的必然需求,为此,需要通过实地调研,了解中国职业教育办学模式的现状,为职业教育办学模式的理论研究提供实践依据,同时也可以为办学模式改革的对策研究提供坚实的基础。现状研究依照课题的总体要求,按原定的实施步骤和进度开展调查研究,其目标定位为:通过实地调研,全面把握政府、学校、行业、企业等办学相关者在中国职业教育人才培养过程中的分工合作关系,探究职业教育办学的机制与保障措施,对中国职业教育办学的实践模式及其特点进行归纳,分析职业教育办学模式中存在的主要问题,探索职业教育办学模式改革的现实空间,为后续的政策研究奠定坚实的实践基础。

第一节 调研设计与实施

万丈高楼平地起,而高楼的建立均需要基于施工蓝图的设计。因此,在实施职业教育办学模式现状与问题的调研之前,科学的设计至关重要。本章从调查目标与思路、指标体系、方法与工具等方面阐述调研设计。

一、调查目标与思路

任何行动都要有明确的目标，否则，盲目地行动只会南辕北辙。在进行职业教育办学模式调研之初，必须根据研究的需要，设计相应的调研目标和思路，为职业教育办学模式的研究指路引航。

（一）调查目标

职业教育办学模式改革研究需要对中国职业教育办学模式改革的现状做出系统把握。具体而言，主要包括以下四个问题。

（1）谁在办学？即通过调研明确当前中国职业教育办学的主体，不同主体间的关系，以及不同主体在办学过程中是如何分工合作的。

（2）办什么学？即通过调研了解目前中国职业教育主要有哪些办学形式，这些形式具有哪些优点和缺点，以及这些办学模式是如何发挥人才培养作用的。

（3）怎么办学？即通过调研回答中国职业教育是如何办学的，具体包括中国职业教育办学的运行机制、课程教学安排、师资建设等。

（4）如何保障？即通过调研厘清目前中国职业教育经费投入、质量保障与监督等方面的现状，对保障措施进行梳理。

本书通过现状调研，回答以上四个问题，旨在全面把握政府、学校、行业、企业等办学相关者在中国职业教育人才培养过程中的分工合作关系，对中国职业教育办学的实践案例及其特点进行归纳，分析职业教育办学中存在的主要问题，探索职业教育办学模式改革的现实空间，为后续的政策研究奠定基础。

（二）调查思路

首先，课题组通过搜集有关职业教育办学模式的文献，对中国 2005 年以来职业教育办学模式改革的政策措施以及实施情况进行整体把握，设计开发相应的调研问卷；同时，通过政府官方网站和数据库资料，对中国职业教育办学的政策文本进行系统梳理，对 2005 年以来中国职业教育办学模式改革的实践发展状况进行历程性的把握，并基于中国职业教育的区域多样性特征，选取多样化的调研对象及地区，为调研的开展奠定基础。

其次，在前期文献调研及政策文本分析的基础上，进行基于文献的案例调研。基于文献分析、政策文本分析、案例分析构建整合性分析框架，形成面对特定调研对象的预调研问卷和预访谈提纲。随后，基于职业教育办学模式改革的东西部差异性，选择有代表性的地区开展预调研。

最后，依据预调研结果实施正式调研。根据正式调研的结果，综合地区案例分析，总结中国职业教育办学存在的主要问题并预测其发展趋势，形成中国职业教育办学模式改革现状的研究报告。

二、调查指标与说明

调查指标的选用立足于当前中国职业教育办学模式的现状以及存在的问题，重点分析"谁在办学""办什么学""怎么办学""如何保障"4个职业教育办学模式中最核心的问题，同时基于数据的可获得性，对调查指标进行选择。

（一）调研维度与结构

根据前面的4个核心问题，在理论研究的基础上，本书从办学主体、办学形式、办学机制、办学保障4个维度出发，构建实证研究分析框架，如表5-1所示。

表5-1　　　　职业教育办学模式问题调查的维度框架

一级指标	二级指标	测算指标	指标说明
办学主体	主体类型	政府、企业等主体类型指标	按参与类型描述统计
	主体参与方式	投资、管理等办学行为	按参与方式、渠道描述
	主体参与程度	参与深度	根据实际参与情况赋值
	主体间合作关系	合作互动	根据实际参与情况赋值
办学形式	现代学徒制办学	办学类型、成就与问题	案例研究方法实证
	集团化办学	办学类型、成就与问题	数据描述统计
	园区化办学	办学类型、成就与问题	案例研究方法实证
	东西部合作办学	办学类型、成就与问题	案例研究方法实证
	中外合作办学	办学类型、成就与问题	案例研究方法实证
	产学研一体化办学	办学类型、成就与问题	案例研究方法实证
	城乡一体化办学	办学类型、成就与问题	案例研究方法实证
办学机制	国家层面办学	管理、政策、经费等	官方数据统计
	区域层面办学	产业、布局、互动等	官方数据统计
	院校层面办学	专业建设、课程教学等	院校数据统计

续表

一级指标	二级指标	测算指标	指标说明
办学保障	人	师资队伍	教育部数据统计
	财	经费拨款等	官方数据统计
	物	办学条件	面板数据统计

（二）调研维度的说明

基于4个问题、4个维度的分析框架，本章包括4个分析单元：一是办学主体，该维度主要聚焦于当前中国职业教育由谁来办？参与办学的方式、渠道有哪些？在办学过程中的作用有哪些？当前中国职业教育办学主体存在哪些问题？二是办学形式，该维度在宏观层面聚焦于当前中国职业教育办学的形式有哪些？在中观层面聚焦于不同区域的办学形式有何不同？三是办学机制，该维度在宏观上聚焦于国家层面的职业教育是如何领导与管理的？中观上聚焦于区域层面职业教育办学是如何运行的？微观上聚焦于院校层面的职业教育是怎么办学的？四是办学保障，该维度主要聚焦于国家层面在经费、师资、办学条件等方面是如何对职业教育办学进行保障的。

三、调查方法与工具

职业教育办学的存在样态是复杂多样的，因此，职业教育办学的调研需要多样化的手段与工具相结合。事实上，大型学术调研都是"量化+质性"手段与方法相结合，"面上+点上"同步并进。

（一）文献研究法

文献研究法是本章的基础性研究方法。通过文献研究法主要解决以下几个问题：一是通过文献研究，全面深入地搜集、挖掘与职业教育办学模式有关的文献，在对文献进行述评分析的基础上，形成调研问卷的理论框架；二是通过文献分析，建构整合性分析框架，对调研结果、案例等进行分析；三是通过对政策文本内容的深入剖析，确定调研的实施对象及地区。

（二）调查研究法

调查研究法是本章所采用的主要研究方法，主要为研究提供坚实的实证支撑和现实依据。本章的调查研究法主要包括访谈调查法和问卷调查法。其中，访谈调查法主要通过对调研对象的访谈，形成预调研及正式调研问卷，问卷调查之后，通过访谈进一步论证相应的问题；问卷调查主要包括验证预调研问卷有效性、搜集职业教育办学模式现状等相关数据。

（三）个案研究

个案研究是对调查研究法的补充和完善。通过个案研究剖析具有代表性和典型性的个案，提炼办学模式的区域现状，分析在现有制度环境下成功办学的经验，获取可推广的经验，为对策研究提供依据。

四、调研的进程安排

根据课题研究的目标和人力资源现状，本章分阶段安排和设计调研的工作进程，具体分为以下几个阶段。

（一）第一阶段：前期文献调研

课题组前期主要依据政府的官方网站和数据库资料，对中国职业教育办学的政策文本进行系统梳理，对 2005 年以来中国职业教育办学模式改革的实践发展状况进行历程性的把握；同时对 2005 年以来公开发表的关于职业教育办学模式的期刊论文、硕博论文等进行收集和整理，研究该阶段中国职业教育办学模式的现状，为后期调研问卷和访谈提纲的开发打下理论基础。

（二）第二阶段：调研对象选取与调研问卷开发

1. 预调研区域及对象的选取

基于政策、文献分析以及职业教育办学模式改革具有的东西部差异性，选择 2~5 个地区开展预调研，根据前期文献与政策调研基础选取预调研与调研的对象。

2. 调研工具的开发与信效度

在前期文献调研的基础上，开发相应的调研工具，形成与调研对象相匹配的调查问卷和访谈提纲征求意见稿。本次调研主要采用问卷法和访谈法，调查内容主要围绕办学主体、办学形式、办学内容、办学保障等方面展开；调查采取封闭式问题和开放式问题相结合的形式。访谈内容也紧紧围绕办学主体、办学形式、办学内容、办学保障的现状和问题展开。在开发和制定调研工具的过程中，首先是在阅读大量文献和预调研的基础上构建理论框架和维度，并初步拟定相关题项；其次是经过小范围问卷试测，并依据访谈之后的反馈结果修订问卷和访谈提纲；最后在得到专家论证的基础上再进行大规模的发放、测试和访谈，以最大限度地保障调研工具的信效度。

3. 预调研的实施

在预调研中重点听取地方行政管理部门和科研机构研究人员的意见，并选择区域内具有代表性的若干学校，直接对一线学校管理人员进行深度访谈。

（三）第三阶段：正式问卷及调研区域的选定

在预调研的基础上，修订现状调研问卷和访谈提纲。同时，在政策、文献分析的基础上，基于中国职业教育具有区域多样性的特征，确定正式调研区域及对象，并组成4~6个调研小组，确定调研的具体要求和步骤。

（四）第四阶段：正式调研实施

正式调研以各调研小组为单位，采用访谈和问卷相结合的方法，按照统一要求，由组长负责带队，分别在同一时间段集中展开调研。访谈区域内相关人员，深入具有代表性的地级市/县区，以及中高职学校（各3所以上）进行实地调研。

（五）第五阶段：调研报告的形成与反思

通过文献收集和分析，进行基于文献的案例分析，形成相关省份的研究报告。预计发表相关论文5篇，其中内刊3篇、公开期刊2篇。根据正式调研情况，形成区域调研子报告，并在此基础上，结合问卷调查的结果，形成中国职业教育办学模式改革现状的研究报告。报告内容以回答研究目标中的四个问题，即"谁在办学""办什么学""怎么办学""如何保障"为主，辅之以相应区域实地调研案例。

五、调研的实施情况

在调研目标的指引下，课题组成员通力合作，按照既定的调研方案推进调研工作，抽样与实施情况如下。

(一) 访谈调研实施情况

以课题组主要成员为组长组成 6 个调研组，实施了对 9 个省级区域的实地调查。对各省级教育行政主管部门、职教分管部门负责人，13 个代表性地级市的教育管理部门，83 所中高职院校，以及其他 9 个机构（包括集团化办学管理机构、研究机构、行业协会和企业代表等）进行访谈调研。

(二) 问卷调研实施情况

问卷分为学校负责人问卷和企业负责人问卷。学校问卷综合考虑学校办学层次和专业类型的代表性，通过现场发放和回收等方式，共回收问卷 142 份，其中有效问卷 127 份，问卷回收有效率为 94.4%；企业问卷选择与学校有长期稳定合作关系的企业，主要采取委托被访学校代为发放以便回收的方式，目前共回收问卷 162 份，其中有效问卷 146 份，问卷有效率为 94.5%。

在 127 份学校有效问卷中，中职学校 96 所，占调查总数的 76%，高职院校 31 所，占调查总数的 24%。从参与调查学校的层次分布来看，中职学校中，国家改革发展示范学校占 29%，国家级重点学校占 47%，省级重点学校占 13%，其他占 11%。高职院校中，国家示范性高职院校占 23%，国家骨干高职院校占 16%，省级示范性高职院校占 32%，其他占 29%，从而保证了调研学校层次分布具有代表性和典型性。

从调研企业的结构分布看，在 146 份有效问卷中，与调查学校保持稳定合作关系的企业有 105 家。其中，第三产业企业最多，占 54%；第二产业企业居中，占 38%；第一产业企业最少，占 8%。这一结构分布与中国现有职业教育的专业结构分布基本相符。从调研企业的性质看，私营企业最多，占 44.34%；其次为国有和集体企业，共占调查总数的 32%（其中国有企业占 29%，集体企业占 3%）；外资与合资企业占 26%（其中外资企业占 11%、合资企业占 15%），其他占 8%。参与调研的企业员工规模分布为：0~50 人的企业 7 个，50~200 人的企业 24 个，200~500 人的企业 16 个，500 人以上的企业 58 个。

第二节 职业教育办学主体的现状调查

"谁在办学"是职业教育办学的第一个问题。基于学校和企业的问卷调研结果，对中国职业教育办学主体的现状进行分析，并对中国职业教育的实施状况做出具有参考性的客观分析。

一、职业教育办学主体及其参与形式

在校企合作办学形式中，最为普遍的是校企双主体合作办学，其他较多的为集团化办学、中外合作办学、东西部合作办学、园区化办学，如图5-1所示。

（所）

东西部合作办学	集团化办学	园区化办学	中外合作办学	校企双主体合作办学	没有任何形式的合作办学	其他
16	34	8	22	64	6	6

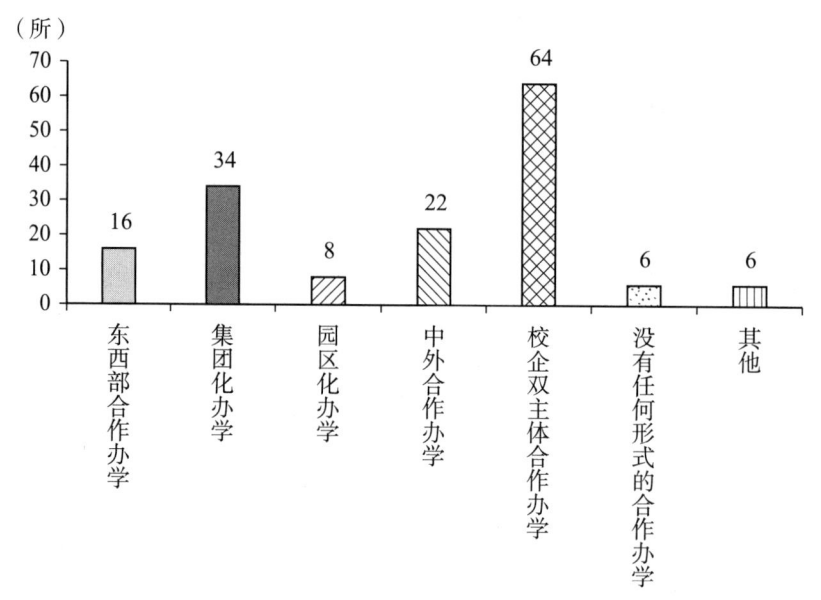

图 5-1 学校的合作办学形式

学校工学结合培养形态以学校主导占绝对优势，学校主导占调查院校总数的97%。可以说中国的校企合作，即便被认为是校企双主体合作的办学形式，但实际上绝大多数还是学校主导的"一头热"，校企合作中的"企"、工学结合中的"工"处于难以得到保障的状态。

1. 举办者的实际职责

从"当前学校在办学过程中实际履行的职责包括"一题的结果来看，多数学校举办者实际履行着人、财、物配置的职责，具体结果如图5-2所示。当然，教育主管部门、行业或企业等不同举办者由于各自的利益诉求和立场不同，其实际履行的职责存在一定的差异性。

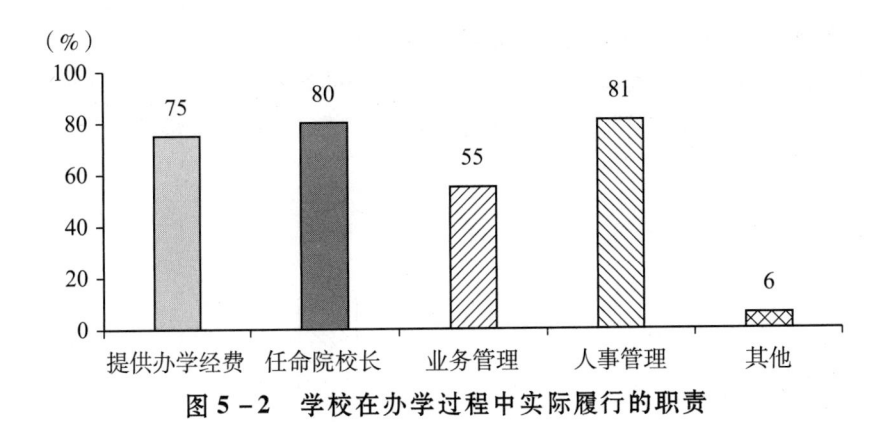

图 5-2 学校在办学过程中实际履行的职责

2. 职业院校的办学经费

职业院校办学经费的主要来源从调查结果来看，依次为学费等事业性收入、国家财政性教育经费、举办者（行业或企业）投入，如图 5-3 所示。

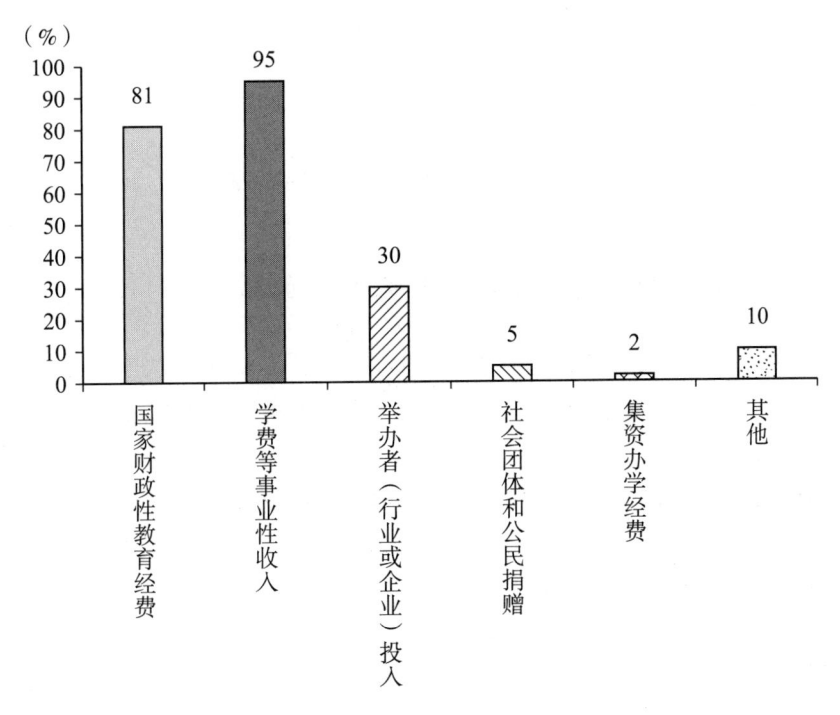

图 5-3 学校办学经费的主要来源

2017~2019 年，学校获得的专项经费，67% 来自中央财政专项经费支持，78% 来自省级财政专项经费支持，反映了近年来政府主导在财政投入上占主导地位。

3. 职业院校专业设置与企业市场的对接情况

从专业设置这一体现职业院校办学核心部分的思路看（见图5-4），"根据就业市场变化，灵活设置"一项远远高于其他选项，这说明了学校办学的市场性取向。

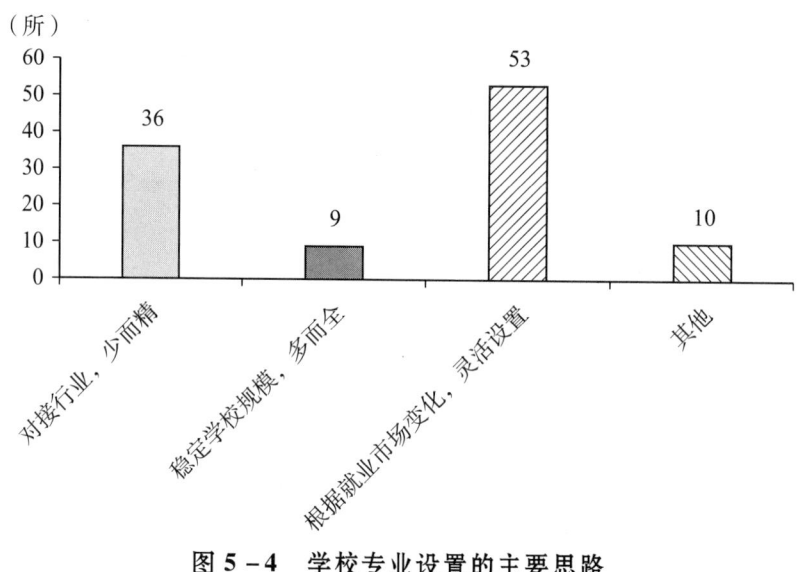

图 5-4　学校专业设置的主要思路

二、企业、行业参与职业教育办学的情况

来自职业院校问卷调查的结果表明（见图5-5）：学校认为合作企业实际参与学校办学的形式从多到少依次为："提供顶岗实习机会""订单培养""共建实训基地""提供教师实践机会"等。

企业愿意参与职业教育办学的主要形式依次为："顶岗实习""共建实训基地""订单培养""提供教师下企业锻炼的实践机会""参与学校课程与教学改革""提供兼职教师"，如图5-6所示。

顶岗实习是校企合作办学的主要形式。如图5-7所示，关于顶岗实习，企业问卷的结果表明：企业更多地愿意"根据学校教学计划统一安排"，远高于选择"根据企业时间，随时安排"。这显示出合作企业与学校在学生实习中的态度。

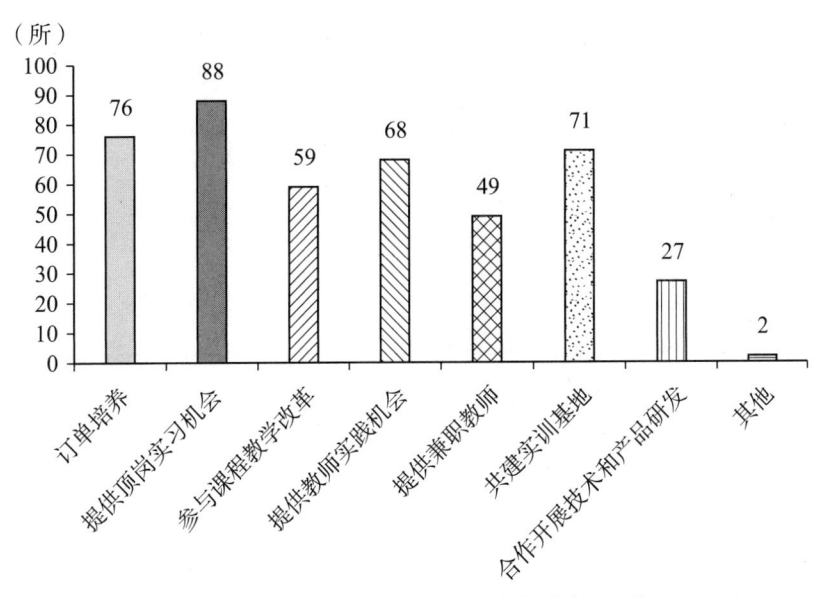

图 5-5 合作企业参与学校办学的形式

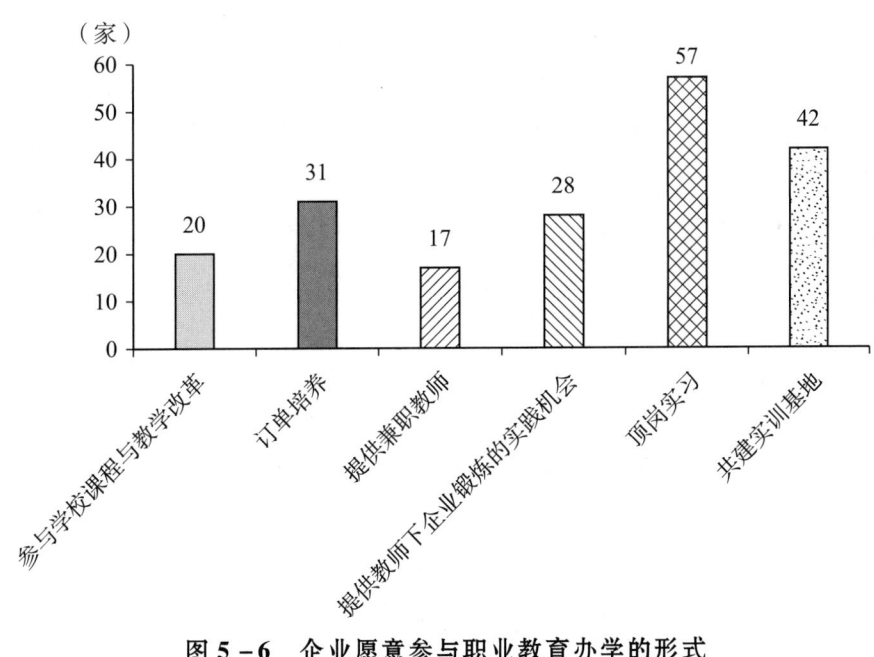

图 5-6 企业愿意参与职业教育办学的形式

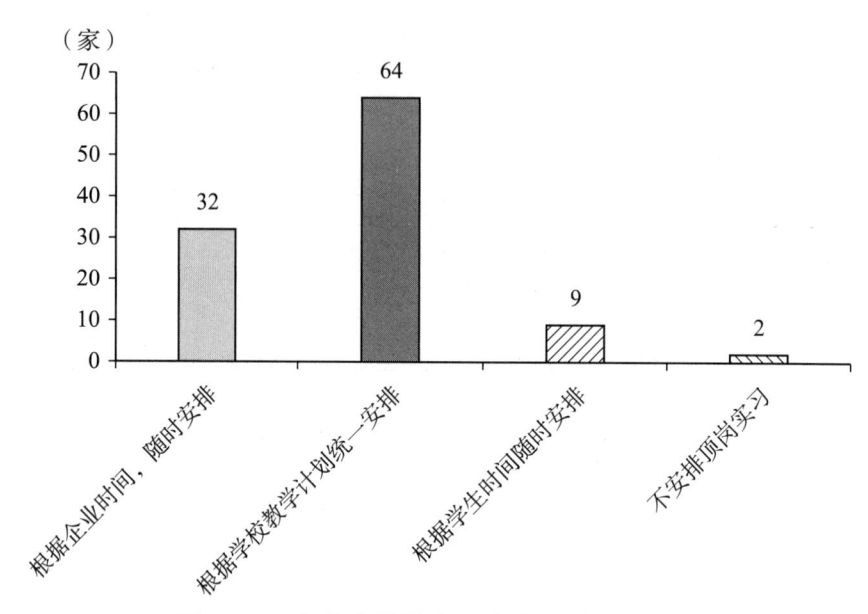

图 5-7　企业安排学生顶岗实习时间的确定

同时，企业问卷的结果显示，企业更能接受的学生顶岗实习实训方式为："学生顶岗，师傅指导""学生顶岗，师傅与学校教师联合指导"，如图 5-8 所示。这显示出企业与学校合作中在条件可能情况下的积极主动度和合作质量。

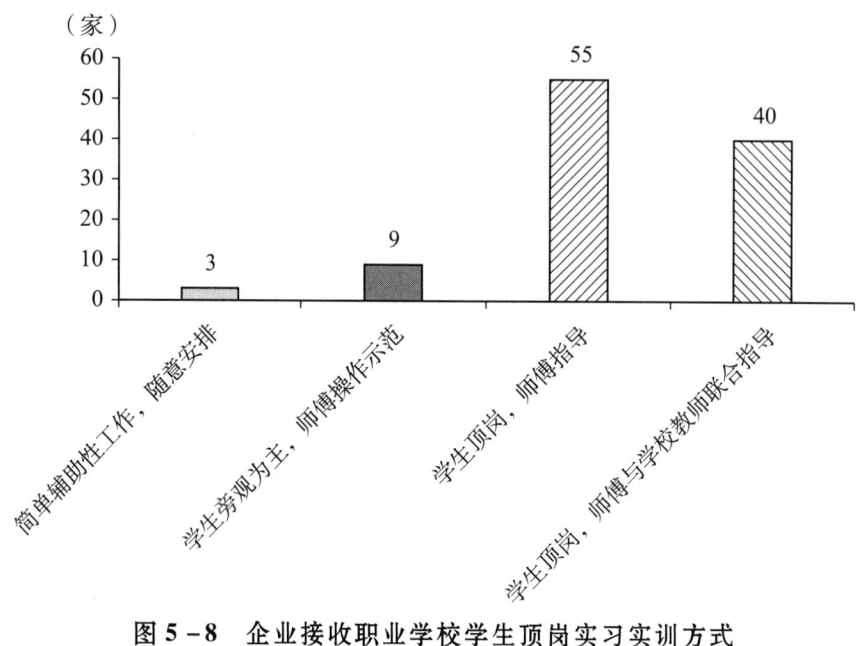

图 5-8　企业接收职业学校学生顶岗实习实训方式

来自学校问卷的结果表明,在校企合作中,企业的主要需求依次为:"获得充足的劳动力""共同培养高素质的员工""培训在职员工"等,如图5-9所示。调查认为企业生存与发展所需要的员工和人力资本投资的需求是企业参与校企合作的动力所在。

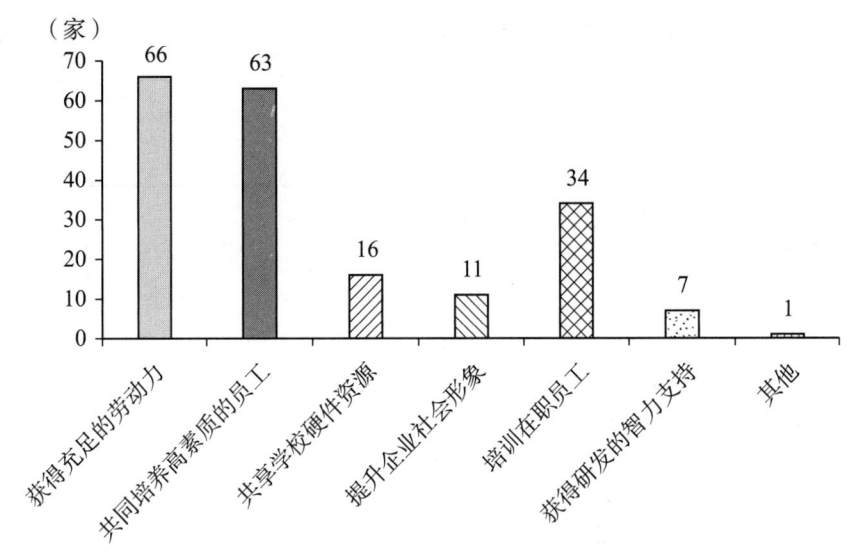

图5-9 校企合作中企业的主要需求

数据:获得充足的劳动力 66;共同培养高素质的员工 63;共享学校硬件资源 16;提升企业社会形象 11;培训在职员工 34;获得研发的智力支持 7;其他 1。

从企业问卷的结果可以看出,"学生安全"与"学生管理"是企业参与办学最为担心的事项,远高于对企业自身"生产效益"的担心,如图5-10所示。

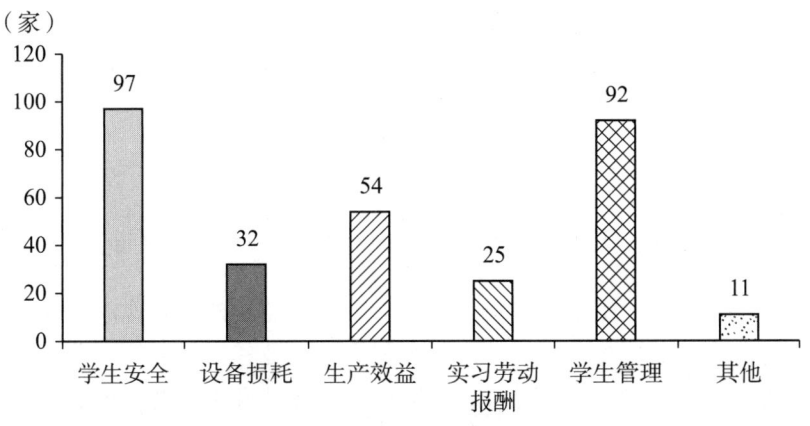

图5-10 企业参与职业教育办学担心事项

数据:学生安全 97;设备损耗 32;生产效益 54;实习劳动报酬 25;学生管理 92;其他 11。

通过对学校期望行业在职业教育办学中发挥何种职能的考察发现:首先,学校对行业在"制定行业职业标准"(51%)、"发布行业人才需求"(43%)以及"推进校企合作"(43%)方面具有强烈的期望和意向;其次,学校认为行业应在"指导课程教学改革"(31%)和"发布行业发展动态"(23%)两个方面发挥职能(见表5-2)。

表5-2　　　　　行业对职业教育办学的核心指导职能　　　　单位:%

	制定行业职业标准	发布行业人才需求	推进校企合作	指导课程教学改革	发布行业发展动态
选择占比	51	43	43	31	23

从学校问卷的调查结果看,学校认为与企业建立合作关系的主要渠道依次为:"学校主动寻求合作""企业主动寻求合作""借助行业协会平台""借助行业主管部门"等,如图5-11所示。同时,"政府搭桥推动"和"借助校友平台"的选项所占比例很小。

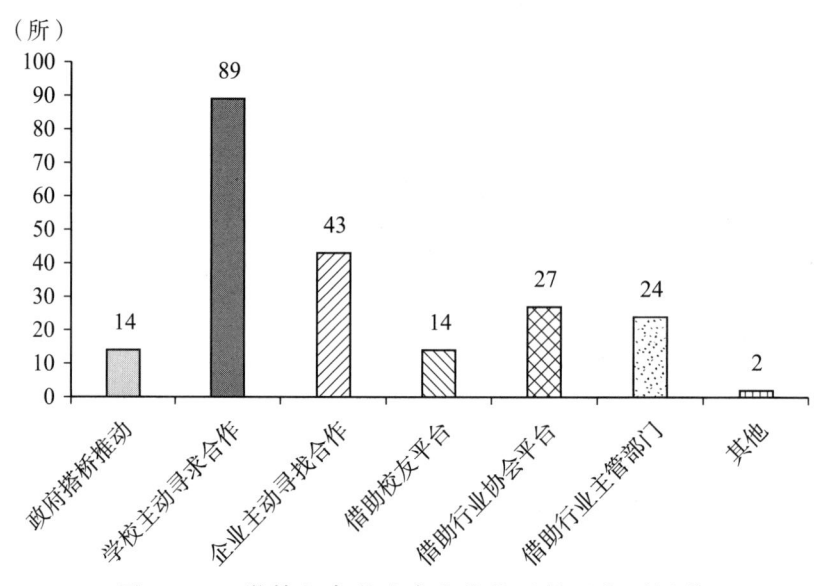

图5-11　学校与企业建立合作关系的最主要渠道

同时,来自企业的调查结果显示,学校认为与企业建立合作关系的主要的渠道依次为:"通过学校领导及教师的积极努力与企业建立联系""企业主动寻找学校建立联系",如图5-12所示。与学校问卷结果形成高度一致的是,学校的"积极性""主动性"无疑是促成校企合作最为重要的因素。

```
(家)
80
70    70
60
50
40              36
30
20
10                    11
10                         3
    政府搭桥  通过学校领导及教师的积极努力与企业建立联系  企业主动寻找学校建立联系  通过企业员工及其他人员建立联系  其他
```

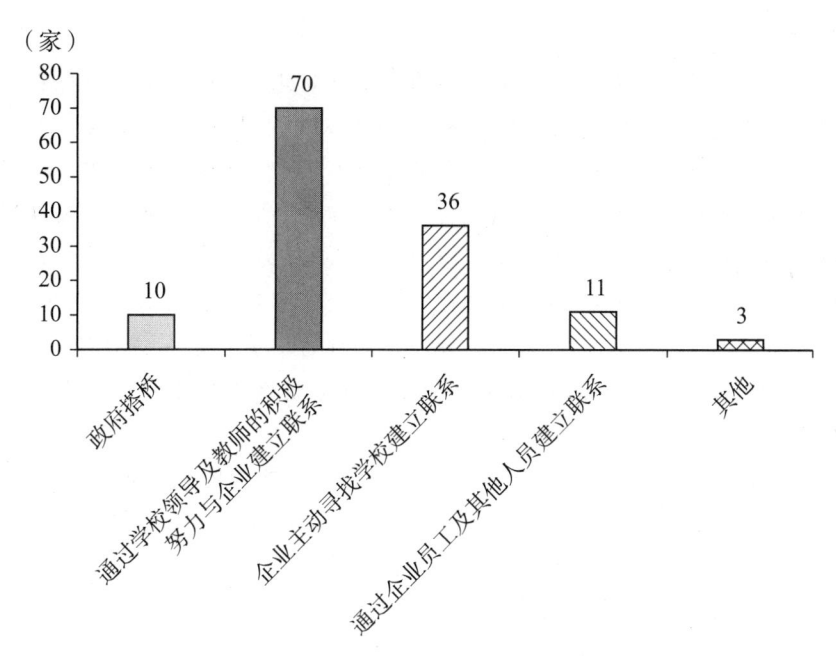

图 5-12　企业与学校建立合作关系的主要渠道

三、职业教育办学主体现状调查的结果分析

问卷调查从"面"的广度上对职业教育办学现状进行了了解，通过数据统计可以发现，中国职业教育办学取得了一定的成就，但是也存在着一些问题。通过对问卷的统计进行总结，得知职业教育办学主体的现状有以下几种情况。

（一）学校问卷的结果分析

通过对职业学校学制进行调研，发现当前中等职业学校的学制类型以 3 年制为主，其他类型学制为辅，高等职业学校的学制也同样以 3 年制为主，其他类型学制为辅；通过对职业教育合作办学形式的调研，发现当前职业教育最为主要的合作模式以"校企双主体合作"和"集团化办学"为主；通过对职业教育办学经费来源的调研，发现当前职业教育办学经费主要来源于"学费事业性收入"和"国家财政性教育经费"；通过对职业院校办学专业设置思路的调研，发现职业教育办学专业设置最为主要的思路是"根据就业市场变化，灵活设置"；通过对当前职业院校办学社会服务形式的调研，发现职业院校最为主要的社会服务形式有"面向社会的职业资格证书培训""企业培训""大学生'回炉'培训""农民工培训"。

通过对当前职业教育办学中举办者的主要职责进行调研，发现举办者的主要职责包括"人事管理""提供办学经费"；通过对职业教育工学结合人才培养实现形态的调研，发现当前职业教育工学结合人才培养的实现形态仍然是以"学校主导"为主；通过对职业教育工学结合人才培养主要形式进行调研，发现当前职业教育工学结合人才培养的形式以"集中一年顶岗实习"和"工学交替，渗透到每学期"两种方式为主；通过对企业参与校企合作办学主要形式的调研，发现当前企业参与校企合作最为主要的三种形式分别为"提供顶岗实习机会""订单培养""共建实训基地"；通过对学校与企业建立合作关系主要渠道的调研，发现当前的主要渠道仍是"学校主动寻求合作"。

通过对企业在校企合作办学中需求的调研，发现当前企业最主要的需求是"获得充足的劳动力""共同培养高素质的员工"；通过对如何有效推动企业参与校企合作进行调研，结果显示"给予企业税收优惠""政府立法规定企业必须参与"这两项所选比例最高；通过对学校期望行业在职业教育办学中发挥何种职能的调研，发现学校认为行业应该主要发挥"制定行业职业标准"和"发布行业人才需求"这两项职能；对地方政府在近三年采取的促进职业教育发展举措的调研的结果显示，地方政府主要采取了"加大经费投入"和"开展教师培训"这两项工作；对学校期望地方政府应采取哪些措施推动职业教育办学的调研结果显示，"增加生均经费投入"和"建立校企合作的长效机制"是被调研学校最期望的两项措施。

（二）企业问卷的结果分析

对企业参与职业教育办学主要渠道的调研结果显示，企业参与职业教育最为主要的渠道是"通过学校领导以及教师的积极努力与企业建立联系"；对企业参与职业教育办学主要职责的调研结果显示，企业参与职业教育最为主要的职责应是"开发合作项目"和"提供资金"；对企业参与职业教育办学主要形式的调研结果显示，企业参与职业教育最为主要的形式主要是"顶岗实习"和"共建实训基地"；对企业参与职业教育办学主要诉求的调研结果显示，企业参与职业教育办学最希望能够"满足企业劳动力需求"和"优先选用优秀毕业生"；对企业参与职业教育办学的实习实训时间安排的调研结果显示，当前企业主要采取"根据学校教学计划统一安排"与"根据企业时间，随意安排"两种方式；对企业参与职业教育办学实习实训岗位安排的调研结果显示，企业主要采取"学生顶岗，师傅与教师联合指导"和"学生顶岗，师傅指导"这两种方式；对企业参与职业教育办学主要忧虑的调研结果显示，企业参与职业教育办学最为主要的忧虑是"学生安全"和"学生管理";对推动企业参与职业教育办学有效措施的调研结果显示,推动企业参与职业教育办学最为有效的措施主要是"以奖代补,补助企业参与职业教育的教育费用"和"给予企业税收优惠"。

(三) 职业教育办学相关主体的关系分析

调研发现,在"政府主导"中,如何明确定位教育、劳动等相关部门之间的关系,以及主管部门与学校之间的关系,是各地普遍存在的问题。分工负责如何落实、职业准入如何实施,都需要各相关部门的合理定位,为职业院校办学营造良好的政策和制度环境。同时,在主管部门与学校的关系上,在对学校调研中发现,由于政府介入(如检查)的"过于频繁或无序",影响了学校正常的办学秩序,办学自主权也难以得到保障。在访谈过程中,能明显地感觉到凡是隶属于政府部门的学校在诸多政策上都能享受"亲儿子"的待遇,它们在办学经费上和体制通道上都能享受一定的优惠,而这样的学校往往也能评上国家示范性高职或者国家级重点中职。而隶属于行业部门的学校却往往要依赖于市场化的运作去维持办学或者获得收益。因此,其中的学历教育部分一直在压缩。然而,笔者在问到该校校长是否愿意学校划拨到政府部门直接管辖,这样可能享受到很多政策优惠,校长却不以为然。该校长认为,如果划拨到教育口,学校办学就没有特色了。因此,这也是职业教育在办学中值得深思的一个问题:即如何协调办学主体部门,既能有利于资源的合理分配、加强管理效率,又能保持学校的自身特色,给予学校充分的发展空间。

第三节 职业教育办学形式的现状调查

办学形式即回答"办什么学"的问题,反映了职业教育办学的具体内容与成效。从全国的调研来看,目前职业教育办学的主要形式有现代学徒制办学、集团化办学、城乡一体化办学、园区化办学、"产学研"一体化办学、中外合作办学、东西部联合办学等,归纳和总结各种办学形式的主要成就与问题有以下几个方面。

一、职业教育现代学徒制办学的现状

中国特色现代学徒制目前还处于起步阶段,但已经呈现出了多样化的做法,在合作关系达成、人才培养分工、师资队伍建设、培养成本分担、外部制度保障五个维度形成了中国现代学徒制的主要办学实践经验。

(一) 案例再现——太仓中专:德国"双元制"的中国镜像[①]

太仓是我国江苏省苏州市下辖的县级市。自1993年第一家德资企业落户后,德资企业在太仓快速发展,目前已有超过220家在此集聚,被誉为"德企之乡"[②]。江苏省太仓中等专业学校(以下简称"太仓中专")是当地的一所国家级重点中等职业学校。太仓中专与德资企业的合作始于1998年。当时在太仓的德企有12家,但太仓地区高素质技术技能人才的匮乏,成了制约德企发展的瓶颈。1998年春,德国巴符州议员、克恩—里伯斯集团公司董事长斯坦姆博士发起了在太仓创建专业工人培训中心,培养企业急需的高素质技术工人的动议。这一动议很快得到了德国巴符州经济合作部的支持、江苏省经济发展委员会的赞同,以及太仓市地方政府的积极响应,决定由克恩—里伯斯(太仓)有限公司、慧鱼(太仓)建筑锚栓有限公司(后期由慕贝尔汽车部件(太仓)有限公司替代)和太仓工业学校(太仓中专前身)进行校企合作,按照德国"双元制"模式,共同培养模具专业技术工人。2001年"太仓德资企业专业工人培训中心"(DAWT)正式挂牌,招收了第一批"双元制"学徒。在太仓开发区管委会的推介下,太仓中专在2004年和2013年又分别与舍弗勒(中国)有限公司、海瑞恩集团合作,在企业内建立了学徒培训中心,开展学徒培养。2016年,太仓中专又与德国手工业行会(奥登堡)合作,成为德国手工业行会在中国首个培训考试认证基地,也是长三角地区唯一的培训考试认证基地,下设培训中心和考试认证中心。如今,已有22家企业成为太仓中专培养学徒的合作单位。

根据不同情况,太仓中专"双元制"的校企合作采取了以下三种不同的治理结构。

(1) 一校一企合作模式,以舍弗勒(中国)培训中心和海瑞恩(太仓)培训中心为代表。这两个培训中心分别由舍弗勒、海瑞恩公司建立,设立在公司内

[①] 资料来源:笔者调研。
[②] 史福双、刘凡铭、欧晓丽:《正信干燥:技术、诚信、务实——不断追求管理的极致》,载于《中国中小企业》2017年第11期,第74~75页。

部。培训中心由经理和企业培训师、学校教师组成教育教学管理团队，负责培训中心的日常管理与运行。课程标准依据的是德国本土的职业培训条例，课程方案主要由企业制定，技能课程内容主要由企业实施。学校与企业间的合作通过校企之间签订的合作协议及学生与企业之间签订的培训服务合同来约定，学校主要承担理论知识的教学及部分基础实践技能的训练，企业提供实践技能的教学及岗位实习。

（2）一校多企合作模式，类似于德国的跨企业培训中心模式，以太仓的德资企业专业工人培训中心为代表。该培训中心性质为民办非企业单位，由克恩－里伯斯、慕贝尔及学校三方共同出资。在课程方案设计、课程内容的实施以及校企合作方面与一校一企合作模式没有差异。其特殊之处在于培训中心采用董事会管理制度，董事会由企业、学校有关人员组成，对涉及培训中心的重要事务进行决策，如培训专业的调整、招生人数的确定和重要设备购买等事宜，培训中心负责日常运行。企业负责实践教学的场所、设备及原材料、课程实施、培训师及工资等，学校负责学生管理、学籍管理、基础课程和专业理论课程实施、教师及工资等，开发区管委会给予专项经费与项目支持。董事会下设培训委员会和考试委员会。培训委员会的成员来自企业、教育局、人社局、太仓中专及德国海外工商会上海代表处，总体负责培训事务，保障培训质量；考试委员会的成员来自企业、人社局、太仓中专及德国海外工商会上海代表处，负责考试安排及监考等事宜。

（3）行会深度参与的校企行合作模式，以德国手工业行会培训中心为代表。太仓中专、企业和德国手工业行会中国代表处的有关人员组成联合管理委员会，该委员会是合作项目的监控和协调机构，审议通过合作项目年度工作计划、年度工作总结报告以及项目发展的其他重要议题。依据专业方向由太仓中专、企业和德国手工业行会中国代表处的有关人员组成项目工作小组，分别负责组织相关专业人才培养方案和课程体系的制定，组织相关专业学习领域课程的开发与实施和相关教育、管理工作，各项目小组的工作直接对联合管理委员会负责。德国手工业行会成立考试认证委员会，负责教育教学质量评估。

太仓中专与本地区德国企业的现代学徒制探索体现了职业教育办学模式与地方产业经济的密切联系。在这个案例中，企业发挥了主导作用，设在企业内的学徒培训中心或企业共享的跨企业培训中心承担了重要的学徒培养任务。太仓模式的成功得益于三个因素。首先是德资企业的发展需求和学徒培训传统。德国企业到太仓投资建厂，同时也将德国成熟的学徒培训体系引入当地，并逐渐形成了"群聚效应"，从而使这一模式成为当地特色。德国企业高度重视职业培训的文化在这里得到了很好的体现。许多企业在刚刚开始建设厂房时就已经把员工送往德国本部培训，建厂后立即开展包括学徒培训在内的各种培训。企业的学徒培训传统与培训能力是这一模式的成功关键。其次是地方政府的平台作用。地方政府重视产业发展与职业教育的联动关系，积极促进校企合作，并在制度上有所突破。比如太仓德资企业专业工人培训中心的建立，从而为德国模式在太仓地区的发展提供了良好条件。最后是太仓中专的开拓探索。太仓中专打破原有办学模式，主动学习德国经验，积极探索多种开展模式，不仅服务了本地德企，还辐射了周边地区。然而，在这种德国模式中，企业自身的培训意愿和培训能力至关重要，而我国具有相应培训意愿和培训能力的企业有限，因此这也就在一定程度上限制了它在我国的推广。

（二）合作关系达成

中国的现代学徒制是建立在已有职业教育校企合作办学实践基础上的。主要的办学形式有：（1）职教集团或行业模式。在这种模式中，职教集团或行业协会起平台作用，学校与企业实现"多对多"的合作。这种模式能在一定程度上保障学员对行业通用职业能力的学习，而不仅是企业特定技能，同时还能缓解企业岗位吸纳能力波动的风险。但这种模式在中国目前的实践中不多见。（2）校企共建模式。在这种模式中，学校与企业共同组建具有实体性质的"企业学院"，校企双方共同管理，共同组建师资队伍，共同建设教学及实训场所，是一种紧密型的校企合作方式。（3）校企合作模式。在中国当前的现代学徒制办学实践中，这种模式最为普遍。校企合作以"点对点"的形式开展，双方都是自治主体，基于"协议"展开合作。（4）"厂中校"或"校中厂"模式。这种模式与中国以往的技工教育模式较为类似，是当前校企合作动力不足背景下的一种补充性实践方式。然而，由于"厂中校"的企业往往没有那么大的实际用人需求，"校中厂"的企业用人需求也不是真实的，因此在该模式下，许多毕业生仍然要面临就业问题。

（三）人才培养分工

在中国现代学徒制的人才培养过程中，企业与学校分别承担了学徒的在岗学习和学生的在校学习任务。然而，如果仔细区分学校与企业在人才培养上的主导性，中国现代学徒制办学又可以分为三种主要模式：一是企业主导型。这类模式比较多地出现在合作企业内部培训体系完善的现代学徒制的项目中，特别是来自德国、奥地利等"双元制"发展成熟国家的外企。这些企业将本国的学徒培训体系引入在华企业，基本照搬了原有校企合作模式、培训内容、培训方法、评价体系，表现出强烈的企业主导性。二是校企平等型。这类模式比较多地出现在合作企业没有成熟学徒培训体系但有强烈合作愿望的项目中。在此类项目中，校企双方在人才培养方案设计、执行和评价中，话语权相当，责任对等。三是学校主导型。这类模式较多地出现在企业合作热情较低或企业培训研发力量较弱的项目中。企业愿意委派企业导师指导学徒的在岗学习，但对人才培养方案设计、课程开发等方面参与较少，整体项目主要由学校推动企业完成。

（四）师资队伍建设

中国现代学徒制办学中的师资队伍主要由学校教师与企业导师两部分组成。在组建方式上，部分试点项目采用的是校企互聘共建的方式，通常表现为学校聘用企业导师来校授课或在企业进行学生指导；企业聘请学校教师在相关业务部门兼职或建立工作流动站；学校与企业制定相应制度，并按受聘人员的实际工作量支付相应劳务报酬。部分项目的师资队伍建设由校企双方分别组建，师资团队共同合作，但没有严格的互聘制度。此外，还有一些项目的师资队伍中包括了第三方角色。比如在许多中英现代学徒制的项目中，会通过聘请第三方企业的人员作为内审员指导并监督项目开展。

（五）培养成本分担

教育部的"现代学徒制"试点与人力资源和社会保障部的"企业新型学徒制"试点，在成本分担上存在较大差异。对"现代学徒制"试点，教育部没有直接经费投入。而对于"企业新型学徒制"试点，企业可以获得每学徒 4 000 ~ 6 000元的补贴，用于企业支付培训机构的培训费用。也有少部分地区的行政部门对于开展现代学徒制试点的单位拨付一定地方经费。比如在山东省，合作企业每接受 1 名学徒并经考核达到学徒培养标准，按 5 000 元标准补助企业，其中 3 000元用于奖励带学徒的师傅，2 000 元用于补偿企业的水电、耗材等。在校企层面，具体的培养成本分担方式通常由学校与企业协商确定。一般而言，学徒培养成本的分担遵循教学点原则，即由学校支付学生在校学习经费，企业承担学徒在企业的培训费用和学徒津贴。

（六）外部制度保障

中国的现代学徒制当前处于试点阶段，外部制度保障较为薄弱。在国家层面，教育部、人力资源和社会保障部、国家发展和改革委员会等部门分别下发了专门的试点文件，主要保障措施的比较，如表 5-3 所示。

表5-3　　　　　　三部委现代学徒制试点主要保障措施比较

项目	现代学徒制	新型学徒制	技术技能人才双元培育
文件颁布主体	● 教育部	● 人力资源和社会保障部 ● 财政部	● 国家发展和改革委 ● 教育部 ● 人力资源和社会保障部 ● 国家开发银行
组织架构	● 省级教育行政部门负责区域内试点工作的统筹协调 ● 教育部委托全国现代学徒制工作专家指导委员会对试点工作进行指导、监督和检查	● 人力资源社会保障、财政部门牵头，相关部门和人民团体密切配合、协同推进	● 省级政府协调，地市级政府负总责，发挥行业协会等社会组织的指导作用
经费保障	● 各地加大投入，通过财政资助、政府购买等措施引导企业和职业院校实施现代学徒制培养	● 从就业专项资金列支职业培训补贴，按企业支付给培训机构培训费用的60%确定，每人每年的补贴标准在4 000~6 000元间，补贴期限不超过2年	● 由试点地市级政府负责统筹 ● 国家开发银行作为开发性金融机构应发挥先锋先导作用，给予信贷支持
项目管理	● 申报单位提交试点实施方案和任务书 ● 省级教育行政部门负责区域内试点工作的年度检查 ● 教育部委托全国现代学徒制工作专家指导委员会进行指导、监督和检查 ● 试点期满，试点单位撰写总结报告；省级教育行政部门检查验收；教育部组织专家复核省级验收结论和抽查，公布结果	● 企业将学徒培养计划、培养协议等材料报当地人力资源和社会保障部门备案 ● 人力资源和社会保障部门建立与试点企业的联系制度，统筹推进试点工作	● 试点城市向国家发展和改革委报送年度进展情况 ● 国家发展和改革委牵头对试点进展情况进行跟踪分析，对试点效果进行评估考核

资料来源：《教育部办公厅关于做好2018年度现代学徒制试点工作的通知》《人力资源社会保障部办公厅关于开展第二批企业新型学徒制试点工作的通知》《老工业基地产业转型技术技能人才双元培育改革试点方案》。

在地方层面，一些试点地区也下发了类似的试点专门文件，为地区试点提供更具体的制度保障。从这些文件的内容来看，中国尚未形成跨部门的合作机制，经费保障有限，组织架构及管理制度也尚处于摸索阶段。除政府部门之外，一些诸如中国物流与采购联合会、有色金属工业人才中心等行业试点也正在探索相应的外部保障制度①。

二、职业教育集团化办学的现状

职业教育集团化办学是促进中国职业教育体制机制改革、整合职业教育资源、协同多方利益相关者的一种办学行为，更是中国特色职业教育改革发展的模式创新。然而，在中国经济社会发展的不同时期和不同地区，职业教育发展的情况不同。因此，职业教育集团的组建和运行都呈现出不同的形式与特点。

（一）成员组成

职教集团成员单位来源广泛，大多数集团均由多类主体共同组成（见图 5-13）。截至 2016 年底，全国职教集团累计共有成员单位 35 673 家（去除重复参加单位），平均每个集团拥有成员单位 25.47 家（不含重复）。其中，中职学校、高职院校、本科院校、政府部门、行业协会、企业、科研机构及其他单位的占比分别为 12.87%、3.47%、1.49%、4.76%、4.13%、68.31%、1.88%、3.09%。

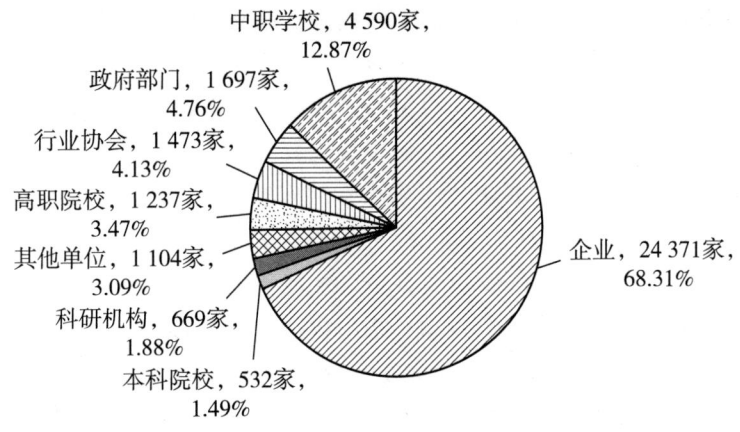

图 5-13 职教集团成员组成

---

① 孙佳鹏、石伟平：《现代学徒制：破解职业教育校企合作难题的良药》，载于《中国职业技术教育》2014 年第 27 期，第 102~103 页。

从职教集团成员构成来看,职教集团的主体成员为企业和中职学校,分别占全部成员单位的 16.34% 和 68.32%,说明企业、院校是集团化办学的主要力量,反映了职业教育集团化办学的属性要求和功能定位。

(二) 集团分类

依据集团化办学的发展现状与特点,课题组分别按照服务面向、牵头主体、服务范围对职教集团进行分类。从职教集团的服务面向来看,可分为行业型、区域型两种类型。其中,行业型职教集团 1 095 个,占集团总量的 77.88%;区域型职教集团 311 个,占集团总量的 22.12%,如图 5-14 所示。

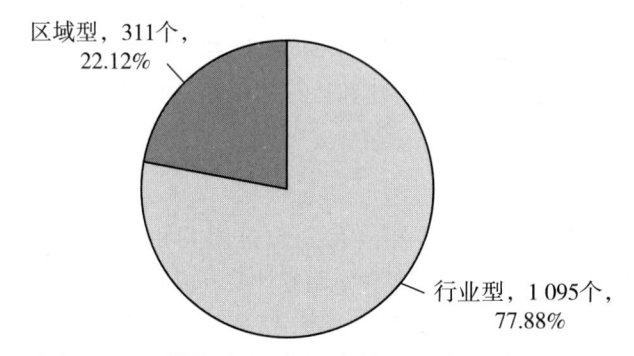

图 5-14 按服务面向划分的职教集团类型结构

其中,行业型集团为职教集团的主要类型,但近年来随着地市级及以下职业院校对集团化办学认同度与积极性的不断提高,以服务区域职业教育与经济社会发展的职教集团增长较快,如图 5-15 所示。

从职教集团的牵头主体来看,可分为中职牵头职教集团、高职(含本科)牵头职教集团、政府牵头职教集团、企业牵头职教集团、行业协会牵头职教集团和培训机构牵头职教集团等。其中,中职牵头的职教集团 722 个,高职(含本科)牵头的职教集团 617 个,政府部门牵头的职教集团 40 个,企业牵头的职教集团 14 个,行业协会牵头的职教集团 13 个,如图 5-16 所示。中、高职院校牵头的职教集团占绝大部分,为当前职业教育集团化办学的主要类型。

从职教集团服务范围来看,可分为全国型、省域型、市域型和县域型。其中,服务全国的职教集团 22 个,服务全省的职教集团 439 个,服务若干省的职教集团 15 个,服务地市的职教集团 550 个,服务县区的职教集团 130 个,如图 5-17 所示。

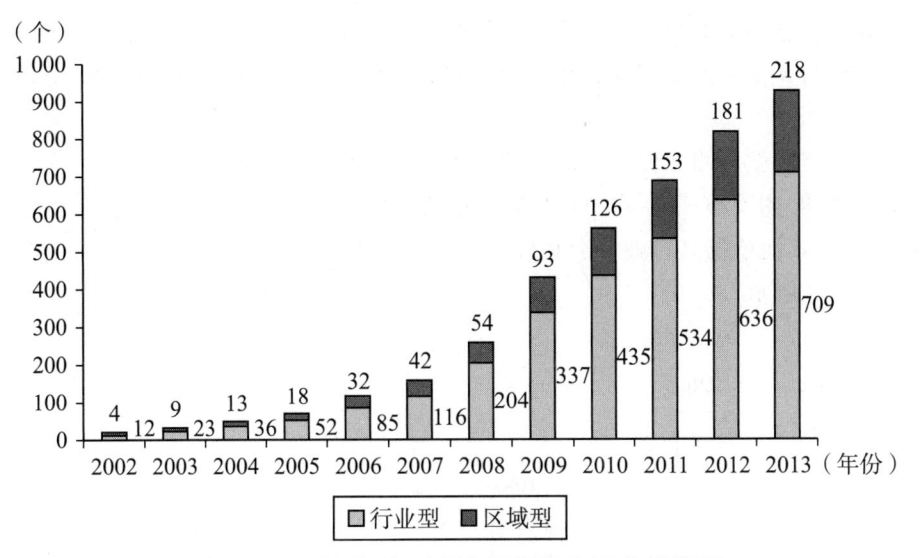

图 5-15　行业型、区域型职教集团发展规模

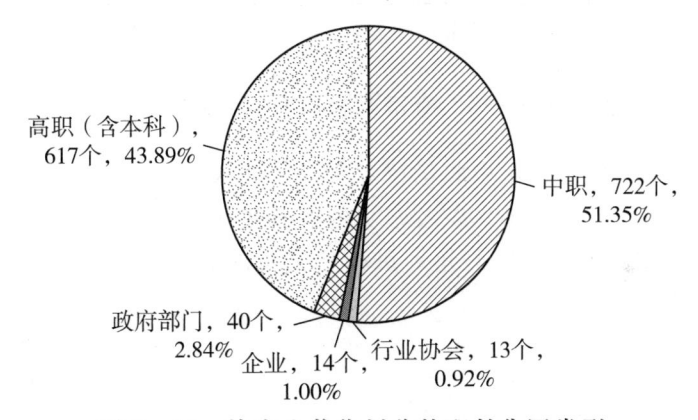

图 5-16　按牵头单位划分的职教集团类型

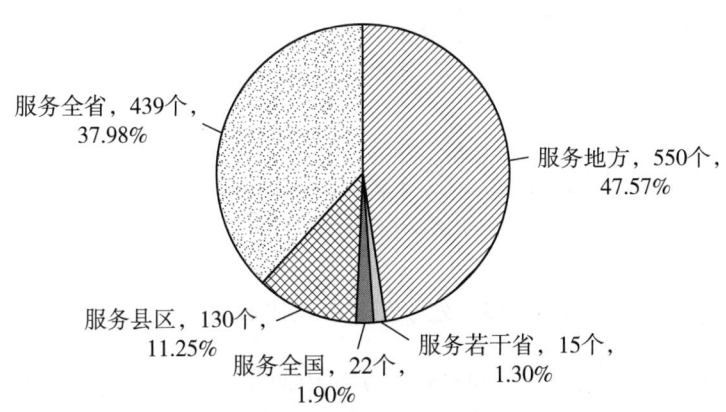

图 5-17　按服务范围划分的职教集团类型

其中，全国型职教集团主要由行业性高职院校牵头。高职院校牵头的全国型职教集团为5个，占全国型职教集团的83.33%，而企业牵头的全国型职教集团仅有1个。

省市型职教集团主要由高职（含本科）院校牵头。高职（含本科）院校牵头的职教集团226个，占65.32%；中职学校牵头的职教集团108个，占31.21%；其他单位（行业协会和政府部门）牵头的职教集团12个，占3.47%，如图5-18所示。

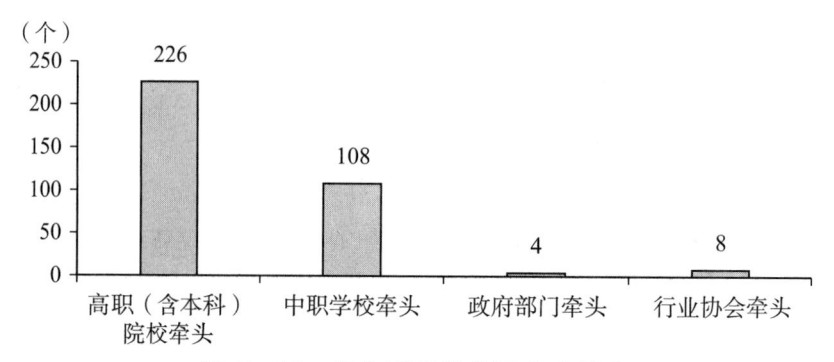

图5-18 省市型职教集团牵头单位

地市型职教集团主要由中职学校牵头。中职学校牵头的职教集团316个，占66.11%；高职（含本科）院校牵头的职教集团137个，占28.66%；其他单位（政府部门、继续教育与培训机构）牵头的职教集团25个，占5.23%，如图5-19所示。

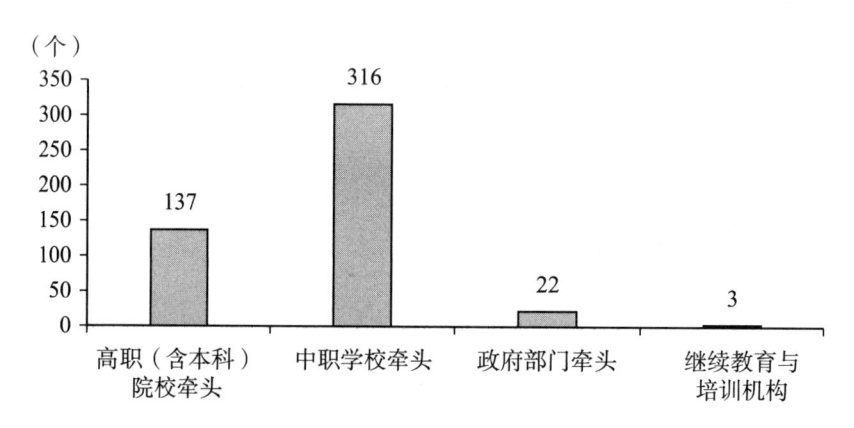

图5-19 地市型职教集团牵头单位

县区型职教集团基本由中职学校牵头。中职学校牵头的职教集团78个，占80.41%；高职院校牵头的职教集团为11个，占11.34%；其他单位（政府部门、企业）牵头的职教集团8个，占8.25%，如图5-20所示。

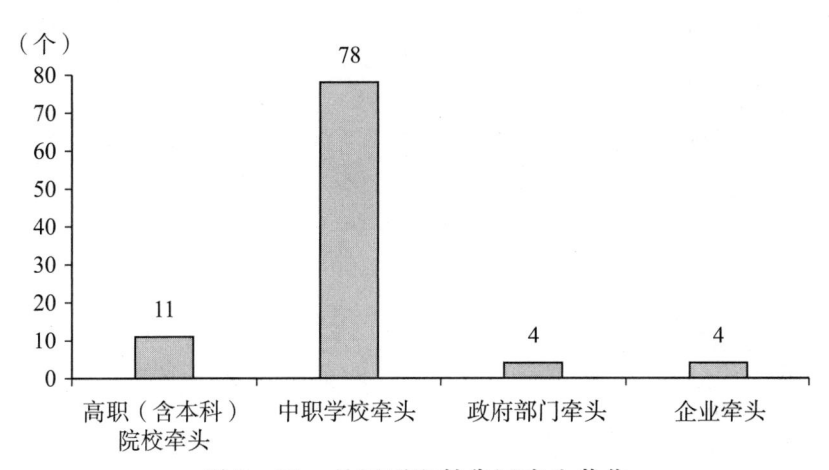

图5-20 县区型职教集团牵头单位

（三）区域分布

至2016年底，全国开展职业教育集团化办学的省（自治区、直辖市）已达到30个（西藏暂缺，台湾、香港、澳门地区未统计）。其中，东部沿海地区职教集团725个，中部地区职教集团331个，西部地区职教集团222个，如图5-21所示。

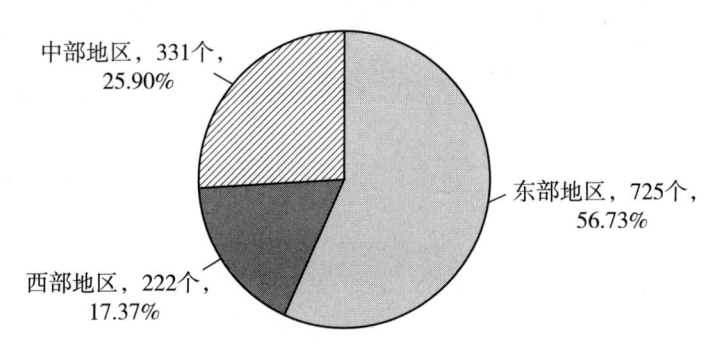

图5-21 东中西部地区职教集团占比

职教集团在区域分布上，呈现从西到东逐步递增的趋势，东部沿海地区在数量上明显多于中西部地区，存在着较为明显的区域特征。全国有职教集团的省（自治区、直辖市）的职教集团数，如图5-22所示，其中山东省职教集团数最多，浙江省位列第二，广东省位列第三。

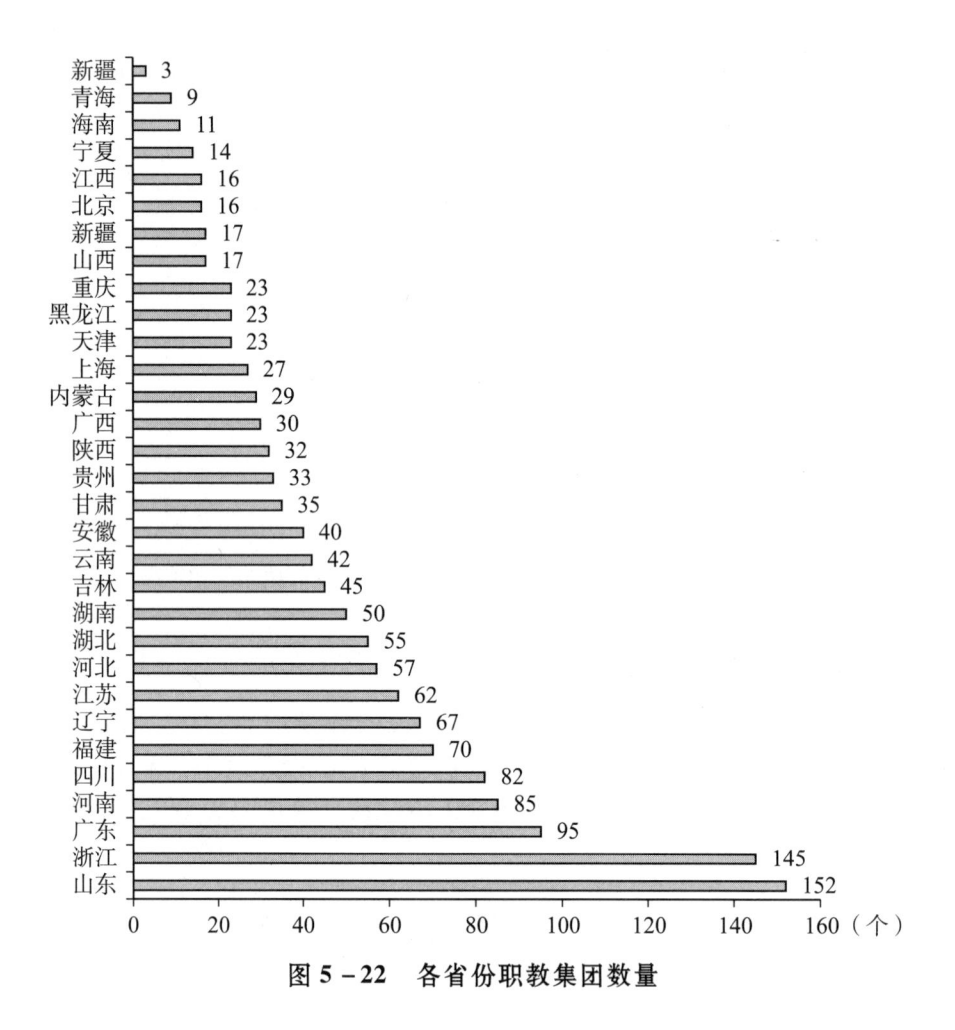

省份	数量
新疆	3
青海	9
海南	11
宁夏	14
江西	16
北京	16
新疆	17
山西	17
重庆	23
黑龙江	23
天津	23
上海	27
内蒙古	29
广西	30
陕西	32
贵州	33
甘肃	35
安徽	40
云南	42
吉林	45
湖南	50
湖北	55
河北	57
江苏	62
辽宁	67
福建	70
四川	82
河南	85
广东	95
浙江	145
山东	152

图 5-22 各省份职教集团数量

（四）行业覆盖

中国职教集团覆盖面广泛，几乎涵盖各行各业。在 1 406 个职教集团中，以服务第一产业为主的职教集团 98 个，占 8.95%；以服务第二产业为主的职教集团 530 个，占 48.40%；以服务第三产业为主职教集团 467 个，占 42.65%。其中，在第一产业中，服务于综合农业的职教集团数量最多，达到 46 个，占服务第一产业职教集团总数的 76.67%，其次是林业和畜牧业。

在第二产业中，服务于电子信息产业的职教集团数量最多，共有 63 个，占服务第二产业职教集团总数的 17.07%，其次是装备制造业和建筑业，分别有 48 个和 35 个，各占 13.01% 和 9.49%。

在第三产业中，服务于财经商贸业的职教集团数量最多，共有 62 个，占服务第三产业职教集团总数的 22.06%，其次是旅游业和交通运输业，分别是 51 个和 37 个，各占 18.15% 和 13.17%。职教集团的行业分布不仅与产业规模有密切关系，与行业发展速度也呈现高度一致性。

三、职业教育园区化办学的现状

职业教育园区这一办学模式在中国经过 10 多年的实践探索，已经在全国各地区得到了越来越广泛的普及，成为一种重要的区域职业教育办学模式，也取得了突出的办学成效。中国职业教育园区化办学大致经历了初创阶段（2002～2005年）、规模发展阶段（2005～2009年）和内涵提升阶段（2009年至今）。虽然 20 世纪末已出现了这一现象，如浙江温岭职教园区规划建设等，但在职业教育领域只是极少数城市在尝试的个体现象，园区化办学并未作为一种职业教育办学模式受到关注。直到 2002 年以后，才逐渐在中国推行发展起来。回溯 10 多年的中国职教园区建设，取得了许多重要的办学成果。

（一）案例再现——常州高职园区：国内首个职教园区[①]

常州市地处苏南，工业经济发达，20 世纪 80 年代与苏州、无锡等市一起创造出了以乡镇企业为主要特征的苏南模式。进入 21 世纪，常州面临巨大的技术与人力资源压力，为减缓经济进一步发展所带来的后续人才压力，保障常州市经济的可持续发展，研究规划常州市新的教育发展蓝图摆上了议事日程。为此，2002 年常州市政府经过调查研究和专家咨询论证，在综合考量江苏省教育的整体规划和常州市教育实际情况的基础上，做出了建设高职教育园区的重大决策。园区规划时对选择怎样的职业院校和机构入驻，征询了多方意见、精心筹划，最后以错位发展、差别化竞争为基本原则与思路，根据当地经济发展对人才类型、层次的需要，组建了以常州信息职业技术学院、常州纺织服装职业技术学院、常州工程技术学院、常州轻工职业技术学院、常州机电职业技术学院五所高职院校和一所本科院校——常州大学为主体的常州高职教育园区。2003 年开始建设，2005 年建成使用。园区占地 5 500 亩，建筑面积 205 万平方米，全日制在校生 7 万名，其中高职学生 5 万名。

园区建设打破了传统的建校模式，院校之间没有围墙，在公共校区、场馆、设备设施、实训基地、竞赛基地、创业基地等硬件资源上实行统一规划、整体建设，实现"有形的开放共享"；在专业共建、课程互选、学分互认、教师互聘等方面，探索"无形的开放共享"。按照"共建、公有、共管、共享"的思路，建

---

① 资料来源：笔者调研。

成了全国高职园区中第一个公益性共享实训中心——现代工业中心，目前建有16个共享实训基地，年均实训5万人次；建设了图文信息系统和图书资料信息共享平台；建成了包括职业技能鉴定所、培训管理中心、后勤服务中心在内的公共服务体系。

常州高职园区建设与发展特色，在于对"资源共享"理念的坚持和对"资源共享"目标的不断追求，无论是在共享范围与共享内容上、还是在共享层次与成效上都有了较大突破。主要表现在：

一是建立了园区资源共享的组织体系。由政府、学校及各企业代表参加，组建成立了园区工业中心理事会，中心的重大事项由理事会讨论研究决定，并由常州高职园区管委会教育培训处（管委会下属的一个政府职能部门）具体负责与协调工业中心的教学实训、对外培训及各类社会服务，其中一项主要的职能就是协调工业中心六所院校实训基地的建设与运作。

二是工业中心各实训基地真正实现了共建、共享。一期工程所建成的11个基地就是在这样的原则基础上进行建设与运作的。每一个基地的建设从一开始就不是单独一个学院的个体行为，而是政府、企业、院校共同参与，由主体院校具体负责承建，充分体现了共建。所建成的各个基地也不再属于某一个个体院校，而是整个工业中心六所院校所共享的实训基地，并且具有对外开放、为周边企业和整个社会服务的功能。在使用上，各院校要预报使用计划，由教育培训处统筹安排，充分体现了资源共享。

三是在管理上，充分体现共管。在工业中心理事会的统一授权下，高职园区管委会教育培训处制定了相应的管理机制和运行机制，并且付诸实施。到目前为止，在共管上，常州高职园区现代工业中心已经基本完成了四个方面的工作：首先是工业中心各实训基地管理团队的建设。每个管理团队的负责人和核心管理人员主要由基地建设牵头院校选派，由中心审核批准，其编制挂靠在牵头院校，日常的工作安排与考核管理由工业中心统一负责。一般管理人员由牵头院校根据基地实际情况提出职位数，由工业中心公开向社会招聘。其次是各实训基地的指导教师队伍建设。2007年春节前夕，现代工业中心进行了首批实践教学指导教师的培训工作，根据各实训基地的设备情况和教学项目，共开设11个培训项目，有350余名教师参加了培训。通过严格培训与考核，有260余名教师拿到了工业中心统一印制的实践教学指导教师上岗证，凡是到工业中心实训基地指导学生实践教学的教师，必须做到持证上岗。再次是实训基地的制度建设。先后出台了《常州市高职教育园区现代工业中心实训教学主要工作流程》《常州科教城现代工业中心实训指导教师守则》《常州科教城现代工业中心学生行为守则》等规章制度。最后是中心日常运作经费的保障。每所职业院校每年出资200万元，5所院校共计 1 000 万元作为共享专项基金,再加上实训基地每年对外服务盈利约 400 万元,总共 1 400 万元,用于共享实训基地的运行经费(不包含实训所需耗材,实训所需耗材由各院校自负),保证了工业中心的持续性运转。

(二) 职教园区在全国广泛推行,日益成为一种主流的办学模式

经过十多年的发展,中国绝大部分省份都有建设职业教育园区的项目,部分省份(如甘肃等省)也开始规划、筹建。截至 2013 年底,在建或已经投入使用的职教园区有 70 余个,另有近 20 个职教园区已列入建设计划内。这些园区大多有以下三个特点:第一,职教园区多分布在地方性城市。除甘肃、青海、西藏等经济欠发达地区尚未建设职教园区外,北京、上海等直辖市或省会城市也相对较少,这与这些城市"大学城"较为发达不无关系。由此可见,职教园区在城市化进程中已经起到越来越重要的作用。第二,职教园区多集中在工业、产业园区周围。中国大多数职教园区依托于临近的工业园区,使职业教育与产业的天然联系在一定程度上得以展现,这种对接不仅表现在促进人才培养方向的对接上,还可以为校企合作等提供空间平台。第三,职教园区功能多样化。职教园区在发挥其最本质、最核心的教育与培训功能的同时,还展现了产业开发、商业金融及居住生活、文化休闲、生态旅游等综合性功能。

(三) 职教园区类型多样,实现了"百花齐放"的办学格局

按照园区内入驻的职业院校中、高层次不同,可将职教园区分为三类:一是单一中等职业学校组成的职教园区,如云南楚雄职教园区等;二是由高职学院(为主)及本科学院(个别)组成的职教园区(或称高职园区),如常州高职教育园区;三是由中职、高职院校混合组成的职教园区(或称"职教城"),如广西柳州工业职教园区、辽宁鞍山职教城等。按照园区内入驻的职业院校间关系的疏密,可将职教园区分为三种类型:一是独立型。职教园区内职业院校仅地域集中在一起,办学基本独立,或只进行有限的合作。如天津海河教育园区内的北洋园职教园区。二是实体型(资产型整合)。由政府规划组建,采取政府投资、资产置换等方式,将几所职业院校全部搬迁至职教园区内实行管理一元化运作,即统一法人、统一管理、统一办学的实质性整合。如北京亦庄职教园区,通过土地置换将 4 所中职学校、1 所高职学院集中到经济技术开发区,合并成为一所中高职衔接的"航母学校"——北京电子科技职业学院。三是混合型(契约型整合)。职教园区内院校保持人、财、物,以及法人资格的独立性,职业院校间不存在从属关系,公共资源利用社会化运作实现共享,职业院校内的资源通过契约运作实现共享。混合型的职教园区建设通常是政府主要投资园区公共设施,如道

路、供电供水；学校主要投资教育（教学）科研设施；后勤设施利用市场机制采取开发性投资等，设立职教园区管理委员会协调、处理园区内相关事宜。

（四）职业教育园区化办学功能多样，办学成效显著

首先，职业教育园区化办学实现了资源共享，建设职教园区根本目的是将数所职业院校汇集一地，利用院校间彼此相连的布局及开放的结构，为各种资源的流动提供便利，为各院校间资源的互补、共用以及获得职业教育资源最大利用率提供了极大的可操作空间。其次，优化职业教育结构，职教园区规划建设过程实际上就是区域职业院校布局重构的过程，对于职业教育结构的影响是全方位的。针对地区职业院校散乱、办学规模参差不齐、一校多址等状况，通过归并整合将数量优势扩散为规模优势，改善职业院校空间布局不合理的问题。最后，实现了职业教育与产业经济结构的紧密互动，地方政府在职教园区规划时都会结合地方经济发展通盘考虑，职教园区与新兴工业园区相邻，或者本身就是工业园区的组成部分，使职教园区内的职业院校有了与企业亲密接触的得天独厚的条件。

四、职业教育中外合作办学的现状

职业教育中外合作办学依据的主要法律条例是《中华人民共和国职业教育法》《中华人民共和国中外合作办学条例》《中华人民共和国民办教育促进法实施条例》《中华人民共和国中外合作办学条例实施办法》。根据中华人民共和国教育部中外合作办学监管工作信息平台公布的项目，从2010年开始到2016年6月，经地方依法批准设立和举办，并报教育部备案的实施高等职业专科教育的中外合作办学项目（含与港澳台地区合作办学项目）共计484项，累计招生120 609人，参与的省（区、市）26个，合作的外方国家和地区22个，开设的专业涵盖19大类，共153个。

（一）案例再现——政府统筹：天津渤海职业技术学院"鲁班工坊"模式[①]

天津市教委根据"一带一路"倡议提出了创新型国际化职业教育服务项目"鲁班工坊"，以鲁班的"大国工匠"形象为依托，采取职业培训和职业竞赛的

---

① 资料来源：笔者调研。

方式，将天津现代职业教育改革创新示范区的优秀职业技术和职业文化输出国门，与世界分享。2016年3月8日，天津渤海职业技术学院在泰国大城府大城技术学院正式挂牌成立了我国在海外的首个"鲁班工坊"。该工坊以工程实践创新项目为硬件建设平台，配备优质教学资源和双语双师型教学团队，主要承载基于输入国经济社会发展需求的技术技能培训、中国国家职业资格培训、输出国职业院校师资培养培训、与天津职业院校相近层次的学历教育四个任务。此外，学校还成立了中泰职业教育研究中心。该中心为中泰职业教育国际化专业建设提供决策咨询、推广和宣传等服务，并通过组织开展中泰职业教育学术、教学交流活动等推广先进技术教育。

"鲁班工坊"围绕泰国当地社会发展和行业需求设置专业与课程，如新能源技术、自动化控制技术。按照不同的发展定位，国际化课程的开发主要分为三个方面：开发基于国内企业海外项目的产品技术标准和服务标准的，以所在国官方语言表达的，标准化、项目化的培训课程体系；结合我国职业资格技术标准，开发基于所在国的职业技术技能人才需求的国际培训课程；开发基于天津市职业院校优势专业学历教育教学标准的国际化学历教育专业教育课程标准。在教学上，除了传统的课堂教学外，两地间还搭建了空中课堂和国际化微课程网站平台，方便两地师生跨国互动交流和教学研讨。

在师资队伍方面，中方教师不直接给学生上课，而是用中国标准培训当地教师，再由当地教师教授学生。天津渤海职业技术学院组建了强大的师资团队，教师具有教学改革的坚实基础、有比较好的外语基础、具备信息化教学手段应用能力，思想素质过硬，团队结构合理。团队组建后，经过严格训练，以掌握"鲁班工坊"项目的核心技术，并能够应用英语教学。中方骨干教师采用微课、视频、空中课堂等先进教学手段进行实时教学，还定期赴泰国当地院校现场教学；泰方教师也前往天津渤海职业技术学院参加培训，包括语言培训和技术培训。

"鲁班工坊"是我国在海外设立的职业教育领域的"孔子学院"。地方政府的引领和统筹在这种模式中的作用是极其显著的。天津市教委积极履行政府统筹管理职责，整合天津市优质职业教育资源，制定"鲁班工坊"的建设原则及方案，积极与合作国政府沟通交流，将"鲁班工坊"项目列入天津市教育发展的重点工程，从而在顶层设计上保障了"鲁班工坊"的顺利实施。同时，该模式的成功也非常依赖一线职业院校的办学实力以及创新精神。基于职业院校自身的优质教育教学资源，对外输出的职业教育服务才会在输出地获得认可，获得"走出去"企业的信赖。同时，也必须依靠创新精神，因地制宜地开展教育教学，解决跨国办学的多重困难，才能使这种合作办学真正落地，有效服务于当地经济以及

"走出去"企业。

(二) 学习借鉴了国外先进职业教育模式与管理经验

德国"双元制"、加拿大 CBE、澳大利亚 TAFE 等国外先进职业教育模式，正是通过职业教育中外合作办学的方式，在中国得到了广泛的传播。澳大利亚 AQTF 等职业教育质量管理体系，对中国职业教育的管理实践也颇有借鉴意义。

(三) 在一定程度上改善了国内职业教育的办学条件与师资素质

首先，通过外方注入办学资金或硬件以及收取较高学费的方式，职业教育机构的办学条件在物质与资金方面有一定程度的改善。其次，在中外办学过程中，中外双方师资间多种形式的合作与互动，也在一定程度上提升了中国职业教育师资的素质。主要方式包括外方派遣专家指导培训师资、组建由中外双方师资组成的教学团队、中方派遣骨干教师出国进修、中方教师考取外方师资认证等。

(四) 在一定程度上填补了国内职业教育的专业空缺

职业教育中外合作办学中的外方，通常来自经济发达的国家，这些国家的社会服务业及相关职业教育的办学往往走在中国之前。一些职业学校通过中外合作办学，以前瞻视角从外方引进国内所缺失的新兴专业，在一定程度上填补了中国职业教育的专业空缺。例如，上海商业职业技术学院和日本某大学合作开设了国内第一个花卉专业，其专业课程包括花卉设计、花卉加工、花卉门店经营等，培养目标是花卉造型、花卉加工、园艺工程、花店经营行业的高层次专业人才。

(五) 引进了大量国外先进职业教育的课程与教材

通过职业教育中外合作办学，大量国外先进的职业教育课程及教材被引进了国内。以江苏省为例，据不完全统计，近年来通过中外合作办学引进国外原版教材 2 000 多部，编写教材 300 多部，一批课程和教学成果分别获得部、省精品课程和优秀教学成果奖[1]。再如，深圳职业技术学院国际商务管理专业的课程，在中外合作办学前后两年的课程变动率接近 50%[2]。

---

[1] 李爱君：《高职院校中外合作办学的现状调查与对策》，载于《国家教育行政学院学报》2012 年第 10 期，第 79～84 页。

[2] 李兰巧：《高等职业教育中外合作办学的特征与特色》，载于《北京青年政治学院学报》2005 年第 6 期，第 67 页。

（六）满足人民群众多样化的职业教育需求

伴随着社会的发展及大众生活水平的提高，低水平的就业已经不能满足人们接受职业教育的需要，越来越多的人希望职业教育也能提供高质量就业、留学升学等机会。职业教育中外合作办学正好可以从这方面满足这些越来越多样化的职业教育需求。中外合作办学大大拓宽了学生的毕业出路，学生既可以提升国内优质就业机会的竞争力，也可以借由外方的职业认证获得国际就业的机会，还可以以出国留学的方式继续升学。

第四节　职业教育办学机制的现状调查

"怎么办学"是职业教育办学模式的第三个核心问题。从职业教育办学模式的"宏观—中观—微观"分析框架来看，"怎么办学"具体包括国家的职业教育领导与管理、区域行业企业与职业教育发展、院校层次的职业教育办学务实等内容。因此，本节从国家职业教育办学、区域职业教育办学和院校职业教育办学调查职业教育办学的现状，分析其问题。

一、国家职业教育办学的现状

国家是职业教育办学中最重要的参与主体之一。通常来说，国家参与职业教育办学的方式有经费投入、政策制定和行政管理等。因此，本章从这几个方面实施调研。

（一）职业教育办学经费投入情况

1. 中、高等职业教育经费投入总体情况

通过生均财政教育经费占总生均教育经费比例，可以有效反馈国家近年来对职业教育经费的保障程度。不论是中职还是高职高专，近年来财政投入保障都在不断加强，截至2016年，中职生均财政教育经费占总生均教育经费的比例（以下简称"财政经费保障比例"）已经达到87.01%，而高职高专也达到了63.47%。中职的财政经费保障比例早在2012年就突破60%，2014年突破85%，而高职高专在2015年才突破60%。总体来看，中职财政经费保障比例要高于高职高专12.82~25.64个百分点，如表5-4所示。

表5-4　　2010~2016年全国中职与普通高中、高职高专及本科的各类生均财政教育经费占总生均教育经费的比例变化情况

单位：%

	2010年	2011年	2012年	2013年	2014年	2015年	2016年	增幅
中职	55.44	58.29	62.73	64.52	85.52	86.46	87.01	56.94
普通高中	55.25	58.68	64.13	64.07	80.51	82.12	82.50	49.32
高职高专	37.23	44.20	49.91	48.42	59.88	63.91	63.47	70.48
本科	41.81	50.31	54.29	52.24	58.92	61.09	59.71	42.81

资料来源：根据2011~2017年《中国教育经费统计年鉴》及2010~2016年《中国教育统计年鉴》中的经费及学生相关原始数据计算得出。

此外，就中职和普通高中对比，自2013年开始，中职的财政经费保障比例就连年高于普通高中，普遍高出0.45~5.01个百分点。就高职高专和本科对比，2010~2013年，高职高专的财政保障比例普遍低于本科，低出3.82~6.11个百分点；但是从2014年开始，高职高专的财政保障比例开始反超本科，2014~2016年，高职高专的财政保障比例普遍高出本科0.96~3.76个百分点，且有不断加大的趋势。

2. 全国职业教育财政经费投入差异分析

通过变异系数（原始数据标准差与原始数据平均数的比），可以比较数据离散程度大小，变异系数越大，离散程度越大。2010~2016年，全国的中职、普通高中、高职高专与本科的财政教育经费变异系数，如表5-5所示。7年间，全国中职生均财政教育经费的差异系数维持在0.610~0.993之间，表明其差异水平很大；相比之下，普通高中生均财政教育经费的差异系数维持在0.877~1.259之间，因此普通高中生均财政教育经费的差异水平要大于中职。7年间，全国高职高专生均财政教育经费的差异系数维持在0.613~1.038之间，表明其差异水平也很大；相比之下，本科生均财政教育经费的差异系数维持在0.415~0.572之间，因此高职高专生均财政教育经费的差异水平要远大于本科。

表 5-5　　　2010~2016 年全国中职与普通高中、高职
高专及本科的财政教育经费变异系数

	2010 年	2011 年	2012 年	2013 年	2014 年	2015 年	2016 年	增幅（%）
中职	0.722	0.645	0.610	0.736	0.882	0.993	0.883	22.30
普通高中	1.259	1.032	0.877	0.884	1.076	0.938	1.033	-17.95
高职高专	0.711	0.884	0.683	0.613	1.038	0.885	0.667	-6.19
本科	0.568	0.572	0.415	0.530	0.502	0.519	0.510	-10.21

资料来源：根据 2011~2017 年《中国教育经费统计年鉴》及 2010~2016 年《中国教育统计年鉴》中的经费及学生相关原始数据计算得出。

3. 区域职业教育财政经费投入差异分析

首先，中职财政教育经费保障存在较大的区域差异。2010~2014 年，全国地域生均财政经费按照从高到低排分别是：京津沪 3 市、东部 8 省份、西部 12 省份、中部 8 省份，中部地区中职财政经费保障呈"塌陷"趋势，如表 5-6 所示；2014~2016 年，中部地区中职财政教育经费逐渐得到保障，开始反超西部地区，"塌陷"的趋势消失。整体来看，京津沪、东部地区、中部地区、西部地区的中职生均财政经费保障差距显著。截至 2016 年，京津沪 3 市的中职生均财政经费约是东部地区的 2.44 倍，约是中部 8 省份的 4 倍，约是西部 12 省份的 4.03 倍。2010~2016 年，这 7 年内，东部 8 省份的生均财政教育经费涨幅最大，达到 344.58%；其次是中部 8 省份，涨幅达到 296.64%；京津沪的涨幅排倒数第二，达到 271.92%；西部 12 省份的涨幅最小，仅为 191.55%。

表 5-6　　　2010~2016 年全国各地区中职及高职高专的
生均财政教育经费

		2010 年	2011 年	2012 年	2013 年	2014 年	2015 年	2016 年	7 年增加（%）
中职生均财政教育经费（元）	京津沪 3 市	11 447	12 649	13 943	17 911	33 871	42 136	42 574	271.92
	东部 8 省份	3 932	5 088	6 479	8 045	13 276	16 119	17 481	344.58
	中部 8 省份	2 680	3 629	5 026	6 165	7 965	9 550	10 630	296.64
	西部 12 省份	3 623	4 633	5 821	6 790	7 998	9 262	10 563	191.55

续表

		2010 年	2011 年	2012 年	2013 年	2014 年	2015 年	2016 年	7 年增加（%）
高职生均财政教育经费（元）	京津沪 3 市	7 106	14 516	15 388	13 387	20 490	21 475	19 819	178.91
	东部 8 省份	4 790	5 277	6 747	6 834	9 124	10 654	11 249	134.84
	中部 8 省份	2 769	4 760	6 632	6 691	7 016	8 415	8 662	212.82
	西部 12 省份	4 350	6 076	7 138	7 105	8 484	10 013	10 438	139.95

资料来源：根据 2011~2017 年《中国教育经费统计年鉴》及 2010~2016 年《中国教育统计年鉴》中的经费及学生相关原始数据计算得出。

其次，高职财政教育经费保障也存在较大的地域差异。2010~2016 年，京津沪 3 市的高职生均财政教育经费一直保持最高（尽管 2013 年和 2016 年的财政教育经费有回跌的趋势），中部地区的高职生均财政教育经费一直保持最低（尽管 2010~2016 年经费保持持续上涨的趋势），中部地区高职经费投入塌陷严重。东部 8 省份和西部 12 省份的高职生均财政教育经费浮动交错，其中 2011~2013 年，东部 8 省份的高职生均财政教育经费低于西部 12 省份，但 2010 年、2014~2016 年，东部 8 省份的高职生均财政教育经费又高于西部 12 省份。截至 2016 年，全国各地区高职的生均财政教育经费表按照从高到低分别为：京津沪 3 市、东部 8 省份、西部 12 省份、中部 8 省份。京津沪 3 市的高职的生均财政教育经费约是东部地区的 1.76 倍，约是西部地区的 1.90 倍，约是中部地区的 2.29 倍，差距悬殊。从 2010 年到 2016 年这 7 年间，中部地区的高职生均财政教育经费涨幅最大，高达 212.82%；其次是京津沪 3 市，涨幅达到 178.91%；西部地区的涨幅为 139.95%；东部地区的涨幅最小，为 134.84%。

最后，同一地域的中、高职生均财政教育经费也存在较大的差异，如表 5-5 所示，京津沪 3 市，除了 2011 年和 2012 年，其余年份中职生均财政教育经费都要高于高职高专生均财政教育经费，且从 2013 年至 2016 年，二者的差距越来越大，截至 2016 年，该地区的中职生均财政教育经费要比高职多出 22 755 元，占比 114.81%。东部地区，2010~2012 年，中职生均财政教育经费都要低于高职高专生均财政教育经费；2013~2016 年，中职生均财政教育经费都要高于高职高专生均财政教育经费，截至 2016 年，东部地区的中职生均财政教育经费要比高职多出 6 232 元，占比 55.40%。中部地区，2010~2013 年，中职生均财政教育经费都要低于高职高专生均财政教育经费；2014~2016 年，中职生均财政教育经费都要高于高职高专生均财政教育经费，截至 2016 年，中部地区的中职生均财政教育经费要比高职多出 1 968 元，占比 22.72%。西部地区，2010~2015 年，中职生均财政教育经费都要低于高职高专生均财政教育经费；从 2016 年开始，中职生均财政教育经费高于高职高专生均财政教育经费，当年多出 125 元，占比 1.20%。总体而言，近年来，全国各地的中职各类生均经费有高于高职高专的趋势。

（二）职业教育办学政策制定情况

国家进行职业教育办学的第二大宏观调控方式就是颁发相关政策文件，通过对近年来的政策文件进行梳理，可以洞悉国家对职业教育办学的重点和要点。本书主要以教育部职成司、国务院颁发的政策文件为蓝底，人工筛选 2010 年至 2019 年 2 月底的所有与职业教育密切相关的政策文件，累计 241 份，使用 Excel 统计政策文件名、颁发部门、颁发时间、政策文件主题等信息。

1. 职业教育政策出台的年份和发文单位

2010～2019 年，每年统计的文件数量分别为 49 份、30 份、24 份、23 份、24 份、26 份、24 份、16 份、20 份、5 份。统计发现，以上政策文件的颁发部门以教育部、人力资源和社会保障部、财政部为主，此外还包括国务院、中央文明办秘书组、共青团中央办公厅、中华职业教育社、住房和城乡建设部办公厅、审计署、国家发展和改革委、交通运输部办公厅、中共中央宣传部办公厅、科学技术部、水利部、农业部、国家林业局、国家粮食局、民政部、全国妇联办公厅、中国关工委办公室、中国残联等众多部门，其办学也需要采取跨界的形式，联合众部门之力。

2. 职业教育政策内容分析

将统计的政策文件内容细分，按照领域、主题、关键词及其频次进行统计，如表 5-7 所示。

表 5-7　　　　政策文件相关领域、主题及频次统计

领域	主题	关键词	频次
中高等职业教育	院校建设	国家级重点中等职业学校建设、国家中等职业教育改革发展示范学校建设、国家示范高职建设、专业仪器设备行业标准、学校设置标准	34
	院校管理	管理规程、校园文化建设、信息化管理、数字校园	11
	专业建设	专业目录修订、专业设置管理、示范专业点建设、人才培养	27

续表

领域	主题	关键词	频次
中高等职业教育	课程教材	"十二五"职业教育教材建设、中职教材	7
	教学改革	教育教学指导委员会、创新指导委员会章程、信息化教学大赛、多媒体课件评选、专业教学标准、课程大纲、专业教学资源库、专业教学标准、教学诊改、教育教学改革创新	37
	师资建设	企业实习、培训基地、全技能培训示范单位、培训制度	7
	学生管理	招生、资助、学籍管理、实习管理（责任保险、风险管理）、顶岗实习、德育（德育工作、德育大纲、学生公约、关心下一代工作委员会）、形势政策教育、职业指导、班主任工作	36
	办学模式	集团化办学、现代学徒制、产教融合、东西协作、"走出去"首批试点项目学校	15
	活动赛事	全国职业院校技能大赛、文明风采、技能作品展、职业教育活动周、全国职校信息化教学大赛	45
	办学辐射	面向行业企业开展职工继续教育、民族文化传承	7
	其他	中职改革创新行动计划、高职创新发展行动、中高职协调发展、中职教育质量报告、职业教育法	7
农村职业教育		妇女职业教育和技能培训、转移劳动力培训、农村实用技术培训、新型职业农民培训	6
残疾人职业教育		残疾人职教	1
民族地区职业教育发展		新疆中等职业教育发展	1

在整体统计的基础上，再对中、高等职业教育政策文件的主题及频次进行统计，结果如表5-8所示。

表 5-8　　中、高等职业教育政策文件主题及频次统计

领域	主题	关键词	频次
中等职业教育	院校建设	国家示范高职建设、专业仪器设备行业标准	15
	院校管理	管理规程、校园文化建设、信息化管理	4
	专业建设	专业目录	3
	师资建设	中等职业学校教师队伍建设	1
	课程教材	中职教材、课程大纲	3
	教学改革	指导委员会、创新指导委员会章程、多媒体课件、专业教学标准	12
	学生管理	招生、资助、学籍管理、实习管理（责任保险、风险管理）、德育、形势政策教育、职业指导、班主任工作	27
	活动赛事	文明风采、技能作品展	9
	其他	中职改革创新行动计划、中高职协调发展、中职教育质量报告	3
高等职业教育	院校建设	国家级重点中等职业学校建设、国家中等职业教育改革发展专业仪器设备行业标准	15
	院校管理	职业院校管理	4
	专业建设	专业设置	14
	师资	高职高专师资培训	1
	教学改革	专业教学资源库、专业教学标准	10
	办学辐射	服务产业发展、行业企业开展职工继续教育、民族文化传承	7
	其他	高职创新发展行动、中高职协调发展	4

（1）职业教育政策文件整体领域和主题分析。从统计政策文本的领域来看（由表 5-7 可知），自 2010 年至今，职业教育政策文本主要围绕中、高等职业教育领域展开，累计达到 233 次，占所有政策文本的 96.68%；相比之下，农村职业教育的政策文件仅 6 条，残疾人职业教育和民族地区（新疆）职业教育相关的政策文件仅 1 条。从政策文本涉及的主题来看，中高等职业教育领域又细分为"院校建设、院校管理、专业建设、课程教材、教学改革、师资建设、学生管理、办学模式、活动赛事、办学辐射"等 11 个子主题，每个子主题下又可细分若干改进的关键词，相比之下，农村职业职业教育的发展主要围绕"技能技术培训、转移劳动力培训、新型职业农民培训"等主题展开，而"残疾人职业教育"和

"民族地区职业教育"这两个领域几乎无法细分出主题和关键词。

（2）中高等职业教育政策文本整体分析。由表 5-8 可知，整体而言，当前中高等职业院校在办学时，最为重视"活动赛事"，例如"全国职业院校技能大赛、学生文明风采大赛、职业教育活动周、全国职校信息化教学大赛"等相关政策文件出现的频次最高，达到 45 次；其次是"教学改革""学生管理""院校建设"，出现频次均超过 30 次；"专业建设""院校管理""办学模式"均超过 10 次；相对而言"课程教材"、"师资建设"和职业院校"办学辐射功能"的发挥不太重视，均只有 7 次。

（3）中、高等职业院校政策文本差异分析。针对中职和高职高专这两个不同的办学阶段，出台政策文件的侧重点存在较大的差异，如表 5-8 所示。现有统计政策文件中，标题明确关于中职办学的文件出现过 77 次，远高于高职办学文件的出现次数（55 次）。其中，中职办学更侧重于学生管理（27 次）、院校建设（15 次）、教学改革（12 次）、各类活动赛事（9 次）；高职办学更侧重于院校建设（15 次）、专业建设（14 次）、教学改革（10 次）、专业办学的辐射功能（7 次），强调高职办学要承担"服务产业发展、行业企业开展职工继续教育、民族文化传承"的责任。

（三）职业教育办学管理情况——以 2010~2018 年度工作要点为例

除了资金投入和政策保障以外，国家职业教育办学的另一大抓手就是持续不断的管理。本书从教育部出台的年度工作要点切入，聚焦职业教育领域的年度工作热点，以此探析国家宏观管理职业教育的抓手。具体分析操作的技术路径是：节选 2010~2018 年教育部出台的《教育部工作要点》，从中抽取与职业教育密切相关的文本，对文本内容进行系统的梳理和编码，并统计相关要素出现的频次，最后在单位年份的背景下，对编码内容进行静态和动态分析，以此挖掘国家职业教育办学管理的焦点和演变趋势。

1. 职业教育办学管理静态分析

结合 2010~2018《教育部工作要点》中的文本分析和已有职业教育研究的编码经验，构建了一个"三维十五要素"的编码框架，如表 5-9 所示。

表 5-9　　　　职业教育工作要点中的维度和要素编码

维度	要素
A1：职业教育办学条件（硬件）	B11：职业教育与培训网络建设
	B12：县级职教中心建设

续表

维度	要素
A1：职业教育办学条件（硬件）	B13：示范骨干校建设
	B14：实训基地建设
	B15：师资队伍建设
A2：职业教育制度环境（软件）	B21：法律制度
	B22：招生就业制度
	B23：学生资助制度
	B24：职业资格证书制度
	B25：技能赛事制度
A3：人才培养模式	B31：工学结合
	B32：双元制
	B33：现代学徒制
	B34：集团化办学
	B35："订单式""2+1""1+1+1"等其他模式

资料来源：宋亚峰、王世斌、潘海生：《聚焦与演化：中国职业教育政策话语透视——基于1987~2017年教育部〈工作要点〉的计量分析》，载于《高教探索》2018年第12期，第114~121页。

其次，对历年《教育部工作要点》中职业教育要素的出现情况进行统计，凡是在对应年份出现的要素，均以符号"√"示意，如表5-10所示。

表5-10　　　　2010~2018年度职业教育各要素分布情况

维度	要素	2010年	2011年	2012年	2013年	2014年	2015年	2016年	2017年	2018年
A1	B11	√	√	√	√	√	√	√	√	√
	B12							√		
	B13	√	√	√	√	√	√	√		√
	B14		√							
	B15	√	√	√	√	√	√	√	√	√
A2	B21									
	B22	√	√	√	√	√	√	√	√	√
	B23	√	√	√	√	√	√	√	√	√
	B24			√		√				
	B25		√	√	√	√	√		√	√

续表

维度	要素	2010年	2011年	2012年	2013年	2014年	2015年	2016年	2017年	2018年
A3	B31	√	√	√		√		√	√	
	B32	√	√	√			√		√	
	B33			√	√	√	√	√	√	√
	B34	√		√	√	√	√	√		√
	B35	√	√		√	√	√			

将各要素在历年出现的频次进行汇总，结果如图5-23所示。

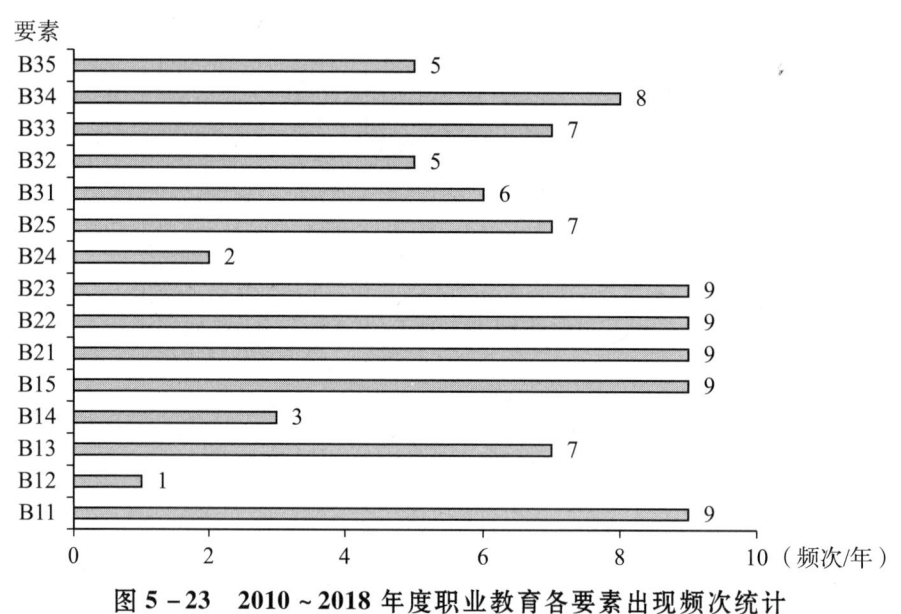

图 5-23 2010~2018 年度职业教育各要素出现频次统计

为进一步分析国家职业教育办学管理在各要素的聚焦情况，进一步将职业教育15个要素在9年内的聚焦情况进行划分，将连续1~3年出现的要素划分到轻度聚焦，将连续4~6年出现的要素划分到中度聚焦，将连续7~9年都出现的要素划分到深度聚焦，如表5-11所示。

表 5-11 《教育部工作要点》中职业教育各要素聚焦程度

聚焦程度	要素
深度聚焦（7~9年）	B11、B13、B15、B21、B22、B23、B25、B33、B34
中度聚焦（4~6年）	B31、B32、B35
轻度聚焦（1~3年）	B12、B14、B24

综上可以发现，当前国家层面对职业办学的管理主要涉及三大领域：一是职业教育办学的硬性条件保障，包括职业教育与培训网络建设、县级职教中心建设、示范骨干校建设、实训基地建设、师资队伍建设等要素；二是职业教育制度环境管理，包括法律制度、招生就业制度、学生资助制度、职业资格证书制度、技能赛事制度等；三是人才培养模式管理，包括工学结合、双元制、现代学徒制、集团化办学等。

其中，各要素在近9年的管理聚焦程度也存在差异。目前，轻度聚焦的管理要素包括：县级职教中心建设（B12）、实训基地建设（B14）、职业资格证书制度（B24）；中度聚焦管理的要素包括：工学结合（B31）、双元制（B32）、"订单式"等其他模式（B35）；深度聚焦的要素包括：职业教育与培训网络建设（B11）、示范骨干校建设（B13）、师资队伍建设（B15）、法律制度（B21）、招生就业制度（B22）、学生资助制度（B23）、技能赛事制度（B25）、现代学徒制（B33）、集团化办学（B34）。

2. 职业教育办学管理动态分析

从动态演化的视角来看，不同的职业教育管理要素随着时间的推进，其管理的重视程度是有所变化的。由表5-9可知，目前持续重视的要素（连续9年从未间断）包括：职业教育与培训网络建设（B11）、师资队伍建设（B15）、法律制度（B21）、招生就业制度（B22）、学生资助制度（B23）；目前重视程度逐渐减少的要素包括：县级职教中心建设（B12）、示范骨干校建设（B13）、实训基地建设（B14）、职业资格证书制度（B24）、工学结合（B31）、双元制（B32）、订单式等（B35）；目前重视程度逐渐增加的要素是：技能赛事制度（B25）、现代学徒制（B33）、集团化办学（B34）。将三大维度9年内包含的各要素出现的频次进行相加，可以发现：职业教育制度环境（A2）最高，累计36次；人才培养模式（A3）其次，累计31次；职业教育办学条件（A1）最低，累计29次。由此可见，9年内，国家宏观层面对教育制度环境的管理最为重视，人才培养模式次之，办学条件保障最后。将三大维度每一年包含的各要素出现的频次进行相加，绘制成图5-24。

随着时间的推进，人才培养模式（A3）的关注度有下降的趋势，职业教育办学条件（A1）的关注度虽有浮动，但总体保持均衡；职业教育制度环境（A2）的关注度有稳中上涨的趋势（如图5-24所示）。

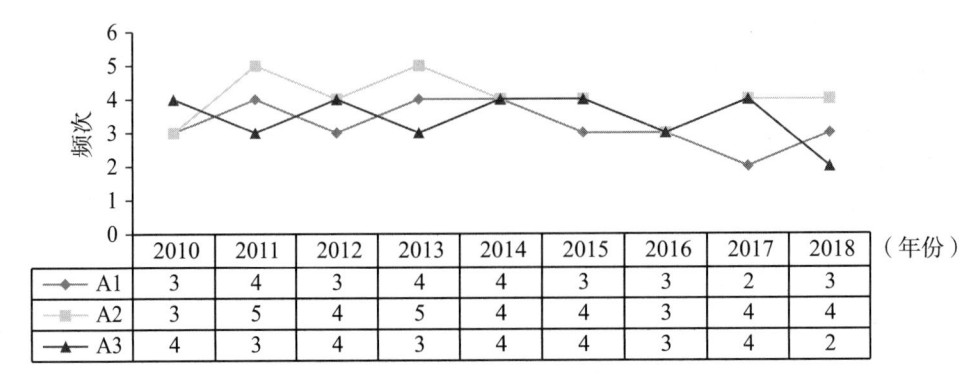

	2010	2011	2012	2013	2014	2015	2016	2017	2018
◆ A1	3	4	3	4	4	3	3	2	3
■ A2	3	5	4	5	4	4	3	4	4
▲ A3	4	3	4	3	4	4	3	4	2

图 5-24　2010~2019 年三大维度频次变化趋势

二、区域职业教育办学的现状

在区域层面，职业教育办学最主要的就是院校布局、职业教育规模与区域经济社会发展相互协调，职业教育专业与产业高度匹配。因此，以下从区域职业教育办学机制实施调查。

（一）区域经济与职业教育办学规模的关系

近年来，中国职业教育快速发展、不断壮大，实现了历史性的新跨越，职业教育办学也进入了"黄金时期"。然而，各区域之间的职业教育办学发展不平衡问题仍旧客观存在，而这一现状对于中国职业教育规模的扩大以及职业教育大众化的深化都会产生不利影响。因此，全面分析中国区域经济与职业教育办学规模之间的关系，能够有效发挥职业教育服务区域经济社会的功能，为区域产业发展提供强有力的智力支持。

1. 各省份 GDP 总量与职业教育办学规模的关系

为了对各区域职业教育办学情况进行总体把握，并综合考虑研究的针对性、样本的代表性与数据的可获取性，本书选取 2013~2017 年中国 31 个省份的数据作为考察分析的目标对象，相关指标有各省份的 GDP 总量、中职学校数、高职学校数、中职毕业生数和高职毕业生数。本书数据来自 2013~2017 年发布的《中国统计年鉴》、各省份的统计年鉴或教育事业发展公报，以及教育部官方网站。此外，由于不同数据来源的统计口径差异，部分地区公布的中等职业教育数据中不包含技工学校的相关数据。为求结论的精确，本书中的数据均为除技工学校以外的中等职业教育发展数据。

由表 5-12 数据可知，首先，从中职学校数和高职学校数来看，155 个数据的区间分别为〔6,716〕和〔3,90〕,标准差分别为170.00和22.69,这说明中国各省份的中职学校数差异较大,最大值与最小值之间相差了700多所,而高职学校数的区域差异相对于中职学校数较小;其次,从中职毕业生数和高职毕业生数来看,155个数据的区间分别为〔4 152.00,996 887.00〕和〔3 527.00,2 527 756.00〕,标准差分别为138 504.66和208 412.75,这说明中国各省份职业教育毕业生数差异极大;最后,从GDP总量来看,155个数据的区间为〔807.67,89 879.23〕,标准差为18 542.33,说明中国各省份经济发展水平很不平衡。

表5-12　　　　　　　　　各指标的描述性统计

指标名称	样本量	最大值	最小值	平均值	标准差
中职学校数（所）	155	716.00	6.00	281.59	170.00
高职学校数（所）	155	90.00	3.00	43.54	22.69
中职毕业生数（人）	155	996 887.00	4 152.00	159 590.63	138 504.66
高职毕业生数（人）	155	2 527 756.00	3 527.00	120 611.27	208 412.75
GDP总量（亿元）	155	89 879.23	807.67	23 774.27	18 542.33

为了检验各省份GDP总量与中职学校数、高职学校数、中职毕业生数、高职毕业生数的相关性,本书决定对样本数据进行Pearson相关分析,采用双侧显著性检验对各指标之间的相关性进行检验(结果见表5-13)。各省份GDP总量与中职学校数、高职学校数、中职毕业生数与高职毕业生数均在0.01水平上呈显著正相关,即GDP总量较高的省份,其中职学校数、高职学校数、中职毕业生数与高职毕业生数也越多。

表5-13　　　　　　　　　主要变量相关系数矩阵

指标	中职学校	高职学校	中职毕业生数	高职毕业生数	GDP总量
中职学校数	1	0.779**	0.667**	0.362**	0.477**
高职学校数	0.779**	1	0.702**	0.465**	0.808**
中职毕业生数	0.667**	0.702**	1	0.393**	0.556**
高职毕业生数	0.362**	0.465**	0.393**	1	0.491**
GDP总量	0.477**	0.808**	0.556**	0.491**	1

注：** 表示在0.01级别（双尾），相关性显著。

2. 各省份产业结构与职业教育专业结构的关系

本书采取元分析的方法,对各省份产业结构与职业教育办学规模的关系进行分析与研究。元分析（meta-analysis）最早由格拉斯（Glass）在1976年提出，具体是指"为了综合研究结果对同类单个研究结果综合再分析的统计方法"[①]。简而言之，该方法以研究的初始文献为研究对象，注重对相关研究进行全面的文献检索，在文献的选择上有严格的标准对文献进行纳入和排除，然后系统地对所有研究结果进行统计和分析，并在此基础上对统计结果进行讨论并得出结论[②]。

本书的文献资料主要来源于中文期刊数据库，查找期限为2012～2019年。纳入分析的文献必须满足以下几个条件：第一，研究对象为职业院校；第二，研究聚焦于某一省份产业结构与职业教育专业结构的相关度。因此，本书最终选取了涵盖天津、云南、山西、吉林、广东、贵州、黑龙江和浙江八个省份的文献资料。具体研究结论如下：

首先，从职业院校专业规模与区域产业规模的适应程度来看，不同省份呈现出不同的态势。例如，2015年天津职业院校的第一、第二产业的毕业生比例均高于其产业第一、第二季度对人才的需求比例，而第三产业的毕业生比例则低于其产业的需求比例[③]；同年，山西省职业院校的建筑、住宿和金融等行业的人才需求基本平衡，而煤炭业、制造业、交通运输和邮政等行业的人才供给存在缺口，文化、信息技术和教育等行业的人才供大于求[④]。又如，2011年北京市第三产业的专业规模发展超前，而第二产业偏小，第一产业最小，其中第一产业的专业招生人数和专业点数分别仅占1.35%和1.70%[⑤]；吉林省与贵州省的专业规模与产业规模也呈现与之相同的分布格局[⑥]。

其次，从职业院校专业结构设置与产业结构的匹配程度来看，不同省份均存在一定程度上的失衡，如存在服务第一产业的专业数量缺乏、服务第二产业的专业数量欠佳、服务第三产业的专业数量饱和的情况。例如，浙江省高职院校专业设置缺乏与牧业、林业及渔业的关联性；与第二产业的整体相关性欠佳，但相关

[①] 史耀芳：《元分析——现代教育统计中的一个新分支》，载于《教育科学研究》1992年第1期，第44－45，32页。

[②] 王继元：《高等职业教育领域中产教融合研究的元分析》，载于《职教论坛》2017年第3期，第26～31页。

[③] 刘新钰、王世斌、郊海霞：《职业院校专业结构与产业结构对接度实证研究——以天津市为例》，载于《高等工程教育研究》2018年第3期，第178～185页。

[④] 赵奇：《山西省职业院校专业设置与产业结构契合度分析研究》，载于《教育理论与实践》2018年第6期，第29～31页。

[⑤] 李雯：《北京高职院校专业结构与产业结构的协调发展研究》，载于《教育与职业》2013年第6期，第16～18页。

[⑥] 赵淑梅、宋春辉：《高职院校专业设置与产业需求协调发展实证研究——以吉林省为例》，载于《高等工程教育研究》2017年第4期，第192～197页。刘星：《论高职院校专业设置与区域特色产业的关系——以贵州十所高职院校为例》，载于《职教论坛》2012年第34期，第12～15页。

建筑专业设置与第二产业中的建筑大类切合；第三产业的专业数量大大超过了与第三产业相适应的比例[①]。又如，2013年黑龙江省的专业结构比重与产业结构比重也不够协调，高职服务第一、第二、第三产业的专业比为 7.9∶36.8∶55.3，而第一、第二、第三产业结构比为 13.6∶50.5∶35.09[②]。

（二）各区域职业教育办学模式的运行情况

中国的经济区域被划分为东部、中部、西部和东北四大地区，以科学反映中国不同区域的经济社会发展情况。因此，本书选取这四大区域，并对这些区域的职业教育办学情况进行比较、分析。

2013~2017年中国东部地区的职业院校办学规模最大，其中高职学校数（495 所）与高职毕业生数（1 274 624 人）明显高于其他地区。中部地区的中职教育发展情况较好，学校数量与东部地区仅差 20 所（见表 5-14）。

表 5-14　　2013~2017 年中国四大区域职业院校办学规模

区域	中职学校数（所）	高职学校数（所）	中职毕业生数（人）	高职毕业生数（人）
东部地区	2 877	495	2 072 023	1 274 624
中部地区	2 857	382	1 592 389	994 241
西部地区	2 660	328	1 607 738	713 800
东北地区	986	116	303 482	204 856

资料来源：根据 2013~2017 年《中国教育统计年鉴》测算得出。

1. 东部地区

由表 5-15 可知，2013~2017 年东部地区中职学校规模逐年缩小，高职学校规模逐年扩大；中、高职毕业生数也分别呈现出相同的变化趋势。具体而言，东部地区职业教育办学模式的整体水平领先于其他三个区域。例如，北京市积极深化产教融合、校企合作，扩大"3+2"中高职衔接改革试点，开展本科层次职业教育改革试点，同时制定推动集团化办学的指导意见，建设一批区域、行业、企业职教集团。上海市 2015 年新增中高职教育贯通培养试点专业点 15 个、中职—应用本科贯通培养试点专业点 13 个；浙江省进一步完善中高职"3+2"和 5 年一贯制办学模式，扩大职业教育"中升本""专升本"招生规模，实际录取学生

[①]　赵磊、刘晓明：《浙江省高职院校专业设置与产业结构研究》，载于《教育与职业》2013 年第 30 期，第 21~23 页。

[②]　赵磊、赵岩铁、唐伟：《黑龙江高职院校提升专业服务产业能力的探讨》，载于《教育探索》2013 年第 4 期，第 77~78 页。

分别达到 2 900 余人和 7 000 余人。广东省区域性职教集团有中山市职业教育集团、佛山市南海职业教育集团、惠州商业学校教育集团、深圳市第一职业教育集团、韶关市职业教育集团等。

表 5-15　　　　　　　　东部地区职业院校办学规模

指标	2013 年	2014 年	2015 年	2016 年	2017 年
中职学校数（所）	2 877	2 742	2 645	2 552	2 467
高职学校数（所）	495	493	496	496	505
中职毕业生数（人）	2 072 023	1 929 111	1 707 804	1 539 147	1 432 778
高职毕业生数（人）	1 274 624	1 262 922	1 275 425	1 313 879	1 367 643

资料来源：根据 2013～2017 年《中国教育统计年鉴》测算得出。

2. 中部地区

由表 5-16 可知，2013～2017 年中部地区中职学校规模逐年缩小，高职学校规模较为稳定，且自 2015 年开始呈现上升趋势；中、高职毕业生数也分别呈现出相同的变化趋势。近年来，中部地区高度重视职业教育的办学质量，积极探索多样化的职业教育办学模式。例如，2018 年 3 月 19 日，《安徽省教育厅关于印发安徽省 2018 年中等职业与成人教育工作要点的通知》出台，提出要"完善职业教育集团化办学运行机制。强化对职业教育集团化办学的指导，健全职教集团工作年度报告制度，规范集团运行机制。遴选推介一批职业教育集团优秀案例，进一步增强职业教育集团化办学的活力和服务能力"[①]。又如，湖南省大力推动省内职业教育国际合作的办学进程，通过"亚行贷款项目"助推职业教育发展，同时还引入了境外资源和开发国际化专业标准；深入推进集团化办学，以对接省内的支柱产业、优势产业和战略性新兴产业，先后建立了 22 个校企深度融合的职教集团。

表 5-16　　　　　　　　中部地区职业院校办学规模

指标	2013 年	2014 年	2015 年	2016 年	2017 年
中职学校数（所）	2 857	2 786	2 707	2 615	2 570
高职学校数（所）	382	381	383	383	391
中职毕业生数（人）	1 592 389	1 406 606	1 334 903	1 126 887	1 125 093

---

① 安徽省教育厅：《安徽省教育厅关于印发安徽省 2018 年中等职业与成人教育工作要点的通知》，2019 年 4 月 15 日，http://www.ahedu.gov.cn/1034/view/571623.shtml。

续表

指标	2013 年	2014 年	2015 年	2016 年	2017 年
高职毕业生数（人）	994 241	957 911	939 894	969 702	1 044 162

资料来源：根据 2013～2017 年《中国教育统计年鉴》测算得出。

3. 西部地区

由表 5-17 可知，2013～2017 年西部地区中职学校规模呈现缩小态势，高职学校规模扩张速度较快，2017 年较 2013 年增加了 46 所，毕业生人数增加了 10 万余人。为了改变职业教育发展水平相对落后的局面，目前，西部地区大力加强校企合作，积极创新职业院校的办学模式，并取得了实质性进展。例如，2015 年度，广西壮族自治区采取中外合作的办学模式，加快职业教育国际化进程，连续举办了三届中国—东盟职业教育联展暨论坛，并建立了桂港现代职业教育发展中心。目前，区内职业院校已与东盟国家 200 多所院校建立了交流合作关系。又如，宁夏回族自治区继续深化校企合作，加快推进职业教育集团化办学，加强政府、行业、企业、学校之间的沟通与联系，深化多元合作、校企融合、产学研结合，促进优势资源的集成与共享，推动职教集团持续健康发展和合作办学工作再上新台阶。

表 5-17　　　　　　　西部地区职业院校办学规模

指标	2013 年	2014 年	2015 年	2016 年	2017 年
中职学校数（所）	2 660	2 576	2 484	2 400	2 345
高职学校数（所）	328	339	358	363	374
中职毕业生数（人）	1 607 738	1 533 977	1 444 694	1 409 032	1 296 508
高职毕业生数（人）	713 800	750 794	793 275	793 360	896 941

资料来源：根据 2013～2017 年《中国教育统计年鉴》测算得出。

4. 东北地区

由表 5-18 可知，2013～2017 年东北地区中职学校规模逐年缩小，毕业生数 5 年内减少将近 10 万人；高职学校规模较为稳定，发展势头良好。近年来，东北地区职业教育发展较快，同时相关改革也取得了突破性进展。例如，随着"互联网+"时代的到来，辽宁省于 2015 年成立了信息技术职业教育集团。该集团以"教学与工程技术中心"为运行载体，先行设置了 7 个运行机构，为全国职教集团的建设起到了示范与引领作用。又如，2014 年，吉林省首创联合办学的新模式，开创了职业教育同电商合作办学的先河。这一办学模式以产业园作为媒介，以创业、创意作为校企合作的突出亮点，引入企业化管理和运营特色，并与一些知名企业联合设计并打造实践平台，从而培养出创业、创新型的高技能人才。

表5-18 东北地区职业院校办学规模

指标	2013年	2014年	2015年	2016年	2017年
中职学校数（所）	986	956	821	801	799
高职学校数（所）	116	114	117	117	118
中职毕业生数（人）	303 482	291 825	245 253	230 496	209 602
高职毕业生数（人）	204 856	208 257	214 332	221 179	222 549

资料来源：根据2013~2017年《中国教育统计年鉴》测算得出。

（三）跨区域职业教育办学模式的运行情况

1. 东西部合作办学模式

国家积极开展职业教育东西部合作办学，加强东西部对口支援，充分发挥东部地区职教集团、国家中等职业教育改革发展示范学校优质教育资源的辐射作用，鼓励东部地区学校面向中西部地区增加跨省招生计划，推广义务教育加免费中职教育的"9+3"模式。自2003年开展东西合作办学工作以来，中国合作办学跨省招生规模由约4万人增长到2015年的31.9万人，辐射了20多个省份和新疆兵团的2 000余所学校。据统计资料显示，2017年，东部省份职业院校组团援助中西部地区，"支援中西部地区招生协作计划"覆盖的中西部省份达到了10个，招收中西部学生12万人。

目前，东西部职业学校合作办学形式主要有对口支援民族班、分段式人才培养模式、职教集团或职院校联盟式、专业性联盟式以及异地订单培养式、订单培养式和主校—分校式、项目合作模式、内涵建设模式等。例如，内地西藏中职班招生工作取得新突破，2017年完成招生1 814人，招生计划完成率由2015年的35.65%提高到2017年的90.7%，创近年来内地西藏中职班招生人数及完成率新高。目前在校生合计3 430人，其中2015级713人，2016级903人，2017级1 814人。又如，青岛市平度职业教育中心充分利用学校"双元制"职业教育资源优势和东部地区巨大的就业优势，积极开展东西部联合招生和合作办学，当前与该校签订联合办学协议的省内外和西部地区职业学校已将近20家。

2. 中外合作办学模式

中外合作办学是中国教育事业的组成部分和教育对外开放的重要形式，其核心是引进国外优质教育资源，合作双方必须在办学条件、教育教学、管理等方面开展实质性合作。中外合作办学有机构和项目两种形式。根据教育部中外合作办学监管工作信息平台公布的名单，截至2018年1月19日，在办的、经地方审批教育部备案的实施高等专科教育的中外合作办学项目共 224 个，办学机构共 17 个。其中，中外合作办学项目数量排名前五的省份分别是江苏省（55 个）、浙江省（22 个）、广东省（19 个）、上海市和山东省（各 16 个）、四川省和河北省（各 12 个）。中外合作办学在中国东、中部经济发达地区的职校发展的项目较多、范围较广。从地域来看，中国大部分地区都有 2018 年在办的中外合作办学项目或机构。同时，在外方合作办学院校所在国的分布上，排名前五的国家分别是澳大利亚（43 个），美国（41 个），加拿大（37 个），韩国（20 个），新西兰和英国（各 14 个），这些国家经济发达、科技先进，且职业教育产业化明显。

3. 城乡一体化办学模式

近年来，中国各省份均广泛开展了关于职业教育城乡一体化办学的探索与实践。例如，以工业化、城镇化、信息化和农业现代化"四化同步"为统领，广东省积极推动园区、镇区、社区"三区"互动，形成了"以企兴产、以产兴园、以园兴镇、企园共生、产镇共赢、镇村共兴"的发展格局；四川成都市积极实施"城乡教育均衡化、教育现代化、教育国际化"的联动发展战略，并重点推动了城乡教育发展"六个一体化"，形成了职业教育城乡一体化的发展模式；作为"国家发展改革委城乡发展一体化综合改革试点"，江苏苏州市统一了办学标准和办学经费，建立了城乡学校交流制度，加大了在教师工资和学生人均公用经费上对农村学校的倾斜，要求各农村中小学安排的教师培训经费不低于学校年度公用经费预算总额的 5%，大大推动了苏州职业教育城乡一体化的办学进程[①]；北京、天津两市的职业院校充分利用现有的职业技能培训教学资源，面向河北省农村，扩大招生规模，实行跨地区联合办学，从而打破了职业教育城乡分割的不利局面。

三、院校职业教育办学的现状

院校发展、专业建设、课程与教材建设、校企合作等是职业教育院校层面办学最主要的任务。通过国家公布的面板数据统计发现，当前中国职业教育院校办学成就显著，但是问题也十分严峻。

（一）职业院校发展的基本情况

2017 年全国共有各级各类民办学校 17.76 万所，比前一年增加 6 668 所，占全国比重 34.57%，其中民办中等职业学校 2 069 所，比前一年减少 46 所，下降

---

① 王建凯、朱旻、鲍小娟：《苏州农民职业教育体系的构建》，载于《教育评论》2013 年第 5 期，第 123~125 页。

2.17%。招生76.68万人，比前一年增加5.04万人，增长6.84%；在校生197.33万人，比前一年增加13.19万人，增长7.16%。

1. 职业院校的办学现状

混合所有制职业院校是由国有资本、集体资本、非公有资本等不同所有制的两个及以上主体共同出资举办的新型教育模式，不但包括二级学院探索的混合所有制办学模式，还包括学校层面的混合所有制探索，通常有五种基本形式。

第一种是公办职业院校引入社会资本。中国职业教育的基本办学体制是以国家为主体，政府不仅是举办者，也是管理者，更是评价者。这种以政府为主体的办学体制使举办主体之间力量比例失调，职业院校发展模式日渐僵化、缺乏活力，很难适应市场需求的快速转变。当前公办职业院校尝试引入社会力量，参与重大项目建设或校企合作。

第二种是民办职业院校引入国有资本。民办职业院校体制机制灵活，市场反应灵敏，但是普遍存在办学资金短缺、融资渠道单一、对学费依赖性较大、发展后劲不强的通病。针对这个现象，民办职业院校尝试引入国有资本参与办学，减少学校投资的压力，发挥国有资金的作用。2012年，民办高校紫琅职业技术学院引入江苏省教育发展投资中心的资金，占股5%，成为有国资参与的"混合所有制"学校，在学校升本的关键时期，江苏省教育发展投资中心给予其1 000万元的资金投入。

第三种是公办民办职业院校委托管理。委托管理是指办学相对困难的学校将管理实务交给更具有专业能力的机构，从而提高管理效益。受委托管理的学校，办学体制、学校性质、经费投入、教师编制和收费标准都不变。

第四种是不同资本合作投资新办职业院校。由公办院校、国有资本、集体资本、民营资本、外资共同投资新办学校，是探索混合所有制学校的又一种形式，其中以独立学院为典型代表。

第五种是公司合作伙伴关系共建职业院校基础设施。公司合作伙伴关系是政府与市场组织、非政府组织、个人合作提供公共产品的一种制度设计。当前发展混合所有制职业院校，可以通过公司合作伙伴关系，联合开展院校图书馆、体育馆、实验室等校园项目建设，实现资源共享。例如，哈尔滨市职业技术学院实训基地由政府提供土地和师资，由企业投入资金和设施，收取学费收入，既缓解了政府投资压力，又为企业开辟了一条投资公共服务事业、获取稳定收益的新渠道。

2. 国家示范性高职、骨干高职的办学现状

为提高中国高等职业院校的办学水平，教育部启动了被称为"专科985的百所示范性高等职业院校建设工程"。通过实施国家示范性高职院校建设计划，使示范院校在办学实力、教学质量、管理水平、办学效益和辐射能力方面有较大的提高，

尤其是在深化教育教学改革、创新人才培养模式、建设高水平专兼结合专业教学团队、提高社会服务能力和创建办学特色等方面取得明显进展，如表 5-19 所示。

表 5-19　　　　　　　　　国家示范性高职院校名单

地区	学校		
北京 （4 所）	北京工业职业技术学院	北京电子科技职业学院	北京农业职业学院
	北京财贸职业学院		
上海 （4 所）	上海医药高等专科学校	上海公安高等专业学校	上海工艺美术职业学院
	上海旅游高等专科学校		
天津 （4 所）	天津职业大学	天津中德职业技术学院	天津医学高等专科学校
	天津电子信息职业技术学院		
重庆（3 所）	重庆工业职业技术学院	重庆工程职业技术学院	重庆电子工程职业学院
河北 （4 所）	邢台职业技术学院	承德石油高等专科学校	石家庄铁路职业技术学院
	河北工业职业技术学院		
山西 （2 所）	山西省财政税务专科学校	山西工程职业技术学院	
内蒙古 （2 所）	内蒙古建筑职业技术学院	包头职业技术学院	
辽宁 （4 所）	辽宁省交通高等专科学校	沈阳职业技术学院	大连职业技术学院
	辽宁农业职业技术学院		
吉林 （3 所）	长春汽车工业高等专科学校	长春职业技术学院	吉林工业职业技术学院
黑龙江 （4 所）	黑龙江建筑职业技术学院	黑龙江农业工程职业学院	黑龙江农业经济职业学院
	大庆职业学院		
江苏 （7 所）	南京工业职业技术学院	无锡职业技术学院	江苏农林职业技术学院
	常州信息职业技术学院	苏州工业园区职业技术学院	江苏工程职业技术学院
	江苏建筑职业技术学院		
浙江 （6 所）	宁波职业技术学院	浙江金融职业学院	浙江机电职业技术学院
	温州职业技术学院	金华职业技术学院	浙江警官职业学院
安徽 （3 所）	芜湖职业技术学院	安徽水利水电职业技术学院	安徽职业技术学院
福建（2 所）	福建船政交通职业学院	漳州职业技术学院	

续表

地区	学校		
江西（1所）	九江职业技术学院		
山东 （6所）	山东科技职业学院	山东商业职业技术学院	威海职业学院
	淄博职业学院	日照职业技术学院	青岛职业技术学院
河南 （4所）	黄河水利职业技术学院	平顶山工业职业技术学院	商丘职业技术学院
	河南职业技术学院		
湖北 （4所）	武汉职业技术学院	武汉船舶职业技术学院	湖北职业技术学院
	武汉铁路职业技术学院		
湖南 （5所）	长沙民政职业技术学院	湖南铁道职业技术学院	永州职业技术学院
	湖南交通职业技术学院	湖南工业职业技术学院	
广东 （4所）	广州番禺职业技术学院	深圳职业技术学院	广州民航职业技术学院
	广东轻工职业技术学院		
广西（2所）	南宁职业技术学院	柳州职业技术学院	
四川 （6所）	成都航空职业技术学院	四川工程职业技术学院	四川交通职业技术学院
	四川建筑职业技术学院	四川电力职业技术学院	绵阳职业技术学院
云南（2所）	云南交通职业技术学院	昆明冶金高等专科学校	
贵州（1所）	贵州交通职业技术学院		
陕西（3所）	杨凌职业技术学院	西安航空职业技术学院	陕西工业职业技术学院
甘肃（2所）	兰州石化职业技术学院	甘肃林业职业技术学院	
新疆（3所）	新疆农业职业技术学院	克拉玛依职业技术学院	新疆石河子职业技术学院
海南（1所）	海南职业技术学院		
宁夏（2所）	宁夏职业技术学院	宁夏财经职业技术学院	
青海（1所）	青海畜牧兽医职业技术学院		
西藏（1所）	西藏职业技术学院		

　　2010年11月23日，教育部和财政部联合下发了《教育部　财政部关于进一步推进"国家示范性高等职业院校建设计划"实施工作的通知》①，在原有已建设100所国家示范性高等职业院校的基础上，新增100所左右国家骨干高职院校，又称"专科211"，以此继续推进"国家示范性高等职业院校建设计划"，如

---

① 《教育部　财政部关于进一步推进"国家示范性高等职业院校建设计划"实施工作的通知》，2019年4月16日，http://old.moe.gov.cn//publicfiles/business/htmlfiles/moe/s3876/201008/xxgk_93891.html。

表 5-20 所示。

表 5-20　"国家示范性高等职业院校建设计划"骨干高职院校立项建设单位

省份	院校名称	启动建设年度
北京市	北京信息职业技术学院	2010 年
	北京劳动保障职业学院	2011 年
天津市	天津交通职业学院	2010 年
	天津轻工职业技术学院	2011 年
	天津现代职业技术学院	2012 年
河北省	邯郸职业技术学院	2010 年
	河北化工医药职业技术学院	2010 年
	唐山工业职业技术学院	2011 年
	秦皇岛职业技术学院	2012 年
山西省	山西煤炭职业技术学院	2010 年
	山西建筑职业技术学院	2011 年
	山西职业技术学院	2012 年
内蒙古自治区	内蒙古化工职业学院	2010 年
	内蒙古机电职业技术学院	2011 年
辽宁省	辽宁石化职业技术学院	2010 年
	渤海船舶职业学院	2011 年
	辽宁职业学院	2012 年
吉林省	吉林交通职业技术学院	2010 年
黑龙江省	哈尔滨铁道职业技术学院	2010 年
	黑龙江工商职业技术学院	2011 年
	哈尔滨职业技术学院	2012 年
上海市	上海医疗器械高等专科学校	2010 年
	上海电子信息职业技术学院	2011 年
	上海出版印刷高等专科学校	2012 年

续表

省份	院校名称	启动建设年度
江苏省	江苏畜牧兽医职业技术学院	2010 年
	南通航运职业技术学院	2010 年
	常州机电职业技术学院	2011 年
	苏州工艺美术职业技术学院	2011 年
	南京化工职业技术学院	2011 年
	南京信息职业技术学院	2012 年
	江苏经贸职业技术学院	2012 年
	江苏食品职业技术学院	2012 年
浙江省	浙江经济职业技术学院	2010 年
	浙江旅游职业学院	2010 年
	浙江交通职业技术学院	2011 年
	杭州职业技术学院	2012 年
	浙江建设职业技术学院	2012 年
安徽省	安徽机电职业技术学院	2010 年
	安徽电气工程职业技术学院	2010 年
	安徽商贸职业技术学院	2011 年
	安徽交通职业技术学院	2012 年
	阜阳职业技术学院	2012 年
福建省	福建信息职业技术学院	2010 年
	福建林业职业技术学院	2010 年
	泉州医学高等专科学校	2011 年
	闽西职业技术学院	2012 年
江西省	江西现代职业技术学院	2010 年
	江西财经职业学院	2010 年
	江西应用技术职业学院	2011 年
	江西交通职业技术学院	2012 年
山东省	滨州职业学院	2010 年
	烟台职业学院	2010 年
	济南铁道职业技术学院	2011 年
	东营职业学院	2011 年

续表

省份	院校名称	启动建设年度
山东省	山东畜牧兽医职业学院	2012 年
	青岛港湾职业技术学院	2012 年
	济南职业学院	2012 年
河南省	河南工业职业技术学院	2010 年
	河南农业职业学院	2010 年
	郑州铁路职业技术学院	2011 年
湖北省	襄樊职业技术学院	2010 年
	黄冈职业技术学院	2010 年
	十堰职业技术学院	2011 年
	鄂州职业大学	2011 年
	武汉软件工程职业学院	2012 年
湖南省	湖南大众传媒职业技术学院	2010 年
	湖南科技职业学院	2010 年
	湖南工艺美术职业学院	2011 年
	娄底职业技术学院	2012 年
广东省	顺德职业技术学院	2010 年
	广东交通职业技术学院	2010 年
	广东水利电力职业技术学院	2011 年
	广州铁路职业技术学院	2011 年
	广东科学技术职业学院	2012 年
	中山火炬职业技术学院	2012 年
广西壮族自治区	广西机电职业技术学院	2010 年
	广西职业技术学院	2011 年
	广西水利电力职业技术学院	2012 年
海南省	海南经贸职业技术学院	2010 年
重庆市	重庆电力高等专科学校	2010 年
	重庆城市管理职业学院	2011 年
	重庆工商职业学院	2012 年
四川省	成都纺织高等专科学校	2010 年
	四川邮电职业技术学院	2011 年

续表

省份	院校名称	启动建设年度
四川省	成都职业技术学院	2012 年
	宜宾职业技术学院	2012 年
	四川机电职业技术学院	2012 年
贵州省	铜仁职业技术学院	2010 年
云南省	云南机电职业技术学院	2010 年
陕西省	陕西国防工业职业技术学院	2010 年
	陕西铁路工程职业技术学院	2011 年
	陕西职业技术学院	2012 年
甘肃省	酒泉职业技术学院	2010 年
	兰州资源环境职业技术学院	2011 年
	武威职业学院	2012 年
青海省	青海交通职业技术学院	2011 年
宁夏回族自治区	宁夏工商职业技术学院	2010 年
新疆维吾尔自治区	新疆轻工职业技术学院	2010 年
	乌鲁木齐职业大学	2011 年
深圳市	深圳信息职业技术学院	2012 年

2007 年，教育部批准在江苏、浙江、湖南、广东 4 省 8 所国家示范性高职院校进行单独招生试点。2008 年，新增河北、辽宁、四川、新疆等省份进行试点。2009 年，单独招生院校的范围扩大到 33 所国家示范性高职院校单独招生，计划招生 9 240 名。2010 年，单独招生院校的范围扩大到 73 所国家示范性高职院校，计划招生 25 505 名。2011 年，单独招生院校的范围扩大到 200 所，包括 100 所国家示范性高职院校以及 100 所国家骨干高职院校。2012 年，单独招生院校的范围进一步扩大，包括 100 所国家示范性高职院校、100 所国家骨干高职院校以及各省级示范高职院校开展单独招生试点。

3. 职业院校优质专业的发展现状

为了深入贯彻落实《国家中长期教育改革和发展规划纲要（2010～2020年）》，以提升专业服务产业发展能力为出发点，整体提高高等职业学校办学水平和人才培养质量，提高高等职业教育服务国家经济发展方式转变和现代产业体系建设的能力，教育部、财政部围绕现代农业、制造业发展重点方向、战略性新兴产业、生产和生活性服务业等重点领域和地方经济社会发展需要，2011～2012

年，中央财政投入专项资金，在全国独立设置公办高等职业学校中，支持1 000个左右紧贴产业发展需求、校企深入融合、社会认可度高、就业好的专业进行重点建设，推动高等职业学校创新体制机制，加快人才培养模式改革，整体提升专业发展水平和服务能力，为国家现代产业体系建设输送大批高端技能型专门人才。按照"中央政策引导、省级统筹管理、学校具体实施"的原则，采取"学校申报、地方审核、中央认定"的程序开展相关工作。项目建设期2年，每校支持建设1~2个专业。截止到2011年，"国家示范性高等职业院校建设计划"师范高职立项建设院校100所，重点建设专业411个。"国家示范性高等职业院校建设计划"骨干高职立项建设学校100所，重点建设专业381个，如表5-21所示。

表5-21 高等职业教育专业教学资源库立项建设项目牵头建设学校及专业名单

序号	牵头学校名称	学校代码	专业教学资源库名称	重点建设专业名称	专业代码
1	江苏农林职业技术学院	13103	园林技术	园林技术	510202
2	石家庄铁路职业技术学院	12424	高速铁道技术	高速铁道技术	520201
3	天津医学高等专科学校	12880	药物制剂技术	药物制剂技术	530305
4	常州信息职业技术学院	12317	软件技术	软件技术	590108
5	北京工业职业技术学院	10853	工程测量技术	工程测量技术	540601
6	上海出版印刷高等专科学校	11733	印刷与数字印刷技术	印刷技术	610402
7	浙江经济职业技术学院	12866	电子商务	电子商务	620405
8	上海公安高等专科学校	10283	特警	警察指挥与战术	680201
9	宁夏职业技术学院	13086	畜牧兽医	畜牧兽医	510301
10	南通航运职业技术学院	12703	轮机工程技术	轮机工程技术	520405
11	福建交通职业技术学院	10866	轮机工程技术	轮机工程技术	520405
12	天津现代职业技术学院	12722	生物技术及应用	生物技术及应用	530101
13	浙江机电职业技术学院	12861	数控设备应用与维护	数控设备应用与维护	580302
14	深圳信息职业技术学院	12957	网络技术	计算机网络技术	590102
15	浙江金融职业学院	12870	金融	金融管理与实务	620103

续表

序号	牵头学校名称	学校代码	专业教学资源库名称	重点建设专业名称	专业代码
16	上海工艺美术职业学院	12588	艺术设计	艺术设计	670101
17	天津职业大学	11032	酒店管理	酒店管理	640106
18	无锡职业技术学院	10848	数控技术	数控技术	580103
19	邢台职业技术学院	11821	汽车检测与维修	汽车检测与维修技术	580402
20	辽宁交通高等专科学校	11500	道路与桥梁工程技术	道路桥梁工程技术	520108
21	成都航空职业技术学院	12064	模具设计与制造	模具设计与制造	580106
22	四川建筑职业技术学院	12764	建筑工程技术	建筑工程技术	560301
23	承德石油高等专科学校	11777	应用化工技术	应用化工技术	530201
24	宁波职业技术学院	10863	物流管理	物流管理	620505
25	山西省财政税务专科学校	11630	会计	会计	620203
26	山东商业职业技术学院	10832	会计	会计	620203
27	上海医药高等专科学校	14033	护理	护理	630201
28	天津职业大学	11032	眼视光技术	眼视光技术	630404
29	湖南铁道职业技术学院	12302	应用电子技术	应用电子技术	590202

"支持高等职业学校提升专业服务产业发展能力"项目是贯彻落实国家教育规划纲要、促进高等职业教育改革发展、提高高端技能型人力资源支撑能力的重要制度设计，是统筹各级各类职业教育经费需求、加强薄弱环节建设、提升财政投入水平的政策安排。

高职院校专业建设基础能力普遍增强，专业设置伴随新兴产业协同发展，一批师资强、设备好、学生优秀的高水平专业正在形成。一批教学水平高、服务能力强的优秀教师脱颖而出。在 2016 年评选出的 98 名国家"万人计划"教学名师中，高职院校占 15 名；400 多名教师在境外教育或行业组织中担任职务，在国际组织中的影响力初步显现。顺应国际化发展新趋势，《2017 年中国高等职业教育质量年度报告》首次发布高职院校国际影响力 50 强榜单，高职教育的国际化办学呈现"引进来"和"走出去"并重态势，中国特色高职教育模式受到发展中国家欢迎，高职院校逐渐成为来华留学生的目的地之一，留学生总数超过 7 000

人。我国高职院校的教学质量和特色开始成为吸引国外学生的因素，在国际合作中将有更大空间，但目前还亟待丰富其核心内涵。

（二）职业院校课程的发展现状

1. 职业院校精品课程建设

根据《教育部关于加强高等学校在线开放课程建设应用与管理的意见》精神和《教育部办公厅关于开展 2018 年国家精品在线开放课程认定工作的通知》要求，教育部认定 801 门课程为 2018 年国家精品在线开放课程，其中专科高等职业教育课程有 111 门，如表 5 - 22 所示。精品课程落实《教育部关于加快建设高水平本科教育　全面提高人才培养能力的意见》《教师教育振兴行动计划（2018 ~ 2022 年）》《高等职业教育创新发展行动计划（2015 ~ 2018 年）》精神，坚持立德树人根本任务，推动高等教育教学改革，提高高等教育教学质量。同时以在线开放课程、建、用、学、管共享为抓手，深入推进信息技术与教育教学深度融合的课程内容、教学模式与教学方法改革，实现中国高等教育教学质量的较大提升。

表 5 - 22　　　　专科高等职业教育国家精品在线开放课程

序号	课程名称	主要建设单位	主要开课平台
1	Android 智能手机编程	国家开放大学	爱课程（中国大学 MOOC）
2	国际商务礼仪	天津商务职业学院	爱课程（中国大学 MOOC）
3	英语口语趣谈	牡丹江大学	智慧树
4	DIY 手工坊	黑龙江幼儿师范高等专科学校	智慧树
5	一起学说普通话	黑龙江幼儿师范高等专科学校	智慧树
6	秀出你风采——PPT 创意动画	黑龙江幼儿师范高等专科学校	智慧树
7	液压与气压传动控制	无锡职业技术学院	爱课程（中国大学 MOOC）
8	可视化程序设计	无锡职业技术学院	爱课程（中国大学 MOOC）
9	建筑装饰施工图绘制	江苏建筑职业技术学院	爱课程（中国大学 MOOC）
10	钢结构工程施工	江苏建筑职业技术学院	爱课程（中国大学 MOOC）
11	高职英语	南京工业职业技术学院	爱课程（中国大学 MOOC）
12	建筑智能化系统工程综合实训	南京工业职业技术学院	爱课程（中国大学 MOOC）
13	工业机器人调试	南京工业职业技术学院	爱课程（中国大学 MOOC）

续表

序号	课程名称	主要建设单位	主要开课平台
14	工程力学	南京工业职业技术学院	爱课程（中国大学 MOOC）
15	手机人像摄影	苏州工艺美术职业技术学院	高校邦慧慕课
16	艺术概论	苏州工艺美术职业技术学院	爱课程（中国大学 MOOC）
17	工程材料与热加工	扬州市职业大学	爱课程（中国大学 MOOC）
18	连锁经营管理原理	江苏经贸职业技术学院	爱课程（中国大学 MOOC）
19	移动商务推广	江苏经贸职业技术学院	爱课程（中国大学 MOOC）
20	商务数据分析与应用	江苏经贸职业技术学院	爱课程（中国大学 MOOC）
21	虚拟仪器应用技术	常州信息职业技术学院	爱课程（中国大学 MOOC）
22	计算机应用	常州信息职业技术学院	爱课程（中国大学 MOOC）
23	海上熟悉与基本安全	江苏海事职业技术学院	爱课程（中国大学 MOOC）
24	电工电子技术	无锡科技职业学院	爱课程（中国大学 MOOC）
25	常见病用药指导	江苏医药职业学院	爱课程（中国大学 MOOC）
26	电子商务理论与实务	苏州经贸职业技术学院	爱课程（中国大学 MOOC）
27	多轴数控编程与仿真加工（NX CAM）	苏州工业职业技术学院	爱课程（中国大学 MOOC）
28	计算机应用基础	苏州工业职业技术学院	爱课程（中国大学 MOOC）
29	人体解剖与组织学	苏州卫生职业技术学院	爱课程（中国大学 MOOC）
30	商务礼仪	无锡商业职业技术学院	爱课程（中国大学 MOOC）
31	电子商务基础与应用	无锡商业职业技术学院	爱课程（中国大学 MOOC）
32	轮机工程基础	南通航运职业技术学院	爱课程（中国大学 MOOC）
33	汽车自动变速器维修	南京交通职业技术学院	爱课程（中国大学 MOOC）
34	外贸单证实务	南京交通职业技术学院	爱课程（中国大学 MOOC）
35	大学生小微企业创成实务	淮安信息职业技术学院	爱课程（中国大学 MOOC）
36	AVR 单片机应用技术	淮安信息职业技术学院	爱课程（中国大学 MOOC）
37	路由交换技术与应用	淮安信息职业技术学院	爱课程（中国大学 MOOC）
38	牛羊生产	江苏农牧科技职业学院	爱课程（中国大学 MOOC）
39	动物解剖生理	江苏农牧科技职业学院	爱课程（中国大学 MOOC）
40	动物繁殖	江苏农牧科技职业学院	爱课程（中国大学 MOOC）
41	宠物外产科病	江苏农牧科技职业学院	爱课程（中国大学 MOOC）

续表

序号	课程名称	主要建设单位	主要开课平台
42	服装立体裁剪	常州纺织服装职业技术学院	爱课程（中国大学MOOC）
43	电子组装工艺	苏州工业园区职业技术学院	爱课程（中国大学MOOC）
44	化工单元操作	南京科技职业学院	爱课程（中国大学MOOC）
45	普通话与口才训练	江苏农林职业技术学院	爱课程（中国大学MOOC）
46	高等数学（一）	江苏农林职业技术学院	爱课程（中国大学MOOC）
47	果树生产技术	江苏农林职业技术学院	爱课程（中国大学MOOC）
48	园林工程施工技术	江苏农林职业技术学院	爱课程（中国大学MOOC）
49	中国元素	江苏食品药品职业技术学院	爱课程（中国大学MOOC）
50	酸奶及冰激凌生产技术	江苏食品药品职业技术学院	爱课程（中国大学MOOC）
51	配合与塑混炼操作技术	徐州工业职业技术学院	爱课程（中国大学MOOC）
52	程序设计基础	江苏信息职业技术学院	爱课程（中国大学MOOC）
53	嵌入式Linux应用与开发实践	江苏信息职业技术学院	爱课程（中国大学MOOC）
54	高等数学（一元微积分）	南京信息职业技术学院	爱课程（中国大学MOOC）
55	射频技术	南京信息职业技术学院	爱课程（中国大学MOOC）
56	光纤通信工程	南京信息职业技术学院	爱课程（中国大学MOOC）
57	冷冲模设计	常州机电职业技术学院	爱课程（中国大学MOOC）
58	陶瓷装饰·彩绘	无锡工艺职业技术学院	爱课程（中国大学MOOC）
59	新型纺织面料来样分析	盐城工业职业技术学院	爱课程（中国大学MOOC）
60	仪器分析	扬州工业职业技术学院	爱课程（中国大学MOOC）
61	图形图像处理	扬州工业职业技术学院	爱课程（中国大学MOOC）
62	经济学基础	江苏城市职业学院	爱课程（中国大学MOOC）
63	商业摄影	江苏城市职业学院	爱课程（中国大学MOOC）
64	前厅服务与管理	南京旅游职业学院	爱课程（中国大学MOOC）
65	弟子规与服务外包职业素养	苏州工业园区服务外包职业学院	爱课程（中国大学MOOC）
66	学前儿童心理学	徐州幼儿师范高等专科学校	爱课程（中国大学MOOC）

续表

序号	课程名称	主要建设单位	主要开课平台
67	船舶文化	浙江交通职业技术学院	学堂在线
68	插花艺术	宁波城市职业技术学院	爱课程（中国大学 MOOC）
69	园林景观效果图制作——PS 篇	宁波城市职业技术学院	爱课程（中国大学 MOOC）
70	大学生心理健康	宁波城市职业技术学院	爱课程（中国大学 MOOC）
71	茶艺	宁波城市职业技术学院	爱课程（中国大学 MOOC）
72	B/S 系统设计与开发	浙江机电职业技术学院	学银在线
73	国际结算操作	浙江金融职业学院	爱课程（中国大学 MOOC）
74	金融学概论	安徽工业经济职业技术学院	安徽省网络课程学习中心（e 会学）
75	桥涵工程试验检测技术	安徽交通职业技术学院	安徽省网络课程学习中心（e 会学）
76	电视新闻播音	安徽广播影视职业技术学院	安徽省网络课程学习中心（e 会学）
77	数控机床故障诊断与维修	安徽机电职业技术学院	安徽省网络课程学习中心（e 会学）
78	看美剧，学口语	青岛职业技术学院	智慧树
79	名企风采	山东外贸职业学院	智慧树
80	酒店物品艺术赏析	青岛酒店管理职业技术学院	智慧树
81	世界音乐史与名作赏析	河南职业技术学院	爱课程（中国大学 MOOC）
82	医学免疫与病原生物	郑州铁路职业技术学院	爱课程（中国大学 MOOC）
83	服装艺术造型设计	开封大学	爱课程（中国大学 MOOC）
84	工程制图	黄河水利职业技术学院	爱课程（中国大学 MOOC）
85	水利工程施工技术	黄河水利职业技术学院	爱课程（中国大学 MOOC）
86	水工建筑物	黄河水利职业技术学院	爱课程（中国大学 MOOC）
87	数码摄影基础教程	许昌职业技术学院	爱课程（中国大学 MOOC）
88	计算机应用基础	商丘职业技术学院	爱课程（中国大学 MOOC）
89	静态网页设计	周口职业技术学院	爱课程（中国大学 MOOC）
90	机械制图与 AutoCAD（一）	济源职业技术学院	爱课程（中国大学 MOOC）
91	基础会计理论与实务	济源职业技术学院	爱课程（中国大学 MOOC）
92	思想道德修养与法律基础	鹤壁职业技术学院	爱课程（中国大学 MOOC）

续表

序号	课程名称	主要建设单位	主要开课平台
93	建筑工程计量与计价	河南工业职业技术学院	爱课程（中国大学 MOOC）
94	机械制造基础	河南工业职业技术学院	爱课程（中国大学 MOOC）
95	大学生心理健康教育	河南经贸职业学院	爱课程（中国大学 MOOC）
96	数控铣床/加工中心加工工艺编程与操作	新乡职业技术学院	爱课程（中国大学 MOOC）
97	二维动画设计与制作	开封文化艺术职业学院	爱课程（中国大学 MOOC）
98	Excel 进阶教程	河南应用技术职业学院	爱课程（中国大学 MOOC）
99	妇产科护理学	洛阳职业技术学院	爱课程（中国大学 MOOC）
100	0~3 岁婴幼儿生活照料	郑州幼儿师范高等专科学校	爱课程（中国大学 MOOC）
101	单片机技术	长沙民政职业技术学院	爱课程（中国大学 MOOC）
102	软件测试	广州番禺职业技术学院	爱课程（中国大学 MOOC）
103	税法	广州番禺职业技术学院	爱课程（中国大学 MOOC）
104	爱情之旅	海南职业技术学院	智慧树
105	大学生创新创业	海南经贸职业学院	智慧树
106	空乘礼仪	三亚航空旅游职业学院	智慧树
107	嗨翻艺术设计创业	重庆工业职业技术学院	爱课程（中国大学 MOOC）
108	探秘移动通信	重庆电子工程职业学院	爱课程（中国大学 MOOC）
109	中药储存与养护	重庆三峡医药高等专科学校	重庆高校在线开放课程平台
110	建筑施工技术	陕西工业职业技术学院	学堂在线
111	电气控制系统装接与调试	陕西工业职业技术学院	学堂在线

2. 职业院校专业教学资源库建设

2016 年起，我国建立职业教育专业教学资源库（以下简称"资源库"）备选项目库，按照"自主建设、升级统筹、有序支持、验收监测、持续更新"的方式，从已建成或在建的省级资源库项目中遴选备选项目。按照"一体化设计、结构化课程、颗粒化资源"的建构逻辑、优化组库结构、完善已有资源、补充新鲜资源、丰富资源类型，以用户为中心完善运行平台功能、提升用户体验、加大推广力度、扩大共享应用范围，确保建成后资源库的可持续发展。2016 年确定的职业教育专业教学资源库立项建设项目 19 项，如表 5-23 所示。

表5-23　　2016年度确定的职业教育专业教学资源库立项建设项目名单

项目编号	项目名称	主持单位
1	职业教育地下与隧道工程技术专业教学资源库	陕西铁路工程职业技术学院 辽宁省交通高等专科学校
2	职业教育信息安全与管理专业教学资源库	常州信息职业技术学院 湖北生物科技职业学院
3	职业教育康复治疗技术专业教学资源库	宁波卫生职业技术学院 金华职业技术学院 全国卫生职业教育教学指导委员会
4	职业教育移动应用开发专业教学资源库	北京电子科技职业学院
5	职业教育城市轨道交通专业教学资源库	北京交通运输职业学院
6	职业教育机械制造与自动化专业教学资源库	南京工业职业技术学院 陕西工业职业技术学院
7	民族文化传承与创新子库——江南园林文化及造园技艺传承与创新	苏州农业职业技术学院
8	职业教育水环境监测与治理专业教学资源库	杨凌职业技术学院 南通科技职业学院 重庆水利电力职业技术学院
9	职业教育医学检验技术专业教学资源库	永州职业技术学院 襄阳职业技术学院 沧州医学高等专科学校
10	职业教育动物检疫检验技术专业教学资源库	山东畜牧兽医职业学院
11	职业教育移动商务专业教学资源库	江苏经贸职业技术学院
12	职业教育微电子技术专业教学资源库	重庆城市管理职业学院 江苏信息职业技术学院 苏州工业园区职业技术学院
13	职业教育药学专业教学资源库	重庆医药高等专科学校 盐城卫生职业技术学院
14	职业教育工业分析技术专业教学资源库	扬州工业职业技术学院 天津渤海职业技术学院
15	民族文化传承与创新子库——传统手工业（非遗）技艺习传承与创新	杭州职业技术学院 西泠印社

续表

项目编号	项目名称	主持单位
16	职业教育工程造价专业教学资源库	四川建筑职业技术学院 浙江建设职业技术学院
17	职业教育云计算技术与应用专业教学资源库	山东商业职业技术学院
18	职业教育药剂、药品经营与管理专业教学资源库	上海市医药学校 山东药品食品职业学院 全国食品药品职业教育教学指导委员会
19	职业教育农业装备应用技术专业教学资源库	黑龙江农业工程职业学院 湖南生物机电职业技术学院 新疆农业职业技术学院

2018年应对2015年立项建设的"新能源类"等22个资源库、2017年度延期验收的"园艺技术"等2个资源库、2017年度验收暂缓通过的"数控技术"等2个资源库升级改进奖励项目和2016年度支持的"会计"等4个资源库升级改进奖励项目，共30个项目进行验收。在2018年，"新能源类"等24个资源库通过验收、"民族文化传承与创新子库烹饪工艺与营养传承与创新"资源库暂缓通过验收。立足"能学、辅教"的功能定位，持续推进专业教学改革；遵循"一体化设计、结构化课程、颗粒化资源"的建构逻辑，持续提升资源库建设水平。

3. 职业院校课程改革

工业革命以后，职业教育从教育系统中分化，伴随产业经济发展成了相对独立的教育形态，在这个过程中，职业教育课程模式处于不断探索、实践和反思的过程，逐渐脱离学科课程的框架，建立了行动体系的课程模式，形成了自己的特色。目前，职业教育人才供给与经济社会劳动力需求之间的矛盾关系，成为职业教育课程模式演进的主要动力。根据课程内容的组织模式，职业教育课程模式经历了学科体系课程模式、学科整合课程模式、主题导向课程模式和行动体系课程模式。从知识的角度看，职业教育课程对于知识的传授，从结论性、静态的间接的知识逐步向过程性、动态的直接的知识发展。

当前职业教育的课程体系逐渐从传统学科本位转向能力本位，强调培养学生的职业能力。各地区的中等职业院校和高等职业院校都在积极地推进培养职业能力的课程体系改革，并且致力于结合本地区以及学校的实际情况来探寻具有区域特征以及学校特色的课程体系。例如，上海市提出聚焦能力，以项目课程为载体的模块化专业课程体系；浙江省提出优化课程的多层面选择，包含核心课程模块与自由选择课程模块等，以丰富学生的课程选择，打造多元化。四川省强调就业，着重在能力本位，突出培养职业能力的专业课程体系等。此外，各院校也在探索中形成了学校的特色课程。中等职业院校和高等职业院校在课程体系改革上，强调要突出能力本位，以项目课程为载体。

目前课程改革呈现出两大特点。其一是行业企业参与课程开发的过程中。主要有三种方式：第一种方式是行业企业参与职业院校人才培养方案的论证与修订。这是目前行业企业参与到职业教育课程开发最为普遍的方式。然而，在开发过程中，仍然有很多学校发挥教师为主导的作用，行业企业的参与性很低，甚至不参与到具体的开发过程中，只在学校制订完人才培养方案后，请部分行业企业人员提出相应的修改意见。第二种方式是行业企业参与职业能力分析的过程中，目前有一些职业院校在课程改革过程中邀请相应的行业企业人员参与职业能力分析中，为推进课程资源和内容改革提供较为扎实的依据。第三种方式是行业企业参与课程资源的开发，在参与职业能力分析的基础上，参与课程资源开发，以确保课程的实用性更强。其二是职业教育课程改革推行以学生为主体的教学方法。中等职业学校和高等职业院校在课程改革中，都注意到了对教学方法进行改革，强调从以往以教师为主体的教学方式转变为以学生为主体的教学方式。这一举措不仅能提高学生学习的积极性，更能将理论知识与实践教学很好地结合，进而提高学生的专业能力与社会能力等。

（三）职业院校校企合作的现状

校企合作是通过学校与企业合作培养应用技术人才的主要方式，是提高职业教育质量的重要途径，也是实现职业教育与社会发展良性互动的有效手段。通过校企合作培养能够胜任未来工作岗位的职业人，是未来职业教育质量提升的主要方式。

中国高等教育大众化发展到现在，社会各界对职业院校的要求已经从规模扩张转入教学质量的提升以及人才培养模式的创新。中国职业院校与企业合作的模式在不断的实践与发展过程中，由最早期的"工学结合"方式进化到现阶段的"校企合作、产学一体"的共赢模式。近年来，在社会各界的普遍期待中，在政府的强烈推动下，中国职业教育校企合作办学取得了夺目的成绩，一定程度上推动了经济社会的发展。职业教育校企合作办学受到了重视，校企合作办学的地位得到提升。《国务院关于大力发展职业教育的决定》《国家中长期教育改革和发展规划纲要（2010~2020年）》《现代职业教育体系建设规划（2014~2020）》和《国家职业教育改革实施方案》都将职业教育校企合作办学提高到重要地位。

在政策的推动下，初步建立起"校企合作、产教融合"的平台，设立行业职业教育教学指导委员会，形成职业教育联席会议制度，有效地对职业教育开展系列工作进行指导。另外，从中央到地方，相继出台包含学生实习、企业办学等方面的政策法规，集团化办学的合作形式初步形成了规模，其中青岛、浙江和海南在内的东南沿海地区较为突出，并初步形成了合作章程。

职业院校与企业的合作，不仅能够突出培养学生的职业能力，又能提高劳动者的专业技能和文化技能，使教育为社会和经济的发展、提高生产力等实际利益服务。[①] 中国职业院校与企业展开积极的合作，可以优势互补、资源共享，以便最终在科学研究、产品创新、人才培养、产业服务等方面实现双方共赢的局面。职业院校通过校企合作办学，以市场需求为前提，以高职院校学生就业为导向，重视人才培养模式转变，构建职业院校校企合作产学研相结合的办学模式创新路径。目前，中国职业院校与企业普遍采用"产学一体"的共同办学模式。企业直接参与职业院校的办学过程，为职业院校提供实践基地，安排技术人员去职业院校讲学，利用职业院校的师资和教学条件进行员工培训，同时参与高校办学利益的分配。高校获得办学资助的同时，为企业输送专业人才。"产学一体"办学模式中最常见的一种合作措施就是"专业共建"，即职业院校根据市场需要以学生就业为目的与企业进行合作。结合职业院校的师资力量和教学条件，共同建设专业、设置课程。

第五节　职业教育办学保障的现状调查

职业教育办学的顺利开展与质量的保障离不开职业教育经费投入、师资建设情况、办学条件等多重因素的保障。运用 2011~2016 年教育部发展规划司统计数据、《中国教育经费统计年鉴》《全国教育事业发展简明统计分析》等统计数据，对中国职业教育办学模式保障条件现状进行分析。

一、职业教育经费投入

经费投入是职业教育办学在人、财、物保障中最基础的保障。通过教育部公

---

① 刘显泽：《加强职业教育校企合作的理论研究与实践运作》，载于《中国职业技术教育》2005 年第 24 期，第 24~25 页。

布的面板数据分析发现,中国职业教育办学经费保障不断改善,但是在投入总量、经费分配等问题上依旧不容乐观。

(一) 中等职业教育经费投入

通过对 2011~2016 年中等职业教育生均公共财政预算教育事业费支出的分析可以发现,自 2011 年以来,中国中等职业教育生均公共财政预算教育事业费支出呈现飞跃式增长,增长了 6 072.62 元,增幅达到 98.84%,如图 5-25 所示。这表明,随着经济社会的发展,国家逐渐认识到中等职业教育在促进经济发展和社会稳定中所扮演的重要角色。

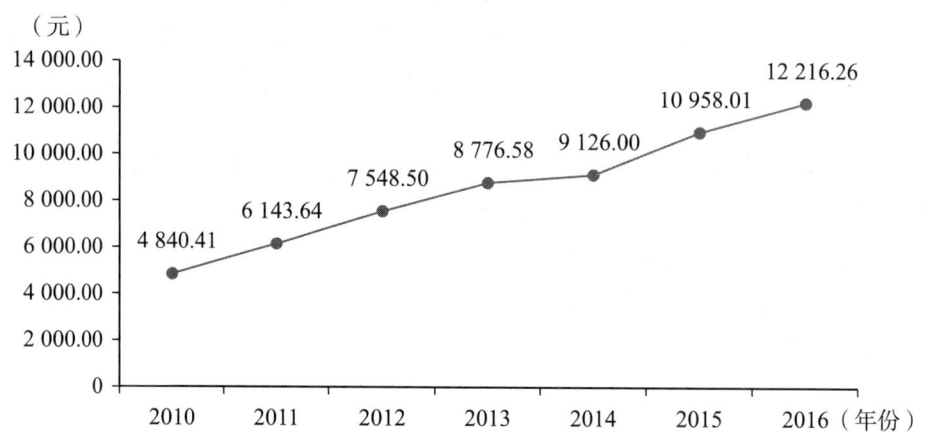

图 5-25　2011~2016 年中等职业教育生均公共财政预算教育事业费支出
资料来源:教育部发展规划司各年统计数据。

通过对 2011~2016 年中职与普通高中生均公共财政预算教育事业费支出的比较分析可知,自 2011 年以来,中国中职与普通高中生均公共财政预算教育事业费支出呈现大体相当的水平,二者的比值始终在 1 的附近徘徊,且 7 年中仅有 2012 年与 2016 年比值略小于 1,说明各级政府对中职与普通高中的投入水平基本相当,对中等职业教育略有倾斜。但是自 2013 年以来呈现逐年递减的趋势,如图 5-26 所示。

通过对 2011~2016 年中职生均教育经费占人均 GDP 比重的测算分析可知,自 2011 年以来,中国中职生均教育经费占人均 GDP 的比重波动趋势较为明显。2011~2013 年呈现急速上升趋势,2013~2014 年急速下降,而后呈现逐步回升并趋于平稳,如图 5-27 所示。

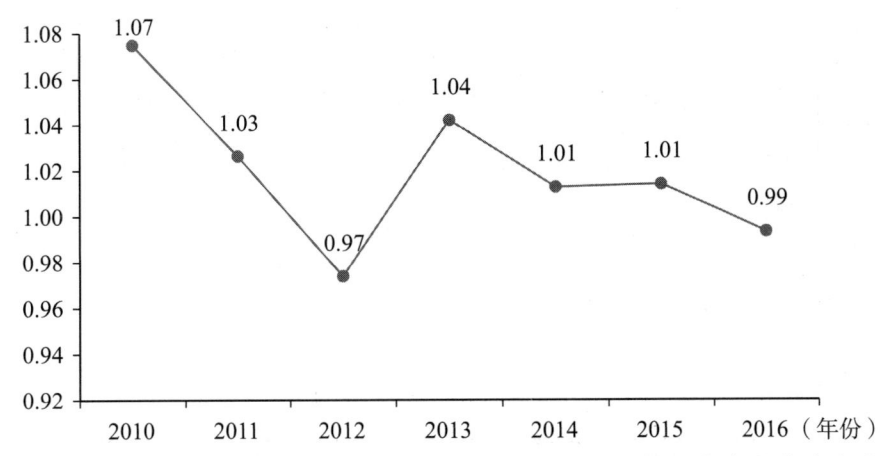

图 5-26　2011~2016 年中职与普高生均公共财政预算教育事业费支出比

资料来源：根据《中国教育经费统计年鉴》各年统计数据测算得出。

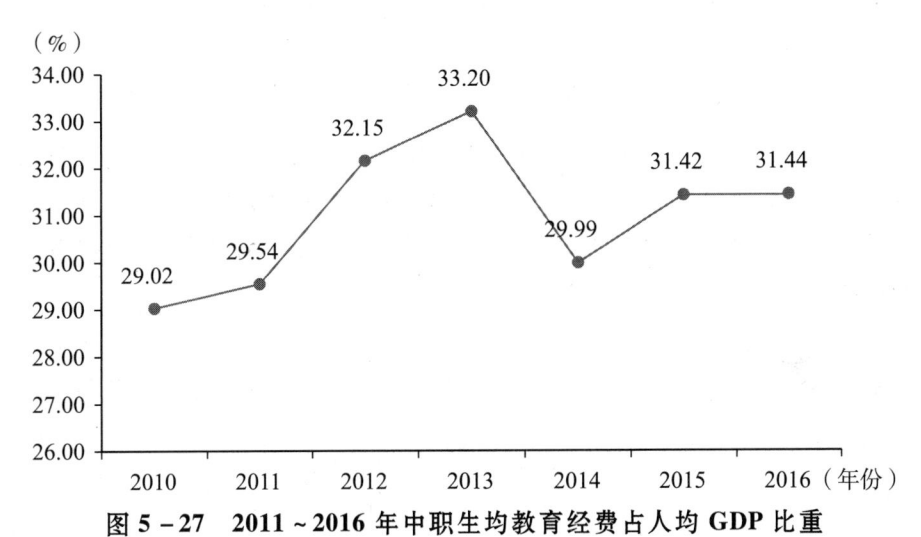

图 5-27　2011~2016 年中职生均教育经费占人均 GDP 比重

资料来源：根据《中国教育经费统计年鉴》各年统计数据测算得出。

通过对 2011~2016 年中等职业教育经费占公共财政支出比重的分析可知，中国中等职业教育经费占公共财政支出比重整体呈现上升趋势，相较 2011 年，2016 年中等职业教育经费占公共财政支出比重上升了 0.01 个百分点，如图 5-28 所示。

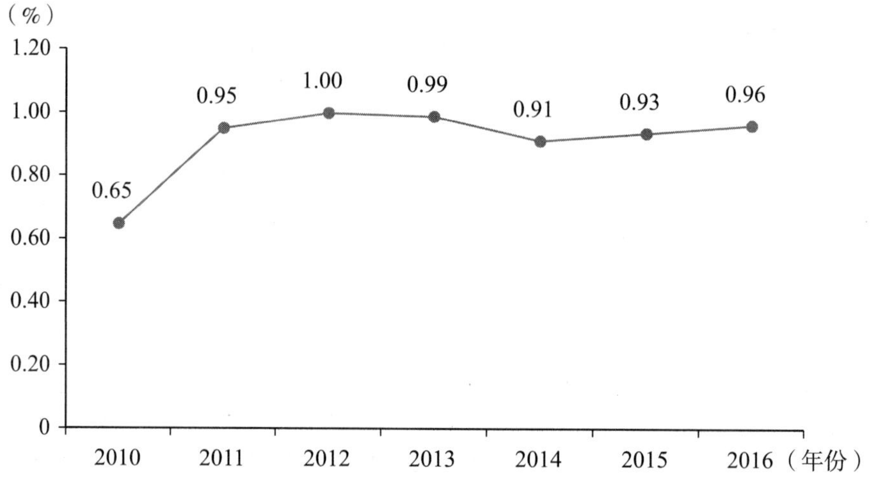
（%）
1.20
1.00
0.80
0.60
0.40
0.20
0
0.65
0.95
1.00
0.99
0.91
0.93
0.96
2010
2011
2012
2013
2014
2015
2016（年份）

图 5－28　2011～2016 年中等职业教育经费占公共财政支付的比重

资料来源：根据《中国教育经费统计年鉴》各年统计数据测算得出。

（二）高等职业教育经费投入

通过对 2011～2016 年高职生均公共财政预算教育事业费支出的分析可知，高职生均公共财政预算教育事业费支出整体上呈现上升趋势且增长趋势明显。与 2011 年相比，2016 年高职生均公共财政预算教育事业费支出增长了 5 328.85 元，涨幅达到 70.17%，如图 5－29 所示。

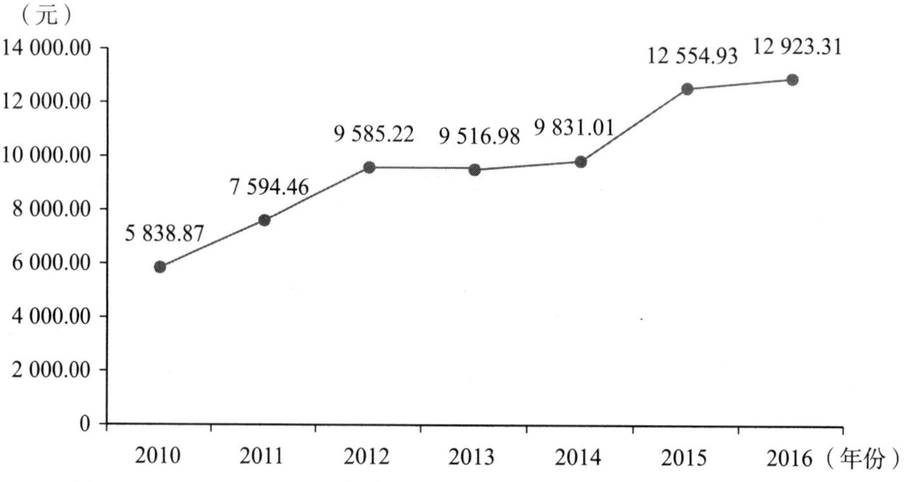
（元）
14 000.00
12 000.00
10 000.00
8 000.00
6 000.00
4 000.00
2 000.00
0
5 838.87
7 594.46
9 585.22
9 516.98
9 831.01
12 554.93
12 923.31
2010
2011
2012
2013
2014
2015
2016（年份）

图 5－29　2011～2016 年高职生均公共财政预算教育事业费支出

资料来源：根据《中国教育经费统计年鉴》各年统计数据测算得出。

通过对 2011～2016 年高职与普通本科生均公共财政预算教育事业费支出的

分析比较可知,高职与普通本科院校生均公共财政预算教育事业费支出比呈现逐年缓慢上升趋势,但是最高值也仅为0.723,且2015年以后开始出现下降,如图5-30所示。这说明政府对高职院校的财政支持力度没有达到与普通本科院校相同的水平,且差距较大。

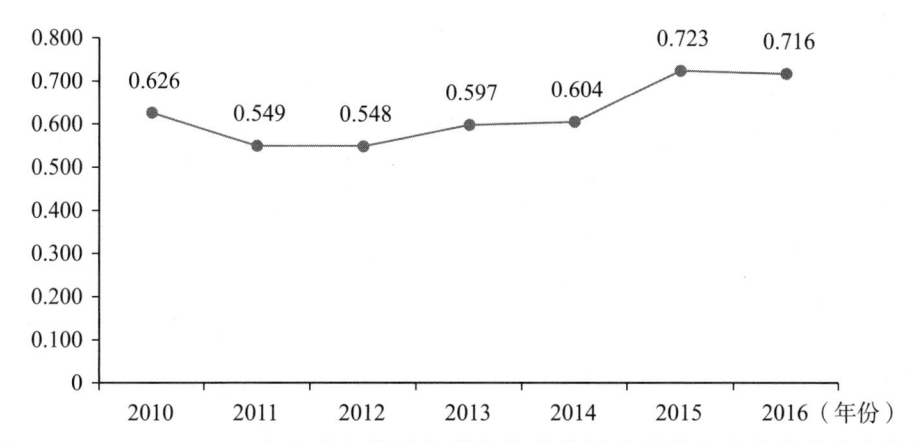

图 5-30　2011~2016 年高职与普通本科生均公共财政预算教育事业费支出比较

资料来源:根据《中国教育经费统计年鉴》各年统计数据测算得出。

通过对 2011~2016 年高等职业教育生均教育经费占人均 GDP 的比重进行测算分析可知,高等职业教育生均教育经费占人均 GDP 的比重整体上呈现逐年下降的趋势,仅 2012 年和 2015 年略有回升。与 2011 年相比,2016 年高等职业教育生均教育经费占人均 GDP 的比重下降了 5.02 个百分点,如图 5-31 所示。这一趋势说明各界对高等职业教育发展的支持力度不断下降。

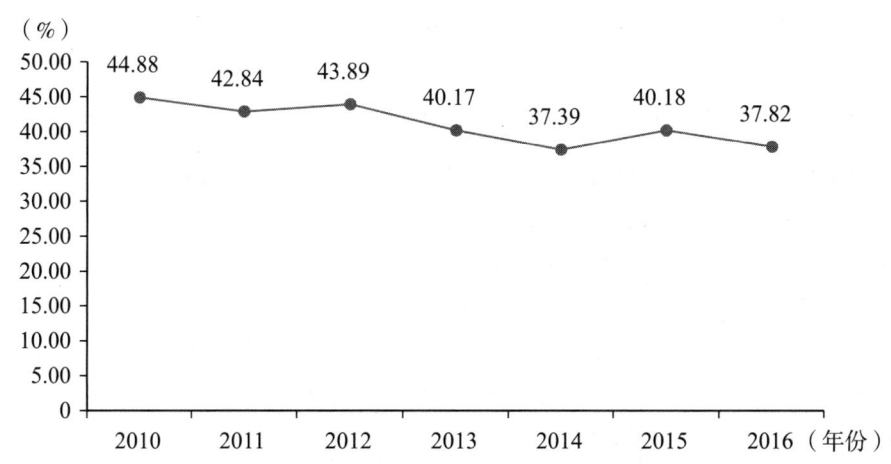

图 5-31　2011~2016 年高等职业教育生均教育经费占人均 GDP 的比重

资料来源:根据《中国教育经费统计年鉴》各年相关统计数据测算得出。

通过对 2011~2016 年高等职业教育经费支出占公共财政支出比重的测算分析可知，2011~2012 年，中国高等职业教育经费支出占公共财政支出比重呈现急速上升的趋势，2012 年之后略有下降，下降趋势在 2014 年止住，而后又呈现上升趋势，如图 5-32 所示。这说明各级政府对高等职业教育的重视程度受外界因素影响较大，整体呈现波动趋势。

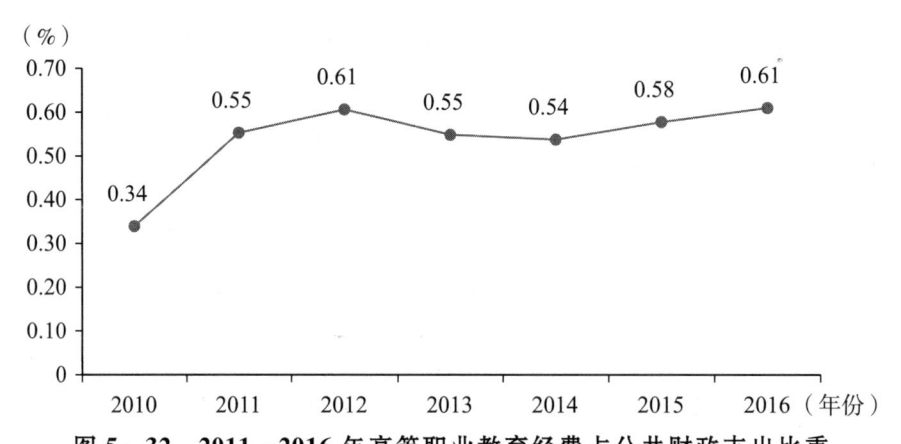

图 5-32 2011~2016 年高等职业教育经费占公共财政支出比重

资料来源：根据《中国教育经费统计年鉴》和《中国统计年鉴》相关数据测算得出。

二、职业教育师资队伍

师资队伍是职业教育办学"人、财、物"保障中最重要的"人"的保障。基于教育部公布的面板数据统计发现，中国职业教育的师资队伍建设问题与成就并重，急需采取措施变革职业教育师资队伍的困境。

（一）中等职业教育师资队伍建设

如图 5-33 所示，中等职业教育生师比呈现逐年下降的趋势，这表明中国中等职业教育师资建设的水平不断提升。在 2016 年已经达到了《中等职业学校设置标准》中规定的 20∶1 的生师比标准。

通过对 2011~2016 年中等职业教育专任教师中"双师型"教师占比的考察分析可知，中等职业教育专任教师中"双师型"教师占比呈现逐年上升的趋势，到 2016 年，距教育部《中等职业学校设置标准》所规定的 30% 仅存在 0.53 个百分点的差距，如图 5-34 所示。

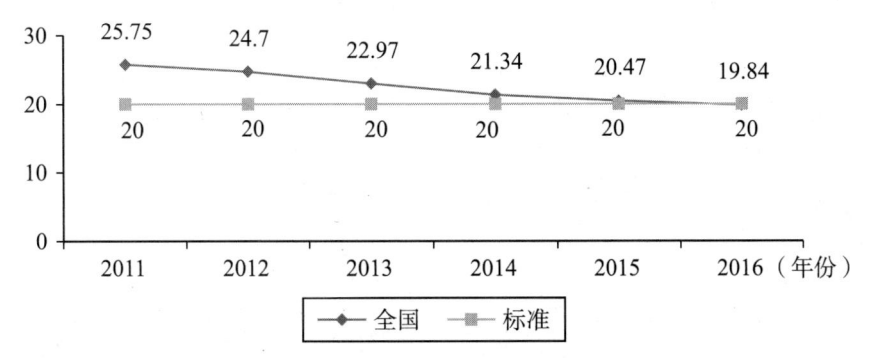

图 5-33　2011~2016 年中等职业教育"生师比"

资料来源：根据《中国教育经费统计年鉴》各年统计数据测算得出。

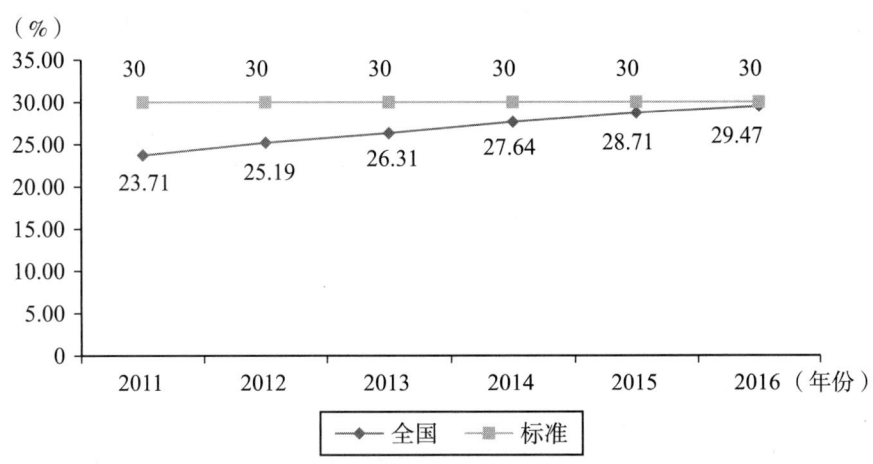

图 5-34　2011~2016 年中等职业教育专任教师占双师型教师占比

资料来源：各年《全国教育事业发展简明统计分析》。

通过对 2011~2016 年中等职业教育专任教师中兼职教师占比的测算分析可知，中等职业教育专任教师中兼职教师的占比较为稳定，基本在 15% 左右徘徊，始终与教育部出台的《中等职业学校设置标准》所规定的 20% 存在着约 5 个百分点的差距，如图 5-35 所示。

通过对 2011~2016 年中等职业教育专任教师中合格学历教师占比的分析可知，中等职业教育专任教师中合格学历教师占比呈现逐年上升趋势，师资建设情况良好，截至 2016 年，该比例已接近 91%，如图 5-36 所示。

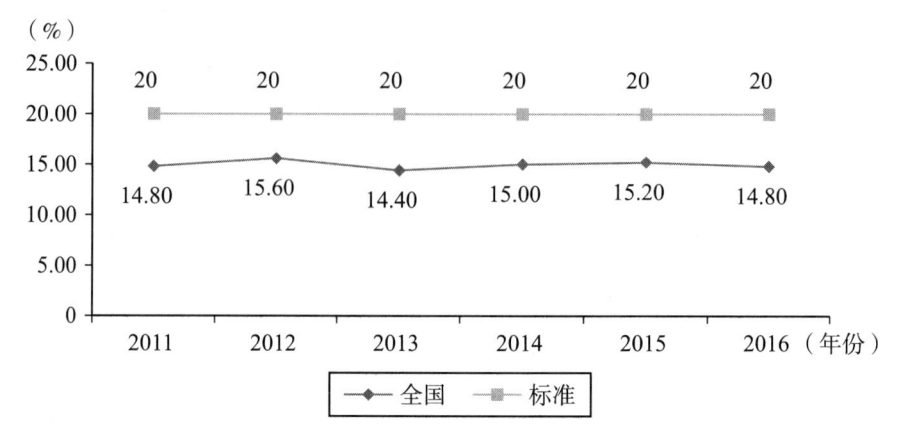

图 5-35　2011~2016 年中等职业教育专任教师中兼职教师占比

资料来源：各年《全国教育事业发展简明统计分析》。

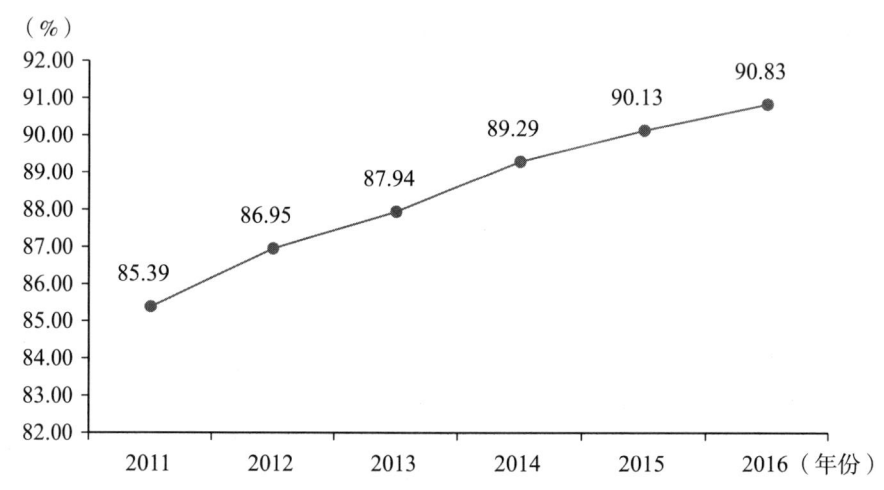

图 5-36　2011~2016 年中等职业教育专任教师中合格学历教师占比

资料来源：各年《全国教育事业发展简明统计分析》。

（二）高等职业教育师资队伍建设

通过对 2011~2016 年高等职业教育生师比的分析可知，高等职业教育生师比在 2013 年到达最低值，而后又呈现上升趋势，总的来说，高等职业教育生师比在 17∶1 左右，如图 5-37 所示。

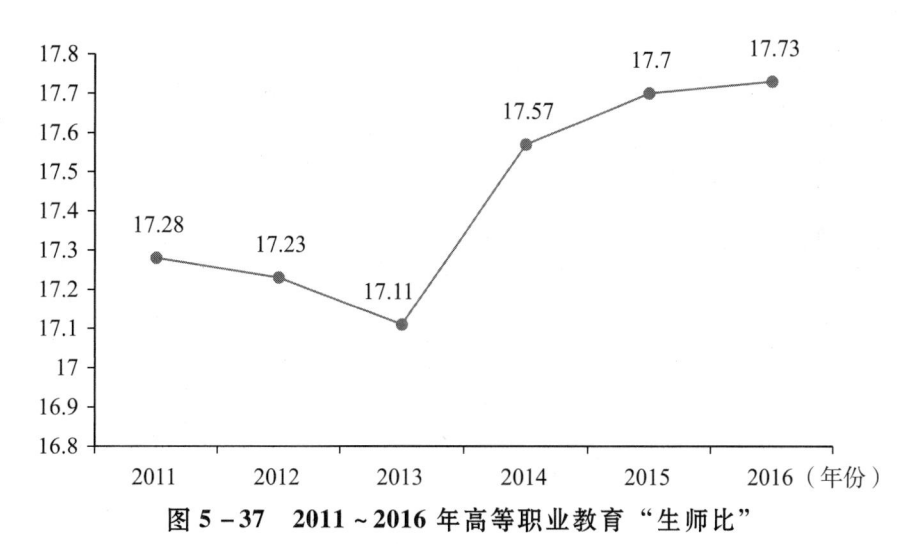

图 5-37　2011~2016 年高等职业教育"生师比"

资料来源：各年《全国教育事业发展简明统计分析》。

通过对 2011~2016 年高等职业教育专任教师中"双师型"教师占比的测算分析可知，高等职业教育专任教师中"双师型"教师占比呈现逐年上升趋势，截至 2016 年，该比例已接近 40%，如图 5-38 所示。

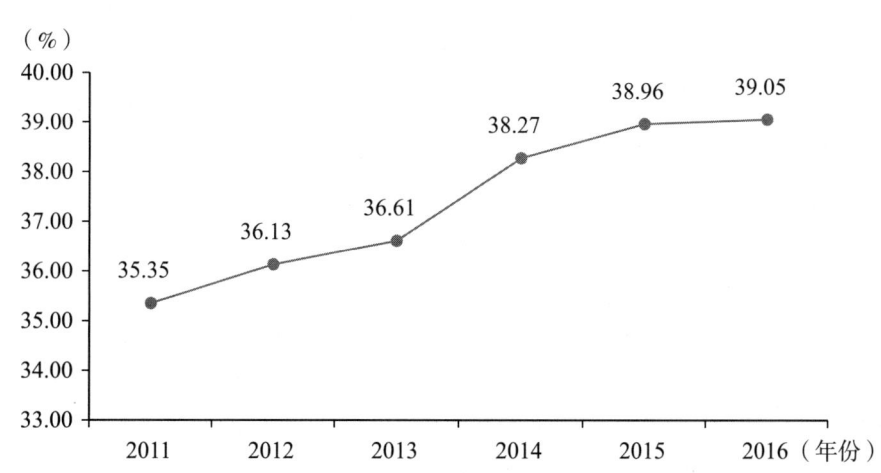

图 5-38　2011~2016 年高等职业教育专任教师中双师型教师占比

资料来源：各年《全国教育事业发展简明统计分析》。

通过对 2011~2016 年高等职业教育专任教师中研究生学位教师占比进行测算分析可知，高等职业教育专任教师中研究生学位教师占比呈现上升趋势，与 2011 年相比，2016 年该比例增加了 10.54 个百分点，如图 5-39 所示。

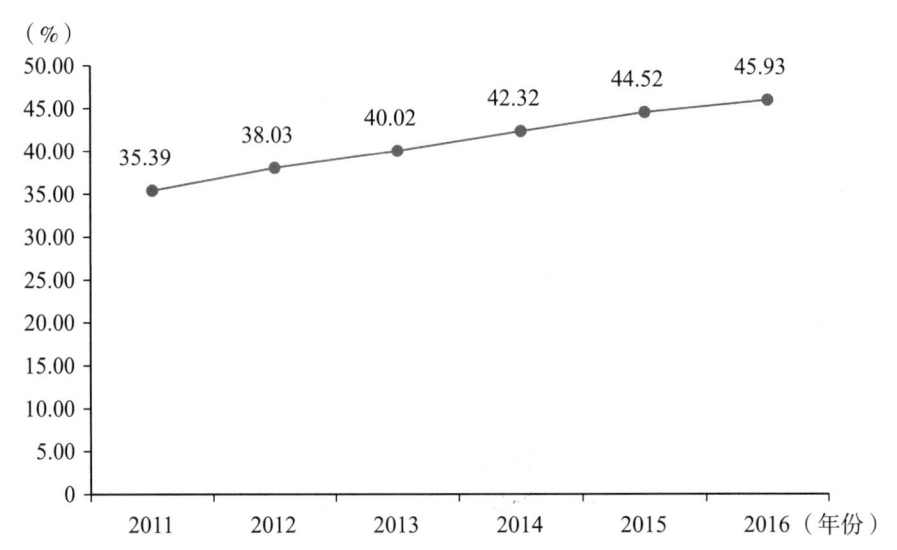

图 5-39　2011~2016 年高等职业教育专任教师中研究生学位教师占比情况

资料来源：各年《全国教育事业发展简明统计分析》。

三、职业教育办学条件

办学条件是职业教育办学"人、财、物"保障中最根本的"物"的保障。根据教育部公布的面板数据统计发现，中国职业教育办学条件不断接近"标准化"的水平，但是在完全实现职业教育办学"现代化"的进程中却任重而道远。

（一）中等职业教育办学条件

通过对 2011~2016 年中等职业教育生均校舍面积的变化情况进行分析可知，自 2011 年以来，中国中等职业教育生均校舍面积整体呈现上升趋势，到 2016 年已达到 18.30 平方米，如图 5-40 所示。但是，目前中国中等职业教育生均校舍面积与《中等职业学校设置标准》所规定的 20 平方米还存在一定的差距。

通过对 2011~2016 年中国中等职业教育生均图书册数进行分析可知，中国中等职业教育生均图书册数呈现逐年递增的趋势，截至 2016 年，中国中等职业教育生均图书册数已达到 26.29 册，相较 2011 年增加了 5.55 册，如图 5-41 所示。但是与教育部《中等职业学校设置标准》所规定的 30 册还存在一定的差距。

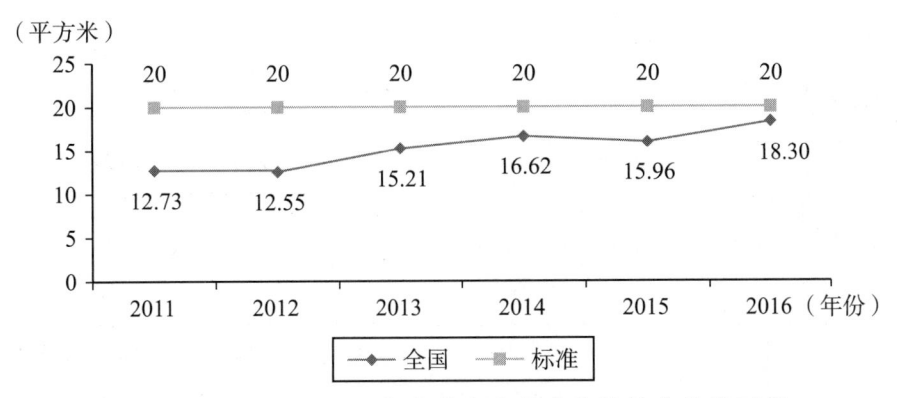

图 5-40　2011~2016 年中等职业教育生均校舍建筑面积

资料来源：根据教育部发展规划司各年相关统计数据测算得出。

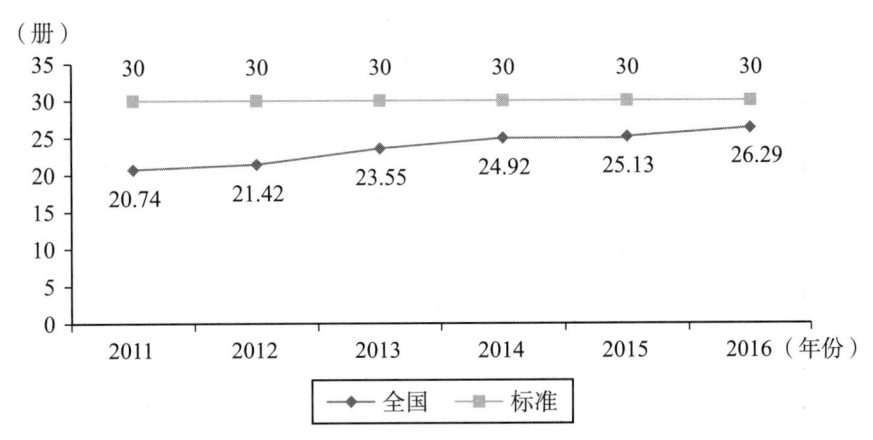

图 5-41　2011~2016 年中等职业教育生均图书册数

资料来源：根据教育部发展规划司各年相关统计数据测算得出。

通过对 2011~2016 年中国中职生均教学仪器设备值的变化进行分析可知，中等职业教育生均教学仪器设备值呈现逐年递增的趋势，且上升趋势明显。到 2016 年中国中等职业教育生均教学仪器设备值已达到 5 695 元，远超教育部《中等职业学校设置标准》中规定的标准，如图 5-42 所示。

通过对 2011~2016 年中等职业教育每百名学生拥有计算机台数的变化情况进行分析发现，2011~2015 年中等职业教育每百名学生拥有计算机台数总体上呈现不断递增的趋势，在 2016 年中等职业教育每百名学生拥有计算机台数出现明显的减少。但是，与 2011 年相比，2016 年中等职业教育每百名学生拥有计算机台数增加了 7.28 台，增幅达到 52.22%，如图 5-43 所示。

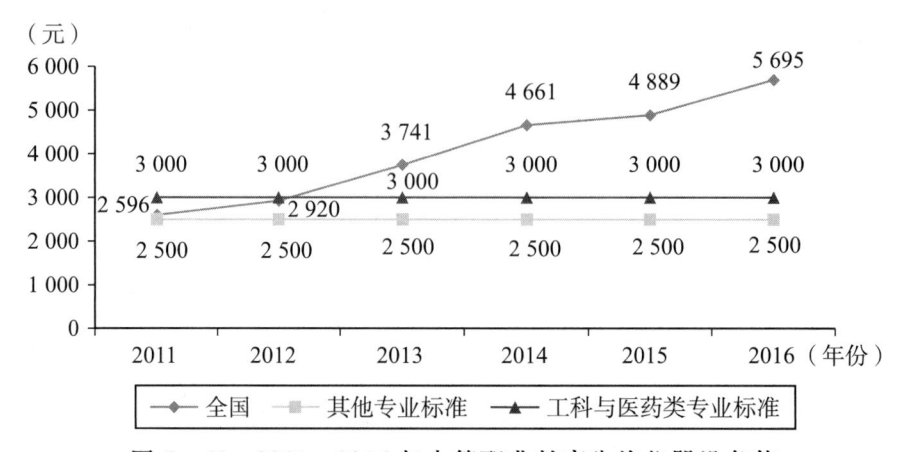

图 5-42　2011~2016 年中等职业教育生均仪器设备值

资料来源：根据教育部发展规划司各年相关统计数据测算得出。

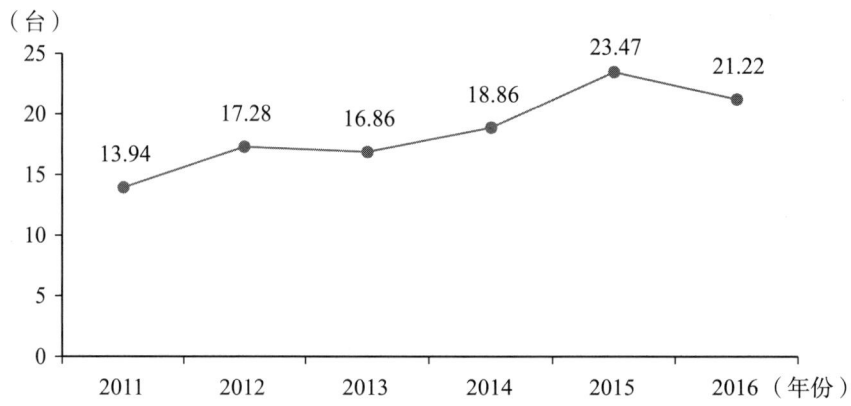

图 5-43　2011~2016 年中等职业教育每百名学生拥有计算机台数

资料来源：根据教育部发展规划司各年相关统计数据测算得出。

（二）高等职业教育办学条件

通过对 2011~2016 年中国高等职业教育生均校舍面积的分析可知，2011~2013 年，中国高等职业教育生均校舍面积呈现上升趋势，在 2013 年到达顶峰，此后一直呈现下降趋势，到 2016 年已下降至 27.20 平方米，与 2011 年相比下降了 1.21 平方米，且与教育部《高等职业学校设置标准》所规定的 30 平方米差距不断拉大，如图 5-44 所示。

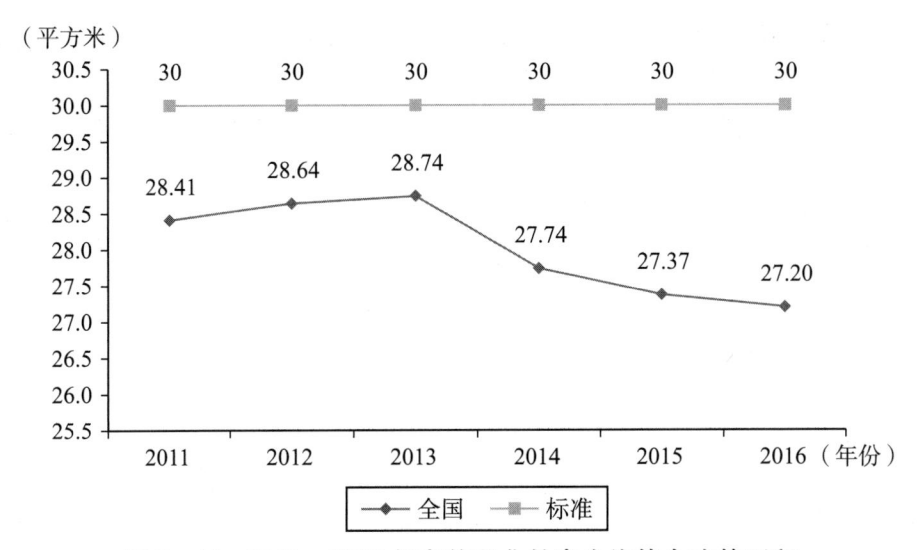

图 5-44　2011~2016 年高等职业教育生均校舍建筑面积

资料来源：根据教育部发展规划司各年相关统计数据测算得出。

通过对 2011~2016 年高等职业教育生均图书册数的变化情况分析可知，2011~2013 年，高等职业教育生均图书册数呈现上升趋势，2013 年以后出现持续下降的趋势，到 2016 年又开始有所回升，高等职业教育生均图书册数达到 67.07 册，但是与教育部《高等职业学校设置标准》规定的 75 册仍有较大差距，如图 5-45 所示。

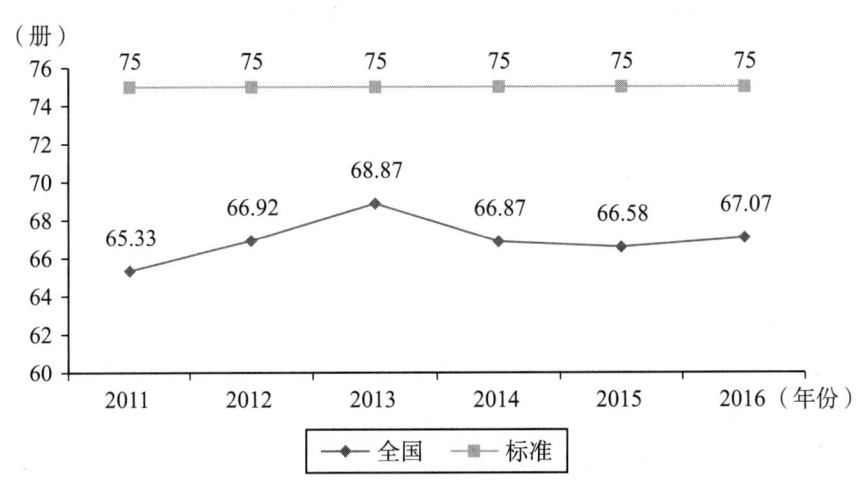

图 5-45　2011~2016 年高等职业教育生均图书册数

资料来源：根据教育部发展规划司各年相关统计数据测算得出。

通过对 2011~2016 年高等职业教育生均教学仪器设备值的变化情况进行分

析可知，高等职业教育生均教学仪器设备值呈现逐年递增的趋势，到2016年，中国高等职业教育生均教学仪器设备值已达到8 570元，与2011年相比增加了1 936元，超过教育部《高等职业学校设置标准》中规定的5 000元，如图5-46所示。

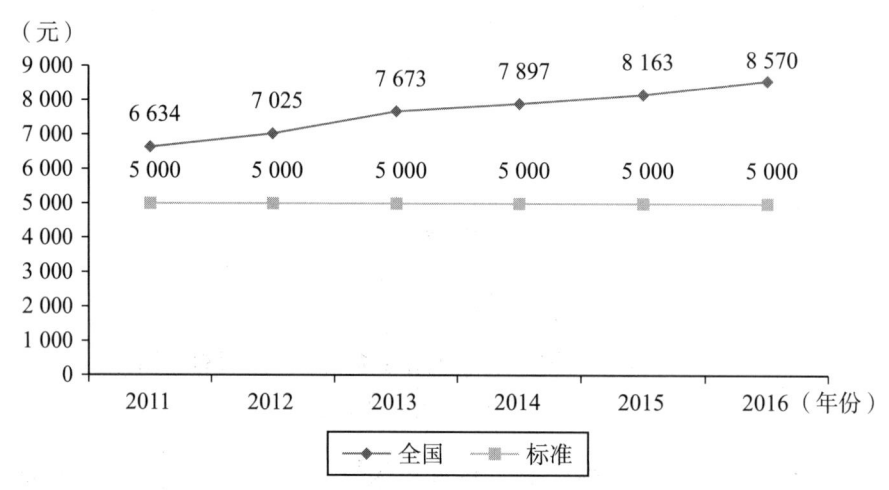

图 5-46 2011~2016年高等职业教育生均教学仪器设备值
资料来源：根据教育部发展规划司各年相关统计数据测算得出。

第六节 职业教育办学模式的问题分析

通过对全国职业教育办学现状的调查发现，中国职业教育办学模式取得了长足的进步。但是，在办学主体、办学形式、办学机制和办学保障方面也存在着一些问题。

一、办学主体的类型单调，且缺乏多元主体的深度参与

办学主体是办学模式的核心要素。通过职业教育办学的学校问卷和企业问卷调查显示，职业教育办学在办学主体提升方面存在着以下问题：一是政府在职业教育办学中的作用和贡献有待优化；二是校企合作、行业参与办学的制度与环境需要优化，办学形式的资源分配尚待优化，办学质量有较大提升空间。

(一) 政府在职业教育办学中的作用和贡献有待进一步提升

在推进职业教育办学模式改革实践中,政府主导的作用是不可或缺的。学校问卷调查的结果表明,地方政府在加大经费投入、开展教师培训、推动校企合作、整合职业教育资源等方面采取的措施有效地推进了职业教育事业的发展。在访谈调研中发现地方政府还存在一些有待改进的问题。比如,在欠发达区域出现的"政府主导"变成了"政府主办",导致"有钱主办,无钱不办"的问题。同时在调查中发现,政府主导更多表现为"政府投入",这也出现了一些偏差和弊端,比如,学生助学金的发放、经费投入中项目经费大于经常性投入的问题,行业办学校的生均经费偏低,教师培养培训中的投入与产出的问题,都有待于进一步的探讨。来自学校的建议认为,增加生均经费的投入、建立校企合作的长效机制、完善职业教育改革的顶层设计、协调相关部门的关系是今后政府主导应该加以重视的方面。同时,社会第三方质量评价、适合职业院校特点的教师评价和人事制度也是职业教育办学模式改革中需要加强的。

(二) 行业、企业参与职业教育办学的环境与制度需要不断优化

职业教育办学涉及的政府(部门)、行业和企业、学校等主体,具有各自不同的利益诉求,如何通过法律制度建设、规范不同主体的责权利关系,直接影响办学模式改革能否有效开展。比如教师下企业锻炼、学生顶岗实习的专业学习、"订单班"长效机制等,特别是涉及企业如何参与职业教育,都需要在法律制度和体制机制上加以保障。对于如何优化职业教育办学模式改革的环境,来自企业负责人的建议是设立校企合作机制、以奖代补、给予企业税收优惠、宣传企业形象、政府立法规定等,都是可以推动企业参与职业教育需要优化的措施。目前,一是应该建立企业调动机制,提高企业着眼于长期愿景下的合作积极性和主动性;二是建立互利互惠、多赢的利益机制,应该在办学理念、人才培养、课程改革、产学研项目、技术开发、学校和企业文化建设等深层次、长远利益上进行合作;三是建立优势互补、资源共享的平衡机制,人、财、物资源双向流动,走出去与引进来并举,应该重视"软"资源的互补和共享;四是建立动态发展的调整更新机制。企业转产,学校调整专业;企业更新设备和技术,学校改造场地和课程;企业使用新工艺、新方法,学校创新教学模式和手段。同时,学校要不断地适应企业、服务企业,进而在某些方面引领企业。

二、办学形式的样态固化，未形成类型丰富的开放格局

"办什么学"是职业教育办学的具体内容与成效。从全国的调研来看，目前职业教育在办学形式上存在以下问题。

（一）办学形式的内涵建设有待加强，理念认识存在一定程度的偏差

职业教育办学形式的健康发展，首先要解决的就是内涵建设的问题。然而，当前中国职业教育各种办学形式仍然存在内涵建设不完善、理念认识不到位等问题。例如，职业院校在开展东西部合作办学上存在认知和动机上的误区。在合作认知上，许多学校认为，东西部合作办学最直接的效果是达成学生就业；在合作动机上，目前参与合作办学的学校良莠不齐，少数合作办学项目没有从根本上提高职业教育办学水平，更多的还是受到利益的驱动，有个别合作办学的学校借帮助学生解决就业出路之名，把合作办学项目完全蜕变成劳动力中介。

又如，目前一些职教园区的建设向以本科院校为主的高教园区看齐，一味追求规模，不断扩容、相互攀比，很多职教园区占地几千亩甚至几万亩，但对于职教园区内涵功能的建设考虑较少。比如，对如何推进园区内职业院校间资源的共享、职业院校与企业资源的共享、职教园区与社会资源的共享等方面关注很少；职教园区建成前后，学校办学模式尚未发生实质变化。园区不切实际的规模不仅造成土地资源的浪费，也给职业院校带来了建设资金债务偿还的沉重负担。

再如，不少企业在参与职业教育产学研一体化办学模式上的认识存在偏差，态度也模棱两可。一些企业缺乏长远的投资眼光，将员工培训方面的投入视作额外的负担，甚至没有意识到参与职业教育产学研一体化办学模式所带来的员工素质提高、科技成果转化加快、企业市场竞争力提高等溢出效益，使职业教育产学研一体化办学模式停留在合同或协议的层面，而无法真正建立"双方自愿、风险共担、优势互补、利益分配"的深层次合作，也无法建立起教育资源优化组合的一体化合作办学模式。

（二）办学形式的配套政策亟待完善，保障措施落实不畅

尽管中国职业教育办学在学生职业能力提升、区域职业教育平衡、资源共享等方面发挥了较大的作用，但由于体制、机制等多方面的原因，其办学形式也出现了一些问题。例如，中国的现代学徒制当前仍处于试点阶段，外部制度保障较

为薄弱，且尚未形成跨部门的合作机制，组织架构及管理制度也尚处于摸索阶段；职业教育东西部合作办学不仅缺乏对合作效益的评估机制，也缺乏对合作过程进行有效监督和过程指导的配套措施，东部与西部职业院校之间也尚未建立系统化的质量保障机制、质量认证与监督体系；职业教育园区建设缺乏稳定的运行机制，办学方向不甚明确，且各职教园区的管理条例和规章对成员的权利与义务只是一种原则性的规定，很多并不具备可操作性。由于职教园区成员对园区的履责与贡献取决于自觉和对利益关系的判断，没有外在的、稳定的制度制约和激励，职教园区未来发展存在较大的不确定性。

又如，中国职业教育城乡一体化办学形式存在政策不全、办学模式机制不顺、保障不到位的问题。目前，由于职业教育城乡一体化办学仍然处于探索阶段，并未形成合理的沟通机制，城市职业学校支持农村职业学校、城乡职业学校资源共享等都还缺乏有效的利益平衡机制和沟通机制。此外，在职业教育城乡一体化办学模式的推进过程中，多数地方尚停留在理念和局部探索上，缺乏省级、市级层面的相应的协调机制。

再如，民族地区职业教育办学体制僵化，难以灵活应对并满足地区经济发展对人才的需求。"等、靠、要、拿"仍然是当前民族地区职业教育办学获得资源的主要来源，其在办学过程中，很难主动通过在与市场的对话、沟通过程中，满足行业、企业的需求来实现自身的可持续发展，而办学灵活、对接准确的民办职业学校则由于政府政策的限制，很难能够做大、做强。

（三）办学形式的经费来源渠道急需拓宽，资金投入存在明显缺口

目前，经费问题是制约职业教育办学形式顺利开展最大的因素之一。例如，教育部的"现代学徒制"试点与人力资源和社会保障部的"企业新型学徒制"试点，在成本分担上存在较大差异。对"现代学徒制"试点，教育部没有直接经费投入。而对于"企业新型学徒制"试点，企业可以获得每学徒 4 000~6 000 元的补贴，用于企业支付培训机构培训费用[①]。这种差异可能会让"现代学徒制"的运行受阻。

又如，东西部合作办学形式由于合作经费投入不足，从而造成其办学质量难以获得提升。东部地区政府并未给非本地户籍的职业院校学生提供任何形式的生均经费补贴；现行的中职学生的助学政策是每年向学生提供 1 500 元的生活补

---

① 人力资源和社会保障部：《人力资源社会保障部办公厅、财政部办公厅关于开展企业新型学徒制试点工作的通知》，2019 年 4 月 19 日，http：//www.mohrss.gov.cn/gkml/xxgk_qt/201508/t20150803_216720.html。

贴，中央财政补助一部分，另有一部分则需要地方政府给予配套。因此，如果东部地区招收了更多的外省学生，地方政府就需要为这些学生提供更多的配套资金，在财政压力之下，一些东部地区政府普遍不愿让职业院校招收更多的学生。教育部虽然制定了东部学校招收西部学生的收费标准（参照西部职业学校标准的规定），但大多数东部职业院校并没有认真执行这一规定，高昂的交通费用、生活成本让西部地区的学生和家长难以承担，制约了东西部职业院校合作的深入开展。

再如，民族地区职业教育办学面临的最大问题就是资金投入的问题。由于民族地区大部分处于经济发展水平不高的地区，财政收入很难同东部发达地区相比，而职业教育又是一种较为昂贵的教育类型，职业教育投入又主要依靠地方财政的收入。一些地区的职业教育办学大多缺乏足够的业务用房，缺乏适应专业设置的教学仪器设备，缺乏适应专业实习的实训仪器，教师也因为财政投入的不足很少参加相关的业务培训，造成当地职业教育的发展很难满足区域经济社会发展的需要。因此，由于经费制约，许多专业发展往往缺乏足够的设施、设备支撑其人才培养目标的实现。

（四）办学形式的资源分配尚待优化，办学质量有较大提升空间

当前，中国职业教育各办学形式均存在不同程度的资源分配不均衡、办学质量不乐观、师资不稳定、生源差强人意的现状。例如，职业教育中外合作办学在专业分布上不均衡，专业重复率高。中外合作办学项目主要集中于第三产业相关的专业，第一产业和第二产业相关专业中的中外合作办学项目数量较少。根据2012年的《江苏省高职教育国际化状况调研报告》，在被调查的54所江苏省高职学院中，开设最多的三类专业为管理类、财务类和国贸类，三类专业数占所有中外合作专业总数的40.2%[①]。职业教育中外合作办学专业在第三产业领域的扎堆，主要是因为第三产业相关的专业所需办学成本较低，中方学校和外方机构往往出于经济目的而选择在这些专业中合作办学。实际上，第一、第二产业领域中的专业职业教育特征更明显，所需资源投入更多，更有合作的意义，然而在当前却不是中外合作办学的主要专业领域。

在职业教育国际化办学过程中，国外课程与教材的本土化有很大难度。虽然职业教育中外合作办学引进了不少国外原版课程与教材，然而鉴于国内外不同的产业需求、文化差异以及国内学生的现实基础，不少课程和教材是需要经过本土

[①] 赵一标、单强、赵一强：《江苏高职院校国际化的现状与路径研究》，载于《高等工程教育研究》2010年第2期，第97~100页。

化的修改后才能有效投入使用的。直接投入使用，就会"水土不服"。而这种本土化的工作专业性强、难度大，中方学校往往又很难完成。此外，国际化办学的师资水平有限，教学实施困难重重，教学质量也相对偏低。不仅是能够承担课程与教材本土化二次开发的教师很少，更普遍的问题是能胜任引进的国外课程的教学工作或使用外语教学的教师也不多。

三、办学机制的关系僵化，尚没有多个层级的协同治理

"怎么办学"是中国职业教育办学模式的关键问题。通过全国性的调研与分析，中国职业教育办学机制在宏观、中观和微观三个层面即国家、区域和职业院校三个方面都具有其特有的问题，接下来将从这三个方面出发对存在的问题进行分析。

（一）国家职业教育办学的问题分析

1. 经费保障投入差异过大

2010年至今，职业教育办学经费保障投入差异过大，具体表现在以下几个层面：首先，从办学类型上来看，总体而言，中职教育资金投入保障远远大于高职。其次，从办学地域上来看，中、高等职业教育的经费投入在全国范围内差异系数较大，且高职高专的差异程度要大于中专；局部地域层面，中职财政经费保障差异巨大，整体按照京津沪、东部、中部、西部地区逐渐递减，京津沪地区占据绝对的优势地位；高职的财政经费保障在局部地域也存在巨大的差异，京津沪三市的投入最多，中部地区投入最少，东西部地区的投入程度起伏变化，中部地区呈现严重的"塌陷"趋势。

2. 政策制定存在不足

一是宏观层面，职业教育政策导向偏差较大。地域上，区域发展极不协调，农村和少数民族偏远地区的职业教育办学相对不受重视。教育类型上，对中高等学历职业教育的重视程度要大于农村职业教育和残疾人职业教育。教育对象上，接受职业教育的群体不协调，新型职业农民、转移劳动力、妇女、残疾人等群体接受的职业教育质量远不如中高职学生。

二是微观层面，学历职业教育内部政策导向偏差较大。其一，在整体的政策主题导向上，对各类活动赛事，例如技能大赛、教学大赛等过于热衷，与此同时对教材和师资建设比较冷淡，二者形成强烈的对比。其二，中等职业教育和高等职业教育的关注点不一致。其中，中职办学更侧重于学生管理、院校建设、教学改革和各类活动赛事；高职办学更侧重于院校建设、专业建设、教学改革和专业

办学的辐射功能。

三是政策颁布的数量和质量不能成正比。一方面，职业教育整体颁发的各类政策文件虽多，但大多是以引导性、方向性的标注为主，具体详细可操作的建议相对较少。另一方面，同一领域或者主题的政策文件虽然办法很多，但是落实成效并不显著。例如教学改革方面，近年来国家出台系列政策文件推进国家专业教学标准建设，但其内容建设还没有彻底摆脱过去的人才培养方案与教学大纲的框架，还没有建立与这些标准相配套的认证体系，因此在职业能力的训练中难以发挥实际作用[1]。

3. 办学管理存在多种问题

中国职业教育合作办学存在目标模糊、定位存在偏差；领域偏窄、专业分布不合理；模式单一、合作层次偏低；招生批次落后、生源质量较差；国际化教学实施困难重重、教学质量偏低以及办学管理体制不够健全等问题。自2007年中国推进"两个平台"和"两个机制"的建设规范中外合作办学秩序以来，效果明显，职业教育中外合作办学也愈加规范。然而，目前的管理体系仍然存在缺位。首先，职业教育中外合作办学不仅涉及教育行政部门，还涉及劳动、金融、税务、外汇、民政、海关等多个部门，然而，目前各个部门各施其政，一些政策和制度壁垒还未能完全清除；其次，中外合作办学项目的收费管理方案与现实需要不符。中国法令规定了中外合作办学的公益性，现行收费标准较低，测算办学成本的方法未见合理，然而，外方参与中外合作办学的市场化特征明显，这使中方学校容易面临经济窘境。

不同管理领域、不同管理要素的聚焦程度和演化趋势差异较大。首先，管理领域上，近年来，国家宏观层面对教育制度环境的管理最为重视，人才培养模式次之，办学条件保障最后。且随着时间的推进，人才培养模式的关注度逐渐下降，很多人才培养模式在实践过程中问题较大，以现代学徒制为例，在推行过程中总体是"两热两冷"的现状，即政府热、学校热、企业冷、学生冷[2]。其次，在管理要素方面，对示范骨干校建设、技能赛事制度等深度聚焦，对双元制等要素中度聚焦，对职业资格证书制度等轻度聚焦。值得注意的是，近年来对技能大赛等活动的重视程度越来越高，对职业资格证书制度的关注度越来越低。虽然各类技能大赛可以提升职业教育的知名度，但是过度关注技能赛事可能矫枉过正，忽略职业教育教学等核心要素。

---

[1] 徐国庆：《中国职业教育现代学徒制构建中的关键问题》，载于《华东师范大学学报》（教育科学版）2017年第1期，第30-38，117页。

[2] 张启富：《高职院校试行现代学徒制：困境与实践策略》，载于《教育发展研究》2015年第3期，第45~51页。

（二） 区域职业教育办学模式的问题分析

1. 各区域职业教育办学水平差异显著

首先，在职业教育办学机构的数量上，各区域的差距较为明显。例如，在区域分布上，中国的职教集团呈现从西到东逐步递增趋势，东部沿海地区在数量上明显多于中西部地区，且存在着较为明显的区域特征。在全国 927 个职教集团中，浙江就占了 130 个，位居全国第一，是排名第二省份的 2 倍、排名最末省份的 43 倍。又如，2017 年，在教育部公布的首批现代学徒制试点单位名单中，试点地区多分布于东部地区（9 个），超过全部试点地区的一半；8 家试点企业中有 5 家位于东部地区，其余 3 家位于中部地区；在 127 所中、高职院校中，也有将近一半的院校位于东部地区。

其次，在职业教育办学模式的多样性上，东部地区的办学模式最为丰富，而中西部地区则相对较为单一。其中，东部地区职业教育办学模式具体包括了集团化办学、园区化办学、现代学徒制办学、中外合作办学、中高职衔接、校企合作双主体合作办学、城乡统筹办学以及东西部合作等多种形式。根据调查研究显示，上海市高等职业院校办学模式的类型与数量远远多于重庆市，尤其是在东西部合作办学和中外合作办学模式上存在显著差异[①]。

2. 跨区域职业教育办学模式仍需规范

首先，中国跨区域职业教育办学模式存在政策不全、保障相对欠缺的问题。例如，东西部合作办学模式具有较强的政策依赖性和政府援助性的特征，而且中央政府层面缺乏对东西部合作办学的过程性监督和结果性效益评估，导致相关办学主体之间的热情并没有被真正或充分调动起来，因而难以形成互惠共赢的合作局面[②]。再如，有些实施中外合作办学项目的高职院校，以可转入外国大学继续攻读学士甚至硕士学位课程的噱头招揽学生，而学生的外国学历学位证书难以获得国内相关机构的认证，从而背离了中外合作办学的公益性原则。

其次，中国跨区域职业教育办学模式的形式较为单一。目前，东西部合作办学模式主要为对口支援民族班和分段式人才培养，其他合作模式（职教集团、院校或专业型联盟、项目合作等）则在实践中尝试不多。城乡一体化办学模式也仅有"以城带乡"型、"城乡学校捆绑"型和"城乡集团化办学模式"型三种形式。

[①] 孙晓玲：《东西部地区高职院校办学模式的调查与差异分析——以上海、重庆为例》，载于《职教论坛》2013 年第 31 期，第 24~27 页。

[②] 冉云芳、石伟平：《产业转移视野下职业教育东西部合作办学的策略思考》，载于《中国高教研究》2015 年第 2 期，第 95~98 页。

（三）职业院校办学存在的问题

近年来，中等职业院校的发展面临三个方面的问题。一是中等职业教育基础地位出现动摇倾向。一些地方对落实国家提出的"总体保持中职学校和普通高中招生规模大体相当"要求的态度不坚定，中等职业教育整体规模呈现下滑趋势，基础地位有被削弱的倾向。二是中等职业教育内涵发展的动力和能力不足。激发中职学校发展活力的体制机制改革尚不深入，行业企业和其他社会力量共同参与办学的制度体系尚未完全建立，中职学校在人才培养、专业建设等方面的创新动力和能力双重不足。三是促进中等职业教育发展的社会环境仍需改善。社会上对中等职业教育的偏见仍然存在，认为中等职业教育是"差生"教育、"末流"教育，技术工人社会地位不高，整体收入水平偏低，在教育内部和外部都存在鄙薄中等职业教育的现象。

中国高职教育经过20多年的发展，目前已占据高等教育的半壁江山。产教融合不断深化，校企合作不断加强，大批的高素质技术技能人才成为大国工匠，在社会各个岗位发挥着重要作用。但是，从外部层面看，西部内陆地区与东部沿海地区之间高职教育发展不平衡，学校服务地方产业以及高技能人才供给方面发展不充分，校企合作的程度与产教融合的深度既不平衡也不充分。从内部层面看，在专业建设、课程改革、教学改革、教师发展等方面发展不平衡不充分的问题依然制约着现阶段高职教育的内涵发展。

1. 职业院校对创新型人才的需求性偏误

目前，职业院校对劳动力市场的需求导向存在偏误性认识，过于强调教育规律，忽视产业发展规律，没有客观分析职业教育与区域产业互动发展的关系。职业院校没有很好地对区域产业背景与行业布局进行调研，对企业的需求了解不全面，导致跟风设置专业，专业同质化现象较为严重。近年来，不论是行业性的职业院校还是区域性的职业院校，都较为热衷会计、电子商务、商务英语、市场营销等专业，这些专业并没有很好地体现出职业院校以区域产业需求为导向设置专业的基本属性。职业院校对创新型人才的需求性偏误还体现在，有一大部分学校过于关注企业的需求以及市场的需求，忽视学生的需求。职业院校过于迎合产业链低端岗位的市场需求，忽视学生的根本利益。岗位定位在产业链中的位置偏低，低端的岗位技能虽然易于培养，但是无法满足职业院校学生的需求。在人才培养这个层面，不能忽视学生作为主体的自主性与选择权。职业院校对创新型人才的需求性存在两方面的偏误，是目前职业院校办学中较为显著的问题。

2. 职业院校人才培养目标定位不清晰

《国家中长期教育改革和发展规划纲要（2010－2020年）》《国务院关于加快

发展现代职业教育的决定》《国家职业教育改革实施方案》中强调,按照现代生产方式和产业技术进步的要求,职业教育应重点培养掌握新技术、具备高技能的高素质技术技能人才。适应战略性信息产业、现代能源产业、海洋产业等领域的发展,优先发展相关新兴产业,提高中国制造和中国装备的市场竞争力,加快完善人才支撑体系。加快培养现代服务业人才,根据服务业加快发展的趋势,逐步提高面向服务业的职业教育比重,重点加强服务业金融、物流、商务、医疗、健康和高技术服务等现代服务业的职业教育,培养具有较高文化和技术技能型、高素质的新兴服务人才。然而,当前职业院校在人才培养定位上较为模糊,一些院校的人才培养定位在培养技能型人才,即一般操作工、服务员;一些院校培养技术型人才,即基层的技术人员与管理人员;还有一些院校的定位介于二者之间。此外,中等职业院校和高等职业院校在人才培养目标的制定上较为相似,没有明确的划分界限,培养目标之间没有依存性,导致中等职业院校和高等职业院校的发展趋同,人才培养的层次性没有很好地体现出来,不利于职业教育体系的现代化发展。

四、办学保障的基础薄弱,还需要体系内外的优化升级

"如何保障"是保证职业教育办学质量的重要举措。从全国的调研来看,目前职业教育办学在保障条件上存在以下问题:一是职业教育经费投入失衡,政府支持力度尚不稳定;二是师资建设仍有上升空间,兼职教师引进迫在眉睫;三是办学条件存在明显不足,职业教育质量难以提升。

(一) 职业教育经费投入失衡,政府支持力度尚不稳定

通过对 2011~2016 年中国职业教育经费投入的分析可以看出,虽然中等职业教育生均公共财政预算教育事业费支出、高等职业教育生均公共财政预算教育事业费支出都保持着明显的上升势头,但是仅投入大量经费对促进职业教育的发展是远远不够的,还需要平衡职业教育经费投入。中职与普高生均公共财政预算教育事业费支出比呈现明显的波动与下跌趋势;而高职与普通本科生均公共财政预算教育事业费支出比虽然呈现上升趋势,但是政府对高职院校的财政支持力度仍然与政府对普通本科院校的财政支持力度存在较大差距,该比例最好的时候也仅达到 0.7 左右。普职经费投入比表现出了明显失衡的状态。此外,中高职生均教育经费占人均 GDP 的比重与中高职教育经费占公共财政支出的比重呈现明显的波动趋势,折线起伏不定,各级政府对职业教育的投入尚不稳定,对职业教育的支持力度和态度也游移不定。各项经费在 2014 年都有一个明显的增加趋势,可能与 2014 年国务院发布《国务院关于加快发展现代职业教育的决定》有关,

可以推测各级政府对职业教育的关心和投入程度深受政策影响。教育经费是促进教育发展的重要物质条件,对职业教育这样一种以实践和技能为导向,办学成本较高的教育类型来说更是如此。因此,合理完善的职业教育经费制度建设也就显得尤为重要。

(二)师资建设仍有上升空间,兼职教师引进迫在眉睫

通过办学保障现状部分对中国师资建设的分析可知,2011~2016年,中国中等职业教育生师比呈现下降趋势,接近20∶1的国家标准;高等职业教育生师比虽然呈现上升趋势,不过与《高职高专院校人才培养工作水平评估方案》中规定的16∶1相差不大。同时,中高职双师型教师占比以及合格学历教师占比都呈现显著上升趋势,但是,高等职业教育双师型教师占比仍然与《高职高专院校人才培养工作水平评估方案》中的标准有一定距离。生师比是衡量中国教育质量的重要指标,过高的生师比不仅会给教师带来负担,无法高质量地完成教学任务,同时也会给学生带来消极影响,阻碍学生的发展。因此,教师培养与发展是问题的关键。中国职业教育的师资建设尤其在师生比和"双师型"教师方面仍有上升空间。就师资建设方面对职业教育的保障来说,中等职业教育专任教师中兼职教师的比例仍然存在较大问题。2011~2016年,该比例一直保持稳定在15%左右,但是距离教育部所规定的标准存在较大的距离。兼职教师通常来自企业行业一线,对职业教育这样讲究实践与经验的教育类型来说,更是显得尤为重要。因此,建立良性有效的兼职教师鼓励和聘用制度,加大兼职教师的引进力度也就显得尤为迫切。

民族地区的师资队伍建设是制约职业教育质量提升的关键瓶颈。师资队伍建设是职业教育内涵发展的关键抓手,是衡量一所学校办学质量的关键指标。但当前中国民族地区职业教育发展极其缺乏能够胜任当前教育改革发展需要的教师。有学者在对民族地区职业教育办学的调查中甚至发现某些地区职业学校竟然只有3名专业教师,甚至有的学校没有专业教师。这些学校由于师资队伍缺乏,只负责教授学生基础文化知识,而学生专业技能的培养则由其他学校代为传授。

(三)办学条件存在明显不足,职业教育质量难以提升

通过对2011~2016年中国职业教育办学条件的分析不难看出,在生均校舍建筑面积及生均图书册数方面,中等职业教育和高等职业教育都存在明显不足。尤其是高等职业教育生均校舍建筑面积更是在2013年之后呈现明显滑坡趋势,与教育部规定标准的差距不断拉大。中等职业教育生均校舍建筑面积及生均图书册数虽然都呈现明显的上涨趋势,但是仍然与教育部规定的标准存在一定差距。而高等职业教育生均图书册数则呈现波动起伏,与规定标准相去较远。职业教育

办学条件是保障中国职业教育高质量发展的重要条件之一，而提高职业教育办学质量又与提高人才培养质量，进而提高职业教育吸引力有着密切关系。因此，为了从根本上提升职业教育的办学质量与吸引力，一方面需要各级政府继续加大对职业教育办学条件的经费及物质投入，适当地采取一些针对职业教育的倾斜政策；另一方面需要建立完善的诊断评估机制，从制度上保障职业教育办学条件的落实及职业教育办学质量的提升。

中国职业教育产学研一体化办学缺乏完善的运行机制。一是缺乏利益分配机制。利益分配是职业教育产学研一体化办学模式中关键而又矛盾最突出的问题，直接决定合作的稳定性和持久性[①]。二是缺乏转化和推广机制。目前，中国许多职业院校产学研一体化办学模式存在科研成果多、实际转化少和转化后很难取得重大经济效益的积弊，这与没有形成系统的科技成果转化和推广机制不无关系。据有关数据显示，目前，中国职业院校及相关科研机构的科技成果能够与企业签约转化的不到30％，其中转化后能产生经济效益的大约只占被转化成果的30％。也就是说，只有10％的科研成果能取得经济效益。而美国大约80％～85％的研究成果能及时转化，英国、法国、德国等国的科技成果转换率为50％～65％。与科技发达的美国、日本、韩国、欧洲等国家和地区相比，中国职业教育产学研一体化办学模式还有很长的路要走。

另外，职业教育城乡一体化办学模式保障条件不到位。保障条件不到位主要体现在以下几个方面：一是制度与政策保障应进一步完善。应根据国家城乡统筹发展与城乡一体化发展的有关政策，制定相应的制度和政策，保障职业教育城乡一体化办学模式有效运行。二是职业教育城乡一体化发展的顶层设计应进一步加强。目前，国家层面、省级层面均没有出台正式的职业教育城乡一体化办学的有关具体设计或基本框架，而市级层面也处于"各自为政"的初步探索中，因此，有必要从国家层面制定纲领性的顶层设计，省级层面根据省域特征对纲领性顶层设计进行二次开发，市级层面则进行操作方案开发。三是职业教育城乡一体化的相关研究较为欠缺，相关实践的理论总结与提升仍显不够。

[①] 国内外大量实践表明，职业教育产学研一体化办学模式利益分配机制是基于"利益共同点"而形成的均衡动态平衡系统。然而，目前中国由于缺乏合理公认的参照系数和判断标准，尚未形成合理的利益分配机制。首先，技术的合理估价。技术价值的确定是达成职业教育产学研一体化办学模式的前提基础。由于对技术定价的角度或使用的方法不同，技术的估价结果差异往往会有较大的距离。但无论从哪个角度使用什么方法，合作各方必须达成共识，否则合作便无从谈起。其次，知识产权的归属。由于产学研三方在合作中的地位和功能的差异，从而产生了价值认识上的不平衡。因而，明确企业、学校与科研机构间在资金投入、利益分配、风险承担、产业化运作、知识产权归属等方面的权利和义务，逐步形成以企业为主体、权责利明晰的新型职业教育产学研一体化办学模式利益分配机制迫在眉睫。

第六章

职业教育办学模式改革的本土实践

职业教育办学模式研究既需要从宏观层面把握当前中国职业教育办学模式的现状及出现的问题,也需要解剖"麻雀",从微观视角审视职业院校在具体办学过程中积累的经验和教训。尽管从某个局部视角出发的案例研究所获得的结论不能够无限扩大,但作为一种十分重要的研究方式,案例研究所获得的结论从"点"的角度拓展了职业教育办学模式的"面"。因此,在宏观层面整体把握当前中国职业教育办学模式的现状及问题的基础上,选择几所具有典型代表性的职业院校,对其在办学模式改革中的经验、教训进行总结提炼,并通过选取几个重要的分析维度进行横向比较研究,一定程度上有助于探寻形成不同办学模式的制度因素。

第一节 职业教育办学模式实践的研究设计

本书要解决的问题属于"怎么样"和"为什么"类型的问题,符合案例研究的适用领域。因此本书采用多案例比较分析来剖析五种办学模式的实践成效,探讨不同模式的适用条件以及可推广性,汲取有利经验。

一、研究的目标与问题

中国职业教育的办学通过在实际办学过程中不断摸索，已经取得了一些经验与成效。但是，这些经验做法是否具备广泛宣传、学习和推广的条件，仍需要我们进一步加以判断和论证。当前已经被广泛认可的校企合作、集团化办学、现代学徒制、东中西合作办学、中外合作办学五种职业教育办学模式取得了哪些成效？分别有哪些经验值得借鉴和推广？针对这一系列问题，本书拟定主要研究目标如下：

第一，从全局视角出发，从实践的类型、成效以及经验三个层面找到分析办学模式具体实践的结构性因素，形成总体的分析框架。

第二，结合典型个案，总结不同职业教育办学模式所取得的成效，分析取得成效的关键因素。

第三，结合典型个案，总结这些办学模式在办学定位、办学主体、办学形式、办学策略以及办学保障等方面带来的经验启示。

基于上述研究问题与研究目标，本书采取多案例研究法，通过目的性抽样方法选择典型案例，并对这些典型案例进行描述、分析与比较，以揭示职业教育不同办学模式的内在逻辑和作用机制，归纳出中国职业教育办学的本土经验。

二、分析的框架与思路

职业教育办学模式十分多样，但是在具体的实践中主要形成了五种典型的模式，这些模式从各个方面体现了职业教育作为一种类型教育所需具备的典型特征。具体有三点：第一，这些模式都体现了职业教育的跨界属性，无论是跨部门、跨区域还是跨主体，这几种模式都是在多种力量的综合作用下进行办学的；第二，这些模式都是近些年中国职业教育改革过程中所关注的重要话题，例如校企合作具体涉及企业如何参与职业教育这一话题，现代学徒制则是当前国际职业教育改革的重要方向，也是中国职业教育乃至国家发展的重要战略；第三，这些模式实践的范围较广，很多区域及院校都在积极地模仿、学习，因此通过典型案例总结这几种模式的运行成效、分析这些模式取得成效的关键经验，能够获得以小见大之效。

本书将会嵌入多个分析单位来对每个职业教育办学模式的实践案例进行深入剖析。这些分析单位主要可以抽象为三个维度，如图6-1所示。

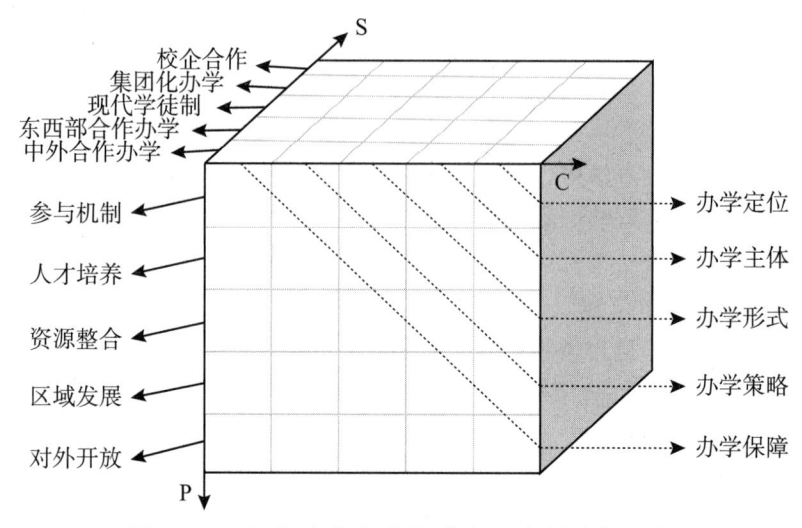

图 6-1 职业教育办学模式实践案例分析框架

职业教育办学模式可从以下角度进行分类：在实践类型（S 轴）上，可以分为校企合作、集团化办学、现代学徒制、东西部合作办学、中外合作办学五个类型。在实践的成效（P 轴）上，分为参与机制、人才培养、资源整合、区域发展、对外开放五个方面。在实践的经验（C 轴）上，主要包括办学定位、办学主体、办学形式、办学策略、办学保障这几个方面。三个维度之间的要素相互组合，能够较为全面地反映职业教育五种典型办学模式的具体样态，有利于深入剖析每种办学模式取得成效的关键因素以及值得推广的有效经验。

三、案例的来源与说明

本书分别为五种办学模式选择两个研究案例，如表 6-1 所示，并确认所选样本的代表性和典型性，理由是：第一，案例样本的内容较为丰富，基本可以体现五种办学模式的具体样态，并且在实践过程中均收获了很好的成效，因而具有一定的借鉴作用；第二，案例样本具有特殊性与普适性的特征，办学举措和运行管理机制均包括常规的成分和创新的成分，有典型性，也有创新性；第三，本书所选案例覆盖地域范围较广，虽不涉及全国，但是涵盖江苏、浙江、上海、贵州、重庆等多个地域。

表 6-1 案例研究样本的主要信息

类型	案例样本	简介	特色举措
校企合作	杭州职业技术学院友嘉机电学院：校企一体化机制创新与实践之路	友嘉机电学院系杭州职业技术学院与台湾友嘉实业集团校企一体化合作下的校企共同体，是浙江省重点先进制造业人才培养基地，倡导"企业主体、学校主导""校企共赢，以企业赢为律"等高职教育办学思想，将高校中的教学、科研、社会服务与企业的产品开发、生产、推广、员工培训等校企活动空间进行组合，校企共同建立一个多功能、高效率的共同体。	企业化管理：校企共同领导下的学校二级企业化管理模式，推行理事会建制，理事会正副会长分别由学校和友嘉集团首席领导担任。 人才培养模式：以培养应用型人才为目标，将学院的人才培养纳入企业全球化人才发展战略，企业深度参与人才培养的全过程，实现"课堂工厂化""课程三明治化""学生实习岗位化""校园文化企业化""师资队伍双师化"。 实训资源建设："友嘉模式"解决了有限的办学经费与无限的设备更新、技术更新的矛盾，投入了大量经费购买先进设备，保证让友嘉机电学院学生在校期间学到的知识与技能都是最新的。
校企合作	金华职业技术学院：校企利益共同体育人机制创新之路	学校根据浙中地区"小商品大市场、小产业大集群"的经济发展特征，从2002年开始，就主动走出校门与行业企业紧密合作，建立校企利益共同体，全面打通产学合作的途径，实现校企互利双赢，促使学校实现从"学校教育模式"到"校企教育模式"的转变。校企利益共同体	利益共同体协同管理：校企利益共同体形成理事会、专业指导委员会以及行政领导班子三层组织架构，统一依照校企双方合作制定的工作章程运行管理，同时辅以相应的考核激励机制以及经费保障。 全方位人才培养：校企利益共同体涉及学历教育、员工培养和社会培训三个方面的人才培养。主要采用订单式、定向式、"2+1"三种人才培养模式，同时通过校企共同修订管理制度、制订专业人才培养方案、共同开发教材、构建层次递进的专业实践教学系统以及开发与培养模式相配套的教学管理信息系统等措施保障人才培养质量。

续表

类型	案例样本	简介	特色举措
校企合作	金华职业技术学院：校企利益共同体育人机制创新之路	具体有以人才培养、培训为主的众泰、皇冠、高新IT学院，有以培训为主要手段的现代农业培训学院，有以科研合作、技术服务为主要目标的建筑装饰技术联盟，有以创业教育为主的创业学院等	一体化实训基地建设：贯彻"校内基地生产化，校外基地教学化"的建设理念，校内引进企业生产线或操作规范、产品工艺、生产流程等建立具备"教学实训、科技研发、技能考证、社会培训、成果展示"五大功能的实训场所；校外建立具有稳定教学车间、规范生产流程、承担批量学生实训的教学工厂。目前，校内实训场所总面积达13万平方米，校外基地有738家，其中紧密型基地248家、"教学化"示范基地73家
集团化办学	嘉兴欣禾职业教育集团：政府主导、多方联动	嘉兴欣禾职业教育集团是经嘉兴市人民政府批准，在政府相关职能部门联合指导下，由嘉兴职业技术学院牵头、市内外部分中高等职业院校与培训机构、相关行业、企业与科研院所等法人单位自愿参加的，按照"资源共享、优势互补、互利双赢、共同发展"的原则，开展人才联合培养、设施资源共享、师资共培互聘、专业特色共育、科技与社会服务共推、招生就业工作联动等具体工作的区域性、非营利性的非法人产学联合体	三级联动管理：创新了政府主导、多方联动的组织架构，成员单位涉及地方政府多个主管部门、多个行业协会与龙头企业以及区域中的多家中高职院校、职业培训机构、科研机构等，包含集团联合指导委员会、集团理事会、专业群产学合作分会三层组织架构，组织内部权责清晰、沟通顺畅、运行高效，共同致力于整个区域的职业教育发展。 校群合作模式：充分发挥政府资源和政策优势，创新以产业集群工作站为纽带的"∞"型校群（区）合作新模式，校群之间资源互补、优势互补并带动学校的课程体系优化、教学团队建设以及人才培养模式改革

续表

类型	案例样本	简介	特色举措
集团化办学	上海交通物流职业教育集团：贴近行业、融合互通	上海交通物流职业教育集团是在上海市教育委员会和上海交运（集团）公司指导下，由上海交通职业技术学院和上海市交通学校为发起单位，联合本市交通物流业相关职业院校、企业和行业协会共同参与的职业教育联合体和非独立法人组织。集团以专业建设为纽带，以实现资源共享为目的，各法人单位以契约方式在自愿的基础上加入集团，实现"校企合作""校协联手""校研结合""校际联合"	集约化理念：20世纪90年代后期实行院校集约化办学，上海交运（集团）公司把本系统内的职大、中专、技校、党校和驾驶员培训中心组建成"五块牌子、一套班子、两种体制"的教育中心；近年来随着上海交通物流业的迅猛发展，逐步实行专业集约化办学，以专业建设为纽带组建具有跨系统、跨行业、跨产业和跨区域的职业教育集团，实施了校企合作、校协联手、校际联合的集团化办学探索。 多措并举，发挥专业指导委员会、教育教学指导委员会和就业指导委员会的作用，加强教育教学改革、专业建设、课程建设和教材建设；建立集团内就业信息、互联网络以及企业优先选择实习生和毕业生等制度；通过集团内各院校的多方位衔接沟通和弹性学制的推行，实现同层次、同专业学分互认，推进中高职教育与培训的联动发展；定期举办集团内各院校间的职业技能竞赛以及院校间的业务竞赛、评比，统筹安排教师培训；主动承担成人教育和职后培训等社会服务任务
现代学徒制	浙江机电职业技术学院：利益驱动、机制创新	浙江机电职业技术学院是一所以培养机电类高等技术应用型人才为主的全日制高等职业院校，目前已成为国家示范性高等职业院校，是浙江省先进制造业紧缺人才培养的重要基	校企双主体管理：以培养企业适用的、本土化的高技能人才为目标，推行校企合作双主体管理模式，学校和合作企业共同成立校企合作培养领导小组，领导小组下设校企合作教学模块开发小组、校企合作教材开发小组、校企合作教学实施小组、校企合作考核评价小组等承担具体分工

续表

类型	案例样本	简介	特色举措
现代学徒制	浙江机电职业技术学院：利益驱动、机制创新	地，教育部53所"国家高技能型紧缺人才培养项目"院校之一。该院校致力于与企业合作开展"双元制"成人高等职业教育改革，推进了中职教育由"终结型"教育向"发展型"教育转变，走出了一条浙江特色的职业教育"现代学徒制"之路	"双导师"制：校企双方共同委派教师、工程技术人员、一线指导师傅承担教学工作，其中集中教学模块教师由具有中级以上技术职称的学校教师、企业工程技术人员担任，岗位训练模块教师由企业工程技术人员、师傅或学校实践经验丰富的教师担任。教学管理以学校为主、企业参与，学员考核评价以企业为主、学校参与。学历教育和技能提升并举：了解企业员工学历和技能提升的真实需求，面向具有3年工龄的企业员工进行招生，打破传统成人高等学历教育的固定教学计划，根据企业的岗位要求，校企双方共同培养企业适用的、本土化的高技能人才
	贵阳职业技术学院：产教融合、校企协同	贵阳职业技术学院以建筑室内设计专业为试点，立足贵州省，紧贴市场转型发展，以生产岗位为切入点，以招生一体化、重构课程体系、完善管理制度、改革教学方法为突破口开展现代学徒制实践，遵循"学生→学徒→准员工→员工"的成长过程，坚持系统培养、产教融合、工学	双主体育人平台：以工学结合、半工半读为形式，围绕企业典型工作岗位，搭建双主体育人平台。由学校与企业共同组建一支教学能力强、具有专业技术特长的企业工匠、技术骨干与校内双师、技能大师互聘互用的专兼队伍，对学生、员工进行双培，同时校企双方选拔优秀班主任，结合一线生产实际对班级实施企业化管理。项目化课程体系：按照"课程开设贴近岗位、教学组织贴近生产"的思路，着力构建"课岗相融"的"共享平台通识课程+专业平台核心课程+技能平台实训课程+岗位平台企业课程"现代学徒制项目化课程体系

续表

类型	案例样本	简介	特色举措
现代学徒制	贵阳职业技术学院：产教融合、校企协同	结合、全面发展原则，多措并举，为贵州建筑装饰产业可持续发展培养"能设计、懂规划、精施工、善管理"的高素质技术技能人才	分段式教学模式：从企业生产实际出发，采取"大专业小方向小班化"教学。第一阶段，学生在学校进行文化课程及专业基础课程的学习；第二阶段，学生下企业开展项目课的岗位能力课程教学；第三阶段，学生到企业进行师带徒顶岗培养。三个阶段完成"学生—学徒—准员工—员工"的角色转变
东西部合作办学	上海市教育委员会：政府主导型东西部中等职业教育深度合作	近年来，上海市发挥本市中等职业教育优质资源作用，积极推进本市中等职业学校与西部对口支援地区学校合作办学，通过多种形式走合作办学之路，共创双赢	东西部合作招生：在上海市教育委员会的主导下，越来越多的中职学校对外省市招生，且招生的专业越来越多，依托"0+3""1+2""2+1"等多种形式开展东西部合作。 对口专业教师交流培训：上海市中职校积极接受合作学校的教师和行政管理干部来沪进修和培训，同时派出多名教师和管理干部赴合作当地开展支教和讲学。 设立奖学金和帮困基金：政府层面设立对口支援奖励机制，对境况特别困难的优秀学生，来沪学习的对口地区学生免除学杂费并进行补贴或设立专门奖学金和基金
	温州职业技术学院：东西部高职院校"2+1"合作办学模式的探索	2005年，温州职业技术学院与重庆工贸职业技术学院签订《教育对口合作协议书》，两院按"交流合作、资源同享、办出特色、共谋发展"的原则，开展"2+1"分段式合作办学，人才培养方案由两校共同	"2+1"分段式培养模式：在充分考虑两地行业、企业的用人需求，既符合高技能人才培养目标，顺应工学结合的改革潮流，又注重体现合作办学特色和发挥资源优势的基础上，两校合作制订培养方案。学生在重庆工贸职业技术学院学习2年，由重庆工贸职业技术学院负责教学与管理，第3年转到温州职业技术学院学习，由温州职业技术学院负责教学与管理

续表

类型	案例样本	简介	特色举措
东西部合作办学	温州职业技术学院：东西部高职院校"2+1"合作办学模式的探索	论证制订，毕业生在浙江省等东部沿海省市推荐就业。截至2010年，已联合培养机电一体化技术、鞋类设计与工艺、服装设计3个专业200余位学生[①]	两阶段衔接课程体系：根据"2+1"两地分段办学的特点，在重庆第一、第二学期课程以基本技能训练为主，第三、第四学期课程以综合技能训练为主，第五、第六学期转移到温州以后，把课程重心放在进一步强化综合技能和培养创新能力之上。 对口交流合作帮扶：两校有计划地开展各方面的交流、学习，同时温州职业技术学院为重庆工贸职业技术学院提供干部挂职锻炼的机会，并赠送一定数量的教学设备
中外合作办学	上海电子工业学校：政府主导的学校型合作办学模式	上海电子工业学校是教育部与德国巴伐利亚州文教部于1985年签约、立项，并由上海市教委、上海市仪电控股（集团）公司与德国慕尼黑汉斯·赛德尔基金会长期合作，旨在借鉴"双元制"职业教育模式经验、实践"校企合作、共育人才"的全日制国家级重点中等职业学校，同时还是上海市教委与德国汉斯·赛德尔基金会合作向西部云南开展职教对口支援工作的执行单位	教育教学合作：合理衔接上海市专业教学标准和德国教学要求，中方教师与德国专家合作开发课程、教学大纲以及教学具体实施方案，组织毕业生参加德国工商大会（AHK）组织的考试，鼓励学生获得相关证书。此外，每年度学校与德国普法基尔辛国立职业技术学校还会互派师生开展交流、访问活动，互促进步。 质量保障合作：成立了由德国工商大会上海办事处、上海职业技能鉴定中心和本校专业教师组成的专业考试委员会，以及由企业人员参与的专业指导委员会，严格规范考试流程和监督机制。德方每年还派遣专家定期来访，为校内专业教师进行培训，指导学校的专业建设、教育教学和教学质量的监控等多项工作。 组织管理合作：每年定期举行中德联合管理委员会会议，总结年度工作，提出新一年度工作计划，并对重点工作进行考核、商议及决策

续表

类型	案例样本	简介	特色举措
中外合作办学	中澳（重庆）职业教育与培训项目：政府主导的区域型合作办学模式	中澳（重庆）职业教育与培训项目是迄今为止中澳两国在职业教育领域由政府组织实施的最大的合作项目，搭建了中澳院校合作平台。项目于1998年开始设计，2002年3月正式启动，2007年8月结束。项目中方管理机构为商务部、教育部、重庆市人民政府，澳方管理机构为澳大利亚国际发展与援助署、澳大利亚哈索国际公司	开展多层面的合作：学校层面，项目试点在重庆经济发展的主导产业所涉及的五个行业对应的5所职业院校中进行。同时向与5个行业相关的25所"项目伙伴学校"推广。市级层面，为重庆市教委建立了一个以PC计算机为基础，收集、贮存、使用职业教育与培训主要评估指标数据的职教管理信息系统，帮助教育部全国重点建设职教师资培训重庆师大基地改进培训课程。国家层面，协助教育部评估、认可以需求为导向的职业教育与培训方法，促进职业教育与培训改革成果的推广

注：①谢肖力：《东西部高职院校"2+1"合作办学模式的探索与实践》，载于《中国大学教学》2010年第8期，第83~85页。

第二节　职业教育办学模式实践的运行成效

理论上，运用职业教育基本原理和方法围绕职业学校不同办学模式进行研究，进一步丰富和发展职业教育不同办学模式的内涵，分析不同办学模式的优势和局限；实践上，以典型案例对实施不同办学模式的学校进行深入调查研究，为完善不同办学模式提供实践依据，为其他学校的办学模式创新提供有益借鉴。通过对上述案例的分析，可以将中国校企合作、集团化办学、现代学徒制、东西部合作办学、中外合作办学这五类办学模式所取得的成效归纳为参与机制、人才培养、资源整合、区域发展、对外开放五个方面。

一、办学体制逐渐完善，职业教育办学治理能力增强

中国职业教育发展一直都是以学校形式的职业教育发展模式为主，国家法

律、法规对其余社会主体参与职业教育的权利和义务并未作出明确的规定，这就使缺少了行业、企业支持的学校职业教育办学模式所培养出的人才很难符合企业的需求。探讨如何构建有效的职业教育多元主体参与机制，充分发挥政府、行业、企业、社会组织等主体在职业教育办学中的重要作用，有利于丰富职业教育多元主体参与式治理理论，并对解决现阶段中国职业教育社会力量参与不足的问题有一定的现实意义。通过以上案例分析，结合全国整体情况，可将不同职业教育模式在参与机制上所取得的成效归纳为以下几个方面。

（一）校企合作——行业、企业参与面不断扩大

在职业教育校企合作的办学过程中，行业指导职业教育的平台规模不断扩大，行业指导日趋规范化、科学化。截至 2016 年，共有 62 个行业职业教育教学指导委员会，基本覆盖各行业门类。同时，企业的参与面不断扩大，积极性不断提高。这些成效都依赖于在实践过程中，中央和地方政府联合集中力量完善企业和行业参与职业教育机制，推进校企合作制度化；打造行业指导职业教育的组织平台，由教育部委托相关行业主管部门或行业组织牵头，指导全国各地相继组建行业职业教育教学指导委员会，开展各种形式的行业参与职业教育活动；加大专项资金的投入，支持职业院校深化产教融合、校企合作、工学结合人才培养模式改革，加强专业建设服务产业升级，打造实训基地强化实训教学。因此，校企合作模式在优化行业、企业等主体参与职业教育办学上发挥了重要作用，充分发挥了行业、企业在完善职业教育专业建设、课程教学、师资建设等方面的巨大力量。

（二）集团化办学——成为一种主流办学模式

职业教育集团是相对于企业集团而言的一种独特的以育人为宗旨的联盟型组织，是一种较为高级的教育组织形式，一般以一所学校或同行业、同地区的院校为核心，联合在人才培养、技术研发、社会服务上存在密切关联的政府、企事业单位、研究机构等法人机构组成。随着经济发展对技术技能人才的需求日益旺盛，职业教育集团化办学得以迅猛发展。截至 2016 年底，全国职业教育集团的数量已经由 2014 年底的 1 048 个增加到了 1 406 个，增加了 358 个，增幅为 34%，已经基本覆盖了除西藏自治区外的所有省份。在 1 406 个职教集团中，有 1 095 个属于行业性职教集团，其中有 98 个集团主要服务于第一产业，有 530 个集团服务于第二产业，有 467 个集团服务于第三产业。在 1 406 个集团中，共有成员 35 945 个，其中行业企业占比近 73%；参与集团的高职院校数量为 1 236 所，占高职院校总数的 91%；在全国职业教育集团总数中，已注册为法人实体

型集团的共有 53 个,比 2014 年增加了 21 个。① 经过 20 多年的发展,职业教育集团化办学已经成为当前中国职业教育的一种主流办学模式,呈现出良好的发展势头。职教集团的组建离不开政府在政策、制度、资金等方面的大力支持,同时集团内部主体要构建良好的利益共享机制和治理机制,协调多元主体之间的利益关系,才能保障集团的有效运行。

(三) 现代学徒制——校企双主体育人机制初步形成

现代学徒制试点过程中,试点单位通过实践探索,初步形成了较好的校企协同育人机制。首先,学校与企业双方充分发挥自身优势,实现了教学资源的高效统筹,校企之间围绕学徒培养的需要充分整合学习场地、教学设备、教学人员等资源,推动建立校企生产性实训实习共同体,在工学交替、工学结合的过程中,逐步实现学徒能力的提升。其次,校企建立资源共享机制和利益诉求协调机制,共同承担学徒人才培养成本,保证各方利益均衡。例如,武汉铁路职业技术学院制定政策规定校企双主体培养的成本分担比例,如学校把学徒班的部分学费支付给企业,用于支付企业导师课酬、企业教学点建设等。最后,校企之间通过建立以学徒培养为主的二级学院,保证双方在人才培养合作上沟通的顺畅,从而也实现了在人才培养上的协调。例如,杭州职业技术学院与浙江省特种设备检验研究院、杭州容安特种设备职业技能培训公司签订了《特种设备(电梯)技术技能人才培养合作协议》,由三方共同出资 1 400 万元(其中企业出资 1 000 万元),建设电梯培训中心,以协议的形式确定各方的股份,其中企业占 60% 股份,特种设备检验研究院占 10% 股份,学校占 30% 股份。行业、企业、学校三方共同推进现代学徒制人才培育模式,培养电梯安装和维修保养技术技能人才。值得注意的是,由于当前中国还未建立相应的制度规范来鉴别企业参与现代学徒制的资质,同何种企业开展现代学徒制培养就成为现代学徒制构建的首要问题;其次要保证校企双方能够实现利益共赢;另外,由于中国缺乏对现代学徒制的顶层规划布局,目前其探索实践仅局限于部分地区和院校,而且缺乏对基层创新经验的总结吸收。

(四) 东西部合作办学——规模不断扩大

国家积极推动职业教育东西部合作办学,加强东西部对口支援。国家鼓励东部地区学校面向中西部地区增加跨省招生计划,推广义务教育加免费中职教育的"9+3"模式,支持连片特困地区初中毕业生到省内外经济发达地区接受中职教育,

---

① 翟帆:《中国职业教育集团化办学年度报告发布:职教集团中行业企业占比超七成》,载于《中国教育报》,2017 年 12 月 5 日。

为中西部农村地区、民族地区、贫困地区学生提供更多接受高质量职业教育的机会。自 2003 年开展东西部合作办学工作以来，合作办学跨省招生规模由 2003 年的约 4 万人增长到 2015 年的 31.9 万人，辐射了 20 多个省（区、市）和新疆生产建设兵团的 2 000 余所学校。据初步统计，十年来累计合作培养约 200 余万人，进一步推动了职业教育区域协调发展，推动了教育机会公平，体现了社会公正。[①]

具体来说，在中等职业院校东西部合作层面上，根据教育部提出的全国中职扩招任务，东西部中职联合招生的规模相应扩大，合作办学的内容和形式也日趋多样化。在高等职业院校东西部合作层面上，合作办学形式主要是东部的国家示范性高等职业院校或骨干院校在建设过程中发挥其示范与辐射作用，与西部地区高等职业院校合作办学。2006 年 1 月，11 所国家示范性高职院校与西部 19 所高职院校签订了对口支援协议。合作各方按照互惠互利、优势互补、资源共享、市场导向、开放联合的原则，以专业建设为载体，以品牌专业建设、精品课程打造、示范性实践基地共建共享为具体内容，采取多途径、多模式的合作，以实现各方自身发展能力的提升。此外，高职高专联席会议这一民间组织继续壮大，直到 2016 年，联席会议成员由最初的 47 家高职高专院校增加到 182 家高职高专院校，这在推动东西部高职院校对口支援合作办学上起到了非常大的作用。

（五）中外合作办学——政府积极鼓励中外合作办学

中外合作办学是中国职业教育迈向国际化的突破口。从 20 世纪 90 年代至今，中国一直鼓励在职业教育领域开展多种形式的合作办学，并通过颁布各种法律条例对职业教育中外合作办学提供政策保障。截至 2004 年，职业教育中外合作办学依据的主要法律法规是《中华人民共和国职业教育法》《中华人民共和国中外合作办学条例》《中华人民共和国民办教育促进法实施条例》《中华人民共和国中外合作办学条例实施办法》。以上海为例，截至 2011 年 12 月 31 日，上海共有中外合作办学机构和项目 209 个，其中机构 33 个、项目 176 个。在 33 个机构中，独立机构 21 个 [本科 1 个、中职 2 个、学前教育 5 个、非学历教育 13 个（其中高等非学历教育 3 个）]，非独立机构 12 个（研究生 2 个、本科 5 个、专科 1 个、高等非学历教育 4 个）；在 176 个项目中，学历教育 145 个（研究生 28 个、本科 56 个、专科 40 个、中职 21 个），非学历教育 31 个（其中高等非学历教育 26 个）。实施本科及以上学历教育的机构和项目数占中外合作办学机构和项目总数的 42% 以上。外国合作方主要来自美国、澳大利亚、德国、英国等 17 个国家和地区。

[①] 教育部：《关于政协十二届全国委员会第四次会议第 3864 号（教育类 387 号）提案答复的函》，http://www.moe.gov.cn/jyb_xxgk/xxgk_jyta/jyta_zcs/201612/t20161206_291006.html。

二、人才培养模式不断创新，人才培养质量有效提升

技术技能人才培养是职业教育的基本职能之一，面对智能化时代工作模式的不断变化，职业教育人才培养模式亟待变革和创新。五种办学模式由于参与机制、运行机制不同，在实践中形成了很多人才培养模式新思路和新探索，具有重大的实践成效和价值。

（一）校企合作——校企协同育人模式多样化

校企合作发展至今，形成了多种多样的育人模式，包括分段模式、嵌入模式、半工半读模式、教学工厂模式等。

第一，分段模式。该模式和合作方案中的学习时间和学习地点的分配相关。比如"2+1"模式，是指学生前两年在职业学校学习和进行职业技能训练，最后一年到合作企业进行顶岗实习或毕业实践，这是中国校企合作中最为普遍的办学模式。为了积极响应国家对不同地区职业教育资源共享，东西部、城市农村职业教育合作的号召，校企合作的职业教育办学模式有时也会进行"异地分段"的安排，双方在东西部之间、城乡之间进行联合招生和合作培养。与此相关的分段式办学模式则具体地表现为一年在农村的职业学校学习、一年在城市的职业学校学习、一年在合作企业实习的模式。

第二，嵌入模式。一些校企合作的模式设计得更为精细，按照职业学校学生学习阶段的特点，将校企合作和交流嵌入三年全部教学活动中。例如，江苏太仓院校与百家德资企业、湖北十堰汽车、湖北啤酒等合作，三年中学生每年都会到企业进行实习，从第一年到第三年，企业学习比例分别为1/3、1/2和2/3。相较于"1+1+1"的简单分段模式，这种校企合作更为紧密和具有渗透性，但是给学校、企业双方带来了管理上的高成本。

第三，半工半读模式。在学校和企业轮流学习的方式上，"半工半读"也是实践当中出现的形式之一。这种模式是指在人才培养过程中由学校与企业共同制订人才培养方案，并采取灵活的教学形式和时间安排，让学生一部分时间在学校学习基础知识和进行技能训练，另一部分时间由学校统一组织学生到企业参加岗位生产实习，形成了"学习—实习—再学习—再实习"的人才培养模式，学校和企业共同承担起对学生的培养任务。毕业时能够达到合作企业任职要求的学生，留在企业正式参加工作，企业接收不了的学生由学校统一安排，推荐到其他与所学专业相关的企业。

第四，教学工厂模式。职业学校教育由于需要大量的技能实训，一般有条件

的学校都会自设实训平台。在校企合作办学模式的背景下,可以改由合作企业将与学校合作的相关专业的对口车间直接办进学校,实现生产车间与实习车间、教师与师傅、学习与生产、作品与产品的合一。比如服装、设计类的职业学校和相关企业可以实行这种教学工厂模式。反过来,有条件的企业在正常的生产活动之外,也可以为学生的实训单独设立学习车间,在企业内部实现教学、培训、学习的融合,企业在这种模式中具有更强的主导作用,一般生产技术含量高、规模大的企业宜采取此种模式。

(二) 集团化办学——显著提升人才培养质量

通过实施"工学结合、知行合一"的人才培养模式,将有效提升职业院校人才培养的质量。2016 年,职业教育集团内聘任企业兼职教师数量近 11 万人次,校际互聘兼职教师数量近 4.7 万人次,教师到企业实践的数量近 40 万人次;职业教育集团校企共建实训基地 4 164 个,集团内企业对职业院校实训基地建设资金投入达 1 739 亿元;集团内校企联合培养学生数量达 122 万人,中高职衔接对口升学数量达 28.6 万人,开展企业职工培训 512 万人次,其中集团内企业职工 200 余万人次,为成员单位开展技能鉴定 137 万人次,有效推进了现代职业教育和培训体系建设;集团成员院校毕业生在集团内就业人数为 214.3 万人,对口就业率明显高于非集团化办学院校。[①] 例如,北京交通职业教育集团内部搭建了交通人才流动服务、交通人才培训师资、成员共享实训基地、交通应用技术管理与研发、交通职业培训及鉴定五大合作平台。依托这个平台,集团内的职业院校与行业骨干企业开展了深入的合作,通过引进企业文化、人才培养标准,为企业开展"订单式"培养,培养了一大批优秀的人才,目前在北京市汽车维修服务企业中,70% 的管理及技术骨干是北京交通职业教育集团的毕业生。昌吉职教集团为了能够实现人才培养质量的系统化提升,实现了集团内部的"专业设置、招生、师资、教学运行、实训基地建设、毕业生就业"6 个统筹,全州职教发展形成了统一的运行机制。通过建立职教集团,实现了中高职教与发展协调并进,构建了技术技能人才的等级递增、梯度成长与产业结构升级步伐相一致,全州的职业院校实现了联盟化办学统一运作,招生就业工作同步协调一致。

(三) 现代学徒制——招生招工一体化初步实现

职业院校和企业共同制订招生招工的一体化方案,根据企业的人才需求以及

[①] 中青在线:《中国职业教育集团化办学年度报告 (2017)》, http://news.cyol.com/yuanchuang/2017-12/04/content_16744938.htm。

学生的成长规律，在实践中探索出了多种招生与招工方式，主要有在企业员工中招生、在校生中招工和同时招生招工多种实现形式。例如，烟台职业学院多措并举，探索招生与招工的一体化，多种渠道组建现代学徒制试点班。第一种路径是学院招生与派徒，学校招收的现代学徒制学生入校即与企业签订一对多的就业意向和学徒培养协议，举行拜师仪式，实现学生与学徒的双重身份；第二种路径是企业招工与派学，在合作企业工人中选择高中/中专学历的人员，组班培训和辅导后参加学院的单独招生考试或春季高考，录取后仍是原单位工人，实现学员与学徒双重身份；第三种是教育服务机构招生招工，由星科培训学院等春考培训机构招收烟台职业学院现代学徒制意向生，在单招前或春季高考前进行专业培训，同时组织学生与企业签订就业意向书或学徒协议，通过单独招生或春季高考进入学院应用电子技术专业学习，学员具备学生和学徒双重身份。

招生招工的一体化实现还需要通过签订协议来保障学生的合法权益，在实践过程中主要有两种途径：一是签好学生和企业、学校与企业的两份合同；二是学徒、学校和企业之间的三方协议。通过签署协议明确了学生的双重身份，明确了学徒培养的具体岗位、学习内容、合法权益等。例如，浙江建设职业学院为了明确现代学徒制试点工作中利益攸关方学院、行业协会、企业、学生（学徒）的职责、义务，维护各方权利，根据现行法律法规和方针政策，按照专业特色，结合企业人才需求，遵循学生成长成才规律，牵手行业协会、企业、学生共同签订准员工培养协议，实现学生身份与学徒身份相对接。

（四）东西部办学——东西部联合开展多类型培养模式

目前，东西部职业学校合作人才培养模式主要有对口支援民族班、分段式人才培养模式、职教集团或职院校联盟式、专业性联盟式以及异地订单培养式、订单培养式和"主校—分校"式、项目合作模式、内涵建设模式等。

首先，对口支援民族班是指在行政指令的驱动下，东部职业院校接收来自新疆、西藏等民族地区的学生并推荐其就业的形式。教育对口支援和举办内地民族班开创了职业教育东西部合作的新道路。一方面，通过内地相对发达省份、高校和单位的教育对口支援，帮助民族地区改善了办学条件，加强了教师队伍建设，促进了各级各类教育事业的发展。另一方面，促进了各民族的交往、交流、交融，增强了中华民族的凝聚力、向心力和中华民族共同体意识，切实维护了平等、团结、互助、和谐的社会主义民族关系，促进了民族团结进步和共同繁荣发展。

其次，分段式人才培养模式是指利用东部地区职业院校的品牌优势，与西部地区职业院校共同招生，按照统一培养目标，开展"分段式"合作办学。这种模式最初表现为"2+1"模式，后来逐步有了"1+1+1""1+2"模式等。"2+

1"模式即前 2 年在西部地区的职业院校学习,最后 1 年到东部地区职业院校完成专业学习及毕业实习任务。"1+1+1"模式就是西部地区职业院校定向培养招收的学生,第 1 年在西部地区职业院校学习文化基础课和专业理论课,课程计划由东部地区职业院校提供,第 2 年学生来到东部地区职业院校学习,强化专业理论和专业操作技能学习,第 3 年由东部地区职业院校安排到东部企业进行顶岗实习。学生毕业后主要由东部学校安排就业,学校保证就业后的月工资不少于一定额度,并且学生在就业一年内,东部地区的职业院校要进行跟踪服务,专业技能不适应的学生还可以回校继续学习。"1+2"模式是西部地区职业院校承担第 1 年的文化课和专业理论基础课教学,第 2 年、第 3 年学生到东部地区进行专业实践课程及顶岗实习。

最后,职教集团或院校联盟式是指各院校之间为了加强合作,促进共同发展,在"平等协商、互惠互利、交流合作、共谋发展"原则上成立的实体组织。这种模式有利于发挥集团或联盟院校的各自优势,充分利用各院校的教育资源,拓展办学空间,建立适应中国经济建设与社会发展需要的合作办学模式。例如,青岛市平度职业教育中心充分利用学校"双元制"职业教育资源优势和东部地区巨大的就业优势,积极开展东西部联合招生和合作办学,借鉴和推广"双元制"办学经验,大力发展职业教育,促进双方提高、共同发展。截至 2016 年,与该校签订联合办学协议的省内外和西部地区职业学校已将近 20 家,实现了东西部的职业教育大联合和"双元制"职教集团化的有效运作。

(五) 中外合作办学——完善职业教育国际化人才培养模式

职业教育中外合作办学在诸多方面均对完善中国职业教育国际化人才培养模式产生了积极影响。一是学习借鉴了国外先进职业教育模式与管理经验。德国"双元制"、加拿大 CBE、澳大利亚 TAFE 等国外先进职业教育模式,正是通过职业教育中外合作办学的方式,在中国得到了广泛的传播。澳大利亚 AQTF 等职业教育质量管理体系,对中国职业教育的管理实践也颇有借鉴意义。二是引进了大量国外先进职业教育的课程与教材,完善了课程体系。通过职业教育中外合作办学,大量国外先进的职业教育课程及教材被引进了国内。以江苏省为例,据不完全统计,近年来通过中外合作办学引进国外原版教材 2 000 多部,编写教材 300 多部,一批课程和教学成果分别获得部、省精品课程和优秀教学成果奖。深圳职业技术学院国际商务管理专业的课程,在中外合作办学前后两年的课程变动率接近 50%。三是塑造国际化学习环境,提升人才培养规格。一方面,通过完善学校办学条件,使学校的硬件环境全面接轨国外院校;另一方面,通过中外双方师资间多种形式的合作与互动,在一定程度上提升了中国职业教育师资的素质。中外合作办学的主要方式包括外方派遣专家指导培训师资、组建由中外双方师资组成的教学团队、中方派遣骨干教师出国进修、中方教师考取外方师资认证等。

三、资源优化整合力度加大，共建共享办学效益明显

资源整合是指对不同资源进行选择、配置、激活，达到资源优化和整体最优的目的。在五种办学模式之中，校企合作办学、集团化办学和东西部合作办学三种办学模式在资源整合上取得了巨大成效。校企合作有效整合了校企双方资源，实现了校企双方利益的最大化；集团化办学整合了多方优质资源，多方共建共享实现了多赢；东西部合作办学跨区域实现了东西部资源整合，有效发挥了东部地区的带动作用，一定程度上促进了职业教育的均衡发展。

（一）校企合作——校企资源整合

校企合作办学使职业院校与企业优势资源双向互补，通过整合与共享，实现校企在资源上的整合。首先，着眼的是显性资源的多维度整合。显性资源主要包括人、财、物三个方面。在校企合作的办学过程中，学校要主动了解企业需求，并发现自身与企业在人、财、物三个方面的优势，通过开展多方面的合作实现自身在课程、教学、师资、实训等办学要素方面的提升和完善：第一，发挥学校的科研技术力量和人才资源优势，与企业联合开展教学、培训、产品开发、技术服务等活动，为企业输送优秀毕业生，实现人才共享和双赢。合作过程中通过建立起合理有效的激励机制，充分激发人力资源在校企合作育人过程中的积极性和效能。第二，积极利用企业先进仪器设备、生产车间等物力资源，加强对学校实训仪器设备、实训基地、基础设施等的建设，提升校企合作的硬件水平，保证学生在校期间接触的设备都是最新的。第三，整合好财力资源，利用好政府、企业和学校三方投入的财力资源，做好规划，尽可能保证投入效益的最大化，使其最大限度服务于校企合作。其次，校企合作要实现隐性资源的多维度整合，也就是说要找到真正适合校企双方运作的"结合点"和"结合部位"，要真正去挖掘企业需求和隐性资源。"友嘉模式"成功地挖掘出企业的需求点以及学校的隐性资源，通过在学院内成立机床培训中心，解决了有限的办学经费与无限的设备更新、技术更新的矛盾，解决了实训师资培训与教学工作之间的工学矛盾。

（二）集团化办学——多方优质资源整合实现集约化发展

职业教育集团化办学涉及多方优质资源的整合。政府行业主管部门拥有大量

产业发展和政府政策等信息资源，拥有发展产业专项建设资金资源，同时具有产业发展人才引进培养、产业工人与管理人员知识与能力更新等职业继续教育需求；行业协会是从政府职能转变中分离出来的，连接政府和企业的社会性、中介性、公益性组织，具备丰富的信息资源和一定的场所与课程资源；龙头企业则拥有先进的生产设备、管理经验和丰富的技术与管理人员，同时具有员工培训所需的教育场所和培训课程，这些均是职业教育优质的共享资源；科研院所拥有优质的技术研发力量、科研基地和咨询、培训经验，其本身是职业教育可以共享的优质教育资源，同时对职业院校师资教学和研究能力的提高具有重要的作用。区域性职业教育集团资源集成就是在开放共享各成员单位已有职业教育资源的基础上，面向未来，共建支撑区域职业教育发展的新的职业教育资源，实现职业教育的高效集约化发展。职业教育集团化办学集聚多方优质资源，在政府的大力支持以及集团利益共同体的努力之下，有效推进区域重点行业的人才标准建设工作，不断加强职业教育集团专兼结合的"双师型"教学团队建设，完善区域"生产性实训基地"建设工作，搭建集团训练平台，还在推动院校联合招生、贯通培养等方面取得了巨大成效。

（三）东西部合作办学——区域资源整合与均衡配置

东西部职业院校以专业建设为龙头，通过联合共建专业、开发课程及共享实训资源等，以校园信息化建设为切入点，实现资源共享，提升西部地区职业院校整体办学水平。目前，东西部地区的很多职业院校都构建了信息化校园，优质教育资源可以通过网络实现共享，尤其是部分国家示范性（骨干）职业院校建有先进的教学资源库。利用现代远程教育，两地职业院校共同进行专业建设，开发紧缺的高质量课程，开展教育探索，进行师资和管理干部培训，可充分发挥东西部职业院校各自的特长，实现优势互补与教学资源、图书馆、师资等资源共享。职业教育东西部合作办学的要素流动和配置，主要包括从最初比较单一化的招生与就业合作，到合作培养人才、专业建设、课程建设、师资队伍建设、实训基地、校企合作、委托培训和合作研究等方面，有利于进一步加强学生的专业技能、拓宽学生的就业渠道。

第一，在招生培养方面，职业院校通过联合办学，自愿结成帮扶对子，为西部学生到东部学习就业搭建平台。职业院校以地方经济建设与发展的人才需求为导向，充分挖掘合作院校的办学潜力，联合培养高素质高技能型人才，不断完善联合办学的内容与形式，扩大联合办学的影响力，提高人才培养质量，提升就业率。

第二，在专业建设和课程建设方面，职业院校注重加强院校之间的沟通和联系，合作开展专业建设的平台。通过对东中西部院校专业设置及人才培养方案的比较研究，组织开展专业人才培养目标、课程设置、培养标准、实践教学、教学资源库建设等建设项目，促进专业建设适应区域行业、企业发展需要。同时，职业院校积极开展课程建设的合作，搭建课程建设平台，共同制定课程标准、确定教学内容、开发教材、制作课件以及编写案例和习题、实训实习项目、学习指南等教学相关资料，定期或不定期开展课程建设成果鉴定、观摩及交流等活动，进一步提高课程建设水平。

第三，在师资建设方面，相关主体积极建立东西部联盟院校师资信息库，搭建互兼互聘、顶岗交流平台，形成联盟院校之间师资共享。职业院校联合开展教育研究或教学改革项目，通过培训、交流，提高教师的教育教学水平，并开展跨院校的优秀教学团队建设，为专业建设和人才培养服务。

第四，在实训基地建设与科研服务方面，职业院校根据教学与就业需要，搭建实训资源共享平台，努力提高设备与设施利用率。合作院校共同参与实训基地建设，以满足学生对课程生产性实训或仿真实训的需要。此外，合作院校间优势互补，充分利用优势科技与研发力量，联合申报重大研究课题，联手承接社会服务项目，联系、参与企业的专业技术服务项目，做好区域的技术推广转化工作，扩大社会服务的影响力。

第五，在职业技能鉴定与培训方面，相关主体根据学生职业技能培养需要以及区域行业、企业发展的需要，搭建职业技能鉴定与培训平台，开展职业技能鉴定标准研究，加强各院校之间的切磋与交流。合作院校充分利用各自优势培训力量和鉴定资格，大力推进职业技能鉴定考证与培训工作，提高学生职业技能等级及通过率，为实现学生高就业率的目标服务。

四、服务区域经济社会发展，促进区域均衡互补发展

"区域性"是职业教育现代化的重要特征，因为职业教育现代化以区域资源为基础，以区域推进为手段，以区域特色为亮点，以服务区域为依归[1]。提升职业教育服务社会能力、促进区域发展一直是职业教育改革发展的重点。在案例分析的基础之上，本书课题组发现校企合作办学、集团化办学和东西部合作办学这三种模式在服务区域发展上取得了巨大成效。

---

[1] 庄西真：《职业教育现代化的区域性与阶段性》，载于《国家教育行政学院学报》2019年第10期，第3~9页。

（一）校企合作办学——区域职教产教融合特色彰显

职业教育校企合作的节点在区域，落实点在企业和学校。近年来，中国很多地方不断出台相关政策，鼓励创新职业教育机制，促进职业教育与区域经济发展纵深融合，地方活力充分释放，区域特色逐渐形成。例如，天津市探索形成了"政、行、企、校、研"五方携手职教发展新机制，即强调政府主导、统筹，行业企业参与、指导、评价，职业院校培养，研究机构支撑、服务，五方权责清晰、定位明确，形成共同体。同时，实施产业、行业、企业、职业和专业相互联动（"五业联动"），连续举办"产业·行业·企业·职业·专业对接高端讲堂"，持续办好"五业联动"高端讲堂，全面落实"五业联动"[①]。

福建省经过不断探索形成了"二元制"人才培养模式。2016年，福建省教育厅开展"二元制"首期试点工作，共有63家企业与24所高职院校合作开展43个试点项目，招收企业员工1 177人。2018年，福建省教育厅全面推行"二元制"改革，试点项目达95个，试点企业218家，40所高职院校积极参与，占全省高职院校总数的8成以上。与订单式人才培养模式相比，"二元制"模式最重要的特点是双导师制，它改变了以往学校教育的单一模式，由校企合作双方共同参与教学。"二元制"模式全方位打造7个"二元"：企业与学校二元主体、学徒与学生二元身份、师傅与教师二元教学、企业与学校二元管理、企业与学校二元评价、毕业证与职业资格证二元证书、全日制与非全日制二元学制。"二元制"职业教育人才培养不仅关注职业院校学生的就业问题，更注重从行业企业人才需求出发，着重培养职业院校学生应对社会转型发展中技术和经济结构变化的能力。

（二）集团化办学——多元协作实现同区域经济社会发展的同频共振

职教集团组建的初期主要是为了有效提升人才培养质量，契合经济社会发展的人才需求，但随着社会需求的日益多元化，职教集团的功能已经不再局限于人才培养，技术研发、社会服务都成为职教集团的基本功能。而且，各地职教集团纷纷借助自身的办学优势，紧密对接国家经济社会发展的重大战略，通过建立政、校、企、行的多元协作关系，整合多方优质职教资源，主动服务国家战略，积极参与"一带一路"建设，助力扶贫攻坚，服务乡村振兴和健康中国战略等。

[①] 蔡继乐、李薇薇、樊畅：《"五业联动"形成职教发展新模式，"中高本硕"贯通构建现代职教新体系——天津：当好职教改革"领头羊"》，载于《中国教育报》2017年8月19日。

可以说职教集团的发展已经实现了同区域经济社会发展的同频共振。

例如，2016 年，衢州市衢江区职教集团积极发挥职教集团的办学优势，积极服务社会需求，开展省低收入农户子女多元化技能培训项目，与百特汇公司、永力达公司等合作，使一共 5 批 1 439 名来自低收入农户的学生通过了计算机操作员、车工、数控车工、中餐厅服务员等 5 个工种的职业资格鉴定，而且衢江区职业集团还通过校监合作，开展成人"双证制"培训，集团与浙江省十里丰监狱开展服刑人员"双证制"培训，年累计培训超 2 000 人次，加上开展退役士兵培训等各项社会培训，年累计培训超 3 000 人次[1]。在天津市教委的大力支持下，天津渤海化工职业教育集团通过政、校、企、研的多方联动，构建了日益完善的国际交流合作机制，联合出台了《天津渤海化工职业教育集团国际化行动指引》，指导职业教育集团的国际化合作。2016 年 3 月，职教集团在泰国大城技术学院建立的"鲁班工坊"正式挂牌成立，获得了广大东盟国家的认可。

（三）东西部合作办学——西部劳动力富余与东部技能人才短缺的互补

职业教育跨区域合作办学符合现实经济发展和职业教育发展的双重需要。首先，东西部经济发展差异巨大，东西部跨区域合作组建以主导产业为支撑的跨区域职业教育集团能够实现产业的梯度转移，从而带动两地经济发展[2]；其次，东西部开展职业教育合作可以发挥西部富余劳动力优势，解决东部技能型人才需求短缺的问题，实现经济欠发达地区与经济发达地区的互补。根据温州职业技术学院和重庆工贸职业技术学院合作办学的案例，学生第三年在温州完成学业之后，温州职业技术学院与重庆工贸职业技术学院联合推荐毕业生在浙江省就业。温州职业技术学院有针对性地开设就业指导课，安排专人负责为学生答疑解惑，提供就业指导和帮助。学院还通过引企进校举办专场招聘会、宣讲会、学校推荐等方式，多渠道促进学生就业。其中，机电一体化技术专业的学生在浙江、江苏、上海等省份的就业率达到 100%。服装设计、鞋类设计与工艺专业的学生在温州、重庆、广东等地也实现全部就业，就业质量较好。"2+1"学生以其扎实的专业基本功、较强的实践动手能力和吃苦耐劳的精神，受到用人单位的一致好评。

---

[1]《衢江区职教集团　对接企业产业培养人才　激发经济新动力》，https://zj.zjol.com.cn/news/934907.html。

[2] 刘爱东、陈旭、杜兵堂、蒋慕东：《东西部职业教育跨区域合作发展策略探索》，载于《职业技术教育》2011 年第 23 期，第 55~57 页。

五、扩大对外开放办学格局，职业教育成功"走出去"

中国正在大力推进"一带一路"倡议，这对于职业教育国际化发展是一次良机，因此职业教育在其办学实践中十分注重提升对外开放力度，利用国际化资源，提升职业教育整体竞争力。通过对案例的深入分析，我们发现校企合作、中外合作办学这两种办学模式在职业教育对外开放上取得了显著成效。

（一）校企合作——对外开放形式更加多样化，服务面不断扩大

在"一带一路"背景下，中国职业教育校企合作的对象更为多样，合作形式和内容更为丰富，服务面也不断扩大。2016年3月8日，由天津渤海职业技术学院在泰国大城技术学院建立的"鲁班工坊"正式落成并揭牌，搭建起天津职业教育与世界对话、交流的实体桥梁。新疆农业职业技术学院与新疆新实良种股份有限公司合作共建中亚现代农业示范中心，面向吉尔吉斯斯坦等中亚国家开展农作物优良品种的繁育与技术推广。柳州城市职业学院与上海通用五菱汽车股份有限公司和印度尼西亚中等职业学校合作，成立"中国印尼汽车学院"和"印尼中国汽车学校"，为企业印度尼西亚生产基地培养一线技术型人才[①]。

（二）中外合作办学——内外并举推动职业教育本土化发展和国际化创新

对外开放是中国职业教育国际化发展的重要趋势。近年来，职业教育领域中外合作办学的类型和规模进一步扩大。一方面，职业教育积极响应国家"一带一路"倡议，主动服务"一带一路"沿线国家职业院校的合作，主动服务企业需求，积极培养具有国际视野、通晓国家规则的高级技术技能人才；另一方面，职业教育汲取国外优秀办学经验，更新职业教育办学理念，引进国外先进标准、课程、师资，不断提升职业教育自身的办学实力，与国际接轨。具体从开展中外合作办学的职业教育机构来看，对外开放成效主要包括"引进来"和"走出去"两个方面："引进来"主要包括引进人才培养模式和补充办学经费。许多中外合作办学的职业教育项目，在名称上就清晰地指明了借鉴的人才培养模式，如"中澳TAFE项目""中德双元制项目""中英现代学徒制项目""中加CBE项目"

---

① 上海市教育科学研究院、麦可思研究院：《2016中国高等职业教育质量年度报告》，高等教育出版社2016年版，第37~52页。

等，而有些职业教育中外合作办学项目中，外方直接投入办学经费，从而部分缓解了中方学校的办学经费压力。"走出去"主要包括拓宽毕业、就业和升学渠道。在毕业方面，一些职业教育中外合作办学项目提供了国际上较有竞争力的毕业证书或行业技能证书，这些证书能为毕业生就业增添筹码。在就业方面，一些职业教育中外合作办学项目提供了境外就业的机会。在留学方面，一些职业教育中外合作办学项目提供了升学留学的机会，这也成了吸引学生参与的重要方式。学生通过在国内获得受外方认可的证书或资格，从而获得毕业后直接进入外方学校留学的机会。这种合作办学往往又被认为是中职学生或高职学生的出国留学"预备班"。

第三节 职业教育办学模式实践的经验反思

现代职业教育是适应现代科学技术和生产方式，支撑产业结构调整和产业升级，主要培养生产服务一线技术技能人才的教育类型。现代职业教育"为什么办学""谁来办学""办什么学""如何办学""如何保障"是探索、总结当前国内职业教育发展本土经验时必须要回答的核心问题。本节将以当前中国具有典型代表意义的办学模式改革中的重要经验为依据，以职业教育办学模式的核心问题为分析框架，尝试总结中国职业教育办学模式究竟积累、沉淀了哪些可以走向未来的实践经验。

一、办学定位：聚焦"类型教育"，从模式重复走向特色发展

不同的职业教育办学模式服务于不同的办学定位，明晰办学定位和办学目标，是职业教育办学模式选择的逻辑起点。职业教育作为一种类型教育，其科学定位和办学方向直接关系到职业教育的健康、持续、生态发展，在学校办学过程中起着基础性、全局性和引领性的作用。中国职业教育发展至今，院校类型十分多样，每个院校在办学过程中，只有找准自身的办学定位，才能走出自身特色的办学之路。

（一）创新办学理念

职业院校要想适应区域经济建设发展需要，走出自身特色办学之路，必须首

先创新办学理念,强化特色定位。第一,要找准自身特色。职业院校必须基于时代使命,明确自身的优势与劣势,摆脱盲目追随,确立特色建设的重点领域。"友嘉模式"为了实现"应用型"人才培养质量的提高,让友嘉集团全面介入学院的人才培养规格、人才培养模式以及各个教学环节、过程的制定,学院自身制定针对企业"设专业、设能力、设课程"的专业建设指导方针,探索了职业化实践教育教学新途径和新方法,不断加强实践教育内涵和外延的研究。通过共同培养,学生岗位技能合格率达96%以上,并且友嘉机电学院毕业生初次就业率连续5年均达98%以上,有一半专业达100%,真正为企业创造了人才收益,也提升了自身的办学实力。第二,要实施差别化与错位发展战略。要尽量避免照搬其他学校的发展方向和运作模式,将有限的资源集中在那些最能体现地域文化、自然资源、主导产业和最具优势的学科专业上,使其成为特色的生长点[①]。上海交通物流职业教育集团抓住上海市交通物流行业转型发展的契机,以交通运输相关专业为纽带,联合多方资源建立合作,加强上海市职业院校交通运输、物流等专业与交通运输行业转型发展的紧密联系,已然成为中国职业教育在交通、物流等方面人才培养的领头羊。值得注意的是,无论怎样错位发展,都不可偏离社会主义办学方向,必须始终遵循党和国家的教育方针,贯彻落实社会主义核心价值观。第三,具备先进性和前瞻性。职业院校要时刻把握职业教育改革的新动向,不断向先进国家和先进地区学习,并具有广阔的视野和前瞻的眼光。例如,重庆政府积极组织推进国际合作,树立需求导向的职教理念,搭建中澳院校合作平台,逐渐形成了 C-TAFE 模式(Chinese or Chongqing – Technical and Further Education),也就是既有澳大利亚职业教育经验,又具有中国特色和重庆特色的职业教育办学模式。

(二) 打造核心竞争力

在创新特色办学理念的基础上,职业院校还要打造自身的核心竞争力。第一,要打造特色优势专业。专业建设是院校办学的核心内容,专业建设质量直接影响着职业院校办学质量和人才输出质量。专业建设首先需要有良好的定位,在精准定位的基础上,再打造鲜明的品牌和优势。职业院校应梳理学校现有专业和教学资源,依据当地的社会经济发展状况和人才需求对院校未来的发展进行规划,对院校内专业结构进行科学布局,确定重点发展的专业或专业群。然后再联系相关企业、行业等主体制定专业教学标准和人才培养方案,改革课程体系,完

---

① 孙泽文、钟明元:《地方高校办学特色的演进、机制及其经验启示》,载于《黑龙江高教研究》2019年第7期,第73~76页。

善实训资源建设等多措并举,为专业或专业群良好发展提供有效支撑。第二,创新人才培养模式。随着智能化时代的到来,产业不断转型升级,人们的工作模式和工作内容也不断发生转变,虽然职业院校在人才培养上具有滞后性,但是人才培养模式仍需要不断创新和变革。目前,中国职业教育人才培养体系存在培养过程缺乏能促进职业能力持续积累的完整体系、培养方式过于依靠学校职业教育模式、缺乏适合的职业能力开发与课程组织方法三个方面的突出问题[1]。通过案例分析发现,现代学徒制实践案例为职业学校高素质的技术技能人才培养提供了有益的借鉴思路,它基于校企深度合作,有效实现了学习场所与工作场所一体化,充分体现了"学徒与员工同步成长、教学与生产同步推进、毕业与就业同步到位"的协同育人机制。第三,优化专业教学团队建设。师资是办学质量的基本保障,每种办学模式的成功运行都离不开师资力量的不断提升。例如,在现代学徒制办学实践中,试点单位积极完善校企双导师制度,逐步建立健全双导师的选拔、培养、考核与激励制度,明确双导师的职责和相关待遇,并开展双向锻炼,联合开展技术研发和社会服务;集团化办学实践中,校群融合优化专业群教学团队建设,逐步建成"双素质、双结构"的专业教学科研团队。因此,一个优秀专业教学团队是学校打造核心竞争力的重要保障。

(三) 区域性和国际性相结合

职业教育需要立足当地、服务区域,为区域经济发展提供技术技能人才,这是职业教育办学的立足点和出发点。在中国,由于产业结构和布局的不同,不同区域的经济社会发展水平不同,造成了不同区域企业对于技术技能人才的知识结构、学历层次要求的不同,从而决定了不同区域职业学校的办学定位和办学模式应该有所区别。因此,一方面,职业学校办学定位应首先与区域经济发展定位保持一致,这样才能有效满足当地的区域经济发展需求;另一方面,职业教育发展不能仅仅局限于所在区域,要积极开展跨区域的合作,充分利用自身区域的资源优势,谋求职业教育新的生长点。温州职业技术学院的案例就给予我们很大启示,它充分利用西部劳动力资源丰富的优势,与西部职业院校开展合作办学,毕业学生在东部推荐就业,有效弥补了东部技能型人才短缺的问题。同时,随着中国国际影响力的日益增长以及产业"走出去"步伐的不断加快,中国职业教育在谋求中国特色发展的同时要努力与世界接轨。中国职业院校所培养的人才,不仅是服务于区域经济社会发展的高素质技术技能型人才,而且还

---

[1] 徐国庆:《智能化时代职业教育人才培养模式的根本转型》,载于《教育研究》2016 年第 3 期,第 72~78 页。

是可以参与国际产业分工竞争、具有国际视野和国际水平的技术技能型人才。因此有条件的职业院校要努力顺应职业教育国际化发展的趋势，将眼光放长远，理性思考学校是否开展中外合作办学、哪些专业开展中外合作办学、如何开展中外合作办学等问题。综上所述，职业院校的办学定位应有长远的战略规划，做到区域性原则和国际性原则有机结合，自觉融入区域经济布局调整和国际产业发展中。

二、办学主体：力求"产教融合"，从政府办学转向多元办学

职业教育呈现出由单一办学主体向多元办学主体变化的趋势。在这样的趋势之下，职业教育逐渐向多元合作的格局发展并不断深化。职业教育办学主体多元化的实质是投资主体多元化和管理主体多元化，这种多元化办学推动着职业教育关注经济问题、产业发展、市场需求变化，在"利益共同体""发展共同体""命运共同体"的不断演变与深化中，不断提高职业教育质量，也推动了职业教育从校企合作走向深度的产教融合。

（一）建构相互协调的"利益共同体"

职业教育作为与经济社会发展关系最为紧密的教育类型，其办学离不开多元主体的参与。国内办学模式改革的典型经验就是打破政府作为唯一管理机构和单一权力中心的现状，实现办学主体的多元化，从而建构相互协调的"利益共同体"。基于利益共同体的职业教育办学模式就是要求建立利益相关者共同参与的、基于合作伙伴关系的、多元化的职业教育办学模式。

在办学主体层面，职业教育产学研一体化办学模式由多方利益相关者参与，涉及政府、行业、企业、学校等众多办学主体。不同的利益相关者有着不同的价值逻辑。其中，政府作为社会公共事务的管理者和决策者，承担着架设企业和学校沟通渠道、政策调控、制度保障、组织协调和资源配置等重要职能。以行业协会为代表的准政府组织，作为重要的中介组织，主要承担参与指导教育教学、开展质量评价等职责。而企业作为办学的重要主体，是深化产教融合、激发办学活力的重要力量。众多职业院校在开展产学研一体化办学实践中均成立了由政府、学校、行业、企业、科研机构和其他社会组织等主要办学主体参与的组织机构，奠定了该办学模式多元主体参与的身份特征。现代学徒制办学模式的多方主体参与以及利益共赢是模式运行的动力源泉。该办学模式的特征则是企业与学校"双主体"，同时政府与行业也是高度参与的相关主体，它们与企业及学校之间形成

了多元参与的利益均衡机制。在具体合作关系的达成以及人才培养分工上，出现了企业主导型、校企平等型以及学校主导型三种主要模式。由于参与主体组织属性不同，追求的目标存在着较大差异。基于保证参与主体之间能够跨越组织边界实现利益共赢的总体目标，我们发现，在当前的现代学徒制实施过程中，合作企业内部培训体系完善的"企业主导型"项目模式在人才培养过程中要比合作企业没有成熟学徒培训体系但有强烈合作愿望的"校企平等型"略占优势，更明显优于企业合作热情较低或企业培训研发力量较弱的"学校主导型"项目。

（二）共建开放共享的"发展共同体"

从建构主义视角看，与单个主体的单独行动相比，在共同体中开展合作，可能会增加成功的机会。作为推进职业教育"产学合作、产教融合"的重要举措，职业教育集团化办学是以职教集团为组织基础，以促进产学合作、产教融合，提升职业教育技术技能人才系统培养和服务能力为目的，以开放共享、优势互补为途径的多元主体合作办学模式。该模式不仅以利益共赢作为合作目标，还通过规模效应、资源优化、品牌效应、对口效应等促进多元主体的共同发展，体现出更大的合作成效。该办学模式都是以职业院校、企业等两类主体为基础，由政府、行业、企业、职业院校、科研院所和其他社会组织六类主体中的两类及以上主体参与，共同为集团化办学提供合作发展潜力；基于共享职业教育优质资源、优化区域职业教育结构、加强校际合作与竞争、强化产业经济与学校互动等目标，职业教育园区化办学模式将数所职业院校汇集一地，利用院校间彼此相连的布局及开放的结构，为各种资源的流动提供便利，为各院校间的资源互补、共用，最终为多元主体的资源最大化利用提供了极大的空间。根据建设主体的组成与关系，职教园区有政府主导型、职业院校主导型、企业集团主导型三种，无论是政府还是有影响力的职业院校或是企业集团发挥主导作用，都充分体现了共建与共享。这意味着职教园区化办学模式不仅打破了传统的单一主体的建校模式，还有政府、企业、院校共同参与，最终实现"有形"与"无形"资源的开放共享。

（三）创造联合行动的"命运共同体"

社会历史的经验已经表明，共同体是人的活动展开的载体。"联合的行动"已经成为历史发展的要求，成为打破困境的首要前提。构建命运共同体恰恰是历史呼唤下的新的"联合的行动"，是高级层次的"命运共同体"。坚持深化产教融合，创造职业教育联合行动的命运共同体，对于加快发展现代职业教育具有重大意义。由于中国社会文化、经济发展状况及其所处自然地理条件等资源本身的影响，西部地区的职业教育发展仍面临诸多方面的困难。职业教育东西部合作办学模式作为政府政策推动的直接产物，有助于促进新型工业化、城镇化建设，推动西部大开发战略的实施，促进东西部经济一体化发展，在帮助西部学生转移就业的同时满足东部地区对高素质劳动者的需求，从而促进职业教育的均衡发展。办学主体呈现多元化的趋势，主要包括政府（中央政府和地方政府）、学校（东部地区的职业院校和西部地区的职业院校）、企业（订单班、实习前的培训与考核等形式）、行业协会等非营利性组织机构（高职高专校长联席会议、全国中等职业学校联合招生合作办学协作会）四个部分。无论各参与主体的利益如何多元，学生生涯的可持续发展始终是国家开展职业教育东西部合作办学的初衷；在国际命运共同体的概念范畴下，在经济全球化的时代浪潮中，国家与国家的合作已经从经济逐渐深入到文化、教育的各个方面。在中国扩大开放、改革发展职业教育的背景下，产生了职业教育中外合作办学模式。显而易见，这一模式的办学主体包括中方和外方。而在合作主体的属性上来看，结合实际参与情况，分为校校合作、校企合作、政企校合作三种较为典型的类型。实践中，上海电子工业学校的政府主导中外合作办学、中澳职业教育与培训项目的政府主导区域型合作办学、上海工商外国语学校的学校主导合作办学等典型案例都通过中外合作办学，借鉴国际先进职业教育模式与管理经验，满足人民群众多样化的职业教育需求。

三、办学形式：重在"办出质量"，从规模扩展转为内涵发展

中国幅员辽阔且具有自身发展的历史背景，区域经济、产业和资源皆具有不同特征。在总结职业教育办学现状和经验的基础上，有必要依据地方和专业特征进行多样化布局，从而呈现特色性的职业教育办学形式。

（一）职业教育集团化办学形式

随着市场经济体制改革的不断深入，职业教育办学模式产生了深刻变化。为了在新的环境中适应变化、遵循规律，职业教育广泛开展了集团化办学的实践探索。经过发展，职教集团从无到有、从单一到多样。作为促进中国职业教育体制机制改革、整合职业教育资源、协同多方利益相关者的办学行为，职业教育集团化办学是中国职业教育改革发展中的创新之举。在不同时期和不同地区，职业教育发展的情况存在差异，因此，职业教育集团的组建形式存在各自的特点，出现了多种类型的职业教育集团化办学形式。按照集团的服务面向，可将职教集团分

为区域型职教集团和行业型职教集团；按照服务范围，可将职教集团分为全国型职教集团、省市型职教集团、地市型职教集团以及县区型职教集团；按照联结方式，可将职教集团分为以资产联结为纽带的职教集团、以契约联结为纽带的职教集团、以资产与契约共同联结为纽带的职教集团。

（二）现代学徒制办学形式

现代学徒制从传统学徒制发展而来，它兼具学徒制的本质属性和现代职业教育的时代特性。中国产业升级与技术技能人才短缺的外部改革需求以及进一步深化产教融合教育教学改革的内部发展需求，使人们密切关注现代学徒制，现代学徒制也出现了多样化发展的态势。时至今日，现代学徒制主要有以下一些形式：改革开放初期，德国作为中国职业教育对外合作交流的主要合作国，合作交流的主要内容为"双元制"。典型项目有 1989 年苏州等 6 城市的"双元制"改革试验等。此类项目构成了第一种形式。21 世纪初，受英国学徒制改革的启发，在中方试点需求和英方文化推广的双重动力下，以英国学徒制为原型的改革在许多区域和学校开展起来。较为典型的项目是英国文化教育协会在上海、广东等地开展的中英合作。这些项目构成了现代学徒制办学的第二种主要形式。此外，还有大量在原有校企合作基础上深化的本土性现代学徒制探索，以实用为原则开展多样化实践构成了该模式的第三种主要形式。

（三）东西部合作办学形式

为促进职业教育均衡发展，实现职业教育整体质量的提升，中国从国家政策层面，利用"行政主导、政策驱动"来推进东西部地区职业教育合作办学。各省份通过统筹东西部、城乡职业教育资源，充分发挥东部地区城市教育资源和就业的优势，积极开展职业教育东西部合作办学，从内容到形式都得到了深化发展，并产生了重大价值。从实践层面来看，目前中国东西部职业教育合作办学驱动力主要来自政府、市场和人脉。东西部合作办学通过多种形式来促进人、财、物的交流以及知识、技术的交流。目前，东西部合作办学的具体形式主要有对口支援民族班、分段式人才培养模式、职教集团或职业院校联盟式、专业性联盟式以及异地订单培养式、订单培养式、主校—分校式、"项目合作"模式、内涵建设模式等。

（四）职业教育园区化办学形式

在大力发展职业教育的宏观背景下，借鉴高等教育"大学城"建设的发展思路，通过对职业院校进行地域结构调整，以优质资源区域性集聚的方式来提升职业教育层次与质量，成为诸多地区发展职业教育的办学策略。"职教园区"是由多所职业教育院校集中在一个区域内并达到一定规模，与相应的科技生产园区结合，以资源共享为前提形成的集技能型和技术型人才培养、产业开发、社会服务为一体的城市生活教育综合体。通过案例总结发现，职教园区具有"多分布在地方性城市，多集中在工业、产业园区周围，功能具有多样化"等特点。目前全国职教园区的办学形式有多种：首先，按园区内入驻的职业院校的中、高层次不同，可将职教园区分为"由单一中等职业学校组成""由高职学院（为主）及本科学院（个别）组成""由中职、高职院校混合组成"三类。其次，按园区内入驻的职业院校间关系的疏密，可将职教园区分为独立型、实体型（资产型整合）、混合型（契约型整合）。最后，按照职教园区成员单位的性质，可将职教园区分为校际结合型、校企结合型及城校互动型。

（五）中外合作办学形式

随着经济全球化进程的日益加速，世界各国之间的交往时间与空间被压缩，加之生产要素与人才流动规模的日趋扩大，以外语能力、国际专业能力、跨文化能力为主要内涵的国际能力正受到世界各国的广泛关注。基于劳动市场的国际化分工与合作，职业教育的国际化发展已成为21世纪的潮流与趋势。当前，中国鼓励在职业教育领域开展多种形式的合作办学。随着政策指导越来越明朗，职业教育的合作办学实践也越来越多样。由于国家鼓励在职业教育领域开展中外合作办学，各级政府和院校在实践中也不断探索职业教育的中外合作办学新形式。基于实践经验的探索，中外合作办学的形式可分为项目式和机构式两大主要类别。项目式中外合作办学模式是当前中国职业教育中外合作办学的主要形式，典型形式是中外合作专业或中外合作班。根据机构的属性，中外合作办学又可以进一步分为法人型和非法人型。其中，法人型职业教育中外合作办学模式的形态主体是具有法人属性的中外合作职业学校，由于有外资注入，此类学校通常是以民办学校方式存在的。非法人型职业教育中外合作办学则是以在中方学校中建立二级组织（学院、中心或基地）的方式开展运作。

四、办学策略：补齐"要素短板"，从机械应对转型多维创新

职业教育办学模式的诸多要素中最为关键的是运行机制、课程与教学、师资建设等。在多方合作方面，职业教育办学策略的要素配置流动主要从最初比较单一化的招生与就业合作，发展到人才培养、专业建设、课程建设、师资队伍建

设、实训基地、委托培训和研究等方面的合作，有利于职业教育办学质量的持续提升。

（一）多项"运行机制"上下贯通

运行机制的创新是办学模式最重要的内容。对于县级职教中心办学模式而言，运行机制创新主要体现在形成可持续发展机制。对于职教集团办学模式而言，治理机制的完善是职教集团组建与实施的制度前提。具体体现在：集团通过每年至少一次指导委员会会议、至少二次常务理事会会议等定期会商机制，强化成员单位和各级机构的责任。通过网站、简报等信息交流平台，建立日常信息沟通机制。通过合作委员会年度目标任务考核、年度职业教育贡献奖与优秀合作项目等评比奖励，建立多元激励机制。通过为行业企业提供人才订单培养、"双元制"员工学历提升、公益技能培训、应用技术研发等服务，构建利益机制。通过职教资金构建补偿机制，对参与职业教育的企业在人才联合培养、接收教师下企业锻炼、联合开发教学资源等方面给予资金补助，降低企业参与职业教育的成本。通过集团信息平台数据填报、职教资金申报等途径，开展成员单位合作内容跟踪检查和届期合作情况考核，构建成员单位分类和退出机制，提高集团成员单位合作紧密度。

（二）特色"课程教学"体系创新

中国职业教育作为一种类型教育，其课程教学改革存在前所未有的困境，只有不断进行课程教学的改革与创新，才能扭转传统职业教育的不利局面。职业教育办学模式只有结合职业教育与职业课程的特点，对教学目标、内容、方法和手段进行创新，采用多种形式的教学模式，才能真正提升职业教育教学质量。在产学研一体化办学模式中，职业院校的课程是基于行业企业岗位群需求的技术逻辑体系，以职业能力为主线共同开发构建的。一方面，职业院校以市场人才需求为导向，设置和调整专业课程；另一方面，行业企业参与能力标准、课程体系、培养计划的制订，共同组织教学实施，并承担相应实践教学任务。在中西部合作办学模式中，中西部通过共同制定课程标准、确定教学内容以及开发教材、实训实习项目、学习指南等教学相关资料，定期或不定期开展课程建设成果鉴定、观摩及交流等活动，积极开展课程建设的合作，搭建课程建设平台。中外合作办学模式采取引进部分课程与教材、变革教学方法的手段，从而提供有特色的职业教育中外合作办学项目。

(三) 双师"师资队伍"结构均衡

在推进"双师型"教师队伍的建设过程中，职业教育产学研一体化办学模式通过从企业聘请实践教学的兼职教师，解决院校师资数量短缺、结构不均衡问题。通过派教师赴企业实践锻炼或兼职，尤其是参与企业应用性研发工作，在一定程度上提高了教师的技术研发能力和应用能力。在东西部合作办学模式中的师资队伍建设方面，相关主体积极建立联盟院校师资信息库，搭建互兼互聘、顶岗交流平台，使联盟院校之间师资共享。在现代学徒制办学模式中，加强企业师傅队伍的建设是该模式的核心环节。试点单位通过建立校企"双导师"制度及"双导师"的选拔、培养、考核与激励制度，明确"双导师"职责和相关待遇，并开展双向锻炼，联合开展技术研发和社会服务。在企业师傅队伍建设中，通过多途径将吃苦耐劳、敬业爱岗、作风正派的能工巧匠、业务骨干、技术负责人纳入师傅资源库，通过有组织、制度化的师徒结对，最大限度地满足双方的需求。在中外合作办学的项目中，通过聘请外方师资任教、外方师资专家到访指导、选送中方教师出国进修等合作形式建设师资队伍。

五、办学保障：实施"联动支持"，从分散助力转向协同支撑

没有良好的保障，再完美的措施和经验都很难落到实处。通过中国多所案例院校的经验分析可以发现，职业教育办学的保障需要从单一到全方位，寻求职业教育发展需"联动支持"。

(一) 政策保障

职业教育办学模式的发展涉及不同主体及其之间的产权和利益，关系复杂、影响深远，必然需要相应的法律作为保障。职业教育城乡一体化发展模式的推行与发展本身就带有较强的政府行为色彩，是在政府的积极推动与运作下实现的。政策保障主要包括职业教育城乡一体化发展的基本框架以及保证职业教育城乡一体化办学模式顺利运转的人事、经费、组织机构等方面的相关政策。政府的大力支持是具有中国特色的职业教育集团组建与运行的必要保障。通过出台法律法规、加强统筹规划、政策扶持与引导等举措可以有效促进职教集团的组建与发展。纵观校企合作模式的发展历程，可以看出，深化职业教育产教融合离不开政策的支持与保障，而且政策内容要互相配套，在实施的过程中需充分调动各部门的力量，体现政策的配套性、部门联动性以及可操作性，将产教融合引向

深入。

（二）制度保障

重大改革都要于法有据。① 如何在体制上突破、制度上创新是职业教育办学模式改革的难点与关键所在。制度建设是保障职业教育办学模式运行的重要基础。县级职教中心在建设的过程中，主要通过建立与完善联席会议制度、开放办学制度、系统服务制度等，全面提高县级职教中心的发展与服务能力，最终推进县级职教中心成为区域发展不可缺少的动力中心。现代学徒制中企业师傅作为重要利益相关者，其参与学徒培训的积极性将直接关系到学徒培训的质量。职业教育办学模式旨在建立企业师傅教师资格制度，涉及选拔、培训、教师发展、评价等功能，除此之外还将该项制度工资待遇、福利保障等劳动安全因素结合起来进行一体化设计。职教园区化办学模式为了运行的可持续性，通过协商订立相应的规章和契约来约束各方的行为，同时保障各方的合法权益，维系各方利益的平衡。例如，常州高职园区在共享型实训基地的运作上实行专项基金制度，并取得一定的成效。

（三）经费保障

无论对于何种职业教育办学模式而言，办学经费都是职业院校发展的重要物质基础，然而，经费投入不足一直是困扰职业院校发展的难题。对于职业教育城乡一体化发展模式而言，涉及区域内职业教育资源的共享与利用以及农村地区职业教育经费的扩大投入。该模式着眼于区域均衡与城乡公平，旨在建立健全科学合理、可持续的职业教育经费投入机制。在经费投入机制上，以政府投入为主，受教育者合理分担，同时通过其他多种渠道筹措经费。对于农村、边远贫困地区和民族地区的职业教育而言，应出台倾斜性扶持措施，健全补偿性经费投入保障机制；对于县级职教中心而言，充足的投入是保证其基础能力建设和服务能力建设的重要条件，该模式通过"各种立项向中央财政争取支持，以中央财政与省级财政投入为引导性资金，带动市级财政与县级财政的投入，引导社会资金参与县级职教中心建设工作"等方式构建多元投入机制。

（四）质量保障与监督

质量保障在国际上被称为"质量监控与评估"（monitoring and evaluation,

---

① 《习近平：把抓落实作为推进改革重点 重大改革都要于法有据》，http://www.xinhuanet.com/politics/2014-02/28/c_119558018.htm。

M&E），可以解释为"建立各利益相关者对教育的信心的过程，使其相信教育供给能够满足预期或达到最低标准"。职业教育办学模式的发展少不了质量方面的保障和监督，具体可从三个方面落实。其一，落实政府责任的有效机制可通过建立完善城乡一体化的现代化督导评估标准、城乡统一的教育质量监测体系和督导评估实施办法，以监测体系为杠杆和手段，以督导评估为导向和保障，来缩小校际、区域之间、城乡之间的教学质量差异。其中，现代学徒制的质量保障体系构建是保证职业教育办学模式实施成效的关键。其二，试点单位根据人才培养的特点，积极探索满足现代学徒制培养要求的质量保障制度。例如，重庆城市管理职业学院坚持设立合作企业选拔准入标准，联合自主开发学徒制育人标准，中外合作办学模式则依托教育涉外监管信息网设立监管工作信息平台，从而对涉及办学机构及项目评估、招生简章及办学监管信息、国外教育资源等管理与服务工作信息进行监管。其三，采用自我评估与抽查评估相结合的方式对管理体系、办学经费管理与使用、培养目标与培养方案等方面进行质量评估。

第七章

职业教育办学模式改革的制度环境

职业教育的办学模式并非人为设计而成，而是各种社会条件综合作用的结果，国家的政治体制、经济生产方式与产业结构、劳动力市场特征、社会文化观念、国际关系等都对该国或地区职业教育办学模式的产生与发展具有重要作用。特定历史阶段的政治、经济、文化等多种因素就是职业教育办学模式改革的制度环境。职业教育办学模式镶嵌在制度环境中，必须适应制度环境，并随着制度的变迁而不断变化。本章从新制度主义分析框架，综合历史制度主义、理性制度主义、社会学制度主义等视角，系统阐述职业教育办学模式与制度环境的关系，并借此分析当前职业教育办学模式改革制度环境的特点和问题，基于办学模式改革与创新的发展目标，探索新时代职业教育办学模式改革的实践方向。

第一节 制度环境影响职业教育办学模式改革的作用机理

制度是变革的重要诱因与力量。从新制度主义理论来看，"改革过程是一种制度取代另一种制度，改革结果是对社会实在的重新建构"[①]。制度环境是影响职业教育办学模式改革的重要序参量。因为职业教育办学模式改革镶嵌于外在制

---

① 李文钊：《中国改革的制度分析：以 2013—2017 年全面深化改革为例》，载于《中国行政管理》2018 年第 6 期，第 20~27 页。

度环境的变迁之中，职业教育办学模式改革的历史也就是制度变迁的历史。

一、制度体系与结构：职业教育办学模式制度环境的类别

制度是人类伟大的发明，但是，对于制度的研究和重新发现却是近代的事情。如今，制度理论是现代社会科学研究的"显学"，围绕制度研究的争论更是历久弥新。[①] 在职业教育办学模式的制度环境分析中，需要重新审视制度的体系，厘清职业教育办学模式的制度结构。

（一）制度的解释：规定、规范与文化—认知的新发现

汉语中的"制度"从英语"institution"翻译而来。《牛津英语大辞典》对于institution的定义是"规范事务的既定规则（The established order by which anything is regulated）"[②]。制度在《辞海》（第七版）的释义有三：一是在一定历史条件下形成的政治、经济、文化等方面的体系；二是要求大家共同遵守的办事规程或行动准则；三是规格、格局。因此，传统意义的制度体系主要是指政策、法规等正式文本规范等规则要求。但是，随着制度研究理论的深入，人类发现制度是一个浩大的体系丛林。新制度主义将人类社会的制度进行重构，发现人类社会的制度体系包括规定（regulative）、规范（normative）和文化—认知（cultural-cognitive）等更加丰富的类型[③]。其中，规定是制度的强制性维度，明确"必须"做什么，并对制度之内的行为产生约束效力；规范是制度的导向性维度，也是社会性的、公共性的共识等"缄默规则"，告诉制度内的行动者"应该"怎么做，引导制度参与者的具体行为；文化—认知是制度的情境性维度，解释制度在不同环境和情境中的适应性权变，有时候也是人们所理解的"情境使然"。

因此，从新制度主义的解释来看，职业教育办学模式的制度环境不仅是职业教育办学的物质环境和社会环境，还包括职业教育办学所处场域中的各种规定、规范以及人们对职业教育办学的各种认知和判断。其中既有正式的规则规范，又有非正式的"文化风俗"等。所以，超越传统的环境范畴，职业教育办学模式的制度环境至少包含三个层面：一是狭义的物质环境，也就是职业教育办学模式改革的现实条件；二是政策、规范环境，主要是指职业教育办学模式的法律、政策、规章等；三

[①] 李鹏、石伟平、朱德全：《人性、理性与行动：职业教育学习评价效用的制度分析》，载于《中国职业技术教育》2019年第1期，第35~39页。
[②] Pearsall, J. & Hanks, P., The New Oxford Dictionary of English, Clarendon Press, 1998, P.1883.
[③] Scott, W. R., Institutions and Organizations, Sage Publications, 2001, pp. 49-58.

是文化—认知环境，也就是职业教育办学模式改革背后看不见的"规则制度"，如传统文化、社会矛盾、国际关系等。因此，新时代中国职业教育办学模式的改革需要重新定义制度环境，在新的制度环境中探索改革的思路与出路。

（二）制度的体系：职业教育办学模式的制度要素形式

新制度主义不仅拓展了传统制度体系的内涵，而且实现了制度分析的逻辑转向[①]："从关注组织到关注规则，从关注正式制度转向同时关注非正式制度，从关注静态的制度到关注制度的动态发展，从规避价值问题到价值批判的立场，从认为制度独立于环境到主张制度镶嵌于特定的情境。"因此，新制度主义为新时代职业教育办学模式改革的环境分析提供了新的理论工具。然而，新制度主义虽然拓展了制度环境的分析范畴，但是，在新的分析范式之中，究竟哪些制度环境会影响（促进或制约）职业教育办学模式改革？从辩证哲学的分析方法来看，制度环境始终是外因，外因能够对职业教育办学模式改革发生作用，必然通过职业教育办学模式的内部要素来推动。因此，探究职业教育办学模式的制度环境要素的新体系还是要回归到办学模式本身的结构。

职业教育办学模式的问题与要素中，最主要的是"谁来办学""办什么学""怎么办学"和"如何保障"四个基本问题。每个问题背后所涉及的制度因素却在"规定、规范、文化—认知"的制度框架内，如图7-1所示。

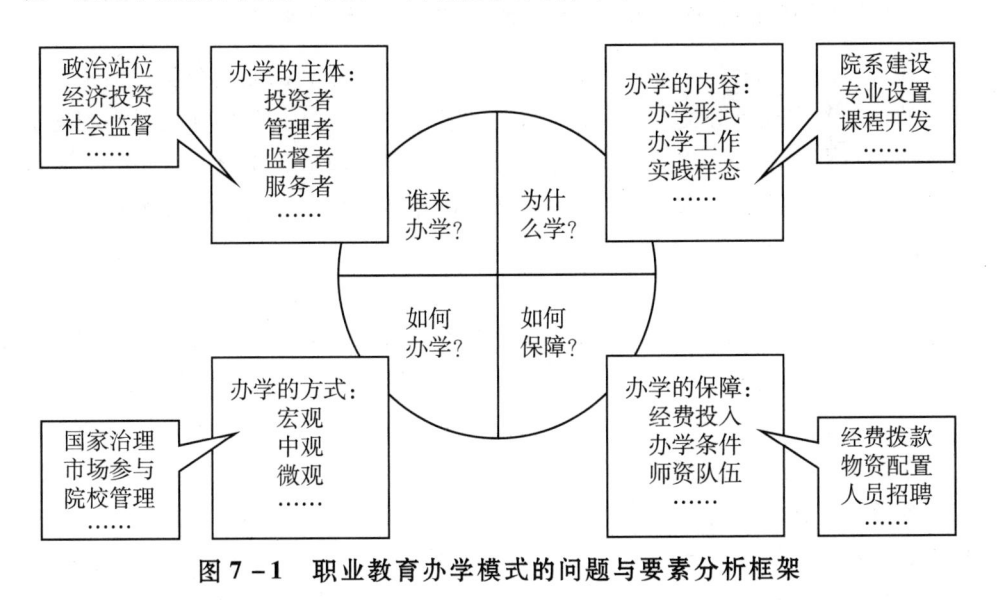

图7-1 职业教育办学模式的问题与要素分析框架

---

① Lowndes, V., Institutionalism, in Marshd, S., Theory and methods in political science (2nd), Palgrave Macmillan, 2002 (97), P. 107.

从图 7-1 中可以看出，职业教育办学模式的每个问题都涉及不同制度因素。其中，"谁来办学"是职业教育办学主体的问题，主要涉及谁是办学的投资者、管理者、监督者和服务者等问题。与此相关的制度因素有政治因素、经济因素以及文化因素等。"办什么学"则是职业教育内容的问题，主要包括职业教育办学的形式、办学工作和各类办学的实践样态，包括院系建设、专业设置、课程开发等相关工作，这里面的制度要素有社会文化、经济产业、技术发展等。"如何办学"则是职业教育办学方式的问题，如宏观层面，国家如何投资职业教育、如何委托教育的管理者和政策的执行者；中观层面，又有区域经济社会与职业教育的布局问题、区域间职业教育的合作问题、区域内职业教育的局部和规划等问题；微观层面，涉及职业院校的人才培养、课程改革、教学改革、实习实训等具体问题。这里面的制度因素也涉及政治层面、经济层面、文化层面，乃至于国际竞争的层面。"如何保障"则是职业教育办学模式改革的持续和深化问题，涉及如何在良好的制度环境、充分的资金投入、合理的师资队伍和标准的基础建设方面保障职业教育办学的稳步进行。这些问题也必然涉及政治、经济、文化等各类制度因素。因此，职业教育办学模式的制度环境在类型上可以分为规定、规范和文化—认知三个基本类型，但是，在具体的制度要素上，则大致可以分为政治、经济、技术、文化社会以及国际关系等要素形式。

（三）制度的结构：职业教育办学模式改革的五维环境

在人类的认知上，"规定、规范、文化—认知"是新的制度分类，但是，在传统的认知和实践的分类上，政治、经济、技术、文化社会与国际关系等制度形式可能是更具体和更亲切的认知。事实上，"规定、规范、文化—认知"的制度分类与政治、经济、技术、文化社会与国际关系等具体的制度形式在逻辑上具有内在的一致性，如图 7-2 所示。

从图 7-2 中可以看出，职业教育办学模式的制度环境在外在形式上可以分为政治环境、经济环境、技术环境、文化社会环境、国际关系环境五个类别。这五个类别是对"规定、规范、文化—认知"新制度主义分类的"通俗化"解读。一方面，政治环境、经济环境、技术环境、文化社会环境、国际关系环境五个类别都包括了"规定、规范、文化—认知"三类基本制度要素；另一方面，"规定、规范、文化—认知"三类基本制度要素也渗透在政治环境、经济环境、技术环境、文化社会环境、国际关系环境五个类别之中。在各类制度环境的关系上，第一，"规定、规范、文化—认知"三类制度要素是所有制度环境存在的基石，以"规定、规范、文化—认知"为基础，演化出教育环境的核心环境圈层，然后，教育环境镶嵌在政治环境、经济环境、技术环境、文化社会环境、国际关系环境之中。第二，政治环境、经济环境、技术环境、文化社会环境、国际关系环境五类环境之间相互渗透、相互关联，共同作用于职业教育办学模式的核心环境圈层。因此，"规定、规范、文化—认知"的制度分类与政治、经济、技术、文化社会与国际关系等具体的制度形式在逻辑上具有内在的一致性。

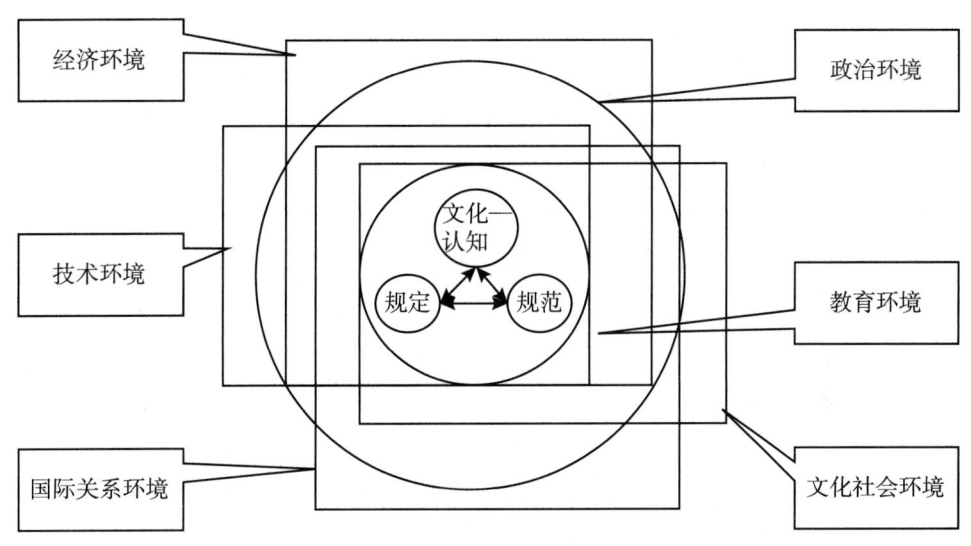

图 7-2 职业教育办学模式的制度环境类型结构

在实践上，政治环境、经济环境、技术环境、文化社会环境、国际关系环境这五类环境又可以分为更细致的环境要素，如表 7-1 所示。

表 7-1 职业教育办学模式五类制度环境要素列举

环境大类	制度因素	对办学的影响
政治环境	政治体制	***
	政策体系	***
	意识形态	*
	……	
经济环境	经济体制	***
	产业结构	***
	经济形势	
	……	

续表

环境大类	制度因素	对办学的影响
技术环境	技术创新	***
	技术发明	*
	……	
文化社会环境	文化传统	*
	社会矛盾	***
	……	
国际关系环境	国际竞争	**
	国家实力	*
	……	

从表7-1中可以看出，在政治环境、经济环境、技术环境、文化社会环境、国际关系环境这五类环境中，政治环境主要通过政治体制、政策体系等影响职业教育办学模式改革；经济环境通过产业结构、经济体制等影响职业教育办学模式改革；技术环境主要通过技术创新、技术发明等影响职业教育办学模式改革；文化社会环境主要通过文化传统、社会矛盾等影响职业教育办学模式改革；国际关系环境主要通过国际竞争、国家实力等因素影响职业教育办学模式改革。

二、制度运转与关系：职业教育办学模式制度环境的形态

新制度主义"三位一体"的制度体系解构了职业教育办学模式的场域空间及其"五位一体"的形式要素，在新的认知与理解渠道上提供了职业教育办学模式改革的社会语境。在存在的形式与样态上，职业教育办学模式以"多重嵌入"的方式存在于复杂的制度环境中，职业教育办学模式在嵌入中与制度环境发生互动，在互动中实现办学模式的变革。

（一）多重性嵌入：职业教育办学模式改革与制度环境的存在形式

嵌入（embeddedness）就是A卡入B的关系，两个或两个以上系统之间卡进与被卡进的关系就是嵌入。波兰尼（Polanyi, K.）指出："人类经济行为嵌入并

缠结于经济与非经济的制度之中。"[1] 在实践中，大多数人类行动几乎都嵌入在个人关系之中[2]。事物间的嵌入关系有结构性嵌入、认知性嵌入、文化性嵌入与政治性嵌入等多种模式[3]，但组织嵌入、制度嵌入和利益嵌入是嵌入关系的主轴[4]。职业教育办学模式与制度环境之间存在着"多重嵌入"：首先，学历职业教育是中国职业教育办学模式的主导形式，职业教育办学模式在具体层面还是以学校办学为核心，而学历教育、学校教育都在国家治理的框架体系中，因此，职业教育办学模式通过科层制的组织嵌入和制度嵌入存在于国家治理的制度体系中；其次，职业教育办学模式不仅仅是一种教育的行为，更多的是一个经济的问题，因此，职业教育办学模式又通过制度嵌入和利益嵌入存在社会网络结构之中；再次，职业教育办学模式内部，学校职业教育嵌入在国家技能形成体系之内，也就是说，学校职业教育的办学模式会受到校外职业教育办学的影响；最后，职业教育办学模式的多重制度环境：政治、经济、技术、文化社会、国家关系之间也是相互嵌入。

职业教育办学模式与制度环境的"多重嵌入"是人类经济社会、技术与生产力发展的必然结果。特别是到了智能化时代，随着信息技术的发展、经济与交易方式的转变，人与人、人与物的关系已经发生了根本性的变革，"小世界、无标度、择优连接、鲁棒性、脆弱性和社团结构等复杂性已经成为现代社会的重要特征。"[5] 因为物联网、大数据、"互联网＋"、AI 等技术的存在，人与人之间、物与物之间、人与物之间的关系和界限发生了重大变化。在网络结构的社会关系中，每个行动者（人或组织）与其他行动者的关系都会对行动者产生积极或消极的影响[6]。个体和组织通过社会关系确定他们在社会结构中的地位、身份与归属，进而形成个体与组织的社会文化符号及其资源获取能力、资源占有数量。职业教育办学模式比一般教育管理更具"社会性"，因为职业教育的根本使命在于多数

---

[1] ［英］卡尔·波兰尼：《大转型：我们时代的政治与经济起源》，冯钢、刘阳译，浙江人民出版社 2007 年版，第 5 页。

[2] Granovetter, M., Economic Action and Social Structure: The Problem of Embeddedness, *American Journal of Sociology*, 1985, 91 (3), pp. 481 – 510.

[3] Zukin, S. & Dimaggio, P., Structures of capital: The social organization of the economy, CUP Archive, 1990, pp. 979 – 996.

[4] Liefferink, J. D., The Dynamics of Policy Arrangements: Turning Round the Tetrahedron, In Arts, BJM; Leroy, P. (ed.), Institutional Dynamics in Environmental Governance, Springer Netherlands, 2006, pp. 45 – 68.

[5] 范如国：《复杂网络结构范型下的社会治理协同创新》，载于《中国社会科学》2014 年第 4 期，第 98~120 页。

[6] Spagnolo, G., Social Relations and Cooperation in Organizations, *Journal of Economic Behavior & Organization*, 1999, 38 (1), pp. 1 – 25.

量、高质量、高效率地完成高技术人才、技术工人、现代农民及其他劳动者的培养任务。职业教育又是一种跨界的教育，产业、行业、企业等很多教育系统之外的要素也属于职业教育办学模式的范畴。所以，职业教育办学模式连接了教育市场、劳动力市场，嵌入在"技术结构—产业结构—职业结构—就业结构—教育结构"的关系链中。因而，职业教育办学模式与制度环境的"多重嵌入"格局自然形成。

（二）嵌入中互动：职业教育办学模式改革与制度环境的运转关系

在"多重嵌入"的格局中，职业教育办学模式与制度环境之间依旧会发生各种互动。在实践上，职业教育办学模式与制度环境的互动是极其复杂的，因为制度体系和职业教育办学模式都是十分复杂的系统。但是，从抽象的角度来说，职业教育办学模式与制度环境之间的互动，可以归结为四种理论上的模式，如图7-3所示。

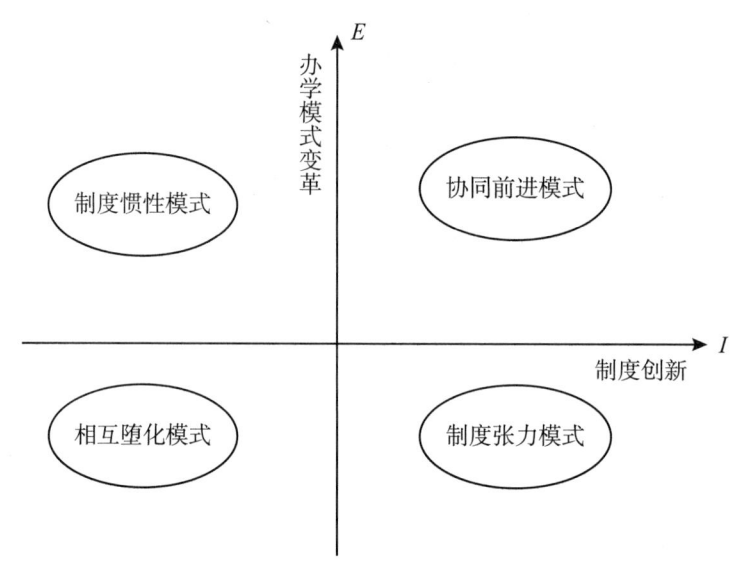

图7-3 职业教育办学模式与制度环境之间的互动模式

从图7-3中可以看出，职业教育办学模式与制度环境之间的互动关系，根据制度的创新程度（I）、职业教育办学模式变革（E）[①] 的匹配关系可以分为四种模式：第一种是协同前进模式，即职业教育办学模式与制度创新之间呈现出完全的正向匹配，也就是说，职业教育办学模式的改革程度大，制度创新的程度也

---

① 竖向坐标轴表示办学模式变革的新度。

比较大，这种模式是比较理想的职业教育办学模式变革制度环境，但并不是不存在，因为前沿的制度推动先进的变革在现实中是完全存在的。第二种是制度惯性模式，之所以称作制度惯性模式，是因为制度创新的程度受制度惯性的限制，制度创新不能匹配职业教育办学模式的需求，这种模式在现实中比较常见，例如，职业教育的产权制度变革一直没有彻底进行，混合所有制的职业教育办学模式几乎很难顺利实施。第三种是相互堕化模式，之所以叫相互堕化，是因为制度缺乏创新，职业教育办学模式也不变革，这种情况存在的可能性极小，因为制度总是在变革，职业教育办学模式也总是在发展变化的。第四种模式是制度张力模式，也就是说制度创新的力量强于职业教育办学模式变革的力量，制度创新的张力可以引领、推动职业教育办学模式的发展。制度张力模式是最常见的互动模式，现实情况中，国家制度创新、政策法规的制定，对于职业教育办学模式改革的引领和推动都是显而易见的。不过，虽然在理论上职业教育办学模式与制度环境之间存在四种互动模式，但在实践上，这四种模式并不是截然对立或者单独存在。事实上，除了相互堕化模式比较少见之外，大部分职业教育办学模式都是在协同前进模式、制度惯性模式和制度张力模式的共同作用下完成变革发展。

三、制度逻辑与变迁：职业教育办学模式制度环境的作用

制度变革是职业教育办学模式改革的重要原因，职业教育办学模式变革镶嵌在制度变迁的历史之中。正如维特根斯坦"规则悖论"所揭示的，"在规则的框架内，人们'一边玩儿，一边制定规则'，甚至'一边玩儿，一边改变规则'"[1]。因此，职业教育办学模式在多重制度环境的嵌入中，随着制度的变迁而不断演化。

（一）制度的逻辑：制度环境规约职业教育办学模式改革的行为

在制度被发现之前，人们始终认为技术进步、生产要素积累是促进经济增长和社会公平的关键所在，但随后人们发现社会公平与发展还依赖于制度的贡献[2]。制度的作用是不可估量的，在人类社会的进步发展与治理管理方面，制度都可以发挥重要的作用。因为"制度是一个社会的游戏规则，为决定人们的相互关系而

---

[1] ［奥地利］维特根斯坦：《哲学研究》，李步楼译，商务印书馆1996年版，第59页。
[2] Rutherford, M., Institutional Economic: Then and Now, *Journal of Economic Perspectives*, 2001, 15 (3), pp. 173–94.

人为设定的一些制约"①。职业教育办学模式改革在本质上依旧是一项社会实践，社会实践的核心就是人的行动。在多元的制度环境中，职业教育办学模式的行动受到制度环境的规约与影响：一方面，接受制度的规约与引领，随着制度变迁而不断演化；另一方面，职业教育办学模式也可能在与制度的摩擦中不断完善、不断改进，进而实现办学模式的升级与转型。所以，制度环境对职业教育办学模式的影响不是直接的，而是通过对各类职业教育办学行为的规约，进而实现对职业教育办学模式的影响，如图7-4所示。

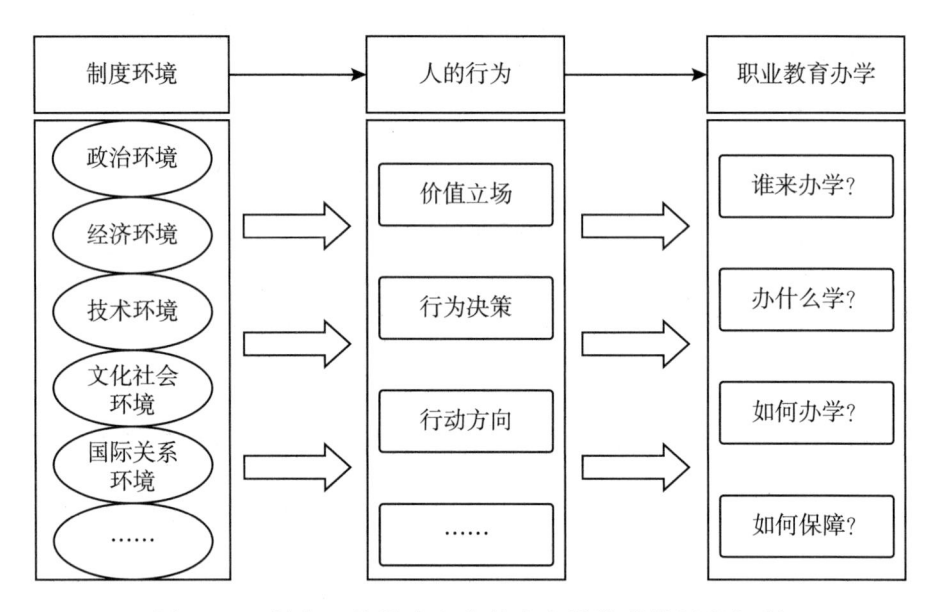

图7-4 制度环境影响职业教育办学模式的过程机制

从图7-4中可以看出，制度环境对各类职业教育办学行为的规约，进而实现对职业教育办学模式的影响。在宏观上，制度构成了人们在政治、社会和经济方面发生交换的激励结构，决定了社会演进的方式。在微观上，制度是制约人们行为的约束条件，为人类独立或相互行为提供框架，人类得以在制度框架中相互影响，确立合作与竞争的关系。在职业教育办学模式改革的过程中，不同主体、不同组织在动态规则之下的决策制定、价值立场、行动方式、政策与环境的相互作用等都是制度作用的结果。国家为职业教育办学模式改革提供合法性支持，职业院校和其他教育组织通过制度因素的排列组合影响社会结构形态，社会和第三方通过制度参与、舆论监督建立新的认知文化和制度环境。因此，制度影响着职

---

① ［美］道格拉斯·C.诺斯：《制度、制度变迁与经济绩效》，杭行译，上海人民出版社2014年版，第3页。

业教育办学模式改革的方方面面，新的经济形势在无形中规定了职业教育办学模式改革的发展方式，新的政策条款规范了改革的方向、标准与可能的行动，新形势与新政策共同规约了人们的认知与行动选择。

（二）制度的价值：制度环境影响社会技能形成的过程和办学实践

制度环境对职业教育办学模式的影响是全方位的，不仅仅影响学校职业教育的办学形态、培训职业教育体系，而是深入地影响到整个世界的技能形成体系。也就是说，职业教育办学模式之外的技能供给、技能匹配等，都在制度环境的影响下反过来影响职业教育的办学模式，如图7-5所示。

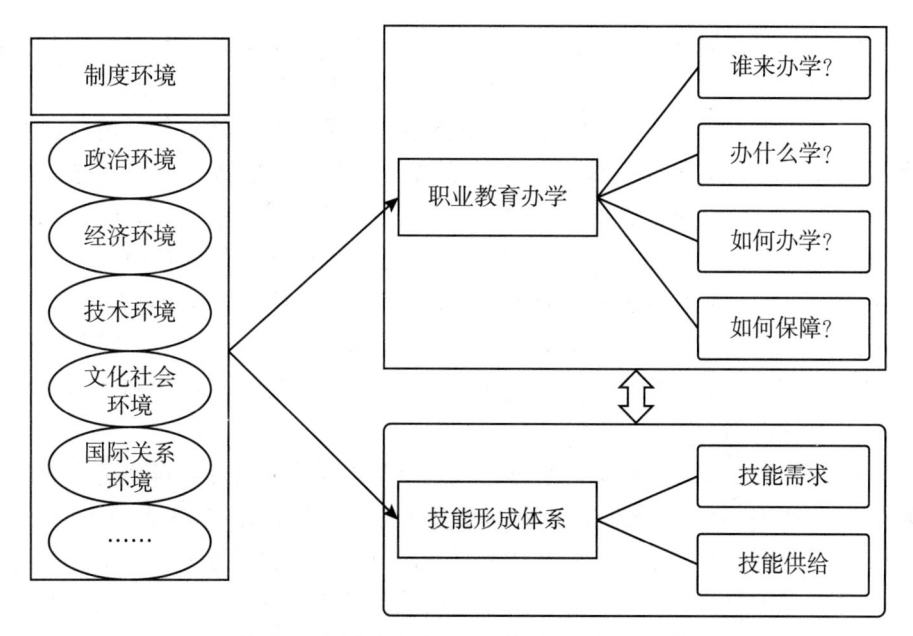

图7-5 制度环境影响技能形成体系与职业教育办学模式

从图7-5中可以看出，制度环境不仅影响学校职业教育的办学模式，而且还影响整个社会的技能形成体系，进而反过来影响职业教育办学模式的改革。从制度变迁的历史来看，职业教育办学模式改革的核心是技能的形成，但"技能形成实际上是一个社会建构的过程"[①]。中国职业教育的技能形成制度经历了清末民初行会制度中"从谋生到谋利"的工业化转型、20世纪30年代国家干预与行业自治之间的现代化改造、改革开放以前单位制的社会主义改造以及改革开放以

---

① 王星：《技能形成的社会建构——中国工厂学徒制变迁历程的社会学分析》，社会科学文献出版社2014年版，第247页。

后从单位制到市场体制的变革。如今，中国已经建立了世界最大的职业教育体系。在技能形成的社会建构的同时，国家的技能保护、制度变迁中的利益均衡以及制度之间的相互匹配成为职业教育办学模式改革成功的重要条件，而责任分担的技能投资制度、优势互补的技能供给制度、合理的技能资格认证制度、公平的技能使用制度和有效的社会合作制度等也是职业教育办学模式改革的重要基石。[①] 德国的合作式技能形成制度、新加坡国家主导的技能形成制度和美国的替代式技能形成制度的成功充分证明了制度变迁促进职业教育办学模式改革的事实。因此，职业教育的改革与发展就是制度变迁的过程与结果。

（三）嵌入性变革：制度变迁影响职业教育的发展进程和办学形式

教育变革嵌入制度变迁过程中，正如迈克·富兰（Fullan, M.）所言，教育变革就是"启动—实施—制度化"三部曲的"循环播报"[②]。在实践上，制度变革有三种样态[③]：一是社会规范层面，新社会行为准则与法规条文的诞生；二是社会关系层面，行动者（群体）之间的利益分配和博弈达到"平衡状态"的过程；三是文化—认知层面，新制度嵌入社会体系并实现合法性（legitimacy）的过程。旧制度的更迭和新制度的制度化是制度变迁和教育变革成功的关键，因为"良性变革的边际成本小于边际收益，制度变迁为教育变革不断增加报酬（increasing return），并得到正面和积极的回馈（positive feedback）"[④]。因此，从制度诞生之日起、从职业教育办学实践活动开始，制度就已经在影响和规约职业教育的办学模式及其变革。

事实上，制度变迁与职业教育办学模式改革之间的关系已经得到了历史的见证。"不同国家在职业教育与培训体系的重大差异可以追溯到 18 世纪末或 19 世纪初，独立工匠、产业工人以及技能密集型产业中的雇主三方之间所出现的战略互动，而相关国家政策以及三方互动所处的政治经济环境是职业教育技能形成的制度基础。"[⑤] 实践证明，不同国家的职业教育格局（技能形成体系）与各国制度供给有着密切的联系，英、法、德三国职业教育与培训体系是一个顺从历史渐

---

① 李玉珠：《技能形成制度的国际比较研究》，社会科学文献出版社 2018 年版，第 198 页。
② Fullan, M., The new meaning of educational change (4th ed.), Teachers College Press, 2007, P. 65.
③ 罗燕、叶赋桂：《2003 年北大人事制度改革：新制度主义社会学分析》，载于《教育学报》2005 年第 6 期，第 14～22 页。
④ Pierson, P., Increasing Returns, Path Dependence, and the Study of Politics, *The American Political Science Review*, 2000, 94 (2), pp. 251–267.
⑤ 凯瑟琳·西伦：《制度是如何演化的——德国、英国、美国和日本的技能政治经济学》，王星译，上海人民出版社 2010 年版，第 27 页。

次展开的连续演化过程,从中世纪至今,仍然没有完结①。历史的经验已经表明,制度变迁影响职业教育的发展进程中,影响着职业教育办学模式的变革。这种发展的路径如图7-6所示。

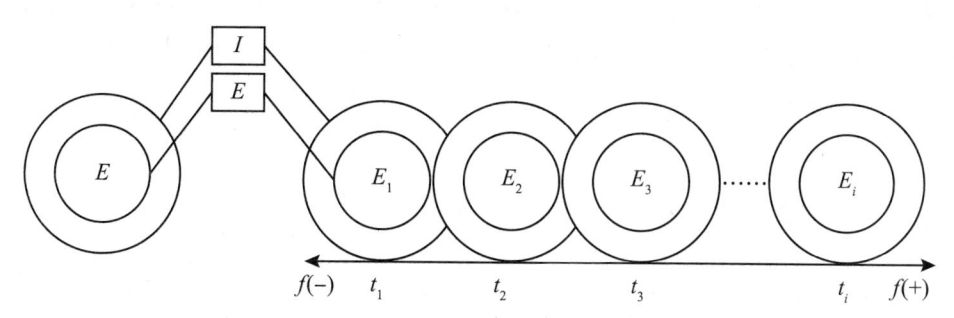

图7-6 职业教育办学模式在制度变迁中演化

从图7-6中可以看出,职业教育办学模式(E)嵌入在制度环境(I)之中,在理想的情况下,职业教育办学模式与制度环境之间应该是"协同共进模式",从t_1逐渐发展演化,经历t_2、t_3等不同阶段的变革,一直发展到t_i。但是,实际的情况并不是这么简单,因为制度和职业教育办学模式之间并不都是"步调一致"。首先,制度本身会随着社会环境的变化而不断变化,因为制度设计若不能成功地嵌入社会结构之中就会遭遇到强烈的"排异反应"②。其次,制度环境与职业教育办学模式之间也会受到制度张力($f(+)$)和制度惯性($f(-)$)的共同作用。一方面,办学模式在制度变迁张力的牵引下,不断创新发展;另一方面,在制度惯性的摩擦中,又有守旧顽固与不适应的一面。最终,在制度的张力与惯性中,职业教育办学模式实现了渐进式变革。因此,职业教育办学模式制度在"多重嵌入"中不断适应制度变化,进而实现办学模式的创新与变革。

第二节 职业教育办学模式改革多重制度环境的现状分析

职业教育办学模式在制度环境的"多重嵌入"中实现了嵌入式的演化,但是,在特定的历史阶段,职业教育所处的制度环境是相对稳定的。因此,职业教

---

① 刘晓、陈志新:《英、法、德三国职业教育与培训体系的发展演变与历史逻辑——一个历史制度主义视角的分析》,载于《外国教育研究》2018年第5期,第104~116页。
② 李汉林、渠敬东、夏传玲:《组织和制度变迁的社会过程——一种拟议的综合分析》,载于《中国社会科学》2005年第1期,第94~108页。

育办学模式的改革方向需要立足于特定时期的政治、经济、技术、文化社会和国际关系环境。一是具体分析制度环境中的重要环境特征与现实情况，明确职业教育办学模式制度环境的现实基础；二是重点分析制度环境中对职业教育办学模式影响最大的制度因素，探究这种因素对职业教育办学模式的张力与惯性；三是在重要因素之外，特别关注某一类制度环境因素的不足，分析这种不足对职业教育办学模式的影响。

一、政治环境：政治体制、政策体系与职业教育办学模式

政治环境是影响职业教育办学模式的首要制度环境。因为在世界范围内，职业教育办学都是政府的责任，而且政治环境可以影响经济、技术、文化社会与国际关系。因此，政治环境是影响职业教育办学模式改革的第一制度因素。

（一）政治环境影响职业教育办学模式的方式

政治环境是一个宏大的制度体系，其中，政治体制、政策制度是影响职业教育办学模式最主要的因素。一方面，政治体制、政策体系可以直接决定、规定职业教育的办学形式、办学规模、办学方向、办学经费等；另一方面，政治体制、政策制度等因素也可以通过国家政治工具，影响经济、技术、文化社会与国际关系，特别是通过政治决策影响市场经济、劳动就业等，这对于职业教育办学模式改革而言是关键性的序参量。实践已经证明，不同国家的政治制度与产业关系决定了各国不同职业教育系统的建立和发展。[①] 如表7-2所示，不同的政治体制会形成不同的职业教育办学模式。

表7-2　　　　　　政治体制与职业教育办学模式

		国家结构形式	
		单一制	联邦制
政党制度	多党制	大法团主义（丹麦）	行业法团主义（德国）
	两党制	多元主义（英国）	多元主义（美国）

资料来源：马凯慈、陈昊：《政治制度、产业关系与职业教育的起源与发展——基于西方国家的比较研究》，载于《北京大学教育评论》2016年第3期，第2~21页。

---

① 马凯慈、陈昊：《政治制度、产业关系与职业教育的起源与发展——基于西方国家的比较研究》，载于《北京大学教育评论》2016年第3期，第2~21页。

表7-2表明，政治体制影响了职业教育办学形式。首先，多党的单一制国家容易形成国家层面统合，即大法团主义，建立起以学校为主、培养产业特定技能的职业教育系统；多党的联邦制国家易形成行业层面统合，即行业法团主义，建立起培养企业特定技能的、以公司内部培训为主的学徒制系统；两党制国家易于形成多元主义的产业关系，职业教育以培养通用技能为主，并被纳入普通中学教育中。其次，政治体制也影响国家经济社会的产业结构。中国、美国、俄罗斯三个国家不同的政治体制形成了不同的经济体系与产业结构，也形成了各自的职业教育办学模式。俄罗斯计划经济失败、中国由计划经济向市场经济的转型、美国政治经济的强烈自由主义倾向，使得这三个国家不具备作为协调型市场经济国家特征的、致密的协调制度，例如强制参与的商会、集权化的行业工会组织、强有力的行业协会以及双元制教育的传统。[①] 最后，政策制度也是影响职业教育办学模式的核心因素。职业教育要保持长期可持续发展，各级政府不仅要在思想上高度重视，更要制定和完善相关政策。[②] 因此政策制度从法律赋权的角度规范了职业教育办学的方方面面，进而影响了职业教育办学模式的改革。

（二）中国职业教育办学模式政治环境的现状

新中国成立以来，始终坚持工人阶级政党的领导，因而，在政治体制上，中国是工人阶级领导的、以工农联盟为基础的人民民主专政的社会主义国家。党和国家一直重视发展职业教育，多次发文强调"大力发展职业教育"。特别是改革开放以来，中国从计划经济体制走向了社会主义市场经济体制，中国职业教育更是得到了飞速的发展。从1996年《职业教育法》开启有法可依的时代开始，2002年发布的《国务院关于大力推进职业教育办学模式改革与发展的决定》、2005年发布的《国务院关于大力发展职业教育的决定》等政策带给了职业教育一个又一个发展的"春天"。在《中共中央关于全面深化改革若干重大问题的决定》发布之后，《关于深化教育体制机制改革的意见》也开启了教育领域内的全面改革。党的十九大要求"完善职业教育和培训体系，深化产教融合、校企合作"。"职教20条"、《关于实施中国特色高水平高职学校和专业建设计划的意见》（简称"双高计划"）、《高职扩招专项工作实施方案》（简称"扩招100

[①] 取代这些制度的是劳动力和教育的市场，这些市场容忍相当大程度的无效率，表现为雇主面临填补空缺的高技能工作岗位的极大困难、众多个人缺乏在劳动力市场中制胜的技能。参见：托马斯·雷明顿、杨钋：《中、美、俄职业教育中的校企合作》，载于《北京大学教育评论》2019年第2期，第2～25页。

[②] 刘春生：《发展职业教育需要良好政策环境》，载于《中国高等教育》2001年第19期，第45～46页。

万")和《职业技能提升行动方案(2019~2021年)》(简称"技能提升行动")等职教政策密集发布,职业教育办学模式改革迈进了新的历史阶段。在众多政策中,《关于深化教育体制机制改革的意见》《中国教育现代化2035》是宏观的职业教育办学模式改革政策意见,《关于全面深化新时代教师队伍建设改革的意见》是教师队伍建设的专项改革政策,而"职教20条""双高计划""扩招100万"和"技能提升行动"是与职业教育办学模式改革密切相关的政策。这些政策对职业教育办学模式的影响显而易见,如图7-7所示。

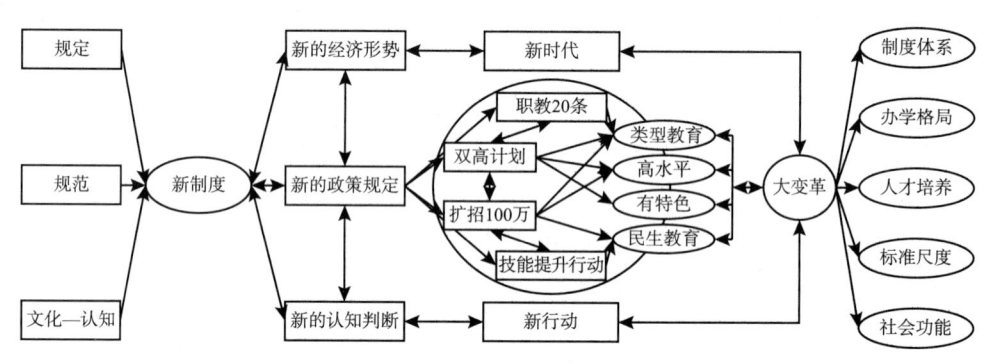

图7-7 职业教育办学模式改革的政策分析框架

党和国家一系列政策文件为新时代职业教育办学模式改革发展指明了方向。"职教20条"从制度框架、国家标准、育人机制、办学格局和政策保障等7个方面20个具体点设计了国家职业教育办学模式改革的内容体系,坚定了办好类型职业教育的理想,规划了职业教育从类型化到现代化的发展战略。"双高计划"根据"职教20条"的政策精神,从"高水平""有特色"的要求出发设计了优秀高职院校和专业群的发展路径。"扩招100万"全面落实2019年《政府工作报告》关于高职扩招的会议精神,拟通过扩大高职院校对退役军人、下岗失业人员、农民工、新型职业农民等社会人员的招生和培训教育,缓解就业压力、解决高技能人才短缺的现实问题,也通过扩大受教育的机会,让更多人共享教育公平,实现人生价值。"技能提升行动"通过各类职业技能培训,全面优化国家人力资本,释放人口红利,夯实经济发展的人才与技能基础。因此,在新的经济形势下,党和国家应时而变,通过政策规定明确了职业教育办学模式改革发展的新目标、新要求与新方向:一是从层次到类型,明确了职业教育类型化发展的新方向;二是从优秀到卓越,在国家示范校和国家骨干校之后,又启动了中国高职教育特色发展、高水平发展的战略规划;三是从大众到普及,通过扩大招生普及高等教育,进而提升并稳定就业;四是从知识到技能,通过技能提升行动打造知识型、技能型和创新型的新时代劳动者队伍。

(三) 中国职业教育办学模式政治环境存在的问题

中国职业教育的改革多是依靠国家自上而下推动的"设计模式"①,多年以来,在国家政策和项目制的推动下,中国职业教育改革成效显著,职业教育办学模式改革取得了一定的成效。但是,中国职业教育办学模式依旧存在着政治环境上的局限:一是"国家呼吁大力发展职业教育,但是职业教育却在整个教育体系中处于边缘地位"②。职业教育始终没有获得应有的国民教育身份待遇,或者说,国家想要赋予职业教育的政治身份与社会地位并没有实现。二是职业教育类型化改革必须在吸引力问题、驱动力问题、导向性问题、策略性问题和品质性问题上找到平衡③,职业教育办学模式改革需要政治体系的支持与顶层设计,围绕"职教 20 条",还需要有配套的政策支撑。三是职业教育政治制度体系的建设、政策工具的使用还有待完善。职业教育改革的政策文件使用了丰富多元的政策工具,但存在以下不完善之处:配置组合形式单一;过于强调权威工具和能力工具,忽略激励工具、象征规劝工具和系统变革工具;同一类型不同政策工具的使用偏好差异较大;不同政策领域和同一政策领域内不同政策主题的政策工具使用差异较大;不同政策领域使用的政策工具侧重点不一。面对这些问题与不足,职业教育办学模式改革的政治环境需要跟进优化,确保制度张力引领改革,而不是制度惯性阻碍职业教育办学模式的变革。

二、经济环境:产业结构、经济形势与职业教育办学模式

职业教育与经济的联系十分紧密。事实上,"职业教育办学模式的问题不仅是一个教育的问题,更是一个经济的问题"④。因而,经济环境对职业教育办学模式的影响十分关键。

---

① 徐国庆:《职业教育发展的设计模式、内生模式及其政策意义》,载于《教育研究》2005 年第 8 期,第 58~61 页。
② 俞启定:《论制约中国职业教育发展的主要矛盾》,载于《国家教育行政学院学报》2017 年第 8 期,第 77~83 页。
③ 李鹏、石伟平:《中国职业教育类型化改革的政策理想与行动路径——〈国家职业教育改革实施方案〉的内容分析与实施展望》,载于《高校教育管理》2020 年第 1 期,第 106~114 页。
④ 石伟平、郝天聪:《从校企合作到产教融合——中国职业教育办学模式改革的思维转向》,载于《教育发展研究》2019 年第 1 期,第 7~15 页。

（一）经济环境影响职业教育办学模式的方式

在经济制度中，经济体制、产业结构与经济形势是影响职业教育办学模式的核心因素。经济环境通过影响产业结构、经济形势，进而影响劳动力市场，通过经济性的变化，打破技能与产业的匹配，进而影响职业教育的发展和办学模式改革。

第一，产业结构会影响职业教育的结构与保障支撑体系。西方过去的经验已经表明，产业系统对职业教育系统的影响主要有三个方面[①]：影响技能培训的模式与培训知识的范围、影响技能的属性（通用技能或特定技能）、影响技能培训的等级与政府财政补贴的力度。

第二，经济结构会影响职业教育的办学水平与层次。因为职业教育形态是嵌入在特定经济体系中的，产业形态与职业教育发展之间存在紧密的支撑关系[②]。具体说来，以高端制造业为主体的产业形态对职业教育要求最高，它的形成必须有高水平职业教育的支撑；以高端制造业为主体的产业形态同时还需要以协调性市场经济运行模式为基础，在自由化市场经济运行模式中，这种产业形态难以存在；高水平职业教育的形成也需要以协调性市场经济运行模式为基础，因为它需要这种制度体系推动企业参与职业教育。

第三，经济形势、产业结构的变化会影响国家职业教育的战略选择。《世界银行发展报告2019》分析发现，自1991年以来工业就业比例下降10%或以上的国家包括葡萄牙、新加坡和西班牙。1991~2017年，低收入国家工业就业在就业总量中所占的比例一直在10%左右徘徊。中等偏上收入国家的这一比例也比较稳定，在23%左右徘徊。同期中等偏下收入国家的劳动力工业就业的比例上升了，从1991年的16%增加至2017年的19%。[③] 相应地，这些国家在职业教育的办学上表现也不算优秀，特别是职业教育与培训体系打破了技能与经济需求之间的匹配关系，造成制度供给脱轨。因而，技能供给不足、失业率增长、贫富差距扩大等系列不良影响随后而至。同时，这些不良的社会效应又再次反作用于职业教育办学模式。如此，很多国家就陷入了经济发展与职业教育办学之间的恶性循环。

---

① 马凯慈、陈昊：《政治制度、产业关系与职业教育的起源与发展——基于西方国家的比较研究》，载于《北京大学教育评论》2016年第3期，第2~21页。
② 徐国庆：《中国二元经济政策与职业教育发展的二元困境——经济社会学的视角》，载于《教育研究》2019年第1期，第102~110页。
③ 世界银行集团：《2019年世界银行发展报告：工作性质的变革》2019年，第5页。

(二) 中国职业教育办学模式的经济环境现状

中国经济发展创造了世界经济史上的众多"神话",也完成了很多世界经济史上的"不可能"。自从中国开始建立与世界各国的经济往来、拥抱市场机制,并积极接纳全球最佳实践以后,中国经济便迈入了腾飞阶段。根据《麦肯锡2019中国报告》的统计,"按购买力平价计算,中国在2014年已经成为全球第一大经济体;按名义GDP总量来计算,中国在2018年已达到美国的66%,成为全球第二大经济体"[①]。2018年中国的GDP约占全球总量的16%。放眼国内,1978年,中国家庭人均可支配收入城市是332元,农村是165元,发展到2019年,全国居民人均可支配收入中位数已经接近2.7万元[②]。

党的十九大报告指出:"我国经济已由高速增长阶段转向高质量发展阶段,正处在转变发展方式、优化经济结构、转换增长动力的攻关期,建设现代化经济体系是跨越关口的迫切要求和我国发展的战略目标。"如今,中国特色社会主义进入了新时代,社会经济形势和基本矛盾都发生了根本性的变化。一方面,经济社会发展转型,由高速增长阶段转向高质量发展。在产业结构上,国家选择了以高端制造业为核心的产业形态。但中国制造业整体仍处于全球产业的低端,核心和关键技术的对外依存度高达50%~60%,新产品开发70%依靠外来技术[③]。在经济发展速度上,2018年国内GDP增速仅有6.6%,2019年政府工作报告把2019年度GDP增长目标仅设定为6%~6.5%。如今,稳定和扩大就业是追求增长质量背景下必须解决的大问题。但是在劳动就业上,中国劳动年龄人口比率从2010年起开始下降,劳动年龄人口绝对数量从2011年开始趋于稳定,2022年以后将大幅度减少[④]。如今,技术变革与劳动力市场失衡,企业裁员和招工难、"有人没活干"和"有活没人干"并存。2018年求人倍率始终保持在1以上,四季度为1.27,高技能人才的求人倍率一直都大于2[⑤]。

在中国经济转型的过程中,产业升级及产业转移也使中国区域经济版图正发生结构性变化,东部地区向中西部地区产业梯度转移趋势愈加明显,这必将带动

---

① 《麦肯锡2019中国报告(完整版)》,2020年3月18日,http://m.sinotf.com/News.html。

② 《2020年,中国打赢两场硬仗,背后的企业力量》,2020年2月27日,https://m.hexun.com/company/2020-02-27/200433725.html。

③ 眭依凡:《关于"双一流建设"的理性思考》,载于《高等教育研究》2017年第9期,第5~12页。

④ 蔡昉:《21世纪中国经济增长如何持续?》,2020年2月18日,https://www.zhangqiaokeyan.com/academic-journal-cn_political-engineer_guide_thesis/0201261755991.html。

⑤ 陈秋明:《牢牢把握职业教育的就业导向》,载于《中国高教研究》2019年第4期,第3~4页。

劳动力这一核心生产要素的流动①。当前，中国东部沿海地区产业向中西部地区转移步伐加快，其中既有中西部地区要素成本相对低廉所带来的集聚效应，又有东部沿海地区为降低企业生产成本、缓解产能过剩的压力，而加快产业转型升级所带来的挤出效应②。中国产业转移总体呈以下趋势③：一是劳动密集型产业的转型占有重要地位；二是能源密集型产业向西部聚集；三是资本密集型产业开始大规模向西部转移；四是技术密集型产业转移放缓。面对这些变化，需要因势利导，不断转变职业教育的办学模式，更新专业结构与课程体系，深化产教融合与校企合作。

（三）中国职业教育办学模式经济环境存在的问题

2008 年爆发的金融危机将使全球经济格局长期处于深度调整中，世界经济在较长一段时间内将保持中低速增长态势。国际货币基金组织预计"十三五"时期全球经济和贸易平均增速将维持在 3.4% 和 5.6% 左右，明显低于国际金融危机前 5 年 3.7% 和 8.3% 的平均水平。④ 中国自身的经济发展也面临着重大的问题与挑战：

第一，尽管过去 40 年中国制造业取得了突出成就，但与美国、日本、德国等制造业先行强国相比，仍存在着较大的差距。特别是与职业教育紧密相关的制造业，数据显示，2017 年中国制造业劳动生产率仅 24 711.56 美元/人，美国、日本、德国和韩国分别是中国的 5.7 倍、3.2 倍、3.7 倍和 3.4 倍，如表 7-3 所示。

表 7-3　中国、美国、日本、德国和韩国的制造业的生产效率比较

国家	制造业劳动生产率（美元/人）	高技术产品贸易竞争优势指数	单位制造业增加值的全球发明专利授权量（项/亿美元）	制造业研发投入强度	制造业单位能源利用效率（美元/千克石油当量）
中国	24 711.56	0.07	6.67	1.98	5.99
美国	141 676.53	0.67	15.08	2.58	8.83
日本	78 895.00	0.82	12.96	3.36	11.97

---

① 冉云芳、石伟平：《产业转移视野下职业教育东西部合作办学的策略思考》，载于《中国高教研究》2015 年第 2 期，第 95~98 页。

② 傅允生：《产业转移、劳动力回流与区域经济协调发展》，载于《学术月刊》2013 年第 3 期，第 75~81 页。

③ 《中国新一轮区域产业转移呈现四大趋势》，2013 年 5 月 19 日，http://news.xinhuanet.com/fortune/2013-05/19/c_115823709.htm。

④ 张亚雄、张晓兰：《从"十三五"时期国际经济环境看中国经济发展面临的机遇与挑战》，载于《经济纵横》2015 第 11 期，第 11~17 页。

续表

国家	制造业 劳动生产率 （美元/人）	高技术产品 贸易竞争 优势指数	单位制造业增加 值的全球发明专利 授权量（项/亿美元）	制造业研发 投入强度	制造业单位 能源利用效率 （美元/千克石油当量）
德国	90 796.81	0.88	6.02	3.05	12.56
韩国	83 847.76	0.59	5.99	3.67	7.89

资料来源：吕铁、刘丹：《制造业高质量发展：差距、问题与举措》，载于《学习与探索》2019年第1期，第117~123页。

第二，中国经济格局的不均衡与区域差距问题显著。尽管中国整体经济发展放缓，但是"诸侯经济"则迎来了新的格局。在全球经济缓慢复苏的大背景下，中国经济难以实现两位数增长且将面临一系列挑战，但中国消费结构和产业结构升级将带来巨大需求潜力，工业化、城镇化、农业现代化正在形成一些新的经济增长点，"一带一路"建设和京津冀协同发展、长江经济带战略的布局和实施也将继续释放巨大潜能，同时也会进一步加剧区域差距。

第三，与职业教育密切相关的实体经济发展挑战严峻。中国实体经济发展面临六大挑战，分别是内需基础弱化、外需力度下降、生产成本上涨、税负偏重、投资收益率降低以及房地产泡沫化对实体经济多方面的挤压与侵蚀等[1]。面对这些问题与挑战，职业教育办学模式需要深化改革，勇挑振兴中国经济、服务高水平就业的时代重担。

三、技术环境：技术创新、工作变革与职业教育办学模式

技术水平是人类生产方式进步的重要表征。虽然人类经常用政治、经济、文化、社会等尺度来衡量一个国家或地区的发展水平，而较少运用技术的尺度，但事实上，技术因素是政治、经济、文化、社会等制度得以发展的基础。因此，技术环境是影响职业教育办学模式改革的重要制度因素。

（一）技术环境影响职业教育办学模式的方式

技术水平代表着一个社会的生产力水平，因而也会形塑一个社会的经济结构，进而影响劳动力市场，影响职业教育办学模式。在技术要素中，技术创新、技术升级与变革是重要的制度因子，这种变化最直接的影响就是推进职业工作的变革，以

---

[1] 王佳宁：《顺势神州何高远 重民国事贯我胸——"十三五"期间的中国经济增长——改革传媒发行人、编辑总监王佳宁对话九位经济学者》，载于《改革》2015年第1期，第5~40页。

此影响职业教育办学模式的变革。从蒸汽机技术引发的第一次工业革命，到内燃机技术催生的第二次工业革命，再到以电子信息技术为核心的第三次工业革命，每一次工业革命都以新技术的产生和推广为开端。在第四次工业革命背景下的智能化时代，新技术仍然是工作世界、产业结构变革的起点，这些变化也引发了职业教育办学模式的变革。所以，技术的变革会影响职业教育办学模式的升级与转型[1]。在农业时代，人类工作世界处于原初生产力水平，使用简单的工具，以族群为单位从事种植、狩猎和采集活动；这时期出现了家庭传承制，技能由父母传至孩子。在手工业时代，剩余食物的积累促使一部分人能够在农业以外的领域工作，社会与文化开始专业化，出现了劳动分工，工作世界处于手工劳动的生产力水平，使用相对专业的工具，以作坊为单位从事手工艺品的制作活动；这时期出现了传统学徒制，技能由工匠授予学徒。在工业时代，工作世界处于机器大生产的生产力水平，机器具备了超越人力的动力，以工厂为单位从事生产活动；流水线的分工合作产生了对大批具有基本文化和职业技能的工人的需求，学校形态的职业教育应运而生。

  事实上，技术对生产方式的影响源于技术对工作岗位、工作能力与工作性质的改变。技能创新、技术升级引发的职业替换与职业补充、劳动力需求总量减少与结构性短缺等问题共同构成了工作世界变革的整体表征[2]。麦肯锡全球研究院的研究报告指出，未来将有5%的职业在技术变革中完全被机器取代，49%的工作内容有被机器取代的风险，60%的职业中至少30%的工作内容将会被机器替代[3]。美国学者奥特（David H. Autor）通过梳理和对比美国1940~1980年和1980~2010年的职业变化情况发现，新职业或工作岗位能够增加收入和补充劳动力需求[4]。德国劳动力市场与职业研究所近期发布报告指出，到2030年将有146万个岗位消失，同时将产生140万个新岗位[5]。如今，智能化生产系统对技术技能人才工作模式有五个根本性影响，即工作过程去分工化、人才结构去分层化、技能操作高端化、工作方式研究化及服务与生产一体化[6]。来自工作世界的信息

---

  [1] 唐智彬、石伟平：《生产方式发展与职业教育办学模式变迁》，载于《河北师范大学学报（教育科学版）》2013第5期，第65~70页。

  [2] 肖龙：《智能化时代工作世界的变革与高职教育的应对——基于社会技术系统理论的分析》，载于《高等工程教育研究》2019年第3期，第130~136页。

  [3] Bughin, J. & Manyika, J., Woetzel J., A future that works: Automation, employment, and productivity, McKinsey Global Institute, 2017, pp. 1–28.

  [4] David H., Why are there still so many jobs? The history and future of workplace automation, *Journal of Economic Perspectives*, 2015, 29(3), pp. 3–30.

  [5] 中国驻德国大使馆教育处：《德权威机构发布〈数字化对2035年劳动力市场影响〉报告》，载于《世界教育信息》2018年第11期，第80~81页。

  [6] 徐国庆：《智能化时代职业教育人才培养模式的根本转型》，载于《教育研究》2016年第3期，第72~78页。

有利于理解职业教育的本质①，关于工作要素与意义的信息决定了学习者就业后在工作世界中需要具备的知识与技能，进而决定了职业教育的目标、内容、方式等。因而，职业教育办学需要在专业群建设、课程体系、人才培养模式等方面进行深度的系统变革，以不断适应信息技术与智能化革命所带来的挑战与冲击。

（二）中国职业教育办学模式技术环境的现状

在信息化时代，地球已经变成了"地球村"，如今，在智能化时代，中国所处的技术环境已经深深地嵌入全球技术创新的时代环境中。因此，全球技术创新的动态就是中国职业教育办学模式的技术环境的现状。根据《全球趋势》预测，大数据、社交网络等信息技术，3D 打印、机器人等自动化与制造技术，生物能源等资源技术以及医疗卫生技术等技术领域的变革，或将成为引领新一轮技术革命的突破口②。今天，物联网技术、大数据、人工智能等新技术已经成智能时代的"技术丛林"。从科技竞争的领域来看，全球各国纷纷将科技创新的目光聚焦在人工智能、先进制造业、半导体、量子信息科学和 5G 等决定未来经济发展的关键技术上③。虽然在以上领域具有优势的国家开始对本国的技术实行保护，但是"科学没有国界"，技术在全球范围内的传播速度非人力所能控制。

产业结构升级的根本动力和关键途径是技术进步④。在全球范围内，发达国家的技术创新生态各有所长：美国更加注重创新集群主导的生态系统建设；以色列则是政府主导的风险投资体系稳健推动创新发展；德国关注稳定而持续的创新基础。而中国在将创新定位为国家的核心发展战略之后，不断开放市场，通过持续加强人才和技术投入，使得中国的科技创新能力稳步增长。具体来说，在中国创新生态城市排名中，各城市根据分数可划分为三个梯队。第一梯队中，一线城市北京、上海、深圳继续保持领先地位，杭州异军突起，超越广州排名第四；第二梯队中，南京、成都、武汉排名更为靠前；第三梯队中，以政策导向推动创新生态取得突破的城市为主，如东莞、佛山、珠海以及贵阳⑤。这种新的技术创新生态布局对于职业教育办学模式来说，一方面需要根据技术发展的方向选择专业与办学方向，另一方面，也需要在区域层次优化布局，避免职业教育办学模式的重复性，凸显职业教育办学的区域特色。

---

　　① 徐国庆：《职业教育原理》，上海教育出版社 2007 年版第 43 页。
　　② 张亚雄、张晓兰：《从"十三五"时期国际经济环境看中国经济发展面临的机遇与挑战》，载于《经济纵横》2015 年第 11 期，第 11~17 页。
　　③ 德勤中国：《中国创新崛起》2019 年，第 1 页。
　　④ 张晖明、丁娟：《论技术进步、技术跨越对产业结构调整的影响》，载于《复旦学报（社会科学版）》2004 年第 3 期，第 81~85 页。
　　⑤ 德勤中国：《中国创新崛起》2019 年，第 1 页。

技术变革影响产业结构，而技术正在重塑工作所需要的技能[1]。新技术具有"创造性破坏"的作用，技术创新可有效推动经济结构变革，实现旧结构不断破坏和新结构不断创造[2]，如图7-8所示，在技术创新的时代，工业就业与劳动力总量呈现出负相关的变化。因此，职业教育办学模式需要充分考虑技术变革对工作岗位能力、素养要求的变化，洞悉劳动力市场对技能水平与层次的需求变化，根据技能需求的变化，调整职业院校与职业培训的技能供给，特别是在职业教育办学中的职业知识传授与技能培训，实践能力与相关经验的针对性培养，加强职业教育校企合作、产教融合，有效培养技术变革时代的职业技术人才，力求实现技能供需匹配。

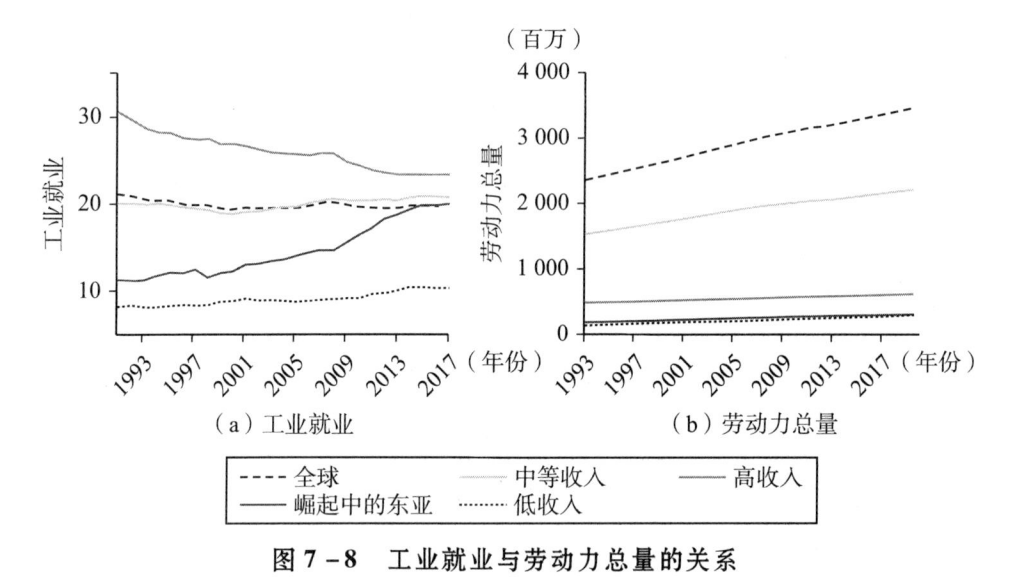

图7-8 工业就业与劳动力总量的关系

注："崛起中的东亚"包括柬埔寨、印度尼西亚、老挝、蒙古国、缅甸、菲律宾、泰国和越南。

资料来源：《2019年世界发展报告》工作组根据世界银行的世界发展指标（数据库）总结得到。

（三）中国职业教育办学模式技术环境存在的问题

不可否认的是，近些年来中国在技术环境的变革上成就显著，不仅出现了华为、腾讯、阿里巴巴等众多高新技术巨头，而且还在贵州省这样的贫困省启动了"云上贵州"的突破性改革。在传统的制造业方面，"中国制造"已经成为一个

---

[1] 世界银行集团：《2019年世界银行发展报告：工作性质的变革》，第5页。
[2] ［美］约瑟夫·熊彼特：《经济发展理论》，杜贞旭译，商务印书馆2000年版，第66页。

符号,正在从"代理工厂"转变为"中国品牌"和"世界商标",格力空调、海尔洗衣机、长城汽车等中国制造已经登上了世界舞台,这对职业教育的发展具有重要的积极影响。但是,我们也必须看到中国职业教育办学模式的技术环境存在着三个方面的巨大不足:

一是高新技术的自主创新能力和知识产权保护不到位。如今的新兴技术还处于发展初期,取代传统产业需要一个较长期的过程。在全球经济再平衡背景下,未来各国资源要素禀赋优势和全球供需结构将进一步推动全球产业格局发生深刻变化,各国正在进行更高层次的角逐,抢占高端制造业制高点。然而,中国芯片等问题的出现,反映了中国在关键领域、核心技术的自主创新与开发上还有一定的差距。与此同时,国内知识产权的保护意识与制度规范不到位,影响了中国高新技术的高水平发展。

二是技术"下沉"不够,技术的推广与应用能力还有待增强。虽然有很多的技术发明与创造申请了专利,但真正运用到实践中则是另外一回事。数据统计表明,2018年我国有专利申请企业较上年新增6万家,对国内发明专利申请增长的贡献率达到73.2%。国家知识产权局的数据显示,2018年中国发明专利、实用新型专利以及外观设计专利三种专利申请量总数达432.3万件,同比增长了16.9%(如图7-9所示)[①]。但是,这些技术并没有非常充分地运用到生产实践中。即使是全球领先的5G技术,在我国的生产实践、日常生活中都还没有得到充分运用。

三是技术发展的区域水平相差悬殊。从区域层面来看,我国创新生态体系特点鲜明:在京津冀地区,北京成为创新生态核心,创新机构、创新资源占据绝对优势,在创新环境方面也居于前列;长三角区域综合创新水平普遍高于其他地区,上海、杭州带动效应强,南京、苏州均位于创新城市的第二梯队;粤港澳大湾区发展将以广州、深圳为龙头,东莞、佛山、珠海三地虽然创新优势相对欠缺,但借助粤港澳大湾区规划未来发展可期;中西部中心城市创新生态发展迅速[②]。虽然各区域技术生态都有所好转,但区域间的技术水平差距会越来越大,这对于职业教育均衡发展、跨区域合作都不是有利的信息和趋势。

[①] 《2018年中国发明专利申请量、授权量及拥有量情况及未来知识产权行业发展前景分析》,http://www.chyxx.com/industry/201903/722835.html。

[②] 德勤中国:《中国创新崛起》2019年,第1页。

（万件）

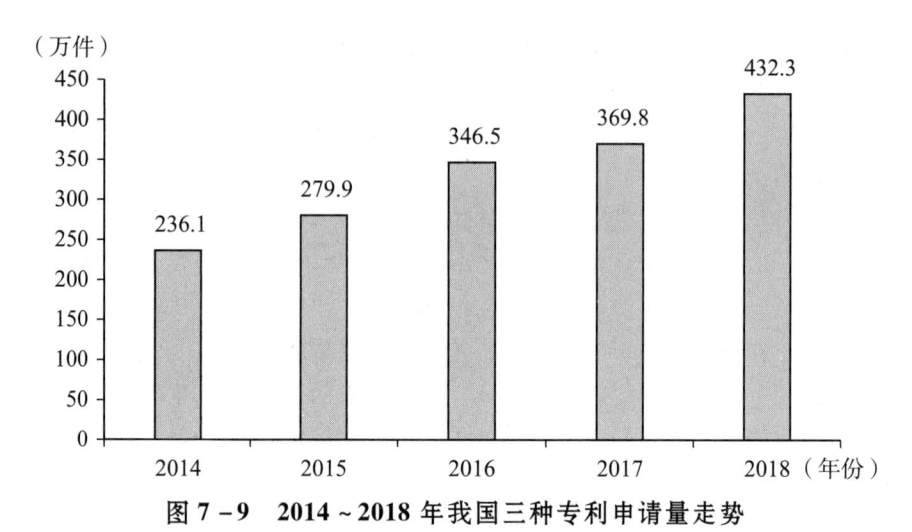

年份	2014	2015	2016	2017	2018
数量	236.1	279.9	346.5	369.8	432.3

图 7-9　2014~2018 年我国三种专利申请量走势

资料来源：根据公开资料整理。

因此，面对中国核心技术自主创新能力、技术运用能力不足以及区域间技术生态环境的差异化，职业教育办学模式需要根据技术发展与创新的趋势顺势而为：一是努力加强重要技术的攻关开发和运用；二是深度强化区域间的职业教育办学合作，加大技术技能人才的跨区域培养和协同共享；三是推动高职院校、应用型技术本科的科研转向，大力实施应用型科研[1]。

四、文化社会环境：社会矛盾、文化观念与职业教育办学模式

人文社会环境包括三个方面的要素[2]：（1）各种形式的文化：政治文化、制度文化、交往文化、习俗文化；（2）人口规模和人的素质：文化知识素质、道德素质、人格素质、民族心理差异和基础思维哲学；（3）以价值观念为核心的人的文化观念与意识形态。但是，从马克思主义哲学来看，社会主要矛盾才是文化社会环境的主导力量[3]。在文化社会环境的所有要素中，社会矛盾、文化观念是影响职业教育办学模式改革的核心要素。

---

[1] 宾恩林：《加强应用性研究："双高计划"背景下高职院校专业建设之路》，载于《华东师范大学学报（教育科学版）》2020 年第 1 期，第 33~42 页。

[2] 潘晓时：《远距离开放教育与中国人文环境》，载于《现代远距离教育》1998 年第 1 期，第 12~15 页。

[3] 王立胜、王清涛：《中国特色社会主义理论的逻辑起点与中国社会主要矛盾的重新确立》，载于《山东师范大学学报（人文社会科学版）》2015 年第 2 期，第 51~69 页。

（一） 文化社会环境影响职业教育办学模式的方式

文化社会环境对职业教育办学模式改革的影响不如经济、技术因素那么直接，但是，文化社会环境可以通过"润物细无声"的方式，渐进式地影响政治环境、经济环境、技术环境，进而影响职业教育办学模式改革。事实上，从近代科学技术产生的历史来看，科学技术的产生和发展，至少需要具备三种基本张力：社会张力、文化张力和科学张力，人文诸学科的普遍繁茂就成为科学技术发展必不可少的人文环境之一[1]。世界科学活动中心的形成和转移，无不与人文学科的繁茂有关。每一个成为科学中心的国家，在其科学高潮来临之前都有一个哲学高潮[2]。文艺复兴运动发端于意大利，为近代世界上第一个科学活动中心创造了精神环境。17 世纪中叶，英国的清教运动、培根哲学，对英国科学活动中心的形成起到了积极的推动作用。法国启蒙运动、"百科全书派""重视唯物主义"的自然观和方法论的研究为随即而来的法国近代科学的勃兴提供了哲学武器。18 世纪末、19 世纪初产生的德国古典哲学，造就了康德、谢林、黑格尔这样的哲学巨匠，德国唯心主义辩证法得到了尽情的发展，也为德国继法国之后成为世界上第四个科学活动中心提供了思想基础。所以，文化社会环境对职业教育办学模式改革的影响不是直接的，而是主要通过文化推动科学技术的创新与变革，进而影响职业教育办学模式改革，如图 7 - 10 所示。

从图 7 - 10 中可以看出，除文化因素之外，社会主要矛盾、人口文化素质等因素也能够通过影响政治变革、经济变革、技术创新等的方式，进而影响职业教育办学模式改革。在世界范围内，社会的主要矛盾是多元化的，人口问题是全世界面临的相似问题。随着 20 世纪 50 ~ 70 年代出生人口逐步迈入老龄化以及新增人口急剧下降，全球人口增速放缓，人口老龄化加剧，65 岁以上人口占总人口的比重将由 2015 年的 8.2% 上升至 2030 年的 11.4%[3]。虽然 2020 年前全球人口增速有所放缓，但从整体看，全球人口增长趋势不变。据联合国预测，2025 年全球人口将从 2015 年的 73 亿人增至 81 亿人，2050 年将达到 96 亿人。[4] 随着人口结构的变化以及老龄化社会的到来，职业教育办学模式也将迎来

---

[1] 傅正华：《人文环境对科学技术发展的影响分析——兼论世界科学活动中心转移的人文因素》，载于《科学学研究》1999 年第 1 期，第 35 ~ 42 页。

[2] 刘则渊、王海山：《近代世界哲学高潮和科学中心关系的历史考察》，载于《科研管理》1981 年第 1 期，第 9 ~ 23 页。

[3] 张亚雄、张晓兰：《从"十三五"时期国际经济环境看中国经济发展面临的机遇与挑战》，载于《经济纵横》2015 年第 11 期，第 11 ~ 17 页。

[4] 联合国：《世界人口到 2025 年将达 81 亿》，2013 年 6 月 15 日，http：//www.chinadaily.com.cn/hqzx/2013 - 06/15/content_16624678.htm。

新的发展阶段。

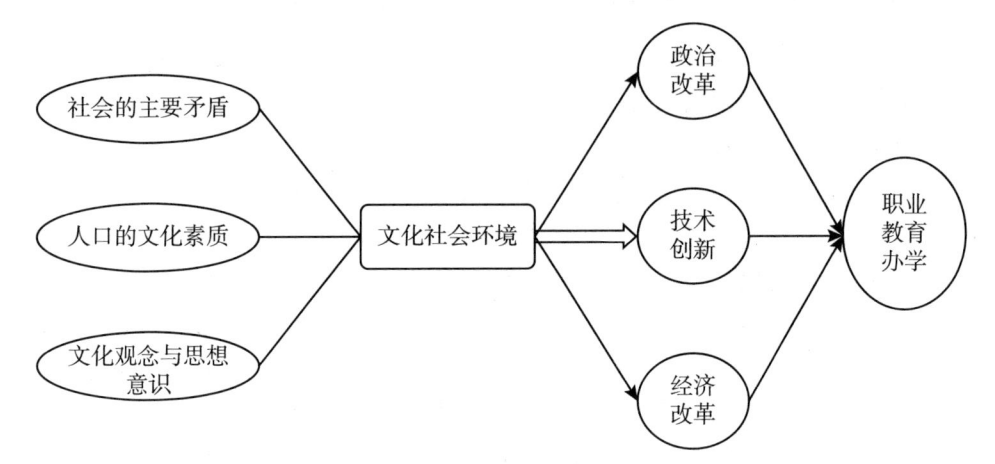

图 7-10　文化社会环境影响职业教育办学模式改革的方式路径

（二）中国职业教育办学模式文化社会环境的现状

中国社会主要矛盾是影响职业教育办学模式改革的主要力量之一。2017年10月18日，习近平在党的十九大报告中强调，中国特色社会主义进入新时代，中国社会主要矛盾已经转化为人民日益增长的美好生活需要和不平衡不充分的发展之间的矛盾[①]。中国教育基本矛盾已经转化为"人民群众对教育的多样化、个性化需求与教育的单一、粗放供给之间的矛盾"[②]。因此，职业教育办学模式改革的制度环境已经发生了根本性的变化。在新的时代，职业教育如何满足人民群众的教育需求，在促进教育公平、保障民生和提升人力资本方面做出新的贡献，是新时代职业教育办学模式改革必须面对的现实问题[③]。所以，中国职业教育办学模式改革也必须应对"人民群众对教育的多样化、个性化需求与教育的单一、粗放供给之间的矛盾"，创造更加多元、更加公平、更加有质量的教育机会与教育供给。

不仅如此，中国的社会环境还有"中国情景"的四重复杂性[④]：一是"时间

---

① 刘同舫：《新时代社会主要矛盾背后的必然逻辑》，载于《华南师范大学学报（社会科学版）》2017年第6期，第49～54页。

② 葛道凯：《从矛盾变化看新时代教育改革发展的基本走向》，载于《教育研究》2018年第11期，第4～8页。

③ 李鹏、石伟平：《新时代职业教育全面深化改革的政策逻辑与行动路径》，载于《国家教育行政学院学报》2019年第10期，第81～86页。

④ 景天魁、高和荣：《探索复杂社会的治理之道——中国社会治理的情境、逻辑与策略》，载于《人民论坛·学术前沿》2016年第1期，第75～82页。

交叠"① 是中国社会治理不同于西方国家的显著特性。二是"空间压缩"是中国社会治理面临的另一个复杂情境。"空间压缩"使农业社会、工业社会以及后工业社会所面临的问题同时堆积在我们当下这个场域中,甚至在每一个地方都面临着诸如怎样消解城市与乡村二元空间区隔、如何进行市民与居民之间的协商共治之类的问题。而且,这种"空间压缩"还表现为经济和社会方方面面在空间分布上的不均衡。② 三是人口数量和结构变化是中国社会治理必须面对的现实情境。四是多元社会思潮的冲击徒增了中国社会的复杂性。这种复杂的"中国情景"要求中国职业教育办学模式改革必须适应并化解各种矛盾和冲突。

(三) 中国职业教育办学模式文化社会环境存在的问题

中国进入了社会主义新时代,尽管社会矛盾已经转变,"中国情景"仍然十分复杂,中国文化社会的各种问题与矛盾依旧突出。对于中国职业教育办学模式改革而言,有三个方面的矛盾必须面对和攻克:

第一,经济社会发展不平衡,农村社会的贫困问题依旧严重,职业教育办学模式改革必须充分发挥职业教育精准扶贫之功能③。党的十九大报告指出:"从现在到二〇二〇年,是全面建成小康社会决胜期。"全面建成小康社会、实现第一个百年奋斗目标,最艰巨的任务是脱贫攻坚④。据国家统计局全国农村贫困监测调查,按照现行的每人每年2 300元的农村贫困标准计算,2018年末,全国农村贫困人口仍有1 660万人⑤。脱贫攻坚,职业教育不能缺位⑥。职业教育办学模式改革也必须面向国家经济社会发展的战略需求。

第二,新型城镇化、乡村振兴与人口老龄化的挑战。习近平总书记指出,新型城镇化是现代化的必由之路,新型城镇化的核心在于人的城镇化⑦。城镇化率

---

① 所谓时间交叠,是指不同时代、不同时期、不同时点形成的社会产物,以复杂多样的形式不同程度地交叉重叠在当下的中国。
② 房宁:《国外社会治理经验值得借鉴》,载于《红旗文稿》2015年第2期,第15~17页。
③ 李鹏、朱成晨、朱德全:《职业教育精准扶贫:作用机理与实践反思》,载于《教育与经济》2017年第6期,第76~82页。
④ 习近平:《在深度贫困地区脱贫攻坚座谈会上的讲话》,载于《人民日报》2017年9月1日。
⑤ 国家统计局:《中华人民共和国2018年国民经济和社会发展统计公报》,2019年2月28日,http://www.china.com.cn/lianghui/news/2019-03/03/content_74525699.shtml。
⑥ 李鹏、朱成晨、朱德全:《职业教育精准扶贫:作用机理与实践反思》,载于《教育与经济》2017年第6期,第78~84页。
⑦ 习近平:《坚持以创新、协调、绿色、开放、共享的发展理念为引领促进中国特色新型城镇化持续健康发展》,载于《人民日报》2016年2月24日。

每提高1个百分点,就有近1 400万人口从农村转入城镇①。目前中国的经济城镇化水平低于人口城镇化的水平②,农村、乡村劳动力流失,这对于乡村社会的发展极为不利。人的城镇化要打破城乡分割的户籍制度,更需要提高农村转移人口的文化职业素养,从根本上说,这需要依靠教育,特别是职业教育。③

三是社会文化思潮的复杂变化,需要职业教育办学模式改革不忘初心,坚定方向。随着改革开放的深入、市场经济的建立、社会结构的转型、对外交流的深化、互联网络的兴起,西方的思想文化、价值观念和生活方式蜂拥而入,不可避免地冲击着中国原有的家庭观念、国家观念、个人和宗族观念,形成了十分复杂的社会思潮:传统与现代、集体主义与个人主义、公平均等与效率至上、恪守传统与崇尚变革等观念相互交织在一起,纷繁复杂,良莠不齐④。这对中国职业教育办学模式改革带来了不稳定因素。因此,职业教育需要不忘初心,坚定方向,办好社会主义特色的、扎根中国大地、服务人民大众的职业教育。

五、国际关系环境:国际竞争、国家实力与职业教育办学模式

国际关系环境对职业教育办学模式改革的影响是巨大的,但是,这种影响的关系也不是十分直接的。国际关系环境十分复杂,中间掺杂着政治、经济、技术、文化等多方面要素的竞争与合作。这些因素所形成的制度环境可以影响职业教育的国内布局、国外合作,进而影响职业教育办学模式的改革。

(一)国际关系环境影响职业教育办学模式的方式

国际关系是自古以来就存在的一种制度环境。国际关系环境无论有多少种变化,最常见的关系依旧是"竞争"与"合作",在竞争与合作二者的合力中,每一个国家或地区都会在自身实力的基础上找到自己在国际关系中的定位,如图7-11所示。

---

① 何立峰:《促进形成强大国内市场大力推动经济高质量发展》,载于《求是》2019年第2期,第23页。
② 李鹏、朱德全:《读职校有用吗?——美国职业教育个人收益的元分析与启示》,载于《清华大学教育研究》2018年第1期,第119~126页。
③ 杨桂青:《专家表示:"实现城镇化,根本上还要靠教育"》,载于《中国教育报》2016年5月24日。
④ 景天魁、高和荣:《探索复杂社会的治理之道——中国社会治理的情境、逻辑与策略》,载于《人民论坛·学术前沿》2016年第1期,第75~82页。

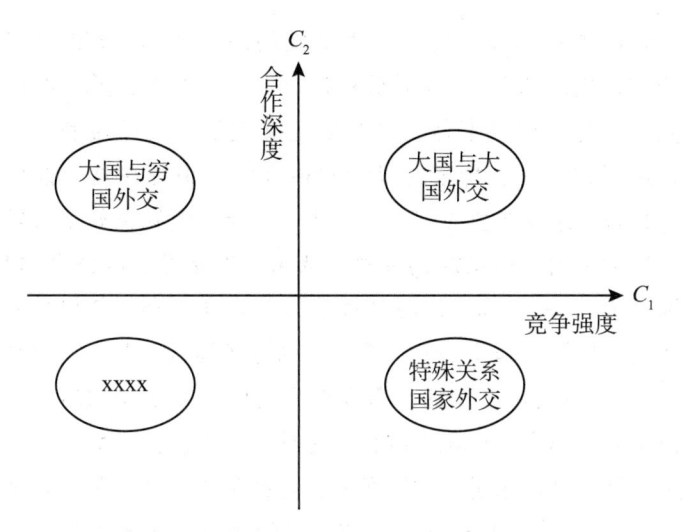

图 7-11　国际关系中的竞争合作与国家实力

注：xxxx 代表弱竞争、弱合作的国际关系，但现阶段已基本不存在，因此以 xxxx 代替。

根据国际关系中的竞争强度与合作深度，国际关系环境大致可以分为以下几种：第一种是高强度竞争与高深度合作的大国外交，如美国与中国、中国与日本、日本与美国的外交，各方既有高强度的国际竞争，又有深度的多领域合作；第二种是深度合作、弱强度竞争的外交，例如中国与非洲国家、美国与非洲国家的外交，多是大国帮助、辅助弱国，并无过多的竞争关系。第三种外交是高强度竞争关系，但是合作不够深入的外交，这种外交多发生在敌对国家，如印度和巴基斯坦、以色列与巴勒斯坦等国家，双方多以竞争的方式交往，合作比较少。在理论上，还存在着弱竞争、弱合作的国际关系。但是，在全球一体化、"人类命运共同体"的时代，这种外交基本上没有了。事实上，国际关系环境并不是合作、竞争中的某一类关系，多元体系在历史上才是常态[①]。这些因素的竞争强度、合作深度以及一个国家自身的实力决定了该国职业教育办学模式如何改革：一方面是国内职业教育办学如何布局，如何选择方向？另一方面是职业教育的中外合作办学、中外交流等在国际关系中如何定位？如何安排？因此，国际关系影响着职业教育办学模式的改革。

（二）中国职业教育办学模式国际关系环境的现状

中国职业教育办学模式国际关系环境嵌入世界格局的变化之中。"二战"之

---

① 惠耕田：《层次分析视角下的国际竞争与合作》，载于《国际安全研究》2009 年第 2 期，第 7~12 页。

后,世界进入以两种意识形态的对立为基础的冷战阶段。1991年苏联解体后,出现了所谓的"历史终结"。今天活跃在各个舞台上的人,熟悉的都是以"华盛顿共识"为代表、被历史学家称为"自由主义霸权"的学说和现实。大部分人所受的教育、从事的工作、积累的经验和传授的知识都在这个框架中。在这方面,历史尚不具备给未来提供诠释的先例[1]。如今,世界正处于大发展大变革大调整时期,全球经济治理体系深刻调整。从国际上来看,经济全球化遭遇挫折,多边主义受到冲击[2]。一方面,国际环境从简单走向复杂,任何单一化的认识都已经不能反映国际环境的现实;另一方面,国际环境从分割走向融合,复合性的特点和趋势已经难以逆转。[3] 因而,当今世界发展的主要矛盾转变为以中国为代表的新兴经济体崛起与发达国家要维护其主导地位之间的矛盾。

从大的关系格局角度来讲,中国职业教育办学模式所处的国际关系格局,有三个新的变化[4]:第一,世界经济中心200多年来首次出现了从大西洋两岸向太平洋两岸东移的趋势,世界经济地理格局呈现了两个中心、两个体系的特征。第二,两种经济体系之间的竞争和合作逐步成为当前国际经济主要的趋势与矛盾。第三,两个体系的交流和并行对中国外交的参照产生了很大的影响。中国在世界经济格局中的身份与地位发生了变化[5]:一是中国正在从国际经济体系外生变量转变为国际经济体系的重要内生变量;二是西方发达国家的主要战略关注从巩固冷战后的国际经济秩序转向应对中国以及新兴经济群体的崛起,世界主要矛盾正在发生变化;三是国际发展空间的增长点从发达国家转向包括新兴市场在内的发展中国家;四是中国的比较优势从"两极互补"转向"承上启下"[6]。

(三) 中国职业教育办学模式国际关系环境存在的问题

中国职业教育办学模式改革的国际环境变得更加复杂、开放,同时也面临着更多的问题。这些问题和挑战主要体现在两个方面:

第一,尽管中国已经成为世界大国,但是,职业教育办学模式改革的环境并

---

[1] 郑学勤:《历史视角下的国际环境》,载于《中国金融》2019年第1期,第105~106页。
[2] 刘鹁根、张春晗:《当前高职院校改革发展需把握好的五个问题刍议》,载于《高教探索》2019年第10期,第82~88页。
[3] 王健、顾炜:《新中国外交70年的国际环境变化:分期、演变和动力》,载于《国际关系研究》2019年第4期,第3~26页。
[4] 徐进:《中国发展战略机遇期的国际环境》,载于《国际经济评论》2014年第2期,第9~21页。
[5] 张蕴岭:《中国发展战略机遇期的国际环境》,载于《中国社会科学院国际研究学部集刊》2014年第2期,第9~21页。
[6] 所谓"两极互补",是指中国的廉价劳动力、廉价的生产要素和发达国家的资本要素之间的互补。所谓"承上启下",是指中国的低端劳动密集型产业优势渐渐消退,需要向低收入发展中国家转移。

不会因为大国身份的获得而变得更好。中国的崛起和实力地位的提升是当今国际关系中最引人关注的事件之一，中国成为仅次于美国的"世界老二"的说法被广泛接受。但中国作为"世界老二"的实力地位由于一些现实差距的存在而有一定的脆弱性[1]。虽然中国的发展取得了巨大的成功，已经是一个经济总量居世界第二位的大国，但事实上，中国还是一个发展中国家，人均收入比较低，排在世界的后端。

第二，西方国家对中国的挑衅和干扰不会因为中国的强大而减少。以美国为首的西方国家对中国进入高质量发展阶段、实现技术赶超颇有异议和担心，并竭力加以阻止。2018年初，特朗普总统的国情咨文又把中国列为美国国家安全、经济利益、价值观的战略对手[2]。在美对我发起"201""232""301"贸易制裁的同时，美国总统还签署了《台湾旅行法》并派国务院高官访台，美国国务院宣布允许向中国台湾地区出售潜艇技术。

因此，面对新的国际关系与环境，职业教育不能仅仅在"一带一路"的合作国家中办出质量、办出水平，更应该在大国外交、强国竞争中发挥作用。因此，立足于"双高计划"，办出中国特色、世界水平的高职院校，以"双高院校"及其专业为辐射点，进一步整体提升中国职业教育的办学水平，是新时代职业教育办学模式改革的必然选择。

第三节　多元制度环境中职业教育办学模式的类型与变革

职业教育办学模式的复杂性既来源于历史问题的积淀，也来源于政治、经济、技术、文化社会与国际关系等制度环境的发展所要求的职业教育办学模式变革。因此，职业教育办学模式的存在样态是在不断变化中形成的类型结构。在多元制度环境中，职业教育办学模式呈现出不同的类型，分类方式大致有四种：一类是以"谁办学"为划分依据的主体要素分类；第二类是主体间合作关系"怎么办学"的分类；第三类是根据人才培养模式和教学理念的分类；第四类是投资体制不同的分类。不同办学模式在制度环境的影响下，呈现出不同的变革趋势。

---

[1] 王文峰：《中国实力地位与国际环境评析》，载于《现代国际关系》2014年第6期，第1~6页。
[2] 陈德铭：《经济高质量发展的国际环境和战略机遇》，载于《南京大学学报（哲学·人文科学·社会科学）》2018年第4期，第5~10页。

一、职业教育办学模式的基本类型与变革趋势

各个国家都有自己的制度环境,因此,中国、美国、英国、德国、日本、澳大利亚、新加坡等国家在特定的制度环境中形成了自身的职业教育办学模式。这些模式在多样化中不断发展演化。

(一) 复杂制度中职业教育办学模式的多样化

职业教育办学模式是复杂多样的。根据主体因素、关系因素以及理念的差异,职业教育办学模式可按7个标准进行分类,如表7-4所示。

表7-4　　　　　　　　职业教育办学模式的分类

分类标准	办学模式
办学主体	政府办学、企业办学、行业举办、民办职业教育、混合所有制办学
主导实体	教育行政主导、市场主导、行业主导
联合体	职校—企业联合办学、职校—产业集团联合办学、职校—部门联合办学、职校—学校联合办学、"普教、职教、成教三教合一"共建型联合办学
管理自主权	集权式办学、分权式办学、混合式办学
学校的组建形式	投资创建型、中专升格型、成人高校改制型、二级学院型
办学指导思想和办学目标	生存型、特色型、一流学校型
办学层次	初级办学、中级办学、高级办学

职业教育办学模式不仅复杂多样,而且受制度环境的影响,在不同的国家和地区呈现出不同的办学样态,美国、英国、德国、日本、澳大利亚、新加坡等国家的职业教育办学模式如表7-5所示。

表 7-5 不同国家的办学模式

国家	办学场所、组织机构	办学体制	投资体制	教学模式	办学理念	校企合作方式	主导实体/联盟
美国	学校教育（合作教育）办学模式	国家监管下区域行政主导的多元化办学体制	以政府投入为主、政策性职业教育基金投入为辅的多元化投资体制	CBE教学模式	"社区职业教育"模式	以学校为主的校企合作模式	技术准备计划、青年学徒制、高级技术教育计划、阿波罗集团、职业生涯教育集团
英国	现代学徒制办学模式	国家资格框架体系下教育行政主导的办学体制	以政府投入为主、政策性职业教育基金投入为辅的多元化投资体制		以企业为主的校企合作模式（"三明治"）	现代学徒制、基础学位、城市技术学院、通过CATS的校校合作
德国	"双元制"培训模式	法律保障下的政府部门、行业协会及企业主导的办学体制	政府投入为基本、企业投入为主体的投资体制	"双元制"教学模式	以企业为主的校企合作模式	双元制、跨企业培训中心、STEINBEIS、职业学院
日本	集团化办学模式				"终身职业教育"模式	综合学科	日本模式的双元制、技术教育一体化
澳大利亚		国家资格框架体系下教育行政主导的办学体制	以政府投入为主、政策性职业教育基金投入为辅的多元化投资体制	CBE教学模式	"能力本位"职业教育模式	以学校为主的校企合作模式	学校本位的新学徒制
新加坡		国家行政主导的一元化办学体制	以政府投入为主、政策性职业教育基金投入为辅的多元化投资体制	"教学工厂"教学模式	"教学工厂"职业教育模式		

（二）制度环境变迁中职业教育办学模式的改革方向

职业教育是经济社会发展的产物，它随经济社会的发展而发展[①]。尽管职业教育办学模式是不断变化的，但是这种变化也不是杂乱无章的偶然选择教育行为的产物，而是有着深厚的历史根基[②]。在源头上，职业教育制度环境和职业教育传统既是职业教育办学模式创新的基础，又是职业教育模式变更所要改造的对象。在人类社会经历的不同生产方式的时代阶段中，农业文明时代、工业经济时代和知识经济时代，经济结构与社会结构呈现出不同的特征。在各个社会生产方式阶段，职业教育办学模式也呈现出不同的内容与特征，从最初的传统学徒制，到各类学校形态的职业教育、厂内培训以及新学徒制，再到当前多形态办学模式并存，生产方式决定了职业教育办学模式的本质与外在特征。[③]

事实上，职业教育办学模式是与一定阶段的社会生产方式紧密联系的，因为生产方式决定了职业教育办学模式的内在特质。办学模式的核心就是"谁来付费"的问题[④]，这一问题影响了职业教育办学模式的变迁。在手工业生产方式阶段的传统学徒制中，由于当学徒在很大程度上仅仅是个人的行为，至多是行业力量渗透到学徒制的实施过程，政府基本不会介入学徒制，不会对个人行为的民间学徒制支付费用。到工业经济阶段，工业革命的初期，政府就开始考虑通过创办贫民学校，资助各种形式的职业教育与培训工作，而随着经济的发展和生产方式的推进，政府介入职业教育越来越深。公共财政与私人投资共同为职业教育与培训提供支持并对其产生影响。由于对职业教育与培训的广泛需求，在政府供给不能完全满足社会需求的情况下，私人资本介入职业教育培训就成为可能与必要，因此，从当前世界范围内的职业教育办学模式来看，经费来源是多方面的，办学主体也是多元的。

到了新时代，中国职业教育办学模式需要"由政府举办为主向政府统筹管理、社会多元办学的格局转变"，进而实现职业教育实体组织的类型化。具体来说[⑤]：第一，在职业教育的投资主体上，积极吸引企业、行业以及第三方组织兴

[①] 刘鹁根、张春晗：《当前高职院校改革发展需把握好的五个问题刍议》，载于《高教探索》2019年第10期，第82~88页。

[②] 李江源：《教育传统与教育制度创新》，载于《教育理论与实践》2003年第6期，第19~23页。

[③] 唐智彬、石伟平：《生产方式发展与职业教育办学模式变迁》，载于《河北师范大学学报（教育科学版）》2013年第5期，第65~70页。

[④] 在职业教育是一种个人需求的时候，自然是个人承担职业教育的费用；随着工业经济的发展，对职业教育的需求逐步扩大，政府开始介入职业教育，拨款用于职业教育的发展；在职业教育逐步成为一种个人生涯发展的必需内容时，作为一种个人投资，个人参与职业教育的积极性被激发，职业教育与培训的市场化特征进一步明晰。

[⑤] 李鹏、石伟平：《中国职业教育类型化改革的政策理想与行动路径——〈国家职业教育改革实施方案〉的内容分析与实施展望》，载于《高校教育管理》2020年第1期，第106~114页。

办职业教育，打破政府主导办学的单一化格局。一方面，通过企业资本、行业资本或其他社会资本进入职业教育办学，丰富职业教育办学资源，不断改善职业教育办学条件，实现职业教育办学"标准化"；另一方面，通过多元办学力量的汇入，实现职业教育组织机构产权的混合性变革，从而调动多元主体的积极性，提升办学效益。第二，在职业教育的管理主体上，政府逐渐分权放权，转向"放、管、服"，落实企业、行业与职业教育组织的自主权。政府从"办"职业教育转向"管理与服务"，监控方向，管好两端与质量；企业、行业充分发挥自身的权利，确定职业教育组织机构的整体规划、优势路径与特色方向；职业院校和组织机构的管理者要落实国家教育方针，管好职业院校和培训组织机构的人、财、物、事，实现办学的类型化改革。第三，在办学的形态上，巩固现有的职业院校规模，全力建设"职业院校+培训机构+行业组织+职教集团+现代学徒制"等多样化办学组织机构。以类型化为目标，深化集团化办学、混合所有制办学、学徒制办学、跨区域办学、中外联合办学等具体形式，不断完善全日制学习、继续教育、远程学习等不同办学方式的条件标准，以"多样化"和"标准化"助推职业教育办学的类型化。

（三）制度环境推动职业教育办学模式变革的实践路径

第一，认知制度驱动职业教育办学模式改革——教育理念与职业教育办学模式变革。"教育理念是关于'教育的应然状态'的判断，是渗透了人们对教育的价值取向或价值倾向的'好教育'观念"[1]。职业教育理念是人们对于职业教育的理性认识、理想追求及其所持的职业教育思想观念。不同的职业教育理念体现着不同的职业教育价值观[2]。职业教育理念总是不断发展变化的，这是由人类理性的限度所决定的，同时也与社会环境的发展变迁息息相关。职业教育理念有不同的层次：中国职业教育先后出现过"知识本位""能力本位""人格本位"和"素质本位"等不同的基本教育理念，另外还有一些对职业教育影响较大的广义教育理念，如终身教育理念、全纳教育理念、以人为本的教育理念等，以及办学主体自己对职业教育的思想观念等。职业教育理念具有对实践进行反思、规范和指导的特性，是对职业教育实践的客观反映，以职业教育实践作为自己存在的前提，但在一定条件下又反过来对职业教育实践起指导作用。职业教育理念一旦发生变化，办学指导思想、办学方针、办学策略、办学措施、办学特色和办学目标

---

[1] 陈桂生：《"教育学视界"辨析》，华东师范大学出版社1997年版，第12页。
[2] 唐高华：《基于大职业教育理念的现代职业教育体系构建》，载于《职业技术教育》2011年第22期，第19~22页。

等自然发生变化，职业教育办学模式随之变迁。

第二，制度张力影响职业教育办学模式改革——职业教育外部竞争压力引发的办学模式变迁。当职业教育的办学模式在效果上明显低于外部竞争者时，说明现行的办学模式在效率上低于竞争对手所采用的制度安排，这时也可能引发职业教育办学模式的变迁。比如近几年高等教育大众化对职业教育的影响，迫使职业院校改进办学模式和人才培养模式，提高毕业生的素质和能力，努力增加职业教育的吸引力。职业院校之间，在市场经济条件下，竞争也是必然的，要想培养生产、服务一线需要的高素质技术和技能型人才，使企业、家长、学生、社会各方都满意，职业院校必须保持竞争优势，而特色化的办学模式正是职业教育竞争力的内核，职业院校要在激烈的竞争中求生、求胜，必须不断摸索、不断调整、不断创新，及时调整办学思路，适时促进职业教育办学模式变迁。

第三，制度理想引起的职业教育办学模式改革——职业教育效能改进所引发的办学模式变迁。改进效率的潜在机会的出现，源于约束条件的变化，如新技术、新管理方法的产生，或者生产要素相对价格的变化等[①]。就职业教育而言，为追求办学效益，改进职业教育效能而采取的新的教学方法、管理体制以及新的实习实训安排、课程模式、人才培养模式等，都可能引发职业教育办学模式的变迁。当然，这种改变的前提是在现行主流思想观念允许的范围内去寻求效益提升。如果改进职业教育效能违背了主流教育观念的基本原则，新的改进就可能遭到抵制和反对，从而影响职业教育办学模式变迁的顺利发生。

二、多元化：职业教育办学主体要素的模式分类与变革

办学主体也就是"谁办学？"的问题。根据不同主体在职业教育办学中的作用和特征差异，不同类型的主体又可以分为办学主体、管理的主体和投资的主体。随着国际与国内经济社会环境的发展变化，如今职业教育办学模式在主体要素上越来越走向"多元化"。

（一）办学主体分类：政府办学、企业办学、行业办学与混合所有制办学

政府办学是主流，但是政府在办学中的权力会日益下放。政府举办的职业教育是指由教育主管部门批准成立，由国家政府出资兴办的职业院校，又称公办职

[①] 罗必良、曹正汉、张日新：《观念、教育观念与教育制度——基于新制度经济学的分析》，载于《高等教育研究》2006年第1期，第58~63页。

业院校。公办职业院校是经济社会发展的客观要求，是执政为民、关注民生的需要，是促进教育普及化、建设学习型社会的需要。在职业教育的发展中，政府的主导作用表现在以下几个方面：一是把职业教育的发展纳入区域内经济社会发展的总体规划、统筹安排、加大扶持力度，确保职业教育与经济社会发展相适应，与其他类型层次教育的发展相协调；二是落实促进职业教育发展的措施、建立保障服务体系；三是组织、指导并支持企业、行业和社会力量举办的职业教育和职业培训机构开展职业教育工作。在办学资源利用、教育质量监督、办学效益评价等方面，政府发挥着独特的作用。

企业办学是未来的方向，将成为职业教育办学模式的重要形式。企业应是举办职业教育的重要主体，企业举办职业教育机构，可以采用多种形式进行：大型企业可以单独举办职业学院或与有关高等学校联合举办职业学院；大量中小企业可以采取多种合作方式进行联合办学，依托行业组织和行业主管部门举办职业培训机构，或者以合同的方式依托职业院校和职业培训机构培养、培训职工。企业举办的职业教育机构在搞好企业自身职工教育和培训的同时，应积极面向社会开展职业教育和培训。企业除了与高等职业院校联合办学外，还可以通过开展"订单"培养，为职业学校提供兼职教师、实习场所和设备，在职业院校建立研究开发机构和实训中心等方式加强合作。

行业办学是职业教育办学模式改革的重要方向。行业主要通过行业主管部门和行业组织联系、管理行业内的企业。行业主管部门和行业组织参与职业教育通常有以下几种方式：行业直接举办职业学校和培训机构，培养、培训行业内企业的员工，同时面向社会开展职业教育和培训；与职业院校、社会力量、国（境）外组织和个人联合举办职业学校和培训机构；对行业内的劳动者和专业技术人才进行调查研究，做好需求预测，根据行业内生产发展和技术更新的要求制定职业教育和培训规划；对行业内企业独自举办或联合举办的职业学校和培训机构的办学过程和办学效果进行管理、考核、评估、协调、业务指导；直接参与行业内的特有工种职业资格标准、职业技能鉴定和证书颁发工作；参与相关专业的课程教材建设和教师培训等工作，参与制定职业培训机构设置标准和人员资格标准。

混合所有制职业教育办学是当前职业教育办学的重要创新与探索。职业教育混合所有制办学兼具教育性、经济性、公益性等价值属性，具体细分为涉及实质性产权划分、不涉及产权划分以及处于半产权状态的三大混合所有制办学业态①。具体类型主要包括三大类：一是涉及实质性产权划分的混合所有制办学，按照参

---

① 郭盛煌：《职业教育混合所有制办学的典型业态、实践之惑与治理路向》，载于《教育与职业》2018年第7期，第13~19页。

与主体性质的不同，目前有三种具体形态，包括企事业单位与个人共建职业院校、公办院校与社会力量合作办学、国有资本与社会资本合作办学。二是不涉及产权划分的混合所有制办学。从严格意义上来讲，混合所有制办学必然涉及产权的划分问题，不涉及产权划分的办学模式不属于混合所有制办学的概念范畴，不涉及产权划分的职业教育混合所有制办学模式主要有两种：PPP（政府和社会资本合作）模式共建职业院校基础设施，以及公办、民办院校之间的合作。三是产权划分处于半产权状态的混合所有制办学。职业院校的财产既有有形资产，也有无形资产；既有动产，也有不动产，同时财产的构成也十分复杂。以该模式办学的情况主要有两种：公办职业院校引入社会力量共建二级学院、中外教育机构合作办学。

（二）管理主体分类：行政主导、区域主导、资格框架主导与行业协会主导

办学体制是职业教育办学模式分类的重要参考标准之一。职业教育办学行政管理主体可以分为国家行政主导的一元化办学，国家监管下区域行政主导的多元化办学，国家资格框架体系下的教育行政主导，法律保障下的政府部门、行业协会及企业主导四大类。同时，这四类办学模式在不同的国家有着不同的"座次"，如表7-6所示。

表7-6　　　　　以行政管理主体为分类标准的办学模式

国家	办学模式
美国	国家监管下区域行政主导的多元化办学
新加坡	国家行政主导的一元化办学
英国、澳大利亚	国家资格框架体系下的教育行政主导
德国	法律保障下的政府部门、行业协会及企业主导

一是国家行政主导的一元化办学。典型代表国家如新加坡。新加坡的职业教育呈现国家行政主导的一元化办学体制的特点：成立隶属于教育部的成人教育局，负责校外青年的职业培训；设立由劳工部、教育部、财政部部长组成的部长级委员会，协调全国的职业技术训练；教育部设立由教育部部长兼任局长的工业与职业训练局，负责组织就业前职业教育及在职职工培训；劳工部下设工业训练局，专门负责指导各个技能发展委员会开展职业教育培训与职业资格认证。各机构分工明确，各司其职，协调配合，共同促进新加坡职业教育的发展。

二是国家监管下区域行政主导的多元化办学。典型代表国家如美国。美国的

职业技术教育实行州政府分级管理，以地方管理为主，政府在办学中承担社会管理者与资助者的角色。各州设立社区学院管理委员会，负责对本州社区学院进行宏观管理。美国职业教育的主体有社区学院、各类职业技术学校、地区职教中心、企业办的培训中心、工会和行业（包括公司）提供的培训、联邦政府资助的培训项目等。所有这些举办者在职业教育组织体系中所处的地位、承担的责任、发挥的作用、获得利益的方式，以及由此形成的职业教育运行机制，共同造就了美国独特的多元化职业教育办学体制。

三是国家资格框架体系下的教育行政主导。典型代表国家如澳大利亚、英国。这两个国家均建立了在国家资格框架体系基础上普职沟通的"立交桥"式教育体系。澳大利亚国家培训总局是管理职业技术教育与培训的国家级机构。澳大利亚通过制定全国统一的能力标准和资格证书体系规范和引导职业教育与培训；英国将就业部与教育部合并，成立教育与就业部，下属的行业技能局负责指导各行业协会制定职业标准，资格与课程委员会负责在全国范围内推行发展各级教育和培训的课程和资格，教育标准局负责各职业院校和培训机构的教学质量监控。

四是法律保障下的政府部门、行业协会及企业主导。典型代表国家如德国。德国通过建立职业教育法规体系，促进职业教育办学的法制化。20世纪50年代以来，联邦政府颁布了如《职业教育法》《职业培训条例（实训大纲）》《理论教学大纲》《实训教师资格条例》《职业教育促进法》《高等学校总纲法》等多项有关职业教育的法令。目前，在完备的职业教育法律体系框架下，德国政府成为职业教育的主导者和社会管理者，行业协会和企业在"双元制"教育办学中起着举足轻重的作用。德国企业是"双元制"办学模式中的两个办学主体之一，德国的各行业协会负责组织编制相关行业职业岗位标准及培训计划、考核考试要求，并纳入国家培训条例中的职业培训框架。德国的《职业培训条例》等法律规定，各行业协会的考试委员会负责实施本行业职业考试并颁发职业资格证书。

（三）投资主体分类：政府投入为主和企业投入为主的职业教育办学

一是以政府投入为主、政策性职业教育基金投入为辅的多元化投资体制。美国、英国、新加坡、澳大利亚的职业教育均属于此类投资体制。美国的职业技术教育经费来源主要有当地财产税、联邦政府资助、州政府拨款、学生学费。英国的职业教育运行经费的65%左右由政府提供，政府还通过培训贷款、设立职业教育基金等方式扶持职业教育。新加坡采取的是完全政府投资的投资体制。每年职业教育的培训经费90%由政府承担。澳大利亚政府建立了多元化投资职业教育的投资体制。目前,澳大利亚的职业教育经费主要来源渠道有联邦政府和州政府的投入、学校自筹和学生学费。政府还设有教育基金,行业、企业通过提供奖学金、投资帮助 TAFE 学院建设实训基地等方式支持职业教育。

二是政府投入为基本、企业投入为主体的投资体制。代表国家为德国。德国的政府教育行政部门、行业协会及企业双主导的职业教育办学体制决定了德国职业教育呈现政府投入为基本、企业投入为主体的投资体制。职业院校的基本办学费用由国家和州政府承担,企业承担培训费用。企业除出资购置培训设施、器材和原材料等外,还支付学徒在企业培训期间的生活津贴和实训教师的工资。甚至在有的州,职业学院的办学经费主要来自企业,几乎没有政府拨款,出资企业通过参与职业院校的理事会管理来监督经费使用情况。行业投资院校的管理模式主要采取教育行政与行业主管部门双重管理体制,教育行政部门负责教学业务指导与管理,行业主管部门负责投资、专业发展、行政领导。

三是市场投资模式。市场投资模式是社会主义市场经济体制下的新生事物,是促进职业教育健康发展的重要方向。该模式的主要特征是政府行政部门只是教育的社会管理者,社会投资方是资金提供者,学院是教育生产者。由于市场投资模式下的职业院校一开始就面向市场办学,因此,院校产权清晰,学院治理结构相对完善。

三、协作化:职业教育办学关系要素的模式分类与变革

主体与主体之间的互动与行动形成了各种各样的关系,这些关系是职业教育办学行为的重要体现。在职业教育办学模式中,最主要的就是主体间联盟、校企合作。在经济社会发展转向、智能化技术日益发展的时代,职业教育办学主体间的关系将日益走向合同化。

(一)主体联盟分类:政府联盟、院校联盟、企业/行业联盟、自愿联盟

职业教育合作化办学在发达国家已经比较成熟,形成了一些比较成功的模式,也是我国未来职业教育办学模式变革的重要方向,如表7-7所示。

表7-7　以"主体+联盟"为分类标准的办学模式

联盟实体		主导实体			
		政府主导联盟	院校主导联盟	企业/行业主导联盟	自愿联盟
校—校	普教+职教	综合学科（日本）			
			技术教育一体化（日本）		
	中职+高职		农业职业教育集团（荷兰）		
	中学+中学后	技术准备计划（美国）			
	继续教育+高等教育				通过CATS的校—校合作（英国）
校—企		青年学徒制（美国）	城市技术学院（英国）	职业学院（德国）	
		双元制（德国）	学校本位的新学徒制（澳大利亚）	鹿特丹航运中心集团（荷兰）	
			STEINBEIS（德国）	阿波罗集团（美国）	
			高级技术教育计划（ATE）（美国）	职业生涯教育集团（美国）	
综合1（政府+产业+学校）		日本模式的双元制			
综合2（政府+行业+企业+学校+社会组织）		现代学徒制（英国）			
综合3（跨类型学校+企业）		基础学位（英国）			
综合4（企业同业工会+非营利性机构+职业学校）		跨企业培训中心（德国）			

一是职校—企业联合办学。该模式是职校与当地企业联合办学,学校运用优质教育资源和品牌的无形资产,与企业等学校以外的单位采取多种方式合作办学的一种连锁方式。由企业投资、建场地、校舍、教学设施,利用主体学校的品牌优势、人才优势和丰富的管理经验,合作创办新的学校,进一步扩大学校品牌的影响力;招生与招工同步进行,培养目标、教学计划、教学内容等由双方共同确定;企事业单位根据需要在学生毕业前提出录用意向,录用毕业生要向学校支付一定的培养费,未能直接录用的毕业生进入劳动力市场就业。

二是职校—产业集团联合办学。职校根据行业、企业的需求办学,行业、企业根据自身发展规划和所需人才标准指导学校工作,督察学校教育教学质量。在这种办学模式中,办学双方的权、责、利明确,学校法人对学校资产有使用权、处置权和管理权,但在对学校资产做出重大的变更决定时,应召开股东大会或校务委员会讨论通过。

三是职校—部门联合办学。该模式由政府与有关行业局主管部门签订共同办学协议,学校根据行业部门的要求培养人才,行业部门对学校的办学经费、学制、专业设置、领导体制、实习劳动、毕业生就业等方面都给出具体且明确的规定,毕业生采取定向实习就业。该模式能够最大限度地实现资源优化组合,最大限度地提高办学效益,从而实现各成员单位与主体学校共同做强、做大的目标。

四是职校—学校联合办学。学校根据自身的实际,在发挥自身优势的同时借鉴其他学校的长处,与兄弟学校、相关高校联合办学。在联合办学过程中,借鉴有关学校的办学经验,利用自己的设备,共同培养适合当地经济建设与社会发展所需要的中、高级人才。院校利用其品牌优势兼并其他学校,将品牌输出到其他学校,对其进行改造,提升被兼并学校的教育教学质量。

五是"普教、职教、成教三教合一"共建型联合办学。这种办学模式一般是成教主动参与普教和职教系统中的初中、高中后分流,招收应届初中与高中毕业生,承担一部分中等、高等职业教育的任务;同时中职、高职学校主动参与当地各种类型的岗位资格证书培训、转岗培训以及再就业培训等,共同促进职教、成教的发展。

(二)校企合作分类:企业为主型、院校为主型

"校企合作、产教融合"是职业教育办学的本质特征。根据职业教育办学不同的校企合作方式,职业教育办学模式可以分为以企业为主的校企合作模式和以学校为主的校企合作模式,如表7-8所示。

表7-8 以"不同校企合作方式"为分类标准的办学模式

国家和地区	办学模式	不同校企合作方式
德国	双元制	以企业为主的校企合作模式
英国	三明治	
北美	CBE	以学校为主的校企合作模式
澳大利亚	TAFE	

一是以企业为主的校企合作模式。在德国的"双元制"模式下，学生在接受职业培养过程中，由学校和企业轮流完成培养工作。而企业在这一过程中起主导作用，学校起辅助作用。在英国的"三明治"模式下，由企业招收毕业生做学徒，并与职业院校开展合作，采取基础知识与操作训练交替进行的培训学徒的模式。

二是以学校为主的校企合作模式。首先是北美的"CBE"模式。该模式依托社区学院，以教学与劳动相结合、工读交替为原则，使社区学院与社区、企业结成紧密的合作伙伴关系。其实施方式大致可以分为工读轮换、劳动实习、半工半读、业余学习。其次是澳大利亚的"TAFE"模式：TAFE的意思是"技术与继续教育"，是一种以学校为主、企业为辅的职业教育模式。TAFE学院由各州自行管理，是澳大利亚的公立职业教育培训机构，同时也是执行政府经济政策的平台。

（三）工学结合、校企合作的层次分类：初级、中级与高级模式

一是初级办学模式。学校创办时间短，指导思想、办学理念尚未定型，专业建设、课程改革与发展、师资队伍建设、校内外实训基地建设、人才培养模式处于启动实施阶段。与企业保持一定的联系，聘请企业专家、能工巧匠参与专业指导委员会，在部分企业中建立了学生实习基地，与企业签订专业实习协议，结成较为松散的校企合作联系体。

二是中级办学模式。学校与企业建立横向联合体、工作室和生产性实训基地。企业专家和能工巧匠按照工作岗位标准，参与制定专业人才培养方案和承担教学训练，学校与企业合作开展工学结合、订单培养、顶岗实习等各种形式的人才培养活动，并为企业提供咨询、培训等服务。

三是高级办学模式。企业与学校及社会相关行业建立教育集团，形成多元投资主体。教育集团成立董事会，学校与企业融为一体，利益共享，企业与学校实现"教学、科研、开发"三位一体，真正实现了合作办学、合作育人、合作就业、合作发展。

四、复合化：职业教育办学场域要素的模式分类与变革

教学是职业教育办学模式的核心要素。根据教学地点的差异、教学模式的差异以及教学理念的不同，职业教育办学模式可以分为三大类。但是，随着国内外制度环境的变化，不同场域要素的职业教育办学模式将会走向协同。

（一）教学场所分类：学校职业教育、学徒制职业教育、集团化职业教育

教学场所是职业教育办学模式最根本的育人场域，根据教学场所的不同，职业教育办学模式可以分学校、学徒制和集团化办学三类，如表7-9所示。

表7-9　以"办学场所与组织机构"为分类标准的办学模式

国家	办学模式
美国	学校教育（合作教育）办学模式
英国	现代学徒制办学模式
德国	"双元制"（以企业为主）培训模式
日本、荷兰、澳大利亚等	集团化办学模式

一是学校教育模式。该办学模式指教学的主要场所是在职业学校，学生是教育对象的主要身份，教育部门是职业教育的主要组织者，学生在企业进行的培训是教学计划的一部分而并非是企业单独组织的教育与培训。这种办学模式的特点是[1]：第一，职业学校根据各个专业的需要与相关企业签订合同，劳动岗位与报酬由企业提供，在此基础上辅导学生进行相应的岗位操作，在评价中协助学校进行学生成绩、劳动态度等鉴定；第二，职业学校派教师定期去企业指导、监督学生工作，协调合作双方的关系；第三，学生一半时间在校学习。

二是学徒制模式。学徒制模式是指企业作为主要办学主体，通过"工作本位"的学习来培养学徒的从业技能与实践能力的办学模式。该模式的教学采取一边实践一边学习的方式，劳动力的教育、就业与企业的生产实际紧密结合。该模式的典型性代表是英国在20世纪90年代对职业教育制度进行改革的基础上形成的"现代学徒制"。该办学模式主要采取的学习方式即"工读交替"，其依托方

---

[1] 郄海霞：《发达国家职业教育办学模式与经验启示》，载于《天津大学学报（社会科学版）》2011年第2期，第160~163页。

式有两种:"以学院为依托"与"以企业为依托"。另一个典型代表是以企业的实践培训为主、以职业学校的理论教学为辅的德国"双元制"模式。所谓"双元制"模式,即一种非全日制职业学校与企业合作,学生需要与企业签订培训合同,整个培训过程由行业协会作为中介进行监管和质量考核的职业教育办学模式。

三是集团化办学模式。职业教育集团化办学模式是指以核心教育主体为龙头,以创建、兼并以及合资等方式联合其他职业教育主体,以及由行业管理部门、企业、职教等以资产或契约为纽带而构成的职业教育办学联合体。这种模式的特点是:不以单一的企业、学校或政府办学为主,而是融合了政府、企业、学校等多种办学主体,多种主体之间展开合作或联合办学。该模式在一定程度上可以看作是上述几种模式的综合,是一种多元化的办学模式,在日本、荷兰、德国等以不同的形式存在。

(二)教学模式分类:CBE 模式、双元制模式与教学工厂模式

教学模式是办学模式的核心内容,在国际上,根据教学模式的差异出现了最典型的类型有 CBE 模式、"双元制"模式与"教学工厂"模式,如表 7-10 所示。

表 7-10　　　　以"教学模式"为分类标准的办学模式

国家	办学模式
美国、加拿大、澳大利亚、英国	CBE 教学模式
德国	"双元制"教学模式
新加坡	"教学工厂"教学模式

一是 CBE 教学模式。CBE 教学模式是 20 世纪 60 年代末基于美国著名的教育心理学家、芝加哥大学教授布卢姆的掌握性学习和反馈教学原理提出的。美国、加拿大的"社区学院教学模式"、英国的"BTEC 教学模式"和澳大利亚"TAFE 学院能力本位教学模式"均属于 CBE 教学模式。CBE 教学模式是指一种以能力培养为主的教育,强调培养学生掌握按预定就业需要的标准,完成专业工作任务所需知识、技能和态度的培养。

二是"双元制"教学模式。德国的"双元制"教学模式是一种教学活动的一元在企业实施、另一元在职业院校实施的教学模式。其教学组织形式分理论教学和实践教学两大部分。实践教学在企业进行,受训者在真实的生产环境中掌握"怎么做"的问题。职业院校以理论教学为主,主要解决受训者在实训技能操作时"为什么这么做"的问题。

三是"教学工厂"教学模式。新加坡的"教学工厂"教学模式是新加坡南洋理工学院在结合新加坡企业规模不大、缺乏具有相当规模的培训中心、难以完成高质量的技能培训工作的基本国情基础上，借鉴和吸收德国的"双元制"办学特色的优势提出来的。该模式将现代企业的经营、管理理念引入学校，使学生得以在一个近乎真实的环境中学习必需的各种知识和能力。

（三）教学理念差异的分类：社区学院、能力本位、终身职业教育办学

教学理念是办学模式的重要体现，基于教学理念的职业教育办学模式分类可分为社区学院模式、能力本位模式、终身职业教育办学模式，如表7-11所示。

表7-11　　　　　以"办学理念"为分类标准的办学模式

国家	办学模式
美国	"社区职业教育"模式
澳大利亚	"能力本位"职业教育模式
新加坡	"教学工厂"职业教育模式
日本	"终身职业教育"模式

一是美国的"社区职业教育"模式。美国社区学院职业教育的办学非常灵活：从学生来源看，职业教育面向社区全体成员，没有统一的人才培养标准，实行"无试招生"；社区学院的职业教育教师分为专职和兼职两种，并且兼职教师在数量上多于专职教师；每个社区学院根据本社区的经济、产业发展状况，设置适合本社区的职业培训课程、人才培养模式，使学生毕业就能在本社区找到相应的工作。

二是澳大利亚的"能力本位"职业教育模式。20世纪80年代，澳大利亚政府意识到了改革职业教育与培训体系的重要性，于1989年4月拟定了国家培训改革议案，成立了国家培训部指导开发国家能力标准，并在此基础上建立起"能力本位"的培训体系。能力本位培训体系特别强调迁移能力和在变化的情境中运用知识与技能的能力，并制定了能力级别、课程之间的学分转移体系和各类资格证书。

三是日本的"终身职业教育"模式。自从20世纪60年代联合国教科文组织提出"终身教育"的概念以来，日本便将"终身教育"作为改革政策的主导理念。为了保证终身职业教育的顺利开展，日本建立了终身职业能力开发体系，包

括终身职业能力、高度职业能力以及地方职业能力开发促进中心等①。在此基础上出台了"职业教育综合计划":一是以小学至高中学生为对象的"新职业教育计划";二是主要以大学生、研究生为对象的培养有高度专业能力人才的"职业教育提升计划";三是"无固定职业者再教育计划",计划把提高国民教育水平和职业技术能力作为一项战略②。

---

① 郭熠然:《日本职教发展及其对中国的启示》,载于《教育与职业》2010年第31期,第99~100页。
② 丁淑芳:《高等职业教育办学模式研究——以江西旅游商贸职业学院为例》,江西农业大学硕士学位论文,2014年,第7~8页。

第八章

职业教育办学模式改革的实践方略

从职业教育办学的历史反思、国际比较可以发现，中国职业教育办学已经取得了一定成就，但是和国际水平相比，依旧存在较大差距。同时，调查研究和案例分析发现，中国职业教育办学模式还存在着严重的现实问题。那么，在经济社会全面转型的背景之下，中国职业教育办学模式应当选择怎样的改革道路？要实现办好类型职业教育的目标，中国职业教育又应如何转变办学思路？如何在"国家—区域—院校"层面进行系统变革？又如何通过建构职业教育内外部保障机制助推办学模式改革措施的落地生根？本章基于前期理论与实证研究，从思维转向、关键举措、制度保障三个维度，探索中国职业教育办学模式的改革方略，以期构建出未来中国职业教育办学的理想蓝图。

第一节 职业教育办学模式改革的思维转向

思维转向是中国职业教育办学模式改革的首要任务。在传统的校企合作思维之下，办学模式改革更多地被看作教育问题，而产教融合思维强调，办学模式改革不仅是教育问题，而且是经济问题。在中国经济模式转型升级的背景之下，为了推进职业教育办学模式改革，需要实现从校企合作思维向产教融合思维的转变，这是将职业教育打造成真正意义上的类型教育的基本前提。

一、从校企合作到产教融合：凸显职业教育的类型特征

自 1985 年发布的《中共中央关于教育体制改革的决定》重新明确职业教育在整个教育体系中的独立地位以来，中国一直在竭力探索一条适合国情的职业教育发展道路，并在一定思维方式的主导之下推进职业教育办学模式的改革。更为本质的问题是：究竟是参照普通教育办学，还是探索具有职业教育类型特征的办学模式？由此衍生出另一个问题：职业教育办学是校企之间的单方面合作，还是产教系统之间的协同安排？

世界各国的职业教育办学模式可以说各有所长、各有特点。虽然不同类别和发展阶段的制度条款、基础设施、社会态度会影响某国职业教育办学模式的发展，但是一些欧洲国家成功的职业教育办学模式仍然被频繁介绍与应用到亚洲和非洲国家[①]。在发展方向不够明确的背景下，中国也一直在博采众长，积极引进国外先进的职业教育办学模式，并尝试将其本土化，探索具有中国特色的职业教育办学模式。然而，直到目前为止，这一探索仍然很难称得上成功，中国似乎仍未找到职业教育办学模式改革的正确方向。近年来，随着经济社会转型速度的加快，以及国家层面对职业教育重视程度的提高，切实推进职业教育办学模式改革显得尤为迫切，这就要求尽快找到制约职业教育办学模式改革的症结。

实际上，围绕着职业教育办学模式改革，形成了一个非常复杂的问题域丛。在众多问题中，校企合作、产教融合是其中最为核心的问题，二者共同构成职业教育办学模式改革的逻辑主线。长期以来，中国职业教育办学模式改革忽略了校企合作与产教融合的重要区别，甚至将二者混为一谈，这就导致主导职业教育办学模式改革实践的往往是校企合作思维，而非产教融合思维。在校企合作思维下，职业教育办学模式改革被看作教育问题。依此逻辑，校企合作是"校热企不热"，改革的关键是调动企业参与职业教育的积极性，要求企业履行相应的社会责任，这是一种典型的"教育立场"。与此相反，产教融合思维强调，职业教育办学模式改革不仅是教育问题，而且是经济问题。如果办学模式改革仅仅关注到表面的教育现象，而忽视隐藏其后的经济社会背景，那么将很难取得实质性进展。对于办学模式改革而言，重构学校与企业之间的关系固然重要，但更为重要的是，对涉及产业与教育发展的相关制度做出整体规划与系统安排。

---

① Stephen Billett, *Vocational Education: Purposes, Traditions and Prospects*. Springer, 2011, P. 4.

二、树立产教融合空间思维,划清政府权力边界,丰富职业教育办学主体

在推进职业教育办学模式改革的过程中,职业教育的跨界属性要求必须树立产教融合的空间思维。所谓空间思维,是指产业与教育原本处于两个相互独立的空间之内,有各自的运行规则。产教融合的实现需要打造公共空间,并根据其运转需要制定相应的新规则。如果仅仅考虑教育发展的需要,那么职业教育办学将很难满足产业的发展需要;而如果仅仅考虑产业发展的需要,那么职业教育办学也将很难满足教育的发展需要。因此,当务之急在于研究促进职业教育产教深度融合的规则体系。在这种规则体系之下,理想的产教融合空间状态应该是"既宽松、又紧凑"。"宽松"是指留给产业与教育一定的独立发展空间,切不可压缩得太紧,避免出现为了"产教融合"而刻意创造空间的行为,也就是说,要避免目标与手段的"错位"现象。"紧凑"是指产业与教育是彼此联系的利益共同体,二者出于共同的目标,通过一定的手段,建立职业教育产教融合的"松散耦合"机制。基于打造产教融合公共空间的基本共识,职业教育办学模式改革强调,办学权力应该是分散的、有边界的,办学主体应该是多元的,但却是有主导的。

随着社会主义市场经济体制的逐步确立,尤其是在国有企业改制之后,职业学校与企业的关系发生了根本变化,产教融合实际上是双方发展的共同需要。在此背景之下,推动职业教育办学模式的"市场化"改革,就成为一种必然趋势。正如经济领域的市场化改革一样,职业教育领域的市场化改革也同样需要划清政府与市场的权力边界,发挥市场在职业教育资源配置中的重要作用。理想的状态是,政府主要在宏观层面对资源进行配置,而市场在微观层面对资源进行配置,二者并非作用于同一个领域、同一个层面,因此不会发生冲突[①]。但从实际情况来看,政府的权力边界并未得到清晰划分,存在对微观领域职业教育资源配置干预过度的现象,突出表现为行政权力与专业权力的混淆,行政权力凌驾于专业权力之上,专业权力的行使往往要依附于行政权力,缺乏一定的自主性。也就是说,当前职业教育办学的重大难题是权力过于集中,管理的专业化水平有待提高。当然,这一现象的出现也与参与职业教育治理的社会组织缺失有关。为此,一方面,要进一步分散权力,明确行政权力与专业权力的作用边界;另一方面,

---

[①] 郝天聪:《市场发挥职业教育资源配置决定性作用的路径探析》,载于《职业技术教育》2015年第10期,第13~17页。

要培育能够积极参与职业教育治理的社会组织，尤其是行业组织，促进管理效能的提升。

职业教育办学主体的多元化，目的是尽快打破政府单一化办学格局，形成行业、企业等主体多元化办学格局，这是今后改革发展职业教育的必然选择。要彻底改变政府"统办统包"的局面，政府应选择一些关系国计民生的战略产业领域作为办学重点。当务之急是采取有效措施，增大企业、行业、社会团体、公民个人和境外机构等多种力量参与职业教育办学的比重，形成多元主体协作办学的新格局。以企业参与职业教育办学为例，有条件的大型企业可以单独举办职业院校或与有关高等学校联合举办职业院校。大批中小企业可以采取多种合作方式联合办学，还可以依托行业组织和行业主管部门举办职业培训机构，或者以合同的方式依托职业院校和职业培训机构培养、培训职工。此外，要打造一批产教融合型企业，赋予有资质的企业以教育机构地位，使其成为同等重要的办学主体。

三、树立产教融合时间思维，融入终身教育理念，升级现代职业教育体系

从本质上讲，推动职业教育办学模式改革是一项关乎国计民生的事业，这就要求树立产教融合的时间思维。所谓时间思维，是指产业与教育的融合是一个历时性过程，是一份"细水长流""静待花开"的事业。产教融合的真正实现需要更多的耐心、恒心，否则在实践过程中极有可能演化成一场职业教育领域的"教育锦标赛"。在此逻辑之下，推动职业教育办学模式改革须避开两大误区：一是将职业教育办学模式改革的目标仅仅定位在短期就业上，在此目标之下，职业教育产教融合往往被看作是促进学生就业的工具，职业教育服务经济社会发展功能被无限扩大的同时，必然会带来对职业教育服务个人发展功能的损害。二是将职业教育办学模式改革仅仅看作是通过短期的试点、项目就能完成的事情，在此指向之下，职业教育产教融合的本质极有可能被异化，以运动化的思维方式推动办学模式改革必然会对教育事业的长远发展带来伤害。

经济模式转型所带来的终身教育需求，是推动职业教育办学模式改革不可忽视的重要课题。从世界范围来看，当职业教育发展到一定阶段之后，强调其终身教育导向是必然趋势。终身教育不仅仅限于成人教育、老年教育和社区教育的范畴。实际上，终身教育的内涵要丰富得多，以终身教育理念推动职业教育办学模式改革，需要对涉及职业教育办学的相关要素重新进行整体设计。对此，美国社区学院可以给我们很多启示。社区学院的实训中心基本常年开放，对教育对象并不设置严格的筛选环节；它并不区分全日制学生和继续教育学生，而是将其编排

在同一班级之中；其课程也并非只安排在白天与工作日，夜间与周末也是重要的授课时间。

在经济模式转型之下，除了终身教育问题，同样应该关注大众化教育问题，这也是一个需要重新审视的话题。大众化教育是与精英教育相对的一个概念，它强调职业教育所服务的对象应该是社会大众，然而，无论是在现代职业教育体系的理论探索领域，还是实践探索领域，都有相当一部分人存在浓厚的"精英主义情怀"。在精英教育思维模式下，不少人将现代职业教育体系的构建等同于升学体系的打造。固然，学历层次提高对于提升职业教育的吸引力具有一定作用，但是职业教育发展的根本出路还在于为社会大众提供更加优质的职业教育服务，为职业教育轨道学生提供更多升学机会并非构建现代职业教育体系的唯一目的。如果只是以传统精英教育那种高高在上的姿态进行职业教育办学，很有可能将现代职业教育发展引入"死胡同"。除了升学之外，同样需要关注职业教育与普通教育、继续教育的衔接关系。基于大众化教育的发展需要，一个完整的现代职业教育体系，不仅包括职业准备教育，还应该包括职业启蒙教育、职业继续教育。

四、树立产教融合技术思维，遵循技能形成规律，创新职业教育办学形式

以深化产教融合为抓手改革职业教育办学模式时，必须树立技术思维。技术思维意味着，要对职业教育产教融合问题的本质深入研究，并为推进职业教育产教融合实践工作提供技术支持。具体而言，技术思维主要强调以下几点内容：一是在把握职业教育办学模式改革总体方向的基础上，建立确定性的职业教育产教融合目标，强调目标的精确性与严谨性；二是在制定职业教育产教融合技术方案时，遵循实用主义的逻辑思路，遵守一定的技术规则和要求，强调方案的效率性与可操作性；三是要充分考虑到职业教育办学实践的复杂性与办学过程的阶段性，采取多样化的职业教育产教融合手段。

遵循技能形成规律，培养完成岗位工作任务所需要的职业能力，理应是职业教育办学的基本出发点。然而，中国职业教育办学仍然存在很强的"学制化"色彩，表现为学习时间、场所和进度通常按照学期计划统一执行，人才培养要求也必须在既定的学制框架之内。除现代学徒制、新型学徒制在政府支持下得到推广之外，在岗培训、民间学徒制等其他职业教育办学形式并没有引起足够的重视，至少没有被纳入正规职业教育序列。在学制化办学理念之下，学校职业教育被看作职业教育的正统办学形式，其更多关注的仍然是学历，而不是职业能力。对

此，从"办得好的中职想升高职，办得好的高职想升本科"这一现象可以管窥一二。职业能力的形成不仅包括技能知识的学习，而且包括技能经验的积累。如果说前者主要依靠学校专业教师传授的话，那么后者必须更多地依赖企业生产车间的实习实训。而且，不同岗位技能的形成也有其独特规律，厨师、服务员、传统工匠等都可以通过职业教育来培养，但是其学习时间、学习形式、学习成果认证方式等均存在重要差别。此外，不同类型技能，如特殊技能与通用技能，也各自有不同的技能形成规律，需要采取不同的办学形式。综上所述，如果不能根据技能形成规律办学，我们将很难取得职业教育办学模式改革的实质性突破。

再如，在职业教育的生源问题上，高中阶段教育"普职比"问题固然重要，但是在经济模式转型的背景之下，如果能够打开办学思路，换一种思维方式，积极创新职业教育办学形式，吸引大量非传统生源，那么职业教育发展仍将具有广阔天地。未来的职业教育办学需要更加重视社会需求，只要企业中的各种岗位、社会中的各种人群（如退役军人、退役运动员、下岗职工、农民工等）对职业能力获得有需求，职业教育就应该积极拓展办学功能，为其提供优质的职业教育服务。走出学制化职业教育办学的困境，并不意味着要放弃学校职业教育的优势，而是将更多的办学形式纳入正式职业教育体系，给予其同等地位的办学身份，并对其学习成果进行有效认证。对此，杜威在20世纪初访华时的演讲也可以给予启示："职业教育发展包括两条路径，那就是一方面应该提倡一种新式的学校，另一方面要改良中国现在的学徒制，使一般学徒得到更有用的知识，养成更娴熟的技能。"①

第二节　职业教育办学模式改革的宏观举措

政府是中国职业教育办学体系中最重要的参与主体之一。在中国传统的政治体制中，政府是所有改革行动的领导和统筹力量。尽管"政府悖论"的问题一直存在，但是没有政府参与的改革多半是难以成功的。事实上，中国职业教育办学的历史与现实问题或多或少都与政府的参与和职能发挥相关。那么，在办类型职业教育的时代背景之下，政府在职业教育办学模式改革中的责任是什么？

---

① 单中惠、王凤玉：《杜威在华演讲录》，教育科学出版社2007年版，第272~273页。

一、激发多元办学主体活力，规范职业教育办学秩序

职业教育办学从政府举办为主向政府统筹管理、社会多元办学格局的转变，是中国职业教育办学模式改革的重要目标。这要求必须激发多元办学主体活力，规范职业教育办学秩序，解除多元办学主体的后顾之忧，让多元办学主体能够"进得来、留得住、办得好"。其一，发挥企业的重要办学主体作用。鼓励大企业举办高质量职业教育，尤其是那些与企业发展联系紧密的"企业大学"。同时应该培育一批像德国那样的产教融合型企业，从金融、财政、土地、信用、税收等方面落实相关的优惠政策。其二，给予行业举办的职业院校以同等地位。不能仅依靠把行业举办的职业院校归属到教育主管部门的途径来解决这类职业院校的财政困境，而必须为行业举办的职业院校建立常规经费投入制度，把对其的投入纳入教育常规经费预算，使之能够平等地获得政府对教育的投入支持，特别是教师的工资与福利待遇及其他问题，必须完全纳入统一的教师管理中，不能因为其所就职的职业院校的举办主体不同而有所差异。其三，以法律形式保障民办职业教育在现代职业教育体系中的重要地位。一是在《民办教育促进法》的修订中，需要明确民办职业教育的地位与权益；二是在实施《民办教育促进法》过程中，应该进一步明确政策界限，落实相关政策实施细则，降低办学风险，使现有的民办职业教育举办者能够安心办学，并吸引更多的民间资本以多种形式参与办学，提高其持续参与职业教育办学的积极性与主动性。

二、落实院校自主办学权力，培育社会治理中间组织

各级政府部门要逐渐从对学校的具体业务指导中退出，将退出的职能重组，由社会治理中间组织实施。国家只是在宏观上把握职业教育办学的方向，重点负责战略规划、政策制定与依法依规监督，不再介入具体的办学领域，从而实现行政决策与专业决策的分离。如"职教20条"所言，各级政府部门要深化"放管服"改革，加快推进职能转变，由注重"办"职业教育向"管理与服务"过渡。为进一步落实院校自主办学权力，建议国家尝试在人事、资金等方面适当放权，在教育标准、教育质量方面收紧管理权限，从而确保人才培养质量和学校的办学活力。在政府放权的同时，还要培育一批社会治理中间组织，发挥第三方在职业教育办学中的辅助作用。对于可市场化的职能应完全交给市场，如技能大赛；对于更宏观的跨部门、跨地区的业务可鼓励全国性或行业性社会组织参与，并正式进行授权。职业教育治理体系建设的难点不在于政府简单地放权，而在于社会治

理中间组织成熟之前的有序放权。无论采用何种方式，都应对这些组织进行明确、严格的绩效管理，并适当引进竞争机制和顾客选择机制，以激发社会组织的活力。

三、完善教育教学标准体系，发挥"1+X"证书指导作用

职业教育的标准体系是其作为类型教育区别于普通教育的重要基础。"职教20条"要求"发挥标准在职业教育质量提升中的基础性作用，要按照专业设置与产业需求对接、课程内容与职业标准对接、教学过程与生产过程对接的要求，完善中等、高等职业学校设置标准，规范职业院校设置"。首先，在职业标准开发的工作机制上，确立以人力资源和社会保障部统筹协调的领导管理，行业协会承担具体工作，院校积极参与的协同开发机制。其次，在行业协会发育成熟之后，具体行业的职业标准开发工作应该主要由行业协会来承担，相应的管理与领导权力可以从人力资源和社会保障部逐渐让渡。再次，教育部统筹协调，参照职业标准开发各类专业教学标准，要充分发挥企业专家、职业教育专家在开发过程中的重要作用。最后，学校依据专业教学标准，根据自身情况，开发专业人才培养方案。"职教20条"明确提出，启动"1+X"证书制度试点工作，鼓励职业院校学生在获得学历证书的同时，积极取得多类职业技能等级证书。"1+X"证书制度强调在学历教育基础上，延伸学生对职业技能等级证书的学习，拓宽学生的就业面。这就实现了"学历证书+多样化职业资格证书"的融通，为复合型人才的"多样化"选择提供了制度支撑。同时，"1+X"通过学分制以及学分银行制度的建立，可以实现不同形式学习成果的认定、积累和转换，并根据人才培养需要建立更加具有弹性的学制体系。

四、全面推动校企深度合作，构建校企"命运共同体"

校企合作在本质上是自由市场的经济行为，但是，目前中国校企合作形式主义"拉郎配"现象仍旧比较普遍。要改变这种格局，需要构建一种校企深度合作的长效机制，让校企先形成"利益共同体"，再形成"发展共同体"，最终形成"命运共同体"。一是拓宽合作领域，寻找利益结合点，努力打造一种双赢尤其让企业先赢的局面。要引导企业深度参与职业教育人才培养过程，将企业的人力资源需求融入职业教育人才培养的各个环节，包括专业设置、人才培养方案修订、教材更新、顶岗实习等。此外，应该本着互惠互利的原则，推动职业院校在人才培养、就业创业、社会服务、文化传承方面与企业展开深度合作，也要鼓励职业

院校在企业的技术创新、工艺改造、企业转型、员工培训中提供相关的支持和服务。二是改革绩效工资制度，调动学校内部人员参与校企合作的积极性。当前要以完善绩效工资制度为抓手，允许职业院校将通过校企合作所得收入纳入绩效工资分配方案，不要让绩效工资制度成为制约校企合作的"枷锁"。三是厚植企业承担职业教育责任的社会环境，建立产教融合型企业认证制度。对符合条件的产教融合型企业，借鉴德国等发达国家经验，给予这类企业财政、税收等方面的政策支持，鼓励探索产教融合型的"校中厂""厂中校"模式，最终推动职业院校和企业形成"命运共同体"。

五、加强职教师资建设，创新"双师型"教师培养路径

"双师型"教师是职业教育师资队伍的重要组成部分，也是推动职业教育办学模式改革的主导力量。分类培养培训"双师型"教师，应该成为当前阶段职教教师教育改革的基本方向。

其一，对于专业实践指导教师，主要是从企业招聘，应强调"工作经历优先而非学历优先"。对职业院校专业实践教师，主要从具有3年以上相关企业工作经历并具有高职以上学历的人员中招聘，在对其进行教育教学理论和方法的相关培训后，让其承担职业院校专业实践课（包括校内实训课）的教学任务。对企业实训指导教师，主要从企业的能工巧匠中遴选，但也要经过相关的教育教学培训后才能上岗。

其二，对职业院校的专业课教师的培养，可以通过升级改造现有职业技术师范院校职教师范生培养模式来实现，探索构建"4+0.5+1+0.5"本硕连读贯通培养"双师型"专业教师的模式。"4+0.5+1+0.5"指4年在大学学习本专业的理论和实践课程，半年在企业实习并取得与专业相关的职业技能等级证书，1年在大学学习职业教育理论、课程开发技术、专业教学法等，最后半年在职业学校教学实习，在实践中掌握教学方法，提升教育教学能力。

其三，对职业院校"双师型"专业教师的培养，还有一条更有价值的路径值得探索，那就是以本科毕业具有两年以上相关工作经历并具有相关职业资格证书者为主要招生对象的"1+1"两年制专业硕士培养模式。"1+1"指第一年在大学学习职业教育相关理论、职业师范教育相关理论以及专业教学理论和方法，第二年在职业学校实习，培养其专业教学能力与综合实践能力。对应用型本科院校专业教师的培养，可以以硕士研究生毕业并具有两年以上本专业相关工作经历或具有相关职业资格证书者为主要招生对象，探索构建"1+1"两年制专业博士培养模式，培养方法与两年制专业硕士培养模式类似。

其四，对职业院校文化课（通识课程）教师的培养，也要尽可能体现类型教育特色。在教师进入教师岗位之前，应该积极开展"职业教育+"培训，帮助其学习职业教育相关理论，了解职业院校文化课定位以及职业院校的学校特点、教学特点、学生认知特点。

其五，要根据职业院校专业教师"三性（学术性、示范性、职业性）"特点，创新"双师型"专业教师培养模式。在培养过程中，探索实行"三导师"（高校职业教育理论指导教师、企业实践指导教师、职业学校教学指导教师）、"三基地"（高校、企业、职业学校）合作培养"双师型教师"的路径，实现作为类型教育的职教教师教育全面转型升级。

六、保证经费稳定投入力度，构建绩效导向考核机制

经费是推动职业教育办学模式改革的基本保障。经费保障需要解决两个问题：一是经费投入总量的稳定增加；二是所投入经费的合理分配和有效使用。一方面，在经费投入的问题上，要处理好公平与效率之间的关系，考虑到职业教育与普通教育的办学成本差异，以及对于不同地区、不同群体的投入差异。职业教育办学经费投入要走出过度"项目化"的格局，形成以生均财政拨款为基础的稳定投入机制，在保证所有职业院校基本办学条件的情况下，再支持部分职业院校优先发展。具体来说，经费投入与分配需要做到三个方面的改革：其一，进一步完善中等职业学校生均财政拨款制度，各地中等职业学校生均拨款水平应该高于普通高中；高等职业教育生均拨款应该至少与地方普通本科院校持平，在保证12 000元的基础上，根据发展需要和财力分类逐步提高拨款水平。其二，要加大对中西部地区、民族地区、贫困地区、边疆地区、农村地区的生均财政拨款力度，保证其基本办学水平，提高职业教育对当地学生的吸引力。其三，要加大对退役军人、退役运动员、下岗职工、返乡农民工、残疾人士等特殊教育对象的生均财政拨款力度，使其能够得到更多的优待。另一方面，要变革职业教育办学经费的考核导向与制度。目前的经费考核机制主要是事前投入，无论学校办学成绩如何都能获得相应投入，这在一定程度上挫伤了办学成绩突出学校的积极性。因此，新时代职业教育办学经费考核必须构建绩效导向的过程考核机制，以办学经费使用的效率和产出作为后续经费拨付的依据，特别要对办学成绩突出的学校给予一定的激励。

第三节　职业教育办学模式改革的中观举措

面向并服务区域经济社会发展是职业教育办学的重要使命。随着中国市场经济的日趋完善，区域内部产业经济结构不断发展，跨区域合作日益普及，物质、资金、信息等资源在不同区域之间的流动也日益频繁。因此，区域层面的职业教育办学也需要因时因势而变。

一、现代学徒制办学：从"试点探索"到"制度突破"

中国自2015年起由教育部发起现代学徒制试点，其基本特征是校企"双主体"深度合作、联合招生招工、一体化育人。除了教育部试点以外，还涌现了大量省市、地区和院校的自发试点。试点模式的固化和推广，依赖于外部制度的保障和推动。从试点到推广，中国发展现代学徒制办学模式的关键在于制度突破。针对当前阻碍中国现代学徒制办学模式发展的主要问题，应重点在以下四个方面实现制度突破。其一，建立融洽顺畅的跨部门合作机制。相关部门还需要进一步落实现代学徒制实施细则，细化至省市、地方和行业层面，打破原有产教利益割据的局面，形成互利共赢的良好合作生态。其二，改革招生招工制度。学徒受众有限、身份尴尬是现代学徒制试点难以推广的重要原因。教育部试点虽然鼓励扩大招生对象范围，但实际招生中仍然以在校生为主，应进一步放开学徒制招生时的生源限制。就招工制度而言，应在法律上界定"学徒"特殊身份，在学徒年龄、劳动津贴最低标准及各类保障基金的缴付给予特殊政策。其三，建立企业激励制度。企业不愿开展现代学徒制的原因除了文化传统因素外，更多是基于投资利益的现实考虑。当前应采取积极的、奖励性的经费机制推动企业参与，如直接的经费补助、税收减免等。其四，建立质量保障与能力建设制度。首先，应明确现代学徒制的操作定义，为改革划定边界，避免泛化、矮化现代学徒制的内涵。其次，应加快建立学徒培训标准、培训企业资质认证制度、学徒培养备案审查制度等。最后，还应针对课程开发和企业培训能力不强的短板，提供培训、咨询与指南等服务，并将服务常态化、公益化。

二、职业教育集团化办学：从"集而不团"到"紧密互动"

职业教育集团化办学已成为中国特色职业教育的重要组成部分，并成为区域层面职业教育办学模式改革的重要方向。当然，成功改革的关键是促进职业教育集团化办学从"集而不团"到"紧密互动"状态的转变。其一，应该根据不同形式职业教育集团的特点，分别发挥政府与"龙头"企业的带动作用。对于区域职业教育集团，应该继续发挥地方政府在其中的带动作用，进一步统筹与整合区域内资源，协调各方利益，搭建成员单位紧密互动的平台。对于行业职业教育集团，应该发挥行业内"龙头"企业的引领作用，调动行业内"龙头"企业参与职业教育的积极性，并带动集团内其他成员单位深度参与职业教育集团化办学，切实承担起促进职业教育发展的社会责任。其二，应该理顺职业教育集团的内部管理机制，创新职业教育集团化办学内部治理结构，避免出现职业教育集团化办学的"形式化"现象。包括科学谋划职业教育集团长远发展，拓展职业教育集团的服务功能；健全职业教育集团组织体系，完善集团化办学管理制度；推进集团化办学民主决策，强化资源合作平台建设。其三，应该增强职业教育集团化办学的政策持续支持力度，制定并落实相关的实施细则。职业教育集团化办学不仅需要国家层面的政策支持，而且尤其需要地方政府层面的政策支持，包括相关的土地、税收优惠政策等。此外，还应该根据政策要求，将相关细则真正落到实处。

三、职业教育园区化办学：从"教育园区"到"产教园区"

21世纪以来，在充分借鉴工业园区、大学城建设思路的基础上，不少地区开始对辖区内的职业院校进行地域性调整，从而形成职业教育园区化办学的格局。职业教育园区化办学的本义是通过优质资源集聚，发挥职业教育人才培养的合力作用。但其实际效果并不理想，职业教育园区化办学的改革方向亟待明确。其一，突出职业教育园区化办学的教育功能。在职业教育园区化办学选址时，应该基于教育教学便利需要进行布局，避免将职业教育园区布局在过于偏远的区域，最好能够和经济开发区或高新技术产业园区相交或相邻，形成产教协同发展格局。其二，借助政府力量共建共管软硬件资源，提高园区资源共享程度。职业教育园区资源共享，势必要建立一个由政府、院校、企业、行业参与的管理机构，即园区管理委员会。但这类机构组织地位不够明确，缺乏权威性、领导性和实际权力，使得较多问题协而无果。建议在政府部门的协调之下，在园区建设之初，就对园区建成后需要共享的资源做出规划，由参与共享的成员单位共同出资建设，并由参与单位共同组建跨院校的机构进行管理。其三，加强园区内职业院校与产业的深度互动。企业可以通过租赁学校场地、接收实习学生等方式来为企业生产服务；职业院校可以聘请企业技术专家来校指导，并参与专业建设、课程改革、教学资源开发等各个环节。

四、东西部合作办学：从"行政驱动"到"政校企联动"

由于中国东西部职业教育合作办学发展过于注重"行政主导、政策驱动"的力量，其大多是在政府强势主导下完成的，职业院校与企业办学积极性没有得到充分调动，造成许多合作项目仅仅是为了应付行政检查而开展，不仅影响了合作的质量与深度，更为东西部合作办学的可持续开展埋下了隐患。在此背景下，实践层面上的合作要想取得成效，必须有质的突破。一方面，要通过利益协调机制来引导东西部职业教育合作，激发职业院校合作热情，最大限度地调动双方合作的积极性，为中国职业教育东西部均衡发展奠定坚实的基础。传统的东西部合作办学，多是在东部地区开设内地班，输送大批西部学生到东部来学习，不仅会带来大量的成本负担，而且也不利于为西部地区培养"留得住"的技术技能人才。另一方面，要鼓励东部企业积极支援西部，联合西部地区企业，共同开发区域职业教育合作典型项目，发挥企业在职业教育东西部合作办学中的带动作用。这样做的主要目的是使培养的学生不再只是留在东部，而是能够更好地服务当地，为当地经济社会发展提供人力资源支撑。

五、中外合作办学：从"引进来"到"走出去"

当前阶段，推进中外合作办学，应该尽快实现从"引进来"到"走出去"的转型。改革开放以来，中国职业教育在发展的规模、结构、质量与效益等方面都取得了令人瞩目的成就，逐渐走出了一条中国特色职业教育发展道路，也形成了职业教育发展的中国经验。在"一带一路"倡议下，作为世界上最大的发展中国家，中国拥有与其他发展中国家更为相似的国情，所以中国职业教育的发展经验也就显得更有推广价值。当下，中外合作办学应该由过去主要学习引进国外先进经验转为向"一带一路"沿线国家提供中国经验。其一，鼓励一批优质的高职院校到海外办学，与当地政府或院校合作举办职业教育，输出中国经验。其二，为"已经走出去"与"准备走出去"的中国企业培养"本土化人才"。可以尝试探索由中资企业委托国内职业院校，联合当地职业院校开展的"洋学徒制"人才培养模式，招生与招工同步，由国内职业院校联合当地职业院校负责"洋学徒"的"应知"教育，由中资企业负责"洋学徒"的"应会"培训。其三，大力发展高职院校留学生教育，长学制的学历教育与短期委托培训相结合，为"已经走出去"的中资企业订单式（委托）培养核心岗位人才、关键岗位人才。

第四节 职业教育办学模式改革的微观举措

近年来，中国职业教育发展取得了巨大的进步，逐步建成了世界上规模最大的现代职业教育体系，与此同时，办学质量也得到显著提升。但是，总体来看，距离类型职业教育办学目标的实现仍然相差较远。因此，在办"类型"职业教育背景之下，微观层面职业教育办学模式的改革同样十分迫切。

一、巩固中职教育基础地位，拓展中职学校办学功能

近年来，随着中职生源的不断滑坡，不少中职学校开始遭受生存危机的困扰。同时，随着"机器换人"步伐的加快，关于中职教育存在价值的争论再次成为焦点。德国、美国、日本等国职业教育改革与发展的经验证明，中职教育对于稳定就业与促进学生生涯发展仍具有重要的基础性作用；即便到了工业 4.0 时代，智能车间至少 1/3 的工作岗位仍旧适合中职毕业生。因此，要继续强化中职教育的基础地位，坚持高中阶段教育普职比大体相当的立场不能动摇，这是其一。但是，也不得不承认，中职毕业生的就业需求已经在减少。随着中等职业学校毕业生升学渠道的畅通与生涯进路的拓展，就业导向的职业教育逐渐从高中阶段向高中后阶段转移，高中阶段中职学校办学功能也必将由单一走向多元，即从服务于就业向服务于就业、创业、升学等多元生涯进路转变。学生生涯进路多元与学校办学功能多元，必然也会要求中职学校探索构建更为多元的课程结构，这是其二。即便学生选择升学，要升入同一类型的高等教育层次（高职高专或应用型本科），其升学考试应该体现"类型教育"的特色，强化"技能升学"。因此，中职学生的升学准备也更适合在"作为同一类型"的中职学校（而非普通高中）进行，不应该出现类似普通高中的"高复班"，这是其三。复合型人才是高素质技术技能型人才的一大特征，当下应该鼓励优质职业院校积极开展五年一贯制办学试点，中高职贯通培养高素质复合型技术技能人才，这是其四。对某些特定区

域（如农村地区、民族地区、贫困地区），对某些特殊群体（如残疾人士、初高中毕业未升学学生、退役军人、退役运动员、下岗职工、返乡农民工），中职教育的就业功能仍然需要得到持续发挥，这是其五。

二、优化高职教育办学结构，提升高职院校办学水平

从世界范围来看，高职教育是具有中国特色的一种办学形态。为了对接科技发展趋势，应对产业结构转型对多规格高技能人才的需求，应该优化高职教育的组成结构，形成公办高职院校、民办高职院校、行业背景高职院校、技师学院共同发展的高职教育办学格局。如"职教20条"所言，根据高等学校设置制度规定，将符合条件的技师学院纳入高等学校序列。2020年两会上，李克强总理在做政府工作报告时，明确提出今明两年职业技能培训3 500万人次以上，高职院校扩招200万人，要使更多劳动者长技能、好就业。[①]他提出让更多青年凭借一技之长实现人生价值。当然，高职院校规模的扩张并不意味着办学水平的下降，相反，高职院校更应该提升办学水平，以满足服务现代化经济体系和实现更高质量、更充分就业的需要。为此，必须实现高职教育的创新发展。其一，创新高职院校学制类型。高职院校生源的多样化，不仅需要丰富现有的高职教育入学方式，而且需要对传统的学制类型作出调整。要根据不同类型人才的培养特点，设置灵活的学制结构，如两年制、三年制、四年制、五年制等，还要积极探索五年一贯制、专本贯通等长学制人才培养模式。其二，创新高职院校课程体系。在高职扩招200万背景下，未来高职院校生源会发生重大改变，退役军人、退役运动员等群体会进入高职院校。然而，不同生源有不同需求，要办"适合的教育"，必须对现有的课程体系进行改造，设置更加灵活和多样性的课程内容。其三，开发高职院校的研究功能。要发挥研究在课程建设、校企合作、师资队伍建设中的关键作用，这种研究应当以应用型研究为主，要重点服务企业特别是中小微企业的技术研发和产品升级。

三、推动普通本科院校转型，发展本科层次职业教育

长期以来，中国的职业教育被严格限制在专科层次，所以被戏称为"断头教育"和"终结性教育"，本科职业教育的提出，有利于打破这一尴尬局面，打通

---

① 《政府工作报告——2020年5月22日在第十三届全国人民代表大会第三次会议上》，中国政府网，http://www.gov.cn/zhuanti/2020lhzfgzbg/index.htm。

人才的成长上升渠道①。《国务院关于加快发展现代职业教育的决定》提出，采取试点推动、示范引领等方式，引导一批普通本科高等院校向应用技术类型高等院校转型，重点举办本科职业教育。然而，从实践来看，转型政策实施并不理想，大多数普通本科院校仍处于观望状态。其问题和主要原因是，转型有可能带来学校社会声誉、地位以及资源分配力度的下降。整体性学校转型还是局部性专业转型成为普通本科的"两难选择"。事实上，相比学校转型，专业转型的阻力要小得多，而且更具有可操作性。在学校转型思维下，由于并非所有专业都适合转为应用型，这也使得转型的"合法性"受到挑战。因此，在未来的办学改革中，普通本科院校转型要摆脱传统的行政思维，遵循教育发展规律，政府应鼓励有条件的普通本科院校率先开展"专业转型"，将转型政策真正落到实处。"职教20条"也明确提出，要开展本科层次职业教育试点。具体来说，开展本科层次职业教育试点有三种方式：其一，可以采取专业试点的方式，在区域范围内成立联合应用技术大学，鼓励部分高职院校结合优势专业试点四年制本科，并由联合应用技术大学颁发学历与学位证书；其二，可以遴选一批整体办学水平高、社会声誉好，深入对接地方产业发展的高职院校（如深圳职业技术学院），试办四年制本科院校；其三，可以借鉴日本应用技术大学办学经验，通过高本贯通的长学制人才培养模式，为高职院校毕业生提供更多升入应用型本科院校学习的机会。

四、创新专业硕士培养模式，培养高层次应用型人才

按照《现代职业教育体系建设规划（2014～2020年）》的要求，中国提出将专业学位研究生教育纳入现代职业教育体系。"职教20条"也提出，要"发展以职业需求为导向、以实践能力培养为重点、以产学研用结合为途径的专业学位研究生培养模式，加强专业学位硕士研究生培养"。然而，在实践上，中国专业硕士不仅规模不大，质量更是堪忧。虽然中国专业硕士有"专业"的头衔，但是与德国相比，中国的专业硕士培养却显得不够"专业"，"临床"人才特征培养不明显，突出表现为缺乏实践意识与动手能力。因此，着眼于办类型的职业教育，要依据高层次应用型人才的培养特征，构建"双导师、双基地、真项目"专业硕士人才培养模式。其中，"双导师"是指既有大学教授，又有企业导师；"双基地"是指学生既可以在大学的实训基地学习，又可以在企业的真实生产基

---

① 郝天聪、庄西真：《多学科视角下的本科职业教育"合法性"审视》，载于《高等理科教育》2015年第5期，第40~45页。

地学习;"真项目"是指学生可以参与企业的真实生产项目,在参与项目的过程中提高自身的综合职业能力。

五、搭建教育培训沟通桥梁,开发职业院校培训功能

现代职业教育体系包含两条主线,一条是学校职业教育,另一条则是职业培训。然而,中国职业教育办学一直深受"双轨教育"和"狭义职业教育"思想的影响,学校职业教育与培训职业教育一直"二元对立"。从世界职业教育发展历史来看,追求职业教育与培训的一体化成为一种共同趋势。对此,"职教20条"也明确提出,"落实职业院校实施学历教育与培训并举的法定职责,按照育训结合、长短结合、内外结合的要求,面向在校学生和全体社会成员开展职业培训"。因此,职业院校要加快改革进度,开展针对职业培训的全方位改革。其一,职业院校除了招收适龄学生外,还应该扩大对社会成员的招生范围,包括退役军人、退役运动员、返乡创业农民工、失业人员等。要根据不同类型社会成员的教育需求,开发相应的课程内容,开展有针对性的职业培训。其二,职业院校要改变传统的以教授理论知识为核心、以知识讲解为重点的教学方式,采取线下教育与线上教育有机结合的教学方式,倡导以能力培养为导向、以行动为本位的教学新模式。其三,职业院校要建设一批集教育教学、短期培训、科学研究于一体的高水平实训基地,并培育一批技能娴熟、懂得成人教育规律、教学方法运用得当的高水平职教师资队伍。

第五节 职业教育办学模式改革的制度保障

任何改革都不是孤立行动,而是"牵一发而动全身"的整体性改进。因此,为了实现创办类型职业教育的目标,在推进职业教育办学模式改革的过程中,需要重塑"大职业教育观",在职业教育系统之内与系统之外,为类型职业教育办学模式的改革提供强有力的支持。

一、变革职业教育高考制度,创新职业教育人才升学通道

为凸显职业教育类型特征,必须发挥职业教育高考制度对办学的"指挥棒"作用。其一,变革考试内容,凸显技能考核。与普通高考制度不同,职业教育高

考制度宜采用"文化素质+职业技能"的考试方式,强化技能考核,更加突出作为一种类型教育存在的职业教育招生考试特点。目前中国已有不少地区在探索"文化素质+职业技能"的考试招生办法,但由于技能考试项目单一、操作简单,技能测试很难反映学生的真实技能水平,录取标准往往以文化考试成绩为主,难以体现职业教育的类型特点。其二,创新考试方式,讲究公平公正。普通教育大规模纸笔测验不适合职业教育技能考试,需要构建出体现职业教育类型特点的技能水平测试方式。可以组织教育专家队伍和一线骨干教师,共同研究适合技能水平测试的考试方式,在公平公正的尺度下,完善技能测试的项目库、评分依据、权重比例、录取依据等,着力提高技能考试的有效性和可操作性。其三,科学分类评价,多种考试方式并举。在高职院校大规模扩招背景下,要探索更为多元的入学方式。一是进一步完善单独招生、自主招生和技能人才免试等招生考试办法,尤其要扩大高职院校招收中职毕业生的比例;二是逐步扩大高职院校招收拥有实践经验的社会人员的比例,从而凸显作为一种类型教育的职业教育高考制度特征。

二、完善教育部、人社部统管制度,理顺职业教育管理体制机制

职业教育"来自于产业、服务于产业"的本质特点,决定了发展职业教育有赖于教育部门和产业部门的密切合作。但是,由于管理体制上的二元分离,职业教育与培训一直未能整合成完整的体系。在职业教育与培训体系中,招生、培养、就业、继续教育与培训等各个环节的管理均涉及教育行政部门与人力资源和社会保障行政部门。"职教20条"提出要"完善国务院职业教育工作部际联席会议制度"。这在一定程度上有利于理顺教育行政部门与人力资源和社会保障部门的关系,但也不能保证从根本上解决问题。因为教育部与人力资源社会保障部在最高权力机制上仍然由两位副总理分管,顶层权力的分离导致很难实现真正意义上的统筹管理。因此,需要从"中央—部门—地方"层面进行"三位一体"职业教育管理体制机制变革。在中央层面,建议由同一副总理统管教育部和人力资源和社会保障部,在顶层设计层面解决教育部门与产业部门的分离问题;在部门层面,改变教育部与人力资源和社会保障部"职前职后各管一段"的做法,对相关管理机构有机整合,制定统一的职业教育与培训发展规划;在地方层面,推行"单轨培养、分工协作"的管理制度,统筹管理技术技能人才培养工作。

三、开发国家资历框架制度，完善职业教育学习结果认证

中国在国家资历框架上存在着两个问题：一是现有的职业资格"含金量"不足，严重限制了职业院校学生的就业、升学，甚至降低了职业教育的吸引力。二是国家资历框架不够完善，职业院校学生的转学、升学等路径受阻。因此，"职教20条"提出"实现学习成果的认定、积累和转换""从2019年起，在有条件的地区和高校探索实施试点工作，制定符合国情的国家资历框架"。具体来说，一是需要实施国家学分银行制度，建立多元学分互认体系，以此来化解学年制与学分制之间的矛盾，强调学分的认定、存储、兑换和评价机制的建立，打通职业院校学生各类学习通道；二是实现学历文凭与职业技能等级证书的融通，引导学生根据生涯发展需要选择教育类型，完成中高等职业教育衔接立交桥的构建，将"1+X"中的"1"和"X"有机结合；三是规范职业教育资格标准，提升职业教育资格证书的含金量，将"1+X"中的"X"落到实处，发挥实际作用，不断为职业院校学生技能学习增值赋能。

四、落实各类产权保护制度，维护职业教育主体合法权益

职业教育办学过程中，涉及经济产权、知识产权等各类产权问题。然而，由于缺乏足够的产权保护，职业教育办学出现了两个方面的严重问题：一是在多元办学中，各个办学主体的合法权益没有得到充分保障，办学积极性不足。由于产权界定不够清晰，相关制度不完善，无论是职业院校，还是企业，大都处于观望状态。由此，股份制、混合所有制职业院校很难得到发展。二是在院校办学的实践中，由于学校、企业、教师、学生之间的经济产权、知识产权得不到认证和保护，校企合作、产教融合等也难以深入。因此，当务之急是建立完善的职业教育产权保护制度：一是从投资办学的现实出发，保护职业教育办学主体的经济产权，落实出资者的所有权，建立真正意义上的归属清晰、权责明确、保护严格、流转顺畅的职业教育产权保护制度；二是从深化产教融合、校企合作的角度，强化各种知识产权的保护，特别是各种技术专利、发明创造的产权及其分割问题，一定要做到明晰，为深化产教融合提供制度支撑；三是从劳动成果的权益保护上，充分保障教师、学生、企业职工的劳动收益，为教师参与校企合作的收益、学生实习的劳动收入等提供法律保护。

五、创新技能人才就业制度，构建尊重技能的劳动力市场

受中国劳动力市场"供大于求"的总体格局影响，以及"学历高消费"的误导，中国技能型人才在劳动力市场上往往得不到尊重，一是在"学历竞争"中处于弱势，二是就业岗位和薪资水平相对较差[①]。不对称的劳动力就业市场影响了职业教育毕业生的就业与发展。未来改善这一局面需做到以下几点：第一，要建立有利于技术技能人才成长的就业制度，进一步提升中国技术技能人才的经济待遇，鼓励企业根据劳动者技能高低以及短缺程度等进行工资分配，并为技术技能人才提供足够的职务职级晋升机会与继续教育机会。第二，为了进一步提升技术技能人才的社会地位，还应该废除一系列对技术技能人才的歧视政策，保证技术技能人才在落户、就业、参加机关事业单位招聘等方面的合法权利，并为技术技能人才成长营造良好的舆论氛围。第三，建立协调性劳动力市场，匹配产业发展的现实需求。产业的转型升级要求对社会主义市场经济模式进行重新定位，然而，由于区域差异的存在，协调性劳动力市场的构建应该与区域产业结构相匹配。协调性劳动力市场的运行除了发挥政府的作用之外，还应该发挥行业协会等社会治理组织的作用。在政府"放管服"改革趋势下，对行业内技能工资进行控制，对技能标准进行开发，对职业资格进行认证，可以有效控制企业间过度的挖人行为，避免恶性竞争，从而维持流动有序的区域技能生态系统。

---

① 职业院校学生的就业岗位多为"3D"职业——难（difficult）、脏（dirty）、险（dangerous）的岗位，而且薪资水平相对较低。参见：李鹏：《职业教育学习评价效用的制度分析》，西南大学博士学位论文，2018年，第200页。

参 考 文 献

[1] 宾恩林：《加强应用性研究："双高计划"背景下高职院校专业建设之路》，载于《华东师范大学学报（教育科学版）》2020年第1期。

[2] 蔡昉：《21世纪中国经济增长如何持续？》，2020年2月18日，https://www.zhangqiaokeyan.com/academic-journal-cn_political-engineer-guide_thesis/0201261755991.html。

[3] 蔡继乐、李薇薇、樊畅：《"五业联动"形成职教发展新模式，"中高本硕"贯通构建现代职教新体系——天津：当好职教改革"领头羊"》，载于《中国教育报》2017年8月19日。

[4] 曹茂甲、王辉、梁贵青：《我国职业中学发展历程的回顾与反思》，载于《河北科技师范学院学报（社会科学版）》2010年第9期。

[5] 查吉德：《国家示范性建设高等职业院校办学状态统计分析》，载于《职教论坛》2007年第21期。

[6] 陈桂生：《"教育学视界"辨析》，华东师范大学出版社1997年版。

[7] 陈德铭：《经济高质量发展的国际环境和战略机遇》，载于《南京大学学报（哲学·人文科学·社会科学）》2018年第4期。

[8] 陈秋明：《牢牢把握职业教育的就业导向》，载于《中国高教研究》2019年第4期。

[9] 陈维《制度的成本约束功能》，社会科学院出版社2000年版。

[10] 陈旭峰：《职业教育办学模式改革研究：回顾与展望》，载于《现代教育管理》2011年第2期。

[11] 陈雪梅：《"十二五"期间我国高职教育改革发展方向的省思》，载于《教育与职业》2013年第14期。

[12] 程一：《乡镇企业办学巡礼》，载于《中国成人教育》1992年第1期。

[13] 崔晓迪：《现代职业教育与区域经济协调发展研究——以天津市为例》，载于《教育与经济》2013年第1期。

[14] 单中惠、王凤玉：《杜威在华演讲录》，教育科学出版社 2007 年版。

[15] ［美］道格拉斯·C. 诺斯：《制度、制度变迁与经济绩效》，杭行译，上海人民出版社 2014 年版。

[16] 邓友超：《教育解释学》，教育科学出版社 2009 年版。

[17] 邓泽民、陈庆合、郭化林：《高等职业技术教育教学模式的比较与创新研究》，载于《职教论坛》2002 年第 20 期。

[18] 丁淑芳：《高等职业教育办学模式研究——以江西旅游商贸职业学院为例》，江西农业大学硕士学位论文，2014 年。

[19] 董纯朴：《中国成人教育史纲》，中国劳动出版社 1990 年版。

[20] 董泽芳：《现代高校办学模式的基本特征分析》，载于《高等教育研究》2002 年第 3 期。

[21] 范如国：《复杂网络结构范型下的社会治理协同创新》，载于《中国社会科学》2014 年第 4 期。

[22] 方晓东、滕纯：《刘少奇"两种教育制度、两种劳动制度"思想研究述评》，载于《教育研究》1997 年第 7 期。

[23] 房宁：《国外社会治理经验值得借鉴》，载于《红旗文稿》2015 年第 2 期。

[24] ［德］菲利普·葛洛曼等：《国际视野下的职业教育师资培养》，石伟平译，外语教学与研究出版社 2011 年版。

[25] 冯梅：《澳大利亚 TAFE 学院校企合作实践的研究》，西南大学硕士学位论文，2011 年。

[26] 傅允生：《产业转移、劳动力回流与区域经济协调发展》，载于《学术月刊》2013 年第 3 期。

[27] 傅正华：《人文环境对科学技术发展的影响分析——兼论世界科学活动中心转移的人文因素》，载于《科学学研究》1999 年第 1 期。

[28] 葛道凯：《从矛盾变化看新时代教育改革发展的基本走向》，载于《教育研究》2018 年第 11 期。

[29] 顾明远：《教育大辞典（增订合编本）》，上海教育出版社 1998 年版。

[30] 関係府省：200（3）若者自立・挑戦プラン（平成 15 年 6 月 10 日、4 大臣合意）；若者自立・挑戦戦略会議.若者の自立・挑戦のためのアクションプラン，2004．

[31] 郭盛煌：《职业教育混合所有制办学的典型业态、实践之惑与治理路向》，载于《教育与职业》2018 年第 7 期。

[32] 郭熠然：《日本职教发展及其对中国的启示》，载于《教育与职业》

2010 年第 31 期。

［33］国家统计局:《中华人民共和国 2018 年国民经济和社会发展统计公报》,2019 年 2 月 28 日,http：//www.china.com.cn/lianghui/news/2019 - 03/03/content_74525699.shtml。

［34］国务院:《关于深化产教融合的若干意见》,2019 年 12 月 9 日,http：//www.gov.cn/zhengce/content/2017 - 12/19/content_5248564.htm。

［35］国务院:《关于印发国家职业教育改革实施方案的通知》,2019 年 12 月 9 日,http：//www.gov.cn/zhengce/content/2019 - 02/13/content_5365341.htm。

［36］国务院:《国家职业教育改革实施方案》,2019 年 12 月 9 日,http：//www.gov.cn/zhengce/content/2019 - 02/13/content_5365341.htm。

［37］［美］哈罗德·孔茨:《管理学》,黄砥石等译,中国社会科学出版社 1987 年版。

［38］郝天聪:《市场发挥职业教育资源配置决定性作用的路径探析》,载于《职业技术教育》2015 年第 10 期。

［39］何立峰:《促进形成强大国内市场大力推动经济高质量发展》,载于《求是》2019 年第 2 期。

［40］横山悦生:シンポジウム「普通教育における職業教育の可能性」の状況《産業教育学研究》2011（1）.

［41］侯建军、陈忠林:《"五位一体"职教办学模式的构想与实践》,载于《教育与职业》2008 年第 14 期。

［42］黄爱兰:《中职半工半读办学模式新解》,载于《中国职业技术教育》2007 年第 29 期。

［43］黄尧:《深化体制改革调整布局结构促进中等职业教育健康发展》,载于《职业技术教育》1999 年第 19 期。

［44］惠耕田:《层次分析视角下的国际竞争与合作》,载于《国际安全研究》2009 年第 2 期。

［45］《教育部、财政部、劳动保障部关于开展东部对西部、城市对农村中等职业学校联合招生、合作办学的工作意见》,2010 年 1 月 8 日,http：//www.moe.edu.cn/publicfiles/business/htmlfiles/moe/moe_951/20 1001/xxgk_78954.html。

［46］教育部:《国家劳动总局关于全国技工学校综合管理工作由教育部划归国家劳动总局的通知》,2018 年 6 月 15 日,http：//www.law - lib.com/law/law_view.asp？id = 43792。

［47］教育部:《国家中长期教育改革与发展规划纲要（2010 - 2020 年）》,2019 年 12 月 9 日,http：//www.gov.cn/jrzg/2010 - 07/29/content_1667143.html。

[48] 教育部:《教育部财政部关于进一步推进"国家示范性高等职业院校建设计划"实施工作的通知》,(2010-07-26)[2019-04-16],http://old.moe.gov.cn//publicfiles/business/htmlfiles/moe/s3876/201008/xxgk_93891.html。

[49] 金盛:《涨落中的协同:中高职衔接一体化教育模式研究》,西南大学博士学位论文,2013年。

[50] 景天魁、高和荣:《探索复杂社会的治理之道——中国社会治理的情境、逻辑与策略》,载于《人民论坛·学术前沿》2016年第1期。

[51] [英]卡尔·波兰尼:《大转型:我们时代的政治与经济起源》,冯钢、刘阳译,浙江人民出版社2007年版。

[52] [美]凯瑟琳·西伦:《制度是如何演化的——德国、英国、美国和日本的技能政治经济学》,上海人民出版社2010年版。

[53] 李爱君:《高职院校中外合作办学的现状调查与对策》,载于《国家教育行政学院学报》2012年第10期。

[54] 李汉林、渠敬东、夏传玲:《组织和制度变迁的社会过程——一种拟议的综合分析》,载于《中国社会科学》2005年第1期。

[55] 李江源:《教育传统与教育制度创新》,载于《教育理论与实践》2003年第6期。

[56] 李兰巧:《职业教育与普通教育差异性探究》,载于《中国职业技术教育》2013年第9期。

[57] 李岚清:《努力开创职业教育工作的新局面——在全国职业教育工作会议上的讲话》,载于《中国职业技术教育》1996年第7期。

[58] 李蔺田:《中国职业技术教育史》,高等教育出版社1994年版。

[59] 李鹏、石伟平:《新时代职业教育全面深化改革的政策逻辑与行动路径》,载于《国家教育行政学院学报》2019年第10期。

[60] 李鹏、石伟平:《中国职业教育类型化改革的政策理想与行动路径——〈国家职业教育改革实施方案〉的内容分析与实施展望》,载于《高校教育管理》2020年第1期。

[61] 李鹏、石伟平、朱德全:《人性、理性与行动:职业教育学习评价效用的制度分析》,载于《中国职业技术教育》2019年第1期。

[62] 李鹏:《职业教育学习评价效用的制度分析》,西南大学博士学位论文,2018年。

[63] 李鹏、朱成晨、朱德全:《职业教育精准扶贫:作用机理与实践反思》,载于《教育与经济》2017年第6期。

[64] 李鹏、朱德全:《读职校有用吗?——美国职业教育个人收益的元分

析与启示》，载于《清华大学教育研究》2018 年第 1 期。

[65] 李文钊：《中国改革的制度分析：以 2013~2017 年全面深化改革为例》，载于《中国行政管理》2018 年第 6 期。

[66] 李雯：《北京高职院校专业结构与产业结构的协调发展研究》，载于《教育与职业》2013 年第 6 期。

[67] 李玉珠：《技能形成制度的国际比较研究》，社会科学文献出版社 2018 年版。

[68] 梁成艾、朱德全、金盛：《关于城乡职业教育统筹发展》，载于《职业教育研究》2011 年第 8 期。

[69] 刘爱东、陈旭、杜兵堂、蒋慕东：《东西部职业教育跨区域合作发展策略探索》，载于《职业技术教育》2011 年第 23 期。

[70] 刘春生：《发展职业教育需要良好政策环境》，载于《中国高等教育》2001 年第 19 期。

[71] 刘春生、牛征、纪元：《高等职业教育经费来源渠道及投资策略研究》，载于《教育研究》2002 年第 6 期。

[72] 刘鹆根、张春晗：《当前高职院校改革发展需把握好的五个问题刍议》，载于《高教探索》2019 年第 10 期。

[73] 刘来泉：《进一步促进中等职业教育的发展》，载于《职业技术教育》1997 年第 4 期。

[74] 刘明策、刘志兵：《我国职业教育办学集团化发展历程简析》，载于《职教论坛》2012 年第 7 期。

[75] 刘同舫：《新时代社会主要矛盾背后的必然逻辑》，载于《华南师范大学学报（社会科学版）》2017 年第 6 期。

[76] 刘显泽：《加强职业教育校企合作的理论研究与实践运作》，载于《中国职业技术教育》2005 年第 24 期。

[77] 刘晓、陈志新：《英、法、德三国职业教育与培训体系的发展演变与历史逻辑——一个历史制度主义视角的分析》，载于《外国教育研究》2018 年第 5 期。

[78] 刘晓：《高等职业教育办学模式改革：时代呼唤与现实诉求》，载于《中国职业技术教育》2014 年第 12 期。

[79] 刘晓、石伟平：《高等职业教育办学模式评析》，载于《职教论坛》2012 年第 10 期。

[80] 刘晓：《利益相关者参与下的高等职业教育办学模式改革研究》，华东师范大学博士学位论文，2012 年。

［81］刘新钰、王世斌、邻海霞：《职业院校专业结构与产业结构对接度实证研究——以天津市为例》，载于《高等工程教育研究》2018 年第 3 期。

［82］刘星：《论高职院校专业设置与区域特色产业的关系——以贵州十所高职院校为例》，载于《职教论坛》2012 年第 34 期。

［83］刘雪、冯大鸣：《日本、韩国教育行政职能的新变化及其启示》，载于《国家教育行政学院学报》2006 年第 11 期。

［84］刘勇、宋豫：《论我国职业教育立法的完善》，载于《南京社会科学》2013 年第 2 期。

［85］刘育锋：《论澳大利亚职教法对中国职业教育法修订的借鉴意义》，载于《职教论坛》2011 年第 1 期。

［86］刘则渊、王海山：《近代世界哲学高潮和科学中心关系的历史考察》，载于《科研管理》1981 年第 1 期。

［87］吕红、石伟平：《澳大利亚职业教育质量保障体系探究》，载于《外国教育研究》2009 年第 1 期。

［88］罗必良、曹正汉、张日新：《观念、教育观念与教育制度——基于新制度经济学的分析》，载于《高等教育研究》2006 年第 1 期。

［89］罗燕、叶赋桂：《2003 年北大人事制度改革：新制度主义社会学分析》，载于《教育学报》2005 年第 6 期。

［90］马凯慈、陈昊：《政治制度、产业关系与职业教育的起源与发展——基于西方国家的比较研究》，载于《北京大学教育评论》2016 年第 3 期。

［91］［德］马克斯·韦伯：《新教伦理与资本主义精神》，马奇炎、陈婧译，北京大学出版社 2015 年版。

［92］牛林杰、刘宝全：《2008～2009 年韩国发展报告》，社会科学文献出版社 2009 年版。

［93］牛征：《职业教育办学主体多元化的研究》，载于《教育研究》2001 年第 8 期。

［94］潘懋元、邬大光：《世纪之交中国高等教育办学模式的变化与走向》，载于《教育研究》2001 年第 3 期。

［95］潘晓时：《远距离开放教育与中国人文环境》，载于《现代远距离教育》1998 年第 1 期。

［96］德勤中国：《中国创新崛起——中国创新生态发展报告 2019》，https://www2.deloitte.com/content/dam/Deloitte/cn/Documents/innovation/deloitte-cn-innovation-china-innovation-ecosystem-report-zh-190924.pdf。

［97］冉云芳、石伟平：《产业转移视野下职业教育东西部合作办学的策略

思考》，载于《中国高教研究》，2015年第2期。

[98] 人力资源和社会保障部：《人力资源社会保障部办公厅、财政部办公厅关于开展企业新型学徒制试点工作的通知》，2019年4月19日，http://www.mohrss.gov.cn/gkml/xxgk_qt/201508/t20150803_216720.html。

[99] 石伟平：《国际视野中的农村职业教育——城乡教育一体化的新课题》，载于《中国农村教育》2008年第12期。

[100] 石伟平、郝天聪：《从校企合作到产教融合——中国职业教育办学模式改革的思维转向》，载于《教育发展研究》2019年第1期。

[101] 史耀芳：《元分析——现代教育统计中的一个新分支》，载于《教育科学研究》1992年第1期。

[102] 世界银行集团：《2019年世界发展报告：工作性质的变革》，https://openknowledge.worldbank.org/bitstream/handle/10986/30435/211328CH.pdf?sequence=21&isAllowed=y。

[103] 宋小杰、曹晔：《新中国民办中等职业教育发展历程评述》，载于《职业技术教育》2011年第28期。

[104] 宋亚峰、王世斌、潘海生：《聚焦与演化：中国职业教育政策话语透视——基于1987~2017年教育部〈工作要点〉的计量分析》，载于《高教探索》2018年第12期。

[105] 眭依凡：《关于"双一流建设"的理性思考》，载于《高等教育研究》2017年第9期。

[106] 孙佳鹏、石伟平：《现代学徒制：破解职业教育校企合作难题的良药》，载于《中国职业技术教育》2014年第27期。

[107] 孙晓玲：《东西部地区高职院校办学模式的调查与差异分析——以上海、重庆为例》，载于《职教论坛》2013年第31期。

[108] 孙泽文、钟明元：《地方高校办学特色的演进、机制及其经验启示》，载于《黑龙江高教研究》2019年第7期。

[109] 孙志河：《新形势下县级职教中心办学模式的研究》，天津大学硕士学位论文，2004年。

[110] 唐高华：《基于大职业教育理念的现代职业教育体系构建》，载于《职业技术教育》2011年第22期。

[111] 唐林伟：《职业教育办学模式论纲》，载于《河北师范大学学报（教育科学版）》2010年第5期。

[112] 唐智彬、石伟平：《生产方式发展与职业教育办学模式变迁》，载于《河北师范大学学报（教育科学版）》2013第5期。

[113] 陶秋燕：《高等技术与职业教育的专业和课程——以澳大利亚为个案的研究》，科学出版社 2004 年版。

[114] [美] 托马斯·雷明顿，杨钋：《中、美、俄职业教育中的校企合作》，载于《北京大学教育评论》2019 年第 2 期。

[115] 万卫、石伟平：《论中国职业教育办学模式的变革》，载于《职教论坛》2016 第 22 期。

[116] 王成武：《职业教育政策策略的国家比较》，载于《现代教育科学》2003 年第 4 期。

[117] 王继元：《高等职业教育领域中产教融合研究的元分析》，载于《职教论坛》2017 年第 3 期。

[118] 王佳宁：《顺势神州何高远重民国事贯我胸——"十三五"期间的中国经济增长——改革传媒发行人、编辑总监王佳宁对话九位经济学者》，载于《改革》2015 年第 1 期。

[119] 王建凯、朱旻、鲍小娟：《苏州农民职业教育体系的构建》，载于《教育评论》2013 年第 5 期。

[120] 王健、顾炜：《新中国外交 70 年的国际环境变化：分期、演变和动力》，载于《国际关系研究》2019 年第 4 期。

[121] 王立胜、王清涛：《中国特色社会主义理论的逻辑起点与中国社会主要矛盾的重新确立》，载于《山东师范大学学报（人文社会科学版）》2015 年第 2 期。

[122] 王文峰：《中国实力地位与国际环境评析》，载于《现代国际关系》2014 年第 6 期。

[123] 王星：《技能形成的社会建构——中国工厂学徒制变迁历程的社会学分析》，社会科学文献出版社 2014 年版。

[124] 王志强、姜亚洲：《英国中央教育行政机构改革评析》，载于《清华大学教育研究》2008 年第 3 期。

[125] [奥地利] 维特根斯坦：《哲学研究》，李步楼译，商务印书馆 1996 年版。

[126] 文部科学省：キャリア教育の推進に関する総合的な調査研究協力者会議報告書．児童生徒一人一人の勤労観、職業観を育てるために——，東京，2004．

[127] 郤海霞：《发达国家职业教育办学模式与经验启示》，载于《天津大学学报（社会科学版）》2011 年第 2 期。

[128] 肖龙：《智能化时代工作世界的变革与高职教育的应对——基于社会

技术系统理论的分析》，载于《高等工程教育研究》2019 年第 3 期。

[129] 新华社：《中国教育改革和发展纲要》，载于《学位与研究生教育》1993 年第 3 期。

[130] 徐国庆：《职业教育办学模式研究的分析框架》，载于《职教论坛》2013 年第 19 期。

[131] 徐国庆：《职业教育发展的设计模式、内生模式及其政策意义》，载于《教育研究》2005 年第 8 期。

[132] 徐国庆：《职业教育原理》，上海教育出版社 2007 年版。

[133] 徐国庆：《智能化时代职业教育人才培养模式的根本转型》，载于《教育研究》2016 年第 3 期。

[134] 徐国庆：《中国二元经济政策与职业教育发展的二元困境——经济社会学的视角》，载于《教育研究》2019 年第 1 期。

[135] 徐国庆：《中国职业教育现代学徒制构建中的关键问题》，载于《华东师范大学学报（教育科学版）》2017 年第 1 期。

[136] 徐进：《中国发展战略机遇期的国际环境》，载于《国际经济评论》，2014 年第 2 期。

[137] 杨桂青：《专家表示："实现城镇化，根本上还要靠教育"》，载于《中国教育报》2016 年 5 月 24 日。

[138] 杨辉：《中外合作办学模式初探》，载于《教育评论》2004 年第 4 期。

[139] 杨金土：《30 年重大变革——中国 1979～2008 年职业教育要事概录》，教育科学出版社 2011 年版。

[140] 杨林生、牟惠康：《高职院校办学定位的理性思考与现实探索》，载于《复旦教育论坛》2007 年第 3 期。

[141] 俞启定：《论制约中国职业教育发展的主要矛盾》，载于《国家教育行政学院学报》2017 年第 8 期。

[142] 袁本涛：《韩国教育发展研究》，山西教育出版社 2005 年版。

[143] [美] 约瑟夫·熊彼特：《经济发展理论》，杜贞旭译，商务印书馆 2000 年版。

[144] 曾智飞：《优化职业教育办学环境研究》，载于《职教论坛》2011 年第 26 期。

[145] 张晖明、丁娟：《论技术进步、技术跨越对产业结构调整的影响》，载于《复旦学报（社会科学版）》2004 年第 3 期。

[146] 张启富：《高职院校试行现代学徒制：困境与实践策略》，载于《教育发展研究》2015 年第 3 期。

[147] 张亚雄、张晓兰：《从"十三五"时期国际经济环境看中国经济发展面临的机遇与挑战》，载于《经济纵横》2015 年第 11 期。

[148] 张蕴岭：《中国发展战略机遇期的国际环境》，引自《中国社会科学院国际研究学部集刊》，社会科学文献出版社 2014 年版。

[149] 张志增：《论县级职业技术教育中心的办学模式》，载于《教育研究》1994 年第 5 期。

[150] 赵磊、刘晓明：《浙江省高职院校专业设置与产业结构研究》，载于《教育与职业》2013 年第 30 期。

[151] 赵磊、赵岩铁、唐伟：《黑龙江高职院校提升专业服务产业能力的探讨》，载于《教育探索》2013 年第 4 期。

[152] 赵庆典：《论高等学校办学模式的发展与创新》，载于《教育研究》2002 年第 3 期。

[153] 赵淑梅、宋春辉：《高职院校专业设置与产业需求协调发展实证研究——以吉林省为例》，载于《高等工程教育研究》2017 年第 4 期。

[154] 赵一标、单强、赵一强：《江苏高职院校国际化的现状与路径研究》，载于《高等工程教育研究》2010 年第 2 期。

[155]《中共中央关于经济体制改革的决定》，载于《经济体制改革》1984 年第 26 期。

[156]《中共中央国务院关于教育工作的指示》，载于《江西省人民政府公报》1958 年第 18 期。

[157]《中国教育年鉴》编辑部：《中国教育年鉴1949－1981》，人民教育出版社 1984 年版。

[158] 中国驻德国大使馆教育处：《德权威机构发布〈数字化对 2035 年劳动力市场影响〉报告》，载于《世界教育信息》2018 年第 11 期。

[159]《中华人民共和国发展国民经济的第一个五年计划（1953～1957）》，人民出版社 1956 年版。

[160]《中央人民政府政务院关于改进中等专业教育的决定》，载于《人民教育》1954 第 11 期。

[161] 朱德全、杨鸿：《职业教育城乡均衡发展问题表征与统筹保障——以重庆市为例》，载于《教育研究》2012 年第 3 期。

[162] 庄西真：《职业教育现代化的区域性与阶段性》，载于《国家教育行政学院学报》2019 年第 10 期。

[163] AEU. AEU TAFE Funding Campaign Fact Sheet No. 10VET System Still Growing. http：//www. AEU. edu. au，2002.

[164] Bughin, J. & Manyika, J., Woetzel J., A future that works: Automation, employment, and productivity, McKinsey Global Institute, 2017.

[165] CEDEFOP, Towards a history of vocational education and training in Europe in comparative perspective. Luxembourg: Office for Official Publication of the European Communities, 2004.

[166] Chitty C. (ed), *Post – 16 Education.* London: Kogan Page, in association with the Institute of Education, University of London, 1991.

[167] David H., Why are there still so many jobs? The history and future of workplace automation. *Journal of Economic Perspectives*, 2015, 29 (3).

[168] Dortch, C., Carl D., Perkins Career and Technical Education Act of 2006: Background and Performance. Washington, DC: Congressional Research Service, 2012.

[169] Franz, W. & Pfeiffer, F., Reasons for Wage Rigidity in Germany. *Labour*, 2010 (2).

[170] Fullan, M., *The new meaning of educational change* (4th ed.), Teachers College Press, 2007.

[171] Granovetter, M., Economic Action and Social Structure: The Problem of Embeddedness. *American Journal of Sociology*, 1985, 91 (3).

[172] Jobs for the Future, *Learning That Works: A Youth Apprenticeship Briefing Book.* Cambridge, MA: JFF, 1993.

[173] Levesque K., Laird J., Hensley E., Choy S. P., Cataldi, E. F. and Hudson, L., *Career and Technical Education in the United States*: 1990 to 2005. Washington DC: National Center for Education Statistics, Institute of Education Sciences, U. S. Department of Education. 2008 (9).

[174] Liefferink, J. D., *The Dynamics of Policy Arrangements: Turning Round the Tetrahedron.* In Arts, B. J. M, Leroy, P. (ed.), Institutional Dynamics in Environmental Governance, Springer Netherlands, 2006.

[175] Lowndes, V., Institutionalism. In Marshd, S., *Theory and methods in political science* (2nd ed.), Palgrave Macmillan, 2002 (97).

[176] Macfarlane, E., *Education 16 – 19: in transition.* London: Routledge. Introduction, 1993.

[177] NAS, Do Apprentices Get Paid? . http://www.apprenticeships.org.uk/Be – An – Apprentice/Other – Questions/FAQDetails (6) aspx.

[178] Pearsall, J. & Hanks, P., *The New Oxford Dictionary of English.* Ox-

ford: Clarendon Press, 1998.

［179］Pierson, P. , Increasing Returns, Path Dependence, and the Study of Politics. *The American Political Science Review*, 2000, 94（2）.

［180］Public consulting Group & the Mosakowski Institute for Public Enterprise, *Investing in Community Colleges of the Commonwealth: A Review of Funding Streams.* Boston: Massachusetts Legislature, 2011（8）.

［181］Rutherford, M. , Institutional Economic: Then and Now. *Journal of Economic Perspectives*, 2001, 15（3）.

［182］Schwarz, H. , *The German System of Vocational Education and Training.* Bonn: BIBB, 2003.

［183］Scott, W. R. , *Institutions and Organizations*, Sage Publications, 2001.

［184］Spagnolo, G. , Social Relations and Cooperation in Organizations. *Journal of Economic Behavior & Organization*, 1999, 38（1）.

［185］Stephen Billett, *Vocational Education: Purposes, Traditions and Prospects.* Springer, 2011.

［186］Tremblay, Diane–Gabrielle & Irène Lebot, The German dual apprenticeship system: Analysis of its evolution and present challenges. Montréal: Télé-université, Université du Québec, 2003.

［187］Ziderman, Adrian, Financing Vocational Training in Sub–Saharan Africa. World Bank Publications, 2003.

［188］Zukin, S. & Dimaggio, P. , Structures of capital: The social organization of the economy, CUP Archive, 1990.

附 录

附录一　职业教育办学模式改革研究问卷（学校负责人）

尊敬的职业院校负责人：

您好！本研究是国家重大攻关课题《职业教育办学模式改革研究》（2010GJZD40）现状研究的重要部分，通过问卷对全国职业教育办学模式的现状以及存在的问题做出基本把握。感谢您抽出宝贵时间填答此问卷，您的用心作答将为我们的研究带来莫大贡献。通过本问卷收集到的资料仅供研究分析之用，您所提供的资料将绝对保密，请放心填答，谢谢合作。

华东师范大学职业教育与成人教育研究所
国家重大攻关课题《职业教育办学模式改革研究》课题组

第一部分　学校基本信息（请在对应的方框内打"√"）

1. 学校类型：

中职：□国家改革发展示范学校　　□国家级重点学校
　　　□省级重点学校　　　　　　□其他
高职：□国家示范性高职院校　　　□国家骨干高职院校
　　　□省级示范性高职院校　　　□其他

2. 学校专业结构：

□工科为主　　□农业为主　　□服务类为主

第二部分　学校办学情况（请根据实际情况，在题项后的横线上填写对应选项的字母，若选择"其他"选项，则在"其他"后的横线上补充内容）

1. 当前学校合作办学的形式是（可多选）：_____
   A. 东西部合作办学　　B. 集团化办学　　C. 园区化办学　　D. 中外合作办学
   E. 校企双主体合作办学　　F. 没有任何形式的合作办学　　G. 其他_____

2. 当前学校人才培养的主要形式是：_____
   A. 学校主导　　B. 企业主导

3. 当前学校在办学过程中实际履行的职责包括（可多选）：_____
   A. 提供办学经费　　　　B. 任命院（校）长　　　　C. 业务管理
   D. 人事管理　　　　　　E. 其他_____

4. 当前学校办学经费的主要来源是（可多选）：_____
   A. 国家财政性教育经费　　　　B. 学费等事业性收入
   C. 举办者（行业或企业投入）　　D. 社会团体和公民捐赠
   E. 集资办学经费

5. 学校近三年来是否获得中央财政专项经费支持_____
   A. 是　　　　　　　　　B. 否

6. 学校近三年来是否获得省级财政专项经费支持_____
   A. 是　　　　　　　　　B. 否

7. 学校专业设置的最主要思路是：_____
   A. 对接行业，少儿精　　　　B. 稳定学校规模，多而全
   C. 根据就业市场变化，灵活设置　　D. 其他_____

8. 学校在办学过程中，发挥行业作用的组织有（可多选）：_____
   A. 行业协会　　　　　B. 商会　　　　　　C. 大型企业集团
   D. 政府产业主管部门　　E. 其他_____　　F. 无

9. 学校希望行业在职业教育办学中发挥何种职能（可多选）：_____
   A. 发布行业人才需求　　B. 发布行业发展动态　　C. 制定行业职业标准
   D. 推进校企合作　　　　E. 指导课程教学改革　　F. 评估办学和育人质量
   G. 其他_____

10. 学校与企业建立合作关系的最主要渠道是：_____
    A. 政府搭桥推动　　　B. 学校主动寻求合作　　C. 企业主动寻求合作
    D. 借助校友平台　　　E. 借助行业协会平台　　F. 借助行业主管部门
    G. 其他_____

11. 在学校办学过程中,您觉得还存在哪些问题?

12. 在学校办学方面,您还有哪些建议?

问卷填写结束,感谢您的配合!

附录二　职业教育办学模式改革研究问卷（企业负责人）

尊敬的企业负责人：

您好！本研究是国家重大攻关课题《职业教育办学模式改革研究》（2010GJZD40）现状研究的重要部分，通过问卷对全国职业教育办学模式的现状以及存在的问题做出基本把握。感谢您抽出宝贵时间填答此问卷，您的用心作答将为我们的研究带来莫大贡献。通过本问卷收集到的资料仅供研究分析之用，您所提供的资料将绝对保密，请放心填答，谢谢合作。

华东师范大学职业教育与成人教育研究所
国家重大攻关课题《办学模式改革研究》课题组

一、企业基本信息（请在对应的方框内打"√"）

1. 企业性质：

（1）所有制：

□国有　　　□私营企业　　　□中外合资

□外资（德、日、韩等国家或中国港澳台地区）

（2）所属行业

□工业企业　　□建筑业企业　　□批发业企业　　□零售业企业

□交通运输业企业　　□邮政业企业　　□住宿和餐馆业企业

（3）贵企业大概的人员数：_____

二、企业参与学校办学情况（请根据实际情况，在题项后的横线上填写对应选项的字母，若选择"其他"选项，则在"其他"后的横线上补充内容）

1. 贵企业当前已参与学校办学的形式有（可多选）：_____

A. 订单培养　　　B. 提供顶岗实习的机会　　　C. 参与课程教学改革

D. 提供教师实践机会　　　E. 提供兼职教师

2. 贵企业愿意参与职业教育办学的形式有（可多选）：_____
   A. 参与学校课程与教学改革   B. 订单培养   C. 提供兼职教师
   D. 提供教师下企业锻炼的实践机会   E. 顶岗实习   F. 共建实训基地
3. 贵企业安排学生顶岗实习时间的时候，主要依据：_____
   A. 根据企业时间，随时安排   B. 根据学校教学计划统一安排
   C. 根据学生时间随时安排   D. 不安排顶岗实习
4. 贵企业接受职业学校学生顶岗实习实训方式有（可多选）：_____
   A. 简单辅助性工作   B. 学生旁观为主，师傅操作示范
   C. 学生顶岗，师傅指导   D. 学生顶岗，师傅和学校教师联合指导
5. 在校企合作中，贵企业的主要需求是（可多选）：_____
   A. 获得充足的劳动力   B. 共同培养高素质的员工   C. 共享学校硬件资源
   D. 提升企业社会形象   E. 培训在职员工   F. 获得研发的智力支持
   G. 其他_____
6. 贵企业在参与职业教育办学的时候，担心的事项有（可多选）：_____
   A. 学生安全   B. 设备损耗   C. 生产效益
   D. 实习劳动报酬   E. 学生管理   F. 其他_____
7. 贵企业与学校建立合作关系最主要的渠道是：_____
   A. 政府搭桥   B. 通过学校领导与教师的积极努力与企业建立联系
   C. 企业主动寻找学校建立联系   D. 通过企业员工与其他人员建立联系
   E. 其他_____
8. 在与学校合作办学过程中，您觉得还存在哪些问题？

9. 在与学校合作办学方面，您还有哪些建议？

问卷填写结束，感谢您的配合！

附录三　关于职业教育办学模式改革的访谈提纲（教育主管部门）

1. 结合贵省（市）的职业教育发展定位和特点，请重点围绕 2005 年以来职业教育办学模式改革的实践探索情况进行简要介绍。

2. 为促进职业教育办学模式改革，调动行业企业参与职业教育的积极性，在省（市）和地区（市）层面，是否出台了相关地方性法规、政策，以及具体的推进措施？

3. 结合地方职业教育办学实践，在"政府主导、行业指导、企业参与"职业教育办学模式改革，包括教师培养培训、课程开发、学生实习等方面，做了哪些有益的尝试？形成了哪些成功经验和典型模式？

4. 结合国家规划纲要的实施，今后计划在职业教育办学模式的哪些方面会有所突破？有没有一些具体的安排？

5. 请具体介绍典型区域或学校的典型办学模式及其初步成效（如有文字资料，请提供）。

6. 在地方产业结构的调整以及劳动力市场的变化中，学校毕业生就业（出路）情况以及企业等用人单位对学校毕业生的基本评价是怎样的？

7. 您对"政府主导、行业指导、企业参与"办学模式的基本理解，以及具体的改革建议。

8. 您如何理解在校企合作中企业和学校利益诉求的差异性？学校与企业在人才培养方面应具有怎样的分工合作关系？

访谈结束：非常感谢您的配合！

附录四　关于职业教育办学模式改革的访谈提纲（职业院校负责人）

1. 请结合学校的基本定位与发展历程，重点围绕 2003 年以来学校办学模式改革的实践探索（校企合作）进行简要介绍。

2. 在办学实践过程中，遇到的主要问题（如招生、经费、教师培养、课程开发）有哪些？是如何加以克服的？成功的经验或教训是什么？

3. 为了实现"以服务为宗旨，以就业为导向"的办学目标，学校在校企合作方面做了哪些有益的尝试？形成了哪些典型模式？

4. 为了推进校企合作有效开展，吸引企业参与学校办学，在学校规章制度和教学安排方面做了哪些调整和改进？

5. 请具体介绍学校在长期的办学实践中形成的典型办学模式及其初步成效。

6. 结合近年来学校的办学特点与成效，来自家长和企业等用人单位的基本评价是怎样的？

7. 在开展校企合作、推进办学模式改革方面，学校存在哪些困难？如何解决？

8. 您对"政府主导、行业指导、企业参与"办学模式的基本理解，以及具体的改革建议。

9. 您如何理解在校企合作中企业和学校需求的差异性？学校与企业在人才培养方面应具有怎样的分工合作关系？

访谈结束：非常感谢您的配合！

附录五　关于职业教育办学模式改革的访谈提纲（企业负责人）

1. 结合企业的基本定位与发展目标，请具体介绍近年来企业参与职业教育、开展校企合作的基本情况和经验。

2. 企业参与校企合作，主要出于怎样的考虑？客观地说，在与学校合作过程中企业的现实需求是什么？实现了没有？为什么？

3. 在校企合作过程中，遇到了怎样的困难？如何解决的？或希望学校如何配合？或者希望有关政府部门做什么？为什么？

4. 结合企业的需要，您认为职业院校在办学过程中存在哪些问题（如培养目标及其实现）？该如何解决？

5. 在技能型、技术型人才培养过程中，您认为学校和企业各自的优势和劣势是什么？为什么？

6. 您如何理解"企业的社会责任"的含义？

7. 您如何理解职业教育"以服务为宗旨，以就业为导向"，从企业用人岗位的需求来看，其实现的可能性如何？

8. 您如何理解"政府主导、行业指导、企业参与"，其中企业参与的具体困难有哪些？

9. 您如何理解在校企合作中企业和学校需求的差异性？学校与企业在人才培养方面应具有怎样的分工合作关系？

访谈结束：非常感谢您的配合！

后 记

职业教育办学模式改革是中国职业教育从"层次"走向"类型"的关键。在国家全面深化改革、大力发展职业教育和办好类型职业教育的新时代，教育部哲学社会科学重大课题攻关项目"职业教育办学模式改革研究"终于圆满收官。这项课题研究从立项到结题，历时8年之久，在首席专家石伟平教授的带领下，7个子课题、100余名课题组成员齐心协力，顺利打赢了这场"攻坚之战"！在课题的推进过程中，课题组不断创新工作机制，深化研究任务。经过8年攻关，课题组已完成了全部7项研究任务，撰写了120多万字的研究报告。代表性的阶段性成果有：《职业教育办学模式改革理论研究》等专著4本，《关于促进职业教育校企合作的建议》等咨询报告3份，直接相关的CSSCI学术论文91篇。最终成果为专著《职业教育办学模式改革研究》，全书37万余字。回望过去，此次重大攻关的课题研究过程体现出了协同性攻关、长期性攻关、开创性攻关与面向实践的应用性攻关四大特点。

第一，协同性的攻关。此次课题由华东师范大学职业教育与成人教育研究所牵头，教育部职业技术教育中心研究所、北京师范大学教育学部职业与成人教育研究所、高雄师范大学科技学院、天津大学职业技术教育学院、上海市教育科学研究院、江苏省教育科学研究院、江苏省职业技术教育学会、湖南农业大学职业技术教育学院、湖南师范大学职业教育研究所、浙江工业大学职业技术教育学院、西南大学教育学部、上海师范大学教育学院、四川省成都市教育科学院职成教研究室、昆明冶金高等专科学校、宁波职业技术学院高教所、上海信息技术学校、浙江永康职业技术学校、上海市商业学校、杭州职业技术学院、浙江金融职业学院、浙江金融职业学院高教所等国内知名的科研院所参与了联合攻关。同时，课题研究也得到了德国科隆大学职业教育比较研究中心、日本名古屋大学教育与人力资源开发研究生院、国立首尔大学职业教育与劳动力开发研究所、美国俄亥俄州立大学劳动力开发研究中心、澳大利亚—太平洋技术学院等国外科研院所的支持。所以说，整个研究团队实力强大，实现了跨国家、跨区域、跨领域协同!

第二,长期性的攻关。职业教育办学模式是一个复杂的体系,更是一个不断变化的研究对象。在课题研究的过程中,因为国家重大教育政策与制度的变迁往往会推动职业教育办学模式的变化,为了确保研究工作的完整性与系统性,追求学术成果的精益求精,此次攻关课题研究周期延长到8年,课题研究成果变得更加丰厚:一是现代学徒制等新型办学形式成为职业教育办学不可或缺的部分,因此,课题组在研究计划之外增加了现代学徒制等新的研究内容。二是在课题研究期间,受教育部委托,首席专家领衔团队参与起草了《关于深入推进职业教育集团化办学的意见》《职业学校教师企业实践规定》《职业学校校企合作促进办法》等教育部重要文件,这些政策文件与课题研究紧密相关,拓展了课题研究的内容空间,也丰富了课题研究的应用价值。三是随着《国家职业教育改革实施方案》出台,类型教育的目标正式成为中国职业教育改革的时代任务与风向标,因而课题组又深度讨论了职业教育办学模式与类型教育建设之间的关系。因此,在反复补充研究内容、追求尽善尽美的过程中,整个攻关项目历时8年,超额完成了既定研究任务。

第三,开创性的攻关。因为研究工作机制的创新与研究时间的延展,本研究取得了几点开创性的突破:一是建构了中国特色的职业教育办学模式分析框架,实现了职业教育理论的本土"建模"。理论建模的分析框架抽象出了职业教育办学模式的要素、特征与规律,较好地阐释了多样化的职业教育办学模式,这种解释力较强的职业教育办学模式分析框架为后续研究深入理解和分析职业教育办学提供了理论工具。二是完成了职业教育办学模式改革的视角转换,开拓了职业教育办学模式研究的视域。本研究从经济体系的角度分析职业教育办学的问题,把职业教育办学模式视为一种"教育制度+劳动制度"的结合,从类型职业教育的高度提出职业教育办学的思维转向和实践路径,开拓了后续学术研究的视域。三是梳理总结了中国职业教育办学模式的得失成败,形塑了职业教育办学研究的学术范式。本研究通过理论解读、历史反思、国际比较、现状调查、案例反思以及对策研究,夯实了职业教育办学模式研究的学术基础,开创了"理论研究+决策咨询+实践指导"的学术范式,为后续学术研究提供了多元思路。

第四,应用性的攻关。学术研究应该为实践服务。课题组在研究立项之初就确立了"问题导向、实践导向"的研究取向,力求让研究成果落地生根,服务职业教育办学的实践。一是服务于教育部决策。本研究课题组撰写的《关于推进职业教育集团化办学的建议》《关于促进职业教育校企合作的建议》《职业学校教师企业实践现状与对策研究》等均被教育部采纳,核心研究成果分别写入《关于深入推进职业教育集团化办学的意见》《职业学校校企合作促进办法》《职业学校教师企业实践规定》，为国家教育咨询与决策发挥了重要的智库作用。如今，课题组在问题分析、对策建议上又有了新的发现，提出了职业教育办学模式改革的 23 条对策建议，特别是分类培养"双师型"职业教育教师、中高职多元化办学、职业教育高考改革、分类生均拨款、专业硕士培养模式创新、长学制贯通培养高端技术技能人才等，可以为教育部办类型职业教育提供新的决策咨询服务。二是服务区域职业教育改革。课题组根据本项目研究形成的改革方案、对策建议等，基于华东师范大学长三角职业教育发展研究院在上海、江苏、浙江、安徽等地的布点，开展改革方案的实验，在区域层面推动职业教育办学模式改革。三是指导职业院校办学实践改革。课题组在研究结束后，利用华东师范大学职业教育与成人教育研究所的基地学校与实验学校的网络，继续通过指导制定发展规划、参与办学咨询等方式服务职业院校办学改革实践。

此次重大攻关项目能够顺利完成、能够取得如此丰硕的成果，离不开合作单位的支持、课题组成员的贡献、调研单位的协助、评审专家的建议以及学术界同仁的相关成果参考。因此，在此感谢课题研究的合作单位、感谢课题组的各位成员、感谢课题案例与数据支持单位、感谢外审专家、感谢文中引注的学界同仁。如此厚重的研究成果能够付梓刊印，能够走到读者面前，更要感谢出版社的支持和帮助，感谢责编的辛勤劳动！

世道必进，后胜于今！中国职业教育的改革与发展，从来没有遇到如此好的时代，这是职业教育改革真正的"春天"，未来中国职业教育的改革，也必将迎来成长的"夏天"与收获的"秋天"。因此，衷心希望这本专著的面世能够为中国职业教育的改革做出贡献，推动中国职业教育改革与发展朝着更加美好的未来前进！

课题组

2020 年 3 月 25 日

教育部哲学社会科学研究重大课题攻关项目成果出版列表

序号	书 名	首席专家
1	《马克思主义基础理论若干重大问题研究》	陈先达
2	《马克思主义理论学科体系建构与建设研究》	张雷声
3	《马克思主义整体性研究》	逄锦聚
4	《改革开放以来马克思主义在中国的发展》	顾钰民
5	《新时期 新探索 新征程——当代资本主义国家共产党的理论与实践研究》	聂运麟
6	《坚持马克思主义在意识形态领域指导地位研究》	陈先达
7	《当代资本主义新变化的批判性解读》	唐正东
8	《当代中国人精神生活研究》	童世骏
9	《弘扬与培育民族精神研究》	杨叔子
10	《当代科学哲学的发展趋势》	郭贵春
11	《服务型政府建设规律研究》	朱光磊
12	《地方政府改革与深化行政管理体制改革研究》	沈荣华
13	《面向知识表示与推理的自然语言逻辑》	鞠实儿
14	《当代宗教冲突与对话研究》	张志刚
15	《马克思主义文艺理论中国化研究》	朱立元
16	《历史题材文学创作重大问题研究》	童庆炳
17	《现代中西高校公共艺术教育比较研究》	曾繁仁
18	《西方文论中国化与中国文论建设》	王一川
19	《中华民族音乐文化的国际传播与推广》	王耀华
20	《楚地出土戰國簡册〔十四種〕》	陈 伟
21	《近代中国的知识与制度转型》	桑 兵
22	《中国抗战在世界反法西斯战争中的历史地位》	胡德坤
23	《近代以来日本对华认识及其行动选择研究》	杨栋梁
24	《京津冀都市圈的崛起与中国经济发展》	周立群
25	《金融市场全球化下的中国监管体系研究》	曹凤岐
26	《中国市场经济发展研究》	刘 伟
27	《全球经济调整中的中国经济增长与宏观调控体系研究》	黄 达
28	《中国特大都市圈与世界制造业中心研究》	李廉水

序号	书名	首席专家
29	《中国产业竞争力研究》	赵彦云
30	《东北老工业基地资源型城市发展可持续产业问题研究》	宋冬林
31	《转型时期消费需求升级与产业发展研究》	臧旭恒
32	《中国金融国际化中的风险防范与金融安全研究》	刘锡良
33	《全球新型金融危机与中国的外汇储备战略》	陈雨露
34	《全球金融危机与新常态下的中国产业发展》	段文斌
35	《中国民营经济制度创新与发展》	李维安
36	《中国现代服务经济理论与发展战略研究》	陈 宪
37	《中国转型期的社会风险及公共危机管理研究》	丁烈云
38	《人文社会科学研究成果评价体系研究》	刘大椿
39	《中国工业化、城镇化进程中的农村土地问题研究》	曲福田
40	《中国农村社区建设研究》	项继权
41	《东北老工业基地改造与振兴研究》	程 伟
42	《全面建设小康社会进程中的我国就业发展战略研究》	曾湘泉
43	《自主创新战略与国际竞争力研究》	吴贵生
44	《转轨经济中的反行政性垄断与促进竞争政策研究》	于良春
45	《面向公共服务的电子政务管理体系研究》	孙宝文
46	《产权理论比较与中国产权制度变革》	黄少安
47	《中国企业集团成长与重组研究》	蓝海林
48	《我国资源、环境、人口与经济承载能力研究》	邱 东
49	《"病有所医"——目标、路径与战略选择》	高建民
50	《税收对国民收入分配调控作用研究》	郭庆旺
51	《多党合作与中国共产党执政能力建设研究》	周淑真
52	《规范收入分配秩序研究》	杨灿明
53	《中国社会转型中的政府治理模式研究》	娄成武
54	《中国加入区域经济一体化研究》	黄卫平
55	《金融体制改革和货币问题研究》	王广谦
56	《人民币均衡汇率问题研究》	姜波克
57	《我国土地制度与社会经济协调发展研究》	黄祖辉
58	《南水北调工程与中部地区经济社会可持续发展研究》	杨云彦
59	《产业集聚与区域经济协调发展研究》	王 珺

序号	书名	首席专家
60	《我国货币政策体系与传导机制研究》	刘 伟
61	《我国民法典体系问题研究》	王利明
62	《中国司法制度的基础理论问题研究》	陈光中
63	《多元化纠纷解决机制与和谐社会的构建》	范 愉
64	《中国和平发展的重大前沿国际法律问题研究》	曾令良
65	《中国法制现代化的理论与实践》	徐显明
66	《农村土地问题立法研究》	陈小君
67	《知识产权制度变革与发展研究》	吴汉东
68	《中国能源安全若干法律与政策问题研究》	黄 进
69	《城乡统筹视角下我国城乡双向商贸流通体系研究》	任保平
70	《产权强度、土地流转与农民权益保护》	罗必良
71	《我国建设用地总量控制与差别化管理政策研究》	欧名豪
72	《矿产资源有偿使用制度与生态补偿机制》	李国平
73	《巨灾风险管理制度创新研究》	卓 志
74	《国有资产法律保护机制研究》	李曙光
75	《中国与全球油气资源重点区域合作研究》	王 震
76	《可持续发展的中国新型农村社会养老保险制度研究》	邓大松
77	《农民工权益保护理论与实践研究》	刘林平
78	《大学生就业创业教育研究》	杨晓慧
79	《新能源与可再生能源法律与政策研究》	李艳芳
80	《中国海外投资的风险防范与管控体系研究》	陈菲琼
81	《生活质量的指标构建与现状评价》	周长城
82	《中国公民人文素质研究》	石亚军
83	《城市化进程中的重大社会问题及其对策研究》	李 强
84	《中国农村与农民问题前沿研究》	徐 勇
85	《西部开发中的人口流动与族际交往研究》	马 戎
86	《现代农业发展战略研究》	周应恒
87	《综合交通运输体系研究——认知与建构》	荣朝和
88	《中国独生子女问题研究》	风笑天
89	《我国粮食安全保障体系研究》	胡小平
90	《我国食品安全风险防控研究》	王 硕

序号	书 名	首席专家
91	《城市新移民问题及其对策研究》	周大鸣
92	《新农村建设与城镇化推进中农村教育布局调整研究》	史宁中
93	《农村公共产品供给与农村和谐社会建设》	王国华
94	《中国大城市户籍制度改革研究》	彭希哲
95	《国家惠农政策的成效评价与完善研究》	邓大才
96	《以民主促进和谐——和谐社会构建中的基层民主政治建设研究》	徐 勇
97	《城市文化与国家治理——当代中国城市建设理论内涵与发展模式建构》	皇甫晓涛
98	《中国边疆治理研究》	周 平
99	《边疆多民族地区构建社会主义和谐社会研究》	张先亮
100	《新疆民族文化、民族心理与社会长治久安》	高静文
101	《中国大众媒介的传播效果与公信力研究》	喻国明
102	《媒介素养:理念、认知、参与》	陆 晔
103	《创新型国家的知识信息服务体系研究》	胡昌平
104	《数字信息资源规划、管理与利用研究》	马费成
105	《新闻传媒发展与建构和谐社会关系研究》	罗以澄
106	《数字传播技术与媒体产业发展研究》	黄升民
107	《互联网等新媒体对社会舆论影响与利用研究》	谢新洲
108	《网络舆论监测与安全研究》	黄永林
109	《中国文化产业发展战略论》	胡惠林
110	《20世纪中国古代文化经典在域外的传播与影响研究》	张西平
111	《国际传播的理论、现状和发展趋势研究》	吴 飞
112	《教育投入、资源配置与人力资本收益》	闵维方
113	《创新人才与教育创新研究》	林崇德
114	《中国农村教育发展指标体系研究》	袁桂林
115	《高校思想政治理论课程建设研究》	顾海良
116	《网络思想政治教育研究》	张再兴
117	《高校招生考试制度改革研究》	刘海峰
118	《基础教育改革与中国教育学理论重建研究》	叶 澜
119	《我国研究生教育结构调整问题研究》	袁本涛 王传毅
120	《公共财政框架下公共教育财政制度研究》	王善迈

序号	书　名	首席专家
121	《农民工子女问题研究》	袁振国
122	《当代大学生诚信制度建设及加强大学生思想政治工作研究》	黄蓉生
123	《从失衡走向平衡：素质教育课程评价体系研究》	钟启泉 崔允漷
124	《构建城乡一体化的教育体制机制研究》	李　玲
125	《高校思想政治理论课教育教学质量监测体系研究》	张耀灿
126	《处境不利儿童的心理发展现状与教育对策研究》	申继亮
127	《学习过程与机制研究》	莫　雷
128	《青少年心理健康素质调查研究》	沈德立
129	《灾后中小学生心理疏导研究》	林崇德
130	《民族地区教育优先发展研究》	张诗亚
131	《WTO主要成员贸易政策体系与对策研究》	张汉林
132	《中国和平发展的国际环境分析》	叶自成
133	《冷战时期美国重大外交政策案例研究》	沈志华
134	《新时期中非合作关系研究》	刘鸿武
135	《我国的地缘政治及其战略研究》	倪世雄
136	《中国海洋发展战略研究》	徐祥民
137	《深化医药卫生体制改革研究》	孟庆跃
138	《华侨华人在中国软实力建设中的作用研究》	黄　平
139	《我国地方法制建设理论与实践研究》	葛洪义
140	《城市化理论重构与城市化战略研究》	张鸿雁
141	《境外宗教渗透论》	段德智
142	《中部崛起过程中的新型工业化研究》	陈晓红
143	《农村社会保障制度研究》	赵　曼
144	《中国艺术学学科体系建设研究》	黄会林
145	《人工耳蜗术后儿童康复教育的原理与方法》	黄昭鸣
146	《我国少数民族音乐资源的保护与开发研究》	樊祖荫
147	《中国道德文化的传统理念与现代践行研究》	李建华
148	《低碳经济转型下的中国排放权交易体系》	齐绍洲
149	《中国东北亚战略与政策研究》	刘清才
150	《促进经济发展方式转变的地方财税体制改革研究》	钟晓敏
151	《中国—东盟区域经济一体化》	范祚军

序号	书　名	首席专家
152	《非传统安全合作与中俄关系》	冯绍雷
153	《外资并购与我国产业安全研究》	李善民
154	《近代汉字术语的生成演变与中西日文化互动研究》	冯天瑜
155	《新时期加强社会组织建设研究》	李友梅
156	《民办学校分类管理政策研究》	周海涛
157	《我国城市住房制度改革研究》	高　波
158	《新媒体环境下的危机传播及舆论引导研究》	喻国明
159	《法治国家建设中的司法判例制度研究》	何家弘
160	《中国女性高层次人才发展规律及发展对策研究》	佟　新
161	《国际金融中心法制环境研究》	周仲飞
162	《居民收入占国民收入比重统计指标体系研究》	刘　扬
163	《中国历代边疆治理研究》	程妮娜
164	《性别视角下的中国文学与文化》	乔以钢
165	《我国公共财政风险评估及其防范对策研究》	吴俊培
166	《中国历代民歌史论》	陈书录
167	《大学生村官成长成才机制研究》	马抗美
168	《完善学校突发事件应急管理机制研究》	马怀德
169	《秦简牍整理与研究》	陈　伟
170	《出土简帛与古史再建》	李学勤
171	《民间借贷与非法集资风险防范的法律机制研究》	岳彩申
172	《新时期社会治安防控体系建设研究》	宫志刚
173	《加快发展我国生产服务业研究》	李江帆
174	《基本公共服务均等化研究》	张贤明
175	《职业教育质量评价体系研究》	周志刚
176	《中国大学校长管理专业化研究》	宣　勇
177	《"两型社会"建设标准及指标体系研究》	陈晓红
178	《中国与中亚地区国家关系研究》	潘志平
179	《保障我国海上通道安全研究》	吕　靖
180	《世界主要国家安全体制机制研究》	刘胜湘
181	《中国流动人口的城市逐梦》	杨菊华
182	《建设人口均衡型社会研究》	刘渝琳
183	《农产品流通体系建设的机制创新与政策体系研究》	夏春玉

序号	书名	首席专家
184	《区域经济一体化中府际合作的法律问题研究》	石佑启
185	《城乡劳动力平等就业研究》	姚先国
186	《20世纪朱子学研究精华集成——从学术思想史的视角》	乐爱国
187	《拔尖创新人才成长规律与培养模式研究》	林崇德
188	《生态文明制度建设研究》	陈晓红
189	《我国城镇住房保障体系及运行机制研究》	虞晓芬
190	《中国战略性新兴产业国际化战略研究》	汪 涛
191	《证据科学论纲》	张保生
192	《要素成本上升背景下我国外贸中长期发展趋势研究》	黄建忠
193	《中国历代长城研究》	段清波
194	《当代技术哲学的发展趋势研究》	吴国林
195	《20世纪中国社会思潮研究》	高瑞泉
196	《中国社会保障制度整合与体系完善重大问题研究》	丁建定
197	《民族地区特殊类型贫困与反贫困研究》	李俊杰
198	《扩大消费需求的长效机制研究》	臧旭恒
199	《我国土地出让制度改革及收益共享机制研究》	石晓平
200	《高等学校分类体系及其设置标准研究》	史秋衡
201	《全面加强学校德育体系建设研究》	杜时忠
202	《生态环境公益诉讼机制研究》	颜运秋
203	《科学研究与高等教育深度融合的知识创新体系建设研究》	杜德斌
204	《女性高层次人才成长规律与发展对策研究》	罗瑾琏
205	《岳麓秦简与秦代法律制度研究》	陈松长
206	《民办教育分类管理政策实施跟踪与评估研究》	周海涛
207	《建立城乡统一的建设用地市场研究》	张安录
208	《迈向高质量发展的经济结构转变研究》	郭熙保
209	《中国社会福利理论与制度构建——以适度普惠社会福利制度为例》	彭华民
210	《提高教育系统廉政文化建设实效性和针对性研究》	罗国振
211	《毒品成瘾及其复吸行为——心理学的研究视角》	沈模卫
212	《英语世界的中国文学译介与研究》	曹顺庆
213	《建立公开规范的住房公积金制度研究》	王先柱

序号	书名	首席专家
214	《现代归纳逻辑理论及其应用研究》	何向东
215	《时代变迁、技术扩散与教育变革：信息化教育的理论与实践探索》	杨浩
216	《城镇化进程中新生代农民工职业教育与社会融合问题研究》	褚宏启 薛二勇
217	《我国先进制造业发展战略研究》	唐晓华
218	《融合与修正：跨文化交流的逻辑与认知研究》	鞠实儿
219	《中国新生代农民工收入状况与消费行为研究》	金晓彤
220	《高校少数民族应用型人才培养模式综合改革研究》	张学敏
221	《中国的立法体制研究》	陈俊
222	《教师社会经济地位问题：现实与选择》	劳凯声
223	《中国现代职业教育质量保障体系研究》	赵志群
224	《欧洲农村城镇化进程及其借鉴意义》	刘景华
225	《国际金融危机后全球需求结构变化及其对中国的影响》	陈万灵
226	《创新法治人才培养机制》	杜承铭
227	《法治中国建设背景下警察权研究》	余凌云
228	《高校财务管理创新与财务风险防范机制研究》	徐明稚
229	《义务教育学校布局问题研究》	雷万鹏
230	《高校党员领导干部清正、党政领导班子清廉的长效机制研究》	汪曦
231	《二十国集团与全球经济治理研究》	黄茂兴
232	《高校内部权力运行制约与监督体系研究》	张德祥
233	《职业教育办学模式改革研究》	石伟平
	……	